INTRODUCTION.

Ce volume rassemble les exposés du séminaire de Grothendieck à l'IHES de 1965/66, initialement distribués sous forme de notes miméographiées. Par rapport à la version primitive, les seuls changements importants concernent l'exposé II, qui n'est pas reproduit, et l'exposé III, qui a été entièrement récrit et augmenté d'un appendice numéroté III B. A part quelques modifications de détail et additions de notes de bas de page, les autres exposés ont été laissés tels quels.

Le coeur du séminaire est constitué par la formule de Lefschetz en cohomologie étale (III, III B, XII), et son application à l'interprétation cohomologique des fonctions L (XIV). Tous les résultats annoncés par Grothendieck dans son exposé au séminaire Bourbaki [2] sont ici complètement démontrés. Les formules des traces établies dans (III, III B, et XII), par des voies différentes, sont plus générales qu'il n'est nécessaire pour prouver la seule rationalité des fonctions L . Une démonstration de cette dernière, nettement plus courte, complète, figure dans l'exposé de Deligne (SGA $4^{1/2}$ Rapport), où est suivie la méthode de Grothendieck des exposés XII et XIV, mais débarrassée de toute généralité superflue. Nous espérons toutefois que les formules de III, III B pourront servir dans d'autres situations. Quant au reste du séminaire, il se compose de deux exposés sur la théorie du passage à la limite donnant naissance à la cohomologie ℓ-adique (V,VI), et de divers compléments au formalisme de dualité (I, VII) et à la formule de Lefschetz (VII, X).

Voici plus précisément quel est le contenu de ce volume.

L'exposé I est indépendant du reste du séminaire. Son résultat principal est que, sur un schéma régulier vérifiant certaines hypothèses supplémentaires de nature locale, et sous réserve qu'on dispose de la résolution des singularités et du théorème de pureté, le faisceau constant de valeur $\mathbb{Z}/n\mathbb{Z}$, pour n premier aux caractéristiques résiduelles, est dualisant (I.3.4.1). Ce théorème vaut notamment pour les schémas réguliers excellents de caractéristique nulle, grâce à Hironaka et aux résultats d'Artin (SGA 4 XIX). Le cas d'un schéma régulier de dimension 1 est traité séparément, par une autre méthode, très élémentaire (voir aussi (SGA $4^{1/2}$ Dualité)). Signalons que, par un argument différent, n'utilisant ni résolution ni pureté, Deligne démontre dans (SGA $4^{1/2}$ Th. Finitude) que, si $f : X \longrightarrow S$ est un schéma de type fini sur un schéma régulier de dimension 0 ou 1, le complexe $f^!(\mathbb{Z}/n\mathbb{Z})_S$ (n premier aux car. résiduelles) est dualisant. Mais on ignore si ce résultat, plus utile que le théorème de bidualité de l'exposé I, qu'il recoupe sans le contenir, s'étend au cas d'un schéma de base S excellent régulier de dimension > 1.

Comme nous l'avons dit plus haut, l'exposé II, qui était intitulé "Formules de Künneth pour la cohomologie à supports quelcongues", ne figure pas dans ce volume. Rédigé par L. Illusie, d'après des notes manuscrites de Grothendieck, il était consacré à des théorèmes de propreté cohomologique et d'acyclicité locale génériques, mais ceux-ci n'étaient démontrés que sous des hypothèses de résolution. Une démonstration des mêmes résultats, sans ces hypothèses, obtenue depuis par Deligne (SGA $4^{1/2}$ Th. Finitude), a rendu inutile la publication de cet exposé. Certains compléments, concernant par exemple le cas des diviseurs à croisements normaux, ont été incorporés dans un appendice à (loc. cit.). Ajoutons que des théorèmes analogues à ceux de (loc. cit.), pour le cas des faisceaux d'ensembles et de groupes non commutatifs, sont démontrés dans l'exposé de Mme Raynaud (SGA 1 XIII).

L'exposé III contient une démonstration de la formule de Lefschetz-Verdier pour les correspondances cohomologiques entre complexes de faisceaux sur des schémas de type fini sur un corps, et l'on montre, dans l'exposé III B, comment l'on peut calculer les termes locaux de la formule dans certains cas, par exemple celui de la correspondance de Frobenius sur les courbes. Nous renvoyons le lecteur aux introductions des exposés III et III B pour plus de détails sur leur contenu.

L'exposé IV, par A. Grothendieck, consacré à la construction de la classe de cohomologie associée à un cycle, a été rédigé par P. Deligne et publié dans SGA $4^{1/2}$

Après des préliminaires techniques, dans l'exposé V, sur les systèmes projectifs adiques, on définit, dans l'exposé VI, la notion de $\mathbb{Z}_\ell$ -faisceau constructible (resp. constant tordu constructible, i.e. "lisse" dans la terminologie de Deligne ([1], (SGA $4^{1/2}$ Arcata))), et l'on étend aux $\mathbb{Z}_\ell$ -faisceaux constructibles, par passage à la limite à partir des $\mathbb{Z}/\ell^n$ -faisceaux, le formalisme des images directes supérieures à supports propres. L'exposé VI ne donne pas, cependant, de définition d'une catégorie dérivée des $\mathbb{Z}_\ell$ -faisceaux, avec des opérations $\overset{L}{\otimes}$, $R\underline{\mathrm{Hom}}$, prolongeant celles dont on dispose dans la catégorie dérivée des $\mathbb{Z}/\ell^n$ -faisceaux. A fortiori, l'extension aux $\mathbb{Z}_\ell$ -faisceaux du formalisme de dualité de SGA 4 XVIII n'est pas envisagée. Cette question faisait l'objet de la thèse (non publiée) de Jouanolou. Le lecteur pourra toutefois consulter le début de [1], où sont définis les $\underline{\mathrm{Ext}}^i$ de $\mathbb{Z}_\ell$ -faisceaux.

L'exposé VII, indépendant du reste du séminaire, est sans doute l'un des plus intéressants. Il contient a) le calcul de la cohomologie de quelques variétés standard (espaces affines, projectifs, variétés de drapeaux), b) un exposé de la théorie des classes de Chern en cohomologie étale, c) une démonstration de la "formule de self-intersection" $i^*i_*x = xc_d(N)$ en cohomologie étale (resp. dans l'anneau de Chow, démonstration due dans ce cas à Mumford) et diverses applications de cette formule (calcul de la cohomologie des variétés éclatées, formule de Gauss-Bonnet).

L'exposé VII contient des sorites sur les conditions de finitude dans les catégories dérivées et les groupes de Grothendieck. Ces questions sont reprises dans un cadre plus général dans (SGA 6 I, IV).

L'exposé IX, par J.-P. Serre, intitulé "Introduction à la théorie de Brauer", a été publié dans [4], et n'est pas reproduit dans ce volume. L'un de ses principaux résultats (dû à Swan), concernant l'existence d'un module projectif ayant pour caractère le " caractère de Swan", est utilisé dans l'exposé X , où est démontrée une formule d'Euler-Poincaré pour un faisceau sur une courbe, légèrement plus générale que celle figurant dans l'exposé de Raynaud [3].

L'exposé XI, rédigé par I. Bucur, n'existe pas, parce qu'il s'est perdu dans un déménagement et que l'auteur n'en avait pas de copie. Il était consacré à la théorie de Grothendieck des traces commutatives, généralisant celle de Stallings [5] . Une version plus sophistiquée de cette théorie, dans un cadre faisceautique, est exposée dans (III B 5, 6). Des applications à des formules de Lefschetz sont données dans les exposés XII et III B . La formule des traces de l'exposé XII est démontrée indépendamment de la formule générale de l'exposé III, mais l'on montre dans (III B 6) que les termes locaux qui y figurent sont bien ceux de la formule générale, et que cette dernière l'implique.

L'absence de l'exposé XIII n'est due qu'à une raison de numérotation : le contenu des exposés X à XII avait été initialement prévu pour s'étendre sur quatre exposés.

L'exposé XIV (parfois numéroté aussi XV) contient des généralités sur la correspondance de Frobenius (avec, notamment, la comparaison entre Frobenius "géométrique" et Frobenius "arithmétique"), et donne, à partir de la formule des traces de l'exposé XII (ou III B), la démonstration (de Grothendieck) de la rationalité des fonctions L : les deux points importants sont la réduction au cas des courbes, et le passage à la limite permettant de se ramener à une formule pour des $\mathbb{Z}/\ell^n$ -faisceaux.

Lors du séminaire oral, Grothendieck avait fait un exposé des problèmes ouverts et énoncé quelques conjectures. Cet exposé, qui devait clore le séminaire, n'a malheureusement pas été rédigé, pas plus d'ailleurs que son très bel exposé introductif, qui passait en revue les formules d'Euler-Poincaré et de Lefschetz dans divers contextes (topologique, analytique complexe, algébrique).

Je remercie P. Deligne de m'avoir convaincu de rédiger, dans une nouvelle version de l'exposé III, une démonstration de la formule de Lefschetz-Verdier, levant ainsi l'un des obstacles à la publication de ce séminaire. Je lui suis très reconnaissant des améliorations de rédaction qu'il m'a suggérées, et de l'aide qu'il m'a apportée dans la préparation de ce volume pour l'éditeur. Je remercie également Mme Lièvremont, qui a effectué avec soin, et en un temps très court, la frappe des exposés III et III B.

Je ne puis terminer cette introduction sans rendre hommage à la mémoire de I. Bucur, mort d'un cancer en septembre 1976. Ceux qui, comme moi, ont eu le privilège de l'avoir pour ami n'oublient pas sa gentillesse exquise, son humour souriant, et le charme de sa conversation.

Paris, le 19 Février 1977

Luc Illusie

[1] Deligne, P., La conjecture de Weil II, à paraître.

[2] Grothendieck, A., Formule de Lefschetz et rationalité des fonctions L , Séminaire Bourbaki 64/65, N° 279, in Dix exposés sur la cohomologie des schémas, North Holland, Pub. Co., 1968.

[3] Raynaud, M., Caractéristique d'Euler-Poincaré d'un faisceau et cohomologie des variétés abéliennes (d'après Ogg-Shafarevitch et Grothendieck), Séminaire Bourbaki 64/65, N° 286, in Dix exposés sur la cohomologie des schémas, North Holland Pub. Co., 1968.

[4] Serre, J.-P., Représentations linéaires des groupes finis, Hermann, 2ème édition, refondue, 1971.

[5] Stallings, J., Centerless groups - an algebraic formulation of Gottlieb's theorem, Topology, 4, p. 129-134, 1965.

LISTE DES SGA

SGA = Séminaire de Géométrie Algébrique du Bois-Marie.

SGA 1 : Revêtements étales et groupe fondamental, par A. Grothendieck, Lecture Notes in Mathematics n° 224, Springer-Verlag, 1971.

SGA 2 : Cohomologie locale des faisceaux cohérents et théorèmes de Lefschetz locaux et globaux, par A. Grothendieck, North Holland Pub. Co., 1968.

SGA 3 : Schémas en groupes I, II, III, par M. Demazure et A. Grothendieck, Lecture Notes in Mathematics n°s 151, 152, 153, Springer-Verlag, 1970.

SGA 4 : Théorie des topos et cohomologie étale des schémas, par M. Artin, A. Grothendieck, J.-L. Verdier, Lecture Notes in Mathematics n°s 269, 270, 305, Springer-Verlag, 1972-73.

SGA $4^{1/2}$: Cohomologie étale, par P. Deligne, Lecture Notes in Mathematics n° 569, Springer-Verlag, 1977.

SGA 5 : Cohomologie ℓ-adique et fonctions L , par A. Grothendieck, Lecture Notes in Mathematics n° 589, Springer-Verlag, 1977.

SGA 6 : Théorie des intersections et théorème de Riemann-Roch, par P. Berthelot, A. Grothendieck, L. Illusie, Lecture Notes in Mathematics n° 225, Springer-Verlag, 1971.

SGA 7 : Groupes de monodromie en géométrie algébrique, I par A. Grothendieck, II par P. Deligne et N. Katz, Lecture Notes in Mathematics n°s 288, 340, Springer-Verlag, 1972, 1973.

TABLE DES MATIERES (*)

(*) Pour des explications sur l'absence des exposés II, IV, IX, XI, XIII, voir l'introduction.

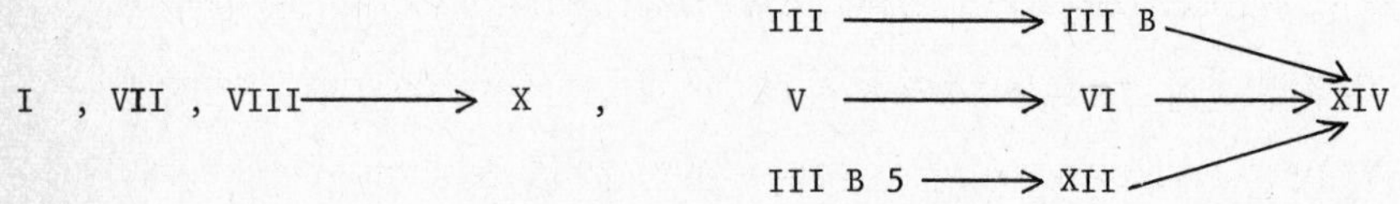
I , VII , VIII
X ,
III
III B
V
VI
XIV
III B 5
XII

Exposé I

COMPLEXES DUALISANTS

par A. GROTHENDIECK
(rédaction de L. ILLUSIE)

Introduction

Cet exposé est consacré au théorème de bidualité en cohomologie étale. La théorie développée ici et dans SGA A XVIII (SGA A = SGA 4), pour la topologie étale et les faisceaux constructibles de torsion sur les préschémas, est formellement très analogue à celle développée dans HARTSHORNE [H] pour la topologie de Zariski et les faisceaux cohérents: cette dernière lui a, dans une très large mesure, servi de modèle. Mais, tandis que dans le cas des coefficients "continus" l'existence de complexes dualisants ne présente pas de difficultés, dans le cas des coefficients "discrets", en revanche, elle est beaucoup plus délicate à prouver, et il semble qu'elle requière de façon essentielle la résolution des singularités. Voir cependant le théorème de bidualité de Deligne (SGA $4^{1/2}$ Th. finitude 4.3.).

Le paragraphe 1 contient la définition des complexes dualisants et les propriétés formelles qui en découlent, notamment l'interprétation des foncteurs dualisants comme "échangeurs de foncteurs".

Dans le paragraphe 2, on montre que, sur un préschéma localement noethérien connexe, un complexe dualisant est déterminé de manière unique, à translation près des degrés et tensorisation par un faisceau inversible.

Dans le paragraphe 3, on en vient au théorème central de l'exposé (3.4.1.), qui assure que, sur un "bon" préschéma régulier X, par exemple un excellent préschéma noethérien régulier de caractéristique nulle [1], le complexe $(\mathbb{Z}/n\,\mathbb{Z})_X$ est dualisant.

Le paragraphe 4 donne les applications de la théorie au théorème de dualité locale. Ce dernier exprime que l'on a, sur un "bon" préschéma X muni d'un point fermé x de corps résiduel séparablement clos, et pour un faisceau constructible F, un accouplement parfait entre $\underline{H}^i(F')_x$ et $\underline{H}^{-i}{}_x(F)$, où F' est le dual de F, i. e. $F' = R\,\underline{\mathrm{Hom}}(F,K_X)$, où K_X est un complexe dualisant.

Enfin, dans le paragraphe 5, on prouve directement que sur un préschéma régulier de dimension 1 le complexe $(\mathbb{Z}/n\,\mathbb{Z})_X$ est dualisant (n premier aux caractéristiques résiduelles).

(1) Cette dernière restriction sera inutile une fois qu'on disposera de la résolution des singularités à la Hironaka pour ces derniers, et du "théorème de pureté".

1. Définition et propriétés formelles des complexes dualisants

On se fixe un anneau de coefficients $A = \mathbb{Z}/n\mathbb{Z}$. Si X est un préschéma, on note A_X le faisceau constant sur $X_{ét}$ de valeur A, et $D(X)$ la catégorie dérivée de celle des A_X-Modules. On note d'autre part $D_c(X)$ la sous-catégorie triangulée pleine de $D(X)$ formée des complexes F tels que $H^i(F)$ soit un A_X-Module constructible pour tout i. On pose $D_c^*(X) = D^*(X) \cap D_c(X)$, où $* = \not{b}, +, -,$ ou b.

<u>Définition 1.1.</u> : On dit qu'un A_X-Module I est quasi-injectif si l'on a

$$\underline{\mathrm{Ext}}^i(F,I) = 0$$

pour tout A_X-Module <u>constructible</u> F et tout $i > 0$.

<u>Remarques</u> 1.2. : a) Contrairement à ce qui se passe dans le cas des coefficients "continus" (cf. [H] II.7.17), un faisceau quasi-injectif n'est pas en général injectif. Soit par exemple $X = \mathrm{Spec}(\mathbb{R})$, $A = \mathbb{Z}/2\mathbb{Z}$: le faisceau A_X est quasi-injectif, mais n'est pas injectif, ni même de dimension injective finie, puisque $H^*(X ; A_X) = H^*(\mathbb{Z}/2\mathbb{Z} ; \mathbb{Z}/2\mathbb{Z})$ est une algèbre de polynômes à un générateur de dimension 1.

b) Soit I un A_X-Module quasi-injectif. Il est faux en général que la relation $\underline{\mathrm{Ext}}^i(F,I) = 0$ pour $i > 0$, valable pour F constructible, soit valable pour tout F. Prenons en effet $A = \mathbb{F}_\ell$. Soient k un corps, $\bar{k}$ une clôture séparable de k, $f : \bar{x} = \mathrm{Spec}(\bar{k}) \longrightarrow X = \mathrm{Spec}(k)$ le morphisme canonique, et supposons que, pour tout revêtement étale connexe $X' \longrightarrow X$, il existe un revêtement étale connexe $X'' \longrightarrow X'$ tel que $[X'' : X']$ soit divisible par ℓ (prendre par exemple $k = \mathbb{Q}$). Considérons la suite exacte

$$(*) \qquad 0 \longrightarrow A_X \xrightarrow{\varepsilon} f_*f^*A_X \longrightarrow F \longrightarrow 0$$

définie par la flèche d'adjonction ε. Vu l'hypothèse, la section de $\underline{Ext}^1(F,A_X)$ définie par (*) ne s'annule au-dessus d'aucun U étale sur X, donc $\underline{Ext}^1(F,A_X)_{\bar{x}} \neq 0$. Or on vérifie trivialement que A_X est quasi-injectif.

<u>Proposition 1.3</u>. (Cf. [H] 1.7.6) : Soient X un préschéma et $N \in \mathbb{Z}$. Conditions équivalentes sur $K \in \mathrm{ob}\, D^+(X)$:

(i) K est isomorphe, dans D(X), à un complexe I à degrés bornés tel que I^i soit quasi-injectif pour tout i et nul pour $i > N$;

(ii) pour tout $F \in \mathrm{ob}\, D^b_c(X)$ tel que $H^i(F) = 0$ pour $i < 0$, on a $\underline{Ext}^i(F,K) = 0$ pour $i > N$;

(iii) pour tout A_X-Module constructible F, on a $\underline{Ext}^i(F,K) = 0$ pour $i > N$.

<u>Preuve</u> : (i) $\Longrightarrow$ (ii) Soient $F \in \mathrm{ob}\, D^b_c(X)$ tel que $H^i(F) = 0$ pour $i < 0$, et $I \in \mathrm{ob}\, D^+(X)$ à degrés bornés et tel que I^i soit quasi-injectif pour tout i et nul pour $i > N$; montrons que $\underline{Ext}^i(F,I) = 0$ pour $i > N$. Raisonnant par récurrence sur le nombre d'indices i tels que $I^i \neq 0$, on se ramène, par dévissage, au cas où $N = 0$ et I est réduit au degré 0. On a alors une suite spectrale birégulière

$$E_2^{pq} = \underline{Ext}^p(H^{-q}(F),I) \;\Rightarrow\; \underline{Ext}^*(F,I) \quad .$$

Comme I est quasi-injectif, $E_2^{pq} = 0$ pour $p > 0$ et tout q, donc on a $E_2^{oi} = \underline{Hom}(H^{-i}(F),I) \xrightarrow{\sim} \underline{Ext}^i(F,I)$, d'où la conclusion.

(ii) $\Longrightarrow$ (iii) est trivial.

(iii) $\Longrightarrow$ (i) On peut supposer K à degrés bornés inférieurement et à composantes injectives. L'hypothèse, appliquée à $F = A_X$, entraîne que $H^i(K) = 0$ pour $i > N$. On peut donc remplacer K par un complexe isomorphe K', à degrés bornés et tel que K'^i soit injectif pour $i < N$ et nul pour $i > N$. On constate alors que K'^N est quasi-injectif, ce qui achève la démonstration.

Remarque 1.3.1. : Le rédacteur ignore si (1.3) est encore vraie lorsqu'on remplace, dans la condition (ii), l'hypothèse " $F \in \text{ob}\, D^b_c(X)$" par "$F \in \text{ob}\, D^+_c(X)$".

Définition 1.4. : On appellera dimension quasi-injective de K, et on notera dim.q.inj(K) la borne inférieure (dans $\overline{\mathbb{R}}$) des entiers N vérifiant les conditions équivalentes de (1.3).

Si K est de dimension quasi-injective finie, le foncteur $\mathbb{R}\,\underline{\mathrm{Hom}}(\ ,K) : D(X) \longrightarrow D(X)$ induit un foncteur $D^b_c(X) \longrightarrow D^b(X)$.

On verra plus bas que si X est lisse de dimension d sur un corps k et n premier à la caractéristique de k, $\dim.q.inj(A_X) = 2d$.
L'exemple de (1.2 a)) montre qu'un complexe de dimension quasi-injective finie n'est pas nécessairement de dimension injective finie. On a cependant :

Proposition 1.5. : Soient X un préschéma localement noethérien et $K \in \text{ob}\, D^+(X)$. On suppose qu'il existe un entier N tel que $cd_{\mathbb{L}}(X) \leq N$, où $\mathbb{L}$ est l'ensemble des diviseurs premiers de n (notation de SGAA X 1). On a alors, pour $N' \in \mathbb{Z}$,

$$\dim.q.inj(K) \leq N' \Longrightarrow \dim.inj(K) \leq N + N' .$$

On utilisera, dans la démonstration, le

<u>Lemme 1.5.1.</u> : Soit C une catégorie abélienne satisfaisant à (AB5) et possédant une famille de générateurs $(U_i)_{i \in I}$. Soient $K \in \mathrm{ob}\, D^+(C)$ et $N \in \mathbb{Z}$. Conditions équivalentes :

(i) $\dim.\mathrm{inj}(K) \leqslant N$

(ii) pour tout $i \in I$ et tout quotient F de U_i, on a

$$\mathrm{Ext}^n(F,K) = 0 \qquad \text{pour } n > N .$$

<u>Preuve</u> : Il suffit de prouver (ii) $\Longrightarrow$ (i). Par un argument bien connu (cf. par exemple [H] 1.7.6), on est ramené à montrer que si $K' \in \mathrm{ob}(C)$ est tel que $\mathrm{Ext}^1(F,K') = 0$ chaque fois que F est quotient d'un U_i, alors K' est injectif. En d'autres termes, il s'agit de prouver que, si tout morphisme d'un sous-objet V d'un U_i dans K' se prolonge à U_i, alors K' est injectif. Mais cela résulte aussitôt de la démonstration du lemme 1 p. 136 de (Tohoku).

<u>Preuve de (1.5)</u> : Supposons $\dim.\mathrm{q.inj}(K) \leqslant N'$ et prouvons $\dim.\mathrm{inj}(K) \leqslant N + N'$. Comme la catégorie des A_X-Modules admet comme générateurs les $A_{U,X}$ où U est étale de type fini sur X, il suffit, en vertu de (1.5.1), de prouver que $\mathrm{Ext}^i(X;F,K) = 0$ pour $i > N + N'$ quand F est quotient d'un tel $A_{U,X}$, donc constructible (SGAA IX 2.9). Considérons la suite spectrale

$$E_2^{pq} = H^p(X;\underline{\mathrm{Ext}}^q(F,K)) \Longrightarrow \mathrm{Ext}^*(X;F,K) .$$

L'hypothèse $cd_{\mathbb{L}}(X) \leqslant N$ (resp. $\dim.\mathrm{q.inj}(K) \leqslant N'$) implique $E_2^{pq} = 0$ pour $p > N$ (resp. $q > N'$). Donc $E_2^{pq} = 0$ pour $p+q > N+N'$, d'où la conclusion.

Remarque 1.5.2 : L'hypothèse de (1.5) est vérifiée (avec $N = 2d$) si X est un préschéma de type fini et de dimension d sur un corps k séparablement clos, n étant premier à $\mathrm{car}(k)$ (SGAA X 4).

Proposition 1.6 : Soient $f : X \longrightarrow Y$ un morphisme quasi-fini séparé de préschémas noethériens, et $K \in \mathrm{ob}\, D^+(Y)$. Alors, pour $N \in \mathbb{Z}$, on a

$$\mathrm{dim.q.inj}(K) \leqslant N \Longrightarrow \mathrm{dim.q.inj}(\mathbb{R}^! f(K)) \leqslant N .$$

Preuve : D'après le "Main theorem" (EGA IV 8.12.6), il existe une factorisation de f en $f = uf'$, où f' est une immersion ouverte et u un morphisme fini. On a $\mathbb{R}^! f = \mathbb{R}^! f' \, \mathbb{R}^! u$, ce qui nous ramène à examiner séparément le cas d'une immersion ouverte et d'un morphisme fini. Si f est une immersion ouverte, l'assertion est triviale (puisque tout faisceau constructible sur X est alors induit par un faisceau constructible sur Y). Supposons donc que f soit un morphisme fini, et soit F un A_X-Module constructible.
On a alors les isomorphismes de dualité (SGAA XVIII 3.1.9.6)

$$f_* \underline{\mathrm{Ext}}^i(F, \mathbb{R}^! f(K)) \xrightarrow{\sim} \underline{\mathrm{Ext}}^i(f_* F, K) .$$

Comme $f_*(F)$ est constructible (SGAA IX 2.14), il en résulte que, si $\mathrm{dim.q.inj}(K) \leqslant N$, on a $f_* \underline{\mathrm{Ext}}^i(F, \mathbb{R}^! f(K)) = 0$ pour $i > N$, donc $\underline{\mathrm{Ext}}^i(F, \mathbb{R}^! f(K)) = 0$ pour $i > N$ (SGAA VIII 5.5), cqfd.

Soient maintenant X un préschéma, et $K \in \mathrm{ob}\, D^+(X)$. Notons $\underline{D}_K$ le foncteur $\mathbb{R}\underline{\mathrm{Hom}}(\ ,K)$. Nous allons définir, pour $F \in \mathrm{ob}\, D(X)$ un homomorphisme fonctoriel $F \longrightarrow \underline{D}_K \underline{D}_K F$ (cf. [H] V.1.2). La construction qui suit vaudrait plus généralement sur un topos annelé. On peut d'abord supposer K

formé d'injectifs, ce qui permet "d'ôter les $\mathbb{R}$ ". Le morphisme identique $\underline{Hom}(F,K) \longrightarrow \underline{Hom}(F,K)$ définit, par la formule chère à Cartan, un homomorphisme $F \otimes \underline{Hom}(F,K) \longrightarrow K$, d'où, par une deuxième application de ladite, un homomorphisme $F \longrightarrow \underline{Hom}(\underline{Hom}(F,K),K)$, qui est l'homomorphisme annoncé, et qu'on baptise homomorphisme canonique. On dit que le couple (F,K) est bidualisant, ou satisfait à la bidualité, ou encore que F est réflexif relativement à K, si l'homomorphisme canonique $F \longrightarrow \underline{D}_K \underline{D}_K F$ est un isomorphisme.

A partir de maintenant, tous les préschémas considérés seront, sauf mention expresse du contraire, supposés localement noethériens.

Définition 1.7 : Soit X un préschéma. On dit qu'un complexe $K \in \text{ob } D^+(X)$ est dualisant si les conditions suivantes sont vérifiées :

(i) K est de dimension quasi-injective finie;

(ii) pour tout $F \in \text{ob } D^-_c(X)$, on a $\underline{D}_K(F) \in \text{ob } D^+_c(X)$;

(iii) tout $F \in \text{ob } D^b_c(X)$ est réflexif relativement à K .

Remarques 1.8 : a) Par un dévissage standard (tronquer F et utiliser le fait que $D_c(X)$ est triangulée), on voit que la condition (ii) équivaut à

(ii bis) : pour tout A_X-Module constructible F et tout $i \in Z$, $\underline{Ext}^i(F,K)$ est constructible.

b) La condition (ii bis) implique $K \in \text{ob } D^+_c(X)$. Contrairement à l'exemple des faisceaux cohérents (EGA 0_{III} 12.3.3), la réciproque n'est peut-être pas automatiquement vérifiée. Elle l'est cependant (voir n° 3) dans les "bons" cas, par exemple lorsqu'on dispose sur X de la résolution des singularités et de la pureté en particulier si X est un excellent préschéma de caractéristique nulle).

c) Par dévissage sur F, on voit que la condition (iii) équivaut à (iii bis) ; tout A_X-Module constructible F est réflexif relativement à K.

d) Si $K \in \mathrm{ob}\, D^+(X)$ vérifie (i) et (ii) (resp. est dualisant), le foncteur $\underline{D}_K$ induit un foncteur (resp. une équivalence de catégories) $(D^b_c(X))^o \to D^b_c(X)$.

e) Si $K \in \mathrm{ob}\, D^+(X)$ est de dimension <u>injective</u> finie (cf. 1.5.2) et vérifie (ii), alors, pour tout $F \in \mathrm{ob}\, D_c(X)$, on a $\underline{D}_K(F) \in D_c(X)$, et $\underline{D}_K$ induit un foncteur $(D^+_c(X))^o \longrightarrow D^-_c(X)$.
Si en outre K est dualisant, tout $F \in \mathrm{ob}\, D_c(X)$ est réflexif relativement à K, et $\underline{D}_K$ induit des équivalences de catégories
$(D_c(X))^o \xrightarrow{\approx} D_c(X), (D^-_c(X))^o \xrightarrow{\approx} D^+_c(X), (D^+_c(X))^o \xrightarrow{\approx} D^-_c(X)$. On ignore si cette conclusion reste valable sans la restriction que K soit de dimension injective finie.

Abordons maintenant les "<u>formules d'échange</u>".

Nous ne reviendrons pas sur la notion de tor-dimension d'un complexe (SGAA XVII 4.1.9) (*). Retenons seulement que si X est un préschéma et $G \in \mathrm{ob}\, D^-(X)$, la relation $\underline{\mathrm{Tor}}_i(F,G) = 0$ pour $i > N$ et tout A_X-Module F équivaut à la même avec F constructible (grâce à SGAA IX 2.9. et à la commutativité de $\overset{L}{\otimes}$ aux limites inductives), donc qu'il n'y a pas à introduire de notion de "quasi-tor-dimension" !

(*) Voir aussi (SGA 6 I 5).

Lemme 1.9 (cf. [H] II 4.3) : a) Soient X un préschéma, $F \in \mathrm{ob}\, D_c(X)$, $G \in \mathrm{ob}\, D_c^-(X)$. On a $F \overset{L}{\otimes} G \in \mathrm{ob}\, D_c(X)$ si $F \in \mathrm{ob}\, D_c^-(X)$ ou si G est de tor-dimension finie.

b) Soient $f : X \longrightarrow Y$ un morphisme de préschémas, et $G \in \mathrm{ob}\, D_c(Y)$. Alors, $f^*(G) \in \mathrm{ob}\, D_c(X)$.

Preuve : L'assertion b) résulte trivialement de (SGAA IX 2.4).
Prouvons a). L'une ou l'autre des hypothèses sur (F,G) implique quela suite spectrale

$$E_2^{pq} = \sum_{q_1 + q_2 = q} \underline{\mathrm{Tor}}_{-p}(H^{q_1}(F), H^{q_2}(G)) \Longrightarrow H^*(F \overset{L}{\otimes} G)$$

est birégulière. On est donc ramené à prouver a) quand F et G sont réduits au degré 0, i.e. sont des A_X-Modules constructibles. La question étant locale, on peut supposer X noethérien. F admet alors (SGAA IX 2.7) une résolution gauche F', où les F'^i sont de la forme $A_{U,X}$, avec U étale et de type fini sur X. On a $F \overset{L}{\otimes} G \simeq F' \otimes G$, et l'on gagne car les $A_{U,X} \otimes G$ sont constructibles.

Notation 1.10.: Si X est un préschéma, nous désignerons par $D^b(X)_{\mathrm{torf}}$ (resp. $D^b(X)_{\mathrm{qinjf}}$) la sous-catégorie pleine de $D(X)$ formée des objets de tor-dimension finie (resp. de dimension quasi-injective finie).

Proposition 1.11 (cf. [H] V 2.6) : Soient X un préschéma et $K \in \mathrm{ob}\, D^+(X)$.

a) Pour $F \in \mathrm{ob}\, D^-(X)$ et $G \in \mathrm{ob}\, D^-(X)$ (resp. $F \in \mathrm{ob}\, D(X)$ et $G \in \mathrm{ob}\, D^b(X)_{\mathrm{torf}}$), il existe un isomorphisme fonctoriel

$$\underline{D}_K(F \overset{L}{\otimes} G) \xrightarrow{\sim} \mathbb{R}\underline{\mathrm{Hom}}(F, \underline{D}_K(G)) .$$

b) Si K satisfait aux conditions (i) et (ii) de (1.7), on a l'implication

$$G \in \text{ob } D_c^b(X)_{\text{torf}} \Longrightarrow \underline{D}_K(G) \in \text{ob } D_c^b(X)_{\text{qinjf}} \text{ et } \underline{D}_K(G) \text{ satisfait}$$

à (1.7. (ii)).

c) Si K est dualisant, il existe, pour $F \in \text{ob } D_c^-(X)$ et $G \in \text{ob } D_c^b(X)$ (resp. $F \in \text{ob } D(X)$, $G \in \text{ob } D_c^b(X)$ et $\underline{D}_K(G) \in \text{ob } D_c^b(X)_{\text{torf}}$) un isomorphisme fonctoriel

$$\underline{D}_K(F \overset{L}{\otimes} \underline{D}_K(G)) \xrightarrow{\sim} \mathbb{R}\,\underline{\text{Hom}}(F,G) .$$

On a en outre l'implication

$$\underline{D}_K(G) \in \text{ob } D_c^b(X)_{\text{torf}} \Longrightarrow G \in \text{ob } D_c^b(X)_{\text{qinjf}} \text{ et } G \text{ satisfait}$$

à (1.7. (ii).

d) Si K est dualisant et de dimension injective finie, les implications de b) et c) sont des équivalences.

Preuve : a) n'est autre que la formule d'adjonction chère à Cartan (SGA 6 I 7.4).

b) Soit $G \in \text{ob } D_c^b(X)_{\text{torf}}$. Si F est un A_X-Module constructible variable, les objets de cohomologie de $F \overset{L}{\otimes} G$ sont constructibles (1.9), et nuls en dehors de deux bornes fixes indépendantes de F. Donc il en est de même des objets de cohomologie de $\underline{D}_K(F \overset{L}{\otimes} G)$,et l'on gagne grâce à a).

c) La première assertion résulte de la formule a) appliquée à $\underline{D}_K(G)$ au lieu de G, et de la réflexivité de G. La seconde s'en déduit par un raisonnement analogue à b).

d) Prouvons par exemple l'implication réciproque de b). Supposons que $\underline{D}_K(G) \in \operatorname{ob} D^b_c(X)_{qinjf}$ et que $\underline{D}_K(G)$ satisfait à (1.7.(ii)). Alors, pour F constructible variable, les objets de cohomologie de $\underline{D}_K(F \overset{L}{\otimes} G)$ sont constructibles et nuls en dehors de deux bornes fixes. Donc il en est de même des objets de cohomologie de $\underline{D}_K\underline{D}_K(F \overset{L}{\otimes} G)$, mais $F \overset{L}{\otimes} G \xrightarrow{\sim} \underline{D}_K\underline{D}_K(F \overset{L}{\otimes} G)$ puisque K est dualisant et de dimension injective finie (1.8 d)), donc G est de tor-dimension finie. L'implication réciproque de c) se démontre de manière analogue.

Remarques 1.11.1 a) Le rédacteur ignore si l'assertion d) de (1.11) est valable sous la seule hypothèse que K soit dualisant.

b) On traduit la proposition précédente de manière imagée en disant que le foncteur dualisant $\underline{D}_K$ échange les foncteurs $\overset{L}{\otimes}$ et $\mathbb{R}\,\underline{\operatorname{Hom}}$, ainsi que les notions de tor-dimension finie et de dimension quasi-injective finie, (l'échange n'étant d'ailleurs tout à fait satisfaisant que lorsque K est de dimension injective finie).

Proposition 1.12 : Soient Y un préschéma noethérien, $f : X \longrightarrow Y$ un morphisme de type fini, $K \in \operatorname{ob} D^+(Y)$. Supposons n premier aux caractéristiques résiduelles de Y, et posons $K_X = \mathbb{R}^! f(K_Y)$ (SGAA XVIII 3.1), $\underline{D}_X = \underline{D}_{K_X}$, $\underline{D}_Y = \underline{D}_{K_Y}$.

a) Il existe, pour $F \in \operatorname{ob} D^-(X)$, un isomorphisme fonctoriel

(i) $$\mathbb{R} f_* \underline{D}_X(F) \xrightarrow{\sim} \underline{D}_Y \mathbb{R}_! f(F) .$$

Si en outre K_X et K_Y sont dualisants (1), il existe, pour $F \in \text{ob } D_c^b(X)$, un isomorphisme fonctoriel

(ii) $\mathbb{R}_! f \, \underline{D}_X(F) \xrightarrow{\sim} \underline{D}_Y \, \mathbb{R} f_*(F)$.

b) Il existe, pour $F \in D_c^-(Y)$, un isomorphisme fonctoriel (2)

(i) $\mathbb{R}^! f \, \underline{D}_Y(F) \xrightarrow{\sim} \underline{D}_X \, f^*(F)$.

Si en outre K_X et K_Y sont dualisants (1), il existe, pour $F \in D_c^b(Y)$, un isomorphisme fonctoriel

(ii) $f^* \, \underline{D}_Y \, F \xrightarrow{\sim} \underline{D}_X \, \mathbb{R}^! f \, F$.

<u>Preuve</u> : a) (i) n'est autre que l'isomorphisme de dualité (SGAA XVIII 3.1.9.6)

a) (ii) s'obtient en appliquant $\underline{D}_Y$ aux deux membres de a) (i) écrit pour l'argument $\underline{D}_X F$, et utilisant le "th. de finitude" (SGAA XVII 5.3.6) qui assure que $\mathbb{R}_! f(\underline{D}_X(F)) \in \text{ob } D_c(Y)$.

b) (i) n'est autre que la "formule d'induction" (SGAA XVIII 3.1.12.2).

b) (ii) s'obtient en appliquant $\underline{D}_X$ aux deux membres de b) (i) écrit pour l'argument $\underline{D}_Y F$, et utilisant (1.9. b)).

<u>Scholie</u> : On peut dire, de manière imagée, que les foncteurs dualisants

---

(1) On verra plus bas que, sous des conditions assez générales, K_Y dualisant implique K_X dualisant.

(2) Si le foncteur $\mathbb{R}^! f$ est de dimension cohomologique finie, ce qui est le cas par exemple lorsque Y est de type fini sur un corps (SGAA X 4.3. et XVIII 3.1.7), l'isomorphisme b)(i) est valable pour $F \in \text{ob } D_c(Y)$.

$\underline{D}_X$ et $\underline{D}_Y$ échangent les notions d'image directe (resp. inverse) habituelle et inhabituelle : $\mathbb{R}f_*$ et $\mathbb{R}_!f$ (resp. f^* et $\mathbb{R}^!f$).

Corollaire 1.13 : Sous les hypothèses de 1.12, supposons en outre f propre, et soit $F \in \mathrm{ob}\, D^-(X)$. Si (F,K_X) est bidualisant, $(\mathbb{R}f_*F,K_Y)$ est bidualisant. Inversement, si f est fini, et si $(\mathbb{R}f_* F, K_Y)$ est bidualisant, (F,K_X) est bidualisant.

Preuve : Supposons (F,K_X) bidualisant. Appliquant $\mathbb{R}f_*$ à l'isomorphisme canonique $F \xrightarrow{\sim} \underline{D}_X^2 F$, il vient :

$$\begin{aligned} \mathbb{R}f_* F &\xrightarrow{\sim} \mathbb{R}f_* \underline{D}_X \underline{D}_X F \\ &\xrightarrow{\sim} \underline{D}_Y \mathbb{R}f_* \underline{D}_X F \qquad \text{(par a) (i))} \\ &\xrightarrow{\sim} \underline{D}_Y \underline{D}_Y \mathbb{R}f_* F \qquad \text{(par a) (i))} . \end{aligned}$$

Le lecteur courageux se persuadera que l'isomorphisme obtenu est le canonique, ce qui démontre(ra) la première assertion.

Supposons maintenant f fini, et (f_*F,K_Y) bidualisant ($\mathbb{R}f_* = f_*$, f étant fini), et prouvons que le morphisme canonique $F \longrightarrow \underline{D}_X^2 F$ est un isomorphisme. Par le lemme 1.14 a) ci-dessous, il suffit de montrer que le morphisme qui s'en déduit $f_*F \longrightarrow f_* \underline{D}_X^2 F$ est un isomorphisme. Mais, par une double application de a) (i), "on se persuade" que ce dernier n'est autre que l'isomorphisme canonique $f_*F \longrightarrow \underline{D}_Y^2 f_*F$, ce qui achève la démonstration.

Lemme 1.14 : Soit $f : X \longrightarrow Y$ un morphisme fini de préschémas.

a) Soit $u : F \longrightarrow G$ une flèche de $D(X)$. Pour que u soit un isomorphisme, il faut et il suffit que f_*u le soit.

b) Soit $F \in \text{ob } D(X)$. Pour que $F \in \text{ob } D_c(X)$, il faut et il suffit que $f_*F \in \text{ob } D_c(F)$.

<u>Preuve</u> : a) Le foncteur f_* étant exact, on peut se borner au cas où F et G sont réduits au degré zéro. L'assertion résulte alors aussitôt du calcul des fibres de f_*F (resp. f_*G) (SGAA VIII 5.5).

b) On peut de même se borner au cas où F est réduit au degré zéro. La nécessité est connue (SGAA IX 2.14), prouvons la suffisance, i.e. montrons que f_*F constructible implique F constructible. La question étant locale (en haut, donc a fortiori en bas), on peut supposer Y (donc X) affine. Il existe alors (EGA IV 17.16.6) une famille finie (Y_i) de sous-préschémas affines de Y, deux à deux disjoints et de réunion Y, telle que, si $X_i = X \times_Y Y_i$, le morphisme induit $f_i : X_i \longrightarrow Y_i$ se décompose en $X_i \xrightarrow{u_i} X_i' \xrightarrow{v_i} Y_i$, où u_i est un morphisme fini radiciel surjectif, et v_i un morphisme fini étale. Posons $F|X_i = F_i$. Par le théorème de changement de base pour un morphisme fini (SGAA VIII 5.5), on a $f_{i*}(F_i) \longrightarrow (f_*F)|Y_i$, et l'on est ramené (SGAA IX 2.8) à prouver l'assertion pour (f_i, F_i). Posons $F_i' = u_{i*}(F_i)$, donc $f_{i*}(F_i) = v_{i*}(F_i')$. Il est clair sur la définition de la constructibilité (resp. résulte de SGAA VIII 1.1) que F_i (resp. F_i') est constructible si et seulement si F_i' (resp. $v_{i*}(F_i')$) l'est, d'où la conclusion voulue.

<u>Corollaire 1.15</u> : Soit $f : X \longrightarrow Y$ un morphisme quasi-fini séparé de préschémas noethériens. Soit $K_Y \in \text{ob } D^+(Y)$, et posons, comme en 1.12, $K_X = \mathbb{R}^! f(K_Y)$, $\underline{D}_X = \underline{D}_{K_X}$, $\underline{D}_Y = \underline{D}_{K_Y}$. Alors, si K_Y est dualisant, K_X est dualisant.

Preuve : On sait déjà (1.5) que si K_Y est de dimension quasi-injective finie, il en est de même de K_X. Montrons que si K_Y satisfait à la condition (ii) (resp. (iii)) de (1.7), K_X y satisfait également. D'après le "Main theorem" (EGA IV 8.12.6), f se factorise en f'i, où i est une immersion ouverte et f' un morphisme fini. Comme $\mathbb{R}^! f \simeq \mathbb{R}^! i\ \mathbb{R}^! f'$, on doit donc regarder séparément le cas d'une immersion ouverte et d'un morphisme fini. Si f est une immersion ouverte, l'assertion est triviale, vu qu'un faisceau constructible sur X est induit par un faisceau constructible sur Y, et que la formation des $\mathbb{R}$ $\underline{\mathrm{Hom}}$ commute à la restriction à un ouvert. Supposons donc f fini. On sait alors (1.13) que si K_Y satisfait à (iii), K_X aussi (compte tenu du théorème de finitude SGAA IX 2.14). Reste à prouver que si K_Y satisfait à (ii), K_X aussi. Soit $F \in \mathrm{ob}\ D_c^-(X)$, montrons que $\underline{D}_X(F) \in \mathrm{ob}\ D_c^+(X)$. Par le théorème de finitude, on a $f_*(F) \in \mathrm{ob}\ D_c^-(Y)$, donc, par hypothèse, $\underline{D}_Y f_*(F) \in \mathrm{ob}\ D_c^+(Y)$. Mais $\underline{D}_Y f_*(F) \simeq f_* \underline{D}_X(F)$ (1.12 a)(i)), et l'on gagne grâce à (1.14 b)).

2. Unicité du complexe dualisant

Dans ce numéro, on suppose A local, i.e. que $A = \mathbb{Z}/\ell^\nu\mathbb{Z}$, ℓ premier.

Théorème 2.1 (cf. [H] V 3.1) : Soit X un préschéma (localement noethérien) connexe, et soit K un complexe dualisant sur X (1.6).
Soit d'autre part $K' \in \mathrm{ob}\ D_c^+(X)$. Pour que K' soit dualisant, il faut et il suffit qu'il existe un A_X-Module inversible L et un entier r (qui sont

alors déterminés à isomorphisme unique près) tels que :

$$K' \simeq K \overset{L}{\otimes} L[r] \quad .$$

<u>Preuve</u> : Soit L un A_X-Module inversible, r un entier, et posons $L^{\vee} = \underline{Hom}(L, A_X)$. Il existe, pour $F \in \text{ob}\, D(X)$ et $G \in \text{ob}\, D^+(X)$, des isomorphismes canoniques :

$$(*) \quad \mathbb{R}\,\underline{Hom}(F \overset{L}{\otimes} L^{\vee}[-r]\,,\, G) \simeq \mathbb{R}\,\underline{Hom}(F\,,\, G \overset{L}{\otimes} L[r]) \simeq \mathbb{R}\,\underline{Hom}(F,G) \overset{L}{\otimes} L[r] \,.$$

On en déduit aisément que, si $K' \simeq K \overset{L}{\otimes} L[r]$, K' est dualisant.
En outre, si l'on pose $\underline{D}_K = \underline{D}$, $\underline{D}_{K'} = \underline{D}'$, on a, pour $F \in \text{ob}\, D(X)$, $\underline{D}'F \simeq \underline{D}F \overset{L}{\otimes} L[r]$ d'après (*), donc, comme $\underline{D}K \simeq A_X$, on a

$$\underline{D}'K \simeq L[r] \quad ,$$

ce qui montre que $L[r]$, donc L et r sont déterminés de manière essentiellement unique par K'.

Inversement, supposons K' dualisant, et posons

$$P = \underline{D}'K = \underline{D}'\underline{D}A_X = \mathbb{R}\ \underline{Hom}(K,K') \,.$$

Nous allons montrer que l'on a

a) $\qquad K' \simeq K \overset{L}{\otimes} P$,

b) $\qquad P \simeq L[r]$, pour un A_X-Module inversible L, ce qui achèvera la démonstration du théorème.

Remarquons d'abord qu'en vertu de 1.9 b)(ii) on a, pour $F \in \text{ob}\, D_c(X)$,

$$(**) \qquad F \overset{L}{\otimes} P \simeq \underline{D}'\underline{D}F \,.$$

Appliquant (**) à $F = K$, il vient

$$K \overset{L}{\otimes} P \simeq \underline{D}'\underline{D}K \simeq \underline{D}'A_X = K', \text{ ce qui prouve a).}$$

Appliquant (**) à $F = P' = \underline{DD}'A_X$, il vient

$$P' \overset{L}{\otimes} P = \underline{D}'\underline{DDD}'A_X \simeq \underline{D}'\underline{D}'A_X \simeq A_X .$$

Donc b) sera conséquence du lemme suivant :

Lemme 2.2. (cf. [H] V 3.3) : Soit X un préschéma localement noethérien connexe, et soient $P, P' \in$ ob $D_c^-(X)$ tels que $P \overset{L}{\otimes} P' \simeq A_X$. Il existe alors un A_X-Module inversible L et un entier r tels que

$$P \simeq L[r] , P' \simeq L^\vee[-r] .$$

La démonstration va se faire en deux pas.

1) Cas particulier : $X = \mathrm{Spec}(k)$, k corps séparablement clos. Il n'y a qu'à recopier la démonstration (d'ailleurs facile) donnée dans [H] (loc. cit.). Le point important est que (EGA $\underline{\underline{0}}_I$ 5.4.3) si M et M' sont deux A-modules de type fini tels que $M \otimes M' \simeq A$, alors M et M' sont inversibles et $M' \simeq M^\vee$; c'est ici qu'intervient l'hypothèse A local.

2) Cas général.

En vertu du cas particulier précédent, il existe, pour tout $x \in X$, un entier $r(x)$ tel que $P_{\bar{x}} \simeq A_{\bar{x}}[r(x)]$, $P'_{\bar{x}} \simeq A_{\bar{x}}[-r(x)]$, i.e. $H^i(P_{\bar{x}}) = 0$ (resp. $H^i(P'_{\bar{x}}) = 0$) pour $i \neq -r(x)$ (resp. $+r(x)$), et $H^{-i(x)}(P_{\bar{x}}) \simeq A_{\bar{x}}$, $H^{+r(x)}(P'_{\bar{x}}) \simeq A_{\bar{x}}$. Il s'agit de montrer que la fonction $x \longmapsto r(x)$ est localement constante. En effet, supposons ce

point acquis. Comme X est connexe, r est constante, disons de valeur r_o.
On a donc $H^i(P) = 0$ pour $i \neq -r_o$, $H^i(P') = 0$ pour $i \neq r_o$, et
$H^{-r_o}(P) \otimes H^{r_o}(P') \simeq A$. Posons $H^{-r_o}(P) = L$, $H^{r_o}(P') = L'$.
Soit $u : \bar{x} \longrightarrow \bar{y}$ une flèche de spécialisation (SGAA VIII 7.2),
$u^* : L_{\bar{y}} \longrightarrow L_{\bar{x}}$, $u'^* : L'_{\bar{y}} \longrightarrow L'_{\bar{x}}$ les morphismes de spécialisation
correspondants (SGAA VIII 7.7). On a un diagramme commutatif

$$(*) \qquad \begin{array}{ccc} L_{\bar{y}} \otimes L'_{\bar{y}} & \xrightarrow{\sim} & A_{\bar{y}} \\ \downarrow{\scriptstyle u^* \otimes u'^*} & & \downarrow \\ L_{\bar{x}} \otimes L'_{\bar{x}} & \xrightarrow{\sim} & A_{\bar{x}} \end{array} \quad .$$

Choisissons une base e (resp. f) de $L_{\bar{x}}$ (resp. $L_{\bar{y}}$) sur $A_{\bar{x}}$ (resp. $A_{\bar{y}}$), et
notons e' (resp. f') la base "duale" de $L'_{\bar{x}}$ (resp. $L'_{\bar{y}}$), i.e. telle que
l'image de $e \otimes e'$ (resp. $f \otimes f'$) dans $A_{\bar{x}}$ (resp. $A_{\bar{y}}$) soit égale à 1.
On a $u^*(f) = \lambda e$, $u'^*(f') = \lambda' e'$, et la commutativité de $(*)$ implique
$\lambda \lambda' = 1$, donc u^* est un isomorphisme (et u'^* l'isomorphisme "contragrédient"). En vertu de (SGAA IX 2.13), cela entraîne que L et L' sont
localement constants, donc de présentation finie comme A_X-Modules. Par
suite, si $x \in X$, la flèche canonique $\underline{\mathrm{Hom}}(L,F)_{\bar{x}} \longrightarrow \mathrm{Hom}(L_{\bar{x}}, F_{\bar{x}})$ est un
isomorphisme pour tout A_X-Module F. Comme les fibres géométriques de L
sont inversibles, il en résulte que L est inversible. De même L' est
inversible, et $L' \simeq L^{\vee}$. Donc on a $P \simeq L[-r_o]$, $P' \simeq \check{L}[+r_o]$.
Tout revient donc à montrer que la fonction r est localement constante.
Pour $m \in \mathbb{Z}$, on a $r(x) = m$ si et seulement si $H^m(P')_{\bar{x}} \neq 0$, donc, en
vertu de (SGAA IX 2.4), r est localement constructible. Par conséquent,

pour vérifier qu'elle est localement constante, on peut, par (EGA IV 1.10.1), supposer X local. Soit x le point fermé de X, et soit U l'ouvert complémentaire.

On va montrer que r est constante. Raisonnant par récurrence sur la dimension de X, on peut déjà supposer que $r(y)$ est constant et égal à r_o pour $y \in U$, et il s'agit de prouver que $r(x) = r_o$.
Supposons qu'il n'en soit pas ainsi, i.e. que l'on ait $r(x) \neq r_o$, et montrons que l'on aboutit à une contradiction. Par hypothèse, on a $P|U \simeq L[r_o]$, où L est un A_U-Module inversible. Quitte à translater les degrés, on peut supposer $r_o = 0$. On a d'autre part $r(x) \neq 0$, disons $r(x) = a > 0$. Notons $i : U \longrightarrow X$, et $j : x \longrightarrow X$ les inclusions canoniques.

Ecrivons la suite exacte :

$$(**) \qquad 0 \longrightarrow i_!\,(P|U) \longrightarrow P \longrightarrow j_*j^*P \longrightarrow 0 \ .$$

Par hypothèse, les seuls objets de cohomologie non nuls de P sont $\underline{H}^o(P)$ et $\underline{H}^{-a}(P)$, et l'on a $\underline{H}^o(P) \simeq i_!(L)$. Il en résulte que $(**)$ splitte naturellement (grâce à la flèche $P \longrightarrow \underline{H}^o(P)$), donc que l'on a

$$P \simeq i_!(P|U) + j_*j^*P \ . \text{ On en déduit}$$

$$\begin{aligned} P \overset{L}{\otimes} P' &\simeq i_!(P|U) \overset{L}{\otimes} P' + j_*j^*(P) \overset{L}{\otimes} P' \\ &\simeq i_!(P|U \overset{L}{\otimes} P'|U) + j_*(j^*P \overset{L}{\otimes} j^*P') \\ &\simeq i_!(A_U) + j_*(A_x) \ , \end{aligned}$$

ce qui est absurde, puisque $i_!(A_U) + j_*(A_x)$ n'est manifestement pas isomorphe à A_X (déjà les H^o ne sont pas isomorphes !).
Cela achève la démonstration du lemme 2.2.

3. Existence de complexes dualisants.

3.1. Préliminaires.

Comme il a été dit dans l'introduction, l'objet de ce paragraphe est de prouver que, sur un "bon" préschéma régulier X, le faisceau A_X est dualisant, n étant supposé premier aux caractéristiques résiduelles. En réalité, on aimerait qu'il en soit ainsi sur les préschémas excellents réguliers d'égales caractéristiques, mais il ne fait pas de doute que la démonstration donnée plus bas s'étendra à ceux-ci lorsqu'on disposera dans ce cas de la résolution des singularités et du théorème de pureté.

Nous allons d'abord présenter les divers ingrédients que nous aurons à utiliser.

3.1.1. Lieu singulier. Soit X un préschéma (localement noethérien). Nous dirons que X vérifie la condition (reg) si les propriétés équivalentes suivantes sont vérifiées (EGA IV 6.12.3) :

(i) pour tout sous-préschéma Y de X, l'ensemble Reg(Y) des points réguliers de Y est ouvert dans Y;

(ii) pour tout sous-préschéma fermé intègre Y de X, Reg(Y) contient un ouvert non vide de Y.

La condition (reg) est vérifiée si X est localement de type fini sur un anneau local noethérien complet (par exemple un corps) (EGA IV 6.12.8), ou sur un anneau de Dedekind dont le corps des fractions est de car. 0 (par exemple $\mathbb{Z}$) (EGA IV 6.12.6), plus généralement si X est excellent (EGA IV 7.8.6).

3.1.2. <u>Dévissage de faisceaux constructibles</u>. Soit X un préschéma noethérien, et soit C une sous-catégorie strictement pleine de la catégorie Cons(X) des A_X-Modules constructibles. On suppose C stable par facteurs directs et extensions. Conditions équivalentes :

(i) C = Cons(X) ;

(ii) C contient les faisceaux du type $i_!(F)$, où $i : Y \longrightarrow X$ est l'immersion d'un sous-préschéma intègre, et F est localement constant sur Y ;

(iii) C contient les faisceaux du type $f_* i_!(A'_U)$, où $i : U \longrightarrow Y$ est un ouvert d'un préschéma intègre, $f : Y \longrightarrow X$ est un morphisme fini tel que le point générique de Y soit séparable sur son image et $A' = \mathbb{Z}/\ell\mathbb{Z}$, pour ℓ diviseur premier de n .

Si X vérifie (reg) (3.1.1.), ces conditions sont encore équivalentes aux suivantes :

(ii bis) : analogue à (ii), Y étant de plus régulier ;

(iii bis) : analogue à (iii), avec U régulier.

Si en outre X est affine, on peut supposer dans (ii) (resp. (ii bis)) Y fermé dans un ouvert du type D(f), $f \in \Gamma(X;\underline{O}_X)$.

<u>Preuve</u> : L'équivalence de (i)-(iii) a été prouvée dans (SGAA IX 2.5 et 5.8). Les autres assertions s'en déduisent par récurrence noethérienne.

3.1.3. <u>Dimension cohomologique</u>. Soit X un préschéma (localement noethérien). Nous noterons $(\underline{\text{cdloc}})_n$ la condition suivante :

Pour tout sous-préschéma Y de X, tout point géométrique $\bar{y}$ de Y, et tout

$f \in \Gamma(\bar{Y}(\bar{y});\underline{O}_{Y,\bar{y}})$ (où $\bar{Y}(\bar{y})$ désigne (cf. SGAA VIII 7.1.) le localisé strict de Y en $\bar{y}$) on a

$$\mathrm{cd}_{\mathbb{L}}(\bar{Y}(\bar{y}) - V(f)) \leqslant \dim \underline{O}_{Y,\bar{y}} \quad (= \dim \underline{O}_{Y,y} \text{ par EGA IV 6.1.3}),$$ où

$\mathbb{L}$ est l'ensemble des nombres premiers qui divisent n.

La condition (cdloc_n) est vérifiée si X est localement de type fini sur un corps (SGAA XIV 3.5), ou est un préschéma excellent de caractéristique nulle (SGAA XIX 6.2.).(*)

3.1.4. Pureté cohomologique absolue. Soit X un préschéma régulier, et soit Y un sous-préschéma fermé régulier de X de codimension d en tout point. On dit que le couple (X,Y) satisfait au théorème de pureté cohomologique absolue (relativement à n) si l'on a :

$$\underline{H}^i_Y(A_X) = 0 \qquad \text{pour } i \neq 2d, \text{ et}$$

si l'homomorphisme "classe fondamentale locale" (SGAA $4^{1/2}$ Cycle 2.2)

$$A_Y \longrightarrow \underline{H}^{2d}_Y((\mu_n)_X^{\otimes d})$$

est un isomorphisme.

On dit que le théorème de pureté (cohomologique) absolue est vrai sur X si tout couple (U,Y) comme ci-dessus y satisfait, où U est un ouvert de X.

Le théorème de pureté absolue est vrai sur X si X est lisse sur un corps parfait de car. première à n , (SGAA XVI 3.9), ou est un préschéma excellent de caractéristique nulle (SGAA XIX 3.2), ou est un préschéma régulier de dimension 1 (cf 5.1).(*)

(*) (ajouté en 1977) ou, d'après un résultat récent de G. Ofer, si X est excellent, régulier, et de dimension 2 .

3.1.5. Résolution des singularités à la Hironaka.

a) Soit X un préschéma régulier, et soit D un diviseur $\geqslant 0$ sur X. On dit que D est strictement à croisements normaux s'il existe une famille finie $(f_i)_{i \in I}$ d'éléments de $\Gamma(X;\underline{O}_X)$ telle que $D = \sum_{i \in I} \operatorname{div}(f_i)$ (EGA IV 21) et que pour tout $x \in \operatorname{Supp}(D)$ les $(f_i)_x$ tels que $(f_i)_x \in \underline{m}_x$ fassent partie d'une suite de paramètres réguliers. On dit que D est à croisements normaux si D est, localement pour la topologie étale, strictement à croisements normaux.

L'exemple-type d'un diviseur à croisements normaux est fourni par une réunion localement finie d'hyperplans de coordonnées dans l'espace affine type.

b) Soit X un préschéma localement noethérien. Nous dirons que X est fortement désingularisable si la condition suivante est vérifiée :

Pour tout morphisme fini $f : Y \longrightarrow X$, où Y est intègre et de point générique séparable sur son image, et tout ouvert régulier U de Y, il existe un morphisme propre et birationnel $h : Y' \longrightarrow Y$, où Y' est régulier, h induit un isomorphisme de $U' = h^{-1}(U)$ sur U, et $Y' - U'$ est un diviseur à croisements normaux.

Voici des cas où X est fortement désingularisable :

a) X est excellent, de caractéristique nulle ([2]);

b) X est localement noethérien, régulier, et de dimension $\leqslant 1$;

c) X est de type fini sur $\mathbb{Z}$ ou sur un corps parfait, et de dimension $\leqslant 2$ ([1]).(*)

(*) (ajouté en 1977) plus généralement, si X est excellent noethérien de dimension ≤ 2, d'après H. Hironaka, Desingularization of excellent surfaces, notes by B. Bennett, Bowdoin college, 1967 (à compléter éventuellement par H. Hironaka, Certain numerical characters of singularities, J. of Math of Kyoto Univ., 10, 1970, p. 151-187).

3.1.6. <u>Finitude cohomologique</u>. Soit $f : X \longrightarrow Y$ un morphisme de préschémas, et soit $F \in \text{ob}\, D_c^+(X)$. On a $\mathbb{R} f_*(F) \in \text{ob}\, D_c^+(Y)$ dans les cas suivants :

a) f est propre et de présentation finie (SGAA XIV 1.1);

b) "lorsqu'on dispose de la résolution des singularités et du théorème de pureté", en particulier

(i) si X et Y sont localement de type fini sur un corps k de caractéristique 0 et f un k-morphisme de type fini (SGAA XVI 5.1);

(ii) si Y est excellent de caractéristique nulle et f de type fini (SGAA XIX 5.1);

(iii) si X est localement de type fini sur un corps et $\dim(X) \leq 2$ (SGAA XIX 5.1).

3.2. <u>Dimension quasi-injective de</u> A_X.

<u>Proposition 3.2.1</u>. Soit X un préschéma régulier, de caractéristiques résiduelles premières à n. On suppose que X satisfait aux conditions (reg) (3.1.1) et $(\text{cdloc})_n$ (3.1.3) et que le théorème de pureté absolue est vrai sur X (3.1.4). Alors, pour tout A_X-Module constructible F et tout $x \in X$, on a

$$(*) \qquad \underline{\mathrm{Ext}}^i(F, A_X)_x = 0 \qquad \text{pour } i > 2 \dim \underline{O}_{X,x} \ .$$

<u>Preuve</u> : La question étant locale, on peut supposer X affine.
Par dévissage (3.1.2), on peut se borner à vérifier (*) pour $F = i_!(G)$, où $i : Y \longrightarrow X$ est l'immersion d'un sous-préschéma intègre régulier fermé dans un ouvert $D(f)$ $(f \in A(X))$, et G est un faisceau localement constant

constructible sur Y. Il s'agit de calculer $\underline{\mathrm{Ext}}^q(F,A_X) = H^q(\mathbb{R}\,\underline{\mathrm{Hom}}(F,A_X))$. La formule de projection pour i (SGAA XVIII) donne $\mathbb{R}\,\underline{\mathrm{Hom}}(i_!(G),A_X) \simeq \mathbb{R}i_*\,\mathbb{R}\,\underline{\mathrm{Hom}}(G,\mathbb{R}^!iA_X)$. Par le théorème de pureté, on a $\mathbb{R}^!i(A_X) \simeq (\mu_{nY})^{\otimes -d}[-2d]$, où $d = \mathrm{codim}(Y,X)$.

Posons $(\mu_{nY})^{\otimes -d} = T$. Comme G est localement constant constructible, on a $\underline{\mathrm{Ext}}^p(G,T)_{\bar{y}} \simeq \mathrm{Ext}^p(G_{\bar{y}},T_{\bar{y}})$ pour tout point géométrique $\bar{y}$ de Y et tout p. Or $T_{\bar{y}}$ est injectif, car isomorphe à $A = \mathbb{Z}/n\mathbb{Z}$. Par suite $\underline{\mathrm{Ext}}^p(G,T) = 0$ pour $p \neq 0$, donc $\mathbb{R}\,\underline{\mathrm{Hom}}(G,T) \simeq \underline{\mathrm{Hom}}(G,T)$, d'où finalement $\mathbb{R}\,\underline{\mathrm{Hom}}(F,A_X) \simeq \mathbb{R}i_*(H)[-2d]$, avec $H = \underline{\mathrm{Hom}}(G,T)$. Soit Z l'adhérence schématique de Y dans X (EGA I 9.5.10). On a $Y = Z \cap D(f)$ (EGA 0_I 2.1.6). Notons $j : Y \to Z$, $k : Z \to X$ les immersions canoniques. On a $\mathbb{R}i_* = k_*\,\mathbb{R}j_*$, donc on est ramené à calculer $\mathbb{R}j_*(H)$. Soient $\bar{x}$ un point géométrique de Z, $\bar{Z} = \mathrm{Spec}(\underline{O}_{Z,\bar{x}})$ le localisé strict de Z en $\bar{x}$, $\bar{f}$ l'image de f dans $\underline{O}_{Z,\bar{x}}$, $\bar{Y} = \bar{Z} \times_X Y = \bar{Z} - V(\bar{f})$, $\bar{H}$ l'image inverse de H sur $\bar{Y}$. D'après (SGAA VIII 5.2), on a $R^qj_*(H)_{\bar{x}} \simeq H^q(\bar{Y},\bar{H})$, d'où $\underline{\mathrm{Ext}}^q(F,A_X)_{\bar{x}} \simeq H^{q-2d}(\bar{Y},\bar{H})$. La condition $(\mathrm{cdloc})_n$ implique alors $\underline{\mathrm{Ext}}^q(F,A_X)_{\bar{x}} = 0$ pour $q-2d > \dim \underline{O}_{Z,x}$. Des relations $d = \mathrm{codim}_x(Z,X) \leq \dim \underline{O}_{X,x}$ (EGA IV 5.1.3) et $\dim \underline{O}_{Z,x} = \dim \underline{O}_{X,x} - \mathrm{codim}_x(Z,X)$ (EGA 0_{IV} 16.5.12 et IV 5.1.9), on tire $\underline{\mathrm{Ext}}^q(F,A_X)_x = 0$ pour $q > 2\dim \underline{O}_{X,x}$, cqfd.

Remarque 3.2.2 : La majoration obtenue dans (3.2.1) est la meilleure possible. Soient en effet x un point de X et Y le sous-préschéma fermé intègre de X ayant x pour point générique. Comme X satisfait à la condition (reg), il existe un ouvert régulier U de Y contenant x. Et par le théorème de pureté, on a $\underline{\mathrm{Ext}}^{2d}(A_U,A_X)|U = (\mu_n)_U^{\otimes d}$, où $d = \dim \underline{O}_{X,x} = \mathrm{codim}(Y,X)$.

Corollaire 3.2.3. : Soit X un préschéma régulier de dimension d. Si X est lisse sur un corps k de car. première à n, ou est excellent de caractéristique nulle alors X vérifie la conclusion de (3.2.1) et l'on a par suite

$$\dim.q.\mathrm{inj}(A_X) \leqslant 2d \quad .$$

Preuve : Lorsque X est excellent de car. 0, ou lorsque k est parfait de car. première à n, et X lisse sur k, les hypothèses de (3.2.1) sont vérifiées en vertu de (3.1.1), (3.1.3) et (3.1.4). La conclusion est encore valable si X est lisse sur un corps k quelconque,comme on le voit aussitôt par changement de base Spec(k') $\longrightarrow$ Spec(k), où k' est une clôture parfaite de k (SGAA VIII 1.1).

Lemme 3.2.4 : Soit X un préschéma satisfaisant à la conclusion de (3.2.1) et de dimension $\leqslant d$. S'il existe un entier N tel que X soit de dimension cohomologique $\leqslant N$, on a

$$\dim.\mathrm{inj}(A_X) \leqslant 2d + N \quad .$$

Si en outre, pour tout fermé Y de X, $\mathrm{codim}(Y,X) \geqslant p$ implique $cd_{\mathbb{L}}(Y) \leqslant N-2p$, on a alors

$$\dim.\mathrm{inj}(A_X) \leqslant N \ .$$

Preuve : La première assertion résulte aussitôt de (1.5). Pour la deuxième, on raisonne comme dans (1.5). On est ramené à prouver, pour F constructible sur X , la relation $\mathrm{Ext}^i(X;F,A_X) = 0$ pour $i > N$. Pour ce, on examine la suite spectrale

$$E_2^{pq} = H^p(X;\underline{Ext}^q(F,A_X)) \Longrightarrow Ext^*(X;F,A_X) .$$

D'après (3.2.1), les faisceaux $\underline{Ext}^{2i}(F,A_X)$ et $\underline{Ext}^{2i-1}(F,A_X)$ sont concentrés en codimension $\geqslant$ i. Donc $E_2^{p,2i} = E_2^{p,2i-1} = 0$ pour $p > N - 2i$ par hypothèse. Donc $E_2^{pq} = 0$ pour $p+q > N$, d'où l'assertion.

Corollaire 3.2.5 : Si X est un préschéma lisse de dimension d sur un corps k séparablement clos de car. première à n, on a $\dim.\mathrm{inj}(A_X) = 2d$.

Preuve : Par (3.2.3) et (SGAA X 4.2), on est en effet dans les conditions d'application de (3.2.4) (Noter que les hypothèses de (SGAA X 4.2) sont vérifiées en vertu de (SGAA X 2.1 et 3.2)), qui implique $\dim.\mathrm{inj}\ A_X \leqslant 2d$. La relation $\dim.\mathrm{inj}(A_X) = 2d$ provient du théorème de pureté (cf. 3.2.2) : si x est un point fermé de codim. d de X , on a en effet $Ext^{2d}(X,A_x,A_X) = H_x^{2d}(A_X) \simeq \mu_n^{\otimes d}(k) \neq 0$.

3.3. Constructibilité des $\underline{Ext}^i(F,A_X)$.

Proposition 3.3.1 : Soit X un préschéma.

a) Les conditions suivantes sont équivalentes :

(i) pour $F \in \mathrm{ob}\ D_c^-(X)$ et $G \in \mathrm{ob}\ D_c^+(X)$, $\mathbb{R}\ \underline{Hom}(F,G) \in \mathrm{ob}\ D_c^+(X)$;

(i bis) pour tout couple (F,G) de A_X-Modules constructibles, $\mathbb{R}\ \underline{Hom}(F,G) \in \mathrm{ob}\ D_c^+(X)$, i.e. les $\underline{Ext}^i(F,G)$ sont constructibles pour tout i;

(ii) pour toute immersion ouverte $i : U \to X$ et tout A_U-Module constructible F, $R^p i_*(F)$ est constructible pour tout p;

(ii bis) : pour toute immersion $i : Y \longrightarrow X$ et tout A_Y-Module constructible F, $R^p i_*(F)$ est constructible pour tout p.

(ii ter) : pour toute immersion $i : Y \longrightarrow X$ et tout A_Y-Module localement constant constructible F, $R^p i_*(F)$ est constructible pour tout p.

(iii) pour tout morphisme fini (resp. toute immersion fermée) $f : Y \longrightarrow X$, et tout $F \in \text{ob } D_c^+(X)$, $\mathbb{R}^! f(F) \in \text{ob } D_c^+(Y)$.

b) Ces conditions sont vérifiées dans les deux cas suivants :

(i) $\dim(X) \leqslant 1$;

(ii) "On dispose sur X de la résolution des singularités et de la pureté" (cf. 3.1.6 b)).

<u>Preuve</u> : L'équivalence de (i) et (i bis) résulte de la suite spectrale standard des <u>Ext</u> aux hyper <u>Ext</u>.

(i bis) $\Longrightarrow$ (ii). Soit $\bar{F}$ un A_X-Module constructible prolongeant F, par exemple $\bar{F} = i_!(F)$. Par dualité (SGAA XVIII 3.1.10), on a

$$\mathbb{R} i_*(F) = \mathbb{R} i_* \, \mathbb{R}\underline{\mathrm{Hom}}(A_U, i^!(\bar{F})) \simeq \mathbb{R}\underline{\mathrm{Hom}}(i_!(A_U), \bar{F}), \text{ et l'on gagne.}$$

(ii) $\Longrightarrow$ (ii bis). Factoriser i en une immersion fermée suivie d'une immersion ouverte.

(ii bis) $\Longrightarrow$ (i bis). La question étant locale, on peut supposer X affine, et, par le dévissage habituel (SGAA IX 2.5), on peut se borner à vérifier (ii) pour $F = i_!(M)$, où $i : Y \longrightarrow X$ est l'immersion d'un sous-préschéma, et M est un A_Y-Module localement constant (constructible). Par la formule de projection (SGAA XVIII)

$$\mathbb{R}\,\underline{\mathrm{Hom}}(i_!(M),G) \simeq \mathbb{R}i_*\,\mathbb{R}\underline{\mathrm{Hom}}(M,\mathbb{R}i^!(G))$$

et une suite spectrale, on est ramené à prouver que $\mathbb{R}\,\underline{\mathrm{Hom}}(M,\mathbb{R}i^!(G)) \in \mathrm{ob}\, D_c^+(Y)$. Montrons d'abord que $\mathbb{R}\,i^!(G) \in \mathrm{ob}\, D_c^+(Y)$. Quitte à factoriser i, on peut supposer Y fermé. Soit $j : U = X - Y$ l'immersion complémentaire.

Appliquant le foncteur $\mathbb{R}\,\underline{\mathrm{Hom}}(\ \ ,G)$ à la suite exacte

$$0 \longrightarrow A_{U,X} \longrightarrow A_X \longrightarrow A_Y \longrightarrow 0$$

on obtient un triangle distingué

$$\begin{array}{ccc} & \mathbb{R}\,\underline{\mathrm{Hom}}\,(A_{U;X},G) & \\ \swarrow & & \nwarrow \\ \mathbb{R}\,\underline{\mathrm{Hom}}(A_Y\ ,\ G) & \longrightarrow & \mathbb{R}\,\underline{\mathrm{Hom}}\,(A_X,G)\ . \end{array}$$

Or on a $\mathbb{R}\,\underline{\mathrm{Hom}}(A_X,G) = G$. D'autre part, $\mathbb{R}\,\underline{\mathrm{Hom}}(A_{U,X},G) \simeq \mathbb{R}j_*\,j^!(G)$ appartient à $D_c^+(X)$ par hypothèse. Donc $\mathbb{R}\,\underline{\mathrm{Hom}}(A_Y,G) \simeq i_*\mathbb{R}i^!\,(G)$ appartient à $D_c^+(X)$. Résolvant M à gauche localement, pour la topologie étale, par des A_Y-Modules libres, on en déduit, par un nouveau dévissage, que $\mathbb{R}\,\underline{\mathrm{Hom}}(M,\mathbb{R}i^!(G) \in \mathrm{ob}\, D_c^+(X)$, cqfd.

(ii bis) $\Longrightarrow$ (ii ter) est trivial.

(ii ter) $\Longrightarrow$ (ii). Soient $i : U \longrightarrow X$ une immersion ouverte, F un A_U-Module constructible. On doit prouver que $\mathbb{R}\,i_*(F) \in \mathrm{ob}\, D_c^+(X)$. La question étant locale, on peut supposer X noethérien, et l'on procède par récurrence noethérienne sur X. On peut supposer $U \neq \emptyset$, donc il existe

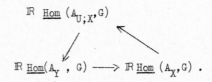

$j : V \longrightarrow U$ un ouvert non vide de U tel que $j^*(F)$ soit localement constant (SGAA IX 2.4). Soit M le mapping-cylinder de $F \longrightarrow \mathbb{R} j_* j^*(F)$. Appliquant $\mathbb{R}\, i_*$, on obtient donc un triangle distingué

$$\begin{array}{ccc} & \mathbb{R}\, i_*(M) & \\ {}^{(+1)}\swarrow & & \nwarrow \\ \mathbb{R} i_*(F) & \longrightarrow & \mathbb{R}\, i_*\, \mathbb{R} j_*\, j^*(F) \end{array} .$$

La condition (ii ter) implique que l'on a

$$\mathbb{R}\, i_*\, \mathbb{R}\, j_*\, j^*(F) \simeq \mathbb{R}(ij)_*\, j^*(F) \in \text{ob } D_c^+(X) .$$

On a par suite

$$\mathbb{R}\, j_* j^*(F) \simeq i^*\, \mathbb{R}\,(ij)_*\, j^*(F) \in \text{ob } D_c^+(U) .$$

Donc $M \in \text{ob } D_c^+(U)$, puisque $F \in \text{ob } D_c^+(U)$. En outre, la cohomologie de M est à support dans un fermé Z de U distinct de U. Appliquant l'hypothèse de récurrence à $U \cap \overline{Z} \longrightarrow \overline{Z}$, on en déduit que $\mathbb{R}\, i_*(M) \in \text{ob } D_c^+(X)$, et par suite que $\mathbb{R}\, i_*(F) \in \text{ob } D_c^+(X)$.

L'équivalence des conditions (i)-(ii ter) avec la condition (iii) est laissée au lecteur (utiliser 1.14).

b) (i) Par normalisation, on se ramène au cas où X est régulier et l'on utilise la pureté (qui sera démontrée en (5.1)).

b) (ii) voir 3.1.6 b).

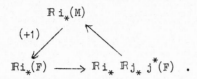

3.4 : Le théorème de bidualité sur les préschémas réguliers.

Théorème 3.4.1. (cf. [H] V 2.2.) : Soit X un préschéma (localement noethérien) régulier de dimension finie. On suppose que X est fortement désingularisable (3.1.5), satisfait aux conditions (reg) (3.1.1) et $(\mathrm{cdloc})_n$ (3.1.3), et que le théorème de pureté absolue (3.1.4) est vrai sur tout préschéma lisse sur X . Alors A_X est dualisant (1.6).

Démonstration : Il s'agit de prouver que A_X satisfait aux conditions (i) à (iii) de (1.6). La condition (i) est vérifiée en vertu de (3.2.1). De plus A_X satisfait à (ii) en vertu de (3.3.1 b)). Reste la condition (iii). Autrement dit, reste à prouver, d'après (1.7), que, pour tout A_X-Module constructible F , l'homomorphisme canonique $F \longrightarrow \underline{D}_X \underline{D}_X F$ (où l'on a posé $\underline{D}_X = \mathbb{R}\mathrm{Hom}(\ ,A_X)$) est un isomorphisme. La question étant locale, on peut supposer X noethérien, et par dévissage (3.1.2 (iii bis), on peut se borner aux F de la forme $F = f_* i_!(A'_U)$, où $i : U \longrightarrow Y$ est l'inclusion d'un ouvert régulier dans un préschéma intègre, $f : Y \longrightarrow X$ est un morphisme fini tel que le point générique de Y soit séparable sur son image, $A' = \mathbb{Z}/\ell\mathbb{Z}$, ℓ diviseur premier de n .
Comme X est fortement désingularisable, il existe alors (3.1.6) un morphisme propre et birationnel $h : Y' \longrightarrow Y$, où Y' est régulier, h induit un isomorphisme de $U' = h^{-1}(U)$ sur U, et Y' - U' est un diviseur à croisements normaux (3.1.6). On a grâce au th. de changement de base (cf. SGAA XVII) $i_!(A'_U) \simeq \mathbb{R}h_* i'_!(A'_{U'})$ (où i' est l'inclusion $U' \longrightarrow Y'$), d'où

$$f_* i_!(A'_U) \simeq f_* \mathbb{R}h_* i'_!(A'_{U'}) \simeq \mathbb{R}g_* i'_!(A'_{U'}) \ ,$$

avec g = fh. En vertu de (1.11), il suffit de prouver que le couple

$(i'_!(A'_{U'}), \mathbb{R}^! g(A_X))$ est bidualisant. Plongeant localement Y' dans un préschéma X' lisse sur X, et appliquant le théorème de pureté sur X', on voit que $\mathbb{R}^! g(A_X)$ est localement isomorphe à $A_{Y'}$, à translation près. On est donc ramené à prouver le cas particulier suivant de (3.4.1) :

<u>Lemme 3.4.2</u> : Soit X un préschéma localement noethérien régulier sur lequel le théorème de pureté absolue est vrai (3.1.4). Soit $Y = Y_1 \cup \ldots \cup Y_p$ un diviseur strictement à croisements normaux sur X (3.1.6), et soit $U = X - Y$. Alors le couple $(A'_{U,X}, A_X)$ est bidualisant (1.4).

<u>Preuve</u> : Grâce à la suite exacte $0 \longrightarrow A'_{U,X} \longrightarrow A'_X \longrightarrow A'_Y \longrightarrow 0$, il revient au même de vérifier que le couple (A'_Y, A_X) est bidualisant. On raisonne par récurrence sur p.

a) $p = 1$. Notons i l'immersion $Y \longrightarrow X$. Par (1.11), il suffit de vérifier que $(A'_Y, \mathbb{R}^! i(A_X))$ est bidualisant. Or, en vertu du théorème de pureté, $\mathbb{R}^! i(A_X) \simeq (\mu_n)_Y^{\otimes -1}[-2]$. Par suite, l'homomorphisme canonique $A'_Y \longrightarrow \underline{D}_Y \underline{D}_Y(A'_Y)$ est un isomorphisme, comme on le vérifie trivialement fibre par fibre (dualité de Pontryagin pour les A-modules).

b) $p \geqslant 2$. Posons $Y' = Y_1 \cup \ldots \cup Y_{p-1}$. On a la suite exacte

$$0 \longrightarrow A'_{(Y-Y'),X} \longrightarrow A'_Y \longrightarrow A'_{Y'} \longrightarrow 0 .$$

Le couple $(A'_{Y'}, A_X)$ étant bidualisant par hypothèse de récurrence, on est ramené par le lemme des 5 à vérifier la bidualité pour $(A'_{(Y-Y'),X}, A_X)$. Or, on a de nouveau une suite exacte :

$$0 \longrightarrow A'_{(Y-Y'),X} \longrightarrow A'_{Y_p} \longrightarrow A'_{Y_p \cap Y'} \longrightarrow 0 .$$

Comme (A'_{Y_p}, A_X) est bidualisant, on doit donc vérifier qu'il en est de même de $(A'_{Y_p \cap Y'}, A_X)$. Appliquant à nouveau (1.11) et la pureté, on est finalement ramené à vérifier la bidualité pour $(A'_{Y_p \cap Y'}, A_{Y_p})$ sur Y_p, et l'on gagne par hypothèse de récurrence.

Corollaire 3.4.3 : Soit S un préschéma noethérien régulier excellent de caractéristique nulle. Alors A_S est dualisant. En outre, si $f : X \longrightarrow S$ est un morphisme de type fini, $\mathbb{R}^! f(A_S)$ est dualisant.

Preuve : La première assertion résulte de ce que S vérifie les hypothèses de (3.4.1) (voir 3.1). Pour la deuxième, on doit d'abord vérifier que $\mathbb{R}^! f(A_S)$ est de dimension quasi-injective finie. Pour ce, on recouvre S par un nombre fini d'ouverts affines S_i tels que $X_i = f^{-1}(S_i)$ soit réunion finie d'ouverts affines X_{ij} plongés comme fermés dans des X'_{ij} lisses de dimension finie sur S_i. De (3.2.3) et (1.6), on déduit alors que $\dim.q.inj(\mathbb{R}^! f(A_S)) \leq 2 \operatorname{Sup}(\dim X'_{ij})$. Reste à vérifier les conditions (ii) et (iii) de (1.7). Comme celles-ci sont de nature locale sur X pour la topologie étale, on peut supposer que f se factorise en $f = f'i$, où $f' : X' \longrightarrow S$ est un morphisme lisse de dimension relative d et $i : X \longrightarrow X'$ une immersion fermée. On a $\mathbb{R}^! f(A_S) \simeq \mathbb{R}^! i \, \mathbb{R}^! f'(A_S)$.
Or $\mathbb{R}^! f'(A_S)$ est localement isomorphe à A_X (à translation près de 2d), donc dualisant en vertu de la première assertion. Par suite, en vertu de (1.15), $\mathbb{R}^! f(A_S)$ est dualisant, donc en particulier vérifie les conditions (ii) et (ii) de (1.7), cqfd.

Corollaire 3.4.4 : Soit k un corps, et soit $f : X \longrightarrow S = \operatorname{Spec}(k)$ un morphisme localement de type fini, avec $\dim(X) \leq 2$.

Alors, $\mathbb{R}^! f(A_S)$ est dualisant.

Preuve : Quitte à remplacer k par sa clôture parfaite, opération anodine pour la topologie étale (VIII 1.1), on peut supposer k parfait. On recouvre X par des ouverts affines X_i de type fini sur k . Comme $\dim(X_i) \leqslant 2$, X_i est fini sur un X'_i lisse sur S et de dimension $\leqslant 2$ (lemme de normalisation). Par (1.15) on est alors ramené au cas où f est lisse, donc $f^!(A_S) \simeq A_X[2d]$ (localement) i.e. à montrer que dans ce cas A_X est dualisant; mais ceci résulte de (3.4.1), car les hypothèses sont bien vérifiées (voir 3.1)).

Remarque 3.4.5. : On verra plus bas que si X est régulier de dimension $\leqslant 1$, A_X est dualisant.

4. Dualité locale

L'objet de ce numéro est de présenter la notion de "bidualité" développée aux numéros précédents sous une forme plus proche de l'intuition géométrique.

4.1. Soient X un préschéma, $i : x \longrightarrow X$ un point fermé de corps résiduel séparablement clos, K_X un complexe dualisant sur X (1.7). On sait (1.15) que $K_{\{x\}} = \mathbb{R}^! i(K_X)$ est un complexe dualisant sur x , donc, en vertu de (2.1) et (3.4.4), isomorphe à $A[r]$ pour un $r \in \mathbb{Z}$ (si A est local). Nous dirons que K_X est normalisé en x si $r = 0$ et si l'on s'est donné un isomorphisme $K_{\{x\}} \simeq A$.

Par exemple, si X est lisse de dimension relative d sur le spectre d'un corps séparablement clos, le complexe $(\mu_n)_X^{\otimes d}[2d]$ est, en vertu du théorème de pureté (SGA XVI 3, SGA $4^{1/2}$ Cycle 2.3), canoniquement normalisé en tout point fermé de X .

4.2. Soient X un préschéma, $i : Y \longrightarrow X$ un sous-préschéma fermé, K_X un complexe dualisant sur X. Alors (1.15) $K_Y = \mathbb{R}^! i(K_X)$ est un complexe dualisant sur Y, et l'on a la <u>formule d'induction complémentaire</u> (1.12. b) (ii)), pour $F \in \text{ob}\, D_c^b(X)$,

(4.2.1) $\quad i^* \underline{D}_X(F) \simeq \underline{D}_Y \; \mathbb{R}^! i(F)$,

où l'on a posé $\underline{D}_X = \mathbb{R}\,\underline{\text{Hom}}(\ ,K_X)$, $\underline{D}_Y = \mathbb{R}\,\underline{\text{Hom}}(\ ,K_Y)$.

Appliquons en particulier (4.2.1) au cas où $Y = \{x\}$ est un point fermé de X à corps résiduel séparablement clos, K_X étant normalisé en x (4.1). Compte tenu de ce que A_x est injectif, (4.2.1) s'écrit alors

(4.2.2) $\quad \underline{D}_X(F)_x \simeq \underline{\text{Hom}}^\bullet(\mathbb{R}^! i(F),A)$.

Notant que $\mathbb{R}^! i(F)$ s'écrit aussi, par définition, $\mathbb{R}\underline{\Gamma}_x(F)$, on a donc un accouplement parfait dans $\mathbb{D}(A)$:

(4.2.2)' $\quad \underline{D}_X(F)_x \times \mathbb{R}\Gamma_x(F) \longrightarrow A$,

donnant lieu à des accouplements parfaits entre groupes finis :

(4.2.2)" $\quad \underline{H}^i(\underline{D}_X(F))_x \times \underline{H}^{-i}{}_x(F) \longrightarrow A$.

Par exemple, soit X un préschéma lisse de dimension d sur un corps séparablement clos, et soit $x \in X$ un point fermé. Alors, pour $F \in \text{ob}\, D_c^b(X)$, on a une dualité parfaite canonique entre groupes finis :

(4.2.2)"' $\quad \underline{\text{Ext}}^{2d-i}(F,(\mu_n)_X^{\otimes d})_x \times \underline{H}^i{}_x(F) \longrightarrow A$.

Exercice 4.2.3. Soit X un schéma strictement local (SGAA VIII 4.2), de point fermé x , et soit $i : x \to X$ le morphisme canonique. Soit K un complexe dualisant sur X , normalisé en x. Notons

$$\underline{\underline{L}} i_? : D^b(A) \longrightarrow D^-(X)$$

le foncteur défini par

$$\underline{\underline{L}} i_?(M) = M \overset{\underline{L}}{\otimes}_A K \ .$$

(Si K est de tor-dimension finie sur A, $\underline{\underline{L}} i_?$ s'étend en un foncteur de $D^+(A)$ dans $D(X)$).

Montrer qu'il existe, pour $L \in D^-(X)$ et $M \in D^b(A)$, un isomorphisme fonctoriel canonique

$$(*) \qquad \mathbb{R}\mathrm{Hom}(L, \underline{\underline{L}} i_?(M)) \xrightarrow{\sim} \mathbb{R}\mathrm{Hom}(\mathbb{R}^! i(L), M) \ ,$$

(on suppose bien entendu que $\mathbb{R}^! i : D^-(X) \longrightarrow D^-(A)$ est défini ...).

Hint : Définir d'abord un morphisme "trace" : $\mathbb{R}^! i \, \underline{\underline{L}} i_?(M) \longrightarrow M$, puis, pour vérifier que $(*)$ est un isomorphisme, se ramener, par dévissage, au cas où $L \in \mathrm{ob}\, D^b_c(X)$ et $M = A$, et appliquer (4.2.2). Noter que, pour $M = A$, $(*)$ se réduit à l'accouplement parfait ("dualité locale" cf.[H] V 6.2) :

$$\mathbb{R}\Gamma_x(L) \times \mathbb{R}\mathrm{Hom}(L,K) \longrightarrow A \ ,$$

ou

$$H^i_x(L) \times \mathrm{Ext}^{-i}(L,K) \longrightarrow A \ .$$

4.3. Nous allons maintenant généraliser (4.2.2) au cas d'un point géométrique $\bar{x}$ de X localisé en un point x non nécessairement fermé. Nous aurons besoin pour cela de quelques préliminaires.

Lemme 4.3. Soient X un préschéma, X' le localisé strict de X en un point géométrique $\bar{x}$, $f : X' \longrightarrow X$ la flèche canonique. Alors, pour $F \in \mathrm{ob}\, D_c^-(X)$, $G \in \mathrm{ob}\, D^+(X)$, l'homomorphisme fonctoriel canonique (SGAA VI I 3.7)

$$f^* \,\mathbb{R}\,\underline{\mathrm{Hom}}(F,G) \longrightarrow \mathbb{R}\,\underline{\mathrm{Hom}}(f^*F,f^*G)$$

est un isomorphisme.

Preuve : On se ramène, comme d'habitude, à F et G réduits au degré 0. La question étant locale au voisinage de x, on peut supposer X affine. F admet alors (SGAA IX 2.7) une résolution gauche par des faisceaux du type $i_!(A_U)$, où $i : U \longrightarrow X$ est étale de présentation finie, donc, par dévissage, on est ramené à $F = i_!(A_U)$. Formons le carré cartésien

$$\begin{array}{ccc} U & \xleftarrow{\;g\;} & U' \\ {\scriptstyle i}\downarrow & & \downarrow{\scriptstyle i'} \\ X & \xleftarrow{\;f\;} & X' \end{array} \quad .$$

On a des isomorphismes canoniques, cas particuliers triviaux de la dualité (SGAA XVIII 3.1.10) :

$$\mathbb{R}\,\underline{\mathrm{Hom}}(F,G) \xleftarrow{\sim} \mathbb{R}\, i_*\, i^* G$$

$$\mathbb{R}\,\underline{\mathrm{Hom}}(f^*F,f^*G) \xleftarrow{\sim} \mathbb{R}\, i'_*\, g^* i^* G \quad .$$

Par ces isomorphismes la flèche canonique

$$f^* \,\mathbb{R}\,\underline{\mathrm{Hom}}(F,G) \longrightarrow \mathbb{R}\,\underline{\mathrm{Hom}}(f^*F,f^*G)$$

s'identifie à la flèche de changement de base (SGAA XVII

$$f^* \mathbb{R} i_* i^*(G) \longrightarrow \mathbb{R} i'_* g^* i^*(G) \quad .$$

Or celle-ci est un isomorphisme, comme on le voit aussitôt par passage à la limite (SGAA VII 5.11).

<u>Lemme 4.4</u>. Soit X un préschéma, et soit $K \in \mathrm{ob}\, D_c^+(X)$ un complexe satisfaisant aux conditions (i) et (ii) de (1.7). Pour que K soit dualisant, il faut et il suffit que, pour tout localisé strict $f : \bar{X}(\bar{x}) \longrightarrow \bar{X}$, f^*K soit dualisant.

<u>Preuve</u> : Utiliser le fait que tout faisceau constructible sur un localisé strict $\bar{X}(\bar{x})$ est induit par un faisceau constructible sur un schéma étale $\bar{x}$-ponctué sur X (SGAA IX 2.7.4) et appliquer (4.3).

4.5. Soient X un préschéma, $\bar{x}$ un point géométrique de X, $f : X' = \bar{X}(\bar{x}) \longrightarrow X$ le localisé strict correspondant.

Soit Y le sous-préschéma fermé intègre adhérence de x dans X, notons $g : \bar{x} \longrightarrow Y$ et $i : Y \longrightarrow X$ les flèches canoniques, et formons le carré cartésien

$$\begin{array}{ccc} Y & \xrightarrow{\ i\ } & X \\ {\scriptstyle g}\uparrow & & \uparrow{\scriptstyle f} \\ \bar{x} & \xrightarrow{\ i'\ } & X' \end{array} ,$$

($\bar{x}$ est à la fois le point fermé de X' et le localisé strict de Y en $\bar{x}$). Nous noterons

$$\mathbb{R}\Gamma_{\bar{x}} : D^+(X) \longrightarrow D^+(\bar{x})$$

le foncteur défini par

$$\text{(4.5.1)} \qquad \mathbb{R}\Gamma_{\bar{x}} = g^* \, \mathbb{R}^! i \quad .$$

Utilisant la relation bien connue entre les foncteurs $\mathbb{R}^!i$ et $\mathbb{R}j_*j^*$, où $j : U \longrightarrow X$ est l'ouvert complémentaire de Y, et appliquant le passage à la limite (SGAA VII 5.11), on trouve un isomorphisme canonique

(4.5.2) $\qquad \mathbb{R}\Gamma_{\bar{x}} \simeq \mathbb{R}^!i' f^*$.

Lorsque x est un point fermé de corps résiduel séparablement clos, le foncteur $\mathbb{R}\Gamma_{\bar{x}}$ coïncide avec le foncteur $\mathbb{R}\Gamma_x$ habituel (SGAA V 4.3) ce qui justifie la notation.

Soit $K_X \in \text{ob}\, D^+(X)$, et posons $K_Y = \mathbb{R}^!j(K_X)$, $K_{X'} = f^*K_X$, $K_{\bar{x}} = \mathbb{R}\Gamma_{\bar{x}}(K_X)$ attention, $K_{\bar{x}}$ n'est pas la fibre de K_X en $\bar{x}$!). Supposons que K_X soit dualisant. Alors, en vertu de (1.15) et (4.4), il en est de même de $K_{X'}$, $K_{Y'}$ $K_{\bar{x}}$. Donc (2.1) on a $K_{\bar{x}} \simeq A[d]$ pour un $d \in \mathbb{Z}$.
Nous dirons que K_X est <u>normalisé en $\bar{x}$</u> si $d = 0$ et si l'on a choisi un isomorphisme $K_{\bar{x}} \simeq A$. Dans le cas où x est fermé de corps résiduel séparablement clos, on retrouve la notion introduite en (4.1).

Soit K_X un complexe dualisant, et posons $\underline{D}_X = \mathbb{R}\,\underline{\text{Hom}}(\ ,K_X)$; $\underline{D}_Y = \mathbb{R}\,\underline{\text{Hom}}(\ ,K_Y)$, etc. Soit $F \in \text{ob}\, D^b_c(X)$, calculons $(\underline{D}_X F)_{\bar{x}}$.
On a :

$$(\underline{D}_X F)_{\bar{x}} \simeq g^* i^* \underline{D}_X F$$

$$\xrightarrow{\sim} g^* \underline{D}_Y \mathbb{R}^!i\, F$$ (en vertu de la formule d'induction complémentaire (4.2.1))

$$\xrightarrow{\sim} \underline{D}_{\bar{x}}\, g^* \mathbb{R}^!i\,(F)$$ (d'après (4.3)), c'est-à-dire

(4.5.3) $\qquad (\underline{D}_X F)_{\bar{x}} \xrightarrow{\sim} \underline{D}_{\bar{x}} \mathbb{R}\Gamma_{\bar{x}}(F)$.

Bien entendu, on aurait pu faire un calcul analogue en passant par

X' au lieu de Y , on aurait alors obtenu un isomorphisme canonique

$$(\underline{D}_X F)_{\bar{x}} \xrightarrow{\sim} \underline{D}_{\bar{x}} \mathbb{R}^! i' \ f^*(F) \quad ,$$

compatible avec (4.5.3) moyennant l'identification (4.5.2).

Si en outre K_X est normalisé en $\bar{x}$, on obtient des accouplements parfaits généralisant (4.2.2)' et (4.2.2)" :

(4.5.3)' $\quad \underline{D}_X(F)_{\bar{x}} \times \mathbb{R}\Gamma_{\bar{x}}(F) \longrightarrow A$,

(4.5.3)" $\quad \underline{H}^i(\underline{D}_X(F)_{\bar{x}}) \times \underline{H}^{-i}_{\bar{x}}(F) \longrightarrow A$,

(où l'on a posé $\underline{H}^i_{\bar{x}} = \underline{H}^i \mathbb{R}\Gamma_{\bar{x}}$).

Inversement, soit $K_X \in \mathrm{ob}\, D^+(X)$ satisfaisant aux conditions (i) et (ii) de (1.7) et tel que $K_{\bar{x}} = \mathbb{R}\Gamma_{\bar{x}}(K_X)$ soit dualisant pour tout point géométrique $\bar{x}$ de X . Alors, pour tout $\bar{x}$, on peut définir (cf. 1.12 b) (ii)) une flèche canonique

(4.5.3) $\quad \underline{D}_X(F)_{\bar{x}} \longrightarrow \underline{D}_{\bar{x}} \mathbb{R}\Gamma_{\bar{x}}(F) \qquad$ pour $F \in \mathrm{ob}\, D^b_c(X)$.

Si celle-ci est un isomorphisme pour tout $\bar{x}$ et tout F , alors K_X est dualisant. En effet, il s'agit de vérifier que la flèche canonique

$$F \longrightarrow \underline{D}_X \underline{D}_X(F)$$

est un isomorphisme pour tout $F \in \mathrm{ob}\, D^b_c(X)$. Or, en un point géométrique arbitraire $\bar{x}$, on a

$F_{\bar{x}} \xrightarrow{\sim} \underline{D}_{\bar{x}} \underline{D}_{\bar{x}} (F_{\bar{x}})$ (puisque $K_{\bar{x}}$ est dualisant)

$\xrightarrow{\sim} \underline{D}_{\bar{x}} \mathbb{R}\Gamma_{\bar{x}} \underline{D}_X(F)$ (par (4.3) et la formule d'induction 1.12 b) (i))

$\xrightarrow{\sim} \underline{D}_X \underline{D}_X(F)_{\bar{x}}$ (par hypothèse) , donc, moyennant une vérification de compatibilité, (F,K_X) est bidualisant, ce qui prouve notre assertion. En résumé :

Proposition 4.5.4. Soient X un préschéma, et $K_X \in \mathrm{ob}\, D^+(X)$ un complexe satisfaisant aux conditions (i) et (ii) de (1.7). Pour que K_X soit dualisant, il faut et il suffit que pour tout point géométrique $\bar{x}$ de X le complexe $K_{\bar{x}}$ soit dualisant et que la flèche canonique (4.5.3) soit un isomorphisme pour tout $F \in \mathrm{ob}\, D^b_c(X)$.

Remarque 4.5.5. L'existence de complexes dualisants doit être considérée, en un sens, comme un complément important au théorème de dualité globale. En effet, ce dernier exprime que l'on a, pour un morphisme séparé de type fini $f : X \longrightarrow Y$ (Y étant quasi-compact), un isomorphisme canonique

$$\underline{D}_Y \mathbb{R}_! f(F) \xrightarrow{\sim} \mathbb{R} f_* \underline{D}_X(F)$$

(avec les notations de 1.12).

Son exploitation pour le calcul de $\mathbb{R}_! f(F)$ (quand $F \in \mathrm{ob}\, D^b_c(X)$) nécessite des renseignements sur $\underline{D}_X(F)$. Lorsque K_X est dualisant, ceux-ci sont fournis par l'isomorphisme (4.5.3), qui permet, du moins théoriquement, un calcul des fibres de $\underline{D}_X(F)$ comme invariants de cohomologie "purement spatiale".

Exercice 4.5.6. Soit X un préschéma muni d'un complexe dualisant (1.7). La famille des foncteurs (cf.(4.5.3)")

$$\underline{H}^i_{\bar{x}} : D^b_c(X) \longrightarrow (A\text{-modules})$$

(i parcourant $\mathbb{Z}$ et $\bar{x}$ l'ensemble des points géométriques de X) est "conservative", i.e. un morphisme $F \longrightarrow G$ dans $D_c^b(X)$ tel que les $\underline{H}_{\bar{x}}^i(F) \longrightarrow \underline{H}_{\bar{x}}^i(G)$ soient des isomorphismes, est un isomorphisme.

4.6. Soient X un préschéma, $j : Y \longrightarrow X$ un sous-préschéma fermé, $i : \bar{x} \longrightarrow Y$ un point géométrique de Y. Soit d'autre part K_X un complexe dualisant sur X, normalisé en $\bar{x}$ (cf. (4.5)). On a vu en (4.5) que, si Y est l'adhérence de x, on a, pour $F \in \mathrm{ob}\, D_c^b(X)$, un accouplement parfait

$$\mathbb{R}^! j(F)_{\bar{x}} \times \underline{D}_X(F)_{\bar{x}} \longrightarrow A \ .$$

Il n'est pas difficile de définir un accouplement analogue dans le cas général. Introduisons la factorisation de i en

$$\bar{x} \xrightarrow{i'} \overline{\{x\}} \xrightarrow{i''} Y \ .$$

Pour $F \in \mathrm{ob}\, D_c^b(X)$, on a des isomorphismes canoniques :

$\mathbb{R}\Gamma_{\bar{x}} j^* \underline{D}_X(F) \xrightarrow{\sim} \mathbb{R}\Gamma_{\bar{x}} \underline{D}_Y \mathbb{R}^! j(F)$ (formule d'induction complémentaire (4.2.1))

$\xrightarrow{\sim} i'^* \mathbb{R}^! i'' \underline{D}_Y \mathbb{R}^! j(F)$ (définition de $\mathbb{R}\Gamma_{\bar{x}}$ (4.5.1))

$\xrightarrow{\sim} i'^* \underline{D}_x\ i''^* \mathbb{R}^! j(F)$ (induction ordinaire (1.12. b) (i)))

$\xrightarrow{\sim} \underline{D}_{\bar{x}}\ i^* \mathbb{R}^! j(F)$ (par 4.3)), i.e. finalement un isomorphisme canonique

(4.6.1) $$\mathbb{R}^! j(F)_{\bar{x}} \xrightarrow{\sim} \underline{D}_{\bar{x}} \mathbb{R}\Gamma_{\bar{x}}\, j^* \underline{D}_X(F) \ ,$$

d'où des accouplements parfaits

(4.6.1)' $\mathbb{R}^{!}j(F)_{\bar{x}} \times \mathbb{R}\Gamma_{\bar{x}}\, j^{*}\underline{D}_X(F) \longrightarrow A$,

(4.6.1)" $\underline{H}^{i}{}_{Y}(F)_{\bar{x}} \times \underline{H}^{-i}_{\bar{x}}(\underline{D}_X(F)|Y) \longrightarrow A$.

<u>Exemple 4.6.2</u>. Soient X un préschéma régulier, $\bar{x}$ un point géométrique de X, $d = \dim(\underline{O}_{X,x})$. Posons $K_X = (\mu_n)_X^{\otimes d}[2d]$. Si X satisfait à la condition (reg) (3.1.1) et au théorème de pureté (3.1.4), alors K_X est canoniquement normalisé en $\bar{x}$. Donc, si K_X est dualisant, on a des accouplements parfaits

$$\underline{H}^{i}_{Y}(F)_{\bar{x}} \times \underline{H}^{2d-i}_{\bar{x}}(F'|Y) \longrightarrow A ,$$

pour tout fermé Y contenant X et tout $F \in \mathrm{ob}\, D^b_c(X)$, avec
$F' = \mathbb{R}\,\underline{\mathrm{Hom}}(F,(\mu_n)_X^{\otimes d})$.

Donnons, pour terminer, une variante strictement locale de (4.6.1).

4.7. Soit X un schéma strictement local noethérien (SGAA VIII 4.2), de point fermé x. Soit Y un fermé non vide de X , et considérons les immersions canoniques

$$U = X - Y \xrightarrow{\ i\ } V = X - \{x\} \xrightarrow{\ j\ } X .$$

Enfin, soit K_X un complexe dualisant normalisé en x (4.1), d'où des complexes dualisants "correspondants" sur U, V, Y, x (et par hypothèse $\underline{D}_x = \mathbb{R}\,\mathrm{Hom}(\ ,A)$): $K_V = j^{*}K_X$, $K_U = i^{*}K_V$, $K_Y = \mathbb{R}\,\Gamma_Y(K_X)$.

Soit $G \in \mathrm{ob}\, D^b_c(U)$, et posons $G' = \underline{D}_U(G)$. Nous nous proposons de définir un accouplement naturel

(4.7.1) $\mathbb{R}\Gamma(U,G) \times \mathbb{R}\Gamma(V,i_{!}G')[-1] \longrightarrow A$,

i.e. un homomorphisme fonctoriel

$$(4.7.1)' \qquad \mathbb{R}\Gamma(U,G) \overset{L}{\otimes}_A \mathbb{R}\Gamma(V,i_!G')[-1] \longrightarrow A \quad .$$

(L'anneau $A = \mathbb{Z}/\ell^{\nu}\mathbb{Z}$ étant de dimension cohomologique infinie pour $\nu \geqslant 2$, on ne sait définir que les produits tensoriels

$$\overset{L}{\otimes} : D^-(A) \times D^-(A) \longrightarrow D^-(A)$$

et
$$\overset{L}{\otimes} : D(A) \times D^b(A)_{torf} \longrightarrow D(A) \ (*) \quad .$$

On laisse donc au lecteur le soin de faire des hypothèses convenables assurant que les deux facteurs de $\overset{L}{\otimes}$ figurant dans (4.7.1)' sont dans $D^b(A)$ ou que l'un d'eux est de tor-dimension finie.)

Notons d'abord que, par la formule de dualité complémentaire (1.12 a) (ii) on a un isomorphisme canonique

$$(4.7.2) \qquad i_!(G') \xrightarrow{\sim} \underline{D}_V(\mathbb{R}i_*G) \quad .$$

D'autre part, on a l'isomorphisme de dualité ordinaire

$$(4.7.3) \qquad \mathbb{R}\,\mathrm{Hom}(A_U,G) \xrightarrow{\sim} \mathbb{R}\,\mathrm{Hom}(A_V,\mathbb{R}i_*G) \quad .$$

Par définition de $\underline{D}_V$ (et indépendamment du fait que K_V est dualisant), on a une flèche canonique

$$(4.7.4) \qquad \mathbb{R}i_*G \overset{L}{\otimes} \underline{D}_V(\mathbb{R}i_*G) \longrightarrow K_V \quad .$$

De (4.7.2), (4.7.3) et (4.7.4) on déduit une flèche (canonique)

$$(4.7.5) \qquad \mathbb{R}\Gamma(U,G) \overset{L}{\otimes}_A \mathbb{R}\Gamma(V,i_!G') \longrightarrow \mathbb{R}\,\mathrm{Hom}(A_V,K_V) \quad .$$

Mais $K_V = j^!K_X$, et l'on a l'isomorphisme de dualité (SGAA 3.1.10) :

$$(4.7.6) \qquad \mathbb{R}\,\mathrm{Hom}(A_V,K_V) \xrightarrow{\sim} \mathbb{R}\,\mathrm{Hom}(A_{V,X}, K_X) \quad .$$

Enfin, la suite exacte

(*) (ajouté en 77) Inexact : il est facile, en fait, de prolonger $\overset{L}{\otimes} : D^-(A) \times D^-(A) \longrightarrow D^-(A)$ en $\overset{L}{\otimes} : D^-(A) \times D(A) \longrightarrow D(A)$.

(4.7.7) $$0 \longrightarrow A_{V,X} \longrightarrow A_X \longrightarrow A_x \longrightarrow 0$$

donne un homomorphisme de degré +1 :

(4.7.8) $$\mathbb{R}\,\mathrm{Hom}(A_{V,X}\,,\,K_X) \longrightarrow \mathbb{R}\,\mathrm{Hom}(A_x, K_X) \simeq A\ .$$

En composant (4.7.5), (4.7.6) et (4.7.8), on obtient la flèche annoncée (4.7.1)' .

Nous allons voir maintenant que l'accouplement (4.7.1) est "parfait", i.e. que la flèche (4.7.1)' identifie $\mathbb{R}\Gamma(V, i_! G')[-1]$ à $\underline{D}_x \mathbb{R}\Gamma(U,G)$ .Supposons en effet, ce qui est loisible, que l'on a

$$G = (ji)^* F,$$

avec $F \in \mathrm{ob}\, D^b_c(X)$. Posant $F' = \underline{D}_X(F)$ et $F'_{U,X} = (ji)_! G'$, on a la suite exacte

(4.7.9) $$0 \longrightarrow F'_{U,X} \longrightarrow F' \longrightarrow F'|Y \longrightarrow 0\quad ,$$

qui donne naissance à un triangle distingué

(b) $$\begin{array}{ccc} & \mathbb{R}\Gamma_x(F'_{U,X}) & \\ {}^{+1}\nearrow & & \searrow \\ \mathbb{R}\Gamma_x(F'|Y) & \longleftarrow & \mathbb{R}\Gamma_x(F') \end{array} \quad .$$

Par définition de $\mathbb{R}\Gamma_x$, on a

$$\mathbb{R}\Gamma_x(F'_{U,X}) = \mathbb{R}\,\mathrm{Hom}(A_x\,,\,F'_{U,X}) \quad ;$$

donc, utilisant (4.7.7) et le fait que $(F'_{U,X})_x = \mathbb{R}\Gamma(X, F'_{U,X}) = 0$, on a un isomorphisme canonique

$$\mathbb{R}\,\mathrm{Hom}(A_{V,X}\,,\,F'_{U,X})[1] \xrightarrow{\sim} \mathbb{R}\Gamma_x(F'_{U,X}) \quad .$$

Mais on a

$$\mathbb{R}\,\mathrm{Hom}(A_{V,X}\ ,\ F'_{U,X}) = \mathbb{R}\,\mathrm{Hom}(j_!A_V\ ,\ j_!i_!G')$$

$$\simeq \mathbb{R}\,\mathrm{Hom}(A_V\ ,\ i_!G') \quad \text{par dualité (SGAA 3.1.10)}$$

d'où finalement un isomorphisme canonique

(4.7.10) $\quad \mathbb{R}\Gamma_V(i_!G')\,[-1] \simeq \mathbb{R}\Gamma_X(F'_{U,X})$.

On a d'autre part la suite exacte

(4.7.11) $\quad 0 \longrightarrow A_{U,X} \longrightarrow A_X \longrightarrow A_Y \longrightarrow 0$.

qui donne naissance à un triangle distingué.

(a)
$$\begin{array}{ccc} & \mathbb{R}\Gamma(U,F|U) & \\ {}^{+1}\swarrow & & \nwarrow \\ \mathbb{R}\Gamma_Y(F) & \longrightarrow & \mathbb{R}\Gamma_X(F) \end{array} \quad .$$

En vertu de (4.7.1) et (4.7.10), on a un accouplement naturel

(4.7.12) $\quad \mathbb{R}\Gamma(U,F|U) \times \mathbb{R}\Gamma_X(F'_{U,X}) \longrightarrow A$.

En vertu de (4.6.1), on a un accouplement parfait

(4.7.13) $\quad \mathbb{R}\Gamma_Y(F) \times \mathbb{R}\Gamma_X(F'|Y) \longrightarrow A$.

Enfin, par la formule d'induction ordinaire (1.12 b) (i)), on a un accouplement parfait

(4.7.14) $\quad \mathbb{R}\Gamma(X,F) \times \mathbb{R}\Gamma_X(F') \longrightarrow A$.

Le lecteur qui aura la patience de s'orienter dans ce dédale de "flèches canoniques" vérifiera que les accouplements (4.7.12), (4.7.13), et (4.7.14) sont "compatibles" avec les flèches des triangles (a) et (b), et par suite que les accouplements (4.7.12) et (4.7.1) sont parfaits.

L'accouplement des triangles (a) et (b) donne naissance à deux suites exactes "transposées l'une de l'autre" :

$$(4.7.15) \ldots \longrightarrow H^i_Y(X,F) \longrightarrow H^i(X,F) \longrightarrow H^i(U,F) \longrightarrow \ldots$$

$$\ldots \longleftarrow H^{-i}_x(Y,F'|Y) \longleftarrow H^{-i}_x(X,F') \longleftarrow H^{-i-1}(V,F'_{U,V}) \longleftarrow \ldots .$$

En résumé, nous pouvons énoncer :

<u>Proposition 4.7.16</u> : Soit X un schéma strictement local noethérien, de point fermé x . Soient Y un fermé non vide de X, $U = X - Y$, $V = X - x$, $i : U \longrightarrow V$ et $j : V \longrightarrow X$ les inclusions canoniques. Soit K_X un complexe dualisant sur X normalisé en x (d'où des complexes dualisants associés sur V, U, Y).

Pour $G \in \mathrm{ob}\, D^b_c(U)$, on a un accouplement parfait :

$$(*) \qquad \mathbb{R}\Gamma(U,G) \times \mathbb{R}\Gamma(V,i_!G')[-1] \longrightarrow A$$

(où $G' = \underline{D}_U(G)$) .

Si $G = F|U$, où $F \in \mathrm{ob}\, D^b_c(X)$, on a un isomorphisme canonique

$$(**) \qquad \mathbb{R}\Gamma(V,i_!G')[-1] \xrightarrow{\sim} \mathbb{R}\Gamma_x(F'_{U,X})$$

(où $F' = \underline{D}_X(F)$ et $F'_{U,X} = (ji)_!(F'|U) = (ji)_!(G')$),

et un accouplement parfait entre les triangles distingués

$$\begin{array}{ccc} & \mathbb{R}\Gamma(U,F|U) & \\ {}^{+1}\swarrow & & \nwarrow \\ \mathbb{R}\Gamma_Y(F) & \longrightarrow & \mathbb{R}\Gamma(X,F) \end{array} \qquad \text{et} \qquad \begin{array}{ccc} & \mathbb{R}\Gamma_x(F'_{U,X}) & \\ {}^{+1}\nearrow & & \searrow \\ \mathbb{R}\Gamma_x(F'|Y) & \longleftarrow & \mathbb{R}\Gamma_x(F') \end{array} ,$$

compatible avec l'accouplement (*) et l'isomorphisme (**), et donnant lieu à deux suites exactes transposées l'une de l'autre (4.7.15).

Remarque 4.7.17. Dans le cas particulier où $Y = \{x\}$, l'accouplement (4.7.1) se définit sous la seule hypothèse que K_X soit normalisé en x (et non nécessairement dualisant), i.e. tel que $\mathbb{R}\Gamma_x(K_X) \simeq A$, (l'isomorphisme étant donné) : l'isomorphisme (4.7.2) (qui utilisait la bidualité) se réduit en effet à l'identité. Comme l'accouplement (4.7.14) est de toute façon parfait, on voit donc que la dualité locale sur X (sous la forme (4.2.2)') équivaut à la dualité "globale" sur $U = X - x$, i.e. au fait que l'accouplement (4.7.1)

$$\mathbb{R}\Gamma(U,G) \times \mathbb{R}\Gamma(U,G')[-1] \longrightarrow A$$

est parfait, ou encore que les accouplements

$$H^i(U,G) \times H^{-i-1}(U,G') \longrightarrow A$$

sont parfaits.

Supposons que l'on dispose sur X d'un complexe dualisant K_X normalisé en x. Si X est excellent et U régulier de dimension d (x pouvant donc être une singularité isolée), on doit pouvoir vérifier que $K_U = K_X|U$ est canoniquement isomorphe à $(\mu_n)_U^{\otimes d}[2d]$ (on le vérifie facilement en tout cas si X est localisé strict d'un préschéma localement de type fini sur un corps de car. 0). Alors la dualité locale sur X implique que l'on a, pour tout A_U-Module localement constant constructible G, des accouplements parfaits :

$$H^i(U,G) \times H^{2d-1-i}(U,G^o) \longrightarrow A \ ,$$

(où $G^o = \underline{Hom}(G,(\mu_n)_U^{\otimes d})$), qui correspondent formellement à la dualité de Poincaré sur un schéma de dimension 2d-1.

5. Dualité locale sur les courbes.

Théorème 5.1. Soit X un préschéma noethérien régulier de dimension 1. On suppose n premier aux caractéristiques résiduelles de X. Alors le théorème de pureté est vrai sur X (3.1.4) et le complexe A_X est dualisant (1.7).

Démonstration : Supposons prouvée la pureté. Comme X satisfait évidemment à la condition (reg) (3.1.1), et que la condition $(\mathrm{cdloc})_n$ est vérifiée en vertu de (SGAA X 2.2), on en conclut, par (3.2.1), que $\dim.q.inj(A_X) = 2$. D'autre part, la condition (ii) de (1.7) est vérifiée d'après (3.3.1 b) (i)) (qui a été démontré moyennant la pureté). Donc, en vertu de (4.4), on est ramené à prouver que A_X est dualisant quand X est strictement local. Mais, pour prouver la pureté, qui est une question locale au voisinage d'un point fermé, on peut également supposer X strictement local. Finalement, on est ramené à prouver le théorème quand X est strictement local.

Supposons donc X strictement local. Soient x son point fermé, ($\pi = \mathrm{car}(k(x))$), η son point générique, $U = X - x = \mathrm{Spec}(k(\eta))$. Soit $G = \mathrm{Gal}(k(\bar{\eta})/k(\eta))$ le groupe fondamental de U. On sait [CL Chap. IV § 2 Exer 2] qu'on a une suite exacte canonique

(5.1.1) $$1 \longrightarrow P \longrightarrow G \longrightarrow H \longrightarrow 1 ,$$

où $H = \prod_{\ell \neq \pi} \mathbb{Z}_\ell(1)$, $\mathbb{Z}_\ell(1) = \varprojlim_\nu \mu_{\ell^\nu}$, et P est un pro-$\pi$-groupe. (Bien entendu, H est isomorphe, mais non canoniquement, à $\prod_{\ell \neq \pi} \mathbb{Z}_\ell$.).

On sait d'autre part (SGAA VIII 2) que la cohomologie étale de U s'interprète comme la cohomologie galoisienne de G, les faisceaux (resp.

faisceaux constructibles) de A_U-modules correspondant aux A-modules (resp. A-modules de type fini) sur lesquels G opère continûment.

Cela étant, les $H^i_x(A_X)$ sont déterminés par la suite exacte

(5.1.2) $0 \longrightarrow H^0_x(A_X) \longrightarrow H^0(X,A_X) \longrightarrow H^0(U,A_U) \longrightarrow H^1_x(A_X) \longrightarrow 0$,

et les isomorphismes

(5.1.3) $H^i_x(A_X) \simeq H^{i-1}(U,A_U)$ pour $i \geqslant 2$.

Or on a trivialement $H^0(X,A_X) = H^0(U,A_U) = A$, donc $H^0_x(A_X) = H^1_x(A_X) = 0$. D'autre part, pour un G-A-module (galoisien) M, on a la suite spectrale de Hochschild - Serre

$$E_2^{pq} = H^p(H,H^q(P,M)) \Longrightarrow H^*(G,M) \quad .$$

Comme n est premier à π et que P est un pro-π-groupe, on a

$$H^q(P,M) = 0 \text{ pour } q \neq 0 \quad ,$$

donc $E_2^{pq} = 0$ pour $q \neq 0$, d'où un isomorphisme canonique

(5.1.4) $H^p(G,M) \simeq H^p(H,M^P)$.

On voit d'ailleurs, par un argument analogue, que $H^p(H,N)$ s'identifie à $H^p(\widehat{\mathbb{Z}}(1),N)$ lorsqu'on fait opérer trivialement sur N le facteur $\widehat{\mathbb{Z}}$ (1). On a donc finalement, avec la convention précédente, un isomorphisme canonique

(5.1.5) $H^p(G,M) \simeq H^p(\widehat{\mathbb{Z}}(1),M^P)$.

Or la cohomologie galoisienne de $\widehat{\mathbb{Z}}$ est bien connue (CG chap. I p.31) : pour un G-A-module N, on a

(5.1.6) $H^i(\widehat{\mathbb{Z}},N) = 0$ pour $i \geqslant 2$;
$H^0(\widehat{\mathbb{Z}},N) = N^{\widehat{\mathbb{Z}}}$;
$H^1(\widehat{\mathbb{Z}},N) = N_{\widehat{\mathbb{Z}}}$.

De (5.1.3), (5.1.5), et (5.1.6) on déduit aussitôt que

$$H^i(U,A_U) = 0 \text{ pour } i \geqslant 2,$$

et

$$H^1(U,A_U) \simeq A.$$

Ce dernier isomorphisme n'est pas canonique, car il dépend du choix d'une identification de $\hat{\underline{Z}}(1)$ à $\hat{\underline{Z}}$. Mais, utilisant la suite exacte de Kummer, on trouve (SGAA XIX 1.3) un isomorphisme canonique (donné par la "classe fondamentale locale")

(5.1.7) $$H^1(U,\mu_n) \simeq A .$$

La pureté est donc démontrée.

Prouvons maintenant que A_X est dualisant. D'après (4.7.17), il s'agit de montrer que, pour tout A_U-Module localement constant constructible M, l'accouplement

(5.1.8.) $$H^i(U,M) \times H^{1-i}(U,\underline{Hom}(M,A_U)) \longrightarrow H^1(U,A_U) \xrightarrow{\sim} (\mu_n)_x^{\otimes -1}$$

est une dualité parfaite. Nous allons interpréter cet accouplement en termes de cohomologie galoisienne. Nous utiliserons le lemme élémentaire suivant :

<u>Lemme 5.1.9</u> : Notons D = Hom(,A) le foncteur dualisant de Pontrjagin sur la catégorie des A-modules de type fini. Soit M un A-module de type fini sur lequel un groupe G opère A-linéairement.

(i) On a un isomorphisme canonique

$$D(M^G) \simeq (DM)_G \quad .$$

(ii) Si G est un groupe profini opérant continûment sur M et si G est de pro-ordre premier à n, la flèche canonique

$$M^G \longrightarrow M_G$$

est un isomorphisme.

Preuve : On a par définition

$$M^G = \varprojlim_{s \in G} \mathrm{Ker}(M \xrightarrow{s-1} M) \quad ,$$

d'où

$$D(M^G) \simeq \varinjlim_{s \in G} \mathrm{Coker}(DM \xrightarrow{s-1} DM) \simeq (DM)_G \quad ,$$

ce qui prouve (i).

Prouvons (ii), Soit M' le A-module défini par la suite exacte

$$0 \longrightarrow M' \longrightarrow M \longrightarrow M_G \longrightarrow 0 \quad .$$

On a $H^1(G,M') = 0$ parce que G est de pro-ordre premier à n. La suite exacte de cohomologie implique donc que la flèche $M^G \longrightarrow M_G$ est un épimorphisme. Mais, appliquant le foncteur D et tenant compte de (i), on en déduit qu'elle est un monomorphisme, ce qui achève la preuve.

Appliquant (5.1.9) à M et P, on trouve que $\underline{\mathrm{Hom}}(M,A)^P$ s'identifie canoniquement à $\underline{\mathrm{Hom}}(M^P,A)$. Si l'on choisit un isomorphisme de $\hat{\mathbb{Z}}(1)$ sur $\hat{\mathbb{Z}}$, l'accouplement (5.1.8) s'écrit, compte tenu de (5.1.5),

(5.1.8)' $$H^i(\hat{\mathbb{Z}},M^P) \times H^{1-i}(\hat{\mathbb{Z}},D(M^P)) \longrightarrow H^1(\hat{\mathbb{Z}},A) \simeq A \; .$$

Il résulte aussitôt de (5.1.6) et (5.1.9(i)) que (5.1.8)' est un accouplement parfait. Cela achève la démonstration de (5.1).

BIBLIOGRAPHIE

[2] Hironaka, H. Resolution of singularities of an algebraic variety over a field of characteristic zero, Ann. of Math, vol. 79 (1964), p. 109.

[1] Abhyankar, S. Local uniformization on algebraic surfaces over ground fields of characteristic $p \neq 0$, Ann. of Math., vol 63 (1956), p.491-526, et Resolution of singularities of arithmetical surfaces, Arithmetical Algebraic Geometry, Harper & Row, New York (1965).

[H] Hartshorne, R. Residues and duality, Lecture Notes n° 20 Springer (1966).

[SGAA] Séminaire de Géométrie Algébrique de l'IHES, Cohomologie étale des schémas, par M. Artin et A. Grothendieck, 1963-64.

[CL] Serre, J-P. Corps locaux, Hermann (1962).

[CG] Serre, J-P. Cohomologie galoisienne, Lecture Notes n° 5 Springer (1964).

-:-:-:-

APPENDICE

par L. ILLUSIE

La théorie précédente s'étend facilement à des Anneaux de base plus généraux que l'Anneau constant $\underline{Z}/n\underline{Z}$. Nous allons indiquer brièvement comment s'écrit la théorie pour des Anneaux de base localement constants, annulés par $n > 0$, et à fibres géométriques des anneaux noethériens. Ce n'est d'ailleurs là qu'un cadre provisoire(*) : on devra tôt ou tard globaliser, en prenant comme "coefficients" sur un préschéma X des préschémas relatifs sur le site $(X_{ét},\underline{Z}/n\underline{Z})$.

1. Faisceaux constructibles

1.1. Soit X un préschéma, et soit A_X un faisceau d'anneaux sur X (pour la topologie étale), localement constant, à fibres géométriques des anneaux noethériens à gauche. On note ${}_AX$ la catégorie des A_X-Modules à gauche, et $D({}_AX)$(ou D(X) s'il n'y a pas de confusion à redouter) la catégorie dérivée correspondante. La notion de A_X-Module (à gauche) constructible se définit comme dans (SGAA IX 2.3), en remplaçant l'expression "localement constant de valeur de présentation finie" par "de présentation finie comme A_{U_i}-Module".

On note $D_c(X)$ la sous-catégorie pleine de D(X) formée des complexes E tels que $\underline{H}^i(E)$ soit un A_X-Module constructible pour tout i. C'est une sous-catégorie triangulée de D(X).

(*) Selon Grothendieck!

1.2. Soit $E \in \operatorname{ob} D(X)$. On dit (cf. Exp. II 3.11) que E est <u>pseudo-cohérent</u> si, pour tout i, $\underline{H}^i(E)$ est un A_X-Module de présentation finie (ou localement constant constructible si l'on préfère). On note $D(X)_{coh}$ (ou $D_{coh}(X)$) la sous-catégorie pleine de $D(X)$ formée des objets pseudo-cohérents. Il résulte de (SGAA IX 2.1) que c'est une sous-catégorie triangulée de $D_c(X)$.

<u>Proposition</u> 1.3. (lemme de dévissage). Soit X un préschéma quasi-compact et quasi-séparé (resp. noethérien), et soit C une sous-catégorie strictement pleine de la catégorie $\operatorname{Cons}(X)$ des A_X-Modules à gauche constructibles. On suppose C stable par extensions. Conditions équivalentes :

(i) $C = \operatorname{Cons}(X)$;

(ii) C contient les faisceaux du type $i_!(F)$, où $i : Y \longrightarrow X$ est un sous-préschéma de présentation finie (resp. un sous-préschéma intègre), et F est localement constant constructible sur Y.

Si A_X est constant de valeur A un anneau noethérien à gauche annulé par un entier $n > 0$, les conditions précédentes sont équivalentes à :

(iii) C est stable par facteurs directs et contient les faisceaux du type $f_*i_!(M_U)$, où $i : U \longrightarrow Y$ est une immersion ouverte (resp. un ouvert d'un préschéma intègre), $f : Y \longrightarrow X$ un morphisme fini (resp. fini et tel que le point générique de Y soit séparable sur son image), et M_U un A_U-Module à gauche constant de valeur un A-module monogène annulé par un diviseur premier de n.

Enfin, si X est noethérien et satisfait à la condition (reg) (I 3.1.1), la condition (ii) (resp. (iii)) équivaut à la condition analogue où l'on suppose en outre Y (resp. U) régulier.

Preuve : L'équivalence des conditions (i) et (ii) se prouve comme dans le cas où A_X est constant, voir (SGAA IX 2.4 et 2.5).

Supposons A_X constant de valeur A annulée par n, et prouvons que (iii) implique (ii). Soit $E \in \mathrm{ob\,Cons}(X)$, montrons que $E \in \mathrm{ob}\, C$. D'après l'équivalence (i) $\Longleftrightarrow$ (ii), on peut supposer que $E = j_!(F)$, où $j : Z \longrightarrow X$ est l'immersion d'un sous-préschéma de présentation finie (resp. intègre), et F un A_Z-Module constructible localement constant, que l'on peut même supposer (quitte à dévisser un peu plus) trivialisé par un revêtement étale $g : Z' \longrightarrow Z$ de groupe G. Le faisceau F est donc défini par un A-module de type fini M où G opère. Si ℓ est un diviseur premier de n, le sous-groupe de ℓ-torsion de M est un sous-G-A-module M_ℓ de M, et l'on a

$$M = \oplus M_\ell \ ,$$

où ℓ parcourt l'ensemble des diviseurs premiers de n. Vu la stabilité de C par facteurs directs, on est donc ramené au cas où M est de ℓ-torsion. Soit H un ℓ-groupe de Sylow de G, et soit $h : U = Z'/H \longrightarrow Z$ le revêtement intermédiaire correspondant à H. Le degré de h étant premier à ℓ, la "méthode de la trace" (SGAA IX 5.1) montre que la flèche d'adjonction

$$F \longrightarrow h_* h^*(F)$$

est un isomorphisme sur un facteur direct, donc il suffit de prouver que $j_! h_* h^*(F) \in \mathrm{ob}\, C$. En vertu du "Main Theorem" (EGA IV 8.12.6), il existe un diagramme commutatif

$$\begin{array}{ccc} U & \xrightarrow{i} & Y \\ {\scriptstyle h}\downarrow & & \downarrow{\scriptstyle f} \\ Z & \xrightarrow{j} & X \end{array}$$

où i est une immersion ouverte, et f un morphisme fini. On a

$$j_! h_* h^*(F) \simeq f_* i_! h^*(F) \quad .$$

Or $h^*(F)$ est défini par M considéré comme H-A-module. L'implication (iii) $\Rightarrow$ (ii) résultera donc du lemme suivant :

Lemme 1.3.1. Soient A un anneau noethérien à gauche, ℓ un nombre premier, H un ℓ-groupe fini, M un H-A-module à gauche de type fini annulé par ℓ^ν ($\nu \geq 1$). Il existe une filtration finie de M par des sous-H-A-modules tels que les quotients successifs soient des A-modules monogènes annulés par ℓ et où H opère trivialement.

Preuve : La suite exacte (de H-A-modules)

$$0 \longrightarrow \ell M \longrightarrow M \longrightarrow M/\ell M \longrightarrow 0$$

ramène, par récurrence sur ν, au cas où M est annulé par ℓ.
Montrons qu'alors M admet une filtration finie par des sous-H-A-modules tels que H opère trivialement sur les quotients successifs. Raisonnant par récurrence noethérienne sur l'ensemble des sous-H-A-modules de M possédant la propriété énoncée, on est ramené à prouver que $M \neq 0$ implique $M^H \neq 0$. Or on vérifie trivialement que le noyau de l'augmentation $\mathbb{F}_\ell[H] \longrightarrow \mathbb{F}_\ell$ est un idéal nilpotent, et le lemme de Nakayama implique que tout H-$\mathbb{F}_\ell$-module non réduit à 0 possède un vecteur invariant non nul, ce qui prouve notre assertion.
M admet donc une filtration finie telle que les quotients successifs soient des A-modules de type fini annulés par ℓ et où H opère trivialement. Par récurrence noethérienne on peut même obtenir que les quotients successifs soient des A-modules monogènes, ce qui achève la démonstration de (1.3.1).

La dernière assertion de (1.3) est immédiate et laissée au lecteur.

2. Dimension quasi-injective.

Les notations étant celles de (1.1), on définit comme en (I 1.1 et 1.4) les notions de A_X-Module quasi-injectif, et de dimension quasi-injective d'un objet de $D(X)$. Les propositions (I 1.3, 1.5 et 1.6) s'étendent sans changement.

Il est parfois commode d'introduire une notion de dimension quasi-injective ponctuelle. Soit $x \in X$, et soit $K \in \mathrm{ob}\, D^+(X)$. On dit que K est de dimension quasi-injective $\leq N$ en $\bar{x}$ si, pour tout A_X-Module constructible F, on a

$$\underline{\mathrm{Ext}}^i(F,K)_{\bar{x}} = 0 \qquad \text{pour } i > N.$$

On appelle dimension quasi-injective de K en $\bar{x}$, et l'on note $\dim.\mathrm{q.inj}_{\bar{x}}(K)$ la borne inférieure des N vérifiant la condition précédente. Bien entendu, on a

$$\dim.\mathrm{q.inj}(K) = \operatorname{Sup} \dim.\mathrm{q.inj}_{\bar{x}}(K) \quad ,$$

où $\bar{x}$ parcourt l'ensemble des points géométriques de X.

Il est intéressant de comparer la notion précédente avec la notion de dimension topologique stricte introduite par VERDIER dans [1] . On dit que $K \in \mathrm{ob}\, D^+(x)$ est de dimension topologique stricte $\leq N$ en un point géométrique $\bar{x}$ de X si pour tout sous-préschéma Y de X, on a

$$\underline{\mathrm{Ext}}^i(A_Y,K)_{\bar{x}} = \underline{H}^i_Y(K)_{\bar{x}} = 0 \quad \text{pour } i > N .$$

On appelle dimension topologique stricte de K en $\bar{x}$ et l'on note $\mathrm{dimstop}_{\bar{x}}(K)$ la borne inférieure des N vérifiant la condition précédente.

Tandis que la dimension quasi-injective dépend a priori de l'Anneau de base, la dimension topologique stricte ne dépend que du complexe de faisceaux abéliens sous-jacent.

On a évidemment :

$$\mathrm{dimstop}_{\bar{x}}(K) \leqslant \mathrm{dim.q.inj}_{\bar{x}}(K) \quad .$$

Nous verrons plus bas des exemples où l'on a l'égalité.

3. Complexes dualisants : définition et propriétés formelles.

Gardons les notations précédentes, mais supposons A_X commutatif. Les notions de couple bidualisant et de complexe dualisant se définissent comme en (I 1.7). Les énoncés (I 1.9, 1.11, 1.14) sont valables sans modification. Les énoncés (I 1.12, 1.13, 1.15) sont également valables, mais à condition de supposer A annulé par un entier $n > 0$ premier aux caractéristiques résiduelles de Y. Enfin le théorème d'unicité (I 2.1) est valable pourvu que l'on suppose $\mathrm{Spec}(A_{\bar{x}})$ connexe pour tout point géométrique $\bar{x}$ de X.

4. Pureté absolue

Revenons sur la situation de la pureté cohomologique absolue (I 3.1.4). Soit X un préschéma localement noethérien régulier, et soit $n > 0$ un entier premier aux caractéristiques résiduelles de X. Soit $i : Y \longrightarrow X$ un sous-préschéma régulier de codimension $d > 0$ en tout point. Dire que le couple (Y,X) satisfait à la pureté cohomologique absolue signifie, rappelons-le, que l'homomorphisme "classe fondamentale locale" (SGA $4^{1/2}$ Cycle 2.2).

(4.1) $$(\mu_n)_Y^{\otimes -d}\,[-2d] \longrightarrow \mathbb{R}i^!(\underline{Z}/n\underline{Z})_X$$

est un isomorphisme.

Donnons-nous maintenant sur X un faisceau d'anneaux A_X annulé par n. Posons pour un instant $G = (\underline{Z}/n\underline{Z})_X$. Alors, pour tout $F \in \mathrm{ob}\, D^+({}_AX)$, on peut définir une flèche canonique de $D^+({}_AX)$:

(4.2) $$i^*(F) \overset{L}{\otimes}_{\underline{Z}/n\underline{Z}} \mathbb{R}i^!(G) \longrightarrow \mathbb{R}i^!(F \overset{L}{\otimes}_{\underline{Z}/n\underline{Z}} G) \quad .$$

Il revient au même, en effet, par dualité (SGAA XVIII 3.1.6) de définir une flèche

$$i_!(i^*(F) \overset{L}{\otimes}_{\underline{Z}/n\underline{Z}} \mathbb{R}i^!(G)) \longrightarrow F \overset{L}{\otimes}_{\underline{Z}/n\underline{Z}} G \quad ;$$

on choisira pour celle-ci la composée de la flèche de Künneth (SGAA XVII 5.4.2.2)

$$i_!(i^*(F) \overset{L}{\otimes}_{\underline{Z}/n\underline{Z}} \mathbb{R}i^!(G)) \longrightarrow F \overset{L}{\otimes}_{\underline{Z}/n\underline{Z}} i_!\mathbb{R}i^!(G) \quad ,$$

et de la flèche déduite de l'homomorphisme trace (SGAA XVIII 3.1.6)

$$F \overset{L}{\otimes}_{\underline{Z}/n\underline{Z}} i_!\, \mathbb{R}i^!(G) \longrightarrow F \overset{L}{\otimes}_{\underline{Z}/n\underline{Z}} G \quad .$$

On notera que dans la définition de (4.2) on a seulement utilisé le fait que G et $\mathbb{R}i^!(G)$ étaient de tor-dimension finie sur $\underline{Z}/n\underline{Z}$. Supposons d'autre part que le foncteur $i^!$ soit de dimension cohomologique finie sur la catégorie des $(\underline{Z}/n\underline{Z})_X$-Modules : c'est le cas par exemple si X est de type fini sur un corps (SGAA XIV 3.1), ou plus généralement si X est excellent d'égales caractéristiques (SGAA XIX 6.1) lorsqu'on dispose de la résolution des singularités, ou encore si X est de type fini sur $\mathrm{Spec}(\underline{Z})$ (SGAA X 6). Alors, la flèche (4.2) se définit pour tout $F \in \mathrm{ob}\, D({}_AX)$.

Composant (4.1) et (4.2), on a donc, pour $F \in \mathrm{ob}\, D^+({}_AX)$, une flèche canonique

(4.3) $\qquad i^*(F) \overset{L}{\otimes}_{\underline{Z}/n\underline{Z}} (\mu_n)_Y^{\otimes -d}[-2d] \longrightarrow \mathbb{R}i^!(F)$.

Supposons que A_X soit <u>localement constant</u>, et soit $F \in \mathrm{ob}\, D^+({}_A X)$ tel que, pour tout i, $\underline{H}^i(F)$ soit un A_X-Module <u>localement constant</u>. Alors, <u>si $i^!$ est de dimension cohomologique finie, la flèche (4.2)</u> (et par suite la flèche (4.3) si (Y,X) satisfait à la pureté) <u>est un isomorphisme</u>.

En effet, par dévissage, on se ramène d'abord au cas où F est réduit au degré 0. La question étant locale, on peut supposer X affine, et A_X et F constants. Résolvant F à gauche par des A_X-Modules libres, et appliquant l'hypothèse que $i^!$ est de dimension cohomologique finie, on se ramène au cas où F est libre. Par un passage à la limite immédiat, on se ramène à F libre de type fini, et finalement à $F = A_X$. Il suffit donc de démontrer l'assertion dans le cas $A_X = (\underline{Z}/n\underline{Z})_X$. Mais le dévissage précédent ramène à $F = (\underline{Z}/n\underline{Z})_X$, et dans ce cas la flèche (4.2) se réduit à l'identité.

<u>Définition 4.4</u>. L'Anneau A_X étant donné (localement constant, annulé par n) nous dirons que le couple (Y,X) satisfait à la pureté cohomologique au sens fort, si, pour tout $F \in \mathrm{ob}\, D^+({}_A X)$ tel que les $\underline{H}^i(F)$ soient localement constants, la flèche canonique (4.3) est un isomorphisme.

Nous dirons que le théorème de pureté est vrai au sens fort sur X, si localement (pour la topologie étale) tout couple (Y,X) comme ci-dessus satisfait à la pureté au sens fort.

D'après ce qu'on a vu, pour que (Y,X) satisfasse à la pureté au sens fort, il suffit donc que (Y,X) satisfasse à la pureté au sens ordinaire (I 3.1.) et que le foncteur $i^!$ soit de dimension cohomologique finie.

5. Majoration de la dimension quasi-injective.

Proposition 5.1. Soit X un préschéma localement noethérien régulier, muni d'un faisceau d'anneaux A_X localement constant, annulé par un entier $n > 0$ premier aux caractéristiques résiduelles de X, et à fibres géométriques des anneaux noethériens à gauche. On suppose que X satisfait aux conditions (reg) (I 3.1.1) et $(\mathrm{cdloc})_n$ (I 3.1.3), et que le théorème de pureté au sens fort est vrai sur X (4.4) (Conditions toutes vérifiées si X est lisse sur un corps parfait, ou si X est excellent de caractéristique nulle). Soit $F \in \mathrm{ob}\, D^+({}_AX)$ tel que les $\underline{H}^i(F)$ soient localement constants, et soit x un point de X tel que l'on ait $F_{\bar{x}} \neq 0$ et $\mathrm{dim.inj}_{A_{\bar{x}}}(F_{\bar{x}}) < +\infty$. On a dans ces conditions :

$$\mathrm{dim.q.inj}_{\bar{x}}(F) = 2\,\dim(\underline{O}_{X,x}) + \mathrm{dim.inj}(F_{\bar{x}}) \quad ,$$

avec les notations du n° 2.

Démonstration. Il n'y a qu'à reprendre pas à pas la démonstration de (I 3.2.1). On va d'abord montrer l'inégalité

$$\mathrm{dim.q.inj}_{\bar{x}}(F) \leqslant 2\,\dim(\underline{O}_{X,x}) + \mathrm{dim.inj}(F_{\bar{x}}) = N \quad ,$$

i.e. la relation

(*) $\quad \underline{\mathrm{Ext}}^i(E,F)_{\bar{x}} = 0$ pour $i > N$ et tout A_X-Module constructible E.

La question étant locale, on peut, par dévissage (1.3), se borner à vérifier (*) pour $E = i_!(M)$, où $i : Y \to X$ est un sous-préschéma intègre régulier fermé dans un ouvert $D(f)$, (où $f \in \Gamma(X,\underline{O}_X)$), de codimension d en tout point de $D(f)$, et M un A_Y-Module localement constant constructible $(A_Y = i^*A_X)$.

Or on a l'isomorphisme de dualité (SGAA XVIII)

$$\mathbb{R}\,\underline{\mathrm{Hom}}(i_!(M),F) \xleftarrow{\sim} \mathbb{R}\,i_* \; \mathbb{R}\,\underline{\mathrm{Hom}}(M,\mathbb{R}\,i^!F) \quad .$$

Par le théorème de pureté, on a d'autre part l'isomorphisme (4.3)

$$i^*(F) \overset{L}{\otimes}_{\underline{Z}/n\underline{Z}} (\mu_n)_Y^{\otimes -d}[-2d] \xrightarrow{\sim} \mathbb{R}\,i^!(F) \quad .$$

Soit $\bar{y}$ un point géométrique de Y. Comme M est localement constant constructible, on a (canoniquement)

$$\mathbb{R}\,\underline{\mathrm{Hom}}(M,\mathbb{R}\,i^!F)_{\bar{y}} \simeq \mathbb{R}\,\underline{\mathrm{Hom}}(M_{\bar{y}}, (\mathbb{R}\,i^!F)_{\bar{y}}) \quad ,$$

donc, grâce à (4.3),

$$\mathbb{R}\,\underline{\mathrm{Hom}}(M,\mathbb{R}\,i^!F)_{\bar{y}} \simeq \mathbb{R}\,\underline{\mathrm{Hom}}(M_{\bar{y}}\,,\, F_{\bar{y}})\,[-2d] \quad .$$

On peut d'autre part supposer qu'on s'est placé dans un voisinage de x connexe. On a alors

$$F_{\bar{x}} \simeq F_{\bar{y}} \quad , \qquad A_{\bar{x}} \simeq A_{\bar{y}} \quad ,$$

puisque A_X et les $\underline{H}^i(F)$ sont localement constants, d'où

$$\underline{\mathrm{Ext}}^i(M_{\bar{y}}\,,\, F_{\bar{y}}) = 0 \qquad \text{pour } i > \mathrm{dim.inj}(F_{\bar{x}}),$$

soit finalement

$$\underline{\mathrm{Ext}}^q(M,\mathbb{R}\,i^!F) = 0 \quad \text{pour } q > 2d + \mathrm{dim.inj}(F_{\bar{x}}) \quad .$$

Posons $G = \mathbb{R}\,\underline{\mathrm{Hom}}(M,\mathbb{R}\,i^!F)$, et calculons maintenant $\mathbb{R}\,i_*(G)_{\bar{x}}$.
Pour cela, on introduit, comme en (I 3.2.1), l'adhérence schématique Z de Y dans X, d'où un diagramme cartésien d'immersions

$$\begin{array}{ccc} Y & \longrightarrow & D(f) \\ {\scriptstyle j}\downarrow & & \downarrow \\ Z & \xrightarrow{k} & X \end{array} \quad .$$

On a donc $\mathbb{R} i_*(G) \simeq k_* \mathbb{R} j_*(G)$. On suppose bien entendu que $x \in Z$, sinon l'on aurait trivialement $\mathbb{R} i_*(G) = 0$. Introduisons alors le localisé strict $\bar{Z} = \mathrm{Spec}(\underline{O}_{Z,\bar{x}})$ de Z en $\bar{x}$, et notons $\bar{f}$ l'image de f dans $\underline{O}_{Z,\bar{x}}$, $\bar{Y} = \bar{Z} \times_Z Y = \bar{Z} \cap D(\bar{f})$, $\bar{G}$ l'image inverse de G sur $\bar{Y}$. D'après (SGAA VIII 5.2), on a

$$\mathbb{R} i_*(G)_{\bar{x}} = \mathbb{R} j_*(G)_{\bar{x}} \simeq \mathbb{R}\Gamma(\bar{Y},\bar{G}) \quad .$$

La condition $(\mathrm{cdloc})_n$ implique donc, via un argument de suite spectrale, que l'on a

$$R^p i_*(G)_{\bar{x}} = 0 \quad \text{pour} \quad p > 2d + \mathrm{dim.inj}(F_{\bar{x}}) + \dim(\underline{O}_{Z,x}) \quad .$$

Mais on a (cf. I 3.2.1 démonstration)

$$\dim(\underline{O}_{Z,x}) = \dim(\underline{O}_{X,x}) - d \geqslant 0 \quad ,$$

donc $R^p i_* (G)_{\bar{x}} = 0$ pour $p > d + \dim(\underline{O}_{X,x}) + \mathrm{dim.inj}(F_{\bar{x}})$,

donc a fortiori pour $p > 2\dim(\underline{O}_{X,x}) + \mathrm{dim.inj}(F_{\bar{x}})$, ce qui démontre (*).

Reste à prouver que la majoration (*) est la meilleure possible. Posons $f = \mathrm{dim.inj}(F_{\bar{x}})$, et soit M' un $A_{\bar{x}}$-Module de type fini tel que

$$\underline{\mathrm{Ext}}^f(M', F_{\bar{x}}) \neq 0 \quad .$$

Soit Z le sous-préschéma fermé intègre de X adhérence de x, et soit $Y = U \cap Z$ un ouvert régulier de Z contenant x et de codimension $d = \dim(\underline{O}_{X,x})$ en tout point. Quitte à restreindre Y, il existe un A_Y-Module localement constant constructible M tel que $M_{\bar{x}} = M'$. Appliquant le théorème de pureté, on trouve alors

$$\underline{\mathrm{Ext}}^{2d+f}(M,F|U)_{\bar{x}} \simeq \underline{\mathrm{Ext}}^f(M',F_{\bar{x}}) \neq 0 \; ,$$

ce qui achève la démonstration.

Notons que si F est un A_X-Module tel que $F_{\bar{x}}$ soit injectif, on peut, dans la dernière partie de la démonstration, choisir $M = A_Y$; on obtient donc :

Corollaire 5.1.1. Sous les hypothèses de (5.1), supposons que F soit un A_X-Module localement constant tel que $F_{\bar{x}}$ soit injectif. Alors on a

$$\dim.q.\mathrm{inj}_{\bar{x}}(F) = \mathrm{dimstop}_{\bar{x}}(F) = 2 \dim(\underline{O}_{X,x}) \quad ,$$

avec les notations du n° 2.

Remarques 5.1.2. a) Avec les notations de (5.1), si $F_{\bar{x}} = 0$, alors $F = 0$ dans un voisinage de x, donc $\mathbb{R}\,\underline{\mathrm{Hom}}(E,F)_{\bar{x}} = 0$ pour tout $E \in \mathrm{ob}\, D^{-}(X)$.

b) Si $\dim.\mathrm{inj}(F_{\bar{x}}) = +\infty$, alors $\dim.q.\mathrm{inj}_{\bar{x}}(F) = +\infty$; en effet, pour tout p, il existe un $A_{\bar{x}}$-module de type fini M' tel que $\underline{\mathrm{Ext}}^p(M',F_{\bar{x}}) \neq 0$, donc un A_X-Module constructible M, localement constant au voisinage de x, tel que $\underline{\mathrm{Ext}}^p(M,F)_{\bar{x}} \neq 0$.

6. Constructibilité de $\mathbb{R}\,\underline{\mathrm{Hom}}$.

L'équivalence des conditions a) de (I 3.3.1) est encore valable lorsqu'on remplace l'Anneau $(\underline{Z}/n\underline{Z})_X$ par un Anneau commutatif, localement constant, et à fibres géométriques des anneaux noethériens: il n'y a rien à changer à la démonstration.

Les conditions précédentes sont vérifiées lorsqu'on dispose de la résolution des singularités et de la pureté au sens fort (4.4), en particulier si X est de dimension ≤ 1, ou si X est excellent de caractéristique nulle, ou localement de type fini sur un corps et de dimension ≤ 2.

7. Existence de complexes dualisants.

Dans ce numéro, X désigne un préschéma muni d'un faisceau d'anneaux A_X commutatif, localement constant, et à fibres géométriques des anneaux noethériens.

Lemme 7.1. Soient $F \in \mathrm{ob}\, D^-_{coh}(X)$, $G \in \mathrm{ob}\, D^+_{coh}(X)$, alors $\mathbb{R}\, \underline{\mathrm{Hom}}(F,G) \in D^+_{coh}(X)$ (notations de (1.2)).

Preuve : C'est standard. On se ramène, par une suite spectrale, à F et G réduits au degré 0, puis l'on procède comme dans (EGA 0_{III} 12.3.3).

Lemme 7.2. Soit $g : X' \longrightarrow X$ un morphisme de préschémas, et munissons X' du faisceau d'anneaux $A_{X'} = g^*(A_X)$. Alors, pour $F \in \mathrm{ob}\, D^-_{coh}(X)$, $G \in \mathrm{ob}\, D^+(X)$, la flèche canonique

$$g^* \mathbb{R}\, \underline{\mathrm{Hom}}(F,G) \longrightarrow \mathbb{R}\, \underline{\mathrm{Hom}}(g^*F, g^*G)$$

est un isomorphisme.

Preuve : C'est également standard : on se ramène, par dévissage, à $F = A_X$ (cf. EGA 0_{III} 12.3.5).

Remarque 7.2.1. Les lemmes précédents sont des cas particuliers d'énoncés plus généraux qui figurent dans (SGA 6 I).

Lemme 7.3. Supposons X quasi-compact, et soit $K \in \mathrm{ob}\, D^+_{coh}(X)$ tel que, pour tout point géométrique $\bar{x}$ de X, $K_{\bar{x}}$ soit un complexe dualisant au sens de [H] V 2.1. Alors, pour tout $F \in \mathrm{ob}\, D^b_{coh}(X)$, on a $\mathbb{R}\, \underline{\mathrm{Hom}}(F,K) \in \mathrm{ob}\, D^b_{coh}(X)$, et F est réflexif relativement à K.

<u>Preuve</u> : On peut, bien entendu, se borner à faire la vérification pour F réduit au degré 0. D'après (7.1), on a $\mathbb{R}\,\underline{Hom}(F,K) \in \mathrm{ob}\, D^{+}_{coh}(X)$. Prouvons que l'on a $\mathbb{R}\,\underline{Hom}(F,K) \in D^{b}_{coh}(X)$. Soit $\bar{x}$ un point géométrique de X. D'après (7.2), on a

$$\mathbb{R}\,\underline{Hom}(F,K)_{\bar{x}} \xrightarrow{\sim} \mathbb{R}\,\underline{Hom}(F_{\bar{x}}, K_{\bar{x}}).$$

Si l'on pose $\mathrm{dim.inj}(K_{\bar{x}}) = N(\bar{x})$, on a donc

$$\underline{Ext}^{i}(F,K)_{\bar{x}} = 0 \quad \text{pour} \quad i > N(\bar{x}) \quad .$$

Comme les $\underline{Ext}^{i}(F,K)$ sont localement constants, il existe alors un voisinage ouvert U de x tel que $\underline{Ext}^{i}(F,K) \mid U = 0$ pour $i > N(\bar{x})$, et l'on gagne grâce à l'hypothèse de quasi-compacité sur X. Reste à vérifier que la flèche canonique

$$F \longrightarrow \mathbb{R}\,\underline{Hom}(\,\mathbb{R}\,\underline{Hom}(F,K),K)$$

est un isomorphisme. Il suffit pour cela de se placer en un point géométrique $\bar{x}$ de X. Dans le diagramme commutatif

$$\begin{array}{ccc}
F_{\bar{x}} & \longrightarrow & \mathbb{R}\,\underline{Hom}(\,\mathbb{R}\,\underline{Hom}(F,K),K)_{\bar{x}} \\
\mathrm{Id}\Big| & & \Big\downarrow \\
F_{\bar{x}} & \longrightarrow & \mathbb{R}\,\underline{Hom}(\mathbb{R}\,\underline{Hom}(F_{\bar{x}},K_{\bar{x}}),K_{\bar{x}})
\end{array} \quad ,$$

la flèche verticale de droite est un isomorphisme d'après (7.2) et la flèche horizontale du bas est un isomorphisme parce que $K_{\bar{x}}$ est dualisant, donc la flèche horizontale supérieure est un isomorphisme, cqfd.

<u>Lemme 7.4</u>. On suppose que X est un préschéma noethérien régulier, que A_X est annulé par un entier $n > 0$ premier aux caractéristiques résiduelles

de X, et que le théorème de pureté au sens fort (4.4) est vrai sur X. Soit D un diviseur à croisements normaux sur X (I 3.1.5 a)), notons $j : Y = V(D) \longrightarrow X$ et $i : X-Y = U \longrightarrow X$ les inclusions canoniques. Soit $K \in \mathrm{ob}\, D^{+}_{coh}(X)$ tel que, pour tout point géométrique $\bar{x}$ de X, $K_{\bar{x}}$ soit un complexe dualisant pour l'anneau $A_{\bar{x}}$ (au sens de [H] V 2.1). Alors, pour tout $E \in \mathrm{ob}\, D^{b}_{coh}(X)$, on a $\mathbb{R}\, \underline{Hom}(i_! i^*(E),K) \in \mathrm{ob}\, D^{b}_{c}(X)$, et le couple $(i_! i^*(E),K)$ est bidualisant.

Preuve : On peut supposer E réduit au degré 0, i.e. un A_X-Module localement constant constructible. D'autre part, la question étant locale sur X pour la topologie étale, on peut supposer que

(a) A_X est constant de valeur A, et E est constant de valeur notée E par abus de langage, soit $E = E_X$;

(b) D est strictement à croisements normaux, soit $D = \sum_{i \in I} \mathrm{div}(s_i)$, où $s_i \in \Gamma(X,\underline{O}_X)$.

Raisonnons par récurrence sur $p = \mathrm{card}(I)$. Pour $p = 0$, les assertions sont conséquence de (7.3). Supposons que $I = \{1,\ldots,p\}$, posons $Y_i = V(s_i)$, $Y' = V(\sum_{1 \leq i \leq p-1} \mathrm{div}(s_i))$, $U' = X - Y'$, d'où un diagramme cartésien d'immersions

$$\begin{array}{ccccc}
\emptyset & \longrightarrow & U' \cap Y_p & \xrightarrow{i'_p} & Y_p \\
\downarrow & & \downarrow {\scriptstyle j'_p} & & \downarrow {\scriptstyle j_p} \\
U & \longrightarrow & U' & \xrightarrow{i'} & X
\end{array} .$$

Considérons la suite exacte

$$0 \longrightarrow E_{U,X} \longrightarrow E_{U',X} \longrightarrow E_{U' \cap Y_p,X} \longrightarrow 0 .$$

Par hypothèse de récurrence, le théorème est vrai pour le couple $(E_{U',X}, K)$. Comme, pour K fixé, l'ensemble des F tels que $\mathbb{R}\,\underline{Hom}(F,K) \in \mathrm{ob}\, D_c^b(X)$ et que (F,K) soit bidualisant forme une sous-catégorie triangulée de $D_c(X)$, on est ramené à prouver le théorème pour le couple $(E_{U'\cap Y_p, X}, K)$. Mais on a

$$E_{U'\cap Y_p, X} = j_{p*}\; i'_{p!}(E_{U'\cap Y_p}) \quad ,$$

et, d'après (I 1.13), il revient au même de prouver le théorème pour le couple $(i'_{p!}(E_{U'\cap Y_p}), \mathbb{R}\, j_p^{\,!}(K))$ dans Y_p. Mais, par le théorème de pureté, on a (4.3)

$$\mathbb{R}\, j_p^{\,!}(K) \simeq j_p^*(K) \overset{L}{\otimes}_{\underline{Z/nZ}} (\mu_n)_{Y_p}^{\otimes -1} [-2] \; .$$

Donc $\mathbb{R}\, j_p^{\,!}(K) \in \mathrm{ob}\, D^+_{coh}(Y_p)$ et pour tout point géométrique $\bar{y}$ de Y, $(\mathbb{R}\, j_p^{\,!}(K))_{\bar{y}}$ est dualisant, et par suite on gagne grâce à l'hypothèse de récurrence.

<u>Théorème 7.5</u>. On fait les hypothèses suivantes : X est un préschéma noethérien régulier; A_X est annulé par un entier $n > 0$ premier aux caractéristiques résiduelles de X ; X est fortement désingularisable (I 3.1.5.), satisfait aux conditions (reg) (I 3.1.1) et $(\mathrm{cdloc})_n$ (I 3.1.3); le théorème de pureté au sens fort (4.4) est vrai sur tout préschéma lisse sur X (Conditions satisfaites si X est excellent de caractéristique nulle, ou de dimension ≤ 2 et lisse sur un corps parfait).

Alors, si $K \in \mathrm{ob}\, D^+_{coh}(X)$ est tel que $K_{\bar{x}}$ soit dualisant (au sens de [H] V 2.1) pour tout point géométrique $\bar{x}$ de X, K est dualisant.

<u>Démonstration</u>. Il s'agit de montrer que K satisfait aux conditions (i) à (iii) de (I 1.7). Pour tout point géométrique $\bar{x}$ de X, $K_{\bar{x}}$ est de

dimension injective finie, et, comme $K \in \text{ob } D^+_{coh}(X)$, la fonction $x \leadsto \text{dim.inj}(K_{\bar{x}})$ est localement constante, donc bornée puisque X est noethérien. Il résulte alors de (5.1) que K est de dimension quasi-injective finie.

D'après ce qu'on a vu au N° 6, la condition (ii) de loc.cit. est également vérifiée.

Reste à prouver la condition (iii), i.e. que tout $F \in \text{ob } D^b_c(X)$ est réflexif relativement à K. Par dévissage, on peut supposer F réduit au degré 0. D'autre part, la question étant locale sur X pour la topologie étale, on peut supposer A_X constant de valeur A. Le dévissage (1.3) nous ramène alors à $F = f_* i_! (E_U)$, où $f : Y \to X$ est un morphisme fini, avec Y intègre de point générique séparable sur son image, $i : U \to Y$ un ouvert régulier $\neq \emptyset$, et E_U un A_U-Module constant de valeur E un A-module de type fini. Comme X est fortement désingularisable, il existe (I 3.1.5) un morphisme projectif et birationnel $h : Y' \to Y$ tel que Y' soit régulier, que h induise un isomorphisme $h^{-1}(U) \to U$, et que $h^{-1}(U)$ soit le complémentaire d'un diviseur à croisements normaux dans Y'. Identifiant $h^{-1}(U)$ à U par h, on a donc un diagramme commutatif

$$\begin{array}{ccccc} & & Y' & & \\ & {}^{i'}\nearrow & \downarrow{\scriptstyle h} & \searrow{}^{g} & \\ U & \xrightarrow{i} & Y & \xrightarrow{f} & X \end{array} .$$

On a par suite

$$f_* i_! (E_U) \simeq f_* \mathbb{R} h_* i'_! (E_U) \simeq \mathbb{R} g_* i'_! (E_U) \simeq \mathbb{R} g_* i'_! i'^* (E_{Y'}) .$$

En vertu de (I 1.13), il suffit de prouver la bidualité pour le couple

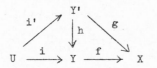

$(i'_! i'^*(E_{Y'}), \mathbb{R}^! g(K))$. Mais, plongeant localement Y' dans un préschéma X' lisse sur X et appliquant la pureté au sens fort sur X' (4.4), on trouve que $\mathbb{R}^! g(K)$ est localement isomorphe (à translation près des degrés) à $g^*(K)$, donc que $\mathbb{R}^! g(K) \in \mathrm{ob}\, D^+_{coh}(Y')$ et que $\mathbb{R}^! g(K)_{\bar{x}}$ est dualisant pour tout point géométrique $\bar{x}$ de Y'. Il suffit alors d'appliquer (7.4).

La démonstration précédente prouve d'ailleurs que l'on a $\mathbb{R}\, \underline{\mathrm{Hom}}(F,K) \in \mathrm{ob}\, D^b_c(X)$ (moyennant le théorème de finitude pour un morphisme propre (SGAA XIV), ce qui soulagera le lecteur qui n'aurait pas eu confiance dans le laius du n° 6.

Cela achève la démonstration.

-:-:-:-

BIBLIOGRAPHIE

[1] VERDIER, J-L. Dimension des espaces localement compacts, Note aux C.R. Ac. Sc. Paris, 261, p. 5293-5296 (1965). (Voir aussi : VERDIER, J-L., Dualité dans la cohomologie des espaces localement compacts, Séminaire Bourbaki, n° 300, 1965-66).

SGA A = SGA 4

-:-:-:-

Exposé III

FORMULE DE LEFSCHETZ

par A. Grothendieck, rédigé par L. Illusie

Dans cet exposé, nous démontrons la formule de Lefschetz en cohomologie étale, pour les correspondances entre complexes de faisceaux, dans la formulation de Verdier (cf. [18]). Dans une rédaction antérieure, distribuée par l'IHES il y a dix ans environs, la formule était énoncée, sous des hypothèses de résolution, mais les compatibilités réquises n'étaient pas démontrées. Les théorèmes de finitude de Deligne (SGA $4^{1/2}$ Finitude) ont permis de se débarrasser de ces hypothèses, à condition de travailler sur des schémas séparés et de type fini sur un corps. Quant aux compatibilités, le rédacteur les a (péniblement) vérifiées.

Disons tout de suite que la formule de Lefschetz dont il est question ici, tout comme la formule des traces pour les coefficients constants (SGA $4^{1/2}$ Cycle), qu'elle généralise, est essentiellement triviale : elle traduit seulement certaines compatibilités dans le formalisme de dualité. Grosso modo, elle dit que, sous certaines conditions la trace d'un endomorphisme d'un complexe d'hypercohomologie $R\Gamma(X,L)$, où L est un complexe de faisceaux sur X , peut se calculer comme "intégrale" de certaines classes de cohomologie sur $X \times X$. En pratique, les endomorphismes que l'on considère sont associés à des correspondances $C \subset X \times X$, et les classes que l'on récupère sur le produit sont à support dans $C \cap \Delta$, où Δ est la diagonale ; ces classes sont "de nature locale" au voisinage des points fixes, ce qui, en principe, facilite leur calcul. Voir 4.2, 4.7 pour des énoncés précis. En fait, le calcul de ces classes "locales" en termes d'invariants plus compréhensibles, sans lequel la présente formule n'aurait pas d'intérêt, n'a été abordé pour l'instant que dans des situations très particulières (voir 4.10, 4.11, et l'exposé suivant, où est traité notamment le cas de la correspondance de Frobenius sur une courbe).

Faute de disposer d'une bonne catégorie dérivée de faisceaux ℓ-adiques (la thèse de Jouanolou n'ayant malheureusement pas été publiée); nous travaillons systématiquement avec des coefficients de torsion (première aux caractéristiques résiduelles). En dépit de menues difficultés techniques dans la définition des traces, ce point de vue conduit en fait à des formules plus fines, plus maniables aussi dans la mesure où, pour le calcul des termes locaux, on désire trivialiser par des revêtements les faisceaux en jeu (voir notamment (SGA $4^{1/2}$ Rapport), III B , et XII).

Au n° 1, nous fixons les notations et rappelons diverses formules de Künneth de (SGA $4^{1/2}$ Finitude), qui fouent un rôle essentiel dans la suite. Nous introduisons aussi un certain nombre de catégories fibrées et cofibrées, dont la considération facilite plus loin certaines vérifications de compatibilités. Le n°2, très technique, peut être sauté en première lecture. Son résultat principal (2.5) exprime une compatibilité entre produit tensoriel externe de $\underline{\mathrm{RHom}}$ image directe et changement de base. Au n° 3, nous définissons les correspondances cohomologiques entre complexes, et montrons comment elles agissent sur l'hypercohomologie ; le résultat cité ci-dessus permet de décrire cette action de diverses manières équivalentes. Le coeur de l'exposé est le n° 4, où est défini l'accouplement de Verdier entre correspondances cohomologiques, et prouvée la formule de Lefschetz, dans une situation relative sensiblement plus générale que celle considérée d'habitude, en vue d'applications ultérieures à des calculs de termes locaux. Nous donnons les corollaires les plus évidents pour les correspondances à coefficients constants. Au n° 5, nous indiquons rapidement comment généraliser aux correspondances entre complexes certaines constructions usuelles sur les correspondances à coefficients constants (cf. [12]) telles que passage à la duale, composition, produit tensoriel externe. La plupart des vérifications, analogues à celles des numéros précédents, ont été omises. Enfin, en appendice, nous paraphrasons la théorie précédente dans le contexte des faisceaux cohérents, en utilisant le formalisme de dualité de [8]. On peut ici travailler sur une base noethérienne S quelconque, à condition de faire, quand il le faut, des hypothèses de propreté, de tor-dimension finie et de tor-indépendance sur les S-schémas considérés. Nous montrons que la formule de Lefschetz très générale que l'on obtient contient comme cas particulier la formule de Woods Hole [1], et signalons quelques applications.

SOMMAIRE.

1. Notations et rappels de formules de Künneth.

1.1 On désigne par S le spectre d'un corps. Sauf mention du contraire, les S-schémas considérés dans la suite seront des S-schémas séparés et de type fini.

On désigne par A un anneau commutatif noethérien, annulé par un entier inversible sur S . Si X est un S-schéma, on note $D(X) = D(X,A)$ la catégorie dérivée des complexes de A-Modules sur X (pour la topologie étale), $D_{ctf}(X)$ la sous-catégorie pleine formée des complexes de tor-dimension finie, à cohomologie constructible. La catégorie $D_{ctf}(X)$ est une sous-catégorie triangulée de $D(X)$. Si $E,F \in \text{ob } D_{ctf}(X)$, il découle aisément des définitions que $E \overset{L}{\otimes} F \in \text{ob } D_{ctf}(X)$. D'après (SGA $4^{1/2}$ Th. Finitude 1.6, 1.7), on a aussi $\underline{\text{RHom}}(E,F) \in \text{ob } D_{ctf}(X)$.

1.2 Soit $f : X \longrightarrow Y$ un S-morphisme. On a trivialement

$$f^*D_{ctf}(Y) \subset D_{ctf}(X) \quad ,$$

et, d'après (loc. cit.),

$$Rf_*D_{ctf}(X) \subset D_{ctf}(Y) \quad ,$$

$$Rf_!D_{ctf}(X) \subset D_{ctf}(Y) \quad ,$$

$$Rf^!D_{ctf}(Y) \subset D_{ctf}(X) \quad ,$$

(l'inclusion relative à $Rf_!$ n'utilise que le théorème de finitude pour les morphismes propres (SGA 4 XIV) et le sorite (SGA 4 XVII 5.2.11), elle vaut donc plus généralement pour tout morphisme compactifiable à fibres de dimension majorée). Dans la suite, nous écrirons parfois f_* , $f_!$, $f^!$ au lieu de Rf_* , $Rf_!$, $Rf^!$; les hypothèses de 1.1 entraînent que ces foncteurs sont définis sur la catégorie dérivée toute entière.

1.3 Pour $f : X \longrightarrow S$, nous poserons

$$K_X = f^!A \quad ,$$

et noterons D_X (ou D) le foncteur $\underline{\text{RHom}}(-,K_X)$. D'après (SGA $4^{1/2}$ Th. Finitude

4.3), le complexe K_X est dualisant : pour $E \in \mathrm{ob}\, D_{ctf}(X)$, on a canoniquement

$$E \xrightarrow{\sim} DDE \quad .$$

1.4 Soient $f : X \longrightarrow Y$ un S-morphisme, $L \in \mathrm{ob}\, D(X)$, $M \in \mathrm{ob}\, D(Y)$. On posera

$$\mathrm{Hom}_f^{(1)}(L,M) = \mathrm{Hom}(f^*M,L) \quad (\simeq \mathrm{Hom}(M,f_*L))$$

$$\mathrm{Hom}_f^{(2)}(L,M) = \mathrm{Hom}(L,f^*M)$$

$$\mathrm{Hom}_f^{(3)}(L,M) = \mathrm{Hom}(f_!L,M) \quad (\overset{\text{(SGA 4 XVIII 3.1.5)}}{\simeq} \mathrm{Hom}(L,f^!M))$$

$$\mathrm{Hom}_f^{(4)}(L,M) = \mathrm{Hom}(f^!M,L) \quad .$$

Les éléments de $\mathrm{Hom}_f^{(i)}(L,M)$ s'appelleront <u>flèches de type</u> i <u>de</u> L <u>dans</u> M <u>au-dessus de</u> f (ou f-flèches de type i de L dans M). Les isomorphismes de transitivité pour les foncteurs f^* , f_* , $f_!$, $f^!$ permettent de composer les flèches de type i pour i fixé , et l'on obtient ainsi certaines catégories fibrées ou cofibrées sur la catégorie des S-schémas : par exemple, pour $i = 1$ (resp. $i = 3$) on obtient la catégorie fibrée et cofibrée envisagée dans (SGA 4 XVII 4.1.3) (resp. (SGA 4 XVIII 3.1.13)), dont la fibre en X est la catégorie opposée à $D(X)$ (resp. $D(X)$) .

1.5 Soient, pour $i = 1,2$, X_i un S-schéma, $X = X_1 \times_S X_2$, $L_i \in \mathrm{ob}\, D^-(X_i)$. Nous poserons

$$L_1 \overset{L}{\otimes}_S L_2 = pr_1^*L_1 \overset{L}{\otimes} pr_2^*L_2 \quad ,$$

où $pr_i : X \longrightarrow X_i$ est la projection canonique.

1.6 Soient, pour $i = 1, 2$, $f_i : X_i \longrightarrow Y_i$ un S-morphisme, $f = f_1 \times_S f_2 : X = X_1 \times_S X_2 \longrightarrow Y = Y_1 \times_S Y_2$, $L_i \in \mathrm{ob}\, D^-(X_i)$, $M_i \in \mathrm{ob}\, D^-(Y_i)$. L'isomorphisme canonique évident

(1.6.1) $$f_1^*M_1 \overset{L}{\otimes}_S f_2^*M_2 \xrightarrow{\sim} f^*(M_1 \overset{L}{\otimes}_S M_2)$$

permet de définir, pour $u_i \in \mathrm{Hom}^{(1)}_{f_i}(L_i,M_i)$ (resp. $\mathrm{Hom}^{(2)}_{f_i}(L_i,M_i)$),

$$(1.6.2) \qquad u_1 \overset{L}{\otimes}_S u_2 \in \mathrm{Hom}^{(1)}_f(L,M) \quad (\text{resp. } \mathrm{Hom}^{(2)}_f(L,M)) \text{ , où}$$

$L = L_1 \overset{L}{\otimes}_S L_2$, $M = M_1 \overset{L}{\otimes}_S M_2$. Si u_i , v_i sont composables, on a

$$(1.6.3) \qquad (v_1u_1) \overset{L}{\otimes}_S (v_2u_2) = (v_1 \overset{L}{\otimes}_S v_2)(u_1 \overset{L}{\otimes}_S u_2) \quad .$$

Prenant $M_i = f_{i*}L_i$, et u_i , de type 1, donné par l'identité de $f_{i*}L_i$, 1.6.2 fournit une <u>flèche de Künneth</u> (cf. (SGA 4 XVII 5.4.1.4))

$$(1.6.4) \qquad f_{1*}L_1 \overset{L}{\otimes}_S f_{2*}L_2 \longrightarrow f_*(L_1 \overset{L}{\otimes}_S L_2) \quad .$$

D'après (SGA $4^{1/2}$ Th. Finitude 1.9), 1.6.4 <u>est un isomorphisme</u> : par 1.6.3 on se ramène en effet au cas où $X_2 = Y_2$, $f_2 = 1$, et l'on applique (loc. cit. App.). Quant f_1 et f_2 sont propres, il n'est pas nécessaire d'invoquer (loc. cit.) : 1.6.4 est cas particulier de l'isomorphisme de Künneth (SGA 4 XVII 5.4.3).

1.7 Choisissons une compactification $f_i = p_i j_i$, où j_i est une immersion ouverte, p_i un morphisme propre. Composant l'isomorphisme canonique évident (où $j = j_1 \times_S j_2$)

$$j_{1!}L_1 \overset{L}{\otimes}_S j_{2!}L_2 \xrightarrow{\sim} j_!(L_1 \overset{L}{\otimes}_S L_2)$$

avec l'isomorphisme 1.6.4 relatif à $(p_i, j_{i!}L_i)$, on obtient un <u>isomorphisme de Künneth</u> (SGA 4 XVII 5.4.3)

$$(1.7.1) \qquad f_{1!}L_1 \overset{L}{\otimes}_S f_{2!}L_2 \xrightarrow{\sim} f_!(L_1 \overset{L}{\otimes}_S L_2) \quad .$$

On vérifie facilement (loc. cit.) que 1.7.1 ne dépend pas des compactifications choisies, et est compatible aux isomorphismes de transitivité pour des composés g_if_i (cf. (loc. cit. 5.2.4)). Grâce à 1.7.1 , on peut définir, pour $u_i \in \mathrm{Hom}^{(3)}_{f_i}(L_i,M_i)$

$$(1.7.2) \qquad u_1 \overset{L}{\otimes}_S u_2 \in \mathrm{Hom}^{(3)}_f(L,M)$$

avec L et M comme en 1.6.2 , et l'on a une formule de transitivité analogue à 1.6.3.

Pour $L_i = f_i^! M_i$, et u_i donné par l'identité de L_i , 1.7.2 fournit une <u>flèche de Künneth</u>

(1.7.3) $$f_1^! M_1 \overset{L}{\otimes}_S f_2^! M_2 \longrightarrow f^!(M_1 \overset{L}{\otimes}_S M_2) \quad .$$

<u>Proposition</u> 1.7.4 - <u>La flèche 1.7.3 est un isomorphisme</u>.

Par la formule de transitivité, il suffit de traiter le cas où $X_2 = Y_2$, $f_2 = 1$. Par dévissage, on ramène à $M_2 = g_* j_! A_V$, où $j : V \longrightarrow U$ est une immersion ouverte et $g : U \longrightarrow Y_2$ un morphisme fini, puis, par (SGA 4 XVIII 3.1.12.3), au cas où $M_2 = A_{Y_2}$. Par localisation sur X_2 , on peut supposer d'autre part que $f_1 = g_1 j_1$, où j_1 est une immersion fermée, et g_1 un morphisme lisse purement de dimension relative n_1 . Par transitivité, il suffit de traiter les cas

a) $f_1 = g_1$

b) $f_1 = j_1$.

Dans le cas a), le morphisme trace fournit par adjonction (SGA 4 XVIII 3.2.5) un isomorphisme $f_1^* M_1(n_1)[2n_1] \xrightarrow{\sim} f_1^! M_1$: celui-ci est compatible au changement de base $Y_2 \longrightarrow S$, car il en est ainsi du morphisme trace (SGA 4 XVIII 2.9), d'où 1.7.4 dans ce cas. Dans le cas b), si i_1 désigne l'inclusion de l'ouvert complémentaire, on a une suite exact

$$0 \longrightarrow j_{1*} R j_1^! M_1 \longrightarrow M_1 \longrightarrow R i_{1*} i_1^* M_1 \longrightarrow 0 \quad ,$$

et la compatibilité de Ri_{1*} au changement de base, cas particulier de 1.6.4, entraîne la conclusion.

Grâce à 1.7.3, on peut définir, pour $u_i \in \mathrm{Hom}_f^{(4)}(L_i, M_i)$,

(1.7.5) $$u_1 \overset{L}{\otimes}_S u_2 \in \mathrm{Hom}_f^{(4)}(L,M)$$

(L et M comme en 1.6.2), avec une formule de transitivité analogue à 1.6.3.

D'autre part, avec les notations de 1.3, 1.7.3 fournit un isomorphisme

(1.7.6) $$K_{X_1} \overset{L}{\otimes}_S K_{X_2} \xrightarrow{\sim} K_X \quad .$$

1.8 Soient $f : X \longrightarrow Y$ un S-morphisme, $L \in \mathrm{ob}\, D(X)$, $M \in \mathrm{ob}\, D(Y)$, S' un S-schéma, $P \in \mathrm{ob}\, D(S')$, $f' : X' \longrightarrow Y'$ le morphisme déduit de f par le changement de base $S' \longrightarrow S$. La flèche identique de P peut être regardée indifféremment comme une flèche de type i $(1 \leq i \leq 4)$ au-dessus de la flèche identique de S' : pour $u \in \mathrm{Hom}_f^{(i)}(L,M)$ $(1 \leq i \leq 4)$, on peut donc, d'après 1.6.2, 1.7.2, 1.7.5, considérer

(1.8.1) $$u \overset{L}{\otimes}_S \mathrm{Id}_P \in \mathrm{Hom}_{f'}^{(i)}(L \overset{L}{\otimes}_S P, M \overset{L}{\otimes}_S P) \quad .$$

Nous écrirons parfois $u \overset{L}{\otimes}_S P$ au lieu de $u \overset{L}{\otimes}_S \mathrm{Id}_P$.

2. Fonctorialité de $\underline{\mathrm{RHom}}$ et produits tensoriels externes.

2.1 Soient $f : X \longrightarrow Y$ un S-morphisme, $P \in \mathrm{ob}\, D(Y)$, $Q \in \mathrm{ob}\, D^+(Y)$. La flèche canonique évidente au niveau des complexes $f^*\underline{\mathrm{Hom}}^\bullet(P,Q) \longrightarrow \underline{\mathrm{Hom}}^\bullet(f^*P,f^*Q)$ fournit par dérivation une flèche canonique

(2.1.1) $f^*\underline{\mathrm{RHom}}(P,Q) \longrightarrow \underline{\mathrm{RHom}}(f^*P,f^*Q)$.

Soient $L \in \mathrm{ob}\, D(X)$, $M \in \mathrm{ob}\, D^+(X)$. Posons

(2.1.2) $\mathrm{Hom}_f^{(i,j)}((L,M),(P,Q)) = \mathrm{Hom}_f^{(i)}(L,P) \times \mathrm{Hom}_f^{(j)}(M,Q)$,

avec les notations 1.4 . Pour $(u,v) \in \mathrm{Hom}_f^{(2,1)}((L,M),(P,Q))$ on définit

(2.1.3) $\underline{\mathrm{RHom}}(u,v) \in \mathrm{Hom}_f^{(1)}(\underline{\mathrm{RHom}}(L,M), \underline{\mathrm{RHom}}(P,Q))$

en composant 2.1.1 avec la flèche $\underline{\mathrm{RHom}}(f^*P,f^*Q) \longrightarrow \underline{\mathrm{RHom}}(L,M)$ définie par u et v . Pour $L = f^*P$, $Q = f_*M$, u (resp. v) donné par l'identité de L (resp. Q) , $\underline{\mathrm{RHom}}(u,v)$ est l'<u>isomorphisme de "dualité triviale"</u>

(2.1.4) $\underline{\mathrm{RHom}}(P,f_*M) \xrightarrow{\sim} f_*\underline{\mathrm{RHom}}(f^*P,M)$.

Pour $(u,v) \in \mathrm{Hom}_f^{(3,4)}((L,M) , (P,Q))$, on définit

(2.1.5) $\underline{\mathrm{RHom}}(u,v) \in \mathrm{Hom}_f^{(1)}(\underline{\mathrm{RHom}}(L,M) , \underline{\mathrm{RHom}}(P,Q))$

comme composé des flèches

$$\underline{\mathrm{RHom}}(P,Q) \xrightarrow{a} \underline{\mathrm{RHom}}(f_!L,Q) \xrightarrow{b} f_*\underline{\mathrm{RHom}}(L,f^!Q) \xrightarrow{c} f_*\underline{\mathrm{RHom}}(L,M) ,$$

où a (resp. c) est défini par u (resp. v) , et b est l'inverse de l'isomorphisme de dualité (SGA 4 XVIII 3.1.9.6).

Il résulte facilement des définitions que la formation de $\underline{\mathrm{RHom}}(u,v)$ est compatible à la composition : pour (u,v) , (u',v') composables et de type (2,1) (resp. (3,4)) , on a

(2.1.6) $\underline{\mathrm{RHom}}(u'u,v'v) = \underline{\mathrm{RHom}}(u',v')\, \underline{\mathrm{RHom}}(u,v)$.

2.2 Soient X un S-schéma. Rappelons que pour $L \in \mathrm{ob}\, D^-(X)$, $M \in \mathrm{ob}\, D(X)$, $N \in \mathrm{ob}\, D^+(X)$, on a l'isomorphisme d'adjonction (" cher à Cartan", comme dit Grothendieck)

$$\mathrm{Hom}(L \overset{L}{\otimes} M, N) = \mathrm{Hom}(L, \underline{\mathrm{RHom}}(M,N)) \quad . \tag{2.2.1}$$

Pour $E \in \mathrm{ob}\, D^-(X)$, $F \in \mathrm{ob}\, D^+(X)$, la flèche identique de $\underline{\mathrm{RHom}}(E,F)$ définit via 2.2.1 une flèche

$$E \overset{L}{\otimes} \underline{\mathrm{RHom}}(E,F) \longrightarrow F \quad , \tag{2.2.2}$$

dite <u>flèche d'évaluation</u> : elle dérive de la flèche au niveau des complexes

$$\underline{\mathrm{Hom}}^{\bullet}(E,F) \otimes E \longrightarrow F \quad , f \otimes x \longmapsto f(x) \quad .$$

Soient, pour $i = 1,2$, $E_i, F_i \in \mathrm{ob}\, D_{ctf}(X)$. Par adjonction (2.2.1), la flèche

$$E_1 \overset{L}{\otimes} E_2 \overset{L}{\otimes} \underline{\mathrm{RHom}}(E_1,F_1) \overset{L}{\otimes} \underline{\mathrm{RHom}}(E_2,F_2) \longrightarrow F_1 \overset{L}{\otimes} F_2 \quad ,$$

composée d'un isomorphisme de symétrie et du produit tensoriel des flèches d'évaluation relatives à (E_1,F_1) et (E_2,F_2), fournit une flèche

$$\underline{\mathrm{RHom}}(E_1,F_1) \overset{L}{\otimes} \underline{\mathrm{RHom}}(E_2,F_2) \longrightarrow \underline{\mathrm{RHom}}(E_1 \overset{L}{\otimes} E_2, F_1 \overset{L}{\otimes} F_2) \quad . \tag{2.2.3}$$

Soient, pour $i = 1,2$, X_i un S-schéma, $X = X_1 \times_S X_2$, $p_i : X \longrightarrow X_i$ la projection canonique, $E_i, F_i \in \mathrm{ob}\, D_{ctf}(X_i)$, $E = E_1 \overset{L}{\otimes}_S E_2$, $F = F_1 \overset{L}{\otimes}_S F_2$. On a une flèche canonique

$$\underline{\mathrm{RHom}}(E_1,F_1) \overset{L}{\otimes}_S \underline{\mathrm{RHom}}(E_2,F_2) \longrightarrow \underline{\mathrm{RHom}}(E,F) \quad , \tag{2.2.4}$$

composée du produit tensoriel des flèches $p_i^* \underline{\mathrm{RHom}}(E_i,F_i) \longrightarrow \underline{\mathrm{RHom}}(p_i^* E_i, p_i^* F_i)$ et de 2.2.3 pour $(p_i^* E_i, p_i^* F_i)$.

<u>Proposition</u> 2.3 - <u>La flèche 2.2.4 est un isomorphisme</u>.

Par localisation et dévissage, on se ramène à $E_i = f_{i!} A_{U_i}$ pour $f_i : U_i \longrightarrow X_i$ étale. On a des isomorphismes canoniques (dualité)

(1) $$\underline{\mathrm{RHom}}(f_{i!}A_{U_i},F_i) \xrightarrow{\sim} f_{i*}f_i^*F_i \ , \quad \underline{\mathrm{RHom}}(E,F) \xrightarrow{\sim} f_*f^*F \ (f = f_1 \times_S f_2) \quad .$$

Compte tenu de la formule de Künneth 1.6.4 , il suffit, pour conclure, de vérifier que ces isomorphismes rendent commutatif le carré

(2) $$\begin{array}{ccc} \underline{\mathrm{RHom}}(f_{1!}A_{U_1},F_1) \overset{L}{\otimes}_S \underline{\mathrm{RHom}}(f_{2!}A_{U_2},F_2) & \xrightarrow{2.2.3} & \underline{\mathrm{RHom}}(f_!A_U,F) \\ \downarrow\wr & & \downarrow\wr \\ f_{1*}f_1^*F_1 \overset{L}{\otimes}_S f_{2*}f_2^*F_2 & \xrightarrow{1.6.4} & f_*f^*F \end{array} \quad ,$$

où $U = U_1 \times_S U_2$. Or, comme f_i est étale, l'isomorphisme (1) relatif à f_i (resp. f) est adjoint de la flèche composée

(3) $$f_i^*\underline{\mathrm{RHom}}(f_{i!}A_{U_i},F_i) \xrightarrow{\sim} \underline{\mathrm{RHom}}(f_i^*f_{i!}A_{U_i},f_i^*F_i) \longrightarrow f_i^*F_i \quad ,$$

où la seconde flèche est déduite de l'adjonction $A_{U_i} \longrightarrow f_i^*f_{i!}A_{U_i}$ (resp. la flèche composée analogue avec f). La commutativité de (2) équivaut à celle du carré

(4) $$\begin{array}{ccc} f_1^*\underline{\mathrm{RHom}}(f_{1!}A_{U_1},F_1) \overset{L}{\otimes}_S f_2^*\underline{\mathrm{RHom}}(f_{2!}A_{U_2},F_2) & \longrightarrow & f^*\underline{\mathrm{RHom}}(f_!A_U,F) \\ \downarrow & & \downarrow \\ f_1^*F_1 \overset{L}{\otimes} f_2^*F_2 & \xrightarrow{\sim} & f^*F \end{array} \quad ,$$

où les flèches verticales sont données par (3). Or la commutativité de (4) découle du fait que 2.2.3 est fonctoriel en E_i et se réduit à l'identité pour $E_i = A$, d'où la proposition.

2.4 Soient, pour $i = 1,2$, $f_i : X_i \longrightarrow Y_i$ un S-morphisme, $f = f_1 \times_S f_2 : X \longrightarrow Y$, E_i , $F_i \in \mathrm{ob}\ D_{ctf}(X_i)$, P_i , $Q_i \in \mathrm{ob}\ D_{ctf}(Y_i)$, $E = E_1 \overset{L}{\otimes}_S E_2$, $F = F_1 \overset{L}{\otimes}_S F_2$, $P = P_1 \overset{L}{\otimes}_S P_2$, $Q = Q_1 \overset{L}{\otimes}_S Q_2$:

(2.4.0) $$\begin{array}{ccccccc} & & & & & & (E,F) \\ (E_1,F_1) & X_1 & \longleftarrow & X_1 \times_S Y_2 & \longleftarrow & & X \\ & {\scriptstyle f_1}\downarrow & & \downarrow & & \overset{f}{\swarrow} & \downarrow \\ (P_1,Q_1) & Y_1 & \longleftarrow & Y & \longleftarrow & & Y_1 \times_S X_2 \\ & \downarrow & & (P,Q)\ \downarrow & & & \downarrow \\ & S & \longleftarrow & Y_2 & \xleftarrow{f_2} & & X_2 \\ & & & (P_2,Q_2) & & & (E_2,F_2) \end{array} \quad .$$

Donnons-nous $(u_1,v_1) \in \mathrm{Hom}^{(3,4)}_{f_1}((E_1,F_1)\,,\,(P_1,Q_1))$, $(u_2,v_2) \in \mathrm{Hom}^{(2,1)}_{f_2}((E_2,F_2)\,,\,(P_2,Q_2))$ (notations de 2.1.2 et 1.4). Par 1.8, on déduit de (u_i,v_i) un carré

(2.4.1)
$$\begin{array}{ccc}
(E_1 \overset{L}{\otimes}_S P_2, F_1 \overset{L}{\otimes}_S Q_2) & \xleftarrow{(E_1 \overset{L}{\otimes}_S u_2, F_1 \overset{L}{\otimes}_S v_2)} & (E,F) \\
{\scriptstyle (u_1 \overset{L}{\otimes}_S P_2, v_1 \overset{L}{\otimes}_S Q_2)}\downarrow & & \downarrow{\scriptstyle (u_1 \overset{L}{\otimes}_S E_2, v_1 \overset{L}{\otimes}_S F_2)} \\
(P,Q) & \xleftarrow{(P_1 \overset{L}{\otimes}_S u_2, Q_1 \overset{L}{\otimes}_S v_2)} & (P_1 \overset{L}{\otimes}_S E_2, Q_1 \overset{L}{\otimes}_S F_2)
\end{array} ,$$

où les flèches verticales (resp. horizontales) sont de type (3,4) (resp. (2,1)). Nous pouvons maintenant énoncer la compatibilité principale de ce numéro, qui jouera un rôle essentiel dans la vérification de la formule de Lefschetz-Verdier.

<u>Proposition</u> 2.5 - <u>Le diagramme 2.5.1 ci-après</u>, <u>où le carré de droite est déduit de 2.4.1 par application de</u> <u>RHom</u> <u>au sens de 2.1.3 et 2.1.5</u>, <u>est commutatif</u> :

$$\begin{array}{ccccc}
\underline{\mathrm{RHom}}(E_1,F_1) \overset{L}{\otimes}_S \underline{\mathrm{RHom}}(E_2,F_2) & \xrightarrow{2.2.4} & & \underline{\mathrm{RHom}}(E,F) & \\
\Big| & & \swarrow & & \searrow \\
\underline{\mathrm{RHom}}(u_1,v_1) \overset{L}{\otimes}_S \underline{\mathrm{RHom}}(u_2,v_2) & & \underline{\mathrm{RHom}}(E_1 \overset{L}{\otimes}_S P_2, F_1 \overset{L}{\otimes}_S Q_2) & & \underline{\mathrm{RHom}}(P_1 \overset{L}{\otimes}_S E_2, Q_1 \overset{L}{\otimes}_S F_2) \\
\downarrow & & \searrow & & \swarrow \\
\underline{\mathrm{RHom}}(P_1,Q_1) \overset{L}{\otimes}_S \underline{\mathrm{RHom}}(P_2,Q_2) & \xrightarrow{2.2.4} & & \underline{\mathrm{RHom}}(P,Q) &
\end{array} .$$

2.6 La démonstration de 2.5 va occuper le reste du n°2. Il découle de 1.6.3 que, si $w_i : L_i \longrightarrow M_i$ est une flèche de type 1 au-dessus de f_i , la flèche $w = w_1 \overset{L}{\otimes}_S w_2$ rend commutatif le diagramme

$$\begin{array}{ccccc}
& & L_1 \overset{L}{\otimes}_S L_2 & & \\
& {\scriptstyle L_1 \overset{L}{\otimes}_S w_2}\swarrow & & \searrow{\scriptstyle w_1 \overset{L}{\otimes}_S L_2} & \\
L_1 \overset{L}{\otimes}_S M_2 & & & & M_1 \overset{L}{\otimes}_S L_2 \\
& {\scriptstyle w_1 \overset{L}{\otimes}_S M_2}\searrow & & \swarrow{\scriptstyle M_1 \overset{L}{\otimes}_S w_2} & \\
& & M_1 \overset{L}{\otimes}_S M_2 & &
\end{array} .$$

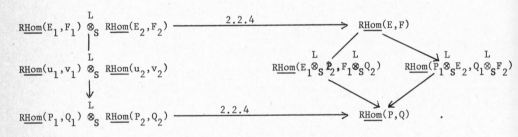

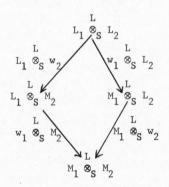

Appliquant cette remarque à $w_i = \underline{\mathrm{RHom}}(u_i,v_i)$, on voit qu'il suffit de prouver les cas particuliers suivants de 2.5 :

<u>Corollaire</u> 2.6.1. - <u>Soient</u> $f : X \longrightarrow Y$ <u>un</u> S-<u>morphisme</u>, S' <u>un</u> S-<u>schéma</u>, $f' : X' \longrightarrow Y'$ <u>le morphisme déduit de</u> f <u>par le changement de base</u> $S' \longrightarrow S$, $E, F \in \mathrm{ob}\, D_{ctf}(X)$, $P, Q \in \mathrm{ob}\, D_{ctf}(Y)$, $P', Q' \in \mathrm{ob}\, D_{ctf}(S')$, $(u,v) \in \mathrm{Hom}_f^{(2,1)}((E,F), (P,Q))$ (<u>resp</u>. $\mathrm{Hom}_f^{(3,4)}((E,F) , (P,Q))$). <u>On a alors un carré commutatif</u>, <u>où les flèches verticales sont de type</u> 1 <u>au-dessus de</u> f' :

(2.6.1.1)
$$\begin{array}{ccc} \underline{\mathrm{RHom}}(E,F) \overset{L}{\otimes}_S \underline{\mathrm{RHom}}(P',Q') & \xrightarrow{2.2.4} & \underline{\mathrm{RHom}}(E \overset{L}{\otimes}_S P',F' \overset{L}{\otimes}_S Q') \\ \Big\downarrow {\scriptstyle \underline{\mathrm{RHom}}(u,v) \overset{L}{\otimes}_S \underline{\mathrm{RHom}}(P',Q')} & & \Big\downarrow {\scriptstyle \underline{\mathrm{RHom}}(u \overset{L}{\otimes}_S P',v \overset{L}{\otimes}_S Q')} \\ \underline{\mathrm{RHom}}(P,Q) \overset{L}{\otimes}_S \underline{\mathrm{RHom}}(P',Q') & \xrightarrow{2.2.4} & \underline{\mathrm{RHom}}(P \overset{L}{\otimes}_S P',Q \overset{L}{\otimes}_S Q') \end{array} .$$

Examinons d'abord le cas où (u,v) est le type (2,1). Par fonctorialité, on peut supposer que $E = f^*P$, $F = f^*Q$, (u,v) étant donné par l'identité de (f^*P,f^*Q) . La commutativité de 2.6.1.1 dans le cas $P' = Q' = A_{S'}$ est évidente ; pour l'établir dans le cas général, il suffit donc de vérifier que pour L , $M \in \mathrm{ob}\, D_{ctf}(Y)$, le carré

$$\begin{array}{ccc} f^*\underline{\mathrm{RHom}}(E,F) \overset{L}{\otimes} f^*\underline{\mathrm{RHom}}(L,M) & \xrightarrow{f^*(2.2.3)} & f^*\underline{\mathrm{RHom}}(E \overset{L}{\otimes} L,F \overset{L}{\otimes} M)) \\ \Big\downarrow {\scriptstyle 2.1.1 \overset{L}{\otimes} 2.1.1} & & \Big\downarrow {\scriptstyle 2.1.1} \\ \underline{\mathrm{RHom}}(f^*E,f^*F) \overset{L}{\otimes} \underline{\mathrm{RHom}}(f^*L,f^*M) & \xrightarrow{2.2.3} & \underline{\mathrm{RHom}}(f^*(E \overset{L}{\otimes} 1),f^*(F \overset{L}{\otimes} M)) \end{array}$$

est commutatif. Or on constate aussitôt que les deux composés de ce carré sont adjoints du produit tensoriel des flèches d'évaluation
$f^*E \overset{L}{\otimes} f^*\underline{\mathrm{RHom}}(E,F) \longrightarrow f^*F$ et $f^*L \overset{L}{\otimes} f^*\underline{\mathrm{RHom}}(L,M) \longrightarrow f^*M$, d'où l'assertion.

Passons maintenant au cas où (u,v) est de type (3,4). Par fonctorialité, on peut supposer que $P = f_!E$, $F = f^!Q$, (u,v) étant défini par $(\mathrm{Id}_P,\mathrm{Id}_F)$. On doit prouver la commutativité du carré

$$\begin{array}{ccc} f_*\underline{RHom}(E,f^!Q)\overset{L}{\otimes}_S \underline{RHom}(P',Q') & \xrightarrow{\quad b \quad} & f'_*\underline{RHom}(E\overset{L}{\otimes}_S P', f^!Q\overset{L}{\otimes}_S Q') \\ \Big\downarrow{\scriptstyle a\overset{L}{\otimes}_S \underline{RHom}(P',Q')} & & \Big\downarrow{\scriptstyle a'} \\ \underline{RHom}(f_!E,Q)\overset{L}{\otimes}_S\underline{RHom}(P',Q') & \xrightarrow{\quad 2.2.4 \quad} & \underline{RHom}(f_!E\overset{L}{\otimes}_S P', Q\overset{L}{\otimes}_S Q') \end{array} ,$$

où b est composé de $f'_*(2.2.4)$ et d'un isomorphisme de changement de base, a est l'isomorphisme de dualité (SGA 4 XVIII 3.1.9.6), a' le composé de l'isomorphisme de dualité (relatif à $E\overset{L}{\otimes}_S P'$ et $Q\overset{L}{\otimes}_S Q'$) et des isomorphismes de changement de base $f_!E\overset{L}{\otimes}_S P' \underset{\sim}{\xrightarrow{c}} f'_!(E\overset{L}{\otimes}_S P')$, $f^!Q\overset{L}{\otimes}_S Q' \underset{\sim}{\xrightarrow{d}} f'^!(Q\overset{L}{\otimes}_S Q')$. Rappelons que a est composé de la flèche canonique (SGA 4 XVIII 3.1.9.5)

$$f_*\underline{RHom}(E,f^!Q) \longrightarrow \underline{RHom}(f_!E,f_!f^!Q)$$

et de la flèche définie par la flèche d'adjonction $f_!f^!Q \longrightarrow Q$. On a une description analogue de a' , comme composé de la flèche citée

$$(*) \qquad f'_*\underline{RHom}(E\overset{L}{\otimes}_S P' , f^!Q\overset{L}{\otimes}_S Q') \longrightarrow \underline{RHom}(f'_!(E\overset{L}{\otimes}_S P'),f'_!(f^!Q\overset{L}{\otimes}_S Q')) ,$$

des flèches définies par c et d , et de la flèche définie par la flèche d'adjonction $f'_!f'^!(Q\overset{L}{\otimes}_S Q') \longrightarrow Q\overset{L}{\otimes}_S Q'$. Or, par définition, d est adjointe de la flèche $f'_!(f^!Q\overset{L}{\otimes}_S Q') \longrightarrow Q\overset{L}{\otimes}_S Q'$ définie par l'isomorphisme de changement de base $f'_!(f^!Q\overset{L}{\otimes}_S Q') \simeq f_!f^!Q\overset{L}{\otimes}_S Q'$ et la flèche d'adjonction $f_!f^!Q \longrightarrow Q$, en d'autres termes le carré

$$\begin{array}{ccc} f'_!(f^!Q\overset{L}{\otimes}_S Q') & \xrightarrow{\quad f'_!d \quad} & f'_!f'^!(Q\overset{L}{\otimes}_S Q') \\ {\scriptstyle \text{ch. base}\ \simeq}\Big\downarrow & & \Big\downarrow{\scriptstyle \text{adj}} \\ f_!f^!Q\overset{L}{\otimes}_S Q' & \xrightarrow{\quad \text{adj}\otimes 1 \quad} & Q\overset{L}{\otimes}_S Q' \end{array}$$

est commutatif. Par suite, on peut aussi décrire a' comme composé de $(*)$, de la flèche définie par c , et de celles définies par l'isomorphisme de changement de base $f'_!(f^!Q\overset{L}{\otimes}_S Q') \xrightarrow{\sim} f_!f^!Q\overset{L}{\otimes}_S Q'$ et la flèche d'adjonction $f_!f^!Q \longrightarrow Q$. Cette décomposition de a' et celle de a donnée plus haut, jointes à la commutativité du carré

$$\begin{array}{ccc}
\underline{\mathrm{RHom}}(f_!E, f_!f^!Q) \overset{L}{\otimes}_S \underline{\mathrm{RHom}}(P',Q') & \longrightarrow & \underline{\mathrm{RHom}}(f_!E \overset{L}{\otimes}_S P', f_!f^!Q \overset{L}{\otimes}_S Q') \\
\downarrow & & \downarrow \\
\underline{\mathrm{RHom}}(f_!E, Q) \overset{L}{\otimes}_S \underline{\mathrm{RHom}}(P',Q') & \longrightarrow & \underline{\mathrm{RHom}}(f_!E \overset{L}{\otimes}_S P', Q \overset{L}{\otimes}_S Q')
\end{array}$$

défini par 2.2.4 et la flèche d'adjonction $f_!f^!Q \longrightarrow Q$, montrent que, pour établir la commutativité de 2.6.2 , il suffit de prouver la compatibilité suivante :

Lemme 2.6.3 - *Soient* f, f', E, F, P', Q' *comme en* 2.6.1 . *On a alors un carré commutatif*

$$\begin{array}{ccc}
f_*\underline{\mathrm{RHom}}(E,F) \overset{L}{\otimes}_S \underline{\mathrm{RHom}}(P',Q') & \xrightarrow{(1)} & f'_*\underline{\mathrm{RHom}}(E \overset{L}{\otimes}_S P', F \overset{L}{\otimes}_S Q') \\
\Big\downarrow{\scriptstyle (2)} & & \Big\downarrow{\scriptstyle (4)} \\
\underline{\mathrm{RHom}}(f_!E, f_!F) \overset{L}{\otimes}_S \underline{\mathrm{RHom}}(P',Q') & \xrightarrow{(3)} & \underline{\mathrm{RHom}}(f_!E \overset{L}{\otimes}_S P', f_!F \overset{L}{\otimes}_S Q')
\end{array} ,$$

où (1) *est composé de l'isomorphisme de changement de base* $f_*\underline{\mathrm{RHom}}(E,F) \overset{L}{\otimes}_S - \xrightarrow{\sim} f'_*(\underline{\mathrm{RHom}}(E,F) \overset{L}{\otimes}_S -)$ *et* $f'_*(2.2.4)$, (2) *est déduit de la flèche canonique* $f_*\underline{\mathrm{RHom}}(E,F) \longrightarrow \underline{\mathrm{RHom}}(f_!E, f_!F)$ *SGA 4 XVIII 3.1.9.5) par application de* $\overset{L}{\otimes}_S\underline{\mathrm{RHom}}(P',Q')$, (3) *est donné par* 2.2.4 , *enfin* (4) *est composé de la flèche canonique* $f'_*\underline{\mathrm{RHom}}(E \overset{L}{\otimes}_S P', F \overset{L}{\otimes}_S Q') \longrightarrow \underline{\mathrm{RHom}}(f'_!(E \overset{L}{\otimes}_S P'), f'_!(F \overset{L}{\otimes}_S Q'))$ *(loc. cit.) et des flèches définies par les isomorphismes de changement de base* $f'_!(E \overset{L}{\otimes}_S P') \xrightarrow{\sim} f_!E \overset{L}{\otimes}_S P'$, $\quad f'_!(F \overset{L}{\otimes}_S Q') \xrightarrow{\sim} f_!F \overset{L}{\otimes}_S Q'$.

Revenant à la définition de la flèche (SGA 4 XVIII 3.1.9.5), on choisit une compactification de f [1], et l'on est ramené à prouver le lemme séparément dans le cas où f est une immersion ouverte et celui où f est un morphisme propre.

a) Cas où f est une immersion ouverte. Par adjonction (2.2.1), il suffit de voir que si l'on tensorise le carré de 2.6.3 par $f_!E \overset{L}{\otimes}_S P'$ et que l'on compose avec la flèche d'évaluation 2.2.2

$$(f_!E \overset{L}{\otimes}_S P') \overset{L}{\otimes} \underline{\mathrm{RHom}}(f_!E \overset{L}{\otimes}_S P', f_!F \overset{L}{\otimes}_S Q') \longrightarrow f_!F \overset{L}{\otimes}_S Q' ,$$

(1) La flèche citée est définie à l'aide d'une telle compactification, mais elle n'en dépend pas : ce point, admis tacitement dans (loc. cit.), se vérifie facilement.

le carré que l'on obtient est commutatif. Or les sommets de ce carré sont nuls en dehors de X', de sorte qu'il suffit de vérifier que le carré induit sur X' commute, ce qui est trivial.

b) Cas où f est un morphisme propre. On a alors $f_! = f_*$, $f_!^! = f_*^!$. On voit aisément que le composé de $f_*\underline{RHom}(E,F) \longrightarrow \underline{RHom}(f_*E, f_*F)$ avec l'isomorphisme de dualité triviale $\underline{RHom}(f_*E,f_*F) \xrightarrow{\sim} f_*\underline{RHom}(f^*f_*E,F)$ (2.1.4) n'est autre que la flèche déduite de la flèche d'adjonction $f^*f_*E \longrightarrow E$ par application de $f_*\underline{RHom}(-,F)$. De même, le composé de (4) avec l'isomorphisme de dualité triviale

$$\underline{RHom}(f_*E \overset{L}{\otimes}_S P', f_*F \overset{L}{\otimes}_S Q') \xrightarrow{\sim} f_*^!\underline{RHom}(f^*f_*E \overset{L}{\otimes}_S P', F \overset{L}{\otimes}_S Q')$$

($f_*F \overset{L}{\otimes}_S Q'$ étant identifié à $f_*^!(F \overset{L}{\otimes}_S Q')$ par l'isomorphisme canonique) n'est autre que la flèche déduite de la flèche d'adjonction $f^*f_*E \longrightarrow E$ par application de $f_*^!\underline{RHom}(- \overset{L}{\otimes}_S P', F \overset{L}{\otimes}_S Q')$. On est donc ramené à vérifier la commutativité du carré

$$\begin{array}{ccc}
\underline{RHom}(f_*E,f_*F) \overset{L}{\otimes}_S \underline{RHom}(P',Q') & \xrightarrow{(3)} & \underline{RHom}(f_*E \overset{L}{\otimes}_S P',f_*F \overset{L}{\otimes}_S Q') \\
\downarrow & & \downarrow \\
f_*\underline{RHom}(f^*f_*E,F) \overset{L}{\otimes}_S \underline{RHom}(P',Q') & \xrightarrow{(1')} & f_*^!\underline{RHom}(f^*f_*E \overset{L}{\otimes}_S P',F \overset{L}{\otimes}_S Q')
\end{array},$$

où les flèches verticales sont les isomorphismes de dualité triviale et (1') est (1) avec E remplacé par f^*f_*E. Mais celle-ci est un cas particulier de celle de 2.6.1.1 dans le cas, déjà traité, où (u,v) est de type $(2,1)$ (prendre $u : f^*f_*E \longrightarrow f_*E$ donné par l'identité de f^*f_*E, et $v : f \longrightarrow f_*F$ donné par l'identité de f_*F). Nous avons donc prouvé 2.6.3. Comme on a vu, la commutativité de 2.6.2 en résulte, ce qui achève la démonstration de 2.6.1 et, finalement, de 2.5.

3. Correspondances cohomologiques.

3.1 Soient, pour $i : 1,2$, X_i un S-schéma, $L_i \in \mathrm{ob}\, D_{ctf}(X_i)$, $X = X_1 \times_S X_2$, $p_i : X \longrightarrow X_i$ et $q_i : X_i \longrightarrow S$ les projections canoniques :

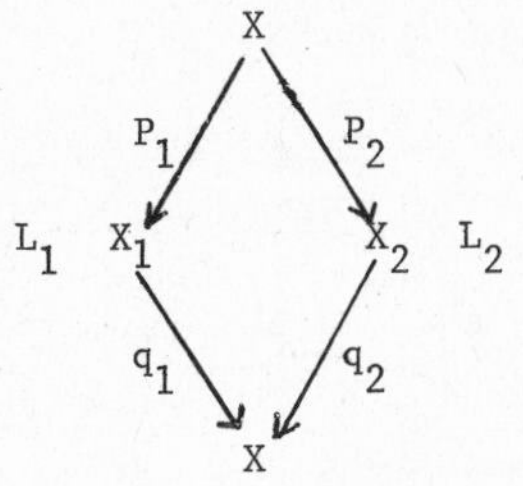

.

Avec les notations de 1.3, on a un isomorphisme canonique (2.2.4)

$$DL_1 \overset{L}{\otimes}_S L_2 \xrightarrow{\sim} \underline{\mathrm{RHom}}(L_1 \overset{L}{\otimes}_S A_{X_2}\, ,\, q_1^! A_S \overset{L}{\otimes}_S L_2) \quad .$$

Composant avec l'isomorphisme de Künneth $q_1^! A_S \overset{L}{\otimes}_S L_2 \xrightarrow{\sim} p_2^! L_2$ (1.7.3), on obtient un isomorphisme

$$(3.1.1) \qquad DL_1 \overset{L}{\otimes}_S L_2 \xrightarrow{\sim} \underline{\mathrm{RHom}}(p_1^* L_1, p_2^! L_2) \quad .$$

Celui-ci jouera un rôle fondamental dans toute la suite. Pour $X_i = S$, 3.1.1 se réduit à $L_1^{\vee} \overset{L}{\otimes} L_2 \xrightarrow{\sim} \underline{\mathrm{RHom}}(L_1, L_2)$, cas particulier d'un isomorphisme valable pour des complexes parfaits sur un topos annelé quelconque (SGA 6 I 7.7). Nous poserons

$$(3.1.2) \qquad \begin{aligned} \underline{\mathrm{RHom}}(p_1^* L_1, p_2^! L_2) &= \underline{\mathrm{RHom}}_S(L_1, L_2) \quad , \\ \mathrm{Hom}(p_1^* L_1, p_2^! L_2) &= \mathrm{Hom}_S(L_1, L_2) \quad . \end{aligned}$$

Les éléments de $\mathrm{Hom}_S(L_1, L_2)$ s'appelleront <u>correspondances cohomologiques de</u> L_1 <u>à</u> L_2 . Au lieu de "correspondance cohomologique de A_{X_1} à A_{X_2} " nous dirons simplement "<u>correspondance cohomologique de</u> X_1 <u>à</u> X_2 " (sous-entendu : à coefficients dans A) .

Si X_1 est <u>lisse</u>, purement de dimension relative r_1 , il en est de même de p_2 , et par le théorème de dualité (SGA 4 XVIII 3.2.5) , on a

$p_2^! L_2 \xrightarrow{\sim} p_2^* L_2 (r_1)[2r_1]$, donc

(3.1.3) $$\underline{\mathrm{RHom}}_S(L_1,L_2) = \underline{\mathrm{RHom}}(p_1^*L_1,p_2^*L_2)(r_1)[2r_1] \quad ,$$

$$\mathrm{Hom}_S(L_1,L_2) = H^{2r_1}(X,\underline{\mathrm{RHom}}(p_1^*L_1,p_2^*L_2)(r_1)) \quad .$$

En particulier, le groupe des correspondances cohomologiques de X_1 à X_2 s'identifie dans ce cas à $H^{2r_1}(X,A(r_1))$.

3.2 Les correspondances cohomologiques qu'on rencontre dans la pratique sont associées à des S-morphismes $X_2 \longrightarrow X_1$, ou plus généralement des cycles de X , ou des schémas au-dessus de X . Soit $c : C \longrightarrow X$ un schéma au-dessus de X (on dit parfois que c est une <u>correspondance</u> entre X_1 et X_2), notons $c_i = p_i c : C \longrightarrow X_i$ les projections. Nous appellerons <u>correspondances cohomologiques</u> de L_1 à L_2 <u>à support dans</u> c (ou C , s'il n'y a pas de confusion à craindre) les éléments du groupe $H^o(X,c_!\underline{\mathrm{RHom}}(c_1^*L_1,c_2^!L_2))$ (= $\mathrm{Hom}(c_1^*L_1,c_2^!L_2)$ si c est <u>propre</u>). D'après la formule d'induction (SGA 4 XVIII 3.1.12.2), on a un isomorphisme canonique

(3.2.1) $$c^!\underline{\mathrm{RHom}}(p_1^*L_1,p_2^!L_2) \xrightarrow{\sim} \underline{\mathrm{RHom}}(c_1^*L_1,c_2^!L_2) \quad ,$$

d'où, en appliquant $c_!$ et composant avec la flèche d'adjonction $c_!c^! \longrightarrow \mathrm{Id}$, des flèches canoniques

(3.2.2) $$c_!\underline{\mathrm{RHom}}(c_1^*L_1,c_2^!L_2) \longrightarrow \underline{\mathrm{RHom}}(p_1^*L_1,p_2^!L_2) \quad ,$$

(3.2.3) $$H^o(X,c_!\underline{\mathrm{RHom}}(c_1^*L_1,c_2^!L_2)) \longrightarrow \mathrm{Hom}_S(L_1,L_2) \quad .$$

Toute correspondance de L_1 à L_2 à support dans C définit donc canoniquement, par 3.2.3, une correspondance (sans support) de L_1 à L_2 .

<u>Exemples</u> : a) Supposons c propre et c_2 de tor-dimension finie et de dimension relative $\leq N$. Le morphisme trace (SGA $4^{1/2}$ Cycle 2.3.3)

$$\mathrm{Tr}_{c_2} : c_{2!}A_C \longrightarrow A_{X_2}(-N)[-2N]$$

définit par adjonction une correspondance cohomologique de A_{X_1} à A_{X_2} (-N)[2N] à support dans C , qu'on appellera classe de (c,N) , et qu'on notera

(3.2.4) $$c\ell(c,N) \in H^{-2N}(C, c_2^! A_{X_2}(-N)) \quad .$$

Le cas le plus important est celui où $N = 0$, i.e. c_2 fini (et de tor-dimension finie), auquel cas $c\ell(c)$ est une correspondance cohomologique de X_1 à X_2 à support dans C . Si X_1 est lisse, purement de dimension relative r_1 , on a d'après 3.1.3 et 3.2.1 ,

(3.2.5) $$H^{-2N}(C, c_2^! A_{X_2}(-N)) = H^{2(r_1-N)}(C, c^! A_X(r_1-N)) \quad .$$

Si de plus c est une immersion fermée, le second membre se récrit $H_C^{2(r_1-N)}(X, A_X(r_1-N))$, et la classe de (c,N) , considérée comme élément de ce groupe, n'est autre que la classe de cohomologie associée à c au sens de (SGA $4^{1/2}$ Cycle 2.3.1) , comme il résulte aussitôt des définitions.

b) Soit $F : X_2 \longrightarrow X_1$ un S-morphisme, notons $c(F) : C(F) \longrightarrow X$ son graphe, i.e. l'image de la section de p_2 définie par F ("ensemble des points (fx,x) ") : c_2 est un isomorphisme, et $c_1 c_2^{-1} = F$. On a donc des isomorphismes canoniques

(3.2.6) $$\underline{RHom}(c_1(F^*)^* L_1, c_2(F)^! L_2) = \underline{RHom}(F^* L_1, L_2) \quad ,$$

$$\mathrm{Hom}(c_1(F)^* L_1, c_2(F)^! L_2) = \mathrm{Hom}(F^* L_1, L_2) \quad .$$

En d'autres termes, les correspondances cohomologiques de L_1 à L_2 à support dans le graphe de F sont les "relèvements" de F en un homomorphisme $F^* L_1 \longrightarrow L_2$. Voici deux exemples importants de telles correspondances :

(i) $X_1 = X_2$, $L_1 = L_2$, F = l'identité de X_1 ,

dont le graphe Δ est la diagonale. La correspondance à support dans Δ définie par l'identité de L_1 s'appelle correspondances diagonale. C'est l'élément $1 \in \mathrm{Hom}(L_1, L_1) = H^0(X, \Delta_* \Delta^! \underline{RHom}_S(L_1, L_1))$ (groupe qui d'identifie à

$H^{2r}_{\Delta}(X, \underline{RHom}_S(L_1, L_1)(r))$ quand X_1 est lisse, purement de dimension relative r).

(ii) On suppose que S est le spectre d'un corps fini $\mathbb{F}_q$, que $X_1 = X_2$, $L_1 = L_2$, et on prend pour $F : X_1 \longrightarrow X_1$ l'endomorphisme de Frobenius relatif à $\mathbb{F}_q$, identité sur l'espace sous-jacent et élévation à la puissance q-ième sur $\underline{O}_{X_1}$ (cf. XIV), et pour relèvement de F à L_1 l'isomorphisme canonique $F^*L_1 \xrightarrow{\sim} L_1$ (loc. cit. §2 prop. 1) (plus exactement, le a-ième itéré de l'isomorphisme de (loc. cit.), si $q = p^a$). La correspondance cohomologique de L_1 à L_1 à support dans le graphe de F ainsi définie s'appelle <u>correspondance de Frobenius</u> (relative à $\mathbb{F}_q$).

c) Certaines correspondances cohomologiques entre faisceaux sur des courbes, liées aux opérateurs de Hecke, ont été étudiées par Langlands dans ([13]§7).

d) Les correspondances cohomologiques entre faisceaux constants (les plus fréquentes dans la nature) fournissent de façon naturelle, par "intégration", des correspondances cohomologiques entre complexes, comme nous allons le voir maintenant.

3.3 Soient, pour $i = 1,2$, $f_i : X_i \longrightarrow Y_i$ un S-morphisme, $f = f_1 \times_S f_2 : X \longrightarrow Y$, $f'_1 = f_1 \times_S Y_2$, $f'_2 = Y_1 \times_S f_2$, $p'_1 = X_1 \times_S f_2$, $p'_2 = f_1 \times_S X_2$:

(3.3.0)
$$\begin{array}{ccc} X_1 \times_S Y_2 & \xleftarrow{\;p'_1\;} & X \\ \downarrow{\scriptstyle f'_1} & \swarrow{\scriptstyle f} & \downarrow{\scriptstyle p'_2} \\ Y & \xleftarrow{\;f'_2\;} & Y_1 \times_S X_2 \end{array}$$

Soient $L_i \in \mathrm{ob}\, D_{ctf}(X_i)$. Il existe un unique isomorphisme

(3.3.1)
$$f_* \underline{RHom}_S(L_1, L_2) \xrightarrow{\;\sim\;} \underline{RHom}_S(f_{1!}L_1, f_{2*}L_2)$$

dont l'inverse rende commutatif le carré

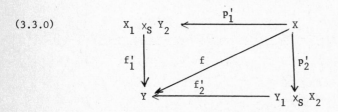

$$\begin{array}{ccc}
D(f_{1!}L_1) \overset{L}{\otimes}_S f_{2*}L_2 & \xrightarrow{3.1.1} & \underline{RHom}_S(f_{1!}L_1, f_{2*}L_2) \\
\downarrow{\scriptstyle (1)} & & \Big| \\
f_{1*}DL_1 \overset{L}{\otimes}_S f_{2*}L_2 & \xrightarrow{(2)} & f_*\underline{RHom}_S(L_1,L_2)
\end{array} ,$$

où (1) est déduit de l'inverse de l'isomorphisme de dualité (SGA 4 XVIII 3.1.9.6) $Df_{1!}L_1 \xrightarrow{\sim} f_{1*}DL_1$ par application de $\overset{L}{\otimes}_S f_{2*}L_2$, et (2) est composé de l'isomorphisme de Künneth $f_{1*}DL_1 \overset{L}{\otimes}_S f_{2*}L_2 \xrightarrow{\sim} f_*(DL_1 \overset{L}{\otimes}_S L_2)$ et de $f_*(3.1.1)$. Par application de $R\Gamma(Y,-)$ on déduit de 3.3.1 un isomorphisme

(3.3.2) $$f_* : \mathrm{Hom}_S(L_1,L_2) \xrightarrow{\sim} \mathrm{Hom}_S(f_{1!}L_1, f_{2*}L_2) .$$

Pour $u \in \mathrm{Hom}_S(L_1,L_2)$, la correspondance f_*u sera dite <u>image directe</u> de u par f. Quand $Y_1 = Y_2 = S$, nous écrirons plutôt u_* que f_*u. Si $Y_1 = Y_2 = S$ est le spectre d'un corps séparablement clos, 3.3.2 s'écrit

(3.3.3) $$\mathrm{Hom}_S(L_1,L_2) \xrightarrow{\sim} \mathrm{Hom}(R\Gamma_c(X_1,L_1) , R\Gamma(X_2,L_2)) .$$

Ainsi, les correspondances cohomologiques "opèrent" sur la cohomologie. L'énoncé ci-après va nous permettre d'interpréter cette opération de diverses manières, et notamment de faire le lien avec les définitions habituelles dans des situations telles que a) ou b) ci-dessus.

<u>Proposition</u> 3.4 - <u>Avec les notations de 3.3.0, on a un diagramme commutatif d'isomorphismes de</u> $D_{ctf}(Y)$:

(3.4.1) $$\begin{array}{ccccc}
 & & \mathrm{RHom}_S(f_{1!}L_1, f_{2*}L_2) & & \\
 & \swarrow{\scriptstyle (1)} & & \searrow{\scriptstyle (2)} & \\
f'_{1*}\underline{RHom}_S(L_1, f_{2*}L_2) & & \downarrow & & f'_{2*}\underline{RHom}_S(f_{1!}L_1, L_2) \\
 & {\scriptstyle f'_{1*}(3)}\searrow & & \swarrow{\scriptstyle f'_{2*}(4)} & \\
 & & f_*\underline{RHom}_S(L_1,L_2) & &
\end{array} ,$$

<u>où</u> (5) <u>est l'inverse de</u> 3.3.1 <u>et les flèches</u> (1) à (4) <u>sont définies par les diagrammes commutatifs ci-après</u>, <u>dans lesquels</u> "ch. b." <u>désigne une flèche déduite</u>

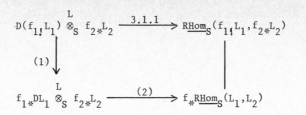

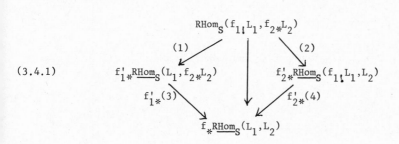

<u>d'un isomorphisme de changement de base ou de Künneth de l'un des types envisagés au</u> n°1, "dual." <u>une flèche déduite d'un isomorphisme de dualité de type</u> 2.1.4 <u>ou</u> (SGA 4 XVIII 3.1.9.6), "triv." <u>un isomorphisme trivial</u>

$$
\begin{array}{lcl}
\underline{R\mathrm{Hom}}(f_{1!}L_1 \overset{L}{\otimes}_S A_{Y_2}, K_{Y_1} \overset{L}{\otimes}_S f_{2*}L_2) & \xrightarrow{\text{ch. b.}} & \underline{R\mathrm{Hom}}_S(f_{1!}L_1, f_{2*}L_2) \\
\quad \downarrow \text{ch. b.} & & \quad \downarrow \\
\underline{R\mathrm{Hom}}(f'_{1!}(L_1 \overset{L}{\otimes}_S A_{Y_2}), K_{Y_1} \overset{L}{\otimes}_S f_{2*}L_2) & & \quad \downarrow (1) \\
\quad \downarrow \text{dual.} & & \quad \downarrow \\
f'_{1*}\underline{R\mathrm{Hom}}(L_1 \overset{L}{\otimes}_S A_{Y_2}, f'^{!}_1(K_{Y_1} \overset{L}{\otimes}_S f_{2*}L_2)) & & \quad \downarrow \\
\quad \downarrow \text{ch. b.} & & \quad \downarrow \\
f'_{1*}\underline{R\mathrm{Hom}}(L_1 \overset{L}{\otimes}_S A_{Y_2}, K_{X_1} \overset{L}{\otimes}_S f_{2*}L_2) & \xrightarrow{\text{ch. b.}} & f'_{1*}\underline{R\mathrm{Hom}}_S(L_1, f_{2*}L_2)
\end{array}
$$

$$
\begin{array}{lcl}
\underline{R\mathrm{Hom}}(f_{1!}L_1 \overset{L}{\otimes}_S A_{Y_2}, K_{Y_1} \overset{L}{\otimes}_S f_{2*}L_2) & \xrightarrow{\text{ch. b.}} & \underline{R\mathrm{Hom}}_S(f_{1!}L_1, f_{2*}L_2) \\
\quad \downarrow \text{ch.b.} & & \quad \downarrow \\
\underline{R\mathrm{Hom}}(f_{1!}L_1 \overset{L}{\otimes}_S A_{Y_2}, f'_{2*}(K_{Y_1} \overset{L}{\otimes}_S L_2)) & & \quad \downarrow \\
\quad \downarrow \text{dual.} & & \quad \downarrow (2) \\
f'_{2*}\underline{R\mathrm{Hom}}(f'^{*}_2(f_{1!}L_1 \overset{L}{\otimes}_S A_{Y_2}), K_{Y_1} \overset{L}{\otimes}_S L_2) & & \quad \downarrow \\
\quad \downarrow \text{triv.} & & \quad \downarrow \\
f'_{2*}\underline{R\mathrm{Hom}}(f_{1!}L_1 \overset{L}{\otimes}_S A_{X_2}, K_{Y_1} \overset{L}{\otimes}_S L_2) & \xrightarrow{\text{ch. b.}} & f'_{2*}\underline{R\mathrm{Hom}}_S(f_{1!}L_1, L_2)
\end{array}
$$

$$\begin{array}{ccc}
\underline{RHom}(L_1 \overset{L}{\otimes}_S A_{Y_2}, K_{X_1} \overset{L}{\otimes}_S f_{2*} L_2) & \xrightarrow{\text{ch. b.}} & \underline{RHom}_S(L_1, f_{2*}L_2) \\
\text{ch. b.}\Big\downarrow & & \Big\downarrow \\
\underline{RHom}(L_1 \overset{L}{\otimes}_S A_{Y_2}, p'_{1*}(K_{X_1} \overset{L}{\otimes}_S L_2)) & & \\
\text{dual.}\Big\downarrow & & (3) \\
p'_{1*}\, \underline{RHom}(p_1'^{*}(L_1 \overset{L}{\otimes}_S A_{Y_2}), K_{X_1} \overset{L}{\otimes}_S L_2) & & \\
\text{triv.}\Big\downarrow & & \Big\downarrow \\
p'_{1*}\underline{RHom}(L_1 \overset{L}{\otimes}_S A_{X_2}, K_{X_1} \overset{L}{\otimes}_S L_2) & \xrightarrow{\text{ch. b.}} & p'_{1*}\underline{RHom}_S(L_1, L_2)
\end{array}$$

$$\begin{array}{ccc}
\underline{RHom}(f_{1!}L_1 \overset{L}{\otimes}_S A_{X_2}, K_{Y_1} \overset{L}{\otimes}_S L_2) & \xrightarrow{\text{ch. b.}} & \underline{RHom}_S(f_{1!}L_1, L_2) \\
\text{ch. b.}\Big\downarrow & & \Big\downarrow \\
\underline{RHom}(p'_{2!}(L_1 \overset{L}{\otimes}_S A_{X_2}), K_{Y_1} \overset{L}{\otimes}_S L_2) & & \\
\text{dual.}\Big\downarrow & & (4) \\
p'_{2*}\underline{RHom}(L_1 \overset{L}{\otimes}_S A_{X_2}, p_2'^{!}(K_{Y_1} \overset{L}{\otimes}_S L_2)) & & \\
\text{ch. b.}\Big\downarrow & & \Big\downarrow \\
p'_{2*}\underline{RHom}(L_1 \overset{L}{\otimes}_S A_{X_2}, K_{X_1} \overset{L}{\otimes}_S L_2) & \xrightarrow{\text{ch. b.}} & p'_{2*}\underline{RHom}_S(L_1, L_2)
\end{array} \quad .$$

Ce n'est qu'une explication de 2.5 dans le cas particulier où $(u_1,v_1) : (L_1,K_{X_1}) \longrightarrow (f_{1!}L_1,K_{Y_1})$ est donné par l'identité de $f_{1!}L_1$ et l'isomorphisme canonique $f_1^!K_{Y_1} \xrightarrow{\sim} K_{X_1}$, $(u_2,v_2) : (A_{X_2},L_2) \longrightarrow (A_{Y_2},f_{2*}L_2)$ par l'isomorphisme caninique $A_{X_2} \xrightarrow{\sim} f_2^*A_{Y_2}$ et l'identité de $f_{2*}L_2$.

__Corollaire__ 3.5 - __On suppose que__ $Y_1 = Y_2 = S$. __Soit__ $u \in \mathrm{Hom}_S(L_1,L_2)$. __L'image directe__ $f_*u \in \mathrm{Hom}(f_{1!}L_1,f_{2*}L_2)$ (3.3.2) __peut s'obtenir des deux manières équivalentes suivantes__ :

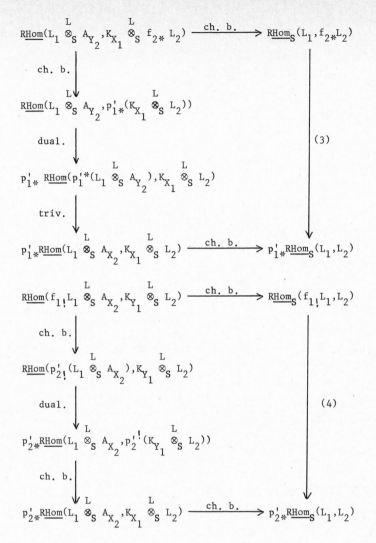

a) On s'identifie u , par dualité triviale , à une flèche $L_1 \longrightarrow p_{1*}p_2^!L_2$; on compose avec l'isomorphisme de changement de base $p_{1*}p_2^!L_2 \xrightarrow{\sim} f_1^!f_{2*}L_2$; f_*u est l'adjointe de cette flèche composée.

b) On identifie u , par adjonction, à une flèche $p_{2!}p_1^*L_1 \longrightarrow L_2$; on compose avec l'isomorphisme de changement de base $f_2^*f_{1!}L_1 \xrightarrow{\sim} p_{2!}p_1^*L_1$; f_*u est l'adjointe de cette flèche composée.

La description a) (resp. b)) correspond en effet au trajet $(f_{1*}(3) \circ (1))^{-1}$ (resp. $f_{2*}(4) \circ (2)$) de 3.4.1 .

3.6 Dans la pratique, c'est surtout la description 3.5 b) qui est utilisée. Explicitons-la au niveau des classes de cohomologie, en supposant, pour alléger l'écriture, que S est le spectre d'un corps séparablement clos. Soit $u \in \mathrm{Hom}_S(L_1,L_2) = \mathrm{Hom}(p_1^*L_1,p_2^!L_2)$. Pour $x \in H_c^i(X_1,L_1)$, $u_*(x) \in H^i(X_2,L_2)$ est défini comme suit : on considère l'élément $p_1^*x \in H^i(X_2,p_{2!}p_1^*L_1)$ déduit de x par image inverse, on lui applique u , i.e. on forme le produit $u.p_1^*x \in H^i(X_2,p_{2!}p_2^!L_2)$, puis l'on applique la flèche $\underline{a} : H^i(X_2,p_{2!}p_2^!L_2) \longrightarrow H^i(X_2,L_2)$ définie par la flèche d'adjonction $p_{2!}p_2^! \longrightarrow \mathrm{Id}$; en résumé :

(3.6.1) $$u_*(x) = \underline{a}(u.p_1^*x) .$$

Soient $c : C \longrightarrow X$ un morphisme propre, et $u \in \mathrm{Hom}(c_1^*L_1,c_2^!L_2)$. Notons $u_* \in \mathrm{Hom}(R\Gamma_c(X_1,L_1), R\Gamma(X_2,L_2))$ l'image de u par le composé de 3.2.3 et 3.3.3 . Il découle de 3.6.1 que, pour $x \in H_c^i(X_1,L_1)$, on a

(3.6.2) $$u_*(x) = \underline{a}(u.c_1^*x) ,$$

où c_1^*x est l'image inverse de x dans $H^i(X_2,c_{2!}c_1^*L_1)$ et $\underline{a} : H^i(X_2,c_{2!}c_2^!L_2) \longrightarrow H^i(X_2,L_2)$ est la flèche déduite de l'adjonction $c_{2!}c_2^!L_2 \longrightarrow \mathrm{Id}$. Dans la situation de l'exemple 3.2 a) , on trouve ainsi que

(3.6.3) $$c\ell(c,N)_*(x) = \mathrm{Tr}_{c_2}(c_1^*x) ,$$

où $Tr_{c_2} : H^i(X_2, Rc_{2!}A_C) \longrightarrow H^{i-2N}(X_2, A(-N))$ est la flèche induite par le morphisme trace relatif à c_2. Cette formule concorde, pour $N = 0$, avec (SGA $4^{1/2}$ Cycle 3.6) : $c\ell(c)_*$ est l'homomorphisme noté $\eta_{X_2X_1}$ dans (loc. cit.). Si X_1 est lisse, purement de dimension relative r_1, et c une immersion fermée, il découle de 3.6.1 et de la remarque faite à la fin de 3.2 a) que l'on a aussi

$$(3.6.4) \qquad c\ell(c,N)_*(x) = Tr_{p_2}(c\ell(C)p_1^*x) \quad ,$$

où $c\ell(C) \in H_C^{2(r_1-N)}(X, A(r_1-N))$ est la classe de cohomologie de C et $Tr_{p_2} : H^*(X_2, Rp_{2!}A_{X_2}) \longrightarrow H^{*-2r_1}(X_2, A(-r_1))$ la flèche définie par le morphisme trace relatif à p_2. On retrouve la définition habituelle de l'homomorphisme induit sur la cohomologie par une correspondance ([12]1.3), (SGA $4^{1/2}$ Cycle 3.2).

3.6.5. Dans la situation de 3.2 b), il découle de 3.6.2 que, pour $u \in Hom(F^*L_1, L_2)$, $u_* : H_c^i(X_1, L_1) \longrightarrow H^i(X_2, L_2)$ est le composé de l'homomorphisme "image inverse" $H_c^i(X_1, L_1) \longrightarrow H^i(X_2, F^*L_1)$ et de l'homomorphisme induit par u (plus généralement $f_*u : Rf_{1!}L_1 \longrightarrow Rf_{2*}L_2$ est composé de l'homomorphisme canonique $Rf_{1!}L_1 \longrightarrow Rf_{2*}F^*L_1$ et de $Rf_{2*}u$). En particulier, la correspondance diagonale induit la flèche canonique $Rf_{1!}L_1 \longrightarrow Rf_{1*}L_1$ (l'identité si X_1 est propre sur S) .

3.7 Revenons à la situation du début de 3.3, en supposant donné en outre un carré commutatif

$$(3.7.1) \qquad \begin{array}{ccc} X & \xleftarrow{\ c\ } & C \\ {\scriptstyle f}\downarrow & & \downarrow{\scriptstyle g} \\ Y & \xleftarrow{\ d\ } & D \end{array} \quad ,$$

avec c propre. Posons $c_i = p_i c$, $d_i = q_i d$, où $p_i : X \longrightarrow X_i$, $q_i : Y \longrightarrow Y_i$ sont les projections. On déduit de 3.7.1 un diagramme commutatif où le carré intérieur est cartésien :

(3.7.2) 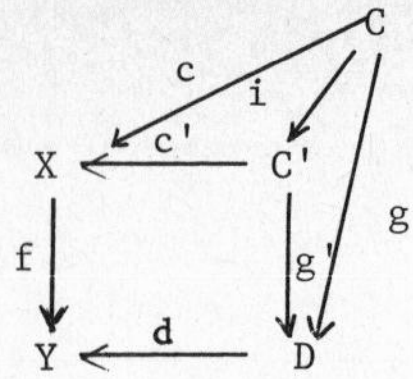

Pour $K \in ob\ D_{ctf}(X)$, on a une flèche canonique

(3.7.3) $$f_*c_*c^!K \longrightarrow d_*d^!f_*K ,$$

composée de la flèche

$$f_*c_*c^!K = f_*c'_*(i_*i^!)c'^!K \longrightarrow f_*c'_*c'^!K = d_*g'_*c'^!K$$

définie par la flèche d'adjonction $i_*i^! \longrightarrow Id$, et de l'isomorphisme

$$d_*g'_*c'^!K \xrightarrow{\sim} d_*d^!f_*K$$

défini par l'isomorphisme canonique $g'_*d'^! \xrightarrow{\sim} d^!f_*$ (SGA 4 XVIII 3.1.12.3). Prenant $K = \underline{RHom}_S(L_1,L_2)$, et composant 3.7.3 avec l'isomorphisme déduit de 3.3.1, on trouve une flèche canonique

(3.7.4) $$f_*c_*c^!\underline{RHom}_S(L_1,L_2) \longrightarrow d_*d^!\underline{RHom}_S(f_{1!}L_1,f_{2*}L_2) ,$$

qui, grâce à 3.2.1, peut se récrire

(3.7.5) $$f_*c_*\underline{RHom}(c_1^*L_1,c_2^!L_2) \longrightarrow d_*\underline{RHom}(d_1^*(f_{1!}L_1),d_2^!(f_{2*}L_2)) .$$

On en déduit

(3.7.6) $$f_* : Hom(c_1^*L_1,c_2^!L_2) \longrightarrow Hom(d_1^*(f_{1!}L_1),d_2^!(f_{2*}L_2)) .$$

La flèche 3.7.5 (resp. 3.7.6) généralise 3.3.1 (resp. 3.3.2), avec laquelle elle coïncide quand c et d sont l'identité. Notons aussi que, pour c propre, 3.2.2 (resp. 3.2.3) n'est autre que 3.7.5 (resp. 3.7.6) quand f_1, f_2 et d sont les flèches identiques. Quand $Y_1 = Y_2 = S = D$, nous abrégerons f_*u en u_* , comme plus haut.

4. Accouplements de correspondances. Formule de Lefschetz.

4.1 Soient, pour $i = 1,2$, X_i un S-schéma, $X = X_1 \times_S X_2$, $p_i : X \longrightarrow X_i$ les projections, $L_i \in \mathrm{ob}\, D_{ctf}(X_i)$, K_{X_i} le complexe dualisant (1.3). Les flèches canoniques

$$(4.1.1) \qquad p_i^* \underline{\mathrm{RHom}}(L_i, K_{X_i}) \overset{L}{\otimes} p_i^* L_i \longrightarrow p_i^* K_{X_i} \quad ,$$

composées de 2.1.1 et de la flèche d'évaluation 2.2.2, donnent, par produit tensoriel sur X et composition avec l'isomorphisme de Künneth 1.7.6, un accouplement

$$(4.1.2) \qquad (DL_1 \overset{L}{\otimes}_S L_2) \overset{L}{\otimes} (L_1 \overset{L}{\otimes}_S DL_2) \longrightarrow K_X \quad ,$$

qu'on peut récrire, grâce à 3.1.1, 3.1.2,

$$(4.1.3) \qquad \underline{\mathrm{RHom}}_S(L_1, L_2) \overset{L}{\otimes} \underline{\mathrm{RHom}}_S(L_2, L_1) \longrightarrow K_X \quad .$$

On en déduit un accouplement, dit cup-produit,

$$(4.1.4) \qquad < \ , \ > : \mathrm{Hom}_S(L_1, L_2) \otimes \mathrm{Hom}_S(L_2, L_1) \longrightarrow H^0(X, K_X) \quad .$$

On peut encore considérer 4.1.2 comme le produit tensoriel externe des flèches d'évaluation $DL_i \overset{L}{\otimes} L_i \longrightarrow K_{X_i}$. Compte tenu de l'isomorphisme de Künneth 2.2.4, on voit ainsi que 4.1.2 est une "dualité parfaite", i.e. identifie par l'isomorphisme d'adjonction 2.2.1 chacun des complexes $DL_1 \overset{L}{\otimes}_S L_2$, $L_1 \overset{L}{\otimes}_S DL_2$ au dual de l'autre (à valeurs dans K_X).

Quand $X_1 = X_2 = S$, 4.1.3 est cas particulier d'un accouplement valable pour des complexes parfaits sur un topos annelé quelconque (SGA 6 I 7.8), et, avec les notations de (SGA 6 I 8.3), on a

$$(4.1.5) \qquad < u,v > = \mathrm{Tr}(vu) = \mathrm{Tr}\,(uv) \quad .$$

4.2 Soient $c : C \longrightarrow X$, $d : D \longrightarrow X$, $e = c \times_X d : E = C \times_X D \longrightarrow X$. Pour $P, Q \in \mathrm{ob}\, D_{ctf}(X)$, on dispose d'une flèche canonique (qui n'est pas un isomorphisme en général)

$$(4.2.1)\qquad c^! P \overset{L}{\otimes}_X d^! Q \longrightarrow e^!(P \overset{L}{\otimes} Q) \quad ,$$

définie, de la même manière que 1.7.3, comme adjointe de la flèche composée

$$e_!(c^! P \overset{L}{\otimes}_X d^! Q) \xrightarrow[\simeq]{(1)} c_! c^! P \overset{L}{\otimes} d_! d^! Q \xrightarrow{(2)} P \overset{L}{\otimes} Q \quad ,$$

où (1) est l'isomorphisme de Künneth (SGA 4 XVII 5.4.2.2) et (2) le produit tensoriel des flèches d'adjonction. Appliquant $e_!$ à 4.2.1 et composant avec l'isomorphisme de Künneth qu'on vient de citer, on obtient une flèche canonique

$$(4.2.2)\qquad c_! c^! P \overset{L}{\otimes} d_! d^! Q \longrightarrow e_! e^! (P \overset{L}{\otimes} Q) \quad .$$

De même, composant la flèche de Künneth $c_* c^! P \overset{L}{\otimes} d_* d^! Q \longrightarrow e_*(c^! P \overset{L}{\otimes}_X d^! Q)$ avec la flèche déduite de 4.2.1 par application de e_*, on obtient une flèche canonique

$$(4.2.3)\qquad c_* c^! P \overset{L}{\otimes} d_* d^! Q \longrightarrow e_* e^! (P \overset{L}{\otimes} Q) \quad .$$

Pour $P = DL_1 \overset{L}{\otimes}_S L_2$, $Q = L_1 \overset{L}{\otimes}_S DL_2$, on déduit de 4.2.2, 4.2.3, par composition avec 4.1.2 et l'isomorphisme $e^! K_X = K_E$, et avec les identifications 3.1.1 , 3.2.1, des accouplements

$$(4.2.4)\qquad c_! \underline{RHom}(c_1^* L_1, c_2^! L_2) \overset{L}{\otimes} d_! \underline{RHom}(d_2^* L_2, d_1^! L_1) \longrightarrow e_! K_E \quad ,$$

$$(4.2.4)'\qquad c_* \underline{RHom}(c_1^* L_1, c_2^! L_2) \overset{L}{\otimes} d_* \underline{RHom}(d_2^* L_2, d_1^! L_1) \longrightarrow e_* K_E \quad ,$$

$$(4.2.5)\qquad \langle\ ,\ \rangle : \mathrm{Hom}(c_1^* L_1, c_2^! L_2) \otimes \mathrm{Hom}(d_2^* L_2, d_1^! L_1) \longrightarrow H^0(E, K_E) \quad .$$

Ces accouplements sont compatibles à la localisation étale : étant donné un carré commutatif (non nécessairement cartésien)

$$\begin{array}{ccc} & E' & \\ \swarrow & & \searrow \\ C' & & D' \\ \searrow & & \swarrow \\ & X & \end{array} \qquad \text{étale au-dessus de} \qquad \begin{array}{ccc} & E & \\ \swarrow & & \searrow \\ C & & D \\ \searrow & & \swarrow \\ & X & \end{array} \quad ,$$

si l'on note c', d', e' les composés $C' \longrightarrow C \longrightarrow X$, $D' \longrightarrow D \longrightarrow X$, $E' \longrightarrow E \longrightarrow X$, on a un carré commutatif

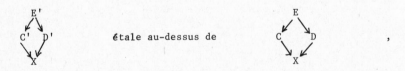

$$(4.2.6)\qquad \begin{array}{ccc} \mathrm{Hom}(c_1^*L_1, c_2^!L_2) \otimes \mathrm{Hom}(d_2^*L_2, d_1^!L_1) & \xrightarrow{4.2.5} & H^o(E,K_E) \\ \downarrow & & \downarrow \\ \mathrm{Hom}(c_1'^*L_1, c_2'^!L_2) \otimes \mathrm{Hom}(d_2'^*L_2, d_1'^!L_1) & \longrightarrow & H^o(E',K_{E'}) \end{array} ,$$

où les flèches verticales sont les restrictions, et la flèche horizontale inférieure est composée de la flèche analogue à 4.2.5 et de la restriction $H^o(E",K_{E"}) \to H^o(E',K_{E'})$, avec $E" = C' \times_{X'} D'$ (on a des carrés commutatifs analogues avec des flèches du type 4.2.4, 4.2.4', qu'on laisse au lecteur le soin d'écrire). Si Z est étale sur E, on notera, pour $u \in \mathrm{Hom}(c_1^*L_1, c_2^!L_2)$, $v \in \mathrm{Hom}(d_2^*L_2, d_1^!L_1)$,

$$(4.2.7)\qquad < u,v >_Z \in H^o(Z,K_Z)$$

l'image de $< u,v >$ dans $H^o(Z,K_Z)$ par restriction (dans la pratique, Z sera une composante connexe de E) . Si z est un point fermé isolé de E, $\bar{z}$ un point géométrique au-dessus de z , il découle de 4.2.6 que $< u,v >_z \in H^o(z,K_z) = A$ ne dépend que de la situation déduite par localisation stricte aux images de $\bar{z}$ dans C,D,X .

<u>Exemple</u> 4.3 - On suppose que X_i est lisse, purement de dimension relative r_i , et que c et d sont des immersions fermées, avec c_2 (resp. d_1) fini. Pour $L_1 = A_{X_1}$, $L_2 = A_{X_2}$, on a, d'après 3.1.3 ,

$$DL_1 \overset{L}{\otimes}_S L_2 = A_X(r_1)[2r_1] \text{ , } L_1 \overset{L}{\otimes}_S DL_2 = A_X(r_2)[2r_2] \quad ,$$

et 4.1.2 s'identifie au produit

$$A_X(r_1)[2r_1] \overset{L}{\otimes} A_X(r_2)[2r_2] \longrightarrow A_X(r)[2r]$$

(où $r = r_1 + r_2$) , et par suite, compte tenu de 3.2.1, 4.2.5 s'identifie au cup-produit habituel

$$H_C^{2r_1}(X,A(r_1)) \otimes H_D^{2r_2}(X,A(r_2)) \longrightarrow H^{2r}_{C\cap D}(X,A(r)) \quad .$$

Prenons comme correspondance cohomologique de X_1 à X_2 (resp. X_2 à X_1) la classe de c (resp. d) (3.2.a)). Il résulte de (SGA $4^{1/2}$ Cycle 2.3.8) qu'en un point isolé z de $C \cap D$, $< c\ell(c), c\ell(d) >_z$ n'est autre que l'image dans A de la multiplicité d'intersection de C et D en z .

Voici maintenant le résultat principal de l'exposé.

Théorème 4.4 - Soient, pour i = 1, 2, $f_i : X_i \longrightarrow Y_i$ un S-morphisme propre, $f = f_1 \times_S f_2 : X \longrightarrow Y$, $p_i : X \longrightarrow X_i$, $q_i : Y \longrightarrow Y_i$ les projections. Soit d'autre part

(4.4.0)

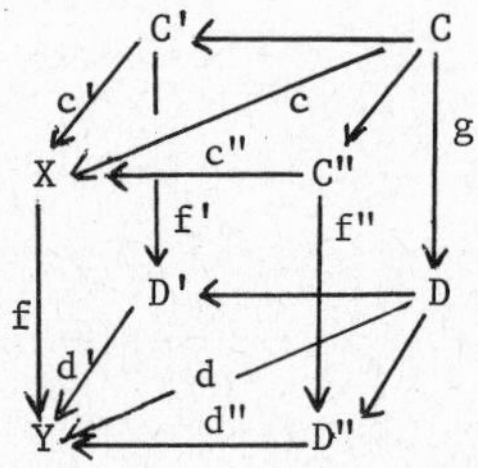

un cube commutatif à faces horizontales cartésiennes, avec c' , c", d', d" propres. On pose $c'_i = p_i c'$, $c''_i = p_i c''$, $d'_i = q_i d'$, $d''_i = q_i d''$. Enfin, soient $L_i \in \mathrm{ob}\, D_{ctf}(X_i)$. On a alors un carré commutatif

(4.4.1)

$$\begin{array}{ccc}
f_* c'_* \underline{RHom}(c'^*_1 L_1, c'^!_2 L_2) \overset{L}{\otimes} f_* c''_* \underline{RHom}(c''^*_2 L_2, c''^!_1 L_1) & \xrightarrow{(1)} & f_* c_* K_C \\
\downarrow (2) & & \downarrow (4) \\
d'_* \underline{RHom}(d'^*_1 M_1, d'^!_2 M_2) \overset{L}{\otimes} d''_* \underline{RHom}(d''^*_2 M_2, d''^!_1 M_1) & \xrightarrow{(3)} & d_* K_D
\end{array} ,$$

où $M_i = f_{i*} L_i$, (3) est donné par 4.2.4, (1) déduit de 4.2.4 par application de f_* et composition avec la flèche canonique $f_* c'_* \overset{L}{\otimes} f_* c''_* \longrightarrow f_*(c'_* \overset{L}{\otimes} c''_*)$, (2) est produit tensoriel des flèches 3.7.5 relatives aux faces contenant f , et (4) est défini par la flèche d'adjonction $g_* K_C = g_! g^! K_D \longrightarrow K_D$.

Démonstration - Posons $DL_1 \overset{L}{\otimes}_S L_2 = P$, $L_1 \overset{L}{\otimes}_S DL_2 = Q$, $DM_1 \overset{L}{\otimes}_S M_2 = E$, $M_1 \overset{L}{\otimes}_S DM_2 = F$. Considérons le diagramme

(4.4.2)

$$\begin{array}{ccccccc}
f_*c'_*c'^{!}P \overset{L}{\otimes} f_*c''_*c''^{!}Q & & \xrightarrow{\quad(1)\quad} & & f_*c_*c^{!}(P \overset{L}{\otimes} Q) & \xrightarrow{(2)} & f_*c_*c^{!}K_X \\
\Big\downarrow (8) & & (A) & & (9) \Big\downarrow & (B) & \Big\downarrow (10) \\
d'_*d'^{!}f_*P \overset{L}{\otimes} d''_*d''^{!}f_*Q & \xrightarrow{(3)} & d_*d^{!}(f_*P \overset{L}{\otimes} f_*Q) & \xrightarrow{(4)} & d_*d^{!}f_*(P \overset{L}{\otimes} Q) & \xrightarrow{(5)} & d_*d^{!}f_*K_X \\
(11)\Big\downarrow & (C) & (12)\Big\downarrow & & (D) & & \Big\downarrow (13) \\
d'_*d'^{!}E \overset{L}{\otimes} d''_*d''^{!}F & \xrightarrow{(6)} & d_*d^{!}(E \overset{L}{\otimes} F) & & \xrightarrow{\quad(7)\quad} & & d_*d^{!}K_Y
\end{array} ,$$

où les flèches sont les suivantes : (1) est déduit de 4.2.2 par application de f_* , (2) est défini par 4.1.2 , (3) est donné par 4.2.2, (4) par la flèche canonique $f_*P \overset{L}{\otimes} f_*Q \longrightarrow f_*(P \overset{L}{\otimes} Q)$, (5) par 4.1.2, (6) par 4.2.2, (7) par 4.1.2, (8) est produit tensoriel de flèches 3.7.3, (9) et (10) sont définis par 3.7.3, (11) et (12) par les isomorphismes $f_*P \longrightarrow E$, $f_*Q \longrightarrow F$ (3.3.1), (13) par la flèche d'adjonction $f_*K_X \longrightarrow K_Y$. Par définition, 4.4.1 s'identifie, par 3.1.1 et 3.2.1, au bord extérieur de 4.4.2 . Il suffit donc de prouver que les carrés (A), (B), (C), (D) sont commutatifs. La commutativité de (B) et (C) est évidente, par fonctorialité. Il reste à démontrer celle de (A) et (D).

a) <u>Commutativité de</u> (D). Il suffit de prouver que le carré

(4.4.3)
$$\begin{array}{ccc}
f_*P \overset{L}{\otimes} f_*Q & \longrightarrow & f_*K_X \\
\Big\downarrow & & \Big\downarrow \\
E \overset{L}{\otimes} F & \longrightarrow & K_Y
\end{array}$$

(correspondant à (D) pour d = Id) commute. Rappelons que l'accouplement $P \overset{L}{\otimes} Q \longrightarrow K_X$ (resp. $E \overset{L}{\otimes} F \longrightarrow K_Y$) est produit tensoriel externe des flèches d'évaluation $DL_i \overset{L}{\otimes} L_i \longrightarrow K_{X_i}$ (resp. $DM_i \overset{L}{\otimes} M_i \longrightarrow K_{Y_i}$) . Par les isomorphismes de Künneth $f_{1*}DL_1 \overset{L}{\otimes}_S f_{2*}L_2 \xrightarrow{\sim} f_*P$, $f_{1*}L_1 \overset{L}{\otimes}_S f_{2*}DL_2 \xrightarrow{\sim} f_*Q$, 4.4.3 s'identifie donc au produit tensoriel externe des carrés

(4.4.4)
$$\begin{array}{ccc}
f_{i*}DL_i \overset{L}{\otimes} f_{i*}L_i & \xrightarrow{(1)} & f_{i*}K_{X_i} \\
(3)\Big\downarrow & & \Big\downarrow(4) \\
DM_i \overset{L}{\otimes} M_i & \xrightarrow{(2)} & K_{Y_i}
\end{array} ,$$

où (2) est la flèche d'évaluation, (1) le composé de la flèche canonique

$f_{i*}DL_i \overset{L}{\otimes} f_{i*}L_i \longrightarrow f_{i*}(DL_i \overset{L}{\otimes} L_i)$ et de la flèche définie par la flèche d'évaluation, (3) est produit tensoriel de l'isomorphisme de dualité $f_{i*}DL_i \longrightarrow DM_i$ et de la flèche identique de M_i , (4) est la flèche d'adjonction. Il suffit donc de vérifier la commutativité des carrés 4.4.4 . Comme l'isomorphisme de dualité ci-dessus est composé de la flèche canonique (SGA 4 XVIII 3.1.9.5) $f_{i*}\underline{RHom}(L_i,K_{X_i}) \longrightarrow \underline{RHom}(f_{i*}L_i,f_{i*}K_{X_i})$ et de la flèche déduite de la flèche d'adjonction $f_{i*}K_{X_i} \longrightarrow K_{Y_i}$, il suffit de voir que le carré suivant commute

$$\begin{array}{ccc} f_{i*}\underline{RHom}(L_i,K_{X_i}) \overset{L}{\otimes} f_{i*}L_i & \xrightarrow{(1)} & f_{i*}K_{X_i} \\ \downarrow{\scriptstyle (3)} & & \downarrow{\scriptstyle Id} \\ \underline{RHom}(f_{i*}L_i,f_{i*}K_{X_i}) \overset{L}{\otimes} f_{i*}L_i & \xrightarrow{(2)} & f_{i*}K_{X_i} \end{array} \qquad (4.4.5)$$,

où (1) est la flèche (1) de 4.4.4, (2) la flèche d'évaluation, et (3) le produit tensoriel par $f_{i*}L_i$ de la flèche canonique qu'on vient de mentionner. Or, plus généralement, pour toute flèche $N_i \longrightarrow f_{i*}L_i$ de $D_{ctf}(X_i)$, i.e. toute flèche $L_i \xrightarrow{u} N_i$ de type 1 au-dessus de f_i , le triangle

$$\begin{array}{ccc} f_{i*}\underline{RHom}(L_i,K_{X_i}) \overset{L}{\otimes} N_i & & \\ \downarrow & \searrow & \\ \underline{RHom}(N_i,f_{i*}K_{X_i}) \overset{L}{\otimes} N_i & \longrightarrow & f_{i*}K_{X_i} \end{array}$$

déduit de 4.4.5 commute : on peut en effet, par fonctorialité, supposer que $L_i = f_i^*N_i$, u étant donné par l'identité de L_i ; la flèche $f_{i*}\underline{RHom}(L_i,K_{X_i}) \longrightarrow \underline{RHom}(N_i,f_{i*}K_{X_i})$ est alors l'inverse de l'isomorphisme de dualité triviale, et la commutativité du triangle se vérifie immédiatement au niveau des complexes, en résolvant N_i platement et K_{X_i} injectivement.

b) <u>Commutativité de</u> (A). Se reportant à la définition de 3.7.3, on voit qu'il suffit de vérifier cette commutativité dans chacun des cas suivants : (i) $X_i = Y_i$, f_i = flèche identique de X_i ; (ii) les faces latérales de 4.4.0 sont cartésiennes. Plaçons-nous dans le cas (i). Le carré (A) est le bord extérieur du diagramme

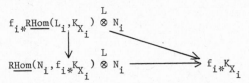

$$
\begin{array}{ccccc}
c'_*c'^!P \overset{L}{\otimes} c''_*c''^!Q & \xrightarrow{\sim} & c_*(c'^!P \overset{L}{\otimes}_X c''^!Q) & \longrightarrow & c_*c^!(P \overset{L}{\otimes} Q) \\
(8)\ \downarrow & A_1 & \downarrow & A_2 & \downarrow\ (9) \\
d'_*d'^!P \overset{L}{\otimes} d''_*d''^!Q & \xrightarrow{\sim} & d_*(d'^!P \overset{L}{\otimes}_X d''^!Q) & \longrightarrow & d_*d^!(P \overset{L}{\otimes} Q)
\end{array}
$$

dans lequel les isomorphismes horizontaux de A_1 sont des isomorphismes de Künneth, les flèches horizontales de A_2 sont données par 4.2.1, et la flèche verticale médiane est déduite par application de d_* de la flèche $g_!(c'^!P \overset{L}{\otimes}_X c''^!Q) \to d'^!P \overset{L}{\otimes}_X d''^!Q$ définie, via Künneth, par le produit tensoriel externe des flèches d'adjonction $f'_!c'^!P \longrightarrow d'^!P$, $f''_!c''^!Q \longrightarrow d''^!Q$. Or ces flèches d'adjonction et les flèches identiques de $d'_!d'^!P$, $d''_!d''^!Q$ définissent des triangles commutatifs de flèches de type 3 (1.4)

$$
\begin{array}{ccc}
 & & c'^!P \\
 & \swarrow & \downarrow \\
d'_!d'^!P & \longleftarrow & d'^!P
\end{array}
\qquad\qquad
\begin{array}{ccc}
 & & c''^!Q \\
 & \swarrow & \downarrow \\
d''_!d''^!Q & \longleftarrow & d''^!Q
\end{array}
$$

au-dessus de

$$
\begin{array}{ccc}
 & & C' \\
 & {\scriptstyle c'}\swarrow & \downarrow{\scriptstyle f'} \\
X & \xleftarrow{d'} & D'
\end{array}
\qquad \text{et} \qquad
\begin{array}{ccc}
 & & C'' \\
 & {\scriptstyle c''}\swarrow & \downarrow{\scriptstyle f''} \\
X & \xleftarrow{d''} & D''
\end{array}
\quad .
$$

Par produit tensoriel externe (sur X), ces triangles fournissent un triangle commutatif

$$
\begin{array}{ccc}
 & & c'^!P \overset{L}{\otimes}_X c''^!Q \\
 & \swarrow & \downarrow \\
d'_!d'^!P \otimes d''_!d''^!Q & \longleftarrow & d'^!P \overset{L}{\otimes}_X d''^!Q
\end{array}
\qquad \text{au-dessus de} \qquad
\begin{array}{ccc}
 & & C \\
 & {\scriptstyle c}\swarrow & \downarrow{\scriptstyle g} \\
X & \xleftarrow{d} & D
\end{array}
\quad .
$$

La commutativité de ce triangle équivaut à celle du carré déduit de A_1 en inversant les flèches horizontales. On a d'autre part des triangles commutatifs de flèches de type 3

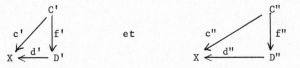

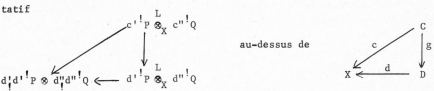

$$\begin{array}{ccc} & & c'^{!}P \\ & \swarrow & \downarrow \\ P & \longleftarrow & d'^{!}P \end{array} \quad , \qquad \begin{array}{ccc} & & c''^{!}Q \\ & \swarrow & \downarrow \\ Q & \longleftarrow & d''^{!}Q \end{array}$$

définis par les flèches identiques de $d'^{!}P$, $c'^{!}P$, $d''^{!}Q$, $c''^{!}Q$. Par produit tensoriel externe, on en déduit un triangle commutatif

$$\begin{array}{ccc} & & c'^{!}P \overset{L}{\otimes}_X c''^{!}Q \\ & \swarrow & \downarrow \\ P \overset{L}{\otimes} Q & \longleftarrow & d'^{!}P \overset{L}{\otimes}_X d''^{!}Q \end{array} \quad ,$$

qu'on peut interpréter comme un morphisme de flèches de type 3 au-dessus de $g : C \longrightarrow D$:

$$\begin{array}{ccc} c'^{!}P \overset{L}{\otimes}_X c''^{!}Q & \longrightarrow & c^{!}(P \overset{L}{\otimes} Q) \\ \downarrow & & \downarrow \\ d'^{!}P \overset{L}{\otimes}_X d''^{!}Q & \longrightarrow & d^{!}(P \overset{L}{\otimes} Q) \end{array} \quad ,$$

ou encore comme un carré commutatif au-dessus de D :

$$\begin{array}{ccc} g_*(c'^{!}P \overset{L}{\otimes}_X c''^{!}Q) & \longrightarrow & g_*c^{!}(P \overset{L}{\otimes} Q) \\ \downarrow & & \downarrow \\ d'^{!}P \overset{L}{\otimes}_X d''^{!}Q & \longrightarrow & d\ (P \overset{L}{\otimes} Q) \end{array} \quad .$$

Mais le carré déduit de ce dernier par application de d_* n'est autre que A_2 , d'où la commutativité de (A) dans le cas (i). Il reste à traiter le cas (ii). Les faces de 4.4.0 contenant f étant cartésiennes, les flèches $f'_*c'^{!}P \longrightarrow d'^{!}f_*P$, $f''_*c''^{!}Q \longrightarrow d''^{!}f_*Q$ (3.7.3) sont des isomorphismes. Leurs inverses définissent des flèches de type 1 $c'^{!}P \longrightarrow d'^{!}f_*P$, $c''^{!}Q \longrightarrow d''^{!}f_*Q$ au-dessus de f' , f'' , d'où , par image directe, des carrés commutatifs de flèches de type 1

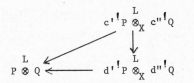

$$\begin{array}{ccc} c'_*c'^!P & \longleftarrow & c'^!P \\ \downarrow & & \downarrow \\ d'_*d'^!P & \longleftarrow & d'^!f_*P \end{array} \quad , \quad \begin{array}{ccc} c''_*c''^!Q & \longleftarrow & c''^!Q \\ \downarrow & & \downarrow \\ d''_*d''^!Q & \longleftarrow & d''^!f_*Q \end{array}$$

au-dessus des faces de 4.4.0 contenant f . Par produit tensoriel, on en déduit un carré commutatif de $D_{ctf}(Y)$

(4.4.6)
$$\begin{array}{ccc} d'_*d'^!f_*P \overset{L}{\otimes} d''_*d''^!f_*Q & \longrightarrow & d_*(d'^!f_*P \overset{L}{\otimes}_Y d''^!f_*Q) \\ \downarrow & & \downarrow \\ f_*c'_*c'^!P \overset{L}{\otimes} f_*c''_*c''^!Q & \longrightarrow & d_*g_*(c'^!P \overset{L}{\otimes}_X c''^!Q) \end{array} ,$$

où la flèche verticale de gauche est l'inverse de (8), les flèches horizontales sont données par Künneth, et la flèche verticale de droite par produit tensoriel externe sur Y des flèches $f'_*c'^!P \longrightarrow d'^!f_*P$, $f''_*c''^!Q \longrightarrow d''^!f_*Q$. Le même produit tensoriel définit la flèche verticale de gauche du carré

(4.4.7)
$$\begin{array}{ccc} d'^!f_*P \overset{L}{\otimes}_Y d''^!f_*Q & \longrightarrow & d^!f_*(P \overset{L}{\otimes} Q) \\ \downarrow & & \downarrow \\ g_*(c'^!P \overset{L}{\otimes}_X c''^!Q) & \longrightarrow & g_*c^!(P \overset{L}{\otimes} Q) \end{array} ,$$

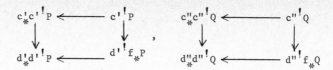

où la flèche verticale de droite est 3.7.3, et les flèches horizontales sont définies par 4.2.1 . Le bord extérieur du diagramme composé de 4.4.6 et de $d_*(4.4.7)$ est le carré déduit de (A) en inversant les flèches verticales. Il suffit donc de prouver que 4.4.7 commute, en d'autres termes que les flèches 4.2.1 $c'^!P \overset{L}{\otimes}_X c''^!Q \longrightarrow c^!(P \overset{L}{\otimes} Q)$, $d'^!f_*P \overset{L}{\otimes}_Y d''^!f_*Q \longrightarrow d^!f_*(P \overset{L}{\otimes} Q)$ définissent un morphisme de $c'^!P \overset{L}{\otimes}_X c''^!Q \longrightarrow d'^!f_*P \overset{L}{\otimes}_Y d''^!f_*Q$ dans $c^!(P \overset{L}{\otimes} Q) \longrightarrow d^!f_*(P \overset{L}{\otimes} Q)$, considérées comme flèches de type 1 au-dessus de g . Par adjonction, on est ramené à vérifier que les produits tensoriels de flèches d'adjonction $c'_*c'^!P \overset{L}{\otimes} c''_*c''^!Q \longrightarrow P \overset{L}{\otimes} Q$, $d'_*d'^!f_*P \overset{L}{\otimes} d''_*d''^!f_*Q \longrightarrow f_*P \overset{L}{\otimes} f_*Q$ définissent un morphisme, entre flèches de type 1 au-dessus de f , du produit tensoriel des flèches $c'_*c'^!P \longrightarrow d'_*d'^!f_*P$ et $c''_*c''^!Q \longrightarrow d''_*d''^!f_*Q$ dans le produit tensoriel des flèches $P \longrightarrow f_*P$ et $Q \longrightarrow f_*Q$. Il suffit pour cela de vérifier que les flèches d'adjonction $c'_*c'^!P \longrightarrow P$, $d'_*d'^!f_*P \longrightarrow f_*P$ définissent un morphisme de $c'_*c'^!P \longrightarrow d'_*d'^!f_*P$ dans $P \longrightarrow f_*P$, ainsi que l'assertion analogue avec (c'',d'') . On peut se borner au cas de (c',d') , l'énoncé étant le même dans les deux cas. Il s'agit de voir que le triangle

$$\begin{array}{ccc} & & f_*c'_*c'^!P \\ & \swarrow & \downarrow \wr \\ f_*P & \longleftarrow & d'_*d'^!f_*P \end{array} \quad ,$$

où les flèches horizontale et oblique sont données par les flèches d'adjonction et la flèche verticale par l'isomorphisme 3.7.3, est commutatif. Compte tenu de la définition de 3.7.3 (SGA 4 XVIII 3.1.12.3) comme transposée d'un isomorphisme de changement de base, on est ramené, en appliquant le foncteur $\mathrm{Hom}(R,-)$ $(R \in \mathrm{ob}\, D_{ctf}(Y))$, à vérifier la commutativité du carré

$$\begin{array}{ccc} c'_*c'^*f^*R & \xrightarrow{\ \mathrm{Id}\ } & c'_*f'^*d'^*R \\ \uparrow & & \uparrow \wr \\ f^*R & \longrightarrow & f^*d'_*d'^*R \end{array} \quad ,$$

où la flèche verticale de gauche (resp. horizontale inférieure) est définie par la flèche d'adjonction $1 \longrightarrow c'_*c'^*$ (resp. $1 \longrightarrow d'_*d'^*$) , et la flèche verticale de droite par l'isomorphisme de changement de base $f^*d'_* \xrightarrow{\sim} c'_*f'^*$. Or ce carré commute par définition même de la flèche de changement de base. La commutativité de (A) est donc établie, ce qui achève la démonstration du théorème.

Corollaire 4.5 - Sous les hypothèses de 4.4, on a un carré commutatif

$$\begin{array}{ccc} \mathrm{Hom}(c_1'^*L_1, c_2'^!L_2) \otimes \mathrm{Hom}(c_2''^*L_2, c_1''^!L_1) & \xrightarrow{\ 4.2.5\ } & H^0(C,K_C) \\ \downarrow {\scriptstyle 3.7.6 \otimes 3.7.6} & & \downarrow {\scriptstyle g_*} \\ \mathrm{Hom}(d_1'^*f_{1*}L_1, d_2'^!f_{2*}L_2) \otimes \mathrm{Hom}(d_2''^*f_{2*}L_2, d_1''^!f_{1*}L_1) & \xrightarrow{\ 4.2.5\ } & H^0(D,K_D) \end{array} \quad ,$$

où g_* est défini par la flèche d'adjonction $g_*K_C = g_*g^!K_D \longrightarrow K_D$.

En d'autres termes, pour $u \in \mathrm{Hom}(c_1'^*L_1, c_2'^!L_2)$, $v \in \mathrm{Hom}(c_2''^*L_2, c_1''^!L_1)$, on a

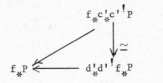

(4.5.1) $$< f_* u, f_* v > = g_* < u,v > \quad .$$

Pour tout S-schéma propre $t : T \longrightarrow S$, notons

(4.6) $$\int_T : H^o(T,K_T) \longrightarrow H^o(S,K_S) = H^o(S,A)$$

la flèche définie par la flèche d'adjonction $t_! K_T \longrightarrow A$.

Corollaire 4.7 - (*Formule de Lefschetz-Verdier*). *Sous les hypothèses de* 4.4, *supposons que* $Y_1 = Y_2 = S = D' = D''$. *Pour* $u \in \mathrm{Hom}(c_1'^* L_1, c_2'^! L_2)$, $v \in \mathrm{Hom}(c_2''^* L_2, c_1''^! L_1)$, *on a*

(4.7.1) $$< u_*, v_* > = \int_C < u,v > \quad ,$$

où $u_* \in \mathrm{Hom}(f_{1*}L_1, f_{2*}L_2)$, $v_* \in \mathrm{Hom}(f_{2*}L_2 , f_{1*}L_1)$ *sont les homomorphismes déduits de* u, v *par image directe sur* S (3.7.6) , *et* $< u_*, v_* > = \mathrm{Tr}(u_* v_*) = \mathrm{Tr}(v_* u_*)$ *est le cup-produit, au sens de* (SGA 6 I 8.3), *des homomorphismes de complexes parfaits* u_* , v_* (4.1.5) .

Compte tenu de 3.6.5, on a en particulier :

Corollaire 4.8 - *Soient* $t : T \longrightarrow S$ *un S-schéma propre*, $\Delta \subset T \times_S T$ *la diagonale*, $F : T \longrightarrow T$ *un S-endomorphisme de* T, T^F = (graphe de F) $\times_{(T \times_S T)} \Delta$ *le schéma des points fixes de* F , $L \in \mathrm{ob}\, D_{ctf}(T)$, $u \in \mathrm{Hom}(F^*L,L)$ *une correspondance de* L *à* L *à support dans le graphe de* F , $1 \in \mathrm{Hom}(L,L)$ *la correspondance identique, à support dans* Δ (3.2 b)). *Alors on a*

$$\mathrm{Tr}(u_*) = \int_{T^F} < u,1 > \quad ,$$

où u_* *est l'endomorphisme de* t_*L *composé de* $t_*L \longrightarrow t_*F^*L$ (*image inverse*) *et de* $t_*u : t_*F^*L \longrightarrow t_*L$.

Des remarques de 3.2 a) et 3.6 on déduit d'autre part :

Corollaire 4.9 - *Sous les hypothèses de* 4.7, *on suppose que* X_i *est lisse sur* S , *purement de dimension relative* r_i , *et que* C' (resp. C") *est un sous-schéma* fermé de X fini et de tor-dimension finie sur X_2 (resp. X_1). Soient $c\ell(C') \in H^{2r_1}_{C'}(X,A(r_1))$, $c\ell(C'') \in H^{2r_2}_{C''}(X,A(r_2))$ les classes de cohomologie de C' et C'' , $c\ell(C')_* \in \mathrm{Hom}(Rf_{1*}A, Rf_{2*}A)$, $c\ell(C'')_* \in \mathrm{Hom}(Rf_*A, Rf_{1*}A)$ les homomorphismes correspondants (3.2 a) , 3.7.6). On a alors :

$$< c\ell(C')_* , c\ell(C'')_* > = \int_{C' \cap C''} c\ell(C)c\ell(D) ,$$

où

$$c\ell(C)\, c\ell(D) \in H^{2(r_1+r_2)}_{C'\cap C''}(X,A(r_1+r_2)) = H^o(C' \cap C'', K_{(C' \cap C'')})$$

est le cup-produit habituel.

Compte tenu de 4.3, on a en particulier :

Corollaire 4.10 - Sous les hypothèses de 4.9, supposons que $C' \cap C''$ soit fini. Pour $z \in C' \cap C''$, notons $(C'.C'')_z$ l'image dans A de la multiplicité d'intersection de C' et C'' en z . Alors on a

$$< c\ell(C')_*, c\ell(C'')_* > = \sum_{z \in C' \cap C''} (C'.C'')_z .$$

4.11 Sous les hypothèses de 4.9, on a en général

(4.11.1) $$< c\ell(C')_*, c\ell(C'')_* > = \sum_{Z \in \pi_o(C' \cap C'')} (c\ell(C')c\ell(C''))_Z ,$$

où $\pi_o(C' \cap C'')$ désigne l'ensemble des composantes connexes de $C' \cap C''$, et $(c\ell(C')c\ell(C''))_Z$ la restriction de $c\ell(C')c\ell(C'')$ à $H^o(Z,K_Z)$. Lorsque Z est une composante de dimension ≥ 1 , le calcul de $(c\ell(C')c\ell(C''))_Z$ pose des problèmes, du fait qu'on est dans une situation "excédentaire". Si Z est lisse, purement de dimension d , si C' et C'' sont lisses au voisinage de Z , et si X est projectif, on peut montrer qu'on a

(4.11.2) $$\int_Z (c\ell(C')c\ell(C''))_Z = \int_Z c_d(N_Z) ,$$

où N_Z est le faisceau localement libre de rang d défini par la suite exacte de fibrés normaux

$$0 \longrightarrow N_{Z/C'} \oplus N_{Z/C''} \longrightarrow N_{Z/X} \longrightarrow N_Z \longrightarrow 0 \quad ,$$

et $c_d(N_Z) \in H^{2d}(Z,A(d))$ désigne sa d-ième classe de Chern (SGA 5 VII) (utiliser (SGA 6 XIV 6.3) pour se ramener à un calcul de nombre d'intersection en K-théorie, et appliquer (SGA 6 VII 2.5), cf. ([10] 4.1) ; l'hypothèse de projectivité est sans doute inutile).

Soient T un S-schéma projectif lisse, prenons comme correspondance C' (resp. C'') le graphe d'un S-endomorphisme F (resp. de la diagonale), et supposons que le schéma des points fixes $T^F = C' \cap C''$ soit lisse. Le faisceau $N_{(T^F)}$ ci-dessus n'est autre que le faisceau tangent à T^F , de sorte que 4.11.2 implique, par la formule de Gauss-Bonnet (SGA 5 VII 4.9), l'analogue d'une formule bien connue des topologues :

$$(4.11.3) \qquad \mathrm{Tr}(F,R\Gamma(T,A)) = EP(T^F) \quad ,$$

où $EP(T^F)$ désigne la caractéristique d'Euler-Poincaré de T^F_s pour s un point géométrique au-dessus de s (loc.cit).

Le calcul de $(c\ell(C')c\ell(C''))_Z$ pour une composante Z de dimension ≥ 1 , non lisse, n'a pas été abordé en général, du moins à la connaissance du rédacteur.

4.12 Dans la situation de 4.7 , soit z un point isolé de C , de projection z_i sur X_i , a' (resp. a'') sur C' (resp. C''), et soit $\bar{z}$ un point géométrique au-dessus de z , d'image $\bar{z}_i$ au-dessus de z_i . On suppose que c'_2 (resp. c''_1) est quasi-fini et plat en a' (resp. a''), que L_i est parfait au voisinage de z_i , et que u (resp. v) est donné au voisinage de a' (resp. a'') par

$\mathrm{Tr}_{c'_2} : c'_{2!}c'^{*}_2L_2 \longrightarrow L_2$ et $s \in \mathrm{Hom}(c'^{*}_1L_1,c'^{*}_2L_2)$ (resp. $\mathrm{Tr}_{c''_1} : c''_{1!}c''^{*}_1L_1 \longrightarrow L_1$

et $t \in \mathrm{Hom}(c''^{*}_2L_2,c''^{*}_1L_1))$. Notons $s_{\bar{z}} \in \mathrm{Hom}(L_{1\bar{z}_1},L_{2\bar{z}_2})$ (resp. $t_{\bar{z}} \in \mathrm{Hom}(L_{2\bar{z}_2},L_{1\bar{z}_1})$) l'homomorphisme déduit de s (resp. t) par passage aux fibres. Notons encore, comme en 3.2 a) , $c\ell(c')$ (resp. $c\ell(c'')$) la correspondance de X_1 à X_2 (resp. X_2 à X_1) définie, au voisinage de a' (resp. a'') par c'_2 (resp. c''_1) , et $(C'.C'')_z$ le terme local $< c\ell(c'),c\ell(c'') >_z$ correspondant (égal à l'image dans A de la multiplicité d'intersection de C' et C'' en z quand C' et C'' sont des sous-schémas fermés de X, avec X_1 et X_2 lisses). On a alors

(4.12.1) $$< u,v >_z = (C'.C'')_z < s_{\bar{z}}, t_{\bar{z}} > \quad .$$

Cela résulte en effet facilement de 4.2.6 .

4.13 Si T est un schéma sur S, notons $DF(T)$ la catégorie dérivée filtrée des complexes de A_T-Modules à filtration finie ([9] V 1), $DF_{ctf}(T)$ la sous-catégorie pleine formée des L tels que $gr(L) \in \text{ob}\, D_{ctf}(T)$. La sorite de compatibilité des foncteurs dérivés filtrés au passage aux gradués associés entraîne que DF_{ctf} est stable par les six opérations f^*, f_*, $f_!$, $f^!$, $\overset{L}{\otimes}$, $\underline{RHom}$. Les définitions et résultats des numéros précédents sont valables, mutatis mutandis, dans DF_{ctf}. L'accouplement 4.1.2 est compatible au passage aux gradués associés (K_X étant considéré comme muni de la filtration triviale), et il en résulte qu'avec les notations de 4.2.5, on a, pour $L_i \in \text{ob}\, DF_{ctf}(X_i)$, $u \in Hom_{DF}(c_1^*L_1, c_2^!L_2)$, $v \in Hom_{DF}(d_2^*L_2, d_1^!L_1)$, l'égalité suivante dans $H^o(E,K_E)$:

(4.13.1) $$< u,v > = \sum_i < gr^i u, gr^i v > \quad .$$

Comme Deligne le fait observer, cette remarque s'applique notamment à la situation envisagée par Langlands dans ([13]§7). Les correspondances qu'il considère dans (loc. cit. 7.11) préservent en effet, près des points fixes, des filtrations finies sur les faisceaux avec gradués associés induisant sur le localisé strict en l'image d'un point fixe soit un faisceau constant soit un faisceau constant sur le complément du point fermé prolongé par zéro. Le calcul des termes locaux se ramène facilement, par 4.13, à 4.12.1 et au cas de faisceaux concentrés sur les points fermés images des points fixes, cas qu'on traite directement. Appliquant 4.7, on obtient la formule de lefschetz requise dans ([13] 7.11). Signalons que l'énoncé général (loc. cit. 7.12) est vrai, la démonstration, plus délicate, sera donnée dans III B .

5. Compléments.

5.1. Duale d'une correspondance.

Soient, pour $i = 1,2$, X_i un S-schéma, $X = X_1 \times_S X_2$, $p_i : X \longrightarrow X_i$ les projections, $L_i \in \mathrm{ob}\, D_{ctf}(X_i)$. Toute correspondance cohomologique u de L_1 à L_2 donne, par application de D_X et identification de $Dp_2^!$ à p_2^*D, Dp_1^* à $p_1^!D$, une correspondance Du de DL_2 à DL_1, dite <u>duale</u> de u. En d'autres termes, D définit un homomorphisme

(5.1.1) $$D : \mathrm{Hom}(p_1^*L_1, p_2^!L_2) \longrightarrow \mathrm{Hom}(p_2^*DL_2, p_1^!DL_1) .$$

On vérifie que 5.1.1 provient, par application de $H^o(X,-)$, de l'isomorphisme

(5.1.2) $$D : R\underline{\mathrm{Hom}}(p_1^*L_1, p_2^!L_2) \longrightarrow R\underline{\mathrm{Hom}}(p_2^*DL_2, p_1^!DL_1)$$

rendant commutatif le carré

(5.1.3) $$\begin{array}{ccc} p_1^*DL_1 \overset{L}{\otimes} p_2^*L_2 & \xrightarrow{3.1.1} & R\underline{\mathrm{Hom}}(p_1^*L_1, p_2^!L_2) \\ \downarrow & & \downarrow \\ p_2^*DDL_2 \overset{L}{\otimes} p_1^*DL_1 & \xrightarrow{3.1.1} & R\underline{\mathrm{Hom}}(p_2^*DL_2, p_1^!DL_1 \end{array} ,$$

où la flèche verticale de gauche est composée de l'isomorphisme de symétrie et de celui défini par l'isomorphisme de bidualité $L_2 \longrightarrow DDL_2$. Il découle aisément des définitions que le carré ci-après est commutatif

(5.1.4) $$\begin{array}{ccc} R\underline{\mathrm{Hom}}_S(L_1,L_2) \overset{L}{\otimes} R\underline{\mathrm{Hom}}_S(L_2,L_1) & \xrightarrow{4.1.3} & K_X \\ \Big\downarrow D \overset{L}{\otimes} D & & \Big\downarrow \mathrm{Id} \\ R\underline{\mathrm{Hom}}_S(DL_2,DL_1) \overset{L}{\otimes} R\underline{\mathrm{Hom}}_S(DL_1,DL_2) & \xrightarrow{4.1.3} & K_X \end{array} .$$

Soit $c : C \longrightarrow X$ un S-morphisme, posons $c_i = p_i c$; on déduit de 5.1.2, par application de $c_* c^!$ (3.2.1), un isomorphisme

(5.1.5) $$D : \mathrm{Hom}(c_1^*L_1, c_2^!L_1) \xrightarrow{\sim} \mathrm{Hom}(c_2^*DL_2, c_1^!DL_1) ,$$

dont on vérifie qu'il s'identifie à celui donné par application du foncteur D_X et les identifications de Dc_1^* à $c_1^!D$ et $Dc_2^!$ à c_2^*D. Si $c' : C' \longrightarrow X$, $c'' : C'' \longrightarrow X$ sont des S-morphismes, il découle de 5.1.4 que l'on a, pour $u \in \mathrm{Hom}(c_1'^*L_1, c_2'^!L_2)$, $v \in \mathrm{Hom}(c_2''^*L_2, c_1''^!L_1)$,

(5.1.6) $$< u,v > = < Du,Dv > ,$$

avec la notation de 4.2.5 .

On vérifie d'autre part que, dans la situation de 3.3, le carré suivant est commutatif

(5.1.7)
$$\begin{array}{ccc} f_*\underline{\mathrm{RHom}}_S(L_1,L_2) & \xrightarrow{3.3.1} & \underline{\mathrm{RHom}}_S(f_{1!}L_1, f_{2*}L_2) \\ \downarrow f_*D & & \downarrow D \\ f_*\underline{\mathrm{RHom}}_S(DL_2,DL_1) & \xrightarrow{3.3.1} & \underline{\mathrm{RHom}}_S(f_{2!}DL_2, f_{1*}DL_1) \end{array} ,$$

et par suite que, dans la situation de 3.7.6, on a

(5.1.8) $$f_*Du = Df_*u \quad .$$

5.2 Composition de correspondances.

Soient, pour $i = 1,2,3$, X_i un S-schéma, $X_{ij} = X_i \times_S X_j$, $X = X_1 \times_S X_2 \times_S X_3$, $p_i : X \longrightarrow X_i$, $p_{ij} : X \longrightarrow X_{ij}$ les projections, $L_i \in \mathrm{ob}\, D_{ctf}(X_i)$. On a $X = X_{12} \times_{X_2} X_{23}$, et

$$(DL_1 \overset{L}{\otimes}_S L_2) \overset{L}{\otimes}_{X_2} (DL_2 \overset{L}{\otimes}_S L_3) = p_1^*DL_1 \overset{L}{\otimes} p_2^*L_2 \overset{L}{\otimes} p_2^*DL_2 \overset{L}{\otimes} p_3^*L_3 \quad .$$

La flèche d'évaluation $L_2 \overset{L}{\otimes} DL_2 \longrightarrow K_{X_2}$ définit donc un accouplement

(5.2.1) $$(DL_1 \overset{L}{\otimes}_S L_2) \overset{L}{\otimes}_{X_2} (DL_2 \overset{L}{\otimes}_S L_3) \longrightarrow p_{13}^!(DL_1 \overset{L}{\otimes}_S L_3) ,$$

le second membre étant identifié à $(DL_1 \overset{L}{\otimes}_S L_3) \overset{L}{\otimes}_S K_{X_2}$ par Künneth (1.7.3). Compte tenu de 3.1.1, 3.1.2, on peut récrire 5.2.1 sous la forme

(5.2.2) $$\underline{\mathrm{RHom}}_S(L_1,L_2) \overset{L}{\otimes}_{X_2} \underline{\mathrm{RHom}}_S(L_2,L_3) \longrightarrow p_{13}^!\underline{\mathrm{RHom}}_S(L_1,L_3) = \underline{\mathrm{RHom}}(p_1^*L_1, p_3^!L_3) ,$$

l'identification au second membre étant donnée par l'isomorphisme d'induction (SGA 4 XVIII 3.1.12.2)), d'où un accouplement, dit composition des correspondances,

(5.2.3) $\mathrm{Hom}_S(L_1,L_2) \otimes \mathrm{Hom}_S(L_2,L_3) \longrightarrow \mathrm{Hom}(p_1^*L_1,p_3^!L_3)$,

que l'on notera $(u,v) \longmapsto vu$. On vérifie que, si $p_{ij,i} : X_{ij} \longrightarrow X_i$ et $p_{ij,j} : X_{ij} \longrightarrow X_j$ désignent les projections, 5.2.2 peut aussi s'obtenir par composition de la flèche

$$\underline{\mathrm{RHom}}_S(L_1,L_2) \overset{L}{\otimes}_{X_2} \underline{\mathrm{RHom}}_S(L_2,L_3) \longrightarrow \underline{\mathrm{RHom}}(p_1^*L_1,p_{12}^*p_{12,2}^!L_2)$$

$$\otimes\ \underline{\mathrm{RHom}}(p_{23}^!p_{23,2}^*L_2,p_3^!L_3)$$

(produit tensoriel des flèches canoniques $p_{12}^*\underline{\mathrm{RHom}}_S(L_1,L_2) \longrightarrow \underline{\mathrm{RHom}}(p_1^*L_1,p_{12}^*p_{12,2}^!L_2)$ et $p_{23}^*\underline{\mathrm{RHom}}_S(L_2,L_3) \longrightarrow \underline{\mathrm{RHom}}(p_{23}^!p_{23,2}^*L_2,p_3^!L_3))$, de la flèche définie par la flèche de changement de base $p_{12}^*p_{12,2}^!L_2 \longrightarrow p_{23}^!p_{23,2}^*L_2$, et d'une flèche de composition habituelle sur les $\underline{\mathrm{RHom}}$.

Soient $c' : C' \longrightarrow X_{12}$, $c'' : C'' \longrightarrow X_{23}$ des correspondances, et $c : C = C' \times_{X_2} C'' \longrightarrow X$ la correspondance "composée". On déduit de 5.2.2 (ou l'on définit directement, par une composition analogue à celle qu'on vient de décrire) un accouplement

(5.2.4) $\underline{\mathrm{RHom}}(c_1'^*L_1,c_2'^!L_2) \overset{L}{\otimes}_{X_2} \underline{\mathrm{RHom}}(c_2''^*L_2,c_3''^!L_3) \longrightarrow \underline{\mathrm{RHom}}(c_1^*L_1,c_3^!L_3)$,

d'où un accouplement " composition" $(u,v) \longrightarrow vu$:

(5.2.5) $\mathrm{Hom}(c_1'^*L_1,c_2'^!L_2) \otimes \mathrm{Hom}(c_2''^*L_2,c_3''^!L_3) \longrightarrow \mathrm{Hom}(c_1^*L_1,c_3^!L_3)$.

On vérifie que la composition des correspondances est compatible aux images directes, dans le sens suivant. Soient, pour $1 \leq i \leq 3$, $f_i : X_i \longrightarrow Y_i$ un S-morphisme, f_2 étant propre, c', c", c des morphismes comme ci-dessus, avec c' et c" propres, $d' : D' \longrightarrow Y_{12}$, $d'' : D'' \longrightarrow Y_{23}$ des morphismes propres, $d : D = D' \times_{Y_2} D'' \longrightarrow Y$, et des carrés commutatifs

$$\begin{array}{ccc} X_{12} & \longleftarrow & C \\ {\scriptstyle f_{12}}\big\downarrow & & \big\downarrow \\ Y_{12} & \longleftarrow & D' \end{array} \qquad\qquad \begin{array}{ccc} X_{23} & \longleftarrow & C'' \\ {\scriptstyle f_{23}}\big\downarrow & & \big\downarrow \\ Y_{23} & \longleftarrow & D'' \end{array} \quad .$$

On a alors un carré commutatif

(5.2.6)
$$\begin{array}{ccc} \mathrm{Hom}(c_1'^{*}L_1, c_2'^{!}L_2) \otimes \mathrm{Hom}(c_2''^{*}L_2, c_3''^{!}L_3) & \xrightarrow{\ 5.2.5\ } & \mathrm{Hom}(c_1^{*}L_1, c_3^{!}L_3) \\ {\scriptstyle f_{12*} \otimes f_{23*}}\big\downarrow & & \big\downarrow{\scriptstyle f_{13*}} \\ \mathrm{Hom}(d_1'^{*}M_1, d_2'^{!}M_2) \otimes \mathrm{Hom}(d_2''^{*}M_2, d_3''^{!}M_3) & \xrightarrow{\ 5.2.5\ } & \mathrm{Hom}(d_1^{*}M_1, d_3^{!}M_3) \end{array} ,$$

où $M_1 = f_{1!}L_1$, $M_2 = f_{2*}L_2$, $M_3 = f_{3*}M_3$, et un carré commutatif analogue avec des $\underline{\mathrm{RHom}}$, que le lecteur écrira.

Enfin, supposons que $X_1 = X_3$, $L_1 = L_3$. L'accouplement fondamental 4.1.2 peut s'interpréter comme le composé de l'accouplement

(5.2.7)
$$q_1^*DL_1 \overset{L}{\otimes} q_2^*L_2 \overset{L}{\otimes} q_2^*DL_2 \overset{L}{\otimes} q_1^*L_1 \longrightarrow q_1^*DL_1 \overset{L}{\otimes} q_2^*K_{X_2} \overset{L}{\otimes} q_1^*L_1$$

défini par $L_2 \overset{L}{\otimes} DL_2 \longrightarrow K_{X_2}$, ou, ce qui revient au même, induit par 5.2.1 sur X_{12} via la diagonale $X_{12} \longrightarrow X_1 \times_S X_2 \times_S X_1$ ($q_i : X_{12} \longrightarrow X_i$ désignant la projection), et de l'accouplement

(5.2.8)
$$q_1^*DL_1 \overset{L}{\otimes} q_2^*K_{X_2} \overset{L}{\otimes} q_1^*L_1 \longrightarrow K_{X_{12}}$$

défini par $DL_1 \overset{L}{\otimes} L_1 \longrightarrow K_{X_1}$. Il en résulte que, pour $u \in \mathrm{Hom}_S(L_1,L_2)$, $v \in \mathrm{Hom}_S(L_2,L_1)$, on a, dans $H^o(X_1 \times_S X_2, K_{X_1 \times_S X_2})$,

(5.2.9)
$$< u,v > = < vu,1 > ,$$

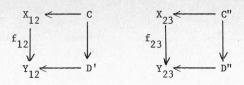

où 1 désigne la correspondance identique de L_1 à L_1 sur $X_1 \times_S X_1$, à support dans la diagonale (3.2 b)), et le cup-produit au second membre est pris au sens de 4.2.5 , compte tenu du fait que le produit fibré $X \times_{(X_1 \times_S X_1)} \times X_1$ (par $p_{13} : X \longrightarrow X_{13} = X_1 \times_S X_1$ et la diagonale $X_1 \longrightarrow X_1 \times_S X_1$) s'identifie à $X_1 \times_S X_2$) . On voit de même, plus généralement, que, si $c' : C' \longrightarrow X_{12}$, $c'' : C'' \longrightarrow X_{21}$ sont des correspondances, $c : C = C \times_{X_2} C'' \to X_1 \times_S X_2 \times_S X_1$ la correspondance composée, et $d : C' \times_{X_{12}} C'' = D \longrightarrow X_{12}$ la correspondance intersection, on a, pour $u \in \mathrm{Hom}(c_1'^{*}L_1, c_2'^{!}L_2)$, $v \in \mathrm{Hom}(c_2''^{*}L_2, c_1''^{!}L_1)$, l'égalité suivante dans $H^{o}(D,K_D)$

(5.2.10) $$< u,v > = < vu,1 > \quad ,$$

où 1 désigne comme ci-dessus la correspondance diagonale, et D est identifié au produit fibré de $C \longrightarrow X_1 \times_S X_1$ et la diagonale $X_1 \longrightarrow X_1 \times_S X_1$. Les formules 5.2.9 et 5.2.10 généralisent une formule bien comme dans le cas des coefficients constants ([12] 1.3.6 (ii) c)).

5.3. Produit tensoriel externe de correspondances.

Soient, pour $1 \leq i \leq 4$, X_i un S-schéma, $X = X_1 \times_S X_2 \times_S X_3 \times_S X_4$, $X_{ij} = X_i \times_S X_j$, $L_i \in \mathrm{ob}\, D_{ctf}(X_i)$. L'isomorphisme de Künneth (1.7.6, 2.2.4)

$$DL_1 \overset{L}{\otimes}_S DL_3 \xrightarrow{\sim} D(L_1 \overset{L}{\otimes}_S L_3)$$

définit un isomorphisme sur X

(5.3.1) $$(DL_1 \overset{L}{\otimes}_S L_2) \overset{L}{\otimes}_S (DL_3 \overset{L}{\otimes}_S L_4) \xrightarrow{\sim} D(L_1 \overset{L}{\otimes}_S L_3) \overset{L}{\otimes}_S (L_2 \overset{L}{\otimes}_S L_4) \quad ,$$

qu'on peut, d'après 3.1.1, récrire sous la forme

(5.3.2) $$\underline{\mathrm{RHom}}_S(L_1,L_2) \overset{L}{\otimes}_S \underline{\mathrm{RHom}}_S(L_3,L_4) \xrightarrow{\sim} \underline{\mathrm{RHom}}_S(L_1 \overset{L}{\otimes}_S L_3, L_2 \overset{L}{\otimes}_S L_4) \quad .$$

D'où un accouplement, dit produit tensoriel externe,

(5.3.3) $$\mathrm{Hom}_S(L_1,L_2) \otimes \mathrm{Hom}_S(L_3,L_4) \longrightarrow \mathrm{Hom}_S(L_1 \overset{L}{\otimes}_S L_3, L_2 \overset{L}{\otimes}_S L_4) \quad ,$$

qu'on notera $(u,v) \longmapsto u \overset{L}{\otimes}_S v$. L'accouplement 5.3.2 peut aussi s'interpréter comme composé du produit tensoriel externe

$$\underline{\mathrm{RHom}}(E_1,E_2) \overset{L}{\otimes}_S \underline{\mathrm{RHom}}(E_3,E_4) \xrightarrow{\sim} \underline{\mathrm{RHom}}(E_1 \overset{L}{\otimes}_S E_3, E_2 \overset{L}{\otimes}_S E_4)$$

(où $E_1 = p_{12,1}^{*}L_1$, etc., avec des notations évidentes) et de l'isomorphisme défini par Künneth $E_2 \overset{L}{\otimes}_S E_4 \xrightarrow{\sim} p_{24}^{!}(L_2 \overset{L}{\otimes}_S L_4)$ (1.7.3) .

Soient $c' : C' \longrightarrow X_{12}$, $c'' : C'' \longrightarrow X_{34}$ des correspondances, $c : C = C' \times_S C'' \longrightarrow X = X_{13} \times_S X_{24}$ la correspondance produit. On déduit de 5.3.2, ou l'on définit de manière analogue, un accouplement

(5.3.4) $$R\underline{Hom}(c_1'^{*}L_1,\ c_2'^{!}L_2) \overset{L}{\otimes}_S R\underline{Hom}(c_3''^{*}L_3, c_4''^{!}L_4) \longrightarrow R\underline{Hom}(c_{13}^{*}(L_1 \overset{L}{\otimes}_S L_3),\ c_{24}^{!}(L_2 \overset{L}{\otimes}_S L_4)) \ ,$$

d'où un accouplement produit tensoriel externe, $(u,v) \longmapsto u \overset{L}{\otimes}_S v$,

(5.3.5) $$\mathrm{Hom}(c_1'^{*}L_1,\ c_2'^{!}L_2) \otimes \mathrm{Hom}(c_3''^{*}L_3,\ c_4''^{!}L_4) \longrightarrow \mathrm{Hom}(c_{13}^{*}(L_1 \overset{L}{\otimes}_S L_3),\ c_{24}^{!}(L_2 \overset{L}{\otimes}_S L_4)) \ .$$

On vérifie que ces accouplements sont compatibles aux images directes, dans le sens suivant. Soient, pour $1 \leq i \leq 4$, $f_i : X_i \longrightarrow Y_i$ un S-morphisme, c', c'', c comme ci-dessus, avec c' et c'' propres, $d' : D' \longrightarrow Y_{12}$, $d'' : D'' \longrightarrow Y_{34}$ des morphismes propres, $d : D = D' \times_S D'' \longrightarrow Y = Y_{12} \times_S Y_{34}$, et des carrés commutatifs

$$\begin{array}{ccc} X_{12} & \longleftarrow & C' \\ {\scriptstyle f_{12}}\downarrow & & \downarrow \\ Y_{12} & \longleftarrow & D' \end{array} \qquad\qquad \begin{array}{ccc} X_{34} & \longleftarrow & C'' \\ {\scriptstyle f_{34}}\downarrow & & \downarrow \\ Y_{34} & \longleftarrow & D'' \end{array} \ .$$

On a alors un carré commutatif

(5.3.6) $$\begin{array}{ccc} \mathrm{Hom}(c_1'^{*}L_1, c_2'^{!}L_2) \otimes \mathrm{Hom}(c_3''^{*}L_3, c_4''^{!}L_4) & \xrightarrow{5.3.5} & \mathrm{Hom}(c_{13}^{*}L_{13}, c_{24}^{!}L_{24}) \\ {\scriptstyle f_{12} \otimes f_{34}}\downarrow & & \downarrow{\scriptstyle f_{13,24*}} \\ \mathrm{Hom}(d_1'^{*}M_1, d_2'^{!}M_2) \otimes \mathrm{Hom}(d_3''^{*}M_3, d_4''^{!}M_4) & \xrightarrow{5.3.5} & \mathrm{Hom}(d_{13}^{*}M_{13}, d_{24}^{!}M_{24}) \end{array} \ ,$$

où $M_i = f_{i!}L_i$ si $i = 1,3$ et $f_{i*}L_i$ sinon, $L_{ij} = L_i \overset{L}{\otimes}_S L_j$, $M_{ij} = M_i \overset{L}{\otimes}_S M_j$. (On a aussi un carré analogue avec des $R\underline{Hom}$).

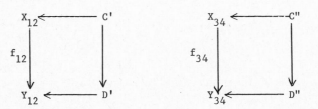

Supposons que $X_3 = X_2$, $X_4 = X_1$, $L_3 = L_2$, $L_4 = L_1$. Un raisonnement analogue à celui du dernier alinéa de 5.2 montre que, pour $u \in \mathrm{Hom}_S(L_1,L_2)$, $v \in \mathrm{Hom}_S(L_2,L_1)$, on a

$$(5.3.7) \qquad < u,v > = < u \overset{L}{\otimes}_S v , 1 > \quad ,$$

où 1 désigne la correspondance diagonale de L_{12} à L_{12} sur X_{12} , et le cup-produit au second membre est pris au sens de 4.2.5 . Plus généralement, si $c' : C' \longrightarrow X_{12}$, $c'' : C'' \longrightarrow X_{21}$ sont des correspondances, leur "intersection" $C = C' \times_{X_{12}} C''$ s'identifie au produit fibré de $C' \times_S C'' \longrightarrow X = X_{12} \times_S X_{21}$ et de la diagonale $X_{12} \longrightarrow X$, et l'on a, pour $u \in \mathrm{Hom}(c_1'^{*}L_1, c_2'^{!}L_2)$, $v \in \mathrm{Hom}(c_2''^{*}L_2, c_1''^{!}L_1)$, l'égalité suivante dans $H^o(C,K_C)$

$$(5.3.8) \qquad < u,v > = < u \overset{L}{\otimes}_S v , 1 > \quad ,$$

où 1 désigne comme ci-dessus la correspondance diagonale. On a donc deux procédés "diagonaux" (5.2.10, 5.3.8) pour le calcul du "terme local de Verdier" $< u,v >$.

6. Appendice. Formule de Lefschetz pour les faisceaux cohérents.

Dans ce numéro, S désigne un shcéma noethérien. Les S-schémas considérés seront supposés séparés et de type fini. Rappelons que, d'après Nagata, tout S-morphisme entre de tels schémas est compactifiable, i.e. se factorise en une immersion ouverte suivie d'un morphisme propre. Pour tout S-schéma X , nous noterons $D(X)$ la catégorie dérivée de celle des $\underline{O}_X$-Modules.

6.1 Rappelons ([8] App.) que pour tout S-morphisme $f : X \longrightarrow Y$, on dispose d'un foncteur $f^! : D^+(Y) \longrightarrow D^+(X)$ (et d'isomorphismes de transitivité $(gf)^! = f^! g^!$ pour un composé gf , avec condition de cocycle). Pour f propre, $f^!$ est "adjoint" à droite du foncteur $f_* : D^+(X)_{coh} \longrightarrow D^+(Y)_{coh}$ (l'indice "coh" désignant la sous-catégorie pleine formée de complexes à cohomologie cohérente), cette adjontion se précisant en un isomorphisme

(6.1.1) $$f_* \underline{RHom}(E, f^! F) \xrightarrow{\sim} \underline{RHom}(f_* E, F)$$

pour $E \in \mathrm{ob}\, D(X)_{coh}$, $F \in \mathrm{ob}\, D^+(Y)$, défini de manière analogue à l'isomorphisme (SGA 4 XVIII 3.1.9.6) . Les considérations de ([8] App.5), jointes au théorème de dualité pour l'espace projectif, montrent que, si f est lisse, purement de dimension d , on a un isomorphisme canonique

(6.1.2) $$f^! L \xleftarrow{\sim} f^* L \otimes \Omega^d_{X/Y}[d] \quad ;$$

si de plus f est propre, la flèche

(6.1.3) $$\mathrm{Tr}_f : f_*(f^* L \otimes \Omega^d_{X/Y}[d]) \longrightarrow L$$

déduite, par 6.1.2, de la flèche d'adjonction $f_* f^! \longrightarrow I$, coïncide avec le morphisme trace ([8] VI).

6.2 Contrairement à ce qui se passe dans le cas des coefficients discrets, il n'y a pas ici de sous-catégorie raisonnable de D stable par "les six opérations" $(f^*, f_*, f^!, f_!, \overset{L}{\otimes}, \underline{RHom})$. La notion de finitude la plus naturelle semble être celle de perfection relative (SGA 6 III 4). Si X est un S-schéma, et $L \in \mathrm{ob}\, D(X)$, rappelons qu'on dit que L est parfait rel. à S si L est de tor-dimension finie rel. à S et à cohomologie cohérente. Nous noterons $D(X)_{parf/S}$ la sous-catégorie pleine de $D(X)$ formée des complexes parfaits rel. à S. Elle n'est stable en général ni par $\overset{L}{\otimes}$ ni par $\underline{RHom}$. Cependant, si E est parfait (au sens absolu), et F parfait rel. à S, $\underline{RHom}(E,F)$ est parfait rel. à S (SGA 6 III 4.9). D'autre part, soient, pour i = 1,2, X_i un S-schéma, $L_i \in \text{ob } D^-(X_i)$. Nous poserons, comme 1.5,

$$L_1 \overset{L}{\otimes}_S L_2 = Lp_1^*L_1 \overset{L}{\otimes} Lp_2^*L_2 \quad ,$$

où $p_i : X_1 \times_S X_2 \longrightarrow X_i$ est la projection. La considération de cet objet n'est raisonnable que si X_1 et X_2 sont tor-indépendants sur S, i.e. (SGA 6 III 1.5) si $\underline{Tor}_i^S(\underline{O}_X,\underline{O}_Y) = 0$ pour $i \neq 0$. Supposons qu'il en soit ainsi : alors, si L_1 et L_2 sont parfaits rel. à S, il en est de même de $L_1 \overset{L}{\otimes}_S L_2$ (SGA 6 III 4.7).

Soit $f : X \longrightarrow Y$ un S-morphisme. Si f est propre, on a $f_*D(X)_{parf/S} \subset D(Y)_{parf/S}$ (SGA 6 III 4.8). Si f est de tor-dimension finie, on a $f^*D(Y)_{parf/S} \subset D(X)_{parf/S}$ (SGA 6 III 4.5), et $f^!D(Y)_{parf/S} \subset D(X)_{parf/S}$ (SGA 6 III 4.9).

Pour tout S-schéma $a : X \longrightarrow S$, nous poserons

(6.2.1) $$K_X = a^!\underline{O}_S \quad ,$$

et noterons D_X (ou simplement D) le foncteur $\underline{RHom}(-,K_X)$. Si X est de tor-dimension finie sur S, K_X est parfait rel. à S et, pour tout $L \in \text{ob } D(X)_{parf/S}$, on a $DL \in \text{ob } D(X)_{parf/S}$, et la flèche canonique $L \longrightarrow DDL$ est un isomorphisme (SGA 6 III 4.9).

Soient $f : X \longrightarrow Y$ un S-morphisme, $L \in \text{ob } D(X)$, $M \in \text{ob } D(Y)$. Si f^*M est défini (par exemple si $M \in \text{ob } D^-(Y)$, ou si f est de tor-dimension finie), on posera

$$\text{Hom}_f^{(1)}(L,M) = \text{Hom}(f^*M,L) \quad , \quad \text{Hom}_f^{(2)}(L,M) = \text{Hom}(L,f^*M) \quad .$$

Si $f^!M$ est défini (par exemple si $M \in \text{ob } D^+(Y)$, ou si f est lisse, ou fini et de tor-dimension finie, ou composé de tels morphismes, car dans ces cas $f^!$ se prolonge, par 6.1.1, 6.1.2 en un foncteur défini sur la catégorie $D(Y)$ toute entière), on posera

$$\mathrm{Hom}_f^{(3)}(L,M) = \mathrm{Hom}(L,f^!M) \quad , \quad \mathrm{Hom}_f^{(4)}(L,M) = \mathrm{Hom}(f^!M,L) \quad .$$

Les éléments de $\mathrm{Hom}_f^{(i)}(L,M)$ s'appelleront, comme en 1.4, <u>flèches de type</u> i <u>de</u> L <u>dans</u> M <u>au-dessus de</u> f (ou f-flèches de type i de L dans M). On laisse au lecteur le soin d'expliciter la composition des flèches de type i, pour i fixé, et les catégories fibrées et cofibrées correspondantes. Rappelons seulement les formules d'adjonction partielle $\mathrm{Hom}_f^{(1)}(L,M) = \mathrm{Hom}(M,f_*L)$ (pour $M \in \mathrm{ob}\, D^-(Y)$, $L \in \mathrm{ob}\, D^+(X)$) , $\mathrm{Hom}_f^{(3)}(L,M) = \mathrm{Hom}(f_*L,M)$ (pour f propre, $L \in \mathrm{ob}\, D(X)_{coh}$, $M \in \mathrm{ob}\, D^+(Y)$) .

6.3 Dans la situation de 1.6, supposons X_1 et X_2 tor-indépendants sur S, ainsi que Y_1 et Y_2. Alors, pour $L_i \in \mathrm{ob}\, D(X_i)_{parf/S}$, la flèche de Künneth 1.6.4 est définie (utiliser le fait que la tor-dimension finie relative se conserve par image directe (SGA 6 III 3.7.1)) et est un isomorphisme (pour le vérifier, on peut supposer S et Y_i affines, et, pour un calcul à la Čech, on se ramène à supposer aussi X_1 et X_2 affines, la conclusion est alors conséquence triviale des hypothèses de tor-indépendance). D'autre part, pour $M_i \in \mathrm{ob}\, D(Y_i)_{parf/S}$, avec $f_1^!M_1$ ou $f_2^!M_2$ dans D^b, la flèche de Künneth 1.7.3 est définie (*), et est un isomorphisme quand f_1 et f_2 sont de tor-dimension finie, comme on le vérifie facilement à l'aide de l'isomorphisme de Künneth de type 1.6.4 qu'on vient d'indiquer, conjugué à 6.1.2, et 6.1.1 dans le cas où f_i est une immersion fermée. En particulier, si X_1 et X_2 sont de tor-dimension finie sur S et tor-indépendants, 1.7.6 est un isomorphisme.

On définit comme en 2.1 $\underline{\mathrm{RHom}}(u,v)$ pour (u,v) de type (2,1) (resp. (3,4), avec f propre afin d'éviter les pro-objets dûs à un $f_!$) . Avec des hypothèses de degré convenables (voir par exemple ([9] V 2.3)), les flèches d'évaluation (2.2.2) et de produit tensoriel (2.2.3, 2.2.4) sont définies, et les flèches

---

(*) Dans le cas propre ou lissifiable, la définition de la flèche est immédiate ; on peut ramener le cas général au cas lissifiable par descente cohomologique.

2.2.3, 2.2.4 (sous réserve qu'elles soient définies) sont des isomorphismes dès que E_1 et E_2 sont parfaits (au sens absolu).

Dans la situation de 2.4, supposons les couples (X_1,X_2) , (X_1,Y_2) , (Y_1,X_2) , (Y_1,Y_2) tor-indépendants sur S , f_1 propre, E_i , F_i , P_i,Q_i , $\underline{RHom}(E_i,F_i)$, $\underline{RHom}(P_i,Q_i)$ parfaits rel. à S , et les flèches de Künneth $f_1^!Q_1 \overset{L}{\otimes}_S Q_2 \longrightarrow (f_1 \times_S Y_2)^!(Q_1 \overset{L}{\otimes}_S Q_2)$, $f_1^!Q_1 \overset{L}{\otimes}_S F_2 \longrightarrow (f_1 \times_S Y_2)^!(Q_1 \overset{L}{\otimes}_S F_2)$ des isomorphismes. Alors 2.4.1 et le diagramme de 2.5 sont définis, et ce dernier est commutatif (toutefois les flèches horizontales ne sont pas nécessairement des isomorphismes). La vérification est la même que pour 2.5 .

6.4 Soient, pour $i = 1,2$, X_i un S-schéma, $X = X_1 \times_S X_2$, $p_i : X \longrightarrow X_i$, $q_i : X_i \longrightarrow S$ les projections canoniques. On suppose X_1 et X_2 tor-indépendants, et q_1 de tor-dimension finie. Soient d'autre part $L_i \in \text{ob } D(X_i)_{\text{parf}/S}$. Par l'analogue de 2.2.4 , on a une flèche canonique

$$DL_1 \overset{L}{\otimes}_S L_2 \longrightarrow \underline{RHom}(L_1 \overset{L}{\otimes}_S \underline{O}_{X_2}, q_1^!\underline{O}_S \overset{L}{\otimes}_S L_2) \quad , \tag{6.4.1}$$

d'où, en composant avec l'isomorphisme de Künneth (6.3) $q_1^!\underline{O}_S \overset{L}{\otimes}_S L_2 \xrightarrow{\sim} p_2^!L_2$ une flèche

$$DL_1 \overset{L}{\otimes}_S L_2 \longrightarrow \underline{RHom}(p_1^*L_1, p_2^!L_2) \quad . \tag{6.4.2}$$

La flèche 6.4.1 (donc aussi 6.4.2) est un isomorphisme, comme on le voit en se ramenant au cas où q_1 est une immersion fermée.

Comme en 3.1.2, nous poserons

$$\underline{RHom}(p_1^*L_1, p_2^!L_2) = \underline{RHom}_S(L_1,L_2), \ \text{Hom}(p_1^*L_1, p_2^!L_2) = \text{Hom}_S(L_1,L_2) \quad , \tag{6.4.3}$$

et appellerons les éléments de $\text{Hom}_S(L_1,L_2)$ <u>correspondances cohomologiques de L_1 à L_2</u> . Si $c : C \longrightarrow X$ est une correspondance (propre, en pratique), on a par la formule d'induction ([8] III 8.8) (*)

(*) L'hypothèse de "lissifiabilité" de (loc. cit.) est inutile.

(6.4.4) $$c^! \underline{\mathrm{RHom}}(p_1^* L_1, p_2^! L_2) = \underline{\mathrm{RHom}}(c_1^* L_1, c_2^! L_2) \quad ,$$

et les éléments de $\mathrm{Hom}(c_1^* L_1, c_2^! L_2) = H^0(X, c_* c^! \underline{\mathrm{RHom}}(p_1^* L_1, p_2^! L_2))$ s'appelleront _correspondances_ (cohomologiques) _de_ L_1 _à_ L_2 _à support dans_ C . Nous verrons plus loin des exemples, analogues à ceux de 3.2.

6.5 Soient, pour $i = 1,2$, $f_i : X_i \longrightarrow Y_i$ un S-morphisme propre, $f = f_1 \times_S f_2 : X \longrightarrow Y$. On suppose X_i et Y_i de tor-dimension finie sur S , et les carrés de 2.4.0 tor-indépendants. Soient $L_i \in \mathrm{ob}\, D(X_i)_{\mathrm{parf}/S}$. On définit comme en 3.3.1 un isomorphisme

(6.5.1) $$f_* \underline{\mathrm{RHom}}_S(L_1, L_2) \xrightarrow{\sim} \underline{\mathrm{RHom}}_S(f_{1*} L_1, f_{2*} L_2) \quad ,$$

d'où, par application de $R\Gamma(Y,-)$, un isomorphisme

(6.5.2) $$f_* : \mathrm{Hom}_S(L_1, L_2) \xrightarrow{\sim} \mathrm{Hom}_S(f_{1*} L_1, f_{2*} L_2) \quad ,$$

qu'on notera simplement $u \longmapsto u_*$ quand $Y_1 = Y_2 = S$. On a un diagramme commutatif analogue à 3.4.1, comme il découle de l'analogue de 2.5 signalé en 6.3. On en déduit un corollaire analogue à 6.5, et, dans le cas où $Y_1 = Y_2 = S$ est le spectre d'un corps, une description, analogue à celle de 3.6, des opérations u_* sur la cohomologie.

Etant donné un carré commutatif 3.7.1, avec c propre, on a, pour $K \in \mathrm{ob}\, D^+(C)$ une flèche canonique

(6.5.3) $$f_* c_* c^! K \longrightarrow d_* d^! f_* K \quad ,$$

définie de la même manière que 3.7.3 (l'isomorphisme $g'_* c'^! \xrightarrow{\sim} d^! f_*$ est valable aussi dans le présent contexte : définition de la flèche par transposition d'une flèche de changement de base, et vérification du fait que c'est un isomorphisme par réduction aux cas où d est lisse et est une immersion fermée). Prenant $K = \underline{\mathrm{RHom}}_S(L_1, L_2)$, on déduit de 6.5.3 et 6.5.1 des flèches canoniques

(6.5.4) $\quad f_*c_*\underline{\mathrm{RHom}}(c_1^*L_1, c_2^!L_2) \longrightarrow d_*\underline{\mathrm{RHom}}(d_1^*(f_{1*}L_1), d_2^!(f_{2*}L_2))$,

(6.5.5) $\quad f_* : \mathrm{Hom}(c_1^*L_1, c_2^!L_2) \longrightarrow \mathrm{Hom}(d_1^*(f_{1*}L_1), d_2^!(f_{2*}L_2))$,

analogues à 3.7.5, 3.7.6.

6.6 Soient, pour $i = 1,2$, X_i des S-schémas de tor-dimension finie et tor-indépendants, et $L_i \in \mathrm{ob}\, D(X_i)_{\mathrm{parf}/S}$. Le produit tensoriel externe des flèches d'évaluation $DL_i \overset{L}{\otimes} L_i \longrightarrow K_{X_i}$ définit, comme en 4.1, des accouplements "cup-produits" analogues à 4.1.2, 4.1.3, 4.1.4 .

Soient $c : C \longrightarrow X$, $d : D \longrightarrow X$ des morphismes propres, $e = c \times_X d : E \longrightarrow X$, P, $Q \in \mathrm{ob}\, D(X)_{\mathrm{parf}/S}$. D'après 6.1.1, on a

$$c_*c^!P = \underline{\mathrm{RHom}}(Rc_*\underline{O}_C, P)$$

(et un isomorphisme analogue avec d). Supposant c et d de tor-dimension finie aux points au-dessus de e(E) , on en déduit, par produit tensoriel, une flèche canonique

(6.6.1) $$c_*c^!P \overset{L}{\otimes} d_*d^!Q \longrightarrow \underline{\mathrm{RHom}}(Rc_*\underline{O}_C \overset{L}{\otimes} Rd_*\underline{O}_D\ ,\ P \overset{L}{\otimes} Q\ ) \quad .$$

Quand c et d sont tor-indépendants, le second membre se récrit, par Künneth et 6.1.1, $e_*e^!(P \overset{L}{\otimes} Q)$, et 6.6.1 prend la forme 4.2.3 . Pour $P = DL_1 \overset{L}{\otimes}_S L_2$, $Q = L_1 \overset{L}{\otimes}_S DL_2$, on déduit de 6.6.1 et des accouplements indiqués ci-dessus des accouplements analogues à 4.2.4 , 4.2.5 :

(6.6.2) $$c_*\underline{\mathrm{RHom}}(c_1^*L_1, c_2^!L_2) \overset{L}{\otimes} d_*\underline{\mathrm{RHom}}(d_2^*L_2, d_1^!L_1) \longrightarrow \underline{\mathrm{RHom}}(Rc_*\underline{O}_C \overset{L}{\otimes} Rd_*\underline{O}_D, K_X)$$

(6.6.3) $$<\ ,\ > : \mathrm{Hom}(c_1^*L_1, c_2^!L_2) \otimes \mathrm{Hom}(d_2^*L_2, d_1^!L_1) \longrightarrow \mathrm{Hom}(Rc_*\underline{O}_C \overset{L}{\otimes} Rd_*\underline{O}_D, K_X) \quad .$$

Tout comme les accouplements de 4.2, ceux-ci sont compatibles à la localisation étale. Quand c et d sont tor-indépendants, le second membre de 6.6.2 (resp. 6.6.3) s'identifie canoniquement à e_*K_E (resp. $H^o(E,K_E)$) .

Le théorème 4.4 a l'analogue suivant :

Théorème 6.7 - *Soient, pour* $i = 1,2$, $f_i : X_i \longrightarrow Y_i$ *un S-morphisme propre,* $f = f_1 \times_S f_2 : X \longrightarrow Y$, $p_i : X \longrightarrow X_i$, $q_i : Y \longrightarrow Y_i$ *les projections. Soit d'autre part un cube* 4.4.0 *à faces horizontales cartésiennes, avec* c' , c'', d', d'' *propres, et* c', c'' (*resp.* d', d'') *de tor-dimension finie aux points au-dessus de* $c(C)$ (*resp.* $d(D)$) . *On pose* $c_i' = p_i c'$, $c_i'' = p_i c''$, $d_i' = q_i d'$, $d_i'' = p_i d''$. *Soient enfin* $L_i \in \mathrm{ob}\, D(X_i)_{\mathrm{parf}/S}$. *On suppose les couples* (X_1,X_2) , $(X_1,Y_2),(Y_1,X_2),(Y_1,Y_2)$ *tor-indépendants sur* S , *et* X_i *et* Y_i *de tor-dimension finie sur* S . *On a alors un carré commutatif*

(6.7.1)

$$\begin{array}{ccc}
f_* c'_* \underline{RHom}(c_1'^* L_1, c_2'^! L_2) \overset{L}{\otimes} f_* c''_* \underline{RHom}(c_2''^* L_2, c_1''^! L_1) & \xrightarrow{(1)} & f_* \underline{RHom}(Rc'_* \underline{O}_{C'} \overset{L}{\otimes} Rc''_* \underline{O}_{C''}, K_X) \\
\downarrow (2) & & \downarrow (4) \\
d'_* \underline{RHom}(d_1'^* M_1, d_2'^! M_2) \overset{L}{\otimes} d''_* \underline{RHom}(d_2''^* M_2, d_1''^! M_1) & \xrightarrow{(3)} & \underline{RHom}(Rd'_* \underline{O}_{D'} \overset{L}{\otimes} Rd''_* \underline{O}_{D''}, K_Y)
\end{array} ,$$

où $M_i = f_{i*} L_i$, (3) *est donné par* 6.6.2, (1) *est déduit de* 6.6.2 *par application de* f_* *et composition avec la flèche canonique* $f_* c'_* \overset{L}{\otimes} f_* c''_* \longrightarrow f_*(c'_* \overset{L}{\otimes} c''_*)$, (2) *est produit tensoriel des flèches* 6.5.4 *relatives aux faces contenant* f , *et* (4) *est composé de l'isomorphisme de dualité* 6.1.1 *et de la flèche définie par la flèche canonique* $Rd'_* \underline{O}_{D'} \overset{L}{\otimes} Rd''_* \underline{O}_{D''} \longrightarrow f_*(Rc'_* \underline{O}_{C'} \overset{L}{\otimes} Rc''_* \underline{O}_{C''})$ (*adjointe du produit tensoriel des flèches "de changement de base"* $f^* Rd'_* \underline{O}_{D'} \longrightarrow Rc'_* \underline{O}_{C'}$, $f^* Rd''_* \underline{O}_{D''} \longrightarrow Rc''_* \underline{O}_{C''}$) .

La démonstration est essentiellement la même que celle de 4.4, nous laissons au lecteur les menues modifications à apporter.

Lorsque c' , c'' sont tor-indépendants, ainsi que d', d'' , la flèche (4) de 6.7.1 se récrit sous la forme $f_* c_* K_C \longrightarrow d_* K_D$, elle est simplement définie par la flèche d'adjonction $g_* K_C = g_* g^! K_D \longrightarrow K_D$ (comme la flèche (4) de 4.4.1). Il ne serait cependant pas naturel de ne considérer que ce cas, car on exclurait ainsi les correspondances à intersection excédentaire.

On déduit de 6.7 des formules analogues à 4.5.1, 4.7.1 : sous les hypothèses de 6.7, on a, pour $u \in \mathrm{Hom}(c_1'^* L_1, c_2'^! L_2)$, $v \in \mathrm{Hom}(c_2''^* L_2, c_1''^! L_1)$,

(6.7.2) $$< f_*u, f_*v > = f_* < u,v > \quad ,$$

où f_*u (resp. f_*v) désigne la correspondance image directe de u (resp. v) au sens de 6.5.5, et f_* au second membre est l'homomorphisme

(6.7.3) $$\mathrm{Hom}(Rc'_*\underline{O}_{C'} \overset{L}{\otimes} Rc''_*\underline{O}_{C''}, K_X) \longrightarrow \mathrm{Hom}(Rd'_*\underline{O}_{D'} \overset{L}{\otimes} Rd''_*\underline{O}_{D''}, K_Y)$$

composé de l'isomorphisme de dualité 6.1.1 et de la flèche induite par la flèche canonique $Rd'_*\underline{O}_{D'} \overset{L}{\otimes} Rd''_*\underline{O}_{D''} \longrightarrow f_*(Rc'_*\underline{O}_{C'} \overset{L}{\otimes} Rc''_*\underline{O}_{C''})$ citée dans 6.7 . Quand $Y_1 = Y_2 = S = D' = D''$, 6.7.2 est la <u>formule de Lefschetz-Verdier</u>.

A titre d'illustration, nous allons montrer que cette formule implique la formule de Woods Hole [1] .

6.8 Nous aurons besoin pour cela de quelques rappels sur la classe de cohomologie "de Hodge" associée à un sous-schéma régulièrement plongé d'un schéma lisse et les résidus de Grothendieck ([8] III 9). Soient $f = X \longrightarrow S$ un morphisme lisse purement de dimension relative N , $i : Y \hookrightarrow X$ une immersion régulière de codimension d (i.e. ((SGA IV 16.9.2),(SGA 6 VII 1)) un sous-schéma fermé défini localement par une suite régulière de d équations, ou, dans une terminologie équivalente ((8 III 1), (SGA 6 VIII 1)) une immersion fermée (localement) d'intersection complète de codimension d). Posons $g = fi$. On associe alors à Y un élément

(6.8.1) $$c\ell_{X/S}(Y) \in \mathrm{Ext}^d_{\underline{O}_X}(\underline{O}_Y, \Omega^d_{X/S}) \quad ,$$

appelé <u>classe de cohomologie associée à</u> Y , défini de la manière suivante. D'après le théorème "de pureté" ([8] III 7.2), on a

(6.8.2) $$\underline{\mathrm{Ext}}^i_{\underline{O}_X}(\underline{O}_Y , \Omega^d_{X/S}) = \begin{cases} 0 & \text{si } i \neq d \\ \underline{\mathrm{Hom}}(\Lambda^d N_{Y/X} , \Omega^d_{X/S} \otimes \underline{O}_Y) & \text{si } i = d , \end{cases}$$

où $N_{Y/X} = I/I^2$ est le faisceau conormal $(I = \mathrm{Ker}\ \underline{O}_X \longrightarrow \underline{O}_Y)$. Par suite,

(6.8.3) $$\mathrm{Ext}^d_{\underline{O}_X}(\underline{O}_Y, \Omega^d_{X/S}) = H^0(Y, \underline{\mathrm{Hom}}(\Lambda^d N_{Y/X} , \Omega^d_{X/S} \otimes \underline{O}_Y)) \quad .$$

La différentielle $d_{X/S} : \underline{O}_X \longrightarrow \Omega^1_{X/S}$ induit une application $\underline{O}_Y$-linéaire $d_{X/S} \otimes 1 : N_{Y/X} \longrightarrow \Omega^1_{X/S} \otimes \underline{O}_Y$. La puissance extérieure d-ième de cette application est une section globale, sur Y , de $\Lambda^d \check{N}_{Y/S} \otimes \Omega^d_{X/S}$, dont l'image dans $\mathrm{Ext}^d_{\underline{O}_X}(\underline{O}_Y, \Omega^d_{X/S})$ par l'isomorphisme 6.8.3 est par définition la classe 6.8.1 .

Supposons g fini et plat (donc d = N) . Soit $\omega \in H^o(Y, \Lambda^d \check{N}_{Y/S} \otimes \Omega^d_{X/S})$. D'après 6.8.2 et 6.1, on peut voir ω comme un homomorphisme $\underline{O}_Y \longrightarrow g^! \underline{O}_S (= \Lambda^d \check{N}_{Y/S} \otimes \Omega^d_{X/S})$, donc, par adjonction, comme un homomorphisme $g_* \underline{O}_Y \longrightarrow \underline{O}_S$. On définit le <u>résidu</u> (relatif à g) de ω comme la section de $\underline{O}_S$ image de 1 par cet homomorphisme, et on le note $\mathrm{Res}_{Y/S}(\omega)$ (cf.([8] III 9)). Notons d'autre part $i_*\omega \in H^N(X, \Omega^N_{X/S})$ l'image de ω par le composé de l'isomorphisme 6.83 et de la flèc canonique $\mathrm{Ext}^N_{\underline{O}_X}(\underline{O}_Y, \Omega^N_{X/S}) \longrightarrow H^N(X, \Omega^N_{X/S})$. Quand f est <u>propre</u>, il découle de la transit vité pour les morphismes trace (ou flèches d'adjonction) $i_* i^! \longrightarrow 1$, $f_* f^! \longrightarrow 1$, que l'on a

$$(6.8.4) \qquad \mathrm{Res}_{Y/S}(\omega) = \mathrm{Tr}_f(i_*\omega) \quad ,$$

où $\mathrm{Tr}_f : H^N(X, \Omega^N_{X/S}) \longrightarrow H^o(S, \underline{O}_S)$ est défini par la flèche d'adjonction $f_* f^! \underline{O}_S = Rf_* \Omega^N_{X/S}[N] \longrightarrow \underline{O}_S$ (6.1) . D'autre part, sans hypothèse de propreté, on a la compatibilité importante ([8] III 9 R6)

$$(6.8.5) \qquad \mathrm{Res}_{Y/S}(y\,c\ell_{X/S}(Y)) = \mathrm{Tr}_{Y/S}(y) \quad ,$$

pour $y \in H^o(Y, \underline{O}_Y)$, où $\mathrm{Tr}_{Y/S} : g_* \underline{O}_Y \longrightarrow \underline{O}_S$ désigne la trace au sens classique, i.e. $\mathrm{Tr}_{Y/S}(y)$ = trace de l'endomorphisme de $g_* \underline{O}_Y$ défini par la multiplication par y (cette compatibilité n'est pas démontrée dans (loc. cit.) ; le cas N = 1 est traité dans [Raynaud, Anneaux locaux henséliens, VII 1 , Lecture Notes in Math. n°169 , Springer Verlag, 1970]) . En d'autres termes, $\mathrm{Tr}_{Y/S}$ correspond, par adjonction, à l'homomorphisme $\underline{O}_Y \longrightarrow g^! \underline{O}_S$ défini par la multiplication par $c\ell_{X/S}(Y)$. Il en résulte que, pour $F \in \mathrm{ob}\, D(S)_{coh}$, la flèche

$$(6.8.6) \qquad g^*F \longrightarrow g^! F = g^*F \overset{L}{\otimes} g^! \underline{O}_S$$

donnée par le produit par $c\ell_{X/S}(Y)$ correspond par adjonction à la flèche

(6.8.7) $$g_*g^*F = F \overset{L}{\otimes} g_*\underline{O}_Y \longrightarrow F$$

définie par $Tr_{Y/S} : g_*\underline{O}_Y \longrightarrow \underline{O}_S$.

6.9 Soient X (resp. Y) un S-schéma propre et lisse de dimension relative m (resp. n), $Z = X \times_S Y$, $a : A \hookrightarrow Z$, $b : B \hookrightarrow Z$ des immersions régulières telles que $a_2 : A \longrightarrow Y$, $b_1 : B \longrightarrow X$ soient finis et plats (on note $p_1 : Z \longrightarrow X$, $p_2 : Z \longrightarrow Y$ les projections, et $a_i = p_i a$, $b_i = p_i b$), $c : C = A \times_Z B \longrightarrow Z$, $L \in \text{ob } D(X)_{\text{parf}}$, $M \in \text{ob } D(Y)_{\text{parf}}$ (l'indice part signifie "parfait au sens absolu" , ce qui équivaut aussi à parfait rel. à S , X et Y étant lisses). On suppose C fini et plat sur S . Les hypothèses faites entraînent donc que c est une immersion régulière et que a et b sont tor-indépendants.

On a $p_1^*\Omega^1_{X/S} = \Omega^1_{Z/Y}$, $p_2^*\Omega^1_{Y/S} = \Omega^1_{Z/X}$, et une décomposition $\Omega^1_{X/S} = \Omega^1_{Z/Y} \oplus \Omega^1_{Z/X}$, d'où, pour tout entier r , une décomposition

(6.9.0) $$\Omega^r_{Z/S} = \bigoplus_{i+j=r} \Omega^i_{Z/Y} \otimes \Omega^j_{Z/X} .$$

D'autre part, d'après 6.1.2 , on a $p_2^!M = p_2^*M \otimes \Omega^m_{Z/Y}[m]$, donc

$$H^o(Z, a_*a^!\underline{RHom}(p_1^*L , p_2^!M)) = \text{Ext}^m_{\underline{O}_Z}(a_1^*L, a_2^*M \otimes \Omega^m{}_{Z/Y}) ,$$

d'où, par 6.4.4 et 6.8.2 , un isomorphisme

(6.9.1) $$\text{Hom}(a_1^*L, a_2^!M) = H^o(A, \underline{RHom}(a_1^*L, a_2^*M) \otimes \Lambda^m\check{N}_{A/Z} \otimes \Omega^m_{Z/Y}) .$$

On a de même un isomorphisme

(6.9.2) $$\text{Hom}(b_2^*M, b_1^!L) = H^o(B, \underline{RHom}(b_2^*M, b_1^*L) \otimes \Lambda^n\check{N}_{B/Z} \otimes \Omega^n_{Z/X}) .$$

Soient $u \in \text{Hom}(a_1^*L, a_2^*M)$, $v \in \text{Hom}(b_2^*M, b_1^*L)$, notons

(6.9.3) $$< u,v > \in H^o(C, \underline{O}_C)$$

La section $Tr(u_C v_C) = Tr(v_C u_C)$, où $u_C \in Hom(c_1^*L, c_2^*M)$ et $v_C \in Hom(c_2^*M, c_1^*L)$ sont induits par u et v . Considérons la correspondance cohomologique $u^! \in Hom(a_1^*L, a_2^!M)$ (resp. $v^! \in Hom(b_2^*M, b_1^!L)$) déduite de u (resp. v) par composition avec l'homomorphisme trace 6.8.7 $a_{2*}a_2^*M \longrightarrow M$ (resp. $b_{1*}b_1^*L \longrightarrow L$) , ou, ce qui revient au même (6.8.6), par produit avec $cl_{Z/Y}(A)$ (resp. $cl_{Z/X}(B)$) . Notons en passant que $cl_{Z/Y}(A)$ (resp. $cl_{Z/X}(B)$) est la composante dans $H^o(A, \Lambda^m \check{N}_{A/Z} \otimes \Omega^m_{Z/Y})$ (resp. $H^o(B, \Lambda^n \check{N}_{B/Z} \otimes \Omega^n_{Z/X})$) de $cl_{Z/S}(A)$ (resp. $cl_{Z/S}(B)$) définie par la projection $\Omega^m_{Z/S} \longrightarrow \Omega^m_{Z/Y}$ (resp. $\Omega^n_{Z/S} \longrightarrow \Omega^n_{Z/X}$) de 6.9.0 . On vérifie aisément que le cup-produit

$$< u^!, v^! > \in Ext^{m+n}_{\underline{O}_Z}(\underline{O}_C, \Omega^{m+n}_{Z/S}) = H^o(C, \Lambda^{m+n} \check{N}_{C/Z} \otimes \Omega^{m+n}_{Z/S})$$

défini en 6.6.3 est donné par

$$(6.9.4) \qquad < u^!, v^! > = < u,v > cl_{Z/Y}(A) cl_{Z/X}(B) \quad .$$

On vérifie d'autre part que l'homomorphisme 6.7.3

$$Ext^{m+n}_{\underline{O}_Z}(\underline{O}_C, \Omega^{m+n}_{Z/S}) \longrightarrow H^o(S, \underline{O}_S)$$

est composé de la flèche canonique $Ext^{m+n}_{\underline{O}_Z}(\underline{O}_C, \Omega^{m+n}_{Z/S}) \longrightarrow H^{m+n}(Z, \Omega^{m+n}_{Z/S})$ et du morphisme trace $Tr_{Z/S} : H^{m+n}(Z, \Omega^{m+n}_{Z/S}) \longrightarrow H^o(S, \underline{O}_S)$. La formule de Lefschetz-Verdier 6.7.2 fournit donc la relation

$$(6.9.5) \quad < (u^!)_*, (v^!)_* > = Tr_{Z/S}(< u,v > cl_{Z/Y}(A)\ cl_{Z/X}(B)) \quad .$$

Grâce à 6.8.4 on peut récrire le second membre comme un résidu, de sorte qu'en résumé on a obtenu :

Théorème 6.10 - *Sous les hypothèses du premier alinéa de* 6.9, *soient* $u \in Hom(a_1^*L, a_2^*M)$, $v \in Hom(b_2^*M, b_1^*L)$, *et considérons la correspondance cohomologique* $u^!$ (*resp.* $v^!$) *de* L *à* M (*resp.* M *à* L) *à support dans* A (*resp.* B) *déduite de* u (*resp.* v) *par composition avec la trace* $a_{2*}a_2^*M \longrightarrow M$ (*resp.* $b_{1*}b_1^*L \longrightarrow L$) (6.8.7), *et l'homomorphisme* $(u^!)_* : f_*L \longrightarrow g_*M$ (*resp.* $(v^!)_* : g_*M \longrightarrow f_*L$) *déduit de* $u^!$ (*resp.* $v^!$) *par image directe* (6.5.5) ($f : X \longrightarrow S$, $g : Y \longrightarrow S$

désignant les projections). Alors, avec les notations de 6.8, 6.9.3, on a

(6.10.1) $<(u^!)_*,(v^!)_*> = \mathrm{Res}_{C/S}(<u,v>\, c\ell_{Z/Y}(A)\, c\ell_{Z/X}(B))$.

Remarques 6.11. - a) On vérifie comme en 3.6, à l'aide de la description 3.5 b) de l'image directe d'une correspondance, que, si $h : Z \longrightarrow S$ est la projection, $(u^!)_*$ (resp. $(v^!)_*$) est composé des flèches

$$f_*L \xrightarrow{(1)} (ha)_*a_1^*L \xrightarrow{(ha)_*u} (ha)_*a_2^*M = g_*a_{2*}a_2^*M \xrightarrow{(2)} g_*M$$

(resp. $g_*M \xrightarrow{(1)} (hb)_*b_2^*M \xrightarrow{(hb)_*v} (hb)_*b_1^*L = f_*b_{1*}b_1^*L \xrightarrow{(2)} f_*L$) , où (1) est la flèche de fonctorialité usuelle (définie par la flèche d'adjonction $1 \longrightarrow a_{1*}a_1^*$ (resp. $1 \longrightarrow b_{2*}b_2^*$)) et (2) est donné par la trace $a_{2*}a_2^*M \longrightarrow M$ (resp. $b_{1*}b_1^*L \longrightarrow L$) (6.8.7) .

b) Supposons que S soit le spectre d'un corps. L'intersection $C = A \times_{(X \times_S Y)} B$ est donc formée de points isolés. En chaque point z de C , choisissons, près des images de z , des suites régulières $(s_1,\ldots,s_m)$, $(t_1,\ldots,t_n)$ d'équations de A,B . Alors 6.10.1 s'écrit, avec la notation des symboles résiduels de ([8] III 9),

(6.11.1) $<(u^!)_*,(v^!)_*> = \sum_{z \in C} \mathrm{Res}_z(<u,v> \prod_{1 \leq i \leq m} (d_{Z/Y}s_i/s_i) \prod_{1 \leq j \leq n} (d_{Z/X}t_j/t_j))$

où $d_{Z/Y}s_i$ (resp. $d_{Z/X}t_j$) désigne la composante de type (1,0) (resp. (0,1)) de $d_{Z/S}s_i$ (resp. $d_{Z/S}t_j$) dans la décomposition 6.9.0 .

Corollaire 6.12 - (formule de Woods-Hole [1]). On suppose que S est le spectre d'un corps. Soient X un S-schéma propre et lisse, F un S-endomorphisme de X , L un objet de $D(X)_{parf}$ (i.e. un complexe parfait sur X) $u \in \mathrm{Hom}(F^*L,L)$. On suppose que le schéma des points fixes X^F est fini et formé de points transversaux (i.e. où le graphe de F coupe transversalement la diagonale). Alors on a

$$\Sigma(-1)^i \mathrm{Tr}((F,u),H^i(X,L)) = \sum_{x \in X^F} \mathrm{Tr}(u_x)/\det(1-dF_x) \quad ,$$

où (F,u) est l'endomorphisme de $H^i(X,L)$ composé de $H^i(X,L) \longrightarrow H^i(X,F^*L)$

(image inverse) et de $H^i(X,u)$, $Tr(u_x)$ *désigne la valeur en* x *de l'endomorphisme induit par* u *sur la fibre de* L *en* x , *et* $\det(1-dF_x)$ *la valeur en* x *du déterminant de l'application* (1 - *application induite par* F *sur* $\Omega^1_{X,x}$) .

Démonstration. On applique 6.10 en tenant compte de 6.11 a), b). Posons $Z = X \times_S X$. Soit $x \in X^F$. Près de x , choisissons un système de coordonnées locales $(x_1,\ldots,x_n)$ (définissant un morphisme étale dans $\mathbb{A}^n_S$), posons $F_i = x_i F$, notons $(x_1,\ldots,x_n , y_1,\ldots,y_n)$ les coordonnées locales correspondantes sur Z près de $z = (x,x)$ $(x_i = x_i \otimes 1 , y_i = 1 \otimes x_i)$. Alors, près de z , $(x_1 - y_1,\ldots,x_n - y_n)$ (resp. $(y_1 - F_1,\ldots, y_n - F_n)$) est un système régulier d'équations de la diagonale A (resp. du graphe B de F). La contribution du second membre de 6.11.1 en z est

$$< u,1 >_z = \mathrm{Res}_z(Tr(u) \frac{dx_1\ldots dx_n\, dy_1\ldots dy_n}{(x_1 - y_1)\ldots(x_n - y_n)(y_1 - F_1)\ldots(y_n - F_n)}) .$$

Notons qu'au numérateur on peut remplacer dy_i par $dy_i - dF_i = dy_i - \sum_{1\leq j\leq n} (dF_i/dx_j)dx_j$. Appliquant alors la formule ([8] III 9 R3) à la situation $(B \hookrightarrow Z \longrightarrow S$, $(s_1,\ldots,s_p) = (y_1 - F_1,\ldots,y_n - F_n)$, $(t_1,\ldots,t_n) = (x_1 - y_1,\ldots,x_n - y_n)$, $\omega = (Tr(u)\, dx_1\ldots dx_n)$, on obtient

$$(*) \qquad < u,1 >_z = \mathrm{Res}_x(Tr(u) \frac{dx_1\ldots dx_n}{(x_1 - F_1)\ldots(x_n - F_n)}) .$$

Comme x est transversal, les $x_i - F_i$ forment un système régulier de paramètres de $\underline{O}_{X,x}$, donc on peut écrire, près de x ,

$$x_i = \sum_j (x_j - F_j)c_{ij} ,$$

où (c_{ij}) est une matrice de sections de $\underline{O}_X$ inversible en x , son déterminant ayant pour valeur en x $\det(1-dF_x)^{-1}$. Grâce à ([8] III 9 R1) on déduit donc de (*)

$$< u,1 >_z = \mathrm{Res}_x(Tr(u)\det(c_{ij}) \frac{dx_1\ldots dx_n}{x_1\ldots x_n}) ,$$

d'où, par ([8] III 9 R6) ,

$$< u,1 >_z = \mathrm{Tr}(u(x))\det(c_{ij}(x)) = \mathrm{Tr}(u(x))\det(1-dF_x)^{-1} \quad .$$

Le corollaire résulte donc de 6.11.1 .

Remarque 6.12.1 - Si X^F est supposé seulement fini, le calcul précédent montre que l'on a

$$\Sigma(-1)^i \mathrm{Tr}((F,u),H^i(X,L)) = \sum_{x \in X^F} \mathrm{Res}_x(\mathrm{Tr}(u) \frac{dx_1 \ldots dx_n}{(x_1 - F_1)\ldots(x_n - F_n)}) \quad ,$$

où (x_i) est un système de coordonnées locales en x , et les F_i sont les coordonnées de F (près de x) dans ce système.

Le lecteur se convaincra, d'autre part, que la formule précédente est encore valable si X est propre et supposé seulement lisse aux points de X^F .

6.13 Supposons que S soit le spectre d'une clôture algébrique du corps fini $\mathbb{F}_q$ et que X/S provienne par extension des scalaires d'un schéma propre et lisse $X_o/\mathbb{F}_q$. Prenons pour F l'endomorphisme de Frobenius de X/S "défini par l'élévation à la puissance q-ième sur les coordonnées". On a $X^F = X_o(\mathbb{F}_q)$ et X^F est formé de points transversaux puisque $dF = 0$. Si L est un faisceau localement libre de type fini sur X et $u \in \mathrm{Hom}(F^*L,L)$, la formule de Woods-Hole s'écrit donc

$$(6.13.1) \quad \Sigma(-1)^i \mathrm{Tr}((F,u),H^i(X,L)) = \sum_{x \in X_o(\mathbb{F}_q)} \mathrm{Tr}(u_x,L_x) \quad .$$

En particulier, pour $L = \underline{O}_X$, u l'isomorphisme canonique $F^*\underline{O}_X \xrightarrow{\sim} \underline{O}_X$, on trouve :

$$(6.13.2) \quad \Sigma(-1)^i \mathrm{Tr}(F,H^i(X,\underline{O}_X)) = \mathrm{Card}(X_o(\mathbb{F}_q)) \quad (\mathrm{mod}\ p) \quad .$$

La théorie d'Artin-Schreier permet de récrire le premier membre sous la forme $\Sigma(-1)^i \mathrm{Tr}(F,H^i(X,\mathbb{F}_p))$, où $H^*(X,\mathbb{F}_p)$ désigne la cohomologie étale de X à valeurs dans le faisceau constant $\mathbb{F}_p$. Par un raffinement de cet argument, Deligne, dans (SGA $4^{1/2}$ Fonctions L), a déduit de 6.13.1 la généralisation suivante de 6.13.2 :

Théorème 6.13. 3 (Deligne) - Soient X_o un schéma séparé et de type fini sur $\mathbb{F}_q$, X le schéma déduit de X_o par extension des scalaires à une clôture algébrique k de $\mathbb{F}_q$, F l'endomorphisme de Frobenius de X/k . Alors, pour tout $L_o \in \text{ob } D_{ctf}(X_o,\mathbb{F}_p)$, on a, notant L l'image inverse de L_o sur X ,

$$\Sigma(-1)^i \mathrm{Tr}(F,H^i_c(X,L)) = \sum_{x \in X^F} \mathrm{Tr}(F,L_x) \quad .$$

Signalons que le cas particulier de 6.13.3 correspondant à $L_o = \mathbb{F}_p$ a été établi par Katz dans (SGA 7 XXII) par une méthode toute différente, fondée sur le calcul à la Dwork de la fonction zêta d'une hypersurface. Par ailleurs, 6.13.2 dans le cas propre et lisse est aussi conséquence immédiate de la formule de Lefschetz en cohomologie cristalline ([5] VII 3.1.9). En fait, la cohomologie cristalline donne l'information plus précise que chaque facteur $\det(1-Ft,H^i(X_o/W)) \in W[t]$ de la fonction zêta est congru mod p à $\det(1-Ft,H^i(X_o,\underline{O}_{X_o}))$ (du moins si $H^*(X_o/W)$ est sans torsion). Katz a montré [11] qu'on pouvait obtenir, à l'aide des estimations de B. Mazur [14], des congruences supérieures (faisant intervenir les $H^i(X_o,\Omega^j_{X_o})$ et l'opération de Cartier) pour des hypersurfaces (ou intersections complètes) lisses dont on suppose les nombres de Hodge (dans la dimension intéressante) nuls jusqu'à un certain cran.

D'autre part, si X_o est un schéma propre sur $\mathbb{F}_q$, géométriquement intègre, et tel que $H^i(X_o,\underline{O}_{X_o}) = 0$ pour $i > 0$, la formule de Lefschetz-Verdier 6.7.2, appliquée à $X = X_o \otimes k$ et l'endomorphisme de Frobenius de X , entraîne aussitôt que X_o possède au moins un point rationnel sur $\mathbb{F}_q$ (puisque $\mathrm{Tr}(F,R\Gamma(X,\underline{O}_X)) = 1$) . Serre demande si cette conclusion est encore vraie lorsqu'on remplace $\mathbb{F}_q$ par un corps vérifiant (C_1) ([17] II 3), parexemple $\mathbb{C}(t)$ (Tsen), ou $\mathbb{C}((t))$ (Lang) (voir loc. cit. pour d'autre exemples) ; il fait observer en effet que, si X_o est une intersection complète de multi-degré $(m_1,\ldots,m_r)$ dans $\mathbb{P}^n$, la condition de trivialité de la cohomologie équivaut ([16] n° 78) à la condition $m_1 + \ldots + m_r < n+1$, qui est aussi celle qui intervient quand on écrit la condition (C_1) .

6.14 La formule de Woods Hole a de nombreuses autres applications, pour lesquelles nous renvoyons à [2] et à l'exposé de Beauville [4].

6.15 Le rédacteur n'a pas examiné le cas des composantes de points fixes de dimension ≥ 1, mais il n'est pas exclu que l'on puisse déduire de 6.7.2 (conjugué probablement à Riemann-Roch) des formules de Lefschetz-Riemann-Roch dans le style de celles de Donovan [7], Iversen [10], Nielsen [15] (du moins à valeurs dans le corps de base). Il n'est pas exclu d'autre part que la formule 6.7.2, appliquée au-dessus des nombres duaux, fournisse des formules de résidus pour les champs de vecteurs analogues à celles de Bott [6], [3] .

BIBLIOGRAPHIE.

[1] Atiyah, M. et Bott, R. On the Woods Hole Fixed point theorem, Proceedings of the Woods Hole Conference on Algebraic Geometry, 1964.

[2] Atiyah, M. et Bott, R., Notes on the Lefschetz fixed point theorem for elliptic complexes, Harvard University, 1964.

[3] Baum, P. et Bott, R., On the zeroes of meromorphic vector-fields, in Essays on topology and related topics, mémoires dédiés à Georges De Rham, Springer Verlag, 1970.

[4] Beauville, A., Formules de points fixes en cohomologie cohérente, in Séminaire de géométrie algébrique, Université de Paris-Sud, Orsay, 1970.

[5] Berthelot, P., Cohomologie cristalline des schémas de car. $p > 0$, Lecture Notes in Mathematics n° 407, Springer-Verlag, 1974.

[6] Bott, R., A residue formula for holomorphic vector-fields, J. of Diff. Geometry Vol 1, p. 311-330, 1967.

[7] Donovan, P., The Lefschetz-Riemann-Roch formula, Bull. S.M.F., 97, p.257-273, 1969.

[8] Hartshorne, R., Residues and duality, Lecture Notes in Mathematics n° 20, Springer-Verlag, 1966.

[9] Illusie, L., Complexe cotangent et déformations I, Lecture Notes in Math. n° 239, Springer-Verlag, 1971.

[10] Iversen, B., A fixed point formula for action of tori on algebraic varieties, Inv. Math., 16, p. 229-236, 1972.

[11] Katz, N., Lettre à B. Mazur, 1971.

[12] Kleiman, S., Algebraic cycles and the Weil conjectures, in Dix exposés sur la cohomologie des schémas, North Holland Pub. Company, 1968.

[13] Langlands, R.P., Modular forms and ℓ-adic representations, in Modular functions of one variable II, Lecture Notes in Math. n° 349, Springer-Verlag, 1973.

[14] Mazur, B., Frobenius and the Hodge filtration (estimates), Ann. of Math., 98, p. 58-95, 1973.

[15] Nielsen, H.A., Diagonalizably linearized coherent sheaves, Bull. SMF, 102, p. 85-97, 1974.

[16] Serre, J.-P., Faisceaux algébriques cohérents, Ann. of Math., 61, p. 197-278, 1955.

[17] Serre, J.P., Cohomologie galoisienne, Lecture Notes in Math. n° 5, Springer Verlag, 1964.

[18] Verdier, J.-L., The Lefschetz fixed point formula in étale cohomology, Proceedings of a conference on local fields, Springer-Verlag, 1967.

SGA $4^{1/2}$ Cohomologie étale, Par P. Deligne, Séminaire de Géométrie Algébrique du Bois-Marie, Lecture Notes in Mathematics n° 569, Springer-Verlag, 1977.

Dans SGA $4^{1/2}$: Finitude : Théorème de finitude en cohomologie ℓ-adique.

Cycle : La classe de cohomologie associée à un cycle, par A. Grothendieck, rédigé par P. Deligne (remplace l'exposé absent SGA 5 IV).

Rapport : Rapport sur la formule des traces.

Fonctions L : Fonctions L mod ℓ^n et mod p .

Exposé III B

CALCULS DE TERMES LOCAUX

par Luc Illusie

Cet exposé, rédigé en janvier 1977, ne correspond à aucun exposé oral du séminaire. Il comprend deux parties indépendantes. Dans la première, nous calculons les termes locaux de Lefschetz-Verdier pour des correspondances cohomologiques entre courbes lisses sur un corps algébriquement clos, à support dans des correspondances vérifiant certaines hypothèses de position générale. La formule que nous obtenons fournit comme corollaires la formule de Verdier [6] pour les endomorphismes transversaux (qui s'applique notamment au cas de l'endomorphisme de Frobenius), et la formule énoncée par Langlands dans ([4] 7.12). La méthode de démonstration est parallèle à celle suivie par Artin-Verdier dans [6]. On se ramène à prouver la nullité du terme local lorsque les complexes de faisceaux donnés ont une fibre nulle aux images du point fixe considéré, et l'on démontre en fait une propriété plus forte, à savoir qu'une certaine flèche de restriction est nulle (2.5). Pour établir cette propriété, on commence par se ramener au cas d'une ramification modérée par des revêtements de même degré des deux courbes données (afin de ne pas détruire les hypothèses de position générale), puis l'on traite directement ce cas à l'aide du lemme d'Abhyankar et du théorème de pureté relatif. La deuxième partie de cet exposé, de nature beaucoup plus technique, est inspirée de la méthode utilisée par Grothendieck pour établir la formule de Lefschetz pour certaines correspondances cohomologiques sur les courbes (voir XII et (SGA $4^{1/2}$ Rapport)). Au n° 5, nous développons, pour les complexes de modules sur un topos, une théorie de traces non commutatives qui généralise la théorie commutative de (SGA 6 I) et redonne, dans le cas d'un topos ponctuel, la théorie non commutative développée par Grothendieck dans le séminaire oral (celle-ci était rédigée dans l'exposé XI, malheureusement disparu). Nous appliquons les techniques du n° 5 pour définir, au n° 6, des termes locaux de Lefschetz-Verdier pour des correspondances cohomologiques entre complexes de modules sur des anneaux non nécessairement commutatifs. Ces termes locaux se comportent comme des traces non commutatives, et permettent notamment, dans le cas où l'on prend comme anneau de base l'algèbre d'un groupe, de diviser canoniquement les termes locaux ordinaires attachés à des correspondances équivariantes. A titre d'application, nous démontrons la conjecture de divisibilité de Grothendieck de (XII 4.5), sous une forme plus générale. Nous montrons également que les termes locaux définis par Grothendieck dans la formule de Lefschetz de XII sont bien les termes locaux de Lefschetz-Verdier, et nous généralisons la formule de (loc.cit.).

Je remercie P. Deligne pour les utiles suggestions qu'il m'a faites au cours de nombreux entretiens ; je lui suis particulièrement reconnaissant de m'avoir signalé et aidé à corriger une erreur dans une démonstration primitive du théorème 1.2 .

Sommaire.

I. - Correspondances en position générale entre courbes.

Dans cette partie, S désigne le spectre d'un corps algébriquement clos k de car. p , Λ un anneau commutatif noethérien annulé par un entier premier à p . Pour tout schéma X sur S on notera D(X) la catégorie dérivée des faisceaux de Λ-modules sur X , $D_{ctf}(X)$ la sous-catégorie pleine de D(X) formée des complexes de tor-dimension finie et à cohomologie constructible.

1. - Enoncé du théorème et corollaires.

1.1. Soient X (resp. Y) un S-schéma localisé strict en un point fermé d'une S-courbe lisse et séparée, A (resp. B) un S-schéma strictement local, $a : A \longrightarrow X \times_S Y$, $b : B \longrightarrow X \times_S Y$ des S-morphismes. On note $p_1 : X \times_S Y \longrightarrow X$, $p_2 : X \times_S Y \longrightarrow Y$ les projections, $a_i = p_i a$, $b_i = p_i b$, x (resp. y) le point fermé de X (resp. Y) . On suppose a_2 et b_1 finis et surjectifs, et $A \times_{(X \times_S Y)} B$ réduit au point fermé z d'image (x,y) dans $X \times_S Y$.

Soient $L \in \mathrm{ob}\, D_{ctf}(X)$, $M \in \mathrm{ob}\, D_{ctf}(Y)$, $u \in \mathrm{Hom}(a_1^*L, a_2^!M)$, $v \in \mathrm{Hom}(b_2^*M, b_1^!L)$. Notons

$$u_z \in \mathrm{Hom}(L_x, M_y) \qquad (\text{resp. } v_z \in \mathrm{Hom}(M_y, L_x)\ )$$

l'homomorphisme composé

$$L_x = R\Gamma(X,L) \xrightarrow{a_1^*} R\Gamma(A, a_1^*L) \xrightarrow{R\Gamma(A,u)} R\Gamma(A, a_2^!M) \xrightarrow{a_{2*}} R\Gamma(Y,M) = M_y$$

où a_{2*} est défini par la flèche d'adjonction $a_{2*}a_2^!M \longrightarrow M$ (resp. l'homomorphisme composé analogue défini à l'aide de (b,v)). Comme L_x et M_y sont des complexes parfaits de Λ-modules, on peut former le cup-produit (SGA 6 I 8.3)

$$(1.1.1) \qquad < u_z, v_z > = \mathrm{Tr}(u_z v_z) = \mathrm{Tr}(v_z u_z) \in \Lambda \quad .$$

Posons $\Lambda_X(1)[2] = K_X$, $\Lambda_Y(1)[2] = K_Y$. D'après (I 5) (ou (SGA $4^{1/2}$ Dualité 1, ou Finitude 4.1)) le foncteur $D_X = R\underline{\mathrm{Hom}}(-,K_X)$ (resp. $D_Y = R\underline{\mathrm{Hom}}(-,K_Y)$) sur

$D_{ctf}(X)$ (resp. $D_{ctf}(Y)$) est dualisant, i.e. pour tout $E \in \mathrm{ob}\, D_{ctf}(X)$ (resp. $D_{ctf}(Y)$), on a $E \xrightarrow{\sim} D_X D_X E$ (resp. $E \xrightarrow{\sim} D_Y D_Y E$) . On écrira parfois D au lieu de D_X , D_Y . Notons d'autre part $p_i^!$ le foncteur $p_i^*(-)(1)[2]$. On a trivialement $K_X \overset{L}{\otimes}_S M \xrightarrow{\sim} p_2^! M$, $L \overset{L}{\otimes}_S K_Y \xrightarrow{\sim} p_1^! L$, et il découle de (III 2.3) , par passage à la limite, que les flèches de Künneth analogues à (III 3.1.1)

$$DL \overset{L}{\otimes}_S M \longrightarrow \underline{\mathrm{RHom}}(p_1^* L, p_2^! M) \quad , \quad L \overset{L}{\otimes}_S DM \longrightarrow \underline{\mathrm{RHom}}(p_2^* M, p_1^! L)$$

sont des isomorphismes. Comme a_2 est fini, a est fini, donc le foncteur $a^!$ est défini, et l'on vérifie facilement que l'on a l'isomorphisme de transitivité $a^! p_2^! = a_2^!$. Grâce à la formule d'induction pour a (SGA 4 XVIII 3.1.12.2), on a donc un isomorphisme canonique analogue à (III 3.2.1)

$$a^! \underline{\mathrm{RHom}}(p_1^* L, p_2^! M) \xrightarrow{\sim} \underline{\mathrm{RHom}}(a_1^* L, a_2^! M) \quad ,$$

d'où un isomorphisme

$$(*) \qquad \mathrm{Hom}(a_1^* L, a_2^! M) \xrightarrow{\sim} H^o(X \times_S Y \, , \, a_* a^! (DL \overset{L}{\otimes}_S M)) \quad .$$

On a de même un isomorphisme

$$(**) \qquad \mathrm{Hom}(b_2^* M, b_1^! L) \xrightarrow{\sim} H^o(X \times_S Y, \, b_* b^! (L \overset{L}{\otimes}_S DM)) \quad .$$

On définit, comme en (III 4.1.2), un accouplement naturel

$$(DL \overset{L}{\otimes}_S M) \overset{L}{\otimes} (L \overset{L}{\otimes}_S DM) \longrightarrow K_X \overset{L}{\otimes}_S K_Y = \Lambda_{X \times_S Y}(2)\,[4] \overset{\mathrm{dfn}}{=} K_{X \times_S Y} \quad .$$

Par composition avec l'accouplement analogue à (III 4.2.3)

$$a_* a^! P \overset{L}{\otimes} b_* b^! Q \longrightarrow c_* c^! (P \overset{L}{\otimes} Q) \quad ,$$

où $P = DL \overset{L}{\otimes}_S M$, $Q = L \overset{L}{\otimes}_S DM$, et $c : z = A \times_{(X \times_S Y)} B \longrightarrow X \times_S Y$ est la projection canonique, et compte tenu des isomorphismes (*), (**), on en déduit un accouplement analogue à (III 4.2.5)

$$< \; , \; > : \mathrm{Hom}(a_1^* L, a_2^! M) \otimes \mathrm{Hom}(b_2^* M, b_1^! L) \longrightarrow H^o(X \times_S Y, \, c_* c^! K_{X \times_S Y}) \quad .$$

On vérifie aisément, par passage à la limite, que $c^! K_{X \times_S Y} = \Lambda_z$, de sorte que $H^o(X \times_S Y, c_* c^! K_{X \times_S Y}) = \Lambda$. On dispose donc d'un "cup-produit"

(1.1.2) $< u,v > \in \Lambda$.

1.1.3 Soient X' (resp. Y') une S-courbe lisse, A' (resp. B') une S-courbe séparée, $a' : A' \longrightarrow X' \times_S Y'$, $b' : B' \longrightarrow X' \times_S Y'$ des S-morphismes finis, x' (resp. y') un point fermé de X' (resp. Y') , z' un point fermé isolé de $A' \times_{(X' \times_S Y')} B'$, d'image s' (resp. t') dans A' (resp. B'), et tel que a'_2 $(= p_2 a')$ (resp. b'_1 $(= p_1 b')$) soit quasi-fini en s' (resp. t') , $L' \in \mathrm{ob}\, D_{ctf}(X')$, $M' \in \mathrm{ob}\, D_{ctf}(Y')$, $u' \in \mathrm{Hom}(a'^*_1 L', a'^!_2 M')$, $v' \in \mathrm{Hom}(b'^*_2 M', b'^!_1 L')$. On peut alors considérer le terme local (III 4.2.7) $< u',v' >_{z'} \in \Lambda$. D'autre part, si X , Y , A , B sont les localisés stricts de X' , Y' , A' , B' en x' , y' , s' , t' , $a : A \longrightarrow X \times_S Y$, $b : B \longrightarrow X \times_S Y$ les morphismes déduits de a' , b' , $L = L'|X$, $M = M'|Y$, $u \in \mathrm{Hom}(a_1^* L, a_2^! M)$, $v \in \mathrm{Hom}(b_2^* M, b_1^! L)$ les flèches déduites de u', v' , les données (X , Y , a , b , u , v) vérifient les hypothèses du début de 1.1, donc un cup-produit 1.1.2 $< u,v > \in \Lambda$ est défini. Il découle de la compatibilité de la formation des termes locaux (III 4.2.7) à la localisation (III 4.2.6) que l'on a $< u',v' >_{z'} = < u,v >$. Il est facile de voir, par ailleurs, que toute donnée (X , Y , a , b , u , v) vérifiant les hypothèses du début de 1.1 est induite par une donnée (X' , Y' , a' , b' , x' , y' , z' , s' , t' , u' , v') comme ci-dessus, où l'on peut supposer de plus, si on le désire, que $A' \times_{(X' \times_S Y')} B'$ est réduit à z' .

En général, les cup-produits 1.1.1 et 1.1.2 sont inégaux. On a cependant le théorème suivant, qui est le résultat principal de cette première partie :

<u>Théorème</u> 1.2 - <u>Sous les hypothèses du début de</u> 1.1, <u>on suppose de plus que</u> A <u>et</u> B <u>sont en position générale</u>, <u>i.e. que l'intersection des cônes tangents en</u> (x,y) <u>aux images de</u> A <u>et</u> B <u>dans</u> $X \times_S Y$ <u>est réduite à</u> (x,y) , <u>et que de même</u> A <u>et</u> $X \times \{y\}$ <u>sont en position générale</u>, <u>ainsi que</u> $\{x\} \times Y$ <u>et</u> B . <u>Alors on a</u> :

(1.2.1) $< u_z,v_z > = < u,v >$.

Par la formule de Lefschetz-Verdier (III 4.7), compte tenu de 1.1.3, on en déduit :

Corollaire 1.3 - Soit F un endomorphisme d'une courbe propre et lisse X/S tel que le schéma des points fixes X^F soit fini et formé de points où le graphe de F est transverse à la diagonale. Soient $L \in \mathrm{ob}\, D_{ctf}(X)$, et $u \in \mathrm{Hom}(F^*L,L)$. Alors on a

$$\mathrm{Tr}((F,u),\ R\Gamma(X,L)) = \sum_{x \in X^F} \mathrm{Tr}(u_x,L_x) \qquad ,$$

où la trace, aux deux membres, est prise au sens de (SGA 6 I 8).

Pour L concentré en degré 0 , 1.3 est le résultat d'Artin-Verdier ([6] 4.1). Par un passage à la limite expliqué dans XV, on déduit de 1.3 un résultat analogue en cohomologie ℓ-adique ([6] 1.1), (XV §2 n° 3 prop. 2) :

Corollaire 1.3.1 - Avec X et F comme en 1.3, soient L un $\mathbb{Q}_\ell$-faisceau constructible sur X (ℓ premier $\neq p$) , et $u \in \mathrm{Hom}(F^*L,L)$. Alors on a :

$$\Sigma(-1)^i \mathrm{Tr}((F,u),H^i(X,L)) = \sum_{x \in X^F} \mathrm{Tr}(u_x,L_x)$$

Les hypothèses de 1.3, 1.3.1 s'appliquent notamment au cas où (F,u) est une correspondance de Frobenius (XV 2), d'où la formule des traces de Grothendieck ([2] 5.1), (SGA $4^{1/2}$ Rapport 3.2) .

1.4 Avec les notations de 1.1, supposons b_2 et a_1 finis et surjectifs (au lieu de a_2 et b_1), et considérons les correspondances duales (III 5.1) $Du \in \mathrm{Hom}(a_2^*DM,a_1^!DL)$, $Dv \in \mathrm{Hom}(b_1^*DL,b_2^!DM)$, et les homomorphismes $(Du)_z \in \mathrm{Hom}((DM)_y,(DM)_x)$, $(Dv)_z \in \mathrm{Hom}((DL)_x,(DM)_y)$. Supposons $(A,\{x\} \times Y)$ en position générale, ainsi que $(X \times \{y\},B)$, (A,B) . Appliquant 1.2 à Du , Dv , on obtient :

$$< Du,Dv > = < (Du)_z,(Dv)_z > \qquad ,$$

d'où, par (III 5.1.6) et (III 4.2.6),

$$(1.4.1) \qquad \langle u,v \rangle = \langle (Du)_z,(Dv)_z \rangle \quad .$$

De cette remarque et de 1.2 on déduit, par la formule de Lefschetz-Verdier (III 4.7) :

Corollaire 1.5 - *Soient* X , Y *des courbes propres et lisses sur* S , $a : A \longrightarrow X \times_S Y$, $b : B \longrightarrow X \times_S Y$ *des correspondances où* A *et* B *sont des courbes propres sur* S , $L \in \operatorname{ob} D_{ctf}(X)$, $M \in \operatorname{ob} D_{ctf}(Y)$, $u \in \operatorname{Hom}(a_1^*L,a_2^!M)$, $v \in \operatorname{Hom}(b_2^*M,b_1^!L)$. *On suppose que* $C = A\times_{(X \times_S Y)}B$ *est fini sur* S *et de la forme* $C = C_1 \coprod C_2$, *avec les propriétés suivantes* : *pour* $z \in C_1$, *les morphismes déduits de* a_2 , b_1 *par localisation stricte aux images de* z *sont finis, et , si* (x,y) *désigne l'image de* z *dans* $X \times_S Y$, *chacun des couples* (A,B) , $(A, X \times \{y\})$, $(\{y\} \times Y,B)$ *est en position générale en* (x,y) ; *pour* $z \in C_2$, *les morphismes déduits de* a_1 , b_2 *par localisation stricte aux images de* z *sont finis, et chacun des couples* (A,B) , $(A,\{x\} \times Y)$, $(B,X \times \{y\})$ *est en position générale en* (x,y) ("*position générale*" *signifiant que l'intersection des cônes tangents en* (x,y) *aux images des courbes du couple considéré est réduite à* (x,y)). *Alors, si* $u_* \in \operatorname{Hom}(R\Gamma(X,L) , R\Gamma(Y,M))$, $v_* \in \operatorname{Hom}(R\Gamma(Y,M) , R\Gamma(X,L))$ *sont les morphismes définis par* u,v (III 3.7.6), *on a, avec les notations de* 1.1.1 , (III 5.1.5) ,

$$(1.5.1) \qquad \langle u_*,v_* \rangle = \sum_{z \in C_1} \langle u_z,v_z \rangle + \sum_{z \in C_2} \langle (Du)_z,(Dv)_z \rangle \quad .$$

1.6 Admettant le formalisme de la cohomologie ℓ-adique, on déduit de 1.5, par la technique de passage à la limite de XIV, que, sous les hypothèses de 1.5 sur X , Y , a , b , on a, pour $L \in \operatorname{ob} D^b(X,\mathbb{Q}_\ell)$ (ℓ premier $\neq p$) , $M \in \operatorname{ob} D^b(Y,\mathbb{Q}_\ell)$, $u \in \operatorname{Hom}(a_1^*L,a_2^!M)$, $v \in \operatorname{Hom}(b_2^*M,b_1^!L)$, l'égalité analogue à 1.5.1 dans $\mathbb{Q}_\ell$. Cette formule contient comme cas particulier la proposition 7.12 de Langlands [4] : appliquer la formule avec $X = Y$, M le faisceau F considéré par Langlands, $L = \alpha M$ ($\alpha \in \mathbb{Q}_\ell^*$), A = la diagonale de $X \times X$, b = la correspondance ϕ de (loc. cit.)

u = la correspondance à support dans A donnée par $\alpha^{-1} : L \longrightarrow M$,

v = la correspondance Φ de (loc. cit.) ; avec les notations de (loc. cit.), C_1 (resp. C_2) est l'ensemble des points fixes où $a < d$ (resp. $a > d$).

1.7 Sous les hypothèses de 1.2, prenons pour u (resp. v) la correspondance $c\ell(A)$ (resp. $c\ell(B)$) définie par $Tr_{a_2} : a_{2*} \Lambda \longrightarrow \Lambda$ (resp. $Tr_{b_1} : b_{1*}\Lambda \longrightarrow \Lambda$). La formule 1.2.1 s'écrit

$$\deg(a_2)\deg(b_1) = < c\ell(A) \, , c\ell(B) > \quad , \tag{1.7.1}$$

où $\deg(a_2)$ (resp. $\deg(b_1)$) désigne le degré générique de a_2 (resp. b_1) . Compte tenu des hypothèses de position générale, le premier membre de 1.7.1 n'est autre que la multiplicité d'intersection en (x,y) des cycles a_*A , b_*B , images directes de A et B . Il n'est pas difficile de déduire directement 1.7.1 de la compatibilité de la formation de la classe de cohomologie associée à un cycle avec les intersections (SGA $4^{1/2}$ Cycle 2.3.8).

2. - Réduction à un théorème d'annulation.

2.1 Sous les hypothèses de 1.1, notons s (resp. t) l'image de z dans A (resp. B), $i : U = X - \{x\} \hookrightarrow X$ et $j : V = Y - \{y\} \hookrightarrow Y$ les inclusions canoniques. Comme a_2 et b_1 sont finis, on a $a_2^{-1}(y) = s$, $b_1^{-1}(x) = t$, donc $a_1^{-1}(U) \subset a_2^{-1}(V)$, $b_2^{-1}(V) \subset b_1^{-1}(U)$, et l'on a des diagrammes commutatifs

$$\begin{array}{ccccc}
U & \xleftarrow{a_1'} & a_1^{-1}(U) & \xrightarrow{a_2'} & V \\
{\scriptstyle i}\downarrow & (1) & \downarrow & (2) & \downarrow{\scriptstyle j} \\
X & \xleftarrow{a_1} & A & \xrightarrow{a_2} & Y
\end{array} ,$$

$$\begin{array}{ccccc}
U & \xleftarrow{b_1'} & b_2^{-1}(V) & \xrightarrow{b_2'} & V \\
{\scriptstyle i}\downarrow & (3) & \downarrow & (4) & \downarrow{\scriptstyle j} \\
X & \xleftarrow{b_1} & B & \xrightarrow{b_2} & Y
\end{array} ,$$

où les carrés (1) et (4) sont cartésiens.

Lemme 2.2 - *Pour prouver* 1.2, *on peut se borner à considérer les deux cas suivants* : a) $L_x = 0$, $M_y = 0$; b) $L|U = 0$, $M|U = 0$.

Considérons les filtrations décroissantes sur L, M définies par les sous-complexes

$$F^nL = \begin{cases} L & \text{si } n \leq 0 \\ i_!i^*L & \text{si } n = 1 \\ 0 & \text{si } n > 1 \end{cases} , \qquad F^nM = \begin{cases} M & \text{si } n \leq 0 \\ j_!j^*M & \text{si } n = 1 \\ 0 & \text{si } n > 1 \end{cases} .$$

Le complexe $a_{2*}a_1^*L$ (resp. $b_{1*}b_2^*M$) est alors filtré par $F^na_{2*}a_1^*L = a_{2*}a_1^*F^nL$. On a $F^na_{2*}a_1^*L = a_{2*}a_1^*L$ pour $n \leq 0$, et 0 pour $n > 1$; de plus, comme a_2 est fini et le carré (1) cartésien, on a

$$F^1a_{2*}a_1^*L = j_!(a_{2!}'a_1'^*i^*L) .$$

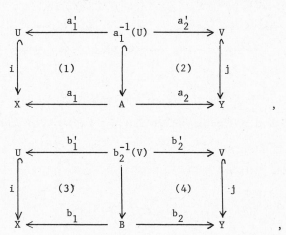

On a de même

$$F^n b_{1*}b_2^*M = \begin{cases} b_{1*}b_2^*M & \text{si } n \leq 0 \\ i_!(b'_{1!}b'^*_2 j^*M) & \text{si } n = 1 \\ 0 & \text{si } n > 1 \end{cases} .$$

On peut supposer u (resp. v) défini par un homomorphisme de complexes $\underline{u} : a_{2*}a_1^*L \longrightarrow M$ (resp. $\underline{v} : b_{1*}b_2^*M \longrightarrow L$) . Les formules ci-dessus montrent que le composé $F^1a_{2*}a_1^*L \longrightarrow a_{2*}a_1^*L \xrightarrow{\underline{u}} M$ (resp. $F^1b_{1*}b_2^*M \longrightarrow b_{1*}b_2^*M \xrightarrow{\underline{u}} L$) se factorise (de manière unique) à travers F^1M (resp. F^1L), en d'autres termes que $\underline{u}$ (resp. $\underline{v}$) est un homomorphisme de complexes filtrés. Ainsi u (resp. v) est sous-jacent à une correspondance filtrée (au sens de (III 4.13)), que nous noterons encore $\underline{u} \in \mathrm{Hom}_{DF}(a_1^*L, a_2^!M)$ (resp. $\underline{v} \in \mathrm{Hom}_{DF}(b_2^*M, b_1^!L)$) . par l'additivité des cup-produits ([3] V 3.8.7), (III 4.13.1), on a

$$< u_z, v_z > = < gr^o\underline{u}_z, gr^o\underline{v}_z > + < gr^1\underline{u}_z, gr^1\underline{v}_z > ,$$

$$< u,v > = < gr^o\underline{u}, gr^o\underline{v} > + < gr^1\underline{u}, gr^1\underline{v} > .$$

Le lemme en résulte, car $gr^1L = i_!i^*L$ (resp. $gr^1M = j_!j^*M$) a une fibre nulle en x (resp. y) , tandis que gr^oL (resp. gr^1M) est concentré en x (resp. y) .

<u>Lemme</u> 2.3 - <u>Sous les hypothèses de</u> 1.1, <u>supposons</u> $L|U = 0$, $M|V = 0$. <u>Alors on a</u> $< u_z, v_z > = < u,v >$.

L'idée de la démonstration est qu'alors u et v sont images directes de correspondances entre complexes concentrés au points fermés et que la formule à établir ne fait qu'exprimer la formule de Lefschetz pour les projections $s \longrightarrow S$, $y \longrightarrow S$. Compte tenu de 1.1.3, on peut remplacer les données de 1.1 par les suivantes : X (resp. Y) est une S-courbe lisse munie d'un point fermé x (resp. y), A (resp. B) est une S-courbe séparée, $a : A \longrightarrow X \times_S Y$, $b : B \longrightarrow X \times_S Y$ sont des S-morphismes finis tels que $A \times_{(X \times_S Y)} B$ soit réduit à un point fermé z au-dessus de (x,y) , $u \in \mathrm{Hom}(a_1^*L, a_2^!M)$, $v \in \mathrm{Hom}(b_2^*M, b_1^!L)$, avec $L = h_{1*}L'$, $m = h_{2*}M'$, $L' \in \mathrm{ob}\, D_{ctf}(\{x\})$, $M' \in \mathrm{ob}\, D_{ctf}(\{y\})$,

$h_1 : \{x\} \longrightarrow X$ et $h_2 : \{y\} \longrightarrow Y$ désignant les inclusions canoniques. Il s'agit de montrer que $< u_z, v_z > = < u,v >_z$, où $u_z \in \mathrm{Hom}(R\Gamma(X,L), R\Gamma(Y,M))$, $v_z \in \mathrm{Hom}(R\Gamma(Y,M), R\Gamma(X,L))$ sont définis comme en 1.1, et $< u,v >_z$ est la valeur en z du cup-produit (III 4.2.7). On a $R\Gamma(X;L) = R\Gamma_c(X,L) = L_x$, $R\Gamma(Y,M) = R\Gamma_c(Y,M) = M_y$, et u_z (resp. v_z) n'est autre que l'image directe u_* (resp. v_*) de u (resp. v) sur S au sens de (III 3.7.6), comme le montre le procédé de calcul (III 3.5 b)). D'autre part, si $h = h_1 \times_S h_2 : (x,y) \longrightarrow X \times_S Y$ est l'inclusion, et si $a' : A' \longrightarrow (x,y)$, $b' : B' \longrightarrow (x,y)$ désignent les fibres de a , b en (x,y) (réduites chacune à un point), on a des isomorphismes canoniques

$$h_* a'_* a'^!(DL_x \overset{L}{\otimes}_S M_y) \xrightarrow{\sim} a_* a^!(DL \overset{L}{\otimes}_S M) \quad ,$$

$$h_* b'_* b'^!(L_x \overset{L}{\otimes}_S DM_y) \xrightarrow{\sim} b_* b^!(L \overset{L}{\otimes}_S DM) \quad ,$$

et les flèches $h_* : \mathrm{Hom}(a_1'^* L_x, a_2'^! M_y) \longrightarrow \mathrm{Hom}(a_1^* L, a_2^! M)$, $h_* : \mathrm{Hom}(b_2'^* M_y, b_1'^! L_x) \longrightarrow \mathrm{Hom}(b_2^* M, b_1^! L)$ (III 3.7.6) sont des isomorphismes. Les correspondances u et v s'écrivent donc (de manière unique)

$$(1) \qquad u = h_* u' \quad , \quad v = h_* v' \quad ,$$

avec $u' \in \mathrm{Hom}(a_1'^* L_x, a_2'^! M_y)$, $v' \in \mathrm{Hom}(b_2'^* M_y, b_1'^! L_x)$. Par la formule de Lefschetz (III 4.5.1) pour $(h_1, h_2, A' \longrightarrow A, B' \longrightarrow B)$, on a

$$(2) \qquad < u,v >_z = < u',v' >_z \quad .$$

D'autre part, on a, d'après (1) , $u_* = u'_*$, $v_* = v'_*$, d'où, par la formule de Lefschetz pour $\{x\} \longrightarrow S$, $\{y\} \longrightarrow S$,

$$(3) \qquad < u_*, v_* > = < u',v' >_z \quad .$$

Compte tenu de la remarque faite plus haut, la conclusion découle de la conjugaison de (2) et (3) .

Lemme 2.4 - Pour prouver 1.2, on peut supposer que a et b sont des immersions fermées, et il suffit de démontrer que, si $L_x = 0$, $M_y = 0$, la flèche de restriction

(2.4.1) $$H^o_A(X \times_S Y, DL \overset{L}{\otimes}_S M) \longrightarrow H^o_z(B, b^*(DL \overset{L}{\otimes}_S M))$$

<u>est nulle</u>.

Posons $X \times_S Y = Z$. Les sous-schémas fermés $a' : A' \longrightarrow Z$, $b' : B' \longrightarrow Z$, images de a et b vérifient les mêmes hypothèses que a et b . Soit u' (resp. v') la correspondance à support dans A' (resp. B') image directe de u (resp. v) (par la flèche déduite de la flèche d'adjonction $f_*f^! \longrightarrow 1$ (resp. $g_*g^! \longrightarrow 1$) où $f : A \longrightarrow A'$ (resp. $g : B \longrightarrow B'$) est la projection). Il est immédiat que $u_z = u'_z$, $v_z = v'_z$. D'autre part, il découle aisément de la définition du cup-produit 1.1.2 que $< u,v > = < u',v' >$, d'où la première assertion. D'après 2.2 et 2.3, on peut supposer que $L_x = 0$, $M_y = 0$, et la conclusion de 1.2 s'écrit alors $< u,v > = 0$. Soient $P, Q \in \text{ob } D_{ctf}(Z)$. Le cup-produit

$$H^o_A(Z,P) \otimes H^o_B(Z,Q) \longrightarrow H^o_z(Z, P \overset{L}{\otimes} Q)$$

se décompose en

$$H^o_A(Z,P) \otimes H^o_B(Z,Q) \xrightarrow{b^* \otimes 1} H^o_z(B,b^*P) \otimes H^o_B(Z,Q) \longrightarrow H^o_z(Z,P \overset{L}{\otimes} Q) ,$$

où b^* est la restriction et la seconde flèche, variante du produit considéré dans (SGA $4^{1/2}$ Cycle 1.2.1), dérive du produit évident au niveau des sections de faisceaux (cette assertion se vérifie aisément, par exemple à l'aide des résolutions flasques de (SGA 4 XVII 4.2) ; si $a' : \{z\} \longrightarrow B$, $b' : \{z\} \longrightarrow A$, $c : \{z\} \longrightarrow Z$ sont les inclusions, on peut aussi invoquer la décomposition standard de la flèche de Künneth (III 4.2.1) $a^!P \overset{L}{\otimes}_Z b^!Q \longrightarrow c^!(P \overset{L}{\otimes} Q)$ en une "flèche de changement de base" $a^!P \overset{L}{\otimes}_Z b^!Q \longrightarrow a'^!b^*P \overset{L}{\otimes} a'^*b^!Q$, suivie de "flèches de projection" $a'^!b^*P \overset{L}{\otimes} a'^*b^!Q \longrightarrow a'^!(b^*P \overset{L}{\otimes} b^!Q) \longrightarrow a'^!b^!(P \overset{L}{\otimes} Q))$. Prenant $P = DL \overset{L}{\otimes}_S M$, $Q = L \overset{L}{\otimes}_S DM$, et revenant à la définition de $<u, v>$ (III 4.2.5), on voit qu'il suffit de prouver que $b^*u = 0$, d'où la conclusion.

Compte tenu de 2.4, 1.2 va donc découler du résultat plus précis suivant :

Proposition 2.5 - Sous les hypothèses de 1.2, on suppose que a et b sont des immersions fermées et que $L_x = 0$, $M_y = 0$. Désignons par T le localisé strict de $X \times_S Y$ en $z = (x,y)$, et identifions A , B à des sous-schémas fermés de T . Alors les flèches de restriction

$$b^* : R\Gamma_A(T,(DL \overset{L}{\otimes}_S M)|T) \longrightarrow R\Gamma_z(B, b^*(DL \overset{L}{\otimes}_S M)) \quad ,$$

$$a^* : R\Gamma_B(T,(L \overset{L}{\otimes}_S DM)|T) \longrightarrow R\Gamma_z(A, a^*(L \overset{L}{\otimes}_S DM))$$

sont nulles.

2.6 La démonstration de 2.5 va occuper le reste du n° 2 et les n°s 3 et 4 . Compte tenu de la symétrie de l'énoncé, on peut se borner à prouver l'assertion relative à b^* . Nous allons la réexprimer sous une forme qui nous sera plus commode. Notons d'abord que

$$R\Gamma(T,(DL \overset{L}{\otimes}_S M)|T) = (DL \overset{L}{\otimes}_S M)_z = (DL)_x \overset{L}{\otimes} M_y = 0 \quad ,$$

car $M_y = 0$, et que de même

$$R\Gamma(B, b^*(DL \overset{L}{\otimes}_S M)) = (DL \overset{L}{\otimes}_S M)_z = 0 \quad .$$

Par suite, les triangles de cohomologie relative donnent des isomorphismes

$$R\Gamma(T-A,(DL \overset{L}{\otimes}_S M)|T-A) \xrightarrow{\sim} R\Gamma_A(T,(DL \overset{L}{\otimes}_S M)T)[1] \quad ,$$

$$R\Gamma(B-z,(DL \overset{L}{\otimes}_S M)|B-z) \xrightarrow{\sim} R\Gamma_z(B, b^*(DL \overset{L}{\otimes}_S M))[1] \quad ,$$

par lesquels la flèche b^* de 2.5, décalée de 1, s'identifie à la restriction

$$(2.6.1) \qquad b^* : R\Gamma(T-A,(DL \overset{L}{\otimes}_S M)|T-A) \longrightarrow R\Gamma(B-z,(DL \overset{L}{\otimes}_S M)|B-z) \quad .$$

Comme $L_x = 0$, $M_y = 0$, on peut écrire

$$(2.6.2) \qquad L = i_!DP \quad , \quad M = j_!Q \quad ,$$

où $i : X\text{-}x \longrightarrow X$, $j : Y\text{-}y \longrightarrow Y$ désignent les inclusions, et $P \in \mathrm{ob}\, D_{ctf}(X\text{-}x)$, $Q \in \mathrm{ob}\, D_{ctf}(Y\text{-}y)$. Par l'isomorphisme de dualité (SGA 4 XVIII 3.19.6) (plus un passage à la limite), on a $DL = Ri_*DDP = Ri_*P$, donc

$$DL \overset{L}{\otimes}_S M = Ri_*P \overset{L}{\otimes}_S j_!Q \quad .$$

Posons $X \times_S Y = Z$, et identifions $X \times \{y\}$, $\{x\} \times Y$ à des sous-schémas fermés de Z (resp. T), que nous noterons simplement X , Y . Notons

$$f' : Z - Y \hookrightarrow Z \quad , \quad g' : Z - (X \cup Y) \hookrightarrow Z - Y \quad ,$$

$$f : T - Z \hookrightarrow T \quad , \quad g : T - (X \cup Y) \hookrightarrow T - Y \quad ,$$

les inclusions. La formule de Künneth (III 1.6.4) donne, par passage à la limite ,

$$DL \overset{L}{\otimes}_S M = Rf'_*g'_!(P \overset{L}{\otimes}_S Q) \quad ,$$

d'où

$$(2.6.3) \qquad (DL \overset{L}{\otimes}_S M)|T = Rf_*g_!((P \overset{L}{\otimes}_S Q)|T\text{-}(X \cup Y)) \ .$$

Avec cette identification, 2.6.1 s'écrit

$$(2.6.4) \qquad b^* : R\Gamma(T\text{-}(Y \cup A), g_!(E)|T\text{-}(Y \cup A)) \longrightarrow R\Gamma(B\text{-}z, g_!(E)|B\text{-}z) \quad ,$$

où $E = (P \overset{L}{\otimes}_S Q)|T\text{-}(X \cup Y)$.

Dans les deux numéros qui suivent, nous allons montrer que la flèche 2.6.4 est nulle : nous nous ramènerons d'abord au cas où les faisceaux de cohomologie de E ont une ramification modérée (l'action de l'inertie se faisant plus précisément à travers un ℓ-groupe, pour un nombre premier $\ell \neq p$) , puis traiterons directement ce cas à l'aide d'un théorème de pureté.

3.- Réduction au cas modéré.

3.1 Rappelons que l'anneau de base Λ est annulé par un entier premier à p, donc est produit direct d'anneaux noethériens Λ_i, chaque Λ_i étant annulé par une puissance d'un nombre premier $\ell_i \neq p$. Pour tout schéma S' sur S, la catégorie dérivée $D(S',\Lambda)$ est produit des catégories $D(S',\Lambda_i)$, de sorte que, pour prouver la nullité de 2.6.4, on peut supposer que Λ est annulé par une puissance d'un nombre premier $\ell \neq p$. On peut supposer, d'autre part, que P (resp. Q) est borné et à composantes localement libres de type fini.

3.2 Posons $X-x = U$, $Y-y = V$. Soient U''/U un revêtement galoisien fini de groupe G qui trivialise les composantes de P, H un ℓ-sous-groupe de Sylow de G, $U' = U''/H$ le revêtement quotient, X' le trait strictement local normalisé de X dans U' : X'/X est un revêtement fini, connexe, de degré d_1 premier à ℓ, et la représentation de $\pi_1(U')$ définie par les composantes de $P' = P|U'$ se factorise à travers un ℓ-groupe fini. Procédant de même avec Q, on trouve un revêtement fini, connexe, Y'/Y de degré d_2 premier à ℓ, induisant sur V un revêtement étale V' tel que la représentation de $\pi_1(V')$ définie par les composantes de $Q' = Q|V'$ se factorise à travers un ℓ-groupe fini. Soit $d = d_1e_1 = d_2e_2 = \mathrm{ppcm}(d_1,d_2)$. Quitte à extraire une racine e_1-ième (resp. e_2-ième) d'une uniformisante de X' (resp. Y'), on peut supposer que X' (resp. Y') a les mêmes propriétés que précédemment, avec de plus $d_1 = d_2 = d$.

Soient x' (resp. y') le point fermé de X' (resp. Y'), T' le localisé strict de $X' \times_S Y'$ en (x',y'), z' le point fermé de T', A' (resp. B') l'image inverse de A (resp. B) dans T',
$E' = (P \otimes_S Q)|T' - (X' \cup Y') = (P' \otimes_S Q')|T' - (X' \cup Y')$. On a alors un carré commutatif de flèches de restriction

$$\begin{array}{ccc} R\Gamma(T-(Y \cup A), g_!(E)|T-(Y \cup A)) & \xrightarrow{b^*} & R\Gamma(B-z, g_!(E)|B-z) \\ \downarrow & & \downarrow (1) \\ R\Gamma(T'-(Y' \cup A'), g_!'(E')|T'-(Y' \cup A')) & \xrightarrow{b'^*} & R\Gamma(B'-z', g_!'(E')|B'-z') \end{array},$$

où $b' : B' \longrightarrow T'$, $g' : T'-(X' \cup Y') \longrightarrow T'-Y'$ sont les inclusions. Le revêtement T'/T est fini, de degré d^2 , et étale en dehors de $X \cup Y$, donc induit un revêtement étale de degré d^2 de $B'-z'$ sur $B-z$. Le composé de (1) et du morphisme trace $R\Gamma(B'-z',g'_!(E')|B'-z') \longrightarrow R\Gamma(B-z,g_!(E)|B-z)$ est donc la multiplication par d^2 , qui est un isomorphisme, puisque ℓ ne divise pas d . Pour prouver que la flèche 2.6.4 est nulle, il suffit donc de prouver que $b'^* = 0$. On sera donc ramené au cas où la représentation de $\pi_1(U)$ (resp. $\pi_1(V)$) définie par les composantes de P (resp. Q) se factorise à travers un ℓ-groupe fini, pourvu que l'on s'assure que A', B' vérifient les hyptohèses de position générale de 1.2 . Cela va résulter du lemme suivant :

Lemme 3.3 - _Sous les hypothèses de_ 1.2, a _et_ b _étant des immersions fermées, soient_ X'/X , Y'/Y _des revêtements finis de_ S-_traits strictement locaux, de même degré_ d , _notons_ A' (resp. B') _l'image inverse de_ A (resp. B) _dans_ $X' \times_S Y'$. _Alors les couples_ (A',B') , (A',X') , (Y',B') _sont chacun en position générale (au sens de_ 1.2) (*).

La démonstration de 3.3 sera donnée après quelques préliminaires.

Lemme 3.4 - _Soient_ $X \xleftarrow{s_1} W \xrightarrow{s_2} Y$ _des morphismes finis de_ S-_traits_, $s = (s_1,s_2) : W \longrightarrow X \times_S Y$, u, v, w _des uniformisantes de_ X, Y, W _respectivement, de sorte que_

$$s_1^* u = aw^m \bmod w^{m+1} \qquad , \qquad s_2^* v = bw^n \bmod w^{n+1} \qquad ,$$

avec $a,b \in k^*$. _Alors_ : (i) _Si_ $m < n$, $s(W)$ _est tangent à_ X _en_ $z = (x,y)$.

(ii) _Si_ $m = n$, $s(W)$ _est tangent au sous-schéma de_ $X \times_S Y$ _d'équation_ $ap_2^*(v) - bp_1^*(u) = 0$.

(*) avec l'abus de notation habituel $X' = X' \times \{y'\}$, etc.. (où x' (resp. y') est le point fermé de X' (resp. Y')).

Soient $Z = X \times_S Y$, W' le sous-schéma fermé réduit image de s . Dans l'espace tangent en z à Z , la pente, par rapport à la tangente à X , de la tangente à W' est la valeur à l'origine de la fonction induite sur W' par $p_2^*(v)/p_1^*(u)$; c'est aussi la valeur à l'origine de la fonction induite par $p_2^*(v)/p_1^*(u)$ sur W , c'est donc 0 (resp. b/a) dans le cas (i) (resp. (ii)).

Dans la situation de 3.4, nous définirons la *pente* de W par rapport à $((X,u), (Y,v))$ comme l'élément de $k \cup \{\infty\}$ égal à 0 si $m < n$, ∞ si $m > n$, b/a si $m = n$. Cet élément ne dépend pas du choix de w .

Lemme 3.5 - *Soient* $f : X' \longrightarrow X$, $g : Y' \longrightarrow Y$ *des morphismes finis de* S-*traits de même indice de ramification* d , u , v , u' , v' *des uniformisantes de* X , Y , X' , Y' *respectivement*. *Il existe alors* $C \in k^*$ *tel que*, *pour tout diagramme commutatif de morphismes finis de* S-*traits*

$$\begin{array}{ccccc} X' & \xleftarrow{s_1'} & W' & \xrightarrow{s_2'} & Y' \\ \downarrow f & & \downarrow h & & \downarrow g \\ X & \xleftarrow{s_1} & W & \xrightarrow{s_2} & Y \end{array} ,$$

on ait $\lambda = C\,\lambda'^{d}$, *où* λ (resp. λ') *est la pente de* W (resp. W') *par rapport à* $((X,u),(Y,v))$ (resp. $((X',u'),(Y',v'))$) .

Par hypothèse, on a

$$f^*u = \alpha\, u'^{d} \bmod u'^{d+1} \quad , \qquad g^*v = \beta\, v'^{d} \bmod v'^{d+1} \quad ,$$

avec α , $\beta \in k^*$. Montrons que $C = \beta/\alpha$ a les propriétés voulues. Soit w (resp. w') une uniformisante de W (resp. W'). On a

$$s_1^*u = aw^m \bmod w^{m+1} \quad , \qquad s_2^*v = bw^n \bmod w^{n+1} \quad ,$$

$$s_1'^*u' = a'w'^{m'} \bmod w'^{m'+1} \quad , \quad s_2'^*v' = b'w'^{n'} \bmod w'^{n'+1} \quad ,$$

$$h^*w = \gamma\, w'^{r} \bmod w'^{r+1} \quad ,$$

avec $a, b, a', b', \gamma \in k^*$. La commutativité des carrés du diagramme entraîne

$m'd = rm$, $n'd = rn$, d'où $m'/n' = m/n$. Supposons d'abord $m = n$. On a $\lambda = b/a$, $\lambda' = b'/a'$. Si l'on pose $N = m'd = rm = n'd = rn$, les congruences ci-dessus fournissent

$$(fs_1')^*u = \alpha a'^d w'^N \bmod w'^{N+1} \ , \ (s_1 h)^*u = a\,\gamma^m w'^N \bmod w'^{N+1} \ ,$$

d'où $\alpha a'^d = a\gamma^m$. On obtient de même $\beta b'^d = b\gamma^m$, d'où $\lambda = C\,\lambda'^d$, pour $\lambda \neq 0 , \infty$. Mais, comme $m'/n' = m/n$, $\lambda = 0$ (resp. ∞) équivaut à $\lambda' = 0$ (resp. ∞) , ce qui achève la démonstration.

Prouvons maintenant 3.3 . Soient $Z = X \times_S Y$, $Z' = X' \times_S Y'$, $\widetilde{A}$ (resp. $\widetilde{B}$) le normalisé de A (resp. B) , $\widetilde{A}'$ (resp. $\widetilde{B}'$) le normalisé de A' (resp. B') . Comme $\widetilde{A}'$ (resp. $\widetilde{B}'$) est aussi le normalisé de $\widetilde{A} \times_Z Z'$ (resp. $\widetilde{B} \times_Z Z'$) , on a des carrés commutatifs

$$(*) \qquad \begin{array}{ccccc} \widetilde{A}' & \longrightarrow & Z' & \longleftarrow & \widetilde{B}' \\ \downarrow & & \downarrow & & \downarrow \\ \widetilde{A} & \longrightarrow & Z & \longleftarrow & \widetilde{B} \end{array} \quad .$$

Soient $(x_i)_{1 \leq i \leq m}$ (resp. $(y_j)_{1 \leq i \leq m}$) les points de $\widetilde{A}$ (resp. $\widetilde{B}$) au-dessus de x (resp. y) , $(x_i')_{1 \leq i \leq m'}$ (resp. $(y_j')_{1 \leq j \leq n'}$) les points de $\widetilde{A}'$ (resp. $\widetilde{B}'$) au-dessus de x' (resp. y') . Comme A et B sont strictement locaux, on a des décompositions $\widetilde{A} = \coprod_{1 \leq i \leq m} A_i$, $\widetilde{B} = \coprod_{1 \leq j \leq n} B_j$, $\widetilde{A}' = \coprod_{1 \leq i \leq m'} A_i'$, $\widetilde{B}' = \coprod_{1 \leq j \leq n'} B_j'$, où A_i , B_j , A_i' , B_j' sont des traits strictement locaux de points fermés respectifs x_i , y_j , x_i' , y_j' . Choisissons des uniformisantes u , v , u' , v'' , de X , Y , X' , Y' respectivement, notons λ_i (resp. μ_j) la pente de A_i (resp. B_j) par rapport à $((X,u),(Y,v))$, λ_i' (resp. μ_j') celle de A_i' (resp. B_j') par rapport à $((X',u'),(Y',v'))$. Les hypothèses de position générale sur A et B s'expriment par

(1) $\lambda_i \neq 0$ pour tout i , $\mu_j \neq \infty$ pour tout j , $\lambda_i \neq \mu_j$ pour tous i , j , et il s'agit de montrer que l'on a

(2) $\lambda_i' \neq 0$ pour tout i , $\mu_j' \neq \infty$ pour tout j , $\lambda_j' \neq \mu_j'$ pour tous i , j .

soient $i' \in [1,m']$, $j' \in [1,n']$, x_i (resp. y_j) l'image de $x_{i'}$ (resp. $y'_{j'}$) . Le diagramme (*) fournit des carrés commutatifs de morphismes finis de S-traits

$$\begin{array}{ccccc} X' & \longleftarrow & A'_{i'} & \longrightarrow & Y' \\ \downarrow & & \downarrow & & \downarrow \\ X & \longleftarrow & A_i & \longrightarrow & Y \end{array} \quad , \quad \begin{array}{ccccc} X' & \longleftarrow & B'_{j'} & \longrightarrow & Y' \\ \downarrow & & \downarrow & & \downarrow \\ X & \longleftarrow & B_j & \longrightarrow & Y \end{array} \quad .$$

D'après 3.5, il existe $C \in k^*$ tel que $\lambda_i = C\lambda'^{d}_{i'}$, $\mu_j = C\mu'^{d}_{j'}$, donc (1) entraîne (2) , ce qui achève la démonstration de 3.3 .

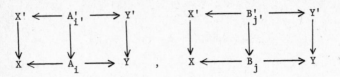

4. - Fin de la démonstration de 1.2.

4.1 Pour achever la démonstration de 2.5, donc de 1.2, il reste à établir la nullité de 2.6.4 sous les hypothèses additionnelles suivantes : Λ est annulé par une puissance d'un nombre premier $\ell \neq p$, P et Q sont bornés, à composantes localement libres de type fini, telles que les représentations correspondantes des groupes fondamentaux se factorisent à travers des ℓ-groupes finis. On a

$$g_!(E)|T-(Y \cup A) = g_{1!}(E_1) \quad ,$$

où $g_1 : T-(X \cup Y \cup A) \hookrightarrow T-(Y \cup A)$ est l'inclusion, et $E_1 = (P \otimes_S Q)|T-(X \cup Y \cup A)$. Or E_1 est un complexe à cohomologie bornée, constructible, localement constante, telle que la représentation correspondante de $\pi_1(T-(X \cup Y \cup A))$ se factorise à travers un ℓ-groupe. L'assertion à démontrer va donc résulter de l'énoncé plus général suivant :

<u>Proposition</u> 4.2 - <u>Soient</u> T <u>le localisé strict en un point fermé d'un</u> S-<u>schéma lisse de dimension</u> 2 , t <u>le point fermé de</u> T , A , B, X <u>des sous-schémas fermés de dimension</u> 1 <u>de</u> T , $i : T-(A \cup X) \hookrightarrow T-A$ <u>l'inclusion</u>. <u>On suppose que</u> X <u>est régulier</u>, <u>et que</u> A <u>est en position générale par rapport à</u> B <u>et</u> X (<u>i.e. que l'intersection des cônes tangents en</u> t <u>à</u> A <u>et</u> $B \cup X$ <u>est réduite à</u> t). <u>Soit d'autre part</u> $E \in \mathrm{ob}\, D^b(T-(A \cup X))$, <u>tel que</u> $H^*(E)$ <u>soit constructible</u>, <u>localement constant</u>, <u>et que la représentation correspondante de</u> $\pi_1(T-(A \cup X))$ <u>se factorise à travers un</u> ℓ-<u>groupe</u>. <u>Alors la flèche de restriction</u>

$$R\Gamma(T-A, i_!(E)) \longrightarrow R\Gamma(B-t, i_!(E)|B-t) \quad ,$$

<u>est nulle</u>.

La démonstration va s'appuyer sur le

<u>Lemme</u> 4.3 - <u>Soient</u> Z <u>un schéma noethérien régulier connexe de dimension</u> 2, <u>de caractéristiques résiduelles premières à</u> ℓ , X, Y <u>des diviseurs réguliers se coupant transversalement en un point</u> z , d'<u>où un diagramme d'inclusions</u>

$$\begin{array}{ccc}
Z-(X\cup Y) & \xrightarrow{\;i'\;} & Z-Y \\
{\scriptstyle j'}\downarrow & & \downarrow{\scriptstyle j} \\
Z-X & \xrightarrow{\;i\;} & Z \\
{\scriptstyle m'}\uparrow & & \uparrow{\scriptstyle m} \\
Y-z & \xrightarrow{\;i_1\;} & Y
\end{array} \quad .$$

On fait l'hypothèse de pureté :

(P) $\quad R^q j_*(\mathbb{Z}/\ell) = 0 \quad$ pour $\quad q > 1 \quad$.

Soit d'autre part $L \in \mathrm{ob}\, D^b(Z-(X \cup Y),\Lambda)$, *à cohomologie constructible localement constante*, *telle que la représentation correspondante de* $\pi_1(Z-(X \cup Y))$ *se factorise à travers un* ℓ-*groupe*. *Alors* :

a) *On a un isomorphisme canonique*

$$i_{1!}m'^*Rj'_*L \xrightarrow{\sim} m^*Rj_*(i_!L) \quad ,$$

et le complexe $m'^*Rj'_*L$ *est à cohomologie constructible*, *localement constante*.

b) *Supposons* Y *connexe*, *et soit* $\bar{s}$ *un point géométrique de* Y *localisé en un point fermé* $s \neq z$. *Alors la flèche de restriction*

(4.3.1) $$R\Gamma(Y,m^*Rj_*(i_!L)) \longrightarrow (Rj_*(i_!L))_{\bar{s}}$$

est nulle.

c) *Sous les hypothèses de* b), *soit* C *un sous-schéma fermé de dimension* 1 *de* Z *tel que* $Y \cap C = s$, *notons* $\tilde{C}$ *le localisé strict de* C *en* $\bar{s}$. *Alors la flèche de restriction*

(4.3.2) $$R\Gamma(Z-Y,i_!L) \longrightarrow R\Gamma(\tilde{C} - \bar{s}\ ,\ i_!(L)|\tilde{C} - \bar{s})$$

est nulle.

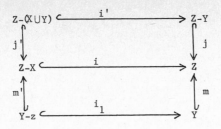

L'isomorphisme (trivial) $i^*Rj_*i_!L \xrightarrow{\sim} Rj'_*(i'^*i_!L) = Rj'_*L$ donne un isomorphisme $m'^*Rj_*^!L \xrightarrow{\sim} i_1^* m^* Rj_* i_!^! L$, d'où, par adjonction, une flèche

$$i_{1!} m'^* Rj_*^! L \longrightarrow m^* Rj_*(i_!^! L) \quad ,$$

qui induit un isomorphisme hors de z . Montrons qu'elle est un isomorphisme, i.e. que, si $\bar{z}$ est un point géométrique au-dessus de z ,

$$Rj_*(i_!^! L)_{\bar{z}} = 0 \quad .$$

On peut pour cela remplacer Λ par $\mathbb{Z}/\ell^\nu$, où ℓ^ν annule Λ , et l'on se ramène, par dévissage et passage à la limite, au cas où L est un $\mathbb{Z}/\ell^\nu$ Module localement constant de type fini, correspondant à une représentation du π_1 à travers un ℓ-groupe. Comme le seul groupe abélien fini de ℓ-torsion qui est simple sous-l'action d'un ℓ-groupe est $\mathbb{Z}/\ell$ avec action triviale, on se ramène, par un nouveau dévissage, au cas où L est le faisceau constant $\mathbb{Z}/\ell$. Soient $\tilde{Z}$ le localisé strict de Z en $\bar{z}$, $\tilde{X} = X \times_Z \tilde{Z}$, $\tilde{Y} = Y \times_Z \tilde{Z}$, $i' : \tilde{Z} - (\tilde{X} \cup \tilde{Y}) \hookrightarrow \tilde{Z} - \tilde{Y}$ l'inclusion. On a

$$Rj_*(i_!^!(\mathbb{Z}/\ell))_{\bar{z}} = R\Gamma(\tilde{Z}-\tilde{Y}, i_!^!(\mathbb{Z}/\ell)) \quad ,$$

de sorte qu'on est ramené à prouver que la flèche de restriction

$$H^n(\tilde{Z}-\tilde{Y}, \mathbb{Z}/\ell) \longrightarrow H^n(\tilde{X}-\bar{z}, \mathbb{Z}/\ell)$$

est un isomorphisme pour tout n . Or, pour $n \leq 1$, c'est une conséquence du lemme d'Abhyankar, et pour $n > 1$ les deux membres sont nuls par l'hypothèse de pureté. La première assertion de a) est donc établie. Prouvons la seconde. Par dévissage, on peut supposer L concentré en degré 0 . L'hypothèse (P) entraîne, par dévissage, $R^q j_*^! L = 0$ pour $p > 2$. Reste à prouver la constructibilité et la locale constance de $m'^* R^q j_*^! L$ pour $q \leq 1$, ce qui est standard. Pour la constructibilité, résolvant L à droite par des faisceaux du type $p_* p^* L$ où $p : Z' \longrightarrow Z$ est un revêtement fini modérément ramifié le long de Y , on se ramène à L constant, de valeur L_o : on a alors $m'^* j_*^! L = (L_o)_{Y-z}$, et $m'^* R^1 j_*^! L = (L_o)_{Y-z}(-1)$ par Abhyankar. Pour la locale constance, il s'agit de voir que les flèches de spécialisation sont des isomorphismes. On peut, pour cela, remplacer, comme plus haut, Λ par $\mathbb{Z}/\ell^{\nu}$, et l'on se ramène par dévissage au cas où L est le faisceau constant $\mathbb{Z}/\ell$: on conclut à l'aide du lemme d'Abhyankar. On a donc démontré a). Prouvons b). Soit $\bar{\eta}$ un point générique géométrique de Y . Choisissons des flèches de spécialisation $a : \bar{\eta} \longrightarrow Y(\bar{z})$, $b : \bar{\eta} \longrightarrow Y(\bar{s})$ (où $Y(\bar{z})$ (resp. $Y(\bar{s})$ est le localisé strict de Y en $\bar{z}$ (resp. $\bar{s}$)). Posons $M = m^{*}Rj_{*}(i_{!}L)$. Le carré commutatif

$$\begin{array}{ccc} Y & \longleftarrow & Y(\bar{s}) \\ \uparrow & & \uparrow b \\ Y(\bar{z}) & \xleftarrow{\ a\ } & \bar{\eta} \end{array}$$

induit un carré commutatif

$$\begin{array}{ccc} R\Gamma(Y,M) & \xrightarrow{4.3.1} & M_{\bar{s}} \\ \downarrow & & \downarrow b^{*} \\ M_{\bar{z}} & \xrightarrow{\ a^{*}\ } & M_{\bar{\eta}} \end{array} .$$

Comme $M|Y\text{-}z$ est à cohomologie localement constante, b^{*} est un isomorphisme. D'autre part, comme $M = i_{1!}i_{1}^{*}M$, on a $M_{\bar{z}} = 0$, donc la flèche 4.3.1 est nulle. Reste à prouver c). On a $\widetilde{C} = C \times_{Z} \widetilde{Z}$, où $\widetilde{Z}$ désigne, comme plus haut, le localisé strict de Z en $\bar{z}$. Posons $\widetilde{Y} = Y \times_{Z} \widetilde{Z}$. On a alors un diagramme commutatif de flèches de restriction

$$\begin{array}{ccc} R\Gamma(Z-Y,i_{!}L) = R\Gamma(Z,Rj_{*}(i_{!}L)) & \xrightarrow{4.3.2} & R\Gamma(\widetilde{C}-\bar{s},i_{!}(L)|\widetilde{C}-\bar{s}) \\ \downarrow & & \uparrow \\ R\Gamma(Y,m^{*}Rj_{*}(i_{!}L)) & \xrightarrow{4.3.1} & (Rj_{*}(i_{!}L))_{\bar{s}} = R\Gamma(\widetilde{Z}-\widetilde{Y},(i_{!}L)|\widetilde{Z}-\widetilde{Y}) \end{array} ,$$

la nullité de 4.3.2 découle donc de b), ce qui achève la démonstration de 4.3 .

Prouvons 4.2 . Soient $f : T' \longrightarrow T$ l'éclatement de l'idéal maximal de T , $D = f^{-1}(z)$ $(\simeq \mathbb{P}^{1}_{s})$ le diviseur exceptionnel, A' , B', X' les transformés purs respectifs de A, B, X . T' est donc régulier, connexe, de dimension 2 , X' est un diviseur régulier coupant transversalement D en un point z' , et les hypothèses de position générale sur A, B , X signifient que A' est disjoint de

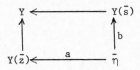

$B' \cup X'$. Notons E' l'image inverse de E sur $T'-(A' \cup D \cup X')$ et $i' : T'-(A' \cup D \cup X') \hookrightarrow T'-(A' \cup D)$ l'inclusion. Il s'agit de prouver que la flèche de restriction

$$(*) \qquad R\Gamma(T'-(A' \cup D), i'_!(E')) \longrightarrow R\Gamma(B' \cup D), i'_!(E')|B'-(B' \cup D))$$

est nulle. Mais B' est réunion disjointe de schémas strictement locaux $B'_j (1 \leq j \leq n)$, de dimension 1, tels que, pour chaque j , $B'_j \cap D$ soit réduit à un point b_j . Appliquant 4.3 c) à $(Z = T'-A'$, $X = X'$, $Y = D-(D \cap A')$, $L = E'$, $C = B'_j)$ (l'hypothèse (P) est vérifiée en vertu du théorème de pureté relatif (SGA 4 XVI 3) car (Z,Y) est limite projective filtrante de couples lisses de codimension 1 sur S , à morphismes de transition affines étales), on trouve que la flèche de restriction

$$R\Gamma(T'-(A' \cup D), i'_!(E')) \longrightarrow R\Gamma(B'_j-b_j, i'_!(E')|B'_j-b_j)$$

est nulle. Donc (*) est nulle, ce qui achève la démonstration de 4.2, donc de 2.5 et 1.2 .

II. Correspondances équivariantes.

5. - Traces non commutatives.

On fixe dans ce numéro un topos T et un anneau commutatif unitaire K de T. Les anneaux considérés seront supposés associatifs et unitaires, mais pas nécessairement commutatifs. On appellera K-algèbre tout anneau A (associatif, unitaire) de T muni d'un homomorphisme (unitaire) $K \longrightarrow A$ d'image contenue dans le centre.

5.0. - Introduction.

Soit E un K-module localement facteur direct d'un module libre de type fini. On dispose alors d'un homomorphisme <u>trace</u> (de nature locale)

(5.0.1) $$\mathrm{Tr}_K : \underline{\mathrm{Hom}}_K(E,E) \longrightarrow K \quad ,$$

défini par composition de la "flèche d'évaluation"

(5.0.2) $$\underline{\mathrm{Hom}}_K(E,K) \otimes_K E \longrightarrow K \quad , \qquad f \otimes x \longmapsto f(x) \quad ,$$

avec l'inverse de l'isomorphisme canonique "produit tensoriel"

(5.0.3) $$\underline{\mathrm{Hom}}_K(E,K) \otimes_K E \longrightarrow \underline{\mathrm{Hom}}_K(E,E) \quad , \qquad f \otimes y \longmapsto (x \longmapsto f(x)y) \quad .$$

Les flèches 5.0.2 et 5.0.3 sont définies plus généralement pour tout K-module E, et l'on en déduit, pour tout complexe de K-modules E, des homomorphismes de complexes

(5.0.4) $$\underline{\mathrm{Hom}}^{\bullet}_K(E,K) \otimes_K E \longrightarrow K \quad , \quad f \otimes x \longmapsto f(x) \quad ,$$

(5.0.5) $$\underline{\mathrm{Hom}}^{\bullet}_K(E,K) \otimes_K E \longrightarrow \underline{\mathrm{Hom}}^{\bullet}_K(E,E) \quad , \quad f \otimes y \longmapsto (x \longmapsto f(x)y) \quad .$$

Par dérivation, 5.0.4, 5.0.5 donnent, pour $E \in \mathrm{ob}\, D^{-}(K)$, des flèches de $D(K)$:

(5.0.6) $$R\underline{\mathrm{Hom}}_K(E,K) \overset{L}{\otimes}_K E \longrightarrow K \quad ,$$

(5.0.7) $$R\underline{\mathrm{Hom}}_K(E;K) \overset{L}{\otimes}_K E \longrightarrow R\underline{\mathrm{Hom}}_K(E,E) \quad .$$

Si E est parfait (SGA 6 I), 5.0.7 est un isomorphisme (comme on le vérifie facilement par réduction au cas où E = K) , et, en composant l'inverse de 5.0.7 avec 5.0.6, on obtient un homomorphisme trace, de nature <u>globale</u>,

$$(5.0.8) \qquad \mathrm{Tr}_K : \underline{\mathrm{RHom}}_K(E,E) \longrightarrow K \quad ,$$

qui généralise 5.0.1 (pour plus de détails, voir (SGA 6 I 7, 8)).

Nous nous proposons ici d'examiner dans qeulle mesure on peut, dans les constructions précédentes, remplacer K par une K-algèbre A (on s'intéressera surtout au cas où A est la K-algèbre d'un groupe fini ordinaire), et définir notamment une flèche trace analogue à 5.0.8, généralisant la notion de trace "non commutative" introduite par Stallings dans [5] et développée par Grothendieck dans l'exposé XI de ce séminaire (comme on l'a dit dans l'introduction, cet exposé, rédigé par I. Bucur, a malheureusement été perdu ; le lecteur pourra toutefois se reporter à l'exposé de Deligne (SGA $4^{1/2}$ Rapport), où sont indiqués les points essentiels). Si le remplacement de K par A dans 5.0.3 de présente pas de difficulté , il n'en va pas de même dans 5.0.2 : si E est un A-module à gauche, la flèche d'évaluation

$$\underline{\mathrm{Hom}}_A(E,A) \otimes_K E \longrightarrow A \quad , \quad f \otimes x \longmapsto f(x)$$

ne se factorise pas en général à travers $\underline{\mathrm{Hom}}_A(E,A) \otimes_A E$, mais donne, par passage au quotient, une flèche

$$(5.0.9) \qquad \underline{\mathrm{Hom}}_A(E,A) \otimes_A E \longrightarrow A_{\natural} \quad ,$$

où $A_{\natural}$ est le K-module quotient de A par le sous-K-module engendré localement par les sections locales de la forme ab - ba . Si E est localement facteur direct d'un A-module à gauche libre de type fini, la flèche produit tensoriel, analogue à 5.0.3,

$$(5.0.10) \qquad \underline{\mathrm{Hom}}_A(E,A) \otimes_A E \longrightarrow \underline{\mathrm{Hom}}_A(E,E)$$

est un isomorphisme, et l'on obtient, en composant l'inverse de 5.0.10 avec 5.0.9, un homomorphisme trace

(5.0.11) $$\mathrm{Tr}_A : \underline{\mathrm{Hom}}_A(E,E) \longrightarrow A_\natural \quad ,$$

qui se réduit à 5.0.1 quand $A = K$. On vérifie facilement par ailleurs (voir 5.7) que, pour T ponctuel, 5.0.11 coïncide avec l'homomorphisme trace de Stallings et Grothendieck. Dans ce numéro, nous examinerons l'extension aux complexes et la dérivation des flèches 5.0.9, 5.0.10, 5.0.11, et le comportement des flèches obtenues vis-à-vis de l'extension et de la restriction des scalaires et de certains produits tensoriels externes. En fait, nous dériverons des flèches un peu plus générales que 5.0.9 et 5.0.10, afin que les constructions puissent s'appliquer à la définition, au n° 6, de termes locaux de Lefschetz-Verdier "non commutatifs".

5.1.- Notations.

Si A est une K-algèbre, on notera A^o l'algèbre opposée à A, et $A^e = A \otimes_K A^o$ l'algèbre enveloppante de A. Il revient au même de se donner un A-bimodule, un A^e-module à gauche, ou un A^e-module à droite. En particulier, A est un A-bimodule, donc un A^e-module à gauche et un A^e-module à droite. Si E est un bimodule rappelons ([1] IX 4) que

$$H_o(A,E) = A \otimes_{A^e} E = E \otimes_{A^e} A$$

est le K-module quotient de E par le sous K-module engendré localement par les sections locales de la forme $ax - xa$, pour $x \in E$, $a \in A$ (1). On écrira parfois $E_\natural$ au lieu de $H_o(A,E)$. En particulier, $A_\natural$ est le K-module défini en 5.0.9. Si $A = K[G]$, où G est un groupe fini ordinaire, $A_\natural$ n'est autre que le K-module libre sur l'ensemble $G_\natural$ des classes de conjugaison de G.

Si A, B sont des K-algèbres, on utilisera la notation de Cartan-Eilenberg ${}_AE$, E_B, ${}_AE_B$ pour désigner respectivement un A-module à gauche, un B-module à droite, un module à gauche sur A et à droite sur B. Enfin, on notera $D(A)$ (resp. $D(A,B)$) la catégorie dérivée de la catégorie des A-modules à gauche (resp. des A-B-bimodules, à gauche sur A, à droite sur B.

(1) Si M est un faisceau, la notation $x \in M$ signifie que x est une section locale de M.

5.2 Soient A , B des K-algèbres. Rappelons que, dans la situation $({}_A E\ ,\ {}_B F_A\ ,\ {}_B G)$, on a un isomorphisme canonique

(5.2.1) $\underline{\mathrm{Hom}}_A(E,\underline{\mathrm{Hom}}_B(F,G)) \xrightarrow{\sim} \underline{\mathrm{Hom}}_B(F \otimes_A E,G)\ ,\ f \longmapsto (y \otimes x \longmapsto f(x)(y))$.

Celui-ci se dérive en un isomorphisme

(5.2.2) $R\underline{\mathrm{Hom}}_A(E,R\underline{\mathrm{Hom}}_B(F,G)) \xrightarrow{\sim} R\underline{\mathrm{Hom}}_B(F \overset{L}{\otimes}_A E,G)$

pour $E \in \mathrm{ob}\ D^-(A)$, $F \in \mathrm{ob}\ D(B,A)$, $G \in \mathrm{ob}\ D^+(B)$. On peut en effet supposer E borné supérieurement et à composantes plates, G borné inférieurement et à composantes injectives, on a alors $R\underline{\mathrm{Hom}}_B(F \overset{L}{\otimes}_A E,G) = \underline{\mathrm{Hom}}^\bullet_B(F \otimes_A E,G)$, $R\underline{\mathrm{Hom}}_B(F,G) = \underline{\mathrm{Hom}}^\bullet_B(F,G)$, et $R\underline{\mathrm{Hom}}_A(E,\underline{\mathrm{Hom}}^\bullet_B(F,G)) = \underline{\mathrm{Hom}}^\bullet_A(E,\underline{\mathrm{Hom}}^\bullet_B(F,G))$ car, si E est acyclique, $F \otimes_A E$ est acyclique, donc $\underline{\mathrm{Hom}}^\bullet_A(E,\underline{\mathrm{Hom}}^\bullet_B(F,G)) \simeq \underline{\mathrm{Hom}}^\bullet_B(F \otimes_A E,G)$ est acyclique ; pour E et G comme ci-dessus, 5.2.2 est donné par l'isomorphisme de complexes $\underline{\mathrm{Hom}}^\bullet_A(E,\underline{\mathrm{Hom}}^\bullet_B(F,G)) \xrightarrow{\sim} \underline{\mathrm{Hom}}^\bullet_B(F \otimes_A E,G)$ défini par 5.2.1 . Noter que, si A et B sont plats sur K , 5.2.2 vaut encore sous les conditions $E \in \mathrm{ob}\ D(A)$, $F \in \mathrm{ob}\ D^-(B,A)$, $G \in \mathrm{ob}\ D^+(B)$, comme on le voit en résolvant F par des $(B \otimes_K A^o)$-modules plats. On déduit de 5.2.2 un isomorphisme

(5.2.3) $\mathrm{Hom}_A(E,R\underline{\mathrm{Hom}}_B(F,G)) \xrightarrow{\sim} \mathrm{Hom}_B(F \overset{L}{\otimes}_A E,G)$.

5.3. Soit A une K-algèbre. Dans la situation $(E_A\ ,\ {}_A F)$, on a un isomorphisme canonique

(5.3.1) $E \otimes_A F \xrightarrow{\sim} (E \otimes_K F) \otimes_{A^e} A\ ,\quad x \otimes y \longmapsto (x \otimes y) \otimes 1$.

D'autre part, dans la situation $({}_A E\ ,\ {}_A F_A)$, la flèche d'évaluation

(5.3.2) $\underline{\mathrm{Hom}}_A(E,F) \otimes_K E \longrightarrow F\ ,\quad f \otimes x \longrightarrow f(x)$

est A^e-linéaire, donc induit, via 5.3.1 , par application de $- \otimes_{A^e} A$, une flèche

(5.3.3) $\underline{\mathrm{Hom}}_A(E,F) \otimes_A E \longrightarrow F \otimes_{A^e} A\ \ (= F_\natural)$.

En d'autres termes, la flèche composée de 5.3.2 et de la flèche canonique $F \longrightarrow F_{\natural}$, $x \longmapsto x \otimes 1$, se factorise (de manière unique) à travers 5.3.3 .

Supposons A plat sur K . Alors 5.3.1 se dérive en un isomorphisme

(5.3.4) $$E \overset{L}{\otimes}_A F \xrightarrow{\sim} (E \overset{L}{\otimes}_K F) \overset{L}{\otimes}_{A^e} A \quad ,$$

pour $E \in \mathrm{ob}\, D^-(A^o)$, $F \in \mathrm{ob}\, D^-(A)$ (résoudre E et F par des modules plats). D'autre part, 5.3.3 se dérive en une flèche de D(K) , dite <u>flèche d'évaluation</u>,

(5.3.5) $$\underline{RHom}_A(E,F) \overset{L}{\otimes}_A E \longrightarrow F \overset{L}{\otimes}_{A^e} A \quad ,$$

pour $E \in \mathrm{ob}\, D^-(A)$, $F \in \mathrm{ob}\, D^b(A^e)$ tel que $\underline{RHom}_A(E,F) \in \mathrm{ob}\, D^b(A^o)$: on dérive d'abord 5.3.2 en une flèche de $D^-((A^e)^o)$

(5.3.6) $$\underline{RHom}_A(E,F) \overset{L}{\otimes}_K E \longrightarrow F \quad ,$$

en résolvant E par des modules plats et F par des A^e-modules injectifs, puis l'on applique le foncteur $- \overset{L}{\otimes}_{A^e} A$ à 5.3.6, en tenant compte de 5.3.4 .

5.4. Soit A une K-algèbre. Dans la situation $({}_A E \,,\, {}_A F_A \,,\, {}_A G)$, on a une flèche canonique

(5.4.1) $$\underline{Hom}_A(E,F) \otimes_A G \longrightarrow \underline{Hom}_A(E,F \otimes_A G) \quad , \quad u \otimes y \longmapsto (x \longmapsto u(x) \otimes y) \quad ,$$

qui correspond par adjonction (5.2.1) à la flèche A-linéaire

$$E \otimes_K \underline{Hom}_A(E,F) \otimes_A G \longrightarrow F \otimes_A G$$

définie par la flèche d'évaluation $E \otimes_K \underline{Hom}_A(E,F) \longrightarrow F$.

La flèche 5.4.1 se dérive en une flèche de D(K) , dite <u>flèche de produit tensoriel</u>,

(5.4.2) $$\underline{RHom}_A(E,F) \overset{L}{\otimes}_A G \longrightarrow \underline{RHom}_A(E,F \overset{L}{\otimes}_A G) \quad ,$$

pour $E \in \text{ob } D^-(A)$, $F \in \text{ob } D^+(A^e)$, $G \in \text{ob } D^-(A)$, avec $F \overset{L}{\otimes}_A G \in \text{ob } D^+(A)$.
Si E et G sont bornés supérieurement et à composantes plates, F borné inférieurement et à composantes injectives, le premier membre de 5.4.2 s'identifie en effet à $\underline{\mathrm{Hom}}^\bullet_A(E,F) \otimes_A G$, et on l'envoie dans le second membre par le composé de 5.4.1 et de la flèche naturelle $\underline{\mathrm{Hom}}^\bullet_A(E,F \otimes_A G) \longrightarrow R\underline{\mathrm{Hom}}_A(E,F \otimes_A G) = R\underline{\mathrm{Hom}}_A(E,F \overset{L}{\otimes}_A G)$.

La flèche 5.4.2 n'est pas en général un isomorphisme. Elle l'est cependant certains cas importants, par exemple si E est <u>parfait</u> (comme on le vérifie en se ramenant à $E = A$). Nous verrons plus loin un autre exemple intéressant (6.2.3).

Les flèches 5.3.5 et 5.4.2 joueront un rôle essentiel dans toute la suite de l'exposé. Les exemples d'objets F que nous avons en vue sont : a) $F = A$, ou $F = A$ considéré comme A-module à droite de la manière naturelle et comme A-module à gauche par un homomorphisme de K-algèbres $\varphi : A \longrightarrow A$ (cf. 5.13) ; b) $F = M \overset{L}{\otimes}_K A$, avec $M \in \text{ob } D^+(K)$ (au n° 6, M sera un complexe dualisant, voir notamment 6.3.2 , 6.4.1, 6.5.6).

5.5. Notons $DF(A)$ la catégorie dérivée des complexes de A-modules à gauche munis d'une filtration finie ([3] V). Alors, dans la situation de 5.2, on a un isomorphisme canonique de $DF(K)$, analogue à 5.2.2, pour $E \in \text{ob } D^-F(A)$, $F \in \text{ob } D^-F(B,A)$ $(= D^-F(B \otimes_K A^o))$, $G \in \text{ob } D^+F(B)$. De même, on a des flèches "dérivées filtrées" analogues à 5.3.4 , 5.3.5, 5.3.6, 5.4.2 . Ces flèches sont compatibles avec le passage aux gradués associés, au sens de ([3] V 1,2) .

5.6. On suppose A plat sur K . Notons $D(A)_{parf}$ la sous-catégorie pleine de $D(A)$ formée des complexes d'amplitude parfaite finie, i.e. parfaits et de tor-dimension finie (SGA 6 I). On définit une flèche canonique, dite <u>trace</u>,

(5.6.1) $$\mathrm{Tr}_A = R\underline{\mathrm{Hom}}_A(E,F \overset{L}{\otimes}_A E) \longrightarrow F \overset{L}{\otimes}_{A^e} A ,$$

pour $E \in \text{ob } D(A)_{parf}$, $F \in \text{ob } D^b(A^e)$, en composant l'isomorphisme inverse de 5.4.2 pour $G = E$ avec la flèche d'évaluation 5.3.5 . On en déduit une flèche trace

(5.6.2) $\quad \mathrm{Tr}_A : \mathrm{Hom}_A(E, F \overset{L}{\otimes}_A E) \longrightarrow H^0(T, F \overset{L}{\otimes}_{A^e} A)$.

Pour $F = A$, composant avec la flèche canonique $A \overset{L}{\otimes}_{A^e} A \longrightarrow A \otimes_{A^e} A = A_\natural$ (5.1), on obtient des flèches, appelées encore traces,

(5.6.3) $\quad \mathrm{Tr}_A : \underline{\mathrm{RHom}}_A(E,E) \longrightarrow A_\natural$,

(5.6.4) $\quad \mathrm{Tr}_A : \mathrm{Hom}_A(E,E) \longrightarrow H^0(T, A_\natural)$.

Noter que 5.6.4 est une flèche assez anodine, de nature locale, tandis que 5.6.3 est une flèche "sérieuse", de nature globale.

Désignons par $DF(A)_{\mathrm{parf}}$ la sous-catégorie pleine de $DF(A)$ formée des complexes filtrés dont le gradué est d'amplitude parfaite finie. Alors on a une flèche de $DF(K)$ analogue à 5.6.1 pour $E \in \mathrm{ob}\, DF(A)_{\mathrm{parf}}$, $F \in \mathrm{ob}\, D^bF(A^e)$, d'où des flèches analogue à 5.6.2, 5.6.3, 5.6.4 . Il résulte des remarques de 5.5 que la flèche 5.6.1 filtrée est compatible avec le passage au gradué associé (cf. ([3] V 3.7.2)), et on en déduit, comme en (loc. cit.), que, si F est de filtration concentrée en degré 0 , on a, pour $u \in \mathrm{Hom}_{DF(A)}(E, F \overset{L}{\otimes}_A E)$,

(5.6.5) $\quad \mathrm{Tr}_A(u) = \sum_i \mathrm{Tr}_A \mathrm{gr}^i u$.

Cette formule entraîne notamment que, pour $E \in \mathrm{ob}\, D(A)_{\mathrm{parf}}$, $F \in \mathrm{ob}\, D^b(A^e)$, $u \in \mathrm{Hom}_A(E, F \overset{L}{\otimes}_A E)$, on a

(5.6.6) $\quad \mathrm{Tr}(u[1]) = -\mathrm{Tr}(u)$,

où $u[1] : E[1] \longrightarrow (F \overset{L}{\otimes}_A E)[1]$ est la translatée de u .

5.7. Les traces définies en 5.6 généralisent tout à la fois les traces commutatives "usuelles" ((SGA 6 I), ([3] V 3)), et les traces "non commutatives" de Stallings [5] et Grothendieck.

a) Supposons $A = K$. Alors $A^e = A_\natural = K$, la flèche 5.6.1 s'écrit

$$\mathrm{Tr}_K : \underline{\mathrm{RHom}}_K(E, F \overset{L}{\otimes}_K E) \longrightarrow F$$

et coïncide avec la flèche trace définie en ([3] V 3.7.1) (dans le cas particulier où le complexe K de (loc. cit.) est réduit à A). En particulier, $Tr_K : \underline{RHom}_K(E,E) \longrightarrow K$ coïncide avec la trace définie dans (SGA 6 I 8) .

b) On suppose à nouveau que A est une K-algèbre plate (non nécessairement commutative). On se propose d'expliciter 5.6.4 pour E strictement parfait (i.e. borné, à composantes localement facteurs directs de modules libre de type fini). Tout d'abord, prenons E = A ; $\underline{RHom}_A(A,A) = \underline{Hom}_A(A,A)$ s'identifie à A par $f \longmapsto f(1)$, $a \longmapsto (x \longmapsto xa)$, et 5.6.3 s'identifie à la projection canonique $A \longrightarrow A_\natural$, que nous noterons $a \longmapsto a_\natural$, donc si d_a désigne la multiplication à droite par a ,

$$(5.7.1) \qquad Tr_A(d_a) = a_\natural \quad .$$

Soient, pour $1 \leq i \leq n$, E_i une copie de A , et $E = \bigoplus_{1 \leq i \leq n} E_i$. L'isomorphisme 5.4.2 pour F = A , G = E s'écrit

$$\bigoplus_{1 \leq i,j \leq n} \underline{Hom}_A(E_i,A) \otimes_A E_j \longrightarrow \underline{Hom}_A(E,E) \quad ,$$

et, pour $u = \Sigma u_{ij} \otimes 1 \in \underline{Hom}_A(E,E)$ $(u_{ij} \otimes 1 \in \underline{Hom}_A(E_i,A) \otimes_A E_j$), on a

$$(5.7.2) \qquad Tr_A(u) = \sum_i u_{ii_\natural} \quad ,$$

par définition de la flèche d'évaluation 5.3.5 . Prenons maintenant pour E un facteur direct de A^n , image d'un projecteur p , notons $i : E \longrightarrow A^n$ l'inclusion ; alors, pour $u \in \underline{Hom}_A(E,E)$, on a

$$(5.7.3) \qquad Tr_A(u) = Tr_A(iup) \quad ,$$

comme on le voit soit à l'aide de 5.6.5 , soit directement sur la définition. Enfin, supposons E strictement parfait ; si $u \in Hom_A(E,E)$ est un homomorphisme de complexes, on a, par 5.6.5, 5.6.6,

$$(5.7.4) \qquad Tr_A(u) = \Sigma(-1)^i Tr_A(u^i) \quad .$$

Le fait que 5.6.4 provienne, par application de H^o , d'un homomorphisme de complexes $\underline{Hom}^\bullet_A(E,E) \longrightarrow A$ (5.6.3) entraîne que, si u , $v \in Hom_A(E,E)$ sont homotopes, on a

(5.7.5) $$Tr_A(u) = Tr_A(v) \quad .$$

Comme tout endomorphisme de E dans D(A) est localement défini par un endomorphisme de complexes, localement unique à homotopie près (SGA 6 I 4.10), les formules 5.7.2 à 5.7.4 permettent donc le calcul de $Tr_A(u)$ pour tout endomorphisme u de E dans D(A) , et, combinées à 5.7.5, fournissent une définition directe de $Tr_A(u)$. Dans le cas où le topos T est ponctuel, on retrouve la définition de (SGA $4^{1/2}$ Rapport 4.3).

5.8. Soient P, Q des A-bimodules. Alors $P \otimes_A Q$ et $Q \otimes_A P$ sont des A-bimodules, et l'on a des isomorphismes canoniques

(5.8.1) $$(P \otimes_A Q) \otimes_{A^e} A \xrightarrow{\sim} P \otimes_{A^e} Q \xrightarrow{\sim} (Q \otimes_A P) \otimes_{A^e} A \xrightarrow{\sim} A \otimes_{A^e} (P \otimes_K Q) \otimes_{A^e} A \quad ,$$

chacun des objets ci-dessus s'identifiant canoniquement au K-module quotient de $P \otimes_K Q$ par le sous-module engendré par les sections de la forme $axb \otimes y - x \otimes bya$, pour $y \in P$, $y \in Q$, $a, b \in K$. Pour A plat sur K , ces isomorphismes se dérivent en des isomorphismes

(5.8.2) $$(P \overset{L}{\otimes}_A Q) \overset{L}{\otimes}_{A^e} A \simeq P \overset{L}{\otimes}_{A^e} Q \simeq (Q \overset{L}{\otimes}_A P) \overset{L}{\otimes}_{A^e} A \simeq A \overset{L}{\otimes}_{A^e} (P \overset{L}{\otimes}_K Q) \overset{L}{\otimes}_{A^e} A$$

pour P , $Q \in ob\, D^-(A^e)$. D'autre part, la flèche de composition au niveau des modules,

$$\underline{Hom}_A(E, P \otimes_A F) \otimes_K \underline{Hom}_A(F, Q \otimes_A E) \longrightarrow \underline{Hom}_A(E, P \otimes_A Q \otimes_A E)$$

$$f \otimes g \longmapsto (P \otimes_A g) f \quad ,$$

se dérive en

(5.8.3) $$\underline{RHom}_A(E, P \overset{L}{\otimes}_A F) \overset{L}{\otimes}_K \underline{RHom}_A(F, Q \overset{L}{\otimes}_A E) \longrightarrow \underline{RHom}_A(E, P \overset{L}{\otimes}_A Q \overset{L}{\otimes}_A E)$$

pour $P , Q \in \mathrm{ob}\, D^b(A^e)$, $E , F \in \mathrm{ob}\, D^b(A)$ tels que les produits tensoriels et $\underline{\mathrm{RHom}}$ figurant ci-dessus soient dans D^b . Quand E et F sont parfaits, cette flèche s'identifie, via 5.4.2, à la flèche déduite de la flèche d'évaluation $F \overset{L}{\otimes}_K \underline{\mathrm{RHom}}_A(F,Q) \longrightarrow Q$; on en déduit aisément que l'on a un carré commutatif

(5.8.4)
$$\begin{array}{ccc} \underline{\mathrm{RHom}}_A(E,P \overset{L}{\otimes}_A F) \overset{L}{\otimes}_K \underline{\mathrm{RHom}}_A(F,Q \overset{L}{\otimes}_A E) & \xrightarrow{(1)} & \underline{\mathrm{RHom}}_A(E,P \overset{L}{\otimes}_A Q \overset{L}{\otimes}_A E) \\ {\scriptstyle (2)}\downarrow & & \downarrow{\scriptstyle \mathrm{Tr}_A} \\ \underline{\mathrm{RHom}}_A(F,Q \overset{L}{\otimes}_A P \overset{L}{\otimes}_A F) & \xrightarrow{\mathrm{Tr}_A} & P \overset{L}{\otimes}_{A^e} Q \end{array} ,$$

où (1) et (2) sont données par 5.8.3 (le point est que les deux flèches composées de 5.8.4 sont définies par le produit tensoriel des flèches d'évaluation $F \overset{L}{\otimes}_K \underline{\mathrm{RHom}}_A(F,Q) \longrightarrow Q$, $E \overset{L}{\otimes}_K \underline{\mathrm{RHom}}_A(E,P) \longrightarrow P)$. Il en résulte que, pour $u \in \mathrm{Hom}_A(E,P \overset{L}{\otimes}_A F)$, $v \in \mathrm{Hom}(F,Q \overset{L}{\otimes}_A E)$, on a

(5.8.5)
$$\mathrm{Tr}_A(vu) = \mathrm{Tr}_A(uv) .$$

On notera parfois $< u,v >_A$ la valeur commune de 5.8.5.

5.9. Traces et extension des scalaires.

Soit $A \longrightarrow B$ un morphisme de K-algèbres plates. On en déduit un morphisme de K-algèbres $A^e \longrightarrow B^e$, d'où un foncteur extension des scalaires $- \overset{L}{\otimes}_{A^e} B^e : D(A^e) \longrightarrow D(B^e)$. Pour E, F comme en 5.3.5, si $F \overset{L}{\otimes}_{A^e} B^e \in \mathrm{ob}\, D^b(B^e)$ et $\underline{\mathrm{RHom}}_B(B \overset{L}{\otimes}_A E, F \overset{L}{\otimes}_{A^e} B^e) \in \mathrm{ob}\, D^b(B^o)$, on a un carré commutatif de $D(K)$

(5.9.1)
$$\begin{array}{ccc} \underline{\mathrm{RHom}}_A(E,F) \overset{L}{\otimes}_A E & \xrightarrow{(1)} & F \overset{L}{\otimes}_{A^e} A \\ {\scriptstyle (3)}\downarrow & & \downarrow{\scriptstyle (4)} \\ \underline{\mathrm{RHom}}_B(B \overset{L}{\otimes}_A E, F \overset{L}{\otimes}_{A^e} B^e) \overset{L}{\otimes}_B (B \overset{L}{\otimes}_A E) & \xrightarrow{(2)} & (F \overset{L}{\otimes}_{A^e} B^e) \overset{L}{\otimes}_{B^e} B \end{array} ,$$

où les flèches (1) et (2) sont définies par 5.3.6, (4) par $A \longrightarrow B$, et (3) par la flèche canonique $F \longrightarrow F \overset{L}{\otimes}_{A^e} B^e$. La vérification est triviale. De même, pour E , F , G comme en 5.4.2, si $F \overset{L}{\otimes}_{A^e} B^e \in \mathrm{ob}\, D^+(B^e)$, $(F \overset{L}{\otimes}_{A^e} B^e) \overset{L}{\otimes}_A G \in \mathrm{ob}\, D^+(B)$, on a un carré commutatif de D(K)

$$
(5.9.2)\qquad
\begin{array}{ccc}
\underline{\mathrm{RHom}}_A(E,F) \overset{L}{\otimes}_A G & \xrightarrow{(1)} & \underline{\mathrm{RHom}}_A(E,F \overset{L}{\otimes}_A G) \\
\downarrow{\scriptstyle (3)} & & \downarrow{\scriptstyle (4)} \\
\underline{\mathrm{RHom}}_B(B \overset{L}{\otimes}_A E, F \overset{L}{\otimes}_{A^e} B^e) \overset{L}{\otimes}_B (B \overset{L}{\otimes}_A G) & \xrightarrow{(2)} & \underline{\mathrm{RHom}}_B(B \overset{L}{\otimes}_A E, (F \overset{L}{\otimes}_{A^e} B^e) \overset{L}{\otimes}_B (B \overset{L}{\otimes}_A G))
\end{array}
$$

où (1) et (2) sont définies par 5.4.2, (3) et (4) par $F \longrightarrow F \overset{L}{\otimes}_{A^e} B^e$. On en déduit, pour E, F comme en 5.6.1, avec $F \overset{L}{\otimes}_{A^e} B^e \in \mathrm{ob}\, D^b(B^e)$, un carré commutatif de D(K) , analogue aux précédents, où les flèches verticales sont définies par 5.6.1

$$
(5.9.3)\qquad
\begin{array}{ccc}
\underline{\mathrm{RHom}}_A(E,F \overset{L}{\otimes}_A E) & \xrightarrow{\mathrm{Tr}_A} & F \overset{L}{\otimes}_{A^e} A \\
\downarrow & & \downarrow \\
\underline{\mathrm{RHom}}_B(B \overset{L}{\otimes}_A E, (F \overset{L}{\otimes}_{A^e} B^e) \overset{L}{\otimes}_B (B \overset{L}{\otimes}_A E)) & \xrightarrow{\mathrm{Tr}_B} & (F \overset{L}{\otimes}_{A^e} B^e) \overset{L}{\otimes}_{B^e} B
\end{array} .
$$

Enfin, si l'on se donne $F' \in \mathrm{ob}\, D^b(B^e)$ tel que $\underline{\mathrm{RHom}}_A(E,F') \in \mathrm{ob}\, D^b(B^o)$, et $f : F \overset{L}{\otimes}_{A^e} B^e \longrightarrow F'$, on a une compatibilité légèrement plus générale que 5.9.1, qui s'exprime par un carré commutatif analogue, avec F' au lieu de $F \overset{L}{\otimes}_{A^e} B^e$ dans la ligne inférieure, et les flèches verticales définies par f . On a de même des carrés commutatifs analogues à 5.9.2 et 5.9.3 avec F' au lieu de $F \overset{L}{\otimes}_{A^e} B^e$. Prenant notamment F = A et pour $f : A \overset{L}{\otimes}_{A^e} B^e \longrightarrow B$ la flèche définie par $A \longrightarrow B$, on obtient un carré commutatif

$$
(5.9.4)\qquad
\begin{array}{ccc}
\underline{\mathrm{RHom}}_A(E,E) & \xrightarrow{\mathrm{Tr}_A} & A \overset{L}{\otimes}_{A^e} A \\
\downarrow & & \downarrow \\
\underline{\mathrm{RHom}}_B(B \overset{L}{\otimes}_A E, B \overset{L}{\otimes}_A E) & \xrightarrow{\mathrm{Tr}_B} & B \overset{L}{\otimes}_{B^e} B
\end{array} ,
$$

où la flèche verticale de gauche (resp. droite) est donnée par l'extension des scalaires (resp. est la flèche canonique déduite de $A \longrightarrow B$) .

5.10. Traces et restriction des scalaires.

Soit $A \longrightarrow B$ un morphisme de K-algèbres plates tel que B , en tant que A-module à gauche, soit plat et de présentation finie (i.e. localement facteur direct d'un A-module libre de type fini). C'est le cas par exemple si $A \longrightarrow B$ est le morphisme $K[H] \longrightarrow K[G]$ défini par un morphisme injectif de groupes discrets $H \hookrightarrow G$, d'indice fini. L'homomorphisme restriction des scalaires $\underline{\mathrm{Hom}}_B(B,B) \longrightarrow \underline{\mathrm{Hom}}_A(B,B)$, où B est considéré comme module à gauche, s'identifie, par les isomorphismes canoniques $B \xrightarrow{\sim} \underline{\mathrm{Hom}}_B(B,B)$, $\underline{\mathrm{Hom}}_A(B,A) \otimes_A B \xrightarrow{\sim} \underline{\mathrm{Hom}}_A(B,B)$, à une flèche (de B-bimodules)

$$(5.10.1) \qquad B \longrightarrow \underline{\mathrm{Hom}}_A(B,A) \otimes_A B \quad .$$

Le composé de 5.10.1 avec la flèche d'évaluation $\underline{\mathrm{Hom}}_A(B,A) \otimes_A B \longrightarrow A_\natural$ (5.3.3) est l'homomorphisme $f \longmapsto \mathrm{Tr}_A(f)$ ($\overset{\mathrm{dfn}}{=} \mathrm{Tr}_A(d_f)$, où d_f est la multiplication à droite par f) , donc par la formule $\mathrm{Tr}_A(f_g) = \mathrm{Tr}_A(gf)$ (5.8.5), se factorise à travers $B_\natural$ en une flèche notée encore $\mathrm{Tr}_{B/A} : B_\natural \longrightarrow A_\natural$: on a donc un carré commutatif

$$(5.10.2) \qquad \begin{array}{ccc} B & \xrightarrow{\mathrm{Tr}_B} & B_\natural \\ {\scriptstyle 5.10.1}\downarrow & & \downarrow{\scriptstyle \mathrm{Tr}_{B/A}} \\ \underline{\mathrm{Hom}}_A(B,A) \otimes_A B & \xrightarrow{\mathrm{ev}} & A_\natural \end{array} \quad .$$

Dans la situation $({}_B E, {}_B P_A)$, on a un homomorphisme de B-modules à droite

$$(5.10.3) \qquad \underline{\mathrm{Hom}}_B(E,P) \otimes_A B \longrightarrow \underline{\mathrm{Hom}}_B(E,P \otimes_A B) \quad , \quad u \otimes b \longmapsto (x \longmapsto u(x) \otimes b) \quad ,$$

qui est un isomorphisme, comme on le vérifie aussitôt (il suffit de voir que l'homomorphisme K-linéaire sous-jacent est un isomorphisme, et cela résulte de ce que B est localement facteur direct d'un A-module libre de type fini). Cet isomorphisme se dérive en un isomorphisme de $D(B)$

$$(5.10.4) \qquad R\underline{\mathrm{Hom}}_B(E,P) \otimes_A B \xrightarrow{\sim} R\underline{\mathrm{Hom}}_B(E,P \otimes_A B) \quad ,$$

pour $E \in \mathrm{ob}\, D^-(B)$, $P \in \mathrm{ob}\, D^+(B \otimes_K A^o)$ (résoudre E par des modules de la forme $B \otimes_A L$, où L est plat, et P par des $(B \otimes_K A^o)$-modules injectifs, lesquels sont nécessairement injectifs comme B-modules, A étant plat sur K : cela permet "d'ôter le R" à gauche, et la résolution qu'on a prise pour E permet aussi de l'ôter à droite).

Pour $E \in \mathrm{ob}\, D^-(B)$, $M \in \mathrm{ob}\, D^+(K)$, $F \in \mathrm{ob}\, D^-(B)$, on définit une flèche de $D(X)$ (*)

$$(5.10.5) \qquad R\underline{\mathrm{Hom}}_B(E, B \otimes_K M) \overset{L}{\otimes}_B F \longrightarrow R\underline{\mathrm{Hom}}_A(E, A \otimes_K M) \overset{L}{\otimes}_A F \quad ,$$

comme composée des flèches

$$R\underline{\mathrm{Hom}}_B(E, B \otimes_K M) \overset{L}{\otimes}_B F \xrightarrow{(1)} R\underline{\mathrm{Hom}}_B(E, \underline{\mathrm{Hom}}_A(B,A) \overset{L}{\otimes}_A B \overset{L}{\otimes}_K M) \overset{L}{\otimes}_B F$$

$$\xrightarrow{(2)} R\underline{\mathrm{Hom}}_B(E, \underline{\mathrm{Hom}}_A(B,A) \overset{L}{\otimes}_K M) \otimes_A B \overset{L}{\otimes}_B F \xrightarrow{(3)} R\underline{\mathrm{Hom}}_B(E, \underline{\mathrm{Hom}}_A(B, A \otimes_K M)) \overset{L}{\otimes}_A F$$

$$\xrightarrow{(4)} R\underline{\mathrm{Hom}}_A(E, A \otimes_K M) \overset{L}{\otimes}_A F \quad ,$$

où (1) est définie par 5.10.1, (2) par l'isomorphisme inverse de 5.10.4 avec $P = \underline{\mathrm{Hom}}_A(B,A) \overset{L}{\otimes}_K M$, (3) par l'isomorphisme canonique $\underline{\mathrm{Hom}}_A(B,A) \overset{L}{\otimes}_K M \xrightarrow{\sim} \underline{\mathrm{Hom}}_A(B, A \otimes_K M)$ (5.4.2), et (4) par l'isomorphisme d'adjonction 5.2.2.

<u>Proposition</u> 5.10.6 - <u>Supposons que</u> $M \overset{L}{\otimes}_K F \in \mathrm{ob}\, D^+(B)$. <u>On a alors un carré commutatif de</u> $D(K)$

$$(5.10.7) \qquad \begin{array}{ccc} R\underline{\mathrm{Hom}}_B(E, B \otimes_K M) \overset{L}{\otimes}_B F & \xrightarrow{5.4.2} & R\underline{\mathrm{Hom}}_B(E, M \overset{L}{\otimes}_K F) \\ \Big\downarrow {\scriptstyle 5.10.5} & & \Big\downarrow \\ R\underline{\mathrm{Hom}}_A(E, A \otimes_K M) \otimes_A F & \xrightarrow{5.4.2} & R\underline{\mathrm{Hom}}_A(E, M \overset{L}{\otimes}_K F) \end{array} \quad ,$$

<u>où la flèche verticale de droite est la restriction des scalaires</u>.

(*) Au n° 6, on appliquera les constructions qui suivent au cas où M est un complexe dualisant (6.7).

Il s'agit de vérifier que l'on a un carré commutatif

$$\begin{array}{ccc} E \overset{L}{\otimes}_K \underline{RHom}_B(E, B \overset{L}{\otimes}_K M) \overset{L}{\otimes}_B F & \longrightarrow & M \overset{L}{\otimes}_K F \\ {\scriptstyle E \overset{L}{\otimes} 5.10.5}\downarrow & & \downarrow{\scriptstyle \text{restriction des scalaires}} \\ E \overset{L}{\otimes}_K \underline{RHom}_A(E, A \overset{L}{\otimes}_K M) \overset{L}{\otimes}_A F & \longrightarrow & M \overset{L}{\otimes}_K F \end{array} ,$$

où les flèches horizontales sont données par les évaluations (5.3.6). Ce carré se déduit par application de $- \overset{L}{\otimes}_B F$ du carré analogue avec $F = B$, donc on peut supposer $F = B$. La commutativité de 5.10.7 dans ce cas équivaut à celle du triangle

$$(*) \qquad \begin{array}{ccc} \underline{RHom}_B(E, B \otimes_K M) & & \\ {\scriptstyle (1)}\downarrow & \searrow{\scriptstyle (2)} & \\ \underline{RHom}_B(E, \underline{Hom}_A(B, B \otimes_K M)) & \xrightarrow{(3)} & \underline{RHom}_A(E, B \otimes_K M) \end{array} ,$$

où (1) est défini par 5.10.1, (2) la restriction des scalaires, et (3) l'isomorphisme d'adjonction. Or la flèche $B \otimes_K M \longrightarrow \underline{Hom}_A(B, B \otimes_K M)$ donnée par 5.10.1 n'est autre que la flèche d'adjonction correspondant aux foncteurs restriction des scalaires et $\underline{Hom}_A(B,-)$; la commutativité de (*) en découle aussitôt.

Soient $E \in \text{ob } D^-(B)$, $M \in \text{ob } D^b(K)$ tels que $\underline{RHom}_B(E, B \otimes_K M) \in \text{ob } D^b(B^o)$. On dispose alors, par 5.3.5, d'une flèche d'évaluation

$$\underline{RHom}_B(E, B \otimes_K M) \overset{L}{\otimes}_B E \longrightarrow M \overset{L}{\otimes}_K (B \overset{L}{\otimes}_{B^e} B) ,$$

qui donne, par composition avec la flèche canonique $B \overset{L}{\otimes}_{B^e} B \longrightarrow B_\natural$, une flèche

$$(5.10.8) \qquad \underline{RHom}_B(E, B \otimes_K M) \overset{L}{\otimes}_B E \longrightarrow M \overset{L}{\otimes}_K B_\natural .$$

<u>Proposition</u> 5.10.9 - <u>Supposons</u> A <u>de présentation finie et plat en tant que</u> K-<u>module</u>, <u>et</u> $A_\natural$, $B_\natural$ <u>plats sur</u> K . <u>Soient</u> $E \in \text{ob } D^-(B)$, $M \in \text{ob } D^b(K)$ <u>tels que</u> $\underline{RHom}_B(E, B \otimes_K M) \in \text{ob } D^b(B^o)$. <u>Alors</u> $\underline{RHom}_A(E, A \otimes_K M) \in \text{ob } D^b(A^o)$, <u>et l'on a un carré commutatif</u>

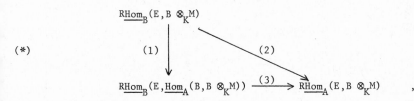

$$(5.10.10)\qquad \begin{array}{ccc} \underline{\mathrm{RHom}}_B(E, B \otimes_K M) \overset{L}{\otimes}_B E & \xrightarrow{5.10.8} & M \otimes_K B_\natural \\ \Big\downarrow 5.10.5 & & \Big\downarrow M \otimes_K \mathrm{Tr}_{B/A} \\ \underline{\mathrm{RHom}}_A(E, A \otimes_K M) \overset{L}{\otimes}_A E & \xrightarrow{5.10.8} & M \otimes_K A_\natural \end{array} .$$

(Les hypothèses supplémentaires sur A et B (vérifiées par exemple si A et B sont des K-algèbres de groupes finis) sont sans doute inutiles, et l'on devrait avoir un carré commutatif analogue à 5.10.10 avec $A_\natural$ (resp. $B_\natural$) remplacé par $A \overset{L}{\otimes}_{A^e} A$ (resp. $B \overset{L}{\otimes}_{B^e} B$)).

La première assertion de 5.10.9 est triviale. Prouvons la seconde. On peut supposer M à composantes injectives et E à composantes de la forme $B \otimes_K L$, avec L plat. On a alors $\underline{\mathrm{RHom}}_B(E, B \otimes_K M) \overset{L}{\otimes}_B E = \underline{\mathrm{Hom}}^{\bullet}_B(E, B \otimes_K M) \otimes_B E$, $\underline{\mathrm{RHom}}_A(E, A \otimes_K M) \overset{L}{\otimes}_A E = \underline{\mathrm{Hom}}^{\bullet}_A(E, A \otimes_K M) \otimes_A E$, et les flèches de 5.10.10 sont définies au niveau des complexes. On est donc ramené à vérifier que, si L, M sont des K-modules, E un B-module à gauche, on a un carré commutatif

$$(*)\qquad \begin{array}{ccc} \underline{\mathrm{Hom}}_B(B \otimes_K L, B \otimes_K M) \otimes_B (B \otimes_K L) & \xrightarrow{5.3.3} & M \otimes_K B_\natural \\ \Big\downarrow (1) & & \Big\downarrow M \otimes_K \mathrm{Tr}_{B/A} \\ \underline{\mathrm{Hom}}_A(B \otimes_K L, A \otimes_K M) \otimes_A (B \otimes_K L) & \xrightarrow{5.3.3} & M \otimes_K A_\natural \end{array} ,$$

où la flèche (1) est définie en envoyant $B \otimes_K M$ dans $\underline{\mathrm{Hom}}_A(B, A) \otimes_A B \otimes_K M$ par 5.10.1 et en composant avec un isomorphisme du type 5.10.3 et un isomorphisme d'adjonction. Comme A est plat et de présentation finie en tant que K-module, les flèches "produit tensoriel"

$$(2)\qquad B \otimes_K \underline{\mathrm{Hom}}_K(L, M) = \underline{\mathrm{Hom}}_B(B, B) \otimes_K \underline{\mathrm{Hom}}_K(L, M) \longrightarrow \underline{\mathrm{Hom}}_B(B \otimes_K L, B \otimes_K M) ,$$

$$(3)\qquad \underline{\mathrm{Hom}}_A(B, A) \otimes_K \underline{\mathrm{Hom}}_K(L, M) \longrightarrow \underline{\mathrm{Hom}}_A(B \otimes_K L, A \otimes_K M)$$

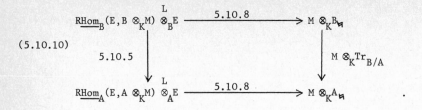

sont des isomorphismes, par lesquels (1) s'identifie au produit tensoriel (sur K) de 5.10.1 par $\underline{\mathrm{Hom}}_K(L, M) \otimes_K L$. D'autre part, la flèche horizontale supérieure (resp. inférieure de (*) s'identifie par (2) (resp. (3)) au produit tensoriel (sur K) de $\mathrm{Tr}_B : B \longrightarrow B_\natural$ (resp. ev : $\underline{\mathrm{Hom}}_A(B,A) \otimes_A B \longrightarrow A_\natural$) par la flèche d'évaluation $\underline{\mathrm{Hom}}_K(L,M) \otimes_K L \longrightarrow M$. La commutativité de (*) découle donc de celle de 5.10.2, ce qui achève la démonstration de 5.10.9 .

Corollaire 5.10.11 - Sous les hypothèses de 5.10.9, pour $E \in \mathrm{ob}\, D(B)_{\mathrm{parf}}$, $M \in \mathrm{ob}\, D^b(K)$, on a un carré commutatif de $D(K)$

(5.10.12)
$$\begin{array}{ccc} R\underline{\mathrm{Hom}}_B(E, M \overset{L}{\otimes}_K E) & \xrightarrow{\mathrm{Tr}_B} & M \otimes_K B_\natural \\ \Big\downarrow & & \Big\downarrow \\ R\underline{\mathrm{Hom}}_A(E, M \overset{L}{\otimes}_K E) & \xrightarrow{\mathrm{Tr}_A} & M \otimes_K A_\natural \end{array} ,$$

où la flèche verticale de gauche est la restriction des scalaires.

Il suffit en effet de conjuguer 5.10.6 et 5.10.9 .

5.11. Application aux groupes finis : propriétés de divisibilité.

Soit G un groupe fini, d'élément neutre noté e , posons $K[G] = B$. Le K-module $B_\natural$ est libre de base l'ensemble $G_\natural$ des classes de conjugaison de G ; toute section s de $B_\natural$ s'écrit de manière unique $s = \sum_{x \in G_\natural} s(x)x$.

Proposition 5.11.1 - (cf. SGA $4^{1/2}$ Rapport 4.5). Soient $E \in \mathrm{ob}\, D(B)_{\mathrm{parf}}$, $M \in \mathrm{ob}\, D^b(K)$. Pour $u \in \mathrm{Hom}_B(E, M \overset{L}{\otimes}_K E)$, on a, dans $H^o(T,M)$,

$$\mathrm{Tr}_K(u) = |G|\ \mathrm{Tr}_B(u)(e) \quad (*) .$$

Il suffit en effet d'appliquer 5.10.11 avec $A = K$, en notant que $\mathrm{Tr}_{B/K} : B_\natural \longrightarrow K$ est donné par

(5.11.2)
$$\mathrm{Tr}_{B/K}(g) = \begin{cases} |G| & \text{si } g = e \\ 0 & \text{si } g \neq e \end{cases} .$$

Proposition 5.11.3 - Sous les hypothèses de 5.11.1, soit $g \in G$, notons Z_g le centralisateur de g dans G , posons $A = K[Z_g]$. Soit $u \in \mathrm{Hom}_B(E, M \overset{L}{\otimes}_K E)$, notons $gu \in \mathrm{Hom}_A(E, M \overset{L}{\otimes}_K E)$ le composé de l'image de u dans $\mathrm{Hom}_A(E, M \overset{L}{\otimes}_K E)$ avec la multiplication à gauche par g . Alors on a, dans $H^o(T,M)$,

(*) Si X est un ensemble, on note $|X|$ le cardinal de X .

$$Tr_A(gu)(e) = Tr_B(u)(g^{-1}) \quad .$$

On va montrer plus généralement qu'on a un carré commutatif

(5.11.4)
$$\begin{array}{ccccc} R\underline{Hom}_B(E, M \overset{L}{\otimes}_K E) & \xrightarrow{Tr_B} & M \otimes_K B_\natural & \xrightarrow{x \longmapsto x(g^{-1})} & M \\ \downarrow & & & & \| \\ R\underline{Hom}_A(E, M \overset{L}{\otimes}_K E) & \xrightarrow{Tr_A} & M \otimes_K A_\natural & \xrightarrow{x \longmapsto x(e)} & M \end{array} ,$$

où la flèche verticale de gauche est composée de la restriction des scalaires et de la multiplication à gauche par g . Ce carré est le bord du diagramme

$$\begin{array}{ccccc} R\underline{Hom}_B(E, M \overset{L}{\otimes}_K E) & \xrightarrow{Tr_B} & M \otimes_K B_\natural & \xrightarrow{x \longmapsto x(g^{-1})} & M \\ \text{rest} \downarrow & (1) & \downarrow Tr_{B/A} & & \| \\ R\underline{Hom}_A(E, M \overset{L}{\otimes}_K E) & \xrightarrow{Tr_A} & M \otimes_K A_\natural & (3) & \| \\ R\underline{Hom}_A(E, s_g) \downarrow & (2) & \downarrow s_g & & \| \\ R\underline{Hom}_A(E, M \overset{L}{\otimes}_K E) & \xrightarrow{Tr_A} & M \otimes_K A_\natural & \xrightarrow{x \longmapsto x(e)} & M \end{array} ,$$

où rest désigne la restriction des scalaires et s_g la multiplication à gauche par g . Le carré (1) commute en vertu du 5.10.11, et (2) par définition de Tr_A . Il suffit donc de prouver la commutativité de (3) , et pour cela il suffit de montrer que , pour $h \in G$, on a

$$Tr_A(x \longmapsto gxh)(e) = \text{valeur en } g^{-1} \text{ de l'image de } h \text{ dans } B \quad ,$$

i.e.

(*)
$$Tr_A(x \longmapsto gxh)(e) = \begin{cases} 1 & \text{si } g^{-1} \text{ est conjugué à } h \\ 0 & \text{sinon} \end{cases} \quad .$$

On peut pour cela remplacer T par le topos ponctuel et K par $\mathbb{Z}$, et il suffit alors de prouver (*) après multiplication par $|Z_g|$. Compte tenu de 5.11.1, on est donc ramené à montrer que

$$\mathrm{Tr}_{\mathbb{Z}}(x \longmapsto gxh) = \begin{cases} |Z_g| & \text{si } g^{-1} \text{ est conjugué à } h \\ 0 & \text{sinon} \end{cases} .$$

Mais cela résulte de ce que le premier membre est le nombre de points fixes de l'application $x \longmapsto gxh$ de G dans G , d'où la commutativité de 5.11.4 et la conclusion de 5.11.3 .

Corollaire 5.11.5 - Sous les hypothèses de 5.11.3 , on a

$$\mathrm{Tr}_K(gu) = |Z_g|\mathrm{Tr}_B(u)(g^{-1}) = |Z_g|\mathrm{Tr}_A(gu)(e) .$$

5.12. Traces et produits tensoriels externes.

Soient, pour $i = 1,2$, A_i une K-algèbre plate, $A = A_1 \otimes_K A_2$. Soient $E_i \in \mathrm{ob}\, D^-(A_i)$, $F_i \in \mathrm{ob}\, D^b(A_i^e)$ tels que $\underline{\mathrm{RHom}}_{A_i}(E_i,F_i) \in \mathrm{ob}\, D^b(A_i^o)$, $F = F_1 \overset{L}{\otimes}_K F_2 \in \mathrm{ob}\, D^b(A^e)$, $\underline{\mathrm{RHom}}_A(E,F) \in \mathrm{ob}\, D^b(A^o)$, où $E = E_1 \overset{L}{\otimes}_K E_2$. On a alors un carré commutatif

(5.12.1)

$$\begin{array}{ccc} (\underline{\mathrm{RHom}}_{A_1}(E_1,F_1) \overset{L}{\otimes}_{A_1} E_1) \overset{L}{\otimes}_K (\underline{\mathrm{RHom}}_{A_2}(E_2,F_2) \overset{L}{\otimes}_{A_2} E_2) & \xrightarrow{(1)} & (F_1 \overset{L}{\otimes}_{A_1^e} A_1) \overset{L}{\otimes}_K (F_2 \overset{L}{\otimes}_{A_2^e} A_2) \\ \downarrow (2) & & \downarrow (3) \\ \underline{\mathrm{RHom}}_A(E,F) \overset{L}{\otimes}_A E & \longrightarrow & F \overset{L}{\otimes}_{A^e} A \end{array} ,$$

où (1) est produit tensoriel des flèches 5.3.5 , (2) est définie par la flèche produit tensoriel

(5.12.2) $$\underline{\mathrm{RHom}}_{A_1}(E_1,F_1) \overset{L}{\otimes}_K \underline{\mathrm{RHom}}_{A_2}(E_2,F_2) \longrightarrow \underline{\mathrm{RHom}}_A(E,F) ,$$

et (3) est l'isomorphisme canonique évident. La vérification est essentiellement triviale. On vérifie de même que, pour $E_i \in \mathrm{ob}\, D^-(A_i)$, $F_i \in \mathrm{ob}\, D^+(A_i^e)$, $G_i \in \mathrm{ob}\, D^-(A_i)$, avec $F_i \overset{L}{\otimes}_{A_i} G_i \in \mathrm{ob}\, D^b(A_i)$, $\underline{\mathrm{RHom}}_{A_i}(E_i,F_i) \in \mathrm{ob}\, D^b(A_i^o)$, $\underline{\mathrm{RHom}}_{A_i}(E_i,F_i \overset{L}{\otimes}_{A_i} G_i) \in \mathrm{ob}\, D^b(K)$, $F \overset{L}{\otimes}_A G \in \mathrm{ob}\, D^b(A)$ (où $G = G_1 \overset{L}{\otimes}_K G_2$) , on a un carré commutatif

(5.12.3)

$$\begin{array}{ccc}
(\underline{\mathrm{RHom}}_{A_1}(E_1,F_1)\overset{L}{\otimes}_{A_1}G_1)\overset{L}{\otimes}_K(\underline{\mathrm{RHom}}_{A_2}(E_2,F_2)\overset{L}{\otimes}_{A_2}G_2) & \xrightarrow{(1)} & \\
 & & \underline{\mathrm{RHom}}_{A_1}(E_1,F_1\overset{L}{\otimes}_{A_1}G_1)\overset{L}{\otimes}_K\underline{\mathrm{RHom}}_{A_2}(E_2,F_2\overset{L}{\otimes}_{A_2}G_2) \\
\downarrow (2) & & \downarrow (3) \\
\underline{\mathrm{RHom}}_A(E,F)\overset{L}{\otimes}_A G & \xrightarrow{5.4.2} & \underline{\mathrm{RHom}}_A(E,F\overset{L}{\otimes}_A G)
\end{array} ,$$

où (2) et (3) sont des flèches produits tensoriels du type 5.12.2, et (1) est produit tensoriel des flèches 5.4.2 . De la commutativité des carrés 5.12.1 et 5.12.3 il résulte que, pour $E_i \in \mathrm{ob}\, D(A_i)_{parf}$, $F_i \in \mathrm{ob}\, D^b(A_i^e)$ tels que $F = F_1 \overset{L}{\otimes}_K F_2 \in \mathrm{ob}\, D^b(A^e)$, on a un carré commutatif

(5.12.4)

$$\begin{array}{ccc}
\underline{\mathrm{RHom}}_{A_1}(E_1,F_1\overset{L}{\otimes}_{A_1}E_1)\overset{L}{\otimes}_K\underline{\mathrm{RHom}}_{A_2}(E_2,F_2\overset{L}{\otimes}_{A_2}E_2) & \xrightarrow{(1)} & (F_1\overset{L}{\otimes}_{A_1^e}A_1)\overset{L}{\otimes}_K(F_2\overset{L}{\otimes}_{A_2^e}A_2) \\
(2)\downarrow & & \downarrow (3) \\
\underline{\mathrm{RHom}}_A(E,F\overset{L}{\otimes}_A E) & \xrightarrow{5.6.1} & F\overset{L}{\otimes}_{A^e}A
\end{array} ,$$

où (1) est produit tensoriel des flèches Tr_{A_i} (5.6.1), (2) est défini par 5.12.2, et (3) est l'isomorphisme canonique figurant dans 5.12.1 . Par suite, pour $u_i \in \mathrm{Hom}_{A_i}(E_i,F_i \overset{L}{\otimes}_{A_i} E_i)$, on a

(5.12.5) $$\mathrm{Tr}_A(u_1 \overset{L}{\otimes}_K u_2) = \mathrm{Tr}_{A_1}(u_1)\mathrm{Tr}_{A_2}(u_2) ,$$

le produit au second membre étant défini par la flèche canonique

$$H^o(T,F_1 \overset{L}{\otimes}_{A_1^e} A_1) \otimes H^o(T,F_2 \overset{L}{\otimes}_{A_2^e} A_2) \longrightarrow H^o(T,F \overset{L}{\otimes}_{A^e} A) .$$

5.13. Traces d'endomorphismes semi-linéaires.

Soient A une K-algèbre, φ un endomorphisme de A . Si E , F sont des A-modules à gauche, rappelons qu'un homomorphisme additif $u : E \longrightarrow F$ est dit φ-A-linéaire s'il vérifie $u(ax) = \varphi(a)\,u(x)$ quels que soient $a \in A$, $x \in E$, i.e. si u est un homomorphisme A-linéaire de E dans le A-module ${}_{(\varphi)}F$ déduit de F par restriction des scalaires selon φ .Si F est un A-bimodule,

G un A-module à gauche, on a un isomorphisme évident ${}_{(\varphi)}F \otimes_A G \xrightarrow{\sim} {}_{(\varphi)}(F \otimes_A G)$, qui se dérive (trivialement) en ${}_{(\varphi)}F \overset{L}{\otimes}_A G \xrightarrow{\sim} {}_{(\varphi)}(F \overset{L}{\otimes}_A G)$.

Supposons A plat sur K . On déduit alors de 5.4.2 une flèche

$$(5.13.1) \qquad \underline{\mathrm{RHom}}_A(E, {}_{(\varphi)}F) \overset{L}{\otimes}_A G \longrightarrow \underline{\mathrm{RHom}}_A(E, {}_{(\varphi)}(F \overset{L}{\otimes}_A G))$$

pour $E \in \mathrm{ob}\, D^-(A)$, $F \in \mathrm{ob}\, D^+(A^e)$, $G \in \mathrm{ob}\, D^-(A)$, avec $F \overset{L}{\otimes}_A G \in \mathrm{ob}\, D^+(A)$. Pour $E \in \mathrm{ob}\, D(A)_{\mathrm{parf}}$, 5.13.1 est un isomorphisme, ce qui permet de définir, par 5.3.5, une flèche trace

$$(5.13.2) \qquad \mathrm{Tr}_{A,\varphi} : \underline{\mathrm{RHom}}_A(E, {}_{(\varphi)}(F \overset{L}{\otimes}_A E)) \longrightarrow {}_{(\varphi)}F \overset{L}{\otimes}_{A^e} A \quad .$$

On en déduit notamment, pour F = A , une flèche

$$(5.13.3) \qquad \mathrm{Tr}_{A,\varphi} : \mathrm{Hom}_A(E, {}_{(\varphi)}E) \longrightarrow H^o(T, A_{\natural,\varphi})$$

où $A_{\natural,\varphi} = {}_{(\varphi)}A \otimes_{A^e} A$ est le K-module quotient de A par le sous-module engendré localement par les sections locales de la forme $ab - \varphi(b)a$. Dans le cas où $A = K[G]$, G un groupe discret, avec φ défini par un endomorphisme φ de G , $A_{\natural,\varphi}$ est le K-module libre de base $G_{\natural,\varphi}$, où $G_{\natural,\varphi}$ est le quotient de G par l'action $(g,x) \longmapsto \varphi(g)xg^{-1}$ (les orbites s'appellent parfois "classes de φ-conjugaison" de G). Les traces 5.14.2 coïncident, pour T ponctuel, avec celles considérées par Grothendieck, et dont il est question dans l'exposé XII.

Dans la situation de 5.10, si φ , ψ sont des endomorphismes respectifs de A , B , compatibles avec $A \longrightarrow B$, il existe une unique flèche $\mathrm{Tr}_A : B_{\natural,\psi} \longrightarrow A_{\natural,\varphi}$ rendant commutatif le carré (analogue à 5.10.2)

$$(5.13.4) \qquad \begin{array}{ccc} {}_{(\psi)}B = \underline{\mathrm{Hom}}_B(B, {}_{(\psi)}B) & \xrightarrow{\ \mathrm{Tr}_{B,\psi}\ } & B_{\natural,\psi} \\ \Big\downarrow & & \Big\downarrow \mathrm{Tr}_A \\ \underline{\mathrm{Hom}}_A(B, {}_{(\varphi)}A) \otimes_A B & \xrightarrow{\ \acute{e}v\ } & A_{\natural,\varphi} \end{array} \quad ,$$

où év est la flèche d'évaluation, et la flèche verticale de gauche est la restriction des scalaires. On définit une flèche analogue à 5.10.5, avec $A \otimes_K M$ (resp.

$B \otimes_K M)$ remplacé par $_{(\varphi)}A \otimes_K M$ (resp. $_{(\psi)}B \otimes_K M)$, et l'on a des compatibilités analogues à 5.10.6, 5.10.9, 5.10.11, qu'on laisse au lecteur le soin d'énoncer.

Soient G un groupe fini, φ un endomorphisme de G . Pour $g \in G$, notons $Z_{g,\varphi}$ le φ-centralisateur de g dans G , i.e. l'ensemble des $x \in G$ tels que $\varphi(x)gx^{-1} = g$. Posons $A = K[G]$, soient $E \in \mathrm{ob}\, D(A)_{\mathrm{parf}}$, $N \in \mathrm{ob}\, D^b(K)$. On déduit aisément des compatibilités précédentes que l'on a, pour $u \in \mathrm{Hom}_A(E, {}_{(\varphi)}(M \overset{L}{\otimes}_K E))$, $g \in G$,

(5.13.5) $$\mathrm{Tr}_K(gu) = |Z_{g^{-1},\varphi}|\mathrm{Tr}_{A,\varphi}(u)(g^{-1})$$

(les détails de la vérification sont laissés au lecteur).

6.- Correspondances équivariantes et divisibilité de termes locaux.

6.1. Notations.

Dans ce numéro, S désigne le spectre d'un corps de car. p , et Λ un anneau commutatif noethérien annulé par un entier non divisible par p . Les S-schémas considérés seront supposés séparés et de type fini. Les Λ-algèbres considérées seront associatives, unitaires, et de type fini, mais non nécessairement commutatives. Le plus souvent, et notamment pour tout ce qui concerne les "termes locaux de Lefschetz-Verdier non commutatifs", elles seront supposées plates (dans les applications, ce seront des algèbres de groupes finis). Si X est un S-schéma, et A une Λ-algèbre, on notera $D({}_AX)$ (resp. $D(X_A)$ la catégorie dérivée de la catégorie des faisceaux de A-modules à gauche (resp. à droite) sur X ; pour A commutatif, on écrira aussi $D(X,A)$ pour $D({}_AX)$, et $D(X) = D(X,\Lambda)$. On notera $D_c(-)$ (resp. $D_{ctf}(-)$) la sous-catégorie pleine formée des complexes à cohomologie constructible (resp. de tor-dimension finie et à cohomologie constructible). Si A , B sont des Λ-algèbres, on notera $D({}_AX_B)$ la catégorie dérivée de celle des faisceaux de (A,B)-bimodules (à gauche sur A , à droite sur B). Enfin, on utilisera les notations A^o , A^e , $A_\natural$ de 5.1 .

6.2. Le formalisme de (III 1, 2, 3) s'étend sans peine au cas "non commutatif". Indiquons rapidement les principaux points de cette généralisation.

Soient X un S-schéma, A , B des Λ-algèbres. Si $L \in \mathrm{ob}\, D_{ctf}(X_A)$, $M \in \mathrm{ob}\, D({}_AX_B)$, M étant de tor-dimension finie et à cohomologie constructible en tant qu'objet de $D(X_B)$, alors $L \overset{L}{\otimes}_A M \in \mathrm{ob}\, D(X_B)_{ctf}$ (la vérification est immédiate). D'autre part, il découle de (SGA $4^{1/2}$ Finitude 1.6) que, pour M comme ci-dessus, et $L \in \mathrm{ob}\, D_{ctf}({}_AX)$, on a $\underline{\mathrm{RHom}}_A(L,M) \in \mathrm{ob}\, D_{ctf}(X_B)$. Il résulte également de (loc. cit.) que, si f est un S-morphisme, $D_{ctf}({}_A-)$ est stable par les opérations $(f^*, f_*, f_!, f^!)$ (le cas de f^* étant trivial).

Soient, pour $i = 1, 2$, $f_i : X_i \longrightarrow Y_i$ un S-morphisme,

$f = f_1 \times_S f_2 : X = X_1 \times_S X_2 \longrightarrow Y = Y_1 \times_S Y_2$, A une Λ-algèbre. Pour $L_1 \in \mathrm{ob}\, D^-(X_{1A})$, $L_2 \in \mathrm{ob}\, D^-({}_AX_2)$, on a une flèche de Künneth (dans $D^-(Y)$)

$$(6.2.1) \qquad f_{1*}L_1 \overset{L}{\otimes}_{S,A} f_{2*}L_2 \longrightarrow f_*(L_1 \overset{L}{\otimes}_{S,A} L_2)$$

(où $L_1 \overset{L}{\otimes}_{S,A} L_2 \overset{\mathrm{dfn}}{=} p_1^*L_1 \overset{L}{\otimes}_A p_2^*L_2$) , dont on déduit de (loc. cit.), comme en (III 1.6), qu'elle est un isomorphisme. Si B , C sont des Λ-algèbres, avec B ou C supposée plate sur Λ (pour pouvoir définir $\overset{L}{\otimes}_A : D^-({}_B-{}_A) \times D^-({}_A-{}_C) \longrightarrow D^-({}_B-{}_C)$) , on a un isomorphisme analogue à 6.2.1, dans $D^-({}_BY_C)$, pour $L_1 \in \mathrm{ob}\, D^-({}_BX_{1A})$, $L_2 \in \mathrm{ob}\, D^-({}_AX_{2B})$. On vérifie de même que, pour $M_1 \in \mathrm{ob}\, D^-(Y_{1A})$, $M_2 \in \mathrm{ob}\, D^-({}_AY_2)$, on a un isomorphisme de Künneth (dans $D^-(X)$)

$$(6.2.2) \qquad f_1^!M_1 \overset{L}{\otimes}_{S,A} f_2^!M_2 \longrightarrow f^!(M_1 \overset{L}{\otimes}_{S,A} M_2)$$

(et un isomorphisme analogue dans $D^-({}_BX_C)$ pour $M_1 \in \mathrm{ob}\, D^-({}_BY_{1A})$, $M_2 \in \mathrm{ob}\, D^-({}_AY_{2C})$). Enfin, soient, pour $i = 1, 2$, A_i une Λ-algèbre, A_2 étant plate, $E_1 \in \mathrm{ob}\, D_{ctf}({}_{A_1}X_1)$, $F_2 \in \mathrm{ob}\, D^+({}_{A_2}X_2)$, $F_1 \in \mathrm{ob}\, D({}_{A_1}X_{1A_2})$, avec F_1 de tor-dimension finie et à cohomologie constructible en tant qu'objet de $D(X_{1A_2})$. Alors on a $\underline{\mathrm{RHom}}_{A_1}(E_1,F_1) \in \mathrm{ob}\, D_{ctf}(X_{1A_2})$, comme on l'a vu plus haut, et l'on dispose d'une flèche canonique de $D^+(X)$ ($D^+(X,A_2)$ quand A_2 est commutatif)

$$(6.2.3) \qquad \underline{\mathrm{RHom}}_{A_1}(E_1,F_1) \overset{L}{\otimes}_{S,A_2} F_2 \longrightarrow \underline{\mathrm{RHom}}_{A_1}(p_1^*E_1,F_1 \overset{L}{\otimes}_{S,A_2} F_2) \quad ,$$

définie par composition de la flèche "image inverse" (III 2.1.1)

$$p_1^*\underline{\mathrm{RHom}}_{A_1}(E_1,F_1) \overset{L}{\otimes}_{A_2} p_2^*F_2 \longrightarrow \underline{\mathrm{RHom}}_{A_1}(p_1^*E_1,p_1^*F_1) \overset{L}{\otimes}_{A_2} p_2^*F_2$$

avec la flèche analogue à 5.4.2.

$$\underline{\mathrm{RHom}}_{A_1}(p_1^*E_1,p_1^*F_1) \overset{L}{\otimes}_{A_2} p_2^*F_2 \longrightarrow \underline{\mathrm{RHom}}_{A_1}(p_1^*E_1,p_1^*F_1 \overset{L}{\otimes}_{A_2} p_2^*F_2)$$

(adjointe selon 5.2.3 de la flèche

$$p_1^*E_1 \overset{L}{\otimes} \underline{\mathrm{RHom}}_{A_1}(p_1^*E_1,p_1^*F_1) \overset{L}{\otimes}_{A_2} p_2^*F_2 \longrightarrow p_1^*F_1 \overset{L}{\otimes}_{A_2} p_2^*F_2$$

définie par la flèche d'évaluation 5.3.6). On déduit de 6.2.1, comme en (III 2.3), que 6.2.3 est un isomorphisme. En particulier, pour $A_2 = \Lambda$, $F_2 = \Lambda_{X_2}$, 6.2.3 donne un isomorphisme

$$(6.2.4) \qquad p_1^* \underline{\mathrm{RHom}}_{A_1}(E_1, F_1) \xrightarrow{\sim} \underline{\mathrm{RHom}}_{A_1}(p_1^* E_1, p_1^* F_1) \quad .$$

6.3. Si $t : T \longrightarrow S$ est un S-schéma, et A une Λ-algèbre, nous poserons

$$(6.3.1) \qquad t^! A = KA_T \qquad (\in \text{ob } D^+({}_A T_A)) \quad .$$

Pour $A = \Lambda$, nous écrirons K_T au lieu de $K\Lambda_T$. Il résulte de 6.2.2 qu'on a un isomorphisme canonique (de $D^+({}_A T_A)$)

$$(6.3.2) \qquad K_T \overset{L}{\otimes} A \xrightarrow{\sim} KA_T \quad .$$

Nous noterons D_A le foncteur $\underline{\mathrm{RHom}}_A(-, KA_T)$: il envoie $D_{ctf}({}_A T)$ dans $D_{ctf}(T_A)$ (et vice-versa), et la démonstration de (SGA $4^{1/2}$ Th. Finitude 4) montre que, pour $L \in \text{ob } D_{ctf}({}_A T)$, la flèche canonique $L \longrightarrow D_A D_A L$ est un isomorphisme. Pour $A = \Lambda$, nous écrirons D au lieu de D_A .

6.4. Soit A une Λ-algèbre plate, et soient, pour $i = 1, 2$, X_i un S-schéma, $X = X_1 \times_S X_2$, $p_i : X \longrightarrow X_i$ les projections, $L_i \in \text{ob } D_{ctf}({}_A X_i)$. Par 6.2.3 appliqué à $A_1 = A_2 = A$, $E_1 = L_1$, $F_2 = L_2$, $E_2 = KA_{X_1}$, on a un isomorphisme

$$D_A L_1 \overset{L}{\otimes}_{S,A} L_2 \xrightarrow{\sim} \underline{\mathrm{RHom}}_A(p_1^* L_1, KA_{X_1} \overset{L}{\otimes}_{S,A} L_2) \quad ,$$

d'où, en composant avec l'isomorphisme de Künneth 6.2.2 $KA_{X_1} \overset{L}{\otimes}_{S,A} L_2 \xrightarrow{\sim} p_2^! L_2$, un isomorphisme

$$(6.4.1) \qquad D_A L_1 \overset{L}{\otimes}_{S,A} L_2 \xrightarrow{\sim} \underline{\mathrm{RHom}}_A(p_1^* L_1, p_2^! L_2) \quad ,$$

qui généralise (III 3.1.1). Soit $c : C \longrightarrow X$ un S-morphisme, posons $c_i = p_i c$. Par la formule d'induction (SGA 4 XVIII 3.1.12.2), on a un isomorphisme canonique (analogue à (III 3.2.1))

$$(6.4.2) \qquad c^! \underline{\mathrm{RHom}}_A(p_1^* L_1, p_2^! L_2) \xrightarrow{\sim} \underline{\mathrm{RHom}}_A(c_1^* L_1, c_2^! L_2) \quad ,$$

d'où, en composant avec 6.4.1, un isomorphisme

(6.4.3) $$H^{o}(X, c_{*}c^{!}(D_A L_1 \overset{L}{\otimes}_{S,A} L_2)) \xrightarrow{\ \sim\ } \mathrm{Hom}_A(c_1^{*}L_1, c_2^{!}L_2) \quad .$$

Les éléments de $\mathrm{Hom}_A(c_1^{*}L_1, c_2^{!}L_2)$ s'appelleront <u>correspondances cohomologiques de L_1 à L_2 à support dans</u> c (la terminologie diffère légèrement de celle de (loc. cit.), les deux terminologies coïncident pour c propre, ce qui est le cas dans la pratique).

Etant donné des S-morphismes $f_i : X_i \longrightarrow Y_i$ $(i = 1, 2)$ et un carré commutatif (III 3.7.1) avec c propre, on définit comme en (loc. cit.) des flèches "image directe" analogues à (III 3.7.5), (III 3.7.6) (pour $L_i \in \mathrm{ob}\, D_{ctf}({}_A X_i)$) .

6.5. Soient A une Λ-algèbre plate, X un S-schéma, $X^2 = X \times_S X$, p_1 , $p_2 : X^2 \rightrightarrows X$ les projections canoniques, $\delta : X \longrightarrow X^2$ la diagonale, $c : C \longrightarrow X^2$ un S-morphisme, $c_i = p_i c$, $X^c = C \times_{X^2} X$ le schéma des points fixes de c , d'où un carré cartésien

(6.5.1) $$\begin{array}{ccccc} & & X^c & & \\ & \swarrow^{\delta^c} & & \searrow^{i^c} & \\ C & & & & X \\ & \searrow_{c} & & \swarrow_{\delta} & \\ & & X^2 & & \end{array} \quad .$$

Posons

(6.5.2) $$KA_{X,L\natural} = K_X \overset{L}{\otimes}_{\Lambda} (A \overset{L}{\otimes}_{A^e} A) \quad , \quad KA_{X,\natural} = K_X \overset{L}{\otimes}_{\Lambda} A_{\natural} \quad .$$

Soit $L \in \mathrm{ob}\, D_{ctf}({}_A X)$. On définit un homomorphisme "<u>trace locale</u>"

(6.5.3) $$\mathrm{Tr}_A : \delta^{*}\underline{R\mathrm{Hom}}_A(p_1^{*}L, p_2^{!}L) \longrightarrow KA_{X,L\natural} \quad ,$$

en composant l'isomorphisme

(6.5.4) $$\delta^{*}\underline{R\mathrm{Hom}}_A(p_1^{*}L, p_2^{!}L) \xrightarrow{\ \sim\ } \delta^{*}(D_A L \overset{L}{\otimes}_{S,A} L)$$

déduit de l'inverse de 6.4.1 (pour $X_1 = X_2$, $L_1 = L_2$) par application de δ^{*} , l'isomorphisme trivial

(6.5.5) $$\delta^{*}(D_A L \overset{L}{\otimes}_{S,A} L) = D_A L \overset{L}{\otimes}_A L \quad ,$$

et la flèche d'évaluation 5.3.5

(6.5.6) $$D_A L \overset{L}{\otimes}_A L \longrightarrow KA_{X,L\natural}$$

(où l'on a identifié $KA_X \overset{L}{\otimes}_{A^e} A$ à $KA_{X,L\natural}$ grâce à 6.3.2 $K_X \overset{L}{\otimes} A = KA_X$) . Il résulte aussitôt de la définition que, pour $X = S$, 6.5.3 coïncide avec la flèche $Tr_A : \underline{RHom}_A(L,L) \longrightarrow A \overset{L}{\otimes}_{A^e} A$ de 5.6.1 . Composant la flèche déduite de 6.5.3 par application de $i^c_* i^{c!}$ avec la flèche

(6.5.7) $$\delta^* c_* \underline{RHom}_A(c_1^* L, c_2^! L) \longrightarrow i^c_* i^{c!} \delta^* \underline{RHom}_A(p_1^* L, p_2^! L)$$

déduite de 6.4.2 et de la flèche de changement de base $\delta^* c_* c^! \longrightarrow i^c_* i^{c!} \delta^*$, on obtient une flèche

(6.5.8) $$Tr_A : \delta^* c_* \underline{RHom}_A(c_1^* L, c_2^! L) \longrightarrow i^c_* i^{c!} KA_{X,L\natural} = i^c_* KA_{X^c,L\natural} ,$$

d'où la flèche

(6.5.9) $$Tr_A : Hom_A(c_1^* L, c_2^! L) \longrightarrow H^o(X^c, KA_{X^c,L\natural}) .$$

On notera encore Tr_A les flèches composées de 6.5.3, 6.5.8, 6.5.9 avec les flèches déduites de la flèche canonique $KA_{X,L\natural} \longrightarrow KA_{X,\natural}$. On vérifie facilement que, pour $A = \Lambda$, on a, pour $u \in Hom(c_1^* L, c_2^! L)$,

(6.5.10) $$Tr(u) = < u,1 > ,$$

avec la notation de (III 4.2.5), 1 désignant la correspondance diagonale (plus précisément, la flèche $c_* \underline{RHom}(c_1^* L, c_2^! L) \longrightarrow \delta_* i^c_* K_{X^c}$ adjointe de 6.5.8 est celle définie par (III 4.2.4') (avec $X_1 = X_2$, $L_1 = L_2$, $d = \delta$) et la correspondance diagonale $1 \in Hom(L,L)$).

6.6. Soient A une Λ-algèbre plate, et, pour $i = 1, 2$, X_i un S-schéma, $X = X_1 \times_S X_2$, $L_i \in ob\, D_{ctf}({}_A X_i)$. On définit un accouplement

(6.6.1) $$\underline{RHom}_A(p_1^* L_1, p_2^! L_2) \overset{L}{\otimes}_\Lambda \underline{RHom}_A(p_2^* L_2, p_1^! L_1) \rightarrow KA_{X,L\natural}$$

de la manière suivante. On identifie le premier membre à

$$\underline{\mathrm{RHom}}_A(p_1^*L_1, p_1^*KA_{X_1}) \overset{L}{\otimes}_A p_2^*L_2 \overset{L}{\otimes}_\Lambda \underline{\mathrm{RHom}}_A(p_2^*L_2, p_2^*KA_{X_2}) \overset{L}{\otimes}_A p_1^*L_1$$

par les isomorphismes 6.4.1, puis à

$$A \overset{L}{\otimes}_{A^e} \underline{\mathrm{RHom}}_A(\quad) \overset{L}{\otimes}_\Lambda p_2^*L_2 \overset{L}{\otimes}_\Lambda \underline{\mathrm{RHom}}_A(\quad) \overset{L}{\otimes}_\Lambda p_1^*L_1 \overset{L}{\otimes}_{A^e} A$$

par 5.3.1 ; on envoie cet objet dans $A \overset{L}{\otimes}_{A^e}(KA_{X_1} \overset{L}{\otimes}_\Lambda KA_{X_2}) \overset{L}{\otimes}_{A^e} A = R$ par le produit tensoriel de flèches d'évaluation 5.3.6 ; on identifie enfin R à $A \overset{L}{\otimes}_{A^e}(KA_{X_1} \overset{L}{\otimes}_A KA_{X_2})$ par 5.8.2, puis à $KA_{X,L\natural}$ par 6.5.2 et (III 1.7.6). Si $c : C \longrightarrow X$, $d : D \longrightarrow X$ sont des correspondances, et $e = c \times_X d : E \longrightarrow X$, on déduit de 6.6.1, comme en (III 4.2), un accouplement

(6.6.2) $$c_*\underline{\mathrm{RHom}}_A(c_1^*L_1, c_2^!L_2) \overset{L}{\otimes}_\Lambda d_*\underline{\mathrm{RHom}}_A(d_2^*L_2, d_1^!L_1) \longrightarrow e_*KA_{E,L\natural} \quad ,$$

d'où un "cup-produit"

(6.6.3) $$< \ , \ >_A : \mathrm{Hom}_A(c_1^*L_1, c_2^!L_2) \otimes \mathrm{Hom}_A(d_2^*L_2, d_1^!L_1) \longrightarrow H^0(E, KA_{E,L\natural}) \quad .$$

Il n'est pas difficile d'étendre au cas non commutatif la notion de composition de correspondances étudiée en (III 5.2), et l'on vérifie que, pour $u \in \mathrm{Hom}_A(c_1^*L_1, c_2^!L_2)$, $v \in \mathrm{Hom}_A(d_2^*L_2, d_1^!L_1)$, on a la formule analogue à (III 5.2.9)

(6.6.4) $$< u,v >_A = \mathrm{Tr}_A(vu) = \mathrm{Tr}_A(uv) \quad .$$

La formule de Lefschetz (III 4.4) se généralise sans peine dans ce contexte : étant donné des S-morphismes propres $f_i : X_i \longrightarrow Y_i (i = 1, 2)$, et un cube commutatif (III 4.4.0), on a, pour $L_i \in \mathrm{ob}\, D_{ctf}({}_AX_i)$, un carré commutatif analogue à (III 4.4.1), avec K_C (resp. K_D) remplacé par $KA_{C,L\natural}$ (resp. $KA_{D,L\natural}$), et une formule analogue à (III 4.5.1), dans $H^0(D, KA_{D,L\natural})$:

(6.6.5) $$< f_*u, f_*v >_A = g_* < u,v >_A$$

(la flèche $f_*c_*KA_{C,L\natural} \longrightarrow d_*KA_{D,L\natural}$ est déduite de la flèche (4) de (III 4.4.1) par tensorisation avec $A \overset{L}{\otimes}_{A^e} A)$.

6.7. Soient X et c comme en 6.5, et $A \longrightarrow B$ un morphisme de Λ-algèbres plates. Vis-à-vis de l'extension et de la restriction des scalaires, les flèches Tr_A (6.5.3, 6.5.8, 6.5.9) se comportent comme les flèches Tr_A de 5.6.1, 5.6.2. Le point est que, si f est un S-morphisme, les foncteurs $(f^*, f_*, f_!, f^!)$ commutent à l'extension et à la restriction des scalaires, et que par conséquent l'étude du comportement de Tr_A (6.5.3) vis-à-vis de l'extension et de la restriction des scalaires se ramène à celle du comportement de la flèche "produit tensoriel"

$$\underline{RHom}_A(p_1^*L, p_1^*KA_X) \overset{L}{\otimes}_A p_2^*L \longrightarrow \underline{RHom}_A(p_1^*L, p_1^*KA_X \overset{L}{\otimes}_A p_2^*L)$$

et de la flèche "d'évaluation"

$$\underline{RHom}_A(L, KA_X) \overset{L}{\otimes}_A L \longrightarrow KA_{X,L^\natural} .$$

Ainsi, la commutativité des carrés 5.9.1, 5.9.2 entraîne celle du carré

$$(6.7.1)\qquad \begin{array}{ccc} \delta^* c_* \underline{RHom}_A(c_1^*L, c_2^!L) & \xrightarrow{Tr_A} & i_*^c KA_{X^c, L^\natural} \\ \downarrow & & \downarrow \\ \delta^* c_* \underline{RHom}_B(c_1^*(B \overset{L}{\otimes}_A L), c_2^!(B \overset{L}{\otimes}_A L)) & \xrightarrow{Tr_B} & i_*^c KB_{X^c, L^\natural} \end{array} ,$$

où la flèche verticale de gauche est l'extension des scalaires et celle de droite est définie par la flèche canonique $A \overset{L}{\underset{A^e}{\otimes}} A \longrightarrow B \overset{L}{\underset{B^e}{\otimes}} B$; il en résulte que, pour $u \in Hom_A(c_1^*L, c_2^!L)$, on a

$$(6.7.2)\qquad Tr_B(B \overset{L}{\otimes}_A u) = \varphi Tr_A(u) ,$$

où $\varphi : H^o(X^c, KA_{X^c, L^\natural}) \longrightarrow H^o(X^c, KB_{X^c, L^\natural})$ est l'application canonique.

Supposons A de type fini et plat en tant que Λ-module, B de type fini et plat en tant que A-module à gauche, et $A^\natural$, $B^\natural$ plats sur Λ. On dispose de $Tr_{B/A} : B^\natural \longrightarrow A^\natural$, on notera encore

$$(6.7.3)\qquad Tr_{B/A} : KB_{X,\natural} \longrightarrow KA_{X,\natural} ,$$

la flèche qui s'en déduit par application de $K_X \overset{L}{\otimes} -$ (6.5.2). Il découle de 5.10.6 et 5.10.9 que, pour $L \in ob\, D_{ctf}({}_BX)$, on a un carré commutatif

$$
\begin{array}{ccc}
\delta^* c_* \underline{\mathrm{RHom}}_B(c_1^* L, c_2^! L) & \xrightarrow{\ \mathrm{Tr}_B\ } & i_*^c KB_{X^c,\natural} \\
\downarrow & & \downarrow \mathrm{Tr}_{B/A} \\
\delta^* c_* \underline{\mathrm{RHom}}_A(c_1^* L, c_2^! L) & \xrightarrow{\ \mathrm{Tr}_A\ } & i_*^c KA_{X^c,\natural}
\end{array} \qquad (6.7.4)
$$

où la flèche verticale de gauche est la restriction des scalaires. Par suite, pour $u \in \mathrm{Hom}_B(c_1^* L, c_2^! L)$, on a, dans $H^o(X^c, KA_{X^c,\natural})$,

(6.7.5) $$\mathrm{Tr}_A(u) = \mathrm{Tr}_{B/A}(\mathrm{Tr}_B(u)) \quad .$$

6.8. Soient A, B des Λ-algèbres plates, X , Y des S-schémas, $Z = X \times_S Y$, $c : C \longrightarrow X^2$, $d : D \longrightarrow Y^2$ des correspondances, $e = c \times_S d : E = C \times_S D \to Z^2$ le produit. On a donc $Z^e = X^c \times_S Y^d$. Posons $R = A \otimes_\Lambda B$. On définit comme en (III 5.3) le produit tensoriel externe

(6.8.1) $$\mathrm{Hom}_A(c_1^* L, c_2^! L) \otimes \mathrm{Hom}_B(d_1^* M, d_2^! M) \xrightarrow{\overset{L}{\otimes}_S} \mathrm{Hom}_R(e_1^*(L \overset{L}{\otimes}_S M), e_2^!(L \overset{L}{\otimes}_S M)) \quad ,$$

et l'on déduit aisément de la commutativité des carrés 5.12.1, 5.12.3, que, pour $u \in \mathrm{Hom}_A(c_1^* L, c_2^! L)$, $c \in \mathrm{Hom}_B(d_1^* M, d_2^! M)$, on a, dans $H^o(Z^c, KR_{Z^c,L\natural})$,

(6.8.2) $$\mathrm{Tr}_R(u \overset{L}{\otimes}_S v) = \mathrm{Tr}_A(u)\ \mathrm{Tr}_B(v) \quad ,$$

le produit au second membre étant défini par la flèche canonique

(6.8.3) $$H^o(X^c, KA_{X^c,L\natural}) \otimes H^o(Y^d, KB_{Y^d,L\natural}) \longrightarrow H^o(Z^c; KR_{Z^c,L\natural}) \quad ,$$

provenant de l'isomorphisme $KA_{X^c,L\natural} \overset{L}{\otimes}_S KB_{Y^d,L\natural} \longrightarrow K(A \otimes B)_{Z^d,L\natural}$ (donné par (III 1.7.6) et la flèche (4) de 5.9.1).

6.9. Soit G un groupe fini. Si X est un G-S-schéma (i.e. un S-schéma muni d'une action de G par S-automorphismes (*)), et A une Λ-algèbre (**) nous noterons $D(G,{}_A X)$ la catégorie dérivée de celle des faisceaux de G-A-modules à gauche sur X (pour les notions de G-faisceau d'ensembles, d'anneaux, de modules, etc.) sur X (pour la topologie étale), nous renvoyons le lecteur à (X 1)), et nous

---

(*) On convient de faire opérer G à droite sur les espaces.

(**) On s'intéresse surtout au cas de Λ-algèbres commutatives.

désignerons par l'indice c (resp. ctf) la sous-catégorie pleine formée des complexes de G-A-modules qui, en tant que complexes de A-modules, sont à cohomologie constructible (resp. de tor-dimension finie et à cohomologie constructible). De même, si B est une Λ-algèbre, nous noterons $D(G,{}_AX_B)$ la catégorie dérivée de celle des G-(A,B)-bimodules sur X . Si G agit trivialement sur X , un G-A-module à gauche sur X n'est autre qu'un A[G]-module à gauche sur X (sans groupe d'opérateurs), donc $D(G,{}_AX) = D({}_{A[G]}X)$; comme G est fini, on a de plus $D_c({}_AX) = D_c({}_{A[G]}X)$, mais on a seulement une inclusion $D_{ctf}({}_{A[G]}X) \subset D_{ctf}(G,{}_AX)$.

Le formalisme de dualité de (SGA 4 XVII, XVIII) s'étend sans peine au cas des G-S-schémas. Comme le foncteur d'oubli de l'action de G est fidèle, il suffit d'étendre de façon naturelle la définition des "six opérations" ($\overset{L}{\otimes}$, $\underline{\mathrm{RHom}}$, f^* , f_* , $f_!$, $f^!$) et des flèches canoniques envisagées en (loc. cit) (changement de base, Künneth, dualité, etc.) . Cette extension n'offre pas de difficulté (pour la définition des foncteurs $f_!$, $f^!$, il suffit d'utiliser des compactifications équivariantes). Nous laissons au lecteur le soin de paraphraser les définitions et résultats de 6.2 à 6.8 dans le cadre des G-S-schémas. Si, pour $i = 1, 2$, X_i est un G-S-schéma, $c : C \longrightarrow X = X_1 \times_S X_2$ un G-S-morphisme, et $L_i \in \mathrm{ob}\, D_{ctf}(G,{}_AX_i)$, les éléments de $\mathrm{Hom}_A(c_1^*L_1, c_2^!L_2)$ (Hom_A = Hom dans la catégorie $D(G,{}_A-)$) s'appelleront <u>correspondances (cohomologiques) équivariantes de</u> L_1 <u>à</u> L_2 <u>à support dans</u> c . On notera que, lorsque G agit trivialement sur X_i ($i = 1, 2$) et que $L_i \in \mathrm{ob}\, D_{ctf}({}_{A[G]}X_i)$, l'isomorphisme 6.4.1 (dans D(G,X)) se "raffine" en un isomorphisme

$$D_{A[G]}L_1 \overset{L}{\otimes}_{S,A[G]} L_2 \xrightarrow{\sim} \underline{\mathrm{RHom}}_{A[G]}(p_1^*L_1, p_2^!L_2) \quad .$$

Il en résulte que, dans une situation G-équivariante de type 6.5, avec action triviale de G sur les espaces, et $L \in \mathrm{ob}\, D_{ctf}({}_{A[G]}X) \subset D_{ctf}(G,{}_AX)$) on peut, pour $u \in \mathrm{Hom}_{A[G]}(c_1^*L, c_2^!L)$, définir un terme local $\mathrm{Tr}_{A[G]}(u) \in H^0(X^c, KA[G]_{X^c,L\natural})$, plus fin (en un sens évident) que le terme local $\mathrm{Tr}_A(u) \in H^0(G,X^c,KA_{X^c,L\natural})$ obtenu en utilisant seulement la tor-dimension finie de L par rapport à A .

6.10. Soient X , c comme en 6.5, et $L \in \mathrm{ob}\, D_{ctf}({}_{\Lambda[G]}X)$. Pour $u \in \mathrm{Hom}_{\Lambda[G]}(c_1^*L, c_2^!L)$, on dispose, par 6.5.9, d'une trace locale

$$\mathrm{Tr}_{\Lambda[G]}(u) \in H^o(X^c, K\Lambda[G]_{X^c,\natural}) = H^o(X^c; K_{X^c} \otimes \Lambda[G_\natural]) \quad , \tag{6.10.1}$$

où $G_\natural$ est l'ensemble des classes de conjugaison de G , et pour tout $x \in G_\natural$, on peut considérer la "valeur de $\mathrm{Tr}_{\Lambda[G]}(u)$ en x" , $\mathrm{Tr}_{\Lambda[G]}(u)(x) \in H^o(X^c, K_{X^c})$, image de $\mathrm{Tr}_{\Lambda[G]}(u)$ par la projection $H^o(X^c, K_{X^c} \otimes \Lambda[G_\natural]) \longrightarrow H^o(X^c, K_{X^c})$ définie par x . Il résulte de 6.7.5 et 5.11.2 que l'on a

$$\mathrm{Tr}_\Lambda(u) = |G|\ \mathrm{Tr}_{\Lambda[G]}(u)(e) \quad , \tag{6.10.2}$$

où e désigne l'élément neutre de G . Plus généralement, soit $g \in G$, notons Z_g le centralisateur de g , et $gu \in \mathrm{Hom}_{\Lambda[Z_g]}(c_1^*L, c_2^!L)$ la correspondance composée de u avec la multiplication à gauche par $g : c_1^*L \longrightarrow c_1^*L$. On a $L \in \mathrm{ob}\, D_{ctf}({}_{\Lambda[Z_g]}X)$, et par suite 6.10.2 entraîne

$$\mathrm{Tr}_\Lambda(gu) = |Z_g|\mathrm{Tr}_{\Lambda[Z_g]}(gu)(e) \quad . \tag{6.10.3}$$

Par le même raisonnement qu'en 5.11.3, on déduit de 6.7.4 la formule

$$\mathrm{Tr}_{\Lambda[Z_g]}(gu)(e) = \mathrm{Tr}_{\Lambda[G]}(u)(g^{-1}) \quad , \tag{6.10.4}$$

qui permet, si on le désire, de récrire 6.10.3 sous la forme

$$\mathrm{Tr}_\Lambda(gu) = |Z_g|\mathrm{Tr}_{\Lambda[G]}(u)(g^{-1}) \quad . \tag{6.10.5}$$

6.11. Soient $f : X \longrightarrow Y$ un G-S-morphisme propre, et

$$\begin{array}{ccc} X \times_S X & \xleftarrow{\ c\ } & C \\ {\scriptstyle f \times_S f}\downarrow & & \downarrow \\ Y \times_S Y & \xleftarrow{\ d\ } & D \end{array} \tag{6.11.1}$$

un carré commutatif G-équivariant de G-S-schémas, avec c et d propres. On suppose que G agit trivialement sur Y et D . On note

(6.11.2) $$f^{c/d} \text{ (ou } f^c) : X^c \longrightarrow Y^d$$

le morphisme induit par 6.11.1 sur les schémas des points fixes de c et d , avec les notations de 6.5.1 . Soient $L \in \text{ob } D_{ctf}(G,X)$, et $u \in \text{Hom}(c_1^*L, c_2^!L)$ une correspondance G-équivariante à support dans c , d'où, par image directe, une correspondance G-équivariante $f_*u \in \text{Hom}_{\Lambda[G]}(d_1^*f_*L, d_2^!f_*L)$. Pour $g \in G$, nous noterons Z_g le centralisateur de g , et

(6.11.3) $$gu \in \text{Hom}((gc)_1^*L, c_2^!L)$$

la correspondance Z_g-équivariante à support dans

(6.11.4) $$gc \overset{\text{dfn}}{=} (gc_1 = c_1 g, c_2) : C \longrightarrow X \times_S X$$

définie comme composée des flèches

$$g^*(c_1^*L) \xrightarrow{\alpha_g} c_1^*L \xrightarrow{u} c_2^!L \quad ,$$

où α_g est la flèche donnant l'action de G sur c_1^*L . Il est clair que l'on a

(6.11.5) $$f_*(gu) = g(f_*u) \quad .$$

<u>Proposition</u> 6.12 - <u>Sous les hypothèses de</u> 6.11, <u>on suppose que l'on a</u> $f_*L \in \text{ob } D_{ctf}({}_{\Lambda[G]}Y)$. <u>Alors</u>, <u>pour tout</u> $g \in G$, <u>on a</u>

(6.12.1) $$f_*^{gc}\text{Tr}_\Lambda(gu) = |Z_g|\text{Tr}_{\Lambda[G]}(f_*u)(g^{-1}) \quad ,$$

<u>où</u> $f_*^{gc} : H^o(X^{gc}, K_{X^{gc}}) \longrightarrow H^o(Y^d, K_{Y^d})$ <u>est le morphisme "de Gysin" défini par la flèche d'adjonction</u> $f_*^{gc}K_{X^{gc}} = f_*^{gc}f^{gc!}K_{Y^d} \longrightarrow K_{Y^d}$.

D'après 6.10.5 appliqué à f_*u , et 6.11.5, on a en effet

$$\text{Tr}_\Lambda(f_*(gu)) = |Z_g|\text{Tr}_{\Lambda[G]}(f_*u)(g^{-1}) \quad ,$$

et par suite 6.12.1 résulte de la formule de Lefschetz (III 4.5.1).

6.13. Soit ℓ un nombre premier $\neq p$. Pour tout entier $n \geq 1$, posons $\Lambda_n = \mathbb{Z}/\ell^n$. Sous les hypothèses de 6.11, soit $L = (L_n)$ un système projectif d'objets de $D_{ctf}(G,X,\Lambda_n)$ tel que $L_m \overset{L}{\otimes}_{\Lambda_m} \Lambda_n \xrightarrow{\sim} L_n$ pour $m \geq n$, et soit $u \in \mathrm{Hom}(c_1^* L, c_2^! L)$ un système projectif de correspondances équivariantes $u_n \in \mathrm{Hom}(c_1^* L_n, c_2^! L_n)$ tel que, pour $m \geq n$, $u_m \overset{L}{\otimes}_{\Lambda_m} \Lambda_n = u_n$ modulo l'isomorphisme $L_m \overset{L}{\otimes}_{\Lambda_m} \Lambda_n = L_n$. En vertu de la compatibilité des traces locales à l'extension des scalaires, les termes locaux (pour $g \in G$) $\mathrm{Tr}_{\Lambda_n}(gu_n) \in H^o(X^{gc}, K\Lambda_{n,X^{gc}})$ définissent un élément

$$\mathrm{Tr}_{\mathbb{Z}_\ell}(gu) \in H^o(X^{gc}, K_{\ell,X^{gc}}) \overset{dfn}{=} \varprojlim_n H^o(X^{gc}, K\Lambda_{n,X^{gc}}) \quad ,$$

et les $f_*^{gc}\mathrm{Tr}_{\Lambda_n}(gu_n) = \mathrm{Tr}_{\Lambda_n}(gf_*u_n)$ un élément

$$f_*\mathrm{Tr}_{\mathbb{Z}_\ell}(gu) \in H^o(Y^d, K_{\ell,Y^d}) \overset{dfn}{=} \varprojlim_n H^o(Y^d, K\Lambda_{n,Y^d}) \quad .$$

Supposons de plus que $f_*M_n \in \mathrm{ob}\, D_{ctf}({}_{\Lambda_n[G]}Y)$ pour tout n . Alors les traces locales $\mathrm{Tr}_{\Lambda_n[G]}(f_*u_n)$ définissent de même un élément

$$\mathrm{Tr}_{\mathbb{Z}_\ell[G]}(f_*u) \in H^o(Y^d, K\mathbb{Z}_\ell[G]_{Y^d,\natural}) \overset{dfn}{=} \varprojlim H^o(Y^d, K\Lambda_n[G]_{Y^d,\natural}) \quad .$$

Il découle de 6.12 que l'on a

(6.13.1) $$f_*^{gc}\mathrm{Tr}_{\mathbb{Z}_\ell}(gu) = |Z_g|\,\mathrm{Tr}_{\mathbb{Z}_\ell[G]}(f_*u)(g^{-1}) \quad .$$

6.14. Soient X un G-S-schéma, $j : U \longrightarrow X$ une immersion ouverte équivariante, $c : C \longrightarrow X \times_S X$ un morphisme de G-S-schémas tel que $c_2(=p_2c) : C \longrightarrow X$ soit quasi-fini et de tor-dimension finie. On suppose que $c_1^{-1}(U) \subset c_2^{-1}(U)$; on a donc des carré commutatifs

(6.14.1) $$\begin{array}{ccccc} U & \longleftarrow & c_1^{-1}(U) & & \\ & & \downarrow & & \\ {\scriptstyle i}\downarrow & & c_2^{-1}(U) & \longrightarrow & U \\ & & \downarrow & & \downarrow \\ X & \xleftarrow{c_1} & C & \xrightarrow{c_2} & X \\ {\scriptstyle j}\uparrow & & \uparrow & & \uparrow \\ X-U & \longleftarrow & c_2^{-1}(X-U) & \longrightarrow & X-U \end{array} \quad .$$

Le morphisme trace $Tr_{c_2} : c_{2!}\Lambda_C \longrightarrow \Lambda_X$ définit alors une correspondance G-équivariante filtrée

(6.14.2) $\underline{c} \in Hom(c_1^*\Lambda_X, c_2^!\Lambda_X)$,

Λ_X étant muni de la filtration définie par le sous-module $i_!\Lambda_U$ (i.e. $F^n\Lambda_X = \Lambda_X$ pour $n \leq 0$, $F^1\Lambda_X = i_!\Lambda_U$, $F^n\Lambda_X = 0$ pour $n \geq 1$) . Le gradué associé se compose des deux correspondances G-équivariantes

(6.14.3) $gr^o\underline{c} = \underline{c}_{X-U,X} \in Hom(c_1^*(\Lambda_{X-U,X}), c_2^!(\Lambda_{X-U,X}))$,

$gr^1\underline{c} = \underline{c}_{U,X} \in Hom(c_1^*(\Lambda_{U,X}), c_2^!(\Lambda_{X-U,X}))$,

où l'on a posé $\Lambda_{X-U,X} = j_*\Lambda_{X-U}$, $\Lambda_{U,X} = i_!\Lambda_U$. On a

(6.14.4) $\underline{c}_{X-U,U} = j_*\underline{c}_{X-U}$,

où $\underline{c}_{X-U} \in Hom(c_1^*\Lambda_{X-U}, c_2^!\Lambda_{X-U})$ est la correspondance définie par $Tr_{c_2,X-U}$. Nous écrirons $\underline{c}$, $\underline{c}_{U,X}$, etc. , quand nous voudrons préciser l'anneau de base.

Oublions l'action de G . On a des termes locaux

(6.14.5) $Tr_\Lambda(\underline{c}),\ Tr_\Lambda(\underline{c}_{U,X})\ ,\ Tr_\Lambda(\underline{c}_{X-U,X}) \in H^o(X^c, K_{X^c})$,

qui, en vertu de l'additivité des traces (III 4.13.1), vérifient la relation

(6.14.6) $Tr_\Lambda(\underline{c}) = Tr_\Lambda(\underline{c}_{U,X}) + Tr_\Lambda(\underline{c}_{X-U,X})$.

De plus, d'après 6.14.4 , on a

(6.14.7) $Tr_\Lambda(\underline{c}_{X-U,X}) = j_*^c Tr_\Lambda(\underline{c}_{X-U})$,

où $j_*^c : H^o((X-U)^c , K_{(X-U)^c}) \longrightarrow H^o(X^c, K_{X^c})$ est le morphisme image directe défini par $j^c : (X-U)^c \longrightarrow X^c$. Rappelons (III 4.3) que si X est lisse, c une immersion fermée et X^c fini, $Tr_\Lambda(\underline{c})$ est l'image dans Λ de la multiplicité d'intersection (C.X) de C avec la diagonale ; si de plus X-U est lisse, $Tr_\Lambda(\underline{c}_{X-U})$ est l'image dans Λ de $(c_2^{-1}(X-U).(X-U))$. Notons aussi que, si X-U est propre sur S , et $c|X-U$ est la diagonale, alors la formule de Lefschetz

(III 4.7) entraîne que $\int_{X-U}\mathrm{Tr}(\underline{c}_{X-U}) \in \Lambda$ est la caractéristique d'Euler-Poincaré de X-U (à valeurs dans Λ) .

6.15. Soient un diagramme G-équivariant 6.11.1 (avec f , c , d propres) , et $U \longrightarrow X$ une immersion ouverte G-équivariante. On suppose que c_2 est quasi-fini et de tor-dimension finie, $c_1^{-1}(U) \subset c_2^{-1}(U)$, que G agit trivialement sur C et D , et que $f|U : U \longrightarrow f(U) = V$ est un revêtement étale galoisien de groupe G . Cette dernière hypothèse implique que $Rf_*(\Lambda_{U,X}) \in \mathrm{ob}\, D_{ctf}(\Lambda[G]^Y)$: en fait $Rf_*(\Lambda_{U,X})$ est concentré en degré 0 et prolongé par zéro d'un faisceau sur V localement isomorphe à $\Lambda[G]$. On peut donc appliquer 6.12 à $L = \Lambda_{U,X}$, $u = \underline{c}_{U,X}$, et, compte tenu de 6.14.6, 6.14.7, on obtient la

Proposition 6.16 - *Sous les hypothèses de* 6.15, *on a*, *pour tout* $g \in G$,

$$(6.16.1) \quad f_*^{gc}\mathrm{Tr}_\Lambda(g\underline{c}) - (fj)_*^{gc}\mathrm{Tr}_\Lambda(g\underline{c}_{X-U}) = |Z_g|\mathrm{Tr}_{\Lambda[G]}(f_*\underline{c}_{U,X})(g^{-1}) \quad ,$$

où $j : X-U \longrightarrow X$ *est l'inclusion*, *et* Z_g *désigne le centralisateur de* g.

Appliquant 6.16 au système projectif de correspondances $\underline{c}_\ell = (\underline{c}^{\Lambda_n})$, où $\Lambda_n = \mathbb{Z}/\ell^n$ (ℓ premier $\neq$ p) , et tenant compte de ce que 6.14.6, 6.14.7 donnent, par passage à la limite et application de f_*^{gc} ,

$$f_*^{gc}\mathrm{Tr}_{\mathbb{Z}_\ell}(g\underline{c}_\ell) = f_*^{gc}\mathrm{Tr}_{\mathbb{Z}_\ell}(g\underline{c}_{\ell,U,X}) + (fj)_*^{gc}\mathrm{Tr}_{\mathbb{Z}_\ell}(g\underline{c}_{\ell,X-U}) \quad ,$$

on en déduit, d'après 6.13,

Corollaire 6.17 - *Sous les hypothèses de* 6.15, *on a*, *pour tout* $g \in G$,

$$(6.17.1) \quad f_*^{gc}\mathrm{Tr}_{\mathbb{Z}_\ell}(g\underline{c}_\ell) - (fj)_*^{gc}\mathrm{Tr}_{\mathbb{Z}_\ell}(g\underline{c}_{\ell,X-U}) = |Z_g|\mathrm{Tr}_{\mathbb{Z}_\ell[G]}(f_*\underline{c}_{\ell,U,X})(g^{-1}) \quad ,$$

avec les notations de 6.16 .

Compte tenu de la compatibilité des traces locales à la localisation et des remarques faites en 6.14, on voit que 6.17 résout affirmativement, dans une formulation plus générale, la conjecture de divisibilité de Grothendieck (XII 4.5), dans le cas où l'endomorphisme φ de G considéré dans (loc. cit.) est l'identité.

En fait, il n'est pas difficile, en s'inspirant de 5.13, de donner des énoncés de divisibilité analogues à 6.12, 6.13, 6.16, 6.17, dans le cas où c n'est pas G-équivariante, mais telle que c_2 le soit et que c_1 vérifie $c_1(xg) = c_1(x)\varphi(g)$, pour tout point x de G, φ étant un endomorphisme donné de G : les formules de divisibilité s'écrivent comme plus haut, avec Z_g remplacé par le φ-centralisateur de g^{-1} (5.13.5).

6.18. Posons

$$N_G = \sum_{g \in G} g \in \Lambda[G] \quad . \tag{6.18.1}$$

Soit X un S-schéma. Pour $L \in \mathrm{ob}\, D({}_{\Lambda[G]}X)$, la multiplication à gauche par N_G induit une flèche de $D(X)$

$$N_G : \Lambda \overset{L}{\otimes}_{\Lambda[G]} L \longrightarrow \underline{\mathrm{RHom}}_{\Lambda[G]}(\Lambda, L) \quad , \tag{6.18.2}$$

où Λ est considéré comme $\Lambda[G]$-algèbre par l'augmentation naturelle (envoyant tout $g \in G$ sur 1).

Lemme 6.18.3 - *Si* $L \in \mathrm{ob}\, D_{ctf}({}_{\Lambda[G]}X)$, *la flèche* 6.18.2 *est un isomorphisme*.

Par dévissage on se ramène en effet à supposer L parfait, puis $L = \Lambda[G]$, et l'assertion découle de ce que N_G (6.18.1) est une base du module des invariants sous G du $\Lambda[G]$-module à gauche $\Lambda[G]$.

Proposition 6.19 - *Dans la situation de* 6.11, *soient* $M \in \mathrm{ob}\, D_{ctf}(Y)$, $v \in \mathrm{Hom}(d_1^*M, d_2^!M)$, $a : M \longrightarrow f_*L$ *une flèche de* $D({}_{\Lambda[G]}Y)$ (M *étant regardé comme objet de* $D({}_{\Lambda[G]}Y)$ *par l'augmentation* $\Lambda[G] \longrightarrow \Lambda$) *tels que le carré*

$$\begin{array}{ccc}
d_1^*M & \xrightarrow{\quad v \quad} & d_2^!M \\
{\scriptstyle d_1^*a}\big\downarrow & & \big\downarrow{\scriptstyle d_2^!a} \\
d_1^*f_*L & \xrightarrow{\quad f_*u \quad} & d_2^!f_*L
\end{array}$$

soit commutatif. *On suppose que* $f_*M \in \mathrm{ob}\, D_{ctf}({}_{\Lambda[G]}Y)$ *et que* a *induit un isomorphisme* $M \xrightarrow{\sim} \underline{\mathrm{RHom}}_{\Lambda[G]}(\Lambda, f_*L)$. *Alors on a*

(6.19.1) $$\mathrm{Tr}_\Lambda(v) = \sum_{g \in G_\eta} \mathrm{Tr}_{\Lambda[G]}(f_* u)(g^{-1}) \quad .$$

D'après 6.18.3, a , composé avec N_G^{-1} , donne un isomorphisme $M \xrightarrow{\sim} \Lambda \overset{L}{\otimes}_{\Lambda[G]} f_* L$, par lequel v s'identifie à $\Lambda \overset{L}{\otimes}_{\Lambda[G]} f_* u$. D'après 6.7.2 , $\mathrm{Tr}_\Lambda(v)$ est donc l'image de $\mathrm{Tr}_{\Lambda[G]}(f_* u)$ par la flèche induite par l'augmentation $\Lambda[G] \longrightarrow \Lambda$; or celle-ci, par définition, envoie chaque classe de conjugaison sur 1 , d'où la conclusion.

6.20. Soient, pour i = 1, 2, X_i un G-S-schéma, $X = X_1 \times_S X_2$, $c : C \longrightarrow X$ un G-S-morphisme tel que c_2 soit quasi-fini et de tor-dimension finie. Soient $L_i \in \mathrm{ob}\, D^+(G,X_i)$. Le morphisme trace $\mathrm{Tr}_{c_2} : c_{2!} c_2^* L_2 \longrightarrow L_2$ définit par adjonction une flèche (de D(G,X)) notée encore

(6.20.1) $$\mathrm{Tr}_{c_2} : c_2^* L_2 \longrightarrow c_2^! L_2 \quad ,$$

qui permet d'associer à tout morphisme (G-equivariant) $u \in \mathrm{Hom}(c_1^* L_1, c_2^* L_2)$ une correspondance (G-équivariante)

(6.20.2) $$u^! = \mathrm{Tr}_{c_2} \circ u \in \mathrm{Hom}(c_1^* L_1, c_2^! L_2) \quad .$$

Proposition 6.21 - *Soient* $f : X \longrightarrow Y$ *un* G-S-*morphisme propre, et un carré commutatif équivariant* 6.11.1, *avec action triviale de* G *sur* Y *et* D . *On suppose* c , d *propres*, c_2 , d_2 *quasi-finis et de tor-dimension finie, et le carré*

$$\begin{array}{ccc} C & \xrightarrow{c_2} & X \\ {\scriptstyle h}\downarrow & & \downarrow{\scriptstyle f} \\ D & \xrightarrow{d_2} & Y \end{array}$$

cartésien et tor-indépendant (SGA 6 III 1.5). *Soient* $M \in \mathrm{ob}\, D_{ctf}(Y)$, $v \in \mathrm{Hom}(d_1^* M, d_2^* M)$, *d'où un homomorphisme* G-*équivariant* $h^* v \in \mathrm{Hom}(c_1^* f^* M, c_2^* f^* M)$, *et des correspondances* G-*équivariantes* $(h^* v)^! \in \mathrm{Hom}(c_1^* f^* M, c_2^! f^* M)$, $f_*((h^* v)^!) \in \mathrm{Hom}(d_1^*(f_* f^* M), d_2^!(f_* f^* M))$. *On a alors un carré commutatif de flèches de* $D({}_{\Lambda[G]}Y)$ (M *étant considéré comme objet de* $D({}_{\Lambda[G]}Y)$ *par l'action triviale*)

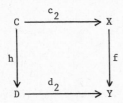

$$\begin{array}{ccc}
d_1^*M & \xrightarrow{\quad v^! \quad} & d_2^!M \\
\downarrow & & \downarrow \\
d_1^*(f_*f^*M) & \xrightarrow{\quad f_*((h^*v)^!) \quad} & d_2^!(f_*f^*M)
\end{array} \quad ,$$

où les flèches verticales sont données par la flèche d'adjonction $M \longrightarrow f_*f^*M$.

Posons $h^*v = u$, $f^*M = L$, et considérons le diagramme

$$\begin{array}{ccccccccc}
d_1^*M & & \xrightarrow{\quad v \quad} & & d_2^*M & & \xrightarrow{\quad Tr_{d_2} \quad} & & d_2^!M \\
(1)\ \downarrow & & (A) & & (2)\ \downarrow & & (B) & & \downarrow\ (3) \\
d_1^*f_*L & \xrightarrow{(4)} & h_*c_1^*L & \xrightarrow{h_*u} & h_*c_2^*L & \xrightarrow{h_*Tr_{c_2}} & h_*c_2^!L & \xrightarrow{(5)} & d_2^!f_*L
\end{array} \quad ,$$

où (1) et (3) sont donnés par la flèche d'adjonction $M \longrightarrow f_*L$, (2) par la flèche d'adjonction $d_2^*M \longrightarrow h_*h^*(d_2^*M) = h_*c_2^*L$, (4) par la flèche de changement de base, et (5) est l'isomorphisme canonique (SGA 4 XVIII 3.1.12.3) . Par définition, $v^!$ est le composé de la ligne supérieure. Il découle d'autre part de l'interprétation de l'image directe d'une correspondance (III 3.5 b), 3.7) que $f_*u^!$ est le composé de la ligne inférieure. Il suffit donc de prouver la commutativité des carrés (A) et (B) . Celle de (A) résulte aussitôt de la définition de la flèche de changement de base. Quant à celle de (B) , elle découle de ce que, compte tenu de l'hypothèse de tor-indépendance, Tr_{d_2} est compatible au changement de base par f (SGA $4^{1/2}$ Cycle 2.3.3), d'où la conclusion.

Appliquant 6.19, on en déduit :

Corollaire 6.22 - *Sous les hypothèses de* 6.21, *on suppose que* $f_*f^*M \in \mathrm{ob}\, D_{ctf}({}_{\Lambda[G]}Y)$, *et que la flèche d'adjonction* $M \longrightarrow f_*f^*M$ *induit un isomorphisme* $M \xrightarrow{\sim} \underline{RHom}_{\Lambda[G]}(\Lambda, f_*f^*M)$. *Alors on a*

(6.22.1) $$Tr_\Lambda(v^!) = \sum_{g \in G_H} Tr_{\Lambda[G]}(f_*(f^*v)^!)(g^{-1}) \quad .$$

Proposition 6.23 - *Sous les hypothèses de* 6.21, *on suppose donné de plus une immersion ouverte* $i : V \hookrightarrow Y$ *telle que* $(fc_1)^{-1}(V)$ *soit connexe, que*

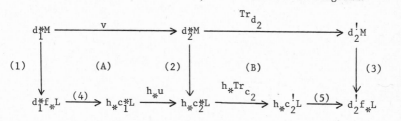

$d_1^{-1}(V) \subset d_2^{-1}(V)$, et que f induise un revêtement principal galoisien de groupe G , $U = f^{-1}(V) \xrightarrow{f_V} V$. On suppose en outre que M est de la forme $M = i_! E$, où $E \in \text{ob } D(V)$, et qu'on a un isomorphisme $\alpha : f_V^* E \xrightarrow{\sim} \Lambda_X \otimes_\Lambda E_o$ de $D(G,X)$, avec $E_o \in \text{ob } D(\Lambda[G])$, parfait sur Λ . On se donne $v \in \text{Hom}(d_1^* M, d_2^* M)$ comme en 6.21, et l'on note $v_o \in \text{Hom}_{\Lambda[G]}(E_o, E_o)$ l'homomorphisme défini, grâce à α , par $f^* v | c_1^{-1}(U)$. Alors, si $\underline{c}_{U,X}$ désigne la correspondance définie en 6.14.3, on a (avec la notation 6.20.2)

$$(6.23.1) \qquad \text{Tr}_\Lambda(v^!) = \sum_{g \in G_\natural}{}' \text{Tr}_{\Lambda[G]}(f_* \underline{c}_{U,X})(g^{-1}) \text{Tr}_\Lambda(g v_o) \quad .$$

(Noter que, grâce au caractère central de Tr_Λ , le second membre ne dépend pas du choix de α).

Par la formule de projection $f_* f^* \Lambda_Y \otimes M \xrightarrow{\sim} f_* f^* M$ et 6.15, M vérifie les hypothèses de 6.22 . D'autre part, α définit un isomorphisme $f^* M \xrightarrow{\sim} \Lambda_{U,X} \otimes E_o$ par lequel $(f^* v)^!$ s'identifie au produit tensoriel externe $\underline{c}_{U,X} \otimes v_o$. Par la formule de projection, $f_* f^* M$ s'identifie donc à $f_*(\Lambda_{U,X}) \otimes E_o$, et $f_*(f^* v)^!$ au produit tensoriel externe $f_* \underline{c}_{U,X} \otimes v_o$. Pour $g \in G$, la correspondance (Z_g-équivariante) $g f_*(f^* v)^!$ s'identifie donc à $g f_* \underline{c}_{U,X} \otimes g v_o$. Comme, d'après 6.10.4, on a

$$\text{Tr}_{\Lambda[G]}(f_*(f^* v)^!)(g^{-1}) = \text{Tr}_{\Lambda[Z_g]}(g f_*(f^* v)^!)(e) \quad ,$$

il suffit, compte tenu de 6.22.1, de prouver la formule

$$\text{Tr}_{\Lambda[Z_g]}(g f_* \underline{c}_{U,X} \otimes g v_o)(e) = \text{Tr}_{\Lambda[G]}(f_* \underline{c}_{U,X})(g^{-1}) \text{Tr}_\Lambda(g v_o) \quad ,$$

ou, ce qui revient au même, d'après 6.10.4,

$$(6.23.2) \quad \text{Tr}_{\Lambda[Z_g]}(g f_* \underline{c}_{U,X} \otimes g v_o)\,(e) = \text{Tr}_{\Lambda[Z_g]}(g f_* \underline{c}_{U,X})(e) \text{Tr}_\Lambda(g v_o) \quad .$$

Quitte à remplacer G par Z_g , on peut supposer que $g = e$, et, revenant à la définition des traces, on voit qu'il suffit d'établir le lemme suivant :

Lemme 6.23.3 - (cf. (SGA $4^{1/2}$ Rapport 4.7). Soient P un G_V-module localement facteur direct d'un module libre de type fini, $P' = i_! P$, et Q un complexe de $\Lambda[G]$-modules, parfait sur Λ. Alors $P \overset{L}{\otimes}_\Lambda Q$, considéré comme objet de $D({}_{\Lambda[G]}V)$ par l'action diagonale de G, est parfait sur $\Lambda[G]$, et l'on a un carré commutatif

$$(*)\qquad \begin{array}{ccc} \delta^*\underline{\mathrm{RHom}}_{\Lambda[G]}(p_1^*P',p_2^!P') \overset{L}{\otimes} \mathrm{RHom}_{\Lambda[G]}(Q,Q) & \xrightarrow{(1)} & K_Y \\ \downarrow{\scriptstyle (2)} & & \| \\ \delta^*\underline{\mathrm{RHom}}_{\Lambda[G]}(p_1^*P' \overset{L}{\otimes} Q, p_2^! P' \overset{L}{\otimes} Q) & \xrightarrow{(3)} & K_Y \end{array} ,$$

où $\delta : Y \longrightarrow Y \times_S Y$ est la diagonale, (1) est produit tensoriel des flèches

$$\delta^*\underline{\mathrm{RHom}}_{\Lambda[G]}(p_1^*P',p_2^!P') \xrightarrow{6.5.3} K\Lambda[G]_{Y,\natural} \xrightarrow{x \longmapsto x(e)} K_Y$$

et

$$\underline{\mathrm{RHom}}_{\Lambda[G]}(Q,Q) \xrightarrow{\mathrm{Tr}_\Lambda} \Lambda ,$$

(2) est la flèche déduite du produit tensoriel externe par restriction selon la diagonale $\Lambda[G] \longrightarrow \Lambda[G] \otimes \Lambda[G]$, et (3) est composé de 6.5.3 (définie car $P' \overset{L}{\otimes} Q \in \mathrm{ob}\, D_{ctf}({}_{\Lambda[G]}Y)$) et de $x \longmapsto x(e)$ [(1)].

La première assertion est évidente, car on se ramène à $P = \Lambda[G]_V$, et $P \overset{L}{\otimes}_\Lambda Q$ est alors isomorphe au produit tensoriel de P par Q considéré comme muni de l'action triviale de G. Pour la seconde, notons d'abord que, d'après 6.5.4, 6.5.5, on a

$$\begin{aligned} \delta^*\underline{\mathrm{RHom}}_{\Lambda[G]}(p_1^*P',p_2^!P') &\xrightarrow{\sim} D_{\Lambda[G]}(i_!P) \overset{L}{\otimes}_{\Lambda[G]} i_!P \\ &\xrightarrow{\sim} i_!(D_{\Lambda[G]}P \overset{L}{\otimes}_{\Lambda[G]} P) , \end{aligned}$$

de sorte qu'on est ramené à vérifier que le carré induit par (*) sur V commute. On peut donc supposer que $V = Y$. Le carré (*) s'écrit alors

---

(1) On devrait pouvoir remplacer P par un complexe parfait (sur $\Lambda[G]$) (voire P' par objet de $D_{ctf}({}_{\Lambda[G]}Y)$).

$$(**)\qquad \begin{array}{ccc} \underline{\mathrm{RHom}}_{\Lambda[G]}(P, K_Y \overset{L}{\otimes} P) \overset{L}{\otimes} \mathrm{RHom}_{\Lambda[G]}(Q,Q) & \xrightarrow{(1)} & K_Y \\ \downarrow{\scriptstyle (2)} & & \| \\ \underline{\mathrm{RHom}}_{\Lambda[G]}(P \overset{L}{\otimes} Q, K_Y \overset{L}{\otimes} P \overset{L}{\otimes} Q) & \xrightarrow{(3)} & K_Y \end{array} ,$$

où (2) est le produit tensoriel externe, (1) est donné par $\mathrm{Tr}_{\Lambda[G]}(-)(e) \otimes \mathrm{Tr}_{\Lambda}$ (traces au sens du n° 5), (3) par $\mathrm{Tr}_{\Lambda[G]}(-)(e)$. Par descente, on se ramène à $P = \Lambda[G]_Y$, et, par la remarque du début, on peut alors supposer que G agit trivialement sur Q . L'assertion est alors conséquence immédiate de 5.12.5 .

6.24. Si Λ est annulé par une puissance d'un nombre premier $\ell \neq p$, on peut récrire le second membre de 6.23.1 sous la forme

$$\sum_{g \in G_{\natural}} \mathrm{Tr}_{\mathbb{Z}_\ell[G]}(f_{*}\underline{c}_{\ell,U,X})(g^{-1})\mathrm{Tr}_{\Lambda}(gv_o) ,$$

avec les notations de 6.17 . La formule 6.17.1 montre que les termes locaux définis par Grothendieck dans (XII 6.2) coïncident avec les termes locaux de Verdier, du moins quand l'endomorphisme φ de G considéré en (loc. cit.) est l'identité (mais, comme on l'a déjà observé, cette restriction n'est pas sérieuse). Si Y est propre sur S , on obtient, en conjuguant 6.23.1 à la formule de Lefschetz pour $Y \longrightarrow S$ (III 4.7), une formule qui généralise (XII 6.3) (et a fortiori la formule de Lefschetz pour Frobenius démontrée dans (SGA $4^{1/2}$ Rapport) et la partie I du présent exposé).

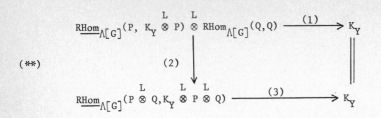

BIBLIOGRAPHIE.

[1] Cartan, H. et Eilenberg, S. - Homological Algebra, Princeton University Press, 1956.

[2] Grothendieck, A. - Formule de Lefschetz et rationalité des fonctions L, Séminaire Bourbaki 64/65, n° 279, in Dix exposés sur la cohomologie des schémas, North Holland, Pub. Co., 1968.

[3] Illusie, L. - Complexe cotangent et déformations I, II, Lecture Notes in Mathematics 239, 283, Springer-Verlag, 1971, 1972.

[4] Langlands, R.P.- Modular forms and ℓ-adic representations, in Modular Functions of One Variable II, Lecture Notes in Mathematics 349, Springer-Verlag, 1973.

[5] Stallings, J. - Centerless groups - an algebraic formulation of Gottlieb's theorem, Topology, 4, p. 129-134, 1965.

[6] Verdier, J.-L. - The Lefschetz fixed point formula in étale cohomology, in Proceedings of a conference on local fields, Springer-Verlag, 1967.

SGA $4^{1/2}$: Cohomologie étale, par P. Deligne, Lecture Notes in Mathematics 569, Springer-Verlag 1977.

(Dans SGA $4^{1/2}$: Th. Finitude : Théorèmes de finitude en cohomologie ℓ-adique.

Cycle : La classe de cohomologie associée à un cycle.

Rapport : Rapport sur la formule des traces).

E X P O S E V

SYSTEMES PROJECTIFS J-ADIQUES

par

J.P. JOUANOLOU

Dans tout l'exposé, la lettre A désigne un anneau avec unité. Le présent exposé est destiné à développer un formalisme qui sera utilisé dans l'exposé suivant pour l'étude de la cohomologie ℓ-adique.

1. Généralités sur les A-catégories abéliennes.

DEFINITION 1.1. - *On appelle* A-*catégorie (resp.* A-*catégorie abélienne) un couple* $(\mathcal{C},\rho)$ *formé d'une catégorie additive (resp. abélienne)* $\mathcal{C}$ *et d'un homomorphisme d'anneaux :*

$$\rho : A \longrightarrow \mathrm{End}\,(\mathrm{id}_{\mathcal{C}})$$

de A *dans l'anneau des endomorphismes du foncteur identique de* $\mathcal{C}$ *dans* $\mathcal{C}$.

Etant donné deux A-catégories (resp. A-catégories abéliennes) $(\mathcal{C},\rho)$ et $(\mathcal{C}',\rho')$, on appelle morphisme de A-catégories (resp. de A-catégories abéliennes de $(\mathcal{C},\rho)$ dans $(\mathcal{C}',\rho')$ un foncteur additif (resp. exact) $F : \mathcal{C} \longrightarrow \mathcal{C}'$ tel que pour tout objet M de $\mathcal{C}$ et tout élément a de A l'égalité ci-dessous soit vérifiée :

$$F(\rho(a)_M) = \rho'(a)_{F(M)} .$$

Exemple 1.1.1. Soit $\mathcal{C}$ une catégorie additive (resp. abélienne). On rappelle qu'on appelle catégorie des $(A,\mathcal{C})$-modules (à gauche) et qu'on note $(A,\mathcal{C})$-mod la catégorie décrite comme suit :

(i) Ses objets sont les couples (X,α) formés d'un objet X de $\mathbb{C}$ et d'un morphisme d'anneaux $\alpha : A \longrightarrow \mathrm{Hom}_{\mathbb{C}}(X,X)$.

(ii) Un morphisme $(X,\alpha) \longrightarrow (Y,\beta)$ est un $\mathbb{C}$ - morphisme $u : X \longrightarrow Y$ tel que pour tout élément a de A la diagramme ci-dessous soit commutatif :

$$\begin{array}{ccc} X & \longrightarrow & Y \\ {\scriptstyle \alpha(a)}\downarrow & & \downarrow{\scriptstyle \beta(a)} \\ X & \longrightarrow & Y \end{array}$$

La catégorie $(A,\mathbb{C})$ - mod est évidemment une $A^{\natural}$ - catégorie (resp. $A^{\natural}$ - catégorie abélienne), où $A^{\natural}$ est le centre de A . De plus, elle vérifie les propriétés suivantes :

(a) *Le foncteur* $(A,\mathbb{C})$ - *mod* $\longrightarrow \mathbb{C}$ *obtenu en oubliant la structure de* A - *module commute aux limites inductives et projectives*.

(b) *Soit* I *une catégorie*. *Pour que les* I - *limites inductives* (*resp. projectives*) *de* $(A,\mathbb{C})$ - *mod soient représentables, il suffit qu'il en soit ainsi pour les* I - *limites inductives (resp. projectives) de* $\mathbb{C}$.

1.2. *Produit tensoriel externe*. Soit $(\mathbb{C},\rho)$ une A - catégorie abélienne. Si M est un A - module à droite et X un objet de $\mathbb{C}$, on appelle *produit tensoriel externe de* X *par* M , et on note $M \otimes_A X$, le foncteur covariant de $\mathbb{C}$ dans la catégorie des ensembles, défini sur les objets Y de $\mathbb{C}$ par l'égalité ci-dessous et de façon évidente sur les flèches :

$$(M \otimes_A X)(Y) = \mathrm{Hom}_A(M, \mathrm{Hom}_{\mathbb{C}}(X,Y)) \ ,$$

où $\mathrm{Hom}_{\mathbb{C}}(X,Y)$ est regardé comme un A - module *à droite* grâce à l'action de A sur X . Interprétant $M \otimes_A X$ et Y comme des objets de la catégorie $\hat{\mathbb{C}} = \underline{\mathrm{Hom}}(\mathbb{C},\mathrm{Ens})^{\circ}$, l'égalité précédente prend l'allure plus familière suivante :

$$\mathrm{Hom}_{\hat{\mathbf{C}}}(M\otimes_A X, Y) = \mathrm{Hom}_A(M,\mathrm{Hom}_{\mathbf{C}}(X,Y)) .$$

Si le foncteur $M\otimes_A X$ est représentable, on notera et nommera de la même manière un représentant.

Si $u : M \longrightarrow M'$ et $v : X \longrightarrow X'$ sont deux morphismes de (A-mod) et $\mathbf{C}$ respectivement, on définit de la façon habituelle un $\mathbf{C}$-morphisme $u\otimes_A v : M\otimes_A X \longrightarrow M'\otimes_A X'$, ce qui nous permettra de parler du bifoncteur (deux fois covariant) produit tensoriel externe. Ses propriétés sont résumées dans la proposition suivante.

PROPOSITION 1.2.1. Le bifoncteur produit tensoriel est additif et commute aux limites inductives.

La démonstration, classique dans le cas des modules sur un anneau, est immédiate.

PROPOSITION 1.2.2. (Critères de représentabilité).

(a) Pour tout objet X de $\mathbf{C}$, $A\otimes_A X$ est représenté par X.

(b) Pour tout A-module M de présentation finie et tout objet X de $\mathbf{C}$, le foncteur $M\otimes_A X$ est représentable.

(c) Si la catégorie $\mathbf{C}$ possède des sommes directes "quelconques", le foncteur $M\otimes_A X$ est représentable pour "tout" couple (M,X).

Démonstration : L'assertion (a) est claire. Les deux autres assertions résultent alors du lemme ci-dessous, dont la démonstration est immédiate.

LEMME 1.2.3. Soient $M \longrightarrow N \longrightarrow P \longrightarrow 0$ une suite exacte de A-modules et X un objet de $\mathbf{C}$. Si les foncteurs $M\otimes_A X$ et $N\otimes_A X$ sont représentés par des objets Y et Z de $\mathbf{C}$, le foncteur $P\otimes_A X$ est représenté par le conoyau du morphisme $Y \longrightarrow Z$ correspondant à $\alpha\otimes_A \mathrm{id}_X$.

Remarque 1.2.4. Soit $\mathfrak{a}$ un idéal de type fini de A . Pour tout objet X de $\mathcal{C}$, le foncteur $(A/\mathfrak{a})\otimes_A X$ est représentable, et la flèche

$$p_X : X \longrightarrow (A/\mathfrak{a})\otimes_A X$$

provenant de l'épimorphisme canonique de A sur $A/\mathfrak{a}$ et de la partie (a) de 1.2.2 est un épimorphisme. Le même énoncé est valable lorsque l'idéal $\mathfrak{a}$ n'est plus supposé de type fini, mais $\mathcal{C}$ possède des sommes directes "quelconques" . On pose $\mathfrak{a}X = \mathrm{Ker}(p_X)$. Lorsque la catégorie possède des limites inductives filtrantes, il est clair que $\mathfrak{a}X = \sum_{a\in\mathfrak{a}} aX$. Si $u : X \longrightarrow Y$ est un épimorphisme, u envoie épimorphiquement $\mathfrak{a}X$ sur $\mathfrak{a}Y$. Enfin, pour qu'un objet X soit annulé par tout élément de $\mathfrak{a}$, il faut et il suffit que $\mathfrak{a}X = 0$. Alors tout morphisme d'un objet Z dans X se factorise au moyen de p_Z à travers un morphisme de $(A/\mathfrak{a})\otimes_A Z$ dans X .

2. Condition de Mittag-Leffler-Artin-Rees.

Dans tout ce paragraphe, la lettre $\mathcal{C}$ désigne une catégorie abélienne et on pose $P = \underline{\mathrm{Hom}}(\mathbb{N}^{\circ}, \mathcal{C})$, catégorie des systèmes projectifs indexés par l'ensemble ordonné $\mathbb{N}$ des entiers positifs, et à valeurs dans $\mathcal{C}$.

2.1. Condition de Mittag-Leffler-Artin-Rees. Soit $X = (X_n, u_n)_{n\geq 0}$ un objet de la catégorie P . Si r désigne un entier ≥ 0 , on convient de noter $X[r]$ le système projectif $(X_{n+r}, u_{n+r})_{n\geq 0}$. Un morphisme $h : X \longrightarrow Y$ de P définit de façon évidente un morphisme noté $h[r]$ de $X[r]$ dans $Y[r]$ et cela de façon fonctorielle. Si maintenant r et s sont deux entiers vérifiant les inégalités $s \geq r \geq 0$, les "morphismes de transition" $X_{n+s} \longrightarrow X_{n+r} (n\geq 0)$ définissent un morphisme w_{sr} de $X[s]$ dans $X[r]$, et il est clair que si t est un troisième entier avec $t\geq s\geq r$, l'égalité ci-dessous est vérifiée :

$$w_{ts} \circ w_{sr} = w_{tr} \; .$$

Autrement dit, on a ainsi associé à X un objet $\bar{X}$ de la catégorie $\mathrm{Hom}(\mathbb{N}^{\circ}, P)$. De plus, si $h : X \longrightarrow Y$ est un morphisme de P, il lui correspond de façon évidente un morphisme $\bar{h}$ de $\bar{X}$ dans $\bar{Y}$, et cela de façon fonctorielle.

Enfin, si $0 \longrightarrow X \xrightarrow{u} Y \xrightarrow{v} Z \longrightarrow 0$ est une suite exacte de P, la suite correspondante ci-dessous dans $\bar{P} = \underline{\mathrm{Hom}}(\mathbb{N}^{\circ}, P)$ est exacte :

$$0 \longrightarrow \bar{X} \xrightarrow{\bar{u}} \bar{Y} \xrightarrow{\bar{v}} \bar{Z} \longrightarrow 0 \; .$$

DEFINITION 2.1.1. Soit un objet de la catégorie P. On dit qu'il vérifie la condition de Mittag-Leffler-Artin-Rees (en abrégé MLAR) s'il existe un entier r tel que pour tout entier $s \geq r$ l'égalité ci-dessous soit vérifiée :

$$\mathrm{Im}(X[s] \xrightarrow{w_{so}} X) = \mathrm{Im}(X[r] \xrightarrow{w_{ro}} X) \; .$$

Il revient au même de dire que pour tout entier $n \geq 0$ les images de X_{n+r} et X_{n+s} dans X par les "morphismes de transition" sont les mêmes. Enfin, une troisième interprétation consiste à dire que le système projectif $\bar{X}$ associé vérifie la condition de Mittag-Leffler (en abrégé ML) (EGA 0_{III} 13.1.2) . On en déduit la proposition suivante grâce à (EGA 0_{III} 13.2.1) .

PROPOSITION 2.1.2. Soit $0 \longrightarrow X \longrightarrow Y \longrightarrow Z \longrightarrow 0$ une suite exacte de P .

(i) Si Y vérifie (MLAR) , Z vérifie (MLAR) .

(ii) Si X et Z vérifient (MLAR) , alors Y vérifie (MLAR) .

2.2. Systèmes projectifs AR-nuls.

DEFINITION 2.2.1. Soit X un objet de la catégorie P . On dit que X est AR-nul s'il existe un entier $r \geq 0$ tel que le morphisme canonique $X[r] \longrightarrow X$ soit nul.

Il est clair en particulier qu'un système projectif AR-nul vérifie la condition (MLAR) .

PROPOSITION 2.2.2. Soit $0 \longrightarrow X \longrightarrow Y \longrightarrow Z \longrightarrow 0$ une suite exacte de P . Les assertions suivantes sont équivalentes :

(i) Y est AR-nul,

(ii) X et Z sont AR-nuls.

Autrement dit, la sous-catégorie pleine P_o de P , dont les objets sont les systèmes projectifs AR-nuls,est épaisse dans P .

Preuve : Il est clair que (i) implique (ii) . Réciproquement, soient r et t des entiers satisfaisant à la condition de la définition (2.2.1) pour X et Z respectivement. On voit aussitôt que l'entier $s+t$ répond aux conditions de la définition (2.2.1) pour Y .

2.3. Rappels sur le calcul de fractions et applications.

Soient E une catégorie et S une partie de FL(E) . On appelle catégorie de fractions de E suivant S un couple $(p,E(S^{-1}))$ formé d'une catégorie $E(S^{-1})$ et d'un foncteur $p : E \longrightarrow E(S^{-1})$ vérifiant la propriété universelle suivante :

Pour qu'un foncteur u de E dans une catégorie F se factorise à travers p , il faut et il suffit qu'il rende inversibles les flèches appartenant à S , et alors la factorisation est unique.

L'unicité d'un tel couple modulo isomorphisme est claire. Nous renvoyons le lecteur à l'exposé I du Séminaire Homotopique de Strasbourg pour la démonstration de l'existence, ainsi d'ailleurs que pour la plupart des résultats énoncés sans démonstration dans la suite du paragraphe. (Voir aussi : P. Gabriel et M. Zisman, Calculus of fractions and homotopy theory, Erg. der Math., 35, Springer-Verlag, 1967.)

Certaines propriétés de la partie multiplicative S assurent une description simple de la catégorie $E(S^{-1})$:

DEFINITION 2.3.1. *On dit qu'une partie* S *de* $Fl(E)$ *permet un calcul de fractions à droite si les conditions suivantes sont réalisées* :

(a) *Les flèches identiques de* E *appartiennent à* S .

(b) *Si* $u : X \longrightarrow Y$ *et* $v : Y \longrightarrow Z$ *appartiennent à* S , *le composé* $v \circ u$ *appartient à* S .

(c) *Tout diagramme du type* (D_1) *ci-dessous, dans lequel* t *appartient à* S , *peut se compléter en un diagramme du type* (D_2) , *dans lequel* s *appartient à* S .

$$(D_1) \quad \begin{array}{ccc} & & Y' \\ & & \downarrow t \\ X & \xrightarrow{u} & Y \end{array} \qquad\qquad (D_2) \quad \begin{array}{ccc} X' & \xrightarrow{u'} & Y' \\ s \downarrow & & \downarrow t \\ X & \xrightarrow{u} & Y \end{array}$$

(d) Pour tout diagramme commutatif :

$$X \underset{g}{\overset{f}{\rightrightarrows}} Y \xrightarrow{s} Z ,$$

dans lequel s appartient à S , il existe un diagramme commutatif

$$T \longrightarrow X \underset{g}{\overset{f}{\rightrightarrows}} Y$$

dans lequel t appartient à S .

Dualement on définit la notion suivante :

DEFINITION 2.3.2. *On dit qu'une partie* S *de* $Fl(E)$ *permet un calcul de fractions à gauche si les conditions suivantes sont réalisées* :

(a)' *Les flèches identiques de* E *appartiennent à* S .

(b)' *Le composé de deux flèches appartenant à* S *appartient à* S .

(c)' *Tout diagramme du type* $(D_1)'$ *ci-dessous, dans lequel* s *appartient* à S , peut se compléter en un diagramme du type $(D_2)'$, dans lequel t appartient à S :

$$(D_1)' \quad \begin{array}{ccc} X' & \xrightarrow{u'} & Y' \\ {\scriptstyle s}\downarrow & & \\ X & & \end{array} \qquad\qquad (D_2)' \quad \begin{array}{ccc} X' & \xrightarrow{u'} & Y' \\ {\scriptstyle s}\downarrow & & \downarrow{\scriptstyle t} \\ X & \xrightarrow{u} & Y \end{array}$$

(d)' Pour tout diagramme commutatif Δ de la forme ci-dessous, dans lequel s appartient à S , il existe un morphisme t de source Y et appartenant à S tel que $t \circ f = t \circ g$.

$$(\Delta) \quad X' \longrightarrow X \overset{f}{\underset{g}{\rightrightarrows}} Y$$

2.3.3. Supposons que S soit une partie de $\underline{\mathrm{Fl}}(E)$, permettant un calcul de fractions à droite. Il résulte alors de la partie (d) de (2.3.1) que pour tout objet X de E , la catégorie $(S/X)^{\circ}$, opposée de la catégorie des flèches au-dessus de X appartenant à S , est filtrante (SGA 4 1 2.7) . Considérons alors la catégorie E_S décrite comme suit :

- Les objets de E_S sont les objets de E ,
- Si X et Y sont deux objets de E ,

$$\mathrm{Hom}_{E_S}(X,Y) = \varinjlim_{(S/X)^{\circ}} \mathrm{Hom}_E(\text{source }(.),\ Y) .$$

Si P_S désigne le foncteur évident de E dans E_S , le couple (P_S, E_S) est solution du problème universel décrit au début du paragraphe. Nous conviendrons dans ce cas de noter $E(S^{-1})$ cette solution particulière.

2.3.4. Soit maintenant S une partie de $\underline{\mathrm{Fl}}(E)$ permettant un calcul de fractions à gauche. Alors le foncteur $P_S : E \longrightarrow E(S^{-1})$ <u>commute aux limites inductives finies</u>. En particulier, si E est additive, $E(S^{-1})$ est additive et P_S est un foncteur additif.

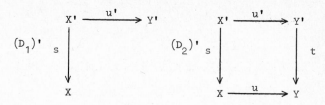

2.3.5. Si la catégorie E est abélienne et si S est un partie de $Fl(E)$ permettant à la fois un calcul de fractions à droite et un calcul de fractions à gauche, la catégorie $E(S^{-1})$ est abélienne et le foncteur p_S est exact. De plus le couple $(p_S, E(S^{-1}))$ est un quotient de E par sous-catégorie abélienne épaisse $p_S^{-1}(0)$.

2.4. <u>La catégorie</u> $P_{AR} = \underline{Hom}_{AR}(\mathbb{N}^{\circ}, \mathbb{C})$.

Reprenant les notations de (2.1) , soit AR l'ensemble des flèches canoniques (cf. 2.1) $v_{rX} : X[r] \longrightarrow X$, X parcourant l'ensemble des objets de P et r l'ensemble des entiers ≥ 0 .

PROPOSITION 2.4.1. <u>La partie</u> AR <u>de</u> $\underline{Fl}(P)$ <u>permet à la fois un calcul de fractions à droite et un calcul de fractions à gauche</u>.

<u>Preuve</u> : Les parties (a) ⇒ (a)' et (b) ⇒ (b)' de (2.3.1) et (2.3.2) sont claires.

Montrons (c) . Soit donc (D_1) le diagramme commutatif ci-dessous, dans lequel v_{rY} désigne la flèche canonique de $Y[r]$ dans Y :

$$(D_1) \qquad \begin{array}{ccc} & & Y[r] \\ & & \downarrow{\scriptstyle v_{rY}} \\ X & \longrightarrow & Y \end{array}$$

Le diagramme (D_2) ci-dessous est commutatif et v_{rX} , morphisme canonique de $X[r]$ dans X , appartient à AR , d'où l'assertion.

$$(D_2) \qquad \begin{array}{ccc} X[r] & \xrightarrow{u[r]} & Y[r] \\ {\scriptstyle v_{rX}}\downarrow & & \downarrow{\scriptstyle v_{rY}} \\ X & \xrightarrow{u} & Y \end{array}$$

Montrons (d) . Soit un diagramme commutatif :

$$X \underset{g}{\overset{f}{\rightrightarrows}} Z[r] \xrightarrow{v_{rZ}} Z .$$

Appliquant la "translation" par r" , on en déduit un diagramme commutatif :

$$X[r] \underset{g[r]}{\overset{f[r]}{\rightrightarrows}} Z[2r] \xrightarrow{v_{rZ}[r]} Z[r] .$$

Il est clair que le diagramme ci-dessous est commutatif, de sorte que $f \circ v_{rX} = g \circ v_{rX}$:

$$\begin{array}{ccc} X[r] & \underset{g[r]}{\overset{f[r]}{\rightrightarrows}} & Z[2r] \\ {\scriptstyle v_{rX}} \downarrow & & \downarrow {\scriptstyle v_{rZ}[r]} \\ X & \underset{g}{\overset{f}{\rightrightarrows}} & Z[r] \end{array} .$$

Montrons (c') . Remarquons tout d'abord que si Y désigne un objet de P et r un entier positif, il existe un objet T de P tel que $Y = T[r]$ et tel que pour tout objet X de P , l'homomorphisme de translation par r :

$$\mathrm{Hom}_P(X,T) \longrightarrow \mathrm{Hom}_P(X[r], Y)$$

soit une bijection. Le système projectif (T_n, w_n) défini comme suit convient évidemment :

Si $Y = (Y_n, u_n)_{n \geq 0}$, T_n est l'objet nul de $\mathbf{C}$ pour $n \geq r-1$ et Y_{n-r} sinon ,

$$w_n = 0 \text{ pour } n \geq r-1 , \; w_n = u_{n-r} .$$

Ceci dit, supposons donné un diagramme du type ci-dessous, et montrons qu'on peut le compléter comme indiqué dans l'énoncé de (c)' :

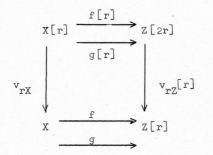

$$\begin{array}{ccc} X[r] & \xrightarrow{u'} & Y' \\ {\scriptstyle v_{rX}}\downarrow & & \\ X & & \end{array}$$

Pour cela, soit Y un système projectif tel que $Y' = Y[r]$ et que l'application canonique $\mathrm{Hom}_P(X,Y') \longrightarrow \mathrm{Hom}_P(X[r],Y')$ soit une bijection. Alors il est clair que le diagramme ci-dessous est commutatif, u désignant l'unique morphisme de X dans Y tel que $u' = u[r]$:

$$\begin{array}{ccc} X[r] & \xrightarrow{u'} & Y' = Y[r] \\ {\scriptstyle v_{rX}}\downarrow & & \downarrow{\scriptstyle v_{rY}} \\ X & \xrightarrow{u} & Y \end{array}$$

Montrons (d)' . Considérons le diagramme ci-dessous, supposé commutatif, et montrons qu'il existe un morphisme w de Y tel que $w \circ f = w \circ g$.

$$X[r] \xrightarrow{v_{rX}} X \underset{g}{\overset{f}{\rightrightarrows}} Y .$$

Il est tout d'abord clair que le diagramme ci-dessous est commutatif :

$$\begin{array}{ccc} X[r] & \underset{g[r]}{\overset{f[r]}{\rightrightarrows}} & Y[r] \\ {\scriptstyle v_{rX}}\downarrow & & \downarrow{\scriptstyle v_{rY}} \\ X & \underset{g}{\overset{f}{\rightrightarrows}} & Y \end{array}$$

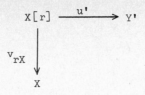

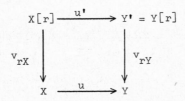

En particulier $v_{rY} \circ f[r] = v_{rY} \circ g[r]$. Soit maintenant T le système associé à Y et r comme au début de la démonstration de (c)' , de sorte qu'en particulier $Y = T[r]$. Les translatés par r des morphismes $v_{rT} \circ f$ de $v_{rT} \circ g$ sont égaux respectivement à $v_{rY} \circ f$ et $v_{rY} \circ g[r]$, donc égaux. Il résulte alors du fait que la translation par r est une injection sur les morphismes de X dans T que l'égalité ci-dessous est vérifiée, d'où l'assertion :

$$v_{rT} \circ f = v_{rT} \circ g .$$

DEFINITION 2.4.2. Soit $\mathbb{C}$ une catégorie abélienne. On appelle catégorie des systèmes projectifs de $\mathbb{C}$ à translations près, et on note $\underline{\mathrm{Hom}}_{AR}(\mathbb{N}^{\circ}, C)$ la catégorie décrite ci-dessous :

(i) Les objets de $\underline{\mathrm{Hom}}_{AR}(\mathbb{N}^{\circ}, \mathbb{C})$ sont les objets de $\underline{\mathrm{Hom}}(\mathbb{N}^{\circ}, \mathbb{C})$.

(ii) Si X et Y sont deux objets de $\underline{\mathrm{Hom}}(\mathbb{N}^{\circ}, \mathbb{C})$, un morphisme de X dans Y dans la catégorie $\underline{\mathrm{Hom}}_{AR}(\mathbb{N}^{\circ}, \mathbb{C})$ est un élément de l'ensemble

$$\mathrm{Hom}_{AR}(X,Y) = \lim_{\rightarrow r} \mathrm{Hom}(X[r], Y) ,$$

où, pour tout couple (r,s) d'entiers avec $s \geq r$, l'application

$$\mathrm{Hom}(X[r], Y) \longrightarrow \mathrm{Hom}(X[s], Y)$$

provient du morphisme canonique

$$X[s] \longrightarrow X[r] .$$

La composition des morphismes est définie de façon évidente.

Dans la suite, la catégorie $\mathbb{C}$ étant fixée, nous poserons pour simplifier $P = \underline{\mathrm{Hom}}(\mathbb{N}^{\circ}, \mathbb{C})$ et $P_{AR} = \underline{\mathrm{Hom}}_{AR}(\mathbb{N}^{\circ}, \mathbb{C})$.

2.4.3. Nous avons vu (2.4.1) que la partie AR de $Fl(P)$ permet un calcul de fractions à droite. Ceci nous permet (2.3.3) de considérer la catégorie :

$$P'_{AR} = P(AR^{-1})$$

qui, on le rappelle, a mêmes objets que P.

Soient X et Y deux objets de P, et notons $\mathrm{Hom}'_{AR}(X,Y)$ l'ensemble des isomorphismes de X dans Y dans P'_{AR}. Un élément de $\mathrm{Hom}_{AR}(X,Y)$ définit de façon évidente un élément de $\mathrm{Hom}'_{AR}(X,Y)$. Plus précisément, on définit ainsi un foncteur

$$m : P_{AR} \longrightarrow P'_{AR} .$$

PROPOSITION 2.4.3. <u>Le foncteur</u> m <u>est un isomorphisme de catégories.</u>

<u>Preuve</u> : Il s'agit de voir que pour tout couple (X,Y) d'objets de P, l'application correspondante

$$m_{XY} : \mathrm{Hom}_{AR}(X,Y) \longrightarrow \mathrm{Hom}'_{AR}(X,Y)$$

est une bijection. C'est évidemment une surjection. Pour voir l'injectivité, on se ramène immédiatement à voir que pour tout diagramme commutatif du type ci-dessous, il existe un entier t supérieur ou égal à r et s tel que le composé de ρ et du morphisme canonique de X[t] dans X[s] soit le morphisme canonique de X[t] dans X[r].

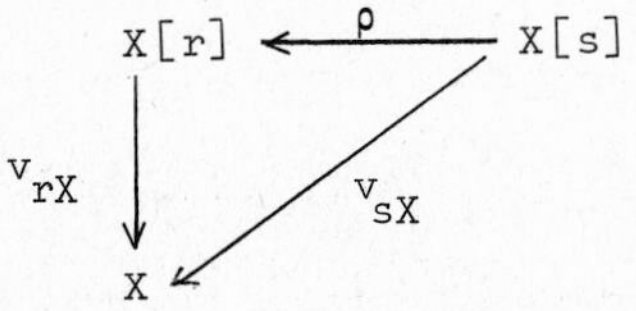

Or cela résulte de la commutativité du diagramme ci-dessous, dans lequel on a désigné par la lettre c tous les morphismes canoniques entrant en jeu.

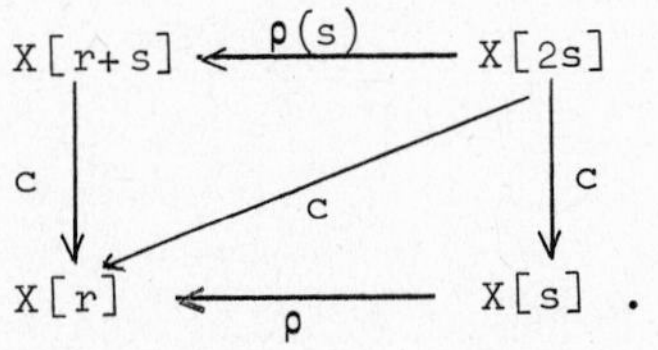

PROPOSITION 2.4.4.

(i) La catégorie P_{AR} est abélienne.

(ii) Le foncteur $p_{AR} : P \longrightarrow P_{AR}$ est exact.

(iii) Pour qu'un objet X de P soit AR-nul, il faut et il suffit que $p_{AR}(X) = 0$.

(iv) Le couple (p_{AR}, P_{AR}) est un quotient de la catégorie abélienne P par la sous catégorie abélienne épaisse des objets AR nuls.

Preuve : Si l'on admet (iii) , les autres assertions sont conséquence de (2.3.5) . Il résulte de (2.3.4) que pour qu'un objet X de P soit AR-nul, il faut et il suffit que $p_{AR}(id_X) = 0$, d'où (iii) .

COROLLAIRE 2.4.5. Soit $u : X \longrightarrow Y$ de la catégorie P . Les assertions suivantes sont équivalentes :

(i) $p_{AR}(u)$ est un isomorphisme.

(ii) Le noyau et le conoyau de u sont AR-nuls.

Un morphisme $u : X \longrightarrow Y$ de la catégorie P des systèmes projectifs, vérifiant les conditions équivalentes (i) et (ii), sera appelé un AR-isomorphisme.

DEFINITION 2.4.6. Deux objets X et Y de la catégorie P sont dits AR-isomorphes si $p_{AR}(X)$ et $p_{AR}(Y)$ sont isomorphes dans la catégorie P_{AR} .

Si X et Y sont deux objets AR-isomorphes de la catégorie P , il n'existe pas en général de AR-isomorphisme u de X dans Y .

2.5. Caractérisation des systèmes projectifs vérifiant la condition de Mittag-Leffler-Artin-Rees.

PROPOSITION 2.5.1. Les assertions suivantes pour un objet X de P sont équivalentes :

(i) X vérifie (MLAR) (2.1.1).

(ii) Il existe un système projectif strict Y et un AR-isomorphisme $u : Y \longrightarrow X$ (2.4.5).

(iii) Il existe un système projectif strict Y tel que X et Y soient isomorphes dans la catégorie P_{AR}.

(iv) X vérifie la condition de Mittag-Leffler et, désignant par X' le système projectif des images universelles de X, le système projectif X/X' est AR-nul.

Preuve : Nous allons prouver la suite d'implications :

$$(i) \Rightarrow (iv) \Rightarrow (iii) \Rightarrow (ii) \Rightarrow (i) .$$

(i) ⇒ (iv). Il existe un entier m tel que le morphisme canonique w_{mX} de X[m] dans X se factorise à travers l'inclusion canonique i de X' dans X. Il en résulte que $p_{AR}(i)$ est un épimorphisme (direct) donc, puisque p_{AR} est exact, que $p_{AR}(X/X') = 0$. On conclut par (2.4.4 (iii)).

(iv) ⇒ (iii). La condition de (iv) signifie, avec les notations précédentes, que $p_{AR}(i)$ est un épimorphisme. Mais à cause de l'exactitude de p_{AR}, c'est même un monomorphisme, donc un isomorphisme. On prendra pour objet Y le système projectif X'.

(iii) ⇒ (ii). Le P_{AR}- isomorphisme de Y dans X dont on suppose l'existence est image par p_{AR} d'un P-morphisme $Y[r] \longrightarrow X$, où r désigne un entier positif ou nul. On conclut grâce au fait que Y[r] est strict.

(ii) ⇒ (i). On peut supposer Y contenu dans X et que u est l'injection canonique. Soit T le conoyau de u. L'hypothèse faite signifie que T est AR-nul, donc il existe un entier r tel que pour tout s supérieur ou égal à r le morphisme canonique de T[s] dans T soit nul. On en conclut que pour $s \geq r$ l'image de X[s] dans X est contenue dans Y ; comme par ailleurs elle contient évidemment l'image, égale à Y, de Y[s] dans Y, elle est égale à Y. On en conclut que Y est l'image de X[s] pour s suffisamment grand, donc que X vérifie (MLAR) et que Y est le système projectif des images universelles de X .

COROLLAIRE 2.5.2. Soit $u : Y \longrightarrow X$ un AR-isomorphisme, Y étant strict. Dans ces conditions, X vérifie la condition (MLAR) et $u(Y)$ est le système projectif des images universelles de X .

3. Systèmes projectifs J-adiques et AR-J-adiques.

Soient A un anneau commutatif unitaire, J un idéal de A ,$(\mathbf{C},\rho)$ une A-catégorie abélienne. On suppose ou bien que J est de type fini, ou bien que $\mathbf{C}$ possède des sommes directes infinies. Les notations sont les mêmes que dans le paragraphe précédent. En particulier, les symboles P et P_{AR} désignent, respectivement les catégories $\underline{\mathrm{Hom}}(\mathbb{N}^{\circ},\mathbf{C})$ et $\underline{\mathrm{Hom}}_{AR}(\mathbb{N}^{\circ},\mathbf{C})$.

3.1. Systèmes projectifs J-adiques.

DEFINITION 3.1.1. Soit X un objet de P . On dit que X est J-adique s'il vérifie les conditions suivantes :

(i) Pour tout entier $n \geq 0$, $J^{n+1}X_n = 0$.

(ii) Pour tout couple (m,n) d'entiers avec $m \geq n \geq 0$, le morphisme $A/J^{n+1} \otimes_A X_m \longrightarrow X_n$ déduit du morphisme de transition $X_m \longrightarrow X_n$ est un isomorphisme.

On notera J-ad$(\mathbf{C})$ la sous-catégorie pleine de P engendrée par les systèmes projectifs J-adiques.

Remarque 3.1.2. Soient I et J deux idéaux de A et supposons, ou bien que I et J soient de type fini, ou bien que $\mathbf{C}$ admette des sommes directes infinies. Alors on peut montrer que si I et J définissent la même topologie sur A , les catégories I-ad$(\mathbf{C})$ et J-ad$(\mathbf{C})$ sont équivalentes.

PROPOSITION 3.1.3. (Stabilités par suites exactes) . Soit

$$0 \longrightarrow X \xrightarrow{u} Y \xrightarrow{v} Z \longrightarrow 0$$

une suite exacte de P .

(i) Si X est strict et Y est J-adique, alors Z est J-adique.

(ii) Si Y est strict et Z est J-adique, alors X est strict.

(iii) Si X et Z sont J-adiques, Y est J-adique.

Preuve : Si $m \geq n$, il est clair que le diagramme (T) ci-dessous, dans lequel les flèches verticales désignent les morphismes de transition, est commutatif et exact :

$$\text{(T)} \qquad \begin{array}{ccccccc} A/J^{n+1} \otimes_A X_m & \xrightarrow{id \otimes u_m} & A/J^{n+1} \otimes_A Y_m & \xrightarrow{id \otimes v_m} & A/J^{n+1} \otimes_A Z_m & \longrightarrow & 0 \\ \downarrow f_{nm} & & \downarrow g_{nm} & & \downarrow h_{nm} & & \\ 0 \longrightarrow X_n & \longrightarrow & Y_n & \longrightarrow & Z_n & \longrightarrow & 0 . \end{array}$$

Dans le cas (i) , f_{nm} est un épimorphisme et g_{nm} un isomorphisme.
Dans le cas (ii), g_{nm} est un épimorphisme et h_{nm} un isomorphisme.
Dans le cas (iii), f_{nm} et h_{nm} sont des isomorphismes. Dans les trois cas, le lemme du serpent appliqué au diagramme (T) permet de conclure.

3.2. Systèmes projectifs AR-J-adiques.

PROPOSITION 3.2.1. Les assertions suivantes, pour un objet X de P tel que $J^{n+1} X_n = 0$ pour tout $n \geq 0$ sont équivalentes :

(i) Il existe un système projectif J-adique Y et un AR-isomorphisme $u : Y \longrightarrow X$ (2.4.5) .

(ii) Il existe un système projectif J-adique Y , isomorphe à X dans la catégorie P_{AR} .

Preuve : Il nous faut montrer que (ii) implique (i) . Un P_{AR}- isomorphisme de Y dans X est représenté pour un certain entier r par un AR-isomorphisme $v : Y[r] \longrightarrow X$. Comme $J^{n+1}X_n = 0$ pour tout $n \geq 0$ et Y est J-adique, v est le composé d'un P-morphisme $u : Y \longrightarrow X$ et du morphisme canonique de Y[r] dans Y . Il est alors clair que u est un AR-isomorphisme, d'où l'assertion.

DEFINITION 3.2.2. Un système projectif indexé par $\mathbb{N}$ à valeurs dans $\mathbf{C}$ est appelé AR-J-adique si :

(a) $J^{n+1}X_n = 0$ pour tout $n \geq 0$,

(b) il vérifie les conditions équivalentes (i) et (ii) de la proposition (3.2.1) .

PROPOSITION 3.2.3. Soit X un système projectif indexé par $\mathbb{N}$ à valeurs dans $\mathbf{C}$. On suppose que $J^{n+1}X_n = 0$ pour tout $n \geq 0$. Alors pour que X soit AR-J-adique, il faut et il suffit qu'il vérifie la propriété (MLAR) et que, désignant par X' son système projectif des images universelles, il existe un entier $r \geq 0$ tel que, pour tout couple (m,n) d'entiers avec $m \geq n+r$, le "morphisme de transition" ci-dessous soit un isomorphisme :

$$X'_m/J^{n+1}X'_m \longrightarrow X'_{n+r}/J^{n+1}X'_{n+r} .$$

Preuve :

(a) Les conditions de l'énoncé sont suffisantes :

Si X vérifie (MLAR) , il est AR-isomorphe à son système projectif d'images universelles X' . Par ailleurs l'hypothèse faite sur X' signifie que le système projectif $(X'_{n+r}/J^{n+1}X'_{n+r})_{n \geq 0}$ (les morphismes de transition étant évidents) est J-adique. Or il est clair que ce système projectif est AR-isomorphe (2.4.6) à X' .

(b) Les conditions de l'énoncé sont nécessaires : si X est AR-J-adique, il est AR-isomorphe à un système projectif strict, donc vérifie (MLAR) .

Le système projectif X' des images universelles de X est AR-isomorphe à X , donc AR-J-adique. Pour prouver les deuxième point, on est donc ramané à voir que si X est un système projectif AR-J-adique et strict, il existe un entier r tel que le système projectif $\ell_r(X)$ défini par $\ell_r(X)_n = X_{n+r}/J^{n+1}X_{n+r}$ soit J-adique. Soit pour cela $u = Y \longrightarrow X$ un AR-isomorphisme, Y étant J-adique. Le noyau T de u étant AR-nul, soit r un entier tel que le morphisme canonique $T[r] \longrightarrow T$ soit nul. Il est immédiat que le morphisme canonique $\ell_r(u) : \ell_r(Y) \longrightarrow \ell_r(X)$ est un isomorphisme, d'où l'assertion.

PROPOSITION 3.2.4. *(Stabilités par suites exactes)* . *Soit*

$$0 \longrightarrow X \xrightarrow{u} Y \xrightarrow{v} Z \longrightarrow 0$$

une suite exacte de P , *les systèmes projectifs* X, Y *et* Z *étant tels que*

$$J^{n+1}X_n = J^{n+1}Y_n = J^{n+1}Z_n = 0 \qquad (n \geq 0) .$$

(i) *Si* X *vérifie* (MLAR) *et* Y *est* AR-J-*adique*, Z *est* AR-J-*adique*.

(ii) *Si* Y *vérifie* (MLAR) *et* Z *est* AR-J-*adique*, X *vérifie* (MLAR) .

Preuve : On utilise librement, pour tout système projectif X et pour tout entier r, la notation $\ell_r(X)$ déjà explicitée.

Preuve de (i) : Si X' et Y' désignent les systèmes projectifs des images universelles de X et Y , u envoie X' dans Y' , d'où le diagramme commutatif exact ci-dessous, dans lequel les flèches sont évidentes :

$$\begin{array}{ccccccccc} 0 & \longrightarrow & X' & \longrightarrow & Y' & \longrightarrow & \tilde{Z}' & \longrightarrow & 0 \\ & & \downarrow & & \downarrow & & \downarrow & & \\ 0 & \longrightarrow & X & \longrightarrow & Y & \longrightarrow & Z & \longrightarrow & 0 . \end{array}$$

Comme la catégorie P_{AR} est abélienne et le foncteur

$$p_{AR} : P \longrightarrow P_{AR}$$

est exact, il résulte de ce diagramme, et du fait que les inclusions de X' et Y' dans X et Y respectivement sont des AR-isomorphismes (2.5.1), que le morphisme $\widetilde{Z} \longrightarrow Z$ est un AR-isomorphisme.

Ceci permet de se ramener au cas où X et Y, donc Z, sont stricts. Il existe alors un entier r tel que le système projectif $\ell_r(Y)$ soit J-adique. Le foncteur ℓ_r est évidemment exact à droite, d'où une suite exacte

$$\ell_r(X) \xrightarrow{\ell_r(u)} \ell_r(Y) \xrightarrow{\ell_r(v)} \ell_r(Z) \longrightarrow 0 .$$

Quitte à remplacer $\ell_r(X)$ par son image par $\ell_r(u)$, on est dans les conditions d'application de (3.1.3 (i)), qui montre que $\ell_r(Z)$ est J-adique, d'où l'assertion.

(ii) Soient Y' et Z' les systèmes projectifs des images universelles de Y et Z. Considérons le diagramme commutatif exact évident ci-dessous, dans lequel les deux flèches verticales de droite sont les inclusions canoniques :

$$\begin{array}{ccccccccc}
0 & \longrightarrow & \widetilde{X} & \longrightarrow & Y' & \longrightarrow & Z' & \longrightarrow & 0 \\
 & & \downarrow & & \downarrow & & \downarrow & & \\
0 & \longrightarrow & X & \xrightarrow{u} & Y & \xrightarrow{v} & Z & \longrightarrow & 0 .
\end{array}$$

Il montre que le morphisme $\widetilde{X} \longrightarrow X$ est un AR-isomorphisme, ce qui permet de se ramener au cas où Y et Z sont stricts. Dans ce cas, comme Z est strict et AR-J-adique, il résulte de (3.2.3) qu'il existe un entier r tel que $\ell_r(Z)$ soit J-adique. La considération du diagramme commutatif exact

$$\begin{array}{ccccccccc}
0 & \longrightarrow & \approx\!\!\!\!X & \longrightarrow & \ell_r(Y) & \longrightarrow & \ell_r(Z) & \longrightarrow & 0 \\
 & & \downarrow & & \downarrow & & \downarrow & & \\
0 & \longrightarrow & X & \xrightarrow{u} & Y & \xrightarrow{v} & Z & \longrightarrow & 0 ,
\end{array}$$

dans lequel comme précédemment $\approx\!\!\!\!X \longrightarrow X$ est un AR-isomorphisme, permet de se ramener au cas où Y est strict et ou Z est J-adique. Alors

(3.1.3 (ii)) permet de conclure.

4. Filtrations et graduations.

4.1. Généralités.

4.1.1. Soient $\mathcal{C}$ une catégorie abélienne et $X = (X_n)_{n \in \mathbb{Z}}$ un système projectif indexé par $\mathbb{Z}$ à valeurs dans $\mathcal{C}$. On suppose

$$X_i = 0 \ (i < 0) .$$

Pour tout élément p de $\mathbb{Z}$, on définit un sous-objet F^pX de X dans la catégorie $P_1 = \mathrm{Hom}(\mathbb{Z}^\circ, \mathcal{C})$ en posant :

$$(F^pX)_n = F^pX_n = \begin{cases} \mathrm{Ker}(X_n \longrightarrow X_{p-1}) & \text{si } n \geq p-1 \\ 0 & \text{si } n < p-1 , \end{cases}$$

les morphismes de transition étant définis de façon évidente. On obtient ainsi une filtration décroissante $(F^pX)_{p \in \mathbb{Z}}$ de X vérifiant :

(a) $\qquad F^pX = X \quad$ si $p \leq 0$,

(b) $\qquad (F^pX)_{p-1} = 0$ pour tout p .

Par ailleurs, le lemme du serpent appliqué au diagramme commutatif exact (D) ci-dessous prouve que dès que $n \geq p$, le morphisme canonique :

$$F^pX_n/F^{p+1}X_n \longrightarrow \mathrm{Im}(X_n \longrightarrow X_p) \cap \mathrm{Ker}(X_p \longrightarrow X_{p-1})$$

est un isomorphisme.

$$\begin{array}{ccccccccc} 0 & \longrightarrow & \mathrm{Ker}(X_n \longrightarrow X_p) & \longrightarrow & X_n & \longrightarrow & \mathrm{Im}(X_n \longrightarrow X_p) & \longrightarrow & 0 \\ & & \downarrow & & \downarrow & & \downarrow & & \\ 0 & \longrightarrow & 0 & \longrightarrow & X_{p-1} & \xrightarrow{\sim} & X_{p-1} & \longrightarrow & 0 . \end{array}$$

Si maintenant X est un système projectif indexé par $\mathbb{N}$ à valeurs dans $\mathcal{C}$, on le prolonge en un système projectif indexé par $\mathbb{Z}$ en posant $X_n = 0 \ (n < 0)$, avec les morphismes de transition évidents, ce qui permet de lui appliquer les constructions précédentes.

Cela nous permet de considérer aussi la catégorie

$$P = \underline{\mathrm{Hom}}(\mathbb{N}^{\circ}, \mathbb{C})$$

comme une sous-catégorie pleine de P_1 .

DEFINITION 4.1.2. Soit X un système projectif indexé par $\mathbb{Z}$. On dit que X est essentiellement constant s'il existe un entier p tel que, pour tout couple (r,s) d'entiers supérieurs ou égaux à p et vérifiant l'inégalité $s \geq r$, le morphisme de transition

$$X_s \longrightarrow X_r$$

soit un isomorphisme.

Il est clair qu'il suffit de le demander lorsque $r = p$.

PROPOSITION 4.1.3. (Propriété (MLAR) et gradués). Les assertions suivantes pour un objet X de la catégorie P sont équivalentes :

(i) X vérifie (MLAR) .

(ii) Le système projectif à valeurs dans la catégorie des objets gradués par $\mathbb{N}$ de $\mathbb{C}$:

$$r \longmapsto (gr^{\alpha}(X_{\alpha+r}))_{\alpha \in \mathbb{N}} ,$$

où les morphismes de transition sont évidents, est essentiellement constant.

(iii) Le système projectif à valeurs dans la catégorie des objets gradués par $\mathbb{N}$ de $\mathbb{C}$:

$$n \longmapsto (gr^{p}(X_n))_{p \in \mathbb{N}} ,$$

où les morphismes de transition sont évidents, vérifie (MLAR) .

Preuve : (i) ⇒ (ii) : résulte de l'expression de $F^pX_n/F^{p+1}X_n$ donnée en (4.1.1) .

(ii) ⇒ (iii) : Soit r un entier tel que pour tout $s > r$ et tout p le morphisme canonique

$$gr^p(X_{p+s}) \longrightarrow gr^p(X_{p+r})$$

soit un isomorphisme. Nous allons voir que pour tout couple (m,n) d'entiers avec $m \geq n+r$, l'égalité ci-dessous est vérifiée pour tout entier p :

$$\operatorname{Im}(gr^p(X_m) \longrightarrow gr^p(X_n)) = \operatorname{Im}(gr^p(X_{n+r}) \longrightarrow gr^p(X_n)) .$$

En effet:

(a) Si $p \geq n+1$, $gr^p(X_n) = 0$,

(b) si $p \leq n$, la suite d'inégalités $m \geq n+r \geq p+r$ montre que le morphisme canonique

$$gr^p(X_m) \longrightarrow gr^p(X_{n+r})$$

est un isomorphisme, d'où l'assertion.

(iii) $\Rightarrow$ (i) : Notant Y le système projectif de (iii), soit r un entier tel que :

$$\operatorname{Im}(Y[s] \longrightarrow Y) = \operatorname{Im}(Y[r] \longrightarrow Y) \qquad (s \geq r) .$$

Si n et ℓ sont deux entiers, avec $\ell \geq n$, la filtration induite sur $\operatorname{Im}(X_\ell \longrightarrow X_n)$ par celle de X_n est aussi la filtration "quotient" de celle de X_ℓ et par suite, munissant $\operatorname{Im}(X_\ell \longrightarrow X_n)$ de cette filtration, l'égalité ci-dessous est vérifiée :

$$gr^p(\operatorname{Im}(X_\ell \longrightarrow X_n)) = \operatorname{Im}(gr^p(X_\ell) \longrightarrow gr^p(X_n)) .$$

En particulier, la condition (iii) s'exprime en disant que dès que $\ell \geq n+r$, le monomorphisme canonique

$$j : \operatorname{Im}(X_\ell \longrightarrow X_n) \longrightarrow \operatorname{Im}(X_{n+r} \longrightarrow X_n)$$

induit un isomorphisme sur les gradués. Les graduations étant finies, on en déduit que j lui-même est un isomorphisme, d'où (i) .

4.1.4. Si X est un objet de P vérifiant (ML), il résulte de l'expression du gradué rappelé en (4.1.1) que pour tout entier p le système projectif :

$$gr^p(X) = gr^p(X_n)_{n \in \mathbb{N}}$$

est essentiellement constant.

Sa limite projective (qui existe sans hypothèse sur la catégorie abélienne $\mathbf{C}$) sera appelée p-ème composante du gradué strict de X et notée :

$$grs^p(X) .$$

4.2. Systèmes projectifs adaptés à J et lemme d'Artin-Rees.

On suppose donnés un anneau commutatif A, un idéal J de A et une A-catégorie abélienne.

DEFINITION 4.2.1. *Un objet X de la catégorie $P = \underline{Hom}(\mathbb{N}^{\circ}, \mathbf{C})$ est dit adapté à J si sa filtration $(F^pX)_{p \in \mathbb{N}}$ de système projectif (4.1.1) est compatible avec la filtration J-adique de X, i.e. si pour tout couple (p,q) d'entiers positifs ou nuls l'inclusion ci-dessous est vérifiée :*

$$J^pF^q(X) \subset F^{p+q}(X) .$$

LEMME 4.2.2. *Soit X un objet de la catégorie P. Les assertions suivantes sont équivalentes :*

(i) X *est adapté à* J.

(ii) *Pour tout couple (n,p) d'entiers avec $p \leq n+1$, on a*

$$J^pF^{n-p+1}(X_n) = 0 .$$

Preuve :

(i) ⇒ (ii) : alors $J^pF^{n-p+1}(X_n) \subset F^{n+1}(X_n) = 0$.

(ii) $\Rightarrow$ (i) : Si $n < p+q$, $F^{p+q}(X_n) = 0$ par définition.

Par ailleurs, $J^pF^q(X_n)$ est contenu dans $J^{n+1-q}F^q(X_n)$ et ce dernier est nul par hypothèse.

Si $n > p+q$, l'image de $J^pF^q(X_n)$ dans X_{p+q-1} par le morphisme de transition est contenue dans $J^pF^q(X_{p+q-1})$, égal à zéro par hypothèse.

L'inclusion

$$J^pF^q(X_n) \subset F^{p+q}(X_n)$$

en résulte par définition de la filtration de système projectif.

Il résulte en particulier de (4.2.2) que tout sous-système projectif d'un système projectif adapté à J est adapté à J .

Exemples :

a) Un système projectif J-adique est adapté à J. Il en résulte que tout sous-système projectif d'un système projectif J-adique est adapté à J .

b) Si un système projectif X vérifie la condition (ML) et est adapté à J , son système projectif des images universelles est également adapté à J .

4.2.3. Gradué d'un système projectif adapté à J .

Soit X un système projectif adapté à J . La filtration de X étant compatible avec J , il est clair que l'objet gradué

$$gr^p(X)_{p \in \mathbb{N}}$$

est canoniquement muni d'une structure de $gr_J(A)$-module gradué. En particulier, on en déduit par passage à la limite que lorsque X vérifie la condition (ML), l'objet gradué

$$grs(X) = (grs^p(X))_{p \in \mathbb{N}}$$

est canoniquement muni d'une structure de $gr_J(A)$-module gradué.

Explicitons brièvement comment , lorsque de plus X est strict, l'on définit les morphismes correspondants :

$$\omega_{pq} : J^p/J^{p+1} \otimes_A F^q(X_q) \longrightarrow F^{p+q}(X_{p+q}) .$$

Le système projectif X étant strict, nous savons (4.1.1 et 4.1.2) que le morphisme canonique ci-dessous est un isomorphisme :

$$\varphi : F^q(X_{p+q})/F^{q+1}(X_{p+q}) \longrightarrow F^q(X_q) .$$

Par ailleurs, le fait que la filtration de X soit adaptée à J permet d'exhiber un morphisme

$$J^p \otimes_A F^q(X_{p+q}) \longrightarrow F^{p+q}(X_{p+q})$$

qui se factorise, vu que $J^{p+1}F^q(X_{p+q}) \subset F^{p+q+1}(X_{p+q}) = 0$, et $J^pF^{q+1}(X_{p+q}) \subset F^{p+q+1}(X_{p+q}) = 0$, à travers

$$(J^p/J^{p+1}) \otimes_A (F^q(X_{p+q})/F^{q+1}(X_{p+q}))$$

en un morphisme

$$\beta : (J^p/J^{p+1}) \otimes_A (F^q(X_{p+q})/F^{q+1}(X_{p+q})) \longrightarrow F^{p+q}(X_{p+q}) .$$

Le morphisme ω_{pq} est alors donné par l'expression suivante :

$$\omega_{pq} = \beta \circ (\mathrm{id}_{J^p/J^{p+1}} \otimes_A \varphi)^{-1} .$$

LEMME 4.2.4. <u>Soit</u> X <u>un système projectif</u> J-<u>adique</u>. <u>Le morphisme canonique</u>,

$$\mathrm{gr}_J(A) \otimes_A X_o \longrightarrow \mathrm{grs}(X) ,$$

<u>provenant de la structure de</u> $\mathrm{gr}_J(A)$-<u>module gradué de</u> $\mathrm{grs}(X)$, <u>est un épimorphisme</u>.

<u>Preuve</u> : Résulte immédiatement de l'explication des morphismes ω_{pq} donnée dans (4.2.3) .

PROPOSITION 4.2.5. (<u>Caractérisation des systèmes projectifs stricts</u> AR-J-<u>adiques au moyen des gradués associés</u>) .

Soit X un système projectif strict indexé par $\mathbb{N}$ à valeurs dans $\mathcal{C}$. On suppose que pour tout entier n, on a :

$$J^{n+1}X_n = 0 .$$

Les assertions suivantes sont équivalentes :

(i) X est AR-J-adique.

(ii) Il existe un entier $r > 0$ tel que pour tout entier n l'inclusion ci-dessous soit réalisée :

$$F^n(X_n) \subset J^{n-r}X_n .$$

(iii) Il existe un entier r tel que, pour tout entier m, le morphisme canonique ci-dessous soit un isomorphisme dès que $n \geq m+r$:

$$gr^n(J^mX) \longrightarrow gr^n(X) .$$

Dans l'énoncé de (ii), on convient de poser $J^{n-r}X_n = X_n$ pour $n<r$.

Preuve : L'équivalence de (ii) et (iii) est claire, car X et J^mX sont stricts. Prouvons celles de (i) et (ii). On sait (3.2.3) que (i) équivaut à l'existence d'un entier r tel que pour tout couple (m,n) d'entiers avec $m \geq n+r$, le morphisme de transition ci- dessous soit un isomorphisme :

$$X_{m+1}/J^{n+1}X_{m+1} \longrightarrow X_m/J^{n+1}X_m .$$

Considérons alors le diagramme commutatif exact ci-dessous.

$$\begin{array}{ccccccc}
 & & 0 & & 0 & & \\
 & & \downarrow & & \downarrow & & \\
 & & J^{n+1}X_{m+1} & \longrightarrow & J^{n+1}X_m & \longrightarrow & 0 \\
 & & \downarrow & & \downarrow & & \\
0 \longrightarrow F^{m+1}(X_{m+1}) & \longrightarrow & X_{m+1} & \longrightarrow & X_m & \longrightarrow & 0 \\
 & & \downarrow & & \downarrow & & \\
 & & X_{m+1}/J^{n+1}X_{m+1} & \longrightarrow & X_m/J^{n+1}X_m & \longrightarrow & 0 \\
 & & \downarrow & & \downarrow & & \\
 & & 0 & & 0 & &
\end{array}$$

Il montre l'existence d'un isomorphisme canonique entre

$$\mathrm{Ker}(X_{m+1}/J^{n+1}X_{m+1} \longrightarrow X_m/J^{n+1}X_m)$$

et

$$F^{m+1}(X_{m+1})/(F^{m+1}(X_{m+1}) \cap J^{n+1}X_{m+1}) .$$

En particulier, pour que le morphisme de transition après réduction modulo J^{n+1} soit un isomorphisme, il faut et il suffit que $F^{m+1}(X_{m+1})$ soit contenu dans $J^{n+1}X_{m+1}$, ce qui est précisément l'assertion (ii) .

THEOREME 4.2.6. (Lemme d'Artin-Rees) . Soit X un système projectif indexé par $\mathbb{N}$ à valeurs dans $\mathbf{C}$. On suppose que :

(i) X vérifie (MLAR) ,

(ii) X est adapté à J ,

(iii) $\mathrm{grs}(X)$ est un $(\mathrm{gr}_J(A),\mathbf{C})$-module gradué de type fini, i.e. pour toute suite croissante $(M_n)_{n \in \mathbb{N}}$ de sous-$(\mathrm{gr}_J(A)$-modules gradués de $\mathrm{grs}(X)$ dont $\mathrm{grs}(X)$ est réunion, il existe un entier p tel que

$$\mathrm{grs}(X) = M_p .$$

Alors X est AR-J-adique.

Preuve : Rappelons que si X' est le système projectif des images universelles de X , on a posé :

$$\mathrm{grs}(X) = \mathrm{gr}(X') .$$

Par ailleurs, X' est adapté à J , de sorte que l'on est ramené à montrer que X' est AR-J-adique.

Supposons prouvé le lemme suivant :

LEMME 4.2.7. Soit X un système projectif strict adapté à J . Pour tout entier s , le sous objet gradué $[(M_s)_n]_{n \in \mathbb{N}}$ de $\mathrm{grs}(X)$ défini par les égalités ci-dessous :

$$(M_s)_n = J^{n-s}X_n \cap F^n(X_n) \qquad (J^i = A \;\text{ si }\; i < 0)\ ,$$

<u>est un sous</u> $gr_J(A)$<u>-module gradué de</u> $grs(X)$.

On peut, pour démontrer le théorème, supposer X strict. Alors $grs(X)$ est réunion de la suite croissante des M_s , donc égal à l'un d'eux. Cela signifie qu'il existe un entier s_o tel que

$$F^n(X_n) \subset J^{n-s_o} X_n$$

pour tout entier n . On conclut par (4.2.5) .

<u>Démonstration de</u> 4.2.7. Reprenons les notations de (4.2.3) . Il s'agit de voir que le morphisme

$$\omega_{pq} : J^p/J^{p+1} \otimes_A F^q(X_q) \longrightarrow F^{p+q}(X_{p+q})$$

envoie $J^p/J^{p+1} \otimes_A (J^{q-s}X_q \cap F^q(X_q))$ dans $J^{p+q-s}X_{p+q} \cap F^{p+q}(X_{p+q})$.

Or, le morphisme canonique

$$\rho : X_{p+q}/F^{q+1}(X_{p+q}) \longrightarrow X_q$$

est un isomorphisme et envoie $(J^{q-s}X_{p+q} + F^{q+1}(X_{p+q}))/F^{q+1}(X_{p+q})$ sur $J^{q-s}X_q$.

On en déduit que l'image réciproque par $id(J^p/J^{p+1}) \otimes_A \varphi$ (4.2.3) de

$$J^p/J^{p+1} \otimes_A (J^{q-s}X_q \cap F^q(X_q))$$

est

$$J^p/J^{p+1} \otimes_A [(J^{q-s}X_{p+q} \cap F^q(X_{p+q})) + F^{q+1}(X_{p+q})]/F^{q+1}(X_{p+q})\ .$$

Il est maintenant clair que l'image par β (4.2.3) de ce dernier objet est contenue dans $J^{p+q-s}X_{p+q} \cap J^pF^q(X_{p+q})$, donc a fortiori dans

$$J^{p+q-s}X_{p+q} \cap F^{p+q}(X_{p+q})\ .$$

D'où le lemme.

5. Systèmes projectifs J-adiques et AR-J-adiques noethériens.

Dans tout ce paragraphe, on suppose donnés un anneau commutatif noethérien A , un idéal J de A et une A-catégorie abélienne $\mathbf{C}$.

5.1. Généralités.

DEFINITION 5.1.1. Un objet X de la catégorie $\underline{Hom}(\mathbb{N}^{\circ},\mathbf{C})$ est dit J-adique noethérien (resp. artinien) s'il est J-adique et si ses composantes sont des objets noethériens (resp. artiniens) de la catégorie $\mathbf{C}$.

On notera J-adn($\mathbf{C}$) (resp. J-adf($\mathbf{C}$)) la sous-catégorie pleine de $P = \underline{Hom}(\mathbb{N}^{\circ},\mathbf{C})$ dont les objets sont les systèmes projectifs J-adiques noethériens (resp. artiniens) . Il est clair (3.1.3) qu'une extension de systèmes projectifs J-adiques noethériens (resp. artiniens) , est du même type.

PROPOSITION 5.1.2. Soit X un objet J-adique de P . Pour que X soit J-adique noethérien (resp. artinien) , il faut et il suffit qu'il soit J-adique et que X_o soit noethérien (resp. artinien) .

Soit en effet X un système projectif J-adique tel que X_o soit noethérien (resp. artinien) . Considérons alors l'épimorphisme canonique (4.2.4) :

$$gr_J(A) \otimes_A X_o \longrightarrow grs(X) .$$

Comme X_o est noethérien (resp. artinien) et J^n de type fini pour tout n , l'existence de cet épimorphisme montre que pour tout entier n , le noyau du morphisme canonique

$$X_n \longrightarrow X_{n-1}$$

est noethérien (resp. artinien) . On en déduit aussitôt par récurrence sur n que les X_n sont noethériens (resp. artiniens).

DEFINITION 5.1.3. Soit X un système projectif indexé par $\mathbb{N}$ à valeurs dans $\mathcal{C}$. On dit qu'il est AR-J-adique noethérien (resp. artinien) s'il est AR-J-adique, et si ses composantes sont des objets noethériens (resp. artiniens).

On notera AR-J-adn ($\mathcal{C}$) (resp. AR-J-adf($\mathcal{C}$)) la sous-catégorie pleine de $\underline{\text{Hom}}_{AR}(\mathbb{N}^{\circ},\mathcal{C})$ (2.4) engendrée par les images des systèmes projectifs AR-J-adiques noethériens (resp. artiniens).

Il est alors clair que les fonctions canoniques

$$p^n_{AR} : \text{J-adn}(\mathcal{C}) \longrightarrow \text{AR-J-adn}(\mathcal{C})$$

$$p^f_{AR} : \text{J-adf}(\mathcal{C}) \longrightarrow \text{AR-J-adf}(\mathcal{C})$$

obtenus par restriction de p_{AR}(2.4) sont des équivalences de catégories.

Rappelons brièvement l'énoncé et la démonstration du théorème de Hilbert :

THEOREME 5.1.4. (Théorème de Hilbert) . Soient A un anneau commutatif, $\mathcal{C}$ une A-catégorie abélienne, M un objet de type fini (resp. noethérien) de $\mathcal{C}$.

Pour toute A-algèbre de type fini B graduée par $\mathbb{N}$, le $(B,\mathcal{C})$-module gradué $B\otimes_A M$ est de type fini (resp. noethérien) .

(N.B. Si $B = \otimes_{n\geq 0} B_n$, $B\otimes_A M$ désigne l'objet gradué $(B_n\otimes_A M)_{n\in\mathbb{N}}$.

Preuve : On se ramène immédiatement au cas où B est l'anneau de polynômes A[T] , muni de sa graduation habituelle. Le $(B,\mathcal{C})$-module $A[T]\otimes_A M =$ $(M_n)_{n\in\mathbb{N}}$ s'obtient alors en posant $M_n = M$ pour tout n , T envoyant, pour tout entier n , M_n dans M_{n+1} par l'identité de M .

Soit N un sous-$(A[T],\mathcal{C})$-module gradué de $A[T]\otimes_A M$. Les composantes $(N_n)_{n\in\mathbb{N}}$ de N définissent une suite croissante :

$$N_o \subset N_1 \subset \ldots \subset N_n \subset \ldots$$

de sous-objets de M . Supposons maintenant que M soit noetherien (resp. de type fini) et soit

$$N_1 \subset N^2 \subset \ldots\ldots \subset N^p \subset \ldots\ldots$$

une suite croissante de sous-$(A[T],\mathbf{C})$-modules gradués de $A[T]\otimes_A M$, qui dans la première hypothèse (lorsque M est de type fini) a pour réunion $A[T]\otimes_A M$.

Considérons alors le tableau à double entrée ci-dessous :

$$\begin{array}{ccccccc}
N_o^1 & \subset & N_o^2 & \subset \ldots\ldots\ldots\ldots\ldots \subset & N_o^p & \subset & \ldots\ldots\ldots \\
\cap & & \cap & & \cap & & \\
N_1^1 & & \vdots & & \vdots & & \\
\vdots & & \vdots & & \vdots & & \\
\cap & & \cap & & \cap & & \\
N_n^1 & \subset & N_n^2 & \subset \ldots\ldots\ldots\ldots\ldots \subset & N_n^p & & \ldots\ldots\ldots \\
\cap & & \cap & & \cap & &
\end{array}$$

Il est clair par hypothèse sur M qu'il existe un couple (p_o, n_o) tel que $N_{n_o}^{p_o}$ soit maximal (resp. égal à M) .

Si p_1 est un entier $\geq p_o$ tel que les $N_n^{p_1}$ $(n \leq n_o)$ soient les plus grands éléments des suites $(N_n^p)_{p \in \mathbb{N}}$, il est clair que $N^p = N^{p_1}$ dès que $p \geq p_1$, ce qui permet de conclure dans les deux cas.

COROLLAIRE 5.1.5. *Supposons de plus que la catégorie* $\mathbf{C}$ *possède des sommes directes dénombrables. Alors pour tout objet* M *de type fini (resp. noethérien) de* $\mathbf{C}$ *et toute* A*-algèbre de type fini* B , *le* $(B,\mathbf{C})$*-module* $B\otimes_A M$ *est de type fini (resp. noethérien)* .

Preuve : On se ramène au cas où $B = A[T]$. Soit N un sous-$(A[T],\mathbf{C})$-module de $A[T]\otimes_A M$ (considéré comme objet de $\mathbf{C}$) . Nous noterons $gr(N)$ le gradué de N pour la filtration induite par la filtration naturelle d'objet gradué de $A[T]\otimes_A M$: $gr(N)$ est un sous $(A[T],\mathbf{C})$-module gradué du $(A[T],\mathbf{C})$-module gradué $A[T]\otimes_A M$.

Soit maintenant

$$N^o \subset N^1 \subset \ldots\ldots \subset N^p \subset \ldots\ldots$$

une suite croissante de sous-$(A[T],\mathbb{C})$-modules de $A[T]\otimes_A M$, de réunion $A[T]\otimes_A M$ dans la première hypothèse. Dans la première hypothèse (M de type fini), il existe un entier i tel que $gr(N^i) = A[T]\otimes_A M$, d'où $N^i = A[T]\otimes_A M$. Dans la deuxième hypothèse (M noethérien), la suite des $gr(N^i)$ est stationnaire, donc la suite des N^i également.

Dans la suite, le théorème de Hilbert nous sera surtout utile par l'intermédiaire de la proposition suivante.

PROPOSITION 5.1.6. <u>Soient</u> A <u>un anneau commutatif noethérien,</u> J <u>un idéal de</u> $A,\mathbb{C}$ <u>une</u> A-<u>catégorie abélienne. Pour tout système projectif</u> J-<u>adique noethérien</u> (5.1.1) X , <u>le gradué</u> grs(X) <u>est un</u> $(gr_J(A),\mathbb{C})$-<u>module noethérien.</u>

<u>Preuve</u> : Comme $gr_J(A)$ est une A-algèbre de type fini, il résulte du théorème de Hilbert (5.1.4) que $gr_J(A)\otimes_A X_o$ est un $(gr_J(A),\mathbb{C})$-module gradué noethérien. L'assertion résulte alors de l'existence de l'épimorphisme (4.2.4) :

$$gr_J(A)\otimes_A X_o \longrightarrow grs(X) \; .$$

5.2. <u>Structure de</u> J-adn($\mathbb{C}$) <u>et</u> AR-J-adn($\mathbb{C}$) .

Dans cette section, nous désignerons par $\mathcal{E}_{\mathbb{C}}$, ou $\mathcal{E}$ s'il n'y a pas de confusion possible, la sous-catégorie pleine de <u>Hom</u>$(\mathbb{N}^\circ,\mathbb{C})$ dont les objets sont les systèmes projectifs AR-J-adiques noethériens.

PROPOSITION 5.2.1. <u>La catégorie</u> $\mathcal{E}_{\mathbb{C}}$ <u>est stable par noyaux et conoyaux dans</u> <u>Hom</u>$(\mathbb{N}^\circ,\mathbb{C})$. <u>Autrement dit,</u> $\mathcal{E}_{\mathbb{C}}$ <u>est une catégorie abélienne et le foncteur d'inclusion</u> :

$$\mathcal{E}_{\mathbb{C}} \longrightarrow \underline{\text{Hom}}(\mathbb{N}^{\circ}, \mathbb{C})$$

est exact.

Preuve : Soit $u : X \longrightarrow Y$ un morphisme de $\mathcal{E}_{\mathbb{C}}$.
Nous allons voir successivement que le conoyau, l'image et le noyau de u sont AR-J-adiques noethériens. (Bien entendu la démonstration du fait que l'image de u est AR-J-adique noethérienne est uniquement un intermédiaire technique).

a) Coker(u) est AR-J-adique noethérien. Comme X vérifie (MLAR) et Y est AR-J-adique, Coker(u) est AR-J-adique (3.2.4 (i)) .

b) Im(u) est AR-J-adique noethérien.

Grâce à la suite exacte :

$$0 \longrightarrow \text{Im}(u) \longrightarrow Y \longrightarrow \text{Coker}(u) \longrightarrow 0 ,$$

l'assertion résultera du lemme 5.2.1.1. ci-dessous.

LEMME 5.2.1.1. Soit

$$0 \longrightarrow L \longrightarrow M \longrightarrow N \longrightarrow 0$$

une suite exacte dans la catégorie $\underline{\text{Hom}}(\mathbb{N}^{\circ}, \mathbb{C})$. Si M et N sont AR-J-adiques noethériens, L est AR-J-adique noethérien.

Il suffit évidemment de voir qu'il est AR-J-adique. On ne ramène de la même manière que dans la démonstration de (3.2.4) au cas où M et N sont stricts, puis même J-adiques noethériens. Dans ce cas, il résulte de 3.1.3 (ii) que L est strict. Le système projectif L est strict, adapté à J et son gradué, comme sous-objet gradué de $grs(M)$, est noethérien: $grs(M)$, quotient de $gr_J(A) \otimes_A M_o$, est noethérien (5.1.6) .
L'assertion résulte alors du lemme d'Artin-Rees (4.2.6) .

c) Ker(u) est AR-J-adique noethérien. Il suffit d'appliquer (5.2.1.1) à la suite exacte évidente ci-dessous :

$$0 \longrightarrow \text{Ker}(u) \longrightarrow X \longrightarrow \text{Im}(u) \longrightarrow 0 .$$

PROPOSITION 5.2.2. Les objets de la catégorie abélienne AR-J-adn($\mathbb{C}$) sont noethériens.

Preuve : On se ramène immédiatement à voir que si l'on a un objet J-adique noethérien X , une suite d'objets J-adiques noethériens $(Y^n)_{n \in \mathbb{N}}$ et des morphismes de $\underline{Hom}(\mathbb{N}^\circ, \mathbb{C})$

$$v_n : Y^n \longrightarrow X$$

tels que

(i) les v_n deviennent des monomorphismes dans AR-J-adn($\mathbb{C}$) ,

(ii) pour tout entier n , v_n se factorise à travers v_{n+1} dans AR-J-adn($\mathbb{C}$) ,

alors les v_n restent stationnaires, à isomorphisme près, pour n assez grand, dans AR-J-adn($\mathbb{C}$) .

Or, dire que v_n se factorise à travers v_{n+1} dans AR-J-adn($\mathbb{C}$) , signifie qu'il existe un entier r et un morphisme

$$f : Y^n[r] \longrightarrow Y^{n+1}$$

tels que, a désignant le morphisme canonique

$$Y^n[r] \longrightarrow Y^n ,$$

l'égalité ci-dessous ait lieu :

$$v_n \circ a = v_{n+1} \circ f .$$

Comme le morphisme a est strict, on en déduit en particulier que l'image de v_n est contenue dans celle de v_{n+1} . Quitte à remplacer chaque Y^n par $\mathrm{Im}(v_n)$, on est ramené à voir que toute suite croissante de sous-systèmes projectifs stricts de X est stationnaire. Or, si $(Z^n)_{n \in \mathbb{N}}$ est une telle suite, vu que $\mathrm{grs}(X)$ est noethérien, la suite croissante des $\mathrm{grs}(Z^n)$ est stationnaire, donc aussi celle des Z^n .

Résumons :

THEOREME 5.2.3. Les catégories J-adn($\mathbb{C}$) et AR-J-adn($\mathbb{C}$) sont abéliennes et noethériennes.

En ce qui concerne AR-J-adn($\mathbb{C}$), c'est ce que nous venons de voir. Quant à J-adn($\mathbb{C}$), elle lui est équivalente.

PROPOSITION 5.2.4. (stabilités par extension). Soit

$$0 \longrightarrow X \longrightarrow Y \longrightarrow Z \longrightarrow 0$$

une suite exacte de Hom($\mathbb{N}°$, $\mathbb{C}$), avec $J^{n+1}Y_n = 0$ pour tout n. On suppose que :

(i) Z est AR-J-adique,

(ii) X est AR-J-adique artinien.

Alors Y est AR-J-adique.

Preuve : On se ramène comme dans la démonstration de (3.2.4) au cas où Y et Z sont stricts et Z est J-adique. Alors (3.1.3 (ii)) X est strict. Il existe alors un entier r tel que le système projectif $(X_{n+r}/J^{n+1}X_{n+r})_{n \in \mathbb{N}}$ soit J-adique artinien. Comme X en est un quotient et lui est AR-isomorphe, on est ramené à prouver le lemme suivant :

LEMME 5.2.4.1. Soit

$$0 \longrightarrow T \longrightarrow X \longrightarrow Y \longrightarrow Z \longrightarrow 0$$

une suite exacte de Hom($\mathbb{N}°$, $\mathbb{C}$), avec $J^{n+1}Y_n = 0$ pour tout n. Si X est J-adique artinien, Z est J-adique et T est AR-nul, alors Y est AR-J-adique.

Pour montrer le lemme, on va d'abord voir que, pour tout entier n, le système projectif évident $(Y_{n+k}/J^{n+1}Y_{n+k})_{k \in \mathbb{N}}$ est essentiellement constant. Désignant par S_n^k le noyau du morphisme évident

$$X_{n+k}/J^{n+1}X_{n+k} \longrightarrow Y_{n+k}/J^{n+1}Y_{n+k} ,$$

considérons le diagramme commutatif exact évident ci-dessous :

$$\begin{array}{ccccccccc}
0 \longrightarrow & S_n^k & \longrightarrow & X_{n+k}/J^{n+1}X_{n+k} & \longrightarrow & Y_{n+k}/J^{n+1}Y_{n+k} & \longrightarrow & Z_{n+k}/J^{n+1}Z_{n+k} & \longrightarrow 0 \\
 & \downarrow & & \downarrow \wr & & \downarrow & & \downarrow \wr & \\
0 \longrightarrow & T_n & \longrightarrow & X_n & \longrightarrow & Y_n & \longrightarrow & Z_n & \longrightarrow 0 .
\end{array}$$

L'entier n étant fixé, les objets S_n^k s'identifient à des sous-objets de T_n et forment une suite décroissante. Comme T_n est artinien, il existe donc un entier k_o tel que $S_n^k = S_n^{k_o}$ pour tout entier $k \geq k_o$, d'où il résulte aussitôt que les morphismes canoniques

$$Y_{n+k}/J^{n+1}Y_{n+k} \longrightarrow Y_{n+k_o}/J^{n+1}Y_{n+k_o}$$

sont des isomorphismes.

Ceci dit, désignons par Y' le système projectif défini par

$$Y'_n = \underset{\overleftarrow{r}}{\mathrm{Lim}}\ Y_{n+r}/J^{n+1}Y_{n+r}$$

pour les objets, et de façon évidente pour les morphismes. Le système projectif Y' est J-adique. De plus on obtient "par passage à la limite" un diagramme commutatif exact du type ci-dessous :

$$\begin{array}{ccccccccccc}
0 & \longrightarrow & S & \longrightarrow & X & \longrightarrow & Y' & \longrightarrow & Z & \longrightarrow & 0 \\
 & & \downarrow & & \downarrow \mathrm{id} & & \downarrow & & \downarrow \mathrm{id} & & \\
0 & \longrightarrow & T & \longrightarrow & X & \longrightarrow & Y & \longrightarrow & Z & \longrightarrow & 0 .
\end{array}$$

Comme T est AR-nul, le lemme du serpent appliqué à ce diagramme montre que le morphisme évident $Y' \longrightarrow Y$ est un AR-isomorphisme, d'où le fait que Y est AR-J-adique.

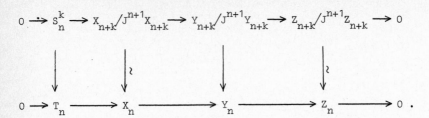

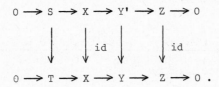

COROLLAIRE 5.2.5. *Soit*

$$0 \longrightarrow X \longrightarrow Y \longrightarrow Z \longrightarrow 0$$

une suite exacte de $\underline{\mathrm{Hom}}(\mathbb{N}^\circ, \mathcal{C})$ *, avec* $J^{n+1}Y_n = 0$ *pour tout* n .

On suppose que :

(i) X *est* AR-J-*adique artinien (resp. artinien et noethérien)* ,

(ii) Z *est* AR-J-*adique artinien (resp. noethérien)* .

Alors Y *est* AR-J-*adique artinien (resp. noethérien)* .

5.3. *Systèmes projectifs* AR-J-*adiques noethériens et* ∂ - *foncteurs*.

Soient $\mathcal{C}$ et $\mathcal{D}$ deux A-catégories abéliennes et $F : \mathcal{C} \longrightarrow \mathcal{D}$ un foncteur additif. Le foncteur F se prolonge de façon claire en un foncteur, noté encore F ,

$$F : \underline{\mathrm{Hom}}(\mathbb{N}^\circ, \mathcal{C}) \longrightarrow \underline{\mathrm{Hom}}(\mathbb{N}^\circ, \mathcal{D}) ,$$

qui est additif et "commute aux translations" .

PROPOSITION 5.3.1. *Soient* $\mathcal{C}$ *et* $\mathcal{D}$ *deux* A-*catégories abéliennes et*

$$T = (T^i)_{i \in \mathbb{N}}$$

un ∂ - *foncteur exact* A-*linéaire de* $\mathcal{C}$ *dans* $\mathcal{D}$.

On suppose que :

(i) *Pour tout objet noethérien* M *de* $\mathcal{C}$ *annulé par une puissance de* J *et tout entier* n , $T^n(M)$ *est noethérien*.

(ii) *Pour toute* A-*algèbre graduée de type fini* B , *annulée par* J , *et tout* $(B,\mathcal{C})$-*module gradué noethérien* N , *les* $(B,\mathcal{D})$-*modules gradués* $T^n(N) (n \in \mathbb{N})$ *sont noethériens*.

Alors pour tout objet AR-J-*adique noethérien* X de $\underline{\mathrm{Hom}}(\mathbb{N}^\circ, \mathcal{C})$, *les* $T^n(X)$ *sont* AR-J-*adiques noethériens*.

Preuve : Comme les foncteurs T^n commutent aux translations, il suffit de montrer l'assertion lorsque X est J-adique noethérien. Dans ce cas, comme grs(X) est un $gr_J(A)$-module gradué noethérien (5.1.6), il résulte de l'hypothèse (ii) et d'une variante d'un corollaire du théorème de SHIH (cf. Appendice A.3) que pour tout entier n les assertions suivantes sont vérifiées :

(a) $T^n(X)$ satisfait (MLAR),

(b) grs $T^n(X)$ est un $(gr_J(A),\mathcal{B})$-module gradué noethérien.

Le "lemme d'Artin-Rees" (4.2.6) permet de conclure.

COROLLAIRE 5.3.2. Le ∂-foncteur

$$T = (T^i)_{i \in \mathbb{N}} : \underline{\mathrm{Hom}}(\mathbb{N}^\circ, \mathcal{C}) \longrightarrow \underline{\mathrm{Hom}}(\mathbb{N}^\circ, \mathcal{B})$$

induit un ∂-foncteur exact A-linéaire

$$\mathcal{E}_{\mathcal{C}} \longrightarrow \mathcal{E}_{\mathcal{B}} ,$$

commutant aux translations, donc par passage au quotient un nouveau ∂-foncteur exact A-linéaire, noté encore $(T^i)_{i \in \mathbb{N}}$,

$$\text{AR-J-adn}(\mathcal{C}) \longrightarrow \text{AR-J-adn}(\mathcal{B}) .$$

Appendice : le théorème de SHIH.

Le but du présent appendice est de donner une démonstration du théorème de SHIH sous la forme utilisée dans la preuve de (5.3.1). Cette forme étant plus générale que celle figurant dans EGA 0_{III}, une démonstration directe, adaptée de celle de loc. cit., s'est révélée nécessaire.

Terminologie : Soit r_o un entier ≥ 1. La donnée, pour tout entier $r, \geq r_o$, d'un objet bigradué $E_r = (E_r^{pq})_{p \in \mathbb{Z}, q \in \mathbb{Z}}$, muni d'une différentielle d_r de bidegré $(r, 1-r)$, et pour tout r d'un isomorphisme

$$H(E_r) \xrightarrow{\sim} E_{r+1} ,$$

sera appelée dans la suite filtre spectral. On définit de façon évidente la notion de morphisme de filtres spectraux.

A.1. Rappels sur les suites spectrales associées aux ∂ - foncteurs.

Soit $\mathbb{C}$ une catégorie abélienne et X un objet de $\mathbb{C}$, muni d'une filtration décroissante $(F^pX)_{p \in \mathbb{Z}}$. Pour tout ∂ - foncteur exact de $\mathbb{C}$ dans une catégorie abélienne $\mathcal{B}$, la méthode dite "des couples exacts" (cf. par ex. Maclane, Homology, p. 336) permet de décrire une suite spectrale :

$$\mathbb{E}(X) : E_1^{pq} = T^{p+q}(F^pX/F^{p+1}X) \Rightarrow E^n = T^n(X) ,$$

pour laquelle la filtration de E^n est définie comme suit :

$$F^p(E^n) = \mathrm{Im}(T^n(F^pX) \longrightarrow T^n(X)) = \mathrm{Ker}(T^n(X) \longrightarrow T^n(X/F^pX)) .$$

De plus, si la filtration de X est finie, la suite spectrale ainsi obtenue est faiblement convergente (EGA 0_{III} 11.1.3) .

Fonctorialité. Si $f : X \longrightarrow Y$ est un morphisme d'objets filtrés de $\mathcal{C}$, on construit de façon fonctorielle un morphisme de suites spectrales :

$$\mathbb{E}(f) : \mathbb{E}(X) \longrightarrow \mathbb{E}(Y) ,$$

coincidant avec $T^{p+q}(gr^p f)$ (resp. $T^n(f)$) sur $E_1^{pq}(X)$ (resp. $E^n(X)$) . En particulier, si $u : X \longrightarrow X$ est un endomorphisme de X tel que $u(F^pX) \subset F^{p+h}(X)$, pour un entier h indépendant de p , $\mathbb{E}(u)$ est un endomorphisme de bidegré $(h,-h)$ du filtre spectral associé à $\mathbb{E}(X)$, commutant avec les différentielles.

A.2. Cas des systèmes projectifs. Soit maintenant $X = (X_n)_{n \in \mathbb{Z}}$ un système projectif d'objets d'une catégorie abélienne $\mathcal{C}$, tel que

$$X_i = 0 \qquad (i < 0) .$$

Si T désigne un ∂ - foncteur exact de $\mathcal{C}$ dans une catégorie abélienne $\mathcal{B}$, T se prolonge de façon naturelle en un ∂ - foncteur exact, noté encore T :

$$\underline{\mathrm{Hom}}(\mathbb{Z}^{\circ}, \mathcal{C}) \longrightarrow \underline{\mathrm{Hom}}(\mathbb{Z}^{\circ}, \mathcal{B}) .$$

D'où, munissant X de sa filtration naturelle de système projectif (EGA 0_{III} 13.4.1) , une suite spectrale :

$$\mathbb{E}(X) = \mathbb{E}(X_n)_{n \in \mathbb{Z}} ,$$

où les $\mathbb{E}(X_n)$ désignent les suites spectrales associées à T et aux X_n munis de la filtration induite.

Propriétés de $\mathbb{E}(X)$.

a) Pour tout entier n , la filtration de l'aboutissement $E^n(X)$ dans la suite spectrale $\mathbb{E}(X)$ est identique à sa filtration naturelle de système projectif, lorsque X est strict .

En effet, désignant par la lettre F (comme dans A 1) la première et par la lettre Φ la seconde, on a pour tout entier α :

$$F^pE^n(X)_\alpha = \operatorname{Ker}(T^n(X_\alpha) \longrightarrow T^n(X_\alpha/F^pX_\alpha))$$

$$= \begin{cases} 0 & \text{si } \alpha \leq p-1 \\ \operatorname{Ker}(T^n(X_\alpha) \longrightarrow T^n(X_{p-1})) & \text{si } \alpha \geq p-1 . \end{cases}$$

Dans les deux cas, on reconnaît l'expression de $\Phi^pE^n(X)$.

Ceci montre en particulier que, pour $\beta \geq \alpha \geq p$, le morphisme de transition

$$\begin{array}{ccc} E_\infty^{pq}(X_\beta) & \longrightarrow & E_\infty^{pq}(X_\alpha) \\ \| & & \| \\ gr^pT^{p+q}(X_\beta) & \longrightarrow & gr^pT^{p+q}(X_\alpha) \end{array}$$

est un <u>monomorphisme</u>, d'après EGA 0_{III} 13.4.1.3.

b) Fixant $\alpha \in \mathbb{Z}$, il est clair (cf. le dessin ci-contre) que,

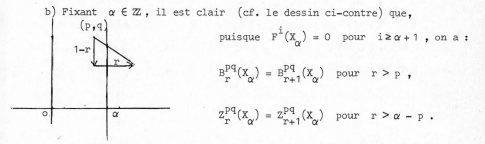

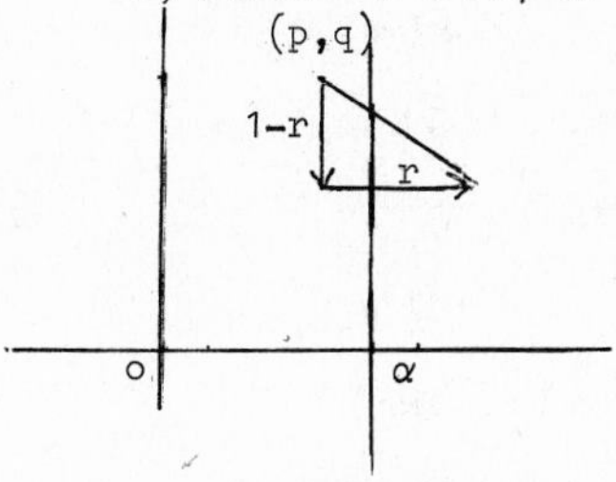

puisque $F^i(X_\alpha) = 0$ pour $i \geq \alpha + 1$, on a :

$$B_r^{pq}(X_\alpha) = B_{r+1}^{pq}(X_\alpha) \quad \text{pour } r > p ,$$

$$Z_r^{pq}(X_\alpha) = Z_{r+1}^{pq}(X_\alpha) \quad \text{pour } r > \alpha - p .$$

c) Lorsque X vérifie la condition de Mittag-Leffler, les divers systèmes projectifs $gr^p(X)$ sont essentiellement constants (EGA 0_{III} 13.4.3). Il en résulte aussitôt que, pour $r < +\infty$, les systèmes projectifs $E_r^{pq}(X)$ sont essentiellement constants. On notera

$$\mathcal{E}_r^{pq}(X)$$

leurs limites projectives. Les opérateurs différentiels passant à la limite, on obtient ainsi un filtre spectral $\mathcal{E}_r^{pq}(X)$ $(p,q \in \mathbb{Z} ; r \geq 1)$.

Les objets

$$\mathcal{Z}_r^{pq}(X) , \mathcal{B}_r^{pq}(X) \ (r < +\infty)$$

associés à ce filtre spectral sont précisément les limites des systèmes projectifs <u>essentiellement constants</u> $Z_r^{pq}(X)$ et $B_r^{pq}(X)$.

De la partie b) résulte également que

$$B_\infty^{pq}(X) = B_{p+1}^{pq}(X) ,$$

ce qui permet de poser

$$\mathcal{B}_\infty^{pq}(X) = \mathcal{B}_{p+1}^{pq}(X) .$$

Supposant toujours que X vérifie (ML) , comme, pour tout α , $B_r^{pq}(X_\alpha) = B_{r+1}^{pq}(X_\alpha)$ dès que $r > p$ (cf. b)) , on a une suite de monomorphismes canoniques :

$$\text{(S)} \qquad .. \subset \mathcal{E}_r^{pq}(X) \subset .... \mathcal{E}_{p+2}^{pq}(X) \subset \mathcal{E}_{p+1}^{pq}(X) .$$

Supposons désormais X <u>strict</u>. Les expressions suivantes pour $Z_r^{pq}(X_n)$ et $B_r^{pq}(X_n)$:

$$Z_r^{pq}(X_n) = \mathrm{Im}[T^{p+q-1}(F^{p-r+1}X_n/F^pX_n) \xrightarrow{\partial} T^{p+q}(F^pX_n/F^{p+1}X_n)]$$

$$B_r^{pq}(X_n) = \mathrm{Im}[T^{p+q}(F^pX_n/F^{p+r}X_n) \longrightarrow T^{p+q}(F^pX_n/F^{p+1}X_n)]$$

montrent que

$$(d_1) \quad \left[\begin{array}{ll} Z_r^{pq}(X_m) \xrightarrow{\sim} Z_r^{pq}(X_n) & \text{pour } m \geq n \geq p \\ B_r^{pq}(X_m) \xrightarrow{\sim} B_r^{pq}(X_n) & \text{pour } m \geq n \geq p+r-1 \end{array} \right.$$

(les morphismes canoniques sont des isomorphismes) . En particulier, le morphisme canonique

$$\mathcal{E}_r^{pq}(X) \longrightarrow E_r^{pq}(X_{p+r-1})$$

est un <u>isomorphisme</u>.

Par ailleurs, il résulte de b) que

$$(d_2)\quad \left[\begin{array}{ll} & Z_\infty^{pq}(X_{p+r-1}) = Z_r^{pq}(X_{p+r-1}) \qquad (r \geq 1) \\ \\ \text{et} & B_\infty^{pq}(X_{p+r-1}) = B_r^{pq}(X_{p+r-1}) \qquad (r > p) \end{array}\right.$$

Ceci permet de définir, pour <u>tout</u> r, un <u>épimorphisme</u> canonique

$$\theta_r^{pq} : \mathcal{E}_r^{pq}(X) \longrightarrow E_\infty^{pq}(X_{p+r-1})$$

qui est un <u>isomorphisme lorsque</u> $r > p$. De plus, si a est un entier tel que

$$\mathcal{B}_r^{pq}(X) = \mathcal{B}_a^{pq}(X) \qquad (r \geq a) ,$$

(par exemple $a = p+1$ convient), de sorte que

$$(\text{S bis}) \quad \ldots . \hookrightarrow \mathcal{E}_r^{pq}(X) \hookrightarrow \ldots \hookrightarrow \mathcal{E}_{a+1}^{pq}(X) \hookrightarrow \mathcal{E}_a^{pq}(X) ,$$

alors, pour $s \geq r \geq a$, les diagrammes

$$(d_3)\quad \begin{array}{ccc} \mathcal{E}_s^{pq}(X) & \xrightarrow{\theta_s^{pq}} & E_\infty^{pq}(X_{p+s-1}) \\ \downarrow & & \downarrow \text{can} \\ \mathcal{E}_r^{pq}(X) & \xrightarrow{\theta_r^{pq}} & E_\infty^{pq}(X_{p+r-1}) \end{array}$$

sont commutatifs.

A.3. <u>Une variante du théorème de Shih</u>. Supposons donné un anneau S filtré par des idéaux $F^i(S)$ $(i \geq 0)$ et opérant sur X de façon compatible avec sa filtration de système projectif.

Des généralités de A 1 résulte que pour tout entier i, $gr^i(S)$ opère sur les objets bigradués $E_r(X)$ par des morphismes de bidegré $(i,-i)$. En particulier pour tout entier n :

$$E_r^{(n)}(X) = (E_r^{p,q}(X))_{p+q=n}$$

est canoniquement muni d'une structure de $(gr\,(S),\mathcal{D})$-module gradué. Il en est de même par passage à la limite pour :

$$E_r^{(n)}(X) = (E_r^{p,q}(X))_{p+q=n}$$

est canoniquement muni d'une structure de $(gr^\bullet(S),\mathcal{D})$ - module gradué. Il en est de même par passage à la limite pour :

$$\mathcal{E}_r^{(n)}(X) = (\mathcal{E}_r^{p,q}(X))_{p+q=n} \; .$$

L'anneau S , opérant sur X de façon compatible avec sa filtration de système projectif, opère de même sur $T^n(X)$ pour tout entier n . Par suite le gradué strict grs (X) est canoniquement muni d'une structure de $(gr^\bullet(S),\mathcal{C})$ - module gradué et de même, lorsque $T^n(X)$ vérifie (ML) , le gradué strict $grs^\bullet T^n(X)$ est canoniquement muni d'une structure de $(gr^\bullet(S),\mathcal{D})$ - module gradué.

THEOREME A.3. Supposons que pour un entier n les $(gr^\bullet(S),\mathcal{D})$ - modules gradués

$$\mathcal{E}_1^{(n)}(X) = T^n(grs^\bullet(X)) \quad \text{et} \quad \mathcal{E}_1^{(n-1)}(X) = T^{n-1}(grs^\bullet(X))$$

soient noethériens. Alors :

(i) $T^n(X)$ vérifie (MLAR) ,

(ii) $grs^\bullet T^n(X)$ est un $(gr^\bullet(S),\mathcal{D})$ - module noethérien.

Preuve :

i) Pour tout couple (m,r) d'entiers,

$$\mathcal{B}_r^{(m)}(X) = (\mathcal{B}_r^{p,m-p}(X))_{p \in \mathbb{N}}$$

est un sous - $(gr^\bullet(S),\mathcal{D})$ - module gradué de $\mathcal{E}_1^{(m)}(X)$. En particulier, pour tout entier m , les $\mathcal{B}_r^{(m)}(X)$ forment une suite croissante indexée par r de sous-$(gr^\bullet(S),\mathcal{D}$ - modules gradués de $\mathcal{E}_1^{(m)}(X)$. Utilisant les fait que $\mathcal{E}_1^{(n)}(X)$ et $\mathcal{E}_1^{(n-1)}(X)$ sont des $(gr^\bullet(S),\mathcal{D})$ - modules gradués noethériens, on en déduit que les suites

$$[\mathcal{B}_r^{(n)}(X)]_{r\in\mathbb{N}} \quad \text{et} \quad [\mathcal{B}_r^{(n-1)}(X)]_{r\in\mathbb{N}}$$

sont stationnaires.

Il existe donc un entier $a \geq 1$ tel que, pour tout (p,q), avec $p+q = n$ ou $n-1$,

(A.3.1) $$\mathcal{B}_r^{pq}(X) = \mathcal{B}_a^{pq}(X) \qquad (r \geq a) .$$

Par suite, pour $r \geq a+1$, les flèches d_r de source et de but $\mathcal{E}_r^{pq}(X)$ $(p+q=n)$ sont nulles. Autrement dit les monomorphismes

$$\mathcal{E}_s^{pq}(X) \hookrightarrow \mathcal{E}_r^{pq}(X) \qquad (s \geq r \geq a+1)$$

déduits de (A.3.1) avec $p+q=n$ sont en fait des <u>isomorphismes</u>. Pour $s \geq r \geq a+1$, la commutativité du diagramme (d_3), avec $p+q=n$,

$$\begin{array}{ccc} \mathcal{E}_s^{pq}(X) & \xrightarrow[\text{épi}]{\theta_s^{pq}} & E_\infty^{pq}(X_{p+s-1}) \\ \wr\downarrow & & \downarrow \\ \mathcal{E}_r^{pq}(X) & \xrightarrow[\text{épi}]{\theta_r^{pq}} & E_\infty^{pq}(X_{p+r-1}) \end{array}$$

montre que le morphisme de transition

$$E_\infty^{pq}(X_{p+s-1}) \longrightarrow E_\infty^{pq}(X_{p+r-1})$$

qui est de toutes manières un monomorphisme (cf. a)) est un épimorphisme, donc un isomorphisme. Autrement dit, le système projectif

$$r \longrightarrow [\bigoplus_p \mathrm{gr}^p T^n(X_{p+r})]_{r\geq 1}$$

est constant à partir de $r = a$, donc $T^n(X)$ vérifie (MLAR) d'après (4.1.3).

ii) Notant $\mathcal{E}_\infty^{(n)}(X)$, $\mathcal{Z}_\infty^{(n)}(X)$, $\mathcal{B}_\infty^{(n)}(X)$ les "limites" des divers systèmes projectifs indexés par r envisagés, on voit que

$$\mathcal{E}_\infty^{(n)}(X) = \mathcal{Z}_\infty^{(n)}(X)/\mathcal{B}_\infty^{(n)}(X)$$

est un $(gr^{\cdot}(S),\mathcal{D})$-module noethérien, puisque $\mathcal{J}_{\infty}^{(n)}(X)$ est contenu dans $\mathcal{E}_{1}^{(n)}(X)$. Par ailleurs il résulte de A.2. a) que :

$$\mathcal{E}_{\infty}^{(n)}(X) = grs^{\cdot}\, T^{n}(X) .$$

EXPOSÉ VI

COHOMOLOGIE L-ADIQUE

par J.P. JOUANOLOU

Dans tout l'exposé, on se donne un nombre premier ℓ . Comme d'habitude, on note $X_{ét}$ le site étale d'un préschéma X.

1. Faisceaux ℓ-adiques constructibles

On se fixe une fois pour toutes dans ce paragraphe un préschéma localement noethérien X.

1.1. Définition et généralités

Définition 1.1.1. On appelle faisceau ℓ-adique constructible sur X un système projectif $(\ell \mathbb{Z})$-adique de faisceaux abéliens constructibles sur $X_{ét}$ (V 3.2.1).

Pour qu'un système projectif $(\ell \mathbb{Z})$-adique $F=(F_n)_{n\in\mathbb{N}}$ de faisceaux abéliens sur $X_{ét}$ soit un faisceau ℓ-adique constructible, il suffit que F_o soit constructible. En effet, l'assertion est locale et résulte dans le cas noethérien de (V 5.1.2).

Désignons par Abc(X) la catégorie des faisceaux abéliens constructibles sur X. On notera

$$\ell\text{-adc}(X)$$

la sous-catégorie pleine de $\underline{\mathrm{Hom}}(\mathbb{N}^{o}, \mathrm{Abc}(X))$ engendrée par les faisceaux

ℓ-adiques constructibles. Avec les notations de Exp. V :

$$\ell\text{-adc}(X) = (\ell\,\mathbb{Z})\text{-ad}\ (\text{Abc}(X))\ .$$

Désignant par Ab(X) la catégorie des faisceaux abéliens sur $X_{\text{ét}}$, on sait (SGA 4 IX 2.9) que lorsque X est noethérien les faisceaux abéliens constructibles sur X sont les faisceaux abéliens noethériens. Dans ce cas, la catégorie ℓ-adc(X) s'identifie clairement à la catégorie notée

$$(\ell\,\mathbb{Z})\text{-adn}\ (\text{Ab}(X))$$

dans Exp. V.

Proposition 1.1.2. Soit $F = (F_n)_{n \in \mathbb{N}}$ un objet de la catégorie Hom $(\mathbb{N}^\circ, \text{Ab}(X))$. Pour que F soit ℓ-adique constructible, il faut et il suffit qu'il le soit localement pour la topologie étale de X.

Preuve : Il est clair que la propriété pour F d'être ℓ-adique se lit au-dessus d'un recouvrement de l'objet final du site. Par ailleurs, il résulte de (SGA 4 IX 2.8) que les F_n sont constructibles s'ils le sont localement.

Proposition 1.1.3. La catégorie ℓ-adc(X) des faisceaux ℓ-adiques constructibles de X est abélienne. Elle est noethérienne lorsque X est noethérien.

Preuve : Lorsque X est noethérien, les deux assertions sont conséquences de (V 5.2.3). Dans le cas général, il faut voir que tout morphisme

$$u : F \longrightarrow G$$

de faisceaux ℓ-adiques constructibles sur X possède un noyau et un conoyau.

En ce qui concerne le conoyau, cela résulte de (V 3.1.3). Prouvons l'existence du noyau de u. Pour tout ouvert noethérien V de X, on sait que la restriction de u à V

$$u_V: F_V \longrightarrow G_V$$

admet un noyau dans la catégorie ℓ-adc(V), admettant la description simple qui suit. Si K est le noyau de u_V dans la catégorie $\underline{\text{Hom}}(\mathbb{N}^\circ, \text{Ab}(V))$, K vérifie la condition de Mittag-Leffler-Artin-Rees et, désignant par K' son système projectif des images universelles, il existe un entier r tel que le système projectif

$$m_r(K') = (K'_{n+r}/\ell^{n+1}K'_{n+r})_{n\in\mathbb{N}}$$

(avec les morphismes de transition évidents) soit ℓ-adique constructible. Le composé évident ci-dessous est un noyau de u_V dans la catégorie ℓ-adc(V) :

$$m_r(K') \longrightarrow K' \longrightarrow K .$$

La construction précédente montre notamment que si W est un ouvert contenu dans V, la restriction à W d'un noyau pour u_V est un noyau pour u_W.

Soit alors $(V_i)_{i\in I}$ un recouvrement de X par des ouverts noethériens. Si i et j sont deux éléments de I, les restrictions à $V_i \cap V_j$ des noyaux de u_{V_i} et u_{V_j} sont canoniquement isomorphes, ce qui permet en les recollant de construire un noyau de u.

1.1.4. Soit $F = (F_n)_{n\in\mathbb{N}}$ un faisceau ℓ-adique constructible. Comme l'anneau $\mathbb{Z}_\ell$ opère de façon évidente sur chaque faisceau F_n, il opère également sur F. De plus, si F et G sont deux faisceaux ℓ-adiques constructibles et

$$u: F \longrightarrow G$$

un morphisme, u est compatible avec les opérations de $\mathbb{Z}_\ell$ sur F et G respectivement. Ceci montre que ℓ-adc(X) <u>est canoniquement munie d'une structure de</u> $\mathbb{Z}_\ell$ <u>-catégorie abélienne</u>.

Cela justifie la terminologie suivante :

<u>Terminologie</u> : On appellera dans la suite $\mathbb{Z}_\ell$ -faisceaux constructibles les faisceaux ℓ-adiques constructibles.

On prendra garde de ne pas confondre cette notion avec celle de $(\mathbb{Z}_\ell)_X$ -Module, qui ne sera pas utilisée dans la suite.

La catégorie ℓ-adc(X) sera également notée

$$\mathbb{Z}_\ell - \mathrm{fc}(X) \quad .$$

1.2. $\mathbb{Z}_\ell$-faisceaux constants tordus constructibles.

<u>Définition</u> 1.2.1. Un $\mathbb{Z}_\ell$-faisceau constructible

$$F = (F_n)_{n \in \mathbb{N}}$$

est dit <u>constant tordu</u> si et seulement si les faisceaux F_n sont localement constants sur $X_{ét}$.

On appellera catégorie des $\mathbb{Z}_\ell$ -faisceaux constants tordus constructibles la sous-catégorie pleine de $\mathbb{Z}_\ell$ -fc(X) engendrée par les $\mathbb{Z}_\ell$ -faisceaux constants tordus constructibles.

<u>Exemple</u> 1.2.2. Le $\mathbb{Z}_\ell$ -faisceau $\mathbb{Z}_\ell(1)$.

Supposons l'entier ℓ premier aux caractéristiques résiduelles de X. Pour tout entier n, l'élévation à la puissance ℓ définit un morphisme de faisceaux localement constants :

$$\mu_{\ell^{n+1}} \longrightarrow \mu_{\ell^n} \quad .$$

Ceci définit de façon évidente un système projectif :

$$\mathbb{Z}_\ell(1) = (\mu_{\ell^{n+1}})_{n \in \mathbb{N}} \quad .$$

Se ramenant pour chaque entier n au cas où μ_{ℓ^n} et $\mu_{\ell^{n+1}}$ sont constants, on constate que le système projectif $\mathbb{Z}_\ell(1)$ est ℓ-adique.

Lorsque $X = \mathrm{Spec}(K)$, K un corps de type fini sur le corps premier, le $\mathbb{Z}_\ell$-faisceau $\mathbb{Z}_\ell(1)$ est un exemple de faisceau ℓ-adique constant tordu constructible (1.2.1), pour lequel il n'existe pas d'extension finie étale K' de K telle que les images réciproques des F_n sur $X' = \mathrm{Spec}(K')$ soient constantes. En effet K' contiendrait pour tout entier n une racine primitive ℓ^n-ème de l'unité, ce qui n'est pas possible pour une extension de type fini du corps premier.

Rappels 1.2.3. (SGA 1 V 7). On sait que la catégorie des faisceaux abéliens de torsion constructibles localement constants sur un préschéma T est équivalente à la catégorie des revêtements étales de T munis d'une structure de X-groupe abélien. Soit maintenant X un préschéma localement noethérien connexe. Notons R_X la catégorie des revêtements étales de X et

Ensf

celle des ensembles finis. Si a est un point géométrique de X, soit F_a le foncteur :

$$F_a : \quad R_X \longrightarrow \mathrm{Ensf} \ ,$$

qui à tout revêtement étale de X associe sa fibre géométrique au point a.
Le groupe fondamental

$$\pi_1(X) = \pi_1(X,a)$$

de X au point a étant par définition le groupe des automorphismes de F_a convenablement topologisé, le foncteur F_a peut s'interpréter comme un foncteur

$$R_X \longrightarrow \mathrm{Ensf}(\pi_1)$$

de la catégorie R_X dans la catégorie des ensembles finis munis d'une opération continue de $\pi_1 = \pi_1(X, a)$.

On rappelle la proposition suivante :

<u>Proposition</u> 1.2.3.1. Le foncteur

$$F_a : \quad R_X \longrightarrow \mathrm{Ensf}(\pi_1)$$

est une <u>équivalence de catégories</u>. Il commute aux limites inductives et aux limites projectives finies.

Soient maintenant

$$\mathrm{Lc}(X), \quad \mathrm{Abf}(\pi_1)$$

respectivement la catégorie des faisceaux abéliens de torsion localement constants constructibles, et celle des groupes abéliens finis munis d'une opération continue du groupe fondamental. Le foncteur F_a induit un foncteur exact, noté encore F_a,

$$F_a : \quad \mathrm{Lc}(X) \longrightarrow \mathrm{Abf}(\pi_1) ,$$

qui est une équivalence de catégories.

1.2.4. $\mathbb{Z}_\ell$ -faisceaux constants tordus sur un préschéma connexe.

Les rappels de (1.2.3) rendent immédiat le lemme ci-dessous.

Lemme 1.2.4.1. Le prolongement $\hat{F}_a$ de F_a à la catégorie des systèmes projectifs indexés par $\mathbb{N}$ induit une équivalence de la catégorie des faisceaux ℓ-adiques constants tordus constructibles avec la catégorie

$$(\ell\,\mathbb{Z})\text{-ad}\,(\mathrm{Abf}(\pi_1))\ .$$

Soit maintenant $F = (F_n)_{n \in \mathbb{N}}$ un objet de la catégorie

$$(\ell\,\mathbb{Z})\text{-ad}(\mathrm{Abf}(\pi_1))\ .$$

Sa limite projective $\varprojlim_{\mathbb{N}} (F_n)$ est naturellement munie d'une structure de $\mathbb{Z}_\ell$-module de type fini sur lequel π_1 opère continûment pour la topologie ℓ-adique. Rappelons que si G et M désignent respectivement un groupe profini et un $\mathbb{Z}_\ell$-module de type fini, on appelle opération continue de G sur M une application continue

$$\begin{array}{ccc} G \times M & \longrightarrow & M \\ (g, m) & \longmapsto & g.m \end{array}$$

telle que : (i) $g.(m+n) = g.m + g.n \quad (g \in G,\ m \text{ et } n \in M)$

et (ii) $(gh).m = g.(h.m) \quad (g \text{ et } h \in G,\ m \in M)$.

Il est alors clair que pour tout entier ℓ-adique a ,

$$g.(am) = a(g.m) \qquad (g \in G,\ m \in M)\ .$$

Par ailleurs, le groupe des applications $\mathbb{Z}_\ell$-linéaires inversibles de M dans M , noté $GL(M)$, s'identifie à la limite projective des groupes

$GL(M/\ell^{n+1}M)$. Ces derniers groupes étant finis, le groupe $GL(M)$ est ainsi naturellement muni d'une structure de groupe profini et en particulier d'une structure de groupe topologique compact. On vérifie aisément qu'il revient au même de se donner une opération continue du groupe profini G sur M ou de se donner un morphisme de groupes topologiques :

$$G \longrightarrow GL(M),$$

ce dernier groupe étant muni de la topologie décrite ci-dessus.

Ceci dit, on définit de façon évidente un foncteur

$$\varprojlim_{\mathbb{N}} : (\ell\mathbb{Z})\text{-ad}(\mathrm{Abf}(\pi_1)) \longrightarrow \mathbb{Z}_\ell\text{-modn}(\pi_1) \quad ,$$

où $\mathbb{Z}_\ell\text{-modn}(\pi_1)$ désigne la catégorie des $\mathbb{Z}_\ell$-modules de type fini munis d'une opération continue de π_1.

Ceci nous permet d'énoncer le lemme suivant :

Lemme 1.2.4.2. Le foncteur précédent

$$\varprojlim_{\mathbb{N}} : (\ell\mathbb{Z})\text{-ad}(\mathrm{Abf}(\pi_1)) \longrightarrow \mathbb{Z}_\ell\text{-modn}(\pi_1)$$

est une équivalence de catégories.

Preuve : Il est clair qu'il est génériquement surjectif : un $\mathbb{Z}_\ell$-module de type fini E sur lequel π_1 opère continûment est l'image du système projectif

$$(E/\ell^{n+1}E)_{n\in\mathbb{N}} ,$$

avec les opérations évidentes de π_1. Soient maintenant $F=(F_n)_{n\in\mathbb{N}}$ et $G=(G_n)_{n\in\mathbb{N}}$ deux objets de la catégorie $\ell\mathbb{Z}\text{-ad}(\mathrm{Abf}(\pi_1))$, et notons pour simplifier $\mathrm{Hom}_{\pi_1}(F,G)$ l'ensemble des morphismes de F dans G dans cette catégorie. Oubliant l'action de π_1, on peut considérer F et G comme objets de la catégorie des systèmes projectifs ℓ-adiques de groupes abéliens finis, et on notera $\mathrm{Hom}_o(F,G)$ l'ensemble des morphismes de F dans G dans cette catégorie. Le groupe π_1 opère sur $\mathrm{Hom}_o(F,G)$ de la manière suivante : un élément s de π_1 définit de façon claire deux automorphismes, notés de la même façon, de F et G respectivement dans la catégorie des systèmes projectifs ℓ-adiques de groupes abéliens finis, et si u appartient à $\mathrm{Hom}_o(F,G)$ on pose

$$s.u = s \circ u \circ s^{-1} .$$

Dans ces conditions, il est clair que $\mathrm{Hom}_{\pi_1}(F,G)$ s'identifie canoniquement à l'ensemble des invariants de π_1 dans $\mathrm{Hom}_o(F,G)$, et de même $\mathrm{Hom}_{\pi_1}(F_n,G_n)$ s'identifie pour tout n à $\mathrm{Hom}_{\mathbb{Z}}(F_n,G_n)^{\pi_1}$, l'opération de π_1 étant définie de façon analogue. Il résulte par exemple de (SERRE : Groupes proalgébriques, Prop. 12) que, désignant par M et N les limites projectives de F et G respectivement, on a

$$\mathrm{Hom}_{\mathbb{Z}_\ell}(M,N) = \varprojlim_n \mathrm{Hom}_{\mathbb{Z}}(F_n,G_n) .$$

Prenant les invariants des deux membres par π_1 et utilisant le fait que cette opération, correspondant à une limite projective, commute aux limites projectives, on en déduit l'assertion.

Les lemmes 1.2.4.1. et 1.2.4.2. permettent d'énoncer la proposition moins précise suivante :

<u>Proposition</u> 1.2.5. La catégorie des $\mathbb{Z}_\ell$-faisceaux constants tordus constructibles sur un préschéma localement noethérien <u>connexe</u> X est équivalente à la catégorie des $\mathbb{Z}_\ell$-modules de type fini sur lesquels $\pi_1(X)$ opère continûment pour la topologie ℓ-adique.

<u>Remarque</u> : Soit F un $\mathbb{Z}_\ell$-faisceau constant tordu constructible et M le $\mathbb{Z}_\ell$-module de type fini muni d'une opération continue de π_1 associé. Pour que F soit localement constant, il est clair qu'il est suffisant que π_1 opère sur M par l'intermédiaire d'un quotient fini, ce qui n'est pas toujours vérifié (1.2.2). C'est même nécessaire lorsque X est <u>normal</u>. Quitte à décomposer X en composantes connexes, on peut pour le voir se ramener au cas où il est intègre. Je dis qu'alors, désignant par K son corps des fonctions rationnelles, s'il existe une extension séparable finie K' de K telle que l'image réciproque $F_{K'}$ de F au-dessus de $\mathrm{Spec}(K')$ soit constante, alors le groupe $\pi_1(X)$ opère sur M par l'intermédiaire d'un groupe fini. En effet (SGA 1 V 8.2) $\pi_1(K) \longrightarrow \pi_1(X)$ est surjectif, et l'hypothèse signifie que le noyau du composé $\pi_1(K) \longrightarrow \pi_1(X) \longrightarrow \mathrm{Aut}(M)$ est d'indice fini. Il en est donc de même du noyau de $\pi_1(X) \longrightarrow \mathrm{Aut}(M)$.

<u>Proposition</u> 1.2.6. Soient X un préschéma localement noethérien et F un système projectif indexé par $\mathbb{N}$ de faisceaux abéliens sur $X_{\text{ét}}$. Les assertions suivantes sont équivalentes :

(i) F est un $\mathbb{Z}_\ell$-faisceau constructible,

(ii) Tout ouvert noethérien U de X est réunion d'un nombre fini de parties localement fermées $(Z_i)_{1 \leqslant i \leqslant q}$ au-dessus desquelles l'image réciproque de F est un $\mathbb{Z}_\ell$-faisceau constant tordu constructible,

(iii) X admet un recouvrement par des ouverts, réunions d'un nombre fini de parties localement fermées, au-dessus desquelles l'image réciproque de F est un $\mathbb{Z}_\ell$-faisceau constant tordu constructible.

Preuve : Il est clair que (ii) implique (iii).

(iii) $\Longrightarrow$ (i) : Si F vérifie (iii), ses fibres géométriques sont ℓ-adiques donc F est ℓ-adique d'après (SGA 4 VIII 3.6). Par ailleurs, ses composants sont constructibles (SGA 4 IX 2.8).

Pour voir que (i) entraîne (ii), on se ramène immédiatement au cas où X est noethérien. Si F est ℓ-adique constructible, son gradué strict grs(F) est un $(gr_{\ell}\mathbb{Z}, Ab(X))$-module noethérien (V 5.1.6). Par suite (SGA 4 IX 2.9.) X est réunion d'un nombre fini de parties localement fermées $(Z_i)_{1 \leqslant i \leqslant q}$ au-dessus desquelles l'image réciproque de grs(F) est un faisceau localement constant. Comme la propriété pour un faisceau à fibres finies d'être localement constant est stable par extensions, on en déduit que pour tout entier n, les images réciproques sur chaque Z_i du composant F_n de F sont des faisceaux localement constants.

1.3. Opérations $\otimes$ et Hom sur les $\mathbb{Z}_{\ell}$-faisceaux.

1.3.1. Produit tensoriel. Soient F et G deux objets de la catégorie $\underline{Hom}(\mathbb{N}^{\circ}, Ab(X))$. Si $F = (F_n)_{n \in \mathbb{N}}$ et $G = (G_n)_{n \in \mathbb{N}}$, on définit le produit tensoriel $F \otimes G$ de F et G par la formule suivante sur les objets et de façon évidente sur les flèches :

$$(F \otimes G)_n = F_n \otimes G_n \ .$$

Plus précisément, on définit de façon claire un bifoncteur additif exact à droite, appelé produit tensoriel :

$$\otimes : \underline{Hom}(\mathbb{N}^{\circ}, Ab(X)) \times \underline{Hom}(\mathbb{N}^{\circ}, Ab(X)) \longrightarrow \underline{Hom}(\mathbb{N}^{\circ}, Ab(X)) \ .$$

Proposition 1.3.2. Si F et G sont deux $\mathbb{Z}_\ell$-faisceaux constructibles, le produit tensoriel $F \otimes G$ est un $\mathbb{Z}_\ell$-faisceau constructible.

Preuve : La ℓ-adicité est claire. Par ailleurs, il résulte immédiatement de la définition des faisceaux constructibles (SGA 4 IX 2.3.) qu'un produit tensoriel de deux faisceaux constructibles est constructible.

Par restriction, on définit donc un bifoncteur additif exact à droite, appelé encore produit tensoriel :

$$\otimes : \mathbb{Z}_\ell\text{-fc}(X) \times \mathbb{Z}_\ell\text{-fc}(X) \longrightarrow \mathbb{Z}_\ell\text{-fc}(X) .$$

1.3.3. Faisceau d'homomorphismes.

Soient $F = (F_n)_{n \in \mathbb{N}}$ et $G = (G_n)_{n \in \mathbb{N}}$ deux $\mathbb{Z}_\ell$-faisceaux constructibles. On suppose que F est localement libre, ce par quoi on entend que pour tout entier n, le faisceau F_n est localement libre sur le faisceau constant $(\mathbb{Z}/\ell^{n+1}\mathbb{Z})_X$. Pour tout entier n, la suite exacte structurale :

$$G_{n+1} \xrightarrow{\ \ell^{n+1}\ } G_{n+1} \longrightarrow G_n \longrightarrow 0$$

fournit, puisque F_{n+1} est localement libre sur $(\mathbb{Z}/\ell^{n+1}\mathbb{Z})_X$, une suite exacte :

$$(1) \quad \mathcal{H}om(F_{n+1}, G_{n+1}) \xrightarrow{\ \ell^{n+1}\ } \mathcal{H}om(F_{n+1}, G_{n+1}) \longrightarrow \mathcal{H}om(F_{n+1}, G_n) \longrightarrow 0 .$$

Comme $\ell^{n+1} G_n = 0$, la suite exacte structurale :

$$F_{n+1} \xrightarrow{\ \ell^{n+1}\ } F_{n+1} \longrightarrow F_n \longrightarrow 0$$

définit de façon claire un isomorphisme :

(2) $$\mathcal{H}om(F_{n+1}, G_n) \xleftarrow{\sim} \mathcal{H}om(F_n, G_n) .$$

Combinant (1) et (2), on obtient pour tout entier n un morphisme :

$$\mathcal{H}om(F_{n+1}, G_{n+1}) \longrightarrow \mathcal{H}om(F_n, G_n) .$$

D'où un système projectif

$$\mathcal{H}om(F,G) = (\mathcal{H}om(F_n, G_n))_{n \in \mathbb{N}} ,$$

qui est clairement un $\mathbb{Z}_\ell$-faisceau.

1.3.4. <u>Généralités sur les faisceaux ℓ-adiques inversibles. Application aux faisceaux $\mathbb{Z}_\ell(r)$ ($r \in \mathbb{Z}$).</u>

Soit L un $\mathbb{Z}_\ell$-faisceau constructible. Nous dirons qu'il est <u>inversible</u> si pour tout entier n son $n^{\text{ème}}$ composant L_n est un $(\mathbb{Z}/\ell^{n+1}\mathbb{Z})_X$-Module inversible, i.e. localement libre de rang un. Il revient au même de dire que L est localement libre au sens du paragraphe précédent et que les fibres géométriques des L_n sont des groupes abéliens cycliques non nuls.

Si L est un $\mathbb{Z}_\ell$-faisceau inversible, on convient de poser

$$L^{-1} = \mathcal{H}om(L, \mathbb{Z}_\ell) .$$

Il est clair qu'on a un isomorphisme

$L \otimes L^{-1} \xrightarrow{\sim} \mathbb{Z}_\ell$, déduit de l'isomorphisme analogue composant par composant (EGA 0_I 5.4.3.1). Suivant alors (EGA 0_I 5.4.4), on convient de poser $L^{\otimes 0} = \mathbb{Z}_\ell$ et pour $n \geqslant 1$ $L^{\otimes -n} = (L^{-1})^{\otimes n}$. Avec ces notations, il existe alors un isomorphisme fonctoriel canonique

$$L^{\otimes m} \otimes L^{\otimes n} \xrightarrow{\sim} L^{\otimes (m+n)}$$

quels que soient les entiers rationnels m et n. De plus cet isomorphisme jouit des propriétés d'associativité habituelles.

En particulier, les objets gradués

$$(L^{\otimes i})_{i \in \mathbb{N}} \quad \text{et} \quad (L^{\otimes i})_{i \in \mathbb{Z}}$$

sont des $\mathbb{Z}_\ell$-Algèbres, graduées respectivement par $\mathbb{N}$ et $\mathbb{Z}$.

Exemple : Le $\mathbb{Z}_\ell$-faisceau $\mathbb{Z}_\ell(1)$ défini en (1.2.2) est inversible, et on conviendra dans la suite de poser :

$$\mathbb{Z}_\ell(r) = (\mathbb{Z}_\ell(1))^{\otimes r} \quad (r \in \mathbb{Z}).$$

1.4. Diverses catégories construites à partir de la catégorie des $\mathbb{Z}_\ell$-faisceaux constructibles.

1.4.1. A-faisceaux constructibles (A, $\mathbb{Z}_\ell$-algèbre finie).

Soit A une $\mathbb{Z}_\ell$-algèbre finie. On définit une catégorie notée

$$A\text{-}fc(X) ,$$

dont les objets sont appelés A-faisceaux constructibles, de la manière suivante.

(i) Un objet de A-fc(X) est un couple (F,u) formé d'un $\mathbb{Z}_\ell$-faisceau constructible F et d'un morphisme de $\mathbb{Z}_\ell$-algèbres :

$$u: A \longrightarrow \mathrm{End}(F) .$$

(ii) Si (F,u) et (F',u') sont deux A-faisceaux constructibles, une flèche $(F,u) \to (F',u')$ est un morphisme de $\mathbb{Z}_\ell$-faisceaux

$$f: F \longrightarrow F'$$

tel que pour tout élément a de A le diagramme ci-dessous soit commutatif :

$$\begin{array}{ccc} F & \xrightarrow{f} & F' \\ {\scriptstyle u(a)}\downarrow & & \downarrow{\scriptstyle u'(a)} \\ F & \xrightarrow{f} & F' \end{array} .$$

On appellera A-faisceau constant tordu constructible un A-faisceau constructible dont le $\mathbb{Z}_\ell$-faisceau constructible sous-jacent est constant tordu, et catégorie des A-faisceaux constants tordus constructibles, la sous-catégorie pleine de la catégorie des A-faisceaux constructibles engendrée par les A-faisceaux constants tordus constructibles.

Il résulte immédiatement de (1.2.4) que si X est connexe, la catégorie des A-faisceaux constants tordus constructibles est équivalente à la catégorie des A-modules de type fini munis d'une opération continue et A-linéaire de $\pi_1(X)$ sur le $\mathbb{Z}_\ell$-module de type fini sous-jacent (1.2.4).

1.4.2. $\mathbb{Q}_\ell$-faisceaux constructibles. Il est clair que la sous-catégorie pleine de $\mathbb{Z}_\ell$-fc(X) engendrée par les $\mathbb{Z}_\ell$-faisceaux constructibles de torsion (i.e. annulés par une puissance de ℓ) est épaisse.

Définition 1.4.3. On appelle catégorie des $\mathbb{Q}_\ell$-faisceaux constructibles sur X et on note

$$\mathbb{Q}_\ell\text{-fc}(X)$$

la catégorie abélienne quotient (cf. thèse de Gabriel) de $\mathbb{Z}_\ell$-fc(X) par la sous-catégorie abélienne épaisse des $\mathbb{Z}_\ell$-faisceaux de torsion. Un objet de $\mathbb{Q}_\ell$-fc(X) est appelé un $\mathbb{Q}_\ell$-faisceau constructible.

La catégorie $\mathbb{Q}_\ell$-fc(X) admet la description simple suivante. Elle a même ensemble d'objets que $\mathbb{Z}_\ell$-fc(X) et si F et G sont deux tels objets,

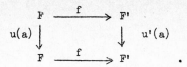

$$\mathrm{Hom}_{\mathbb{Q}_\ell}(F,G) = \mathbb{Q}_\ell \otimes_{\mathbb{Z}_\ell} \mathrm{Hom}_{\mathbb{Z}_\ell}(F,G) ,$$

où $\mathrm{Hom}_{\mathbb{Z}_\ell}(F,G)$ et $\mathrm{Hom}_{\mathbb{Q}_\ell}(F,G)$ désignent respectivement les morphismes dans $\mathbb{Z}_\ell$-fc(X) et $\mathbb{Q}_\ell$-fc(X). En effet, si

$$u: \mathbb{Z}_\ell\text{-fc}(X) \longrightarrow D$$

désigne un foncteur exact de $\mathbb{Z}_\ell$-fc(X) dans une catégorie abélienne D, il revient au même de dire que u rend inversibles les multiplications par des éléments de $\mathbb{Z}_\ell$, ou qu'il s'annule sur les objets de torsion, ce qui montre immédiatement que la catégorie (abélienne) décrite par objets et morphismes ci-dessus est solution du problème universel de passage au quotient.

On dit qu'un $\mathbb{Q}_\ell$-faisceau constructible est <u>constant tordu</u>, s'il est image d'un $\mathbb{Z}_\ell$-faisceau constant tordu constructible. On appelle catégorie des $\mathbb{Q}_\ell$-faisceaux constants tordus constructibles la sous-catégorie pleine de

$$\mathbb{Q}_\ell\text{-fc}(X)$$

engendrée par les $\mathbb{Q}_\ell$-faisceaux constants tordus constructibles.

Il résulte de (1.2.4) que si X est connexe, la catégorie des $\mathbb{Q}_\ell$-faisceaux constants tordus constructibles est équivalente à la catégorie des $\mathbb{Q}_\ell$-espaces vectoriels V de dimension finie, munis d'une opération continue de $\pi_1(X)$, i.e. d'une application continue

$$u: \pi_1(X) \times V \longrightarrow V$$

vérifiant les propriétés explicitées en (1.2.4), ce qui implique en particulier que $u(g,v)$ est $\mathbb{Q}_\ell$-linéaire en v pour tout $g \in \pi_1(X)$.

Il est immédiat de voir qu'il revient au même de se donner un morphisme de groupes topologiques $\pi_1(X) \longrightarrow GL(V)$, ce dernier étant muni de sa topologie naturelle de groupe analytique ℓ-adique.

1.4.3. L-faisceaux constructibles (L une $\mathbb{Q}_\ell$-algèbre finie).

Soit L une $\mathbb{Q}_\ell$-algèbre finie. De façon analogue à ce qui a été fait dans (1.4.1) à partir des $\mathbb{Z}_\ell$-faisceaux constructibles, on définit à partir de la catégorie des $\mathbb{Q}_\ell$-faisceaux constructibles celle des L-faisceaux constructibles, puis celle des L-faisceaux constants tordus constructibles. Si X est connexe, la catégorie des L-faisceaux constants tordus constructibles est équivalente à la catégorie des L-espaces vectoriels de dimension finie munis d'une opération continue de $\pi_1(X)$, i.e. d'une opération continue de $\pi_1(X)$ sur le $\mathbb{Q}_\ell$-espace vectoriel sous-jacent, commutant à l'opération de L.

1.4.4. Si A est une $\mathbb{Z}_\ell$-algèbre commutative finie et F et G deux A-faisceaux constructibles, le système projectif

$$F \otimes_A G = (F_n \otimes_{A_X} G_n)_{n \in \mathbb{N}} ,$$

avec les morphismes de transition évidents, est un $\mathbb{Z}_\ell$-faisceau. De plus A opère de façon évidente sur chacun de ses composants, ce qui permet de le munir de manière naturelle d'une structure de A-faisceau. On définit ainsi un bifoncteur exact à droite, appelé produit tensoriel

$$\text{A-fc}(X) \times \text{A-fc}(X) \longrightarrow \text{A-fc}(X) .$$

Soient maintenant F et G deux A-faisceaux et supposons que F soit localement libre, i.e. que pour tout entier n, F_n soit un $(A/\ell^{n+1}A)_X$-Module localement libre. Alors, de même qu'en (1.3.2), on voit que le système projectif

$$\mathcal{H}om_A(F,G) = (\mathcal{H}om_{A_n}(F_n,G_n))_{n\in\mathbb{N}} ,$$

avec les morphismes de transition évidents, est un $\mathbb{Z}_\ell$-faisceau. De plus, comme A opère naturellement sur ses composants, il est canoniquement muni d'une structure de A-faisceau.

De même qu'en (1.3.3), on définit la notion de A-faisceau inversible et, si L est un tel A-faisceau, on donne un sens à l'expression $L^{\otimes r}$ pour tout entier naturel r. Le paragraphe (1.3.3) s'adapte sans difficulté à cette situation.

1.4.5. Soit F un $\mathbb{Z}_\ell$-faisceau constructible, et notons p le foncteur canonique $\mathbb{Z}_\ell\text{-fc}(X) \longrightarrow \mathbb{Q}_\ell\text{-fc}(X)$. Le foncteur composé de p et du foncteur $G \longmapsto F \otimes G$ rend inversibles les multiplications par des éléments de $\mathbb{Z}_\ell$ et définit par suite un foncteur

$$\mathbb{Q}_\ell\text{-fc}(X) \longrightarrow \mathbb{Q}_\ell\text{-fc}(X) ,$$

qui est exact à droite. Appliquant le même raisonnement au premier argument, on définit ainsi un bifoncteur exact à droite, appelé produit tensoriel :

$$\mathbb{Q}_\ell\text{-fc}(X) \times \mathbb{Q}_\ell\text{-fc}(X) \longrightarrow \mathbb{Q}_\ell\text{-fc}(X) .$$

Si X est connexe et F et G sont deux $\mathbb{Q}_\ell$-faisceaux constructibles constants tordus correspondant à des représentations de $\pi_1(X)$ sur les espaces vectoriels V et W respectivement, le produit tensoriel $F\otimes G$ est encore localement constant et correspond à la représentation diagonale de $\pi_1(X)$ sur $V\otimes W$.

1.4.6. Soit F un $\mathbb{Z}_\ell$-faisceau constructible localement libre (1.3.3). Le foncteur composé de p et du foncteur $G \longrightarrow \mathcal{H}om(F,G)$ (1.3.2) rend inversibles les multiplications par les éléments de $\mathbb{Z}_\ell$ et définit par suite un foncteur

$$\mathcal{H}om(F, .) : \mathbb{Q}_\ell\text{-fc}(X) \longrightarrow \mathbb{Q}_\ell\text{-fc}(X).$$

Si F et F' sont deux $\mathbb{Z}_\ell$-faisceaux localement libres constructibles définissant des $\mathbb{Q}_\ell$-faisceaux isomorphes, il existe un morphisme de $\mathbb{Z}_\ell$-faisceaux

$$u: F \longrightarrow F'$$

dont le noyau et le conoyau sont de torsion. Ceci montre aussitôt que les foncteurs $\mathcal{H}om(F, .)$ et $\mathcal{H}om(F', .)$ de $\mathbb{Q}_\ell$-fc(X) dans elle-même sont isomorphes.

Soit maintenant F un $\mathbb{Q}_\ell$-faisceau constant tordu constructible. Si on note encore F le $\mathbb{Z}_\ell$-faisceau correspondant, il résulte, de l'interprétation des restrictions de F aux composantes connexes Y de X comme $\pi_1(Y)$-modules continus, que F s'écrit de façon unique à isomorphisme près sous la forme

$$F = P \oplus T ,$$

avec P localement libre et T de torsion. Ceci permet de définir, pour tout $\mathbb{Q}_\ell$-faisceau G, un $\mathbb{Q}_\ell$-faisceau $\mathcal{H}om(F,G) = \mathcal{H}om(P,G)$. Un isomorphisme $u:F \longrightarrow F'$ de $\mathbb{Q}_\ell$-faisceaux définit pour tout G un isomorphisme

$$\mathcal{H}om(F',G) \xrightarrow{\sim} \mathcal{H}om(F,G).$$

Plus précisément on définit ainsi un bifoncteur

$$\mathcal{H}om : (\mathbb{Q}_\ell\text{-fct}(X))^\circ \times \mathbb{Q}_\ell\text{-fc}(X) \longrightarrow \mathbb{Q}_\ell\text{-fc}(X) ,$$

désignant par $\mathbb{Q}_\ell$-fct(X) la catégorie des $\mathbb{Q}_\ell$-faisceaux constants tordus constructibles. Ce bifoncteur possède les propriétés d'exactitude habituelles.

1.4.7. Soit maintenant L une extension de type fini de $\mathbb{Q}_\ell$, et désignons par A la clôture intégrale de $\mathbb{Z}_\ell$ dans L, de sorte que A est une $\mathbb{Z}_\ell$-algèbre libre de type fini et un anneau de Dedekind. La catégorie des L-faisceaux constructibles est isomorphe à la catégorie quotient de la catégorie des A-faisceaux constructibles par celle des A-faisceaux constructibles de torsion. Ceci permet, de même qu'en (1.4.6), de définir à partir du produit tensoriel de (1.4.4) un produit tensoriel :

$$\text{L-fc(X)} \times \text{L-fc(X)} \longrightarrow \text{L-fc(X)} .$$

Comme l'anneau A est de Dedekind, l'argument utilisé en (1.4.6) montre que tout A-faisceau constant tordu est somme directe d'un A-faisceau localement libre et d'un A-faisceau de torsion. Désignant alors par L-fct(X) la catégorie des L-faisceaux constants tordus constructibles, on définit de même qu'en (1.4.6) un bifoncteur

$$\mathcal{H}om\colon\ (\text{L-fct(X)})^\circ \times \text{L-fc(X)} \longrightarrow \text{L-fc(X)}$$

vérifiant les propriétés d'exactitude habituelles.

1.5. (AR, $\mathbb{Z}_\ell$)-faisceaux constructibles.

Définition 1.5.1. Soit X un préschéma localement noethérien. Un objet F de Hom($\mathbb{N}^\circ$, Ab(X)) est appelé un (AR- $\mathbb{Z}_\ell$)-faisceau constructible si X admet un recouvrement

$$(U_i)_{i\in I}$$

par des ouverts noethériens tels que la restriction de F au-dessus de chaque U_i soit un objet $(AR, \ell\mathbb{Z})$-noethérien (5 1.3).

Il résulte immédiatement de (V 5.2.1) que la sous-catégorie pleine de $\underline{Hom}(\mathbb{N}^{\circ}, Ab(X))$ engendrée par les $(AR, \mathbb{Z}_{\ell})$-faisceaux constructibles est stable par noyaux et conoyaux. En particulier, c'est une catégorie abélienne.

1.5.2. $(AR, \mathbb{Z}_{\ell})$-faisceaux constructibles localement AR-nuls. Il est clair qu'un objet AR-nul (V 2.2.1) de $\underline{Hom}(\mathbb{N}^{\circ}, Ab(X))$ est un $(AR, \mathbb{Z}_{\ell})$-faisceau constructible si et seulement si ses composantes sont constructibles. Il en résulte en particulier d'après (V 2.2.2) et (SGA 4 IX 2.6) que la catégorie des $(AR, \mathbb{Z}_{\ell})$-faisceaux constructibles AR-nuls est une sous-catégorie abélienne épaisse de la catégorie pleine engendrée par les $(AR, \mathbb{Z}_{\ell})$-faisceaux constructibles dans $\underline{Hom}(\mathbb{N}^{\circ}, Ab(X))$.

Convenant de dire qu'un objet P de $\underline{Hom}(\mathbb{N}^{\circ}, Ab(X))$ est localement AR-nul s'il existe un recouvrement ouvert de X pour la topologie étale (ou ce qui revient au même, pour la topologie de Zariski) au-dessus de chaque ouvert duquel P est AR-nul, on voit, en se ramenant par localisation au cas précédent, que la catégorie des $(AR, \mathbb{Z}_{\ell})$-faisceaux constructibles localement AR-nuls est une sous-catégorie abélienne épaisse de celle des $(AR, \mathbb{Z}_{\ell})$-faisceaux constructibles.

On observera que si X est noethérien, les $(AR, \mathbb{Z}_{\ell})$-faisceaux constructibles sont les objets $(AR, \ell\mathbb{Z})$-adiques noethériens de $\underline{Hom}(\mathbb{N}^{\circ}, Ab(X))$, et localement AR-nul équivaut à AR-nul.

Définition 1.5.3. Soit X un préschéma localement noethérien. On appelle catégorie des $(AR, \mathbb{Z}_{\ell})$-faisceaux constructibles sur X, et on note

$$(\mathrm{AR}, \mathbb{Z}_\ell)\text{-fc}(X) ,$$

la catégorie abélienne quotient de la sous-catégorie pleine engendrée par les $(\mathrm{AR}, \mathbb{Z}_\ell)$-faisceaux constructibles dans

$$\underline{\mathrm{Hom}} (\mathbb{N}^\circ, \mathrm{Ab}(X))$$

par la sous-catégorie pleine, épaisse, engendrée par les $(\mathrm{AR}\text{-} \mathbb{Z}_\ell)$-faisceaux constructibles localement AR-nuls.

Notation 1.5.4. Chaque fois que cela pourra être utile, on notera

$$U(X)$$

la sous-catégorie pleine de $\underline{\mathrm{Hom}}(\mathbb{N}^\circ, \mathrm{Ab}(X))$ engendrée par les $(\mathrm{AR}, \mathbb{Z}_\ell)$-faisceaux constructibles.

Un $\mathbb{Z}_\ell$-faisceau constructible étant en particulier un $(\mathrm{AR}, \mathbb{Z}_\ell)$-faisceau constructible, on définit de façon évidente un foncteur :

$$u: \mathbb{Z}_\ell\text{-fc}(X) \longrightarrow (\mathrm{AR}, \mathbb{Z}_\ell)\text{-fc}(X) .$$

Proposition 1.5.5. Le foncteur u ci-dessus est une équivalence de catégories.

Preuve : Pour prouver que u est pleinement fidèle et essentiellement surjectif, on se ramène "par recollement" (comme dans la démonstration de 1.1.3) à l'énoncé analogue (V 5.1.3).

2. Formalisme de la cohomologie ℓ-adique.

2.1. Image réciproque. Soit $f: X \longrightarrow Y$ un morphisme de préschémas localement noethériens. Le foncteur image réciproque

$$f^* : \mathrm{Ab}(Y) \longrightarrow \mathrm{Ab}(X)$$

est exact et se prolonge donc de façon évidente en un foncteur exact, noté de la même manière,

$$f^* : \underline{\mathrm{Hom}}(\mathbb{N}^{\circ}, \mathrm{Ab}(Y)) \longrightarrow \underline{\mathrm{Hom}}(\mathbb{N}^{\circ}, \mathrm{Ab}(X)) .$$

Ce dernier foncteur transforme évidemment $\mathbb{Z}_\ell$-faisceau constructible en $\mathbb{Z}_\ell$-faisceau constructible, et système projectif localement AR-nul en système projectif localement AR-nul . Avec la notation de (1.5.4), il induit donc deux foncteurs "images réciproques"

$$f^* : \mathbb{Z}_\ell\text{-fc}(Y) \longrightarrow \mathbb{Z}_\ell\text{-fc}(X),$$
$$f^* : \quad U(Y) \longrightarrow U(X) \quad ,$$

le second étant exact.

L'équivalence de catégories (1.5.5) et le fait que f^* transforme système projectif localement AR-nul en système projectif localement AR-nul montre alors que le foncteur image réciproque

$$f^* : \mathbb{Z}_\ell\text{-fc}(Y) \longrightarrow \mathbb{Z}_\ell\text{-fc}(X)$$

est aussi exact.

Si $g: Y \longrightarrow Z$ est un autre morphisme de préschémas localement noethériens, les foncteurs f^* et g^* sont évidemment liés par un isomorphisme

$$(g \circ f)^* \xrightarrow{\sim} f^* \circ g^* ,$$

avec la propriété d'"associativité" habituelle (SGA 1 VI 7 et suiv.)

2.2. Images directes supérieures. Soit

$$f: X \longrightarrow Y$$

un morphisme séparé de type fini de préschémas localement noethériens. On rappelle le résultat suivant de cohomologie étale (SGA 4 XVII; pour le cas propre cf. SGA 4 XIV 1.1) :

Lemme 2.2.1. : Soient A un anneau commutatif qui est annulé par un entier n non nul, et M un $(A, Ab(X))$-module constructible. Pour tout entier i, le faisceau

$$R^i_! f(M)$$

est un $(A, Ab(Y))$-module constructible.

Le lemme suivant en résulte par application de (V 5.3.1) après restriction au-dessus des ouverts noethériens de Y :

Lemme 2.2.2. : Pour tout entier i et tout $(AR, \mathbb{Z}_\ell)$-faisceau constructible F sur X, le système projectif

$$R^i_! f(F)$$

est un $(AR, \mathbb{Z}_\ell)$-faisceau constructible.

Ceci dit, le ∂-foncteur exact

$$(R^i_! f)_{i \in \mathbb{Z}} : Ab(X) \longrightarrow Ab(Y)$$

se prolonge de façon évidente en un ∂-foncteur exact, noté de même,

$$\underline{Hom}(\mathbb{N}^\circ, Ab(X)) \longrightarrow \underline{Hom}(\mathbb{N}^\circ, Ab(Y)) ,$$

qui fournit par restriction un ∂-foncteur exact

(1) $$U(X) \longrightarrow U(Y) .$$

Par ailleurs, les foncteurs $R^i_! f$ transforment système projectif localement AR-nul en système projectif localement AR-nul, de sorte que par passage au quotient, le ∂-foncteur (1) fournit un ∂-foncteur exact

$$(R^i_! f)_{i \in \mathbb{Z}} : (\mathrm{AR}, \mathbb{Z}_\ell)\text{-fc}(X) \longrightarrow (\mathrm{AR}, \mathbb{Z}_\ell)\text{-fc}(Y) .$$

Utilisant maintenant l'équivalence de catégories (1.5.5), ce dernier ∂-foncteur s'interprète comme un ∂-foncteur exact

$$\mathbb{Z}_\ell\text{-fc}(X) \longrightarrow \mathbb{Z}_\ell\text{-fc}(Y) .$$

<u>Définition</u> 2.2.3. : Le foncteur :

$$R^i_! f \;:\; \mathbb{Z}_\ell\text{-fc}(X) \longrightarrow \mathbb{Z}_\ell\text{-fc}(Y)$$

est appelé foncteur $i^{\text{ème}}$ image directe à supports propres de f.

<u>Remarque</u> : Supposant l'analogue du lemme (2.2.1) démontré pour les images directes supérieures ordinaires lorsque X et Y sont excellents (ce qui est fait en caractéristique zéro (SGA 4 XIX 5.1)), on définit de même dans ce cas des images directes supérieures en cohomologie ℓ-adique. On pourrait de même développer dans ce cadre le résultat du paragraphe suivant.

<u>Proposition</u> 2.2.4. (<u>Suite spectrale de LERAY</u>). Soient $f: X \longrightarrow Y$ et $g: Y \longrightarrow Z$ deux morphismes séparés de type fini de préschémas localement noethériens et F un $\mathbb{Z}_\ell$-faisceau (resp. un $(\mathrm{AR}, \mathbb{Z}_\ell)$-faisceau) constructible. Il existe dans $\mathbb{Z}_\ell\text{-fc}(Z)$ une suite spectrale birégulière (EGA 0_{III} 11.1.3) fonctorielle en F :

$$R^i_! g\,(R^j_! f\,(F)) \Longrightarrow R^{i+j}_! \quad (g\circ f)\,(F) .$$

<u>Preuve</u> : D'après l'équivalence de catégorie (1.5.5) et la façon dont sont définies les images directes supérieures pour les $\mathbb{Z}_\ell$-faisceaux constructibles, il suffit de montrer l'énoncé analogue pour les $(\mathrm{AR}, \mathbb{Z}_\ell)$-faisceaux constructibles. Pour toute catégorie abélienne C, convenons de noter

$$\mathrm{Sp}(C)$$

la catégorie des suites spectrales commençant au degré 2 à valeurs dans C. Associant à tout objet F de $\underline{\mathrm{Hom}}(\mathbb{N}^{\circ}, \mathrm{Ab}(X))$ la suite spectrale de LERAY ordinaire, obtenue par prolongement aux systèmes projectifs,

$$(S) \qquad R^i_!g\,(R^j_!f\,(F)) \Longrightarrow R^{i+j}_!\,(g\circ f)\,(F) \;,$$

il est clair qu'on obtient un foncteur

$$\underline{\mathrm{Hom}}(\mathbb{N}^{\circ},\mathrm{Ab}(X)) \longrightarrow \mathrm{Sp}\,(\underline{\mathrm{Hom}}(\mathbb{N}^{\circ}, \mathrm{Ab}(Z))) \;,$$

qui par restriction fournit, d'après (2.2.1) et le fait que U(Z) est épaisse dans $\underline{\mathrm{Hom}}(\mathbb{N}^{\circ},\mathrm{Ab}(Z))$, un foncteur :

$$(1) \qquad U(X) \longrightarrow \mathrm{Sp}\,(U(Z)) \;.$$

Le foncteur canonique $U(Z) \longrightarrow (AR, \mathbb{Z}_\ell)\text{-fc}(Z)$ étant exact, on déduit de (1) un foncteur additif :

$$(2) \qquad E:\ U(X) \longrightarrow \mathrm{Sp}((AR, \mathbb{Z}_\ell)\text{-fc}(Z)) \;.$$

Pour tout objet F de $\underline{\mathrm{Hom}}\,(\mathbb{N}^{\circ},\mathrm{Ab}(X))$, la suite spectrale (S) associée est birégulière : cela résulte de l'assertion analogue pour les composants du système projectif F et du fait que la suite spectrale considérée est à support dans le premier quadrant. Ceci montre que pour tout objet de U(X), la suite spectrale correspondante est birégulière.

De plus, si $u:F \longrightarrow G$ est un morphisme de U(X) dont le noyau et le conoyau sont localement AR-nuls, il résulte de ce que les images directes supérieures transforment système projectif localement AR-nul en système projectif localement AR-nul que E(u) est un isomorphisme sur les termes E_2^{pq} ; c'est donc un isomorphisme, puisque les suites spectrales considérées sont birégulières.

On en déduit que (2) définit par passage au quotient un foncteur

$$(3) \qquad (AR, \mathbb{Z}_\ell)\text{-fc}(X) \longrightarrow \mathrm{Sp}((AR, \mathbb{Z}_\ell)\text{-fc}(Z)) \;,$$

associant de façon précise à tout $(AR, \mathbb{Z}_\ell)$-faisceau constructible F une suite spectrale birégulière :

$$R^i_! f(R^j_! g(F)) \Longrightarrow R^{i+j}_! \ (g \circ f)(F) \ .$$

2.2.3. <u>Autres propriétés</u>.

A) Soit $f: X \longrightarrow Y$ un morphisme séparé de type fini de préschémas localement noethériens. On suppose que la dimension relative de f est inférieure ou égale à un entier d. Alors pour tout $(AR, \mathbb{Z}_\ell)$-faisceau constructible F,

$$R^i_! f\ (F) = 0 \qquad \text{pour } i > 2d.$$

Résulte de l'assertion analogue pour les composants de F (SGA 4 X 4.1. et 5.2.).

B) <u>Changement de base propre</u>.

$$\begin{array}{ccc} X' & \xrightarrow{g'} & X \\ {\scriptstyle f'}\downarrow & & \downarrow{\scriptstyle f} \\ Y' & \xrightarrow{g} & Y \end{array}$$

Soient $f:X \longrightarrow Y$ et $g:Y' \longrightarrow Y$ des morphismes de préschémas localement noethériens, avec f séparé de type fini. Soit $X' = X \times_Y Y'$ (qui est localement noethérien puisque f est de type fini) et

$$f':X' \longrightarrow Y' \ , \quad g': X' \longrightarrow X$$

les morphismes canoniques. Pour tout entier i et tout $\mathbb{Z}_\ell$-faisceau constructible F, il existe un isomorphisme fonctoriel en F dans $\mathbb{Z}_\ell$-fc(Y') :

$$w_i: g^*(R^i_! f(F)) \longrightarrow R^i_! f'(g'^* F) \ .$$

De plus si $0 \longrightarrow F' \longrightarrow F \longrightarrow F'' \longrightarrow 0$ est une suite exacte de $\mathbb{Z}_\ell$-fc(X) (resp. $(AR, \mathbb{Z}_\ell)$-fc(X)), $(w_i)_{i \in \mathbb{N}}$ commute aux opérateurs bords, autrement dit les diagrammes ci-dessous sont commutatifs :

$$\begin{array}{ccc} g^*(R^i_!f(F'')) & \xrightarrow{w_i} & R^i_!f'(g'^*F'') \\ g^*(\delta)\downarrow & & \downarrow\delta \\ g^*(R^{i+1}_!f(F')) & \xrightarrow{w_{i+1}} & R^{i+1}_! f'(g'^*F') \end{array} .$$

<u>Preuve</u> : Il suffit de prouver l'assertion analogue pour les $(AR, \mathbb{Z}_\ell)$-faisceaux constructibles. Or elle se déduit par passage au quotient de l'assertion analogue pour les systèmes projectifs de faisceaux de torsion, laquelle est conséquence immédiate du théorème de changement de base propre (cf SGA 4 XII 5.1 dans le cas propre et SGA 4 XVII dans le cas général).

C) <u>Suite exacte relative à un ouvert et son complémentaire</u>.

Soient $f: X \longrightarrow Y$ un morphisme compactifiable de préschémas localement noethériens, U un ouvert de X et Z le fermé complémentaire. Il existe pour tout $\mathbb{Z}_\ell$-faisceau constructible F une suite exacte, fonctorielle en F , dans $\mathbb{Z}_\ell$-fc(Y) :

$$\cdots \longrightarrow R^i_!f_U(F/U) \longrightarrow R^i_!f(F) \longrightarrow R^i_!f_Z(F/Z) \longrightarrow R^{i+1}_!f_U(F/U) \longrightarrow \cdots$$

<u>Preuve</u> : Analogue à celle de B).

2.2.5. Le formalisme développé dans ce paragraphe pour les $\mathbb{Z}_\ell$-faisceaux s'étend sans difficulté aux A-faisceaux (A une $\mathbb{Z}_\ell$-algèbre finie) et aux L-faisceaux (L extension finie de $\mathbb{Q}_\ell$). En ce qui concerne par exemple le cas des $\mathbb{Q}_\ell$-faisceaux, le point fondamental pour les démonstrations est que tous les foncteurs envisagés pour les $\mathbb{Z}_\ell$ -faisceaux transforment les $\mathbb{Z}_\ell$-faisceaux de torsion en $\mathbb{Z}_\ell$-faisceaux de torsion.

3. Classe de cohomologie ℓ-adique associée à un cycle.

3.1. Si X est un schéma propre, ou lisse et de type fini, sur un corps algébriquement clos k, on sait que pour tout faisceau constructible M abélien et de torsion, premier à la caractéristique de k, les groupes de cohomologie $H^i(X,M)$ sont des groupes abéliens de longueur finie. Ceci permet (2.2.1. Remarque) de définir pour tout $\mathbb{Z}_\ell$ -faisceau F (ℓ premier à la caractéristique de k) un système projectif (AR, ℓ)-adique noethérien de groupes abéliens

$$H^i(X,F)$$

avec les propriétés habituelles. En particulier, la méthode utilisée dans le n° 2 permet de définir le cup-produit, l'homomorphisme image réciproque pour un morphisme de schémas sur k, l'homomorphisme image directe pour un morphisme propre de schémas lisses sur k (cf. Exp. IV pour les définitions dans le cas des faisceaux de torsion).

Par ailleurs, on sait (1.2.4) que la catégorie des $\mathbb{Z}_\ell$-faisceaux sur un corps algébriquement clos est équivalente à la catégorie des $\mathbb{Z}_\ell$ -modules de type finis, l'équivalence étant fournie par le foncteur limite projective. Il sera commode en pratique d'identifier le $\mathbb{Z}_\ell$ -module de type fini $H^i(X,F)$ au $\mathbb{Z}_\ell$ -faisceau correspondant.

3.2. Soient ℓ un nombre premier $\neq$ car.k, et X un schéma lisse de type fini sur k . Si Z est un cycle algébrique de codimension d de X, on lui a associé dans Exp. IV,(*) pour tout entier n une classe de cohomologie

$$\gamma^{(n)}_X(Z) \in H^{2d}(X,(\mu^{(n)}_X)^{\otimes d}) ,$$

où $\mu^{(n)}_X$ désigne le $(\mathbb{Z}/\ell^{n+1}\mathbb{Z})_X$-Module localement libre des racines ℓ^{n+1}-èmes de l'unité. Par ailleurs, on a vu que si $n' \geq n$, $\gamma^{(n)}_X(Y)$ est l'image de $\gamma^{(n')}_X(Y)$ dans $H^{2d}(X,\mu^{(n)}_X)^{\otimes d})$ par le morphisme

$$H^{2d}(X,(\mu^{(n')}_X)^{\otimes d}) \longrightarrow H^{2d}(X,(\mu^{(n)}_X)^{\otimes d})$$

déduit de l'élévation à la puissance $\ell^{n'-n}$: $\mu^{(n')}_X \longrightarrow \mu^{(n)}_X$.

On associe ainsi à Z un élément, noté $\gamma_X(Z)$:

$$\gamma_X(Z) \in H^{2d}(X, \mathbb{Z}_\ell(d)) ,$$

où $\mathbb{Z}_\ell(d)$ est défini dans (1.3.4). Plus généralement, si Z est un cycle de X , on lui associe par linéarité une classe de cohomologie ℓ -adique dans

$$\bigoplus_d H^{2d}(X, \mathbb{Z}_\ell(d)) ,$$

qui est en fait la limite projective des classes de cohomologie associées à Z dans les $\bigoplus_d H^{2d}(X,(\mu^{(n)}_X)^{\otimes d})$.

3.3. Par passage à la limite, il est évident que les classes de cohomologie ℓ-adique du paragraphe précédent vérifient les mêmes propriétés formelles que les classes de cohomologie étudiées dans Exp. IV, à savoir :

(i) Si $f:X \longrightarrow Y$ est un morphisme propre de préschémas lisses sur k et Z un cycle sur X , on a :

(*) Voir (SGA $4^{1/2}$ Cycle).

$$f_*(\gamma_X(Z)) = \gamma_Y(f_*(Z)) \quad (*) \quad .$$

(ii) Si $f:X \longrightarrow Y$ est un morphisme de préschémas lisses sur k et Z un cycle sur Y, on a :

$$\gamma_X(f^*Z) = f^*(\gamma_Y(Z)) \quad (**) \quad .$$

(iii) Si X est un préschéma lisse sur k et Z_1 et Z_2 deux cycles sur X, on a :

$$\gamma_X(Z_1 \cdot Z_2) = \gamma_X(Z_1) . \gamma_X(Z_2) \quad (**) ,$$

le point du premier membre désignant le produit d'intersection des cycles, et celui du deuxième membre le cup-produit en cohomologie.

(iv) Deux cycles algébriquement équivalents sur un k-préschéma lisse ont même classe de cohomologie ℓ-adique.

(*) Cette compatibilité n'est pas prouvée dans (SGA $4^{1/2}$ Cycle) mais n'est pas difficile à déduire des résultats de (loc. cit.).

(**) Dans le cas non excédentaire, voir (SGA $4^{1/2}$ Cycle 2.3.8) pour un énoncé précis.

E X P O S E VII

COHOMOLOGIE DE QUELQUES SCHEMAS CLASSIQUES

ET

THEORIE COHOMOLOGIQUE DES CLASSES DE CHERN

par

J. P. JOUANOLOU

Dans tout le texte, on suppose donné un entier $\nu > 0$ et on pose $A = \mathbb{Z}/\nu\mathbb{Z}$; les caractéristiques résiduelles de tous les schémas envisagés sont premières à l'entier ν. Si X est un tel schéma, on note μ_X le faisceau des racines $\nu^{\text{èmes}}$ de l'unité et $A^{\cdot}(X)$ l'anneau de cohomologie

$$\bigoplus_i H^{2i}(X, \mu_X^{\otimes i})$$

avec pour multiplication le cup-produit.

1. FIBRES VECTORIELS

Soient S un schéma, E un O_S-Module localement libre (sous-entendu : de type fini). On pose $X = V(E)$, $U = V(E)^*$ (complémentaire de la section nulle) et on note $p:X \to S$ et $q:U \to S$ les projections canoniques.

PROPOSITION 1.1.- Soit L un A-Module.

(i) a) Pour tout entier $j > 0$ on a $R^j p_*(p^* L) = 0$.

b) Le morphisme d'adjonction $L \to p_* p^*(L)$ est un isomorphisme.

(ii) On suppose E de rang constant r.

a) $R_!^i\, p(p^* L) = 0$ si $i \neq 2r$.

b) Le morphisme trace (SGA 4 XVIII)

$$R_!^{2r}\, p(p^* L) \to L \otimes \mu_S^{\otimes -r}$$

est un isomorphisme.

Preuve : La partie (i) résulte immédiatement par localisation pour la topologie de Zariski de (SGA 4 XV 2.2). L'assertion (ii) est essentiellement contenue dans (SGA 4 XVIII).

COROLLAIRE 1.2.- Soit L un A_S- Module. Pour tout entier i, le morphisme image réciproque

$$H^i(S,L) \to H^i(X,p^* L)$$

est un isomorphisme.

Preuve : D'après (1.1), le morphisme d'adjonction $L \to \mathbb{R}p_*(p^* L)$ est un isomorphisme. Comme $H^*(X,p^* L) \simeq H^*(S,\mathbb{R}p_*\, p^*(L))$, l'assertion en résulte.

PROPOSITION 1.3.- Supposons E de rang constant r. Pour tout A_S-Module L, les propriétés suivantes sont vérifiées :

(i) a) $R^i q_*(q^* L) = 0$ si $i \neq 0$, $2r-1$.

b) Le morphisme d'adjonction $L \to q_* q^*(L)$ est un isomorphisme.

c) Désignant par Y le complémentaire de U dans X, le morphisme

$$R^{2r-1}\, q_*(q^* L) \to L \otimes \mu_S^{\otimes -r}$$

<u>composé du morphisme "bord"</u>,

$$R^{2r-1}\ q_*(q^*L) \to R^{2r}_Y\ p_*(p^*L) \qquad (1)$$

<u>et de l'isomorphisme de pureté</u> (SGA 4 XVIII)

$$R^{2r}_Y\ p_*(p^*L) \to L \otimes \mu_S^{\otimes -r}$$

<u>est un isomorphisme</u>.

(ii) a) $R^i_!\ q(q^*L) = 0$ <u>si</u> $i \neq (1,2r)$.

b) <u>Le morphisme bord</u> $L \longrightarrow R^1_!\ q(q^*L)$

<u>provenant de la suite exacte illimitée</u> ($f : Y \longrightarrow S$ <u>proj. can.</u>)

$$\longrightarrow R^i_!\ q(q^*L) \to R^i_! p(p^*L) \to R^i f_*(f^*L) \to R^{i+1}_! q(q^*L) \to \ldots$$

<u>est un isomorphisme</u>.

c) <u>Le morphisme trace</u>

$$R^{2r} q(q^*L) \to L \otimes \mu_S^{\otimes -r}$$

<u>est un isomorphisme.</u>

<u>Preuve</u> : Soient $\alpha : U \longrightarrow X$ et $\beta : Y \longrightarrow X$ les immersions canoniques. On sait (SGA 4 XVI 3.7) que, posant $F = p^*(L)$, on a :

$$F \xrightarrow{\sim} \alpha_*\alpha^*(F) \text{ et } (R^j\alpha_*)\alpha^*(F) = 0 \text{ si } j \neq 0,2r-1 .$$

Par ailleurs les faisceaux $(R^j\alpha_*)(\alpha^*F)$ pour $j \geq 1$ sont à support dans Y , donc acycliques pour le foncteur p_* . On déduit de ces remarques les assertions (i) a) et b) en utilisant la suite spectrale de Leray

$$R^i p_*(R^j\alpha_*)(q^*L) \Rightarrow R^n q_*(q^*L) .$$

L'assertion (i) c) résulte de (1.1 (i)) et de la suite exacte illimitée

$$\longrightarrow R^i_Y\ p_*(p^*L) \to R^i p_*(p^*L) \to R^i q_*(q^*L) \to R^{i+1}_Y\ p_*(p^*L) \to \ldots .$$

(*) Le faisceau $R^{2r}_Y\ p_*(p^*L)$ est associé au préfaisceau

$$U \mapsto H^{2r}_{\substack{Y\times S\\ U}}(X \underset{S}{\times} U, p^*L) .$$

Prouvons (ii). L'assertion c) provient de ce que le morphisme q est lisse et a ses fibres géométriques connexes de dimension r. La suite exacte mentionnée en b) est obtenue en appliquant le foncteur $\mathbb{R}_!p$ à la suite exacte canonique

$$0 \to \alpha_!(q^*L) \to p^*L \to \beta_!(\beta^*p^*L) \to 0 .$$

Utilisant (1.1 (i)), on déduit sans peine de cette suite exacte illimitée les assertions ii) a) et b).

Remarque 1.4. Pour $S = \mathrm{spec}(\mathbb{C})$, (1.3) exprime que le complémentaire de l'origine dans $\mathbb{C}^r$ a même cohomologie que la sphère réelle de dimension $2r-1$, rétracte par déformation de $\mathbb{C}^r \smallsetminus 0$.

COROLLAIRE 1.5. (Suite exacte de GYSIN)- La suite spectrale de Leray

$$H^i(S, R^j q_*(q^*L)) \Rightarrow H^{i+j}(U, q^*L)$$

définit une suite exacte illimitée (appelée suite exacte de Gysin)

$$\ldots \to H^i(S,L) \to H^i(U,q^*L) \to H^{i-2r+1}(S, L \otimes \mu_S^{\otimes -r}) \to H^{i+1}(S,L) \to \ldots$$

Preuve : Lemme des deux lignes.

2. SCHEMAS PROJECTIFS

Dans ce qui suit, le mode d'exposition adopté est basé sur une suggestion de L. Illusie, et la méthode suivie est voisine d'une méthode de P. Deligne pour prouver la dégénérescence de certaines suites spectrales [6]

2.1. Soient X et Y deux schémas et $f : X \to Y$ un morphisme. Nous allons définir une flèche

(2.1.1) $$\mathbb{R}f_*(A_X) \overset{L}{\otimes} \mathbb{R}f_*(A_X) \to \mathbb{R}f_*(A_X)$$

de $D(Y)$, ayant les propriétés d'associativité et de commutativité usuelles, et qui munit donc $\mathbb{R}f_*(A_X)$ d'une structure d'"algèbre généralisée". Notons pour cela

$$C^\bullet(X, A_X)$$

la résolution de Godement de A_X (SGA 4 XVII). Procédant comme dans (TF 6.6), on définit un morphisme de résolutions

$$C^{\bullet}(X,A_X)\otimes C^{\bullet}(X,A_X) \to C^{\bullet}(X,A_X\otimes A_X) .$$

En le composant avec le morphisme

$$C^{\bullet}(X,A_X\otimes A_X) \to C^{\bullet}(X,A_X)$$

déduit de la multiplication de A_X, on obtient enfin un morphisme de

(2.1.2) $$C^{\bullet}(X,A_X)\otimes C^{\bullet}(X,A_X) \to C^{\bullet}(X,A_X).$$

Appliquant le foncteur f_* , on en déduit sans peine un morphisme de complexes de A_Y-Modules

$$f_*C^{\bullet}(X,A_X)\otimes f_*C^{\bullet}(X,A_X) \to f_*C^{\bullet}(X,A_X),$$

d'où aussitôt (2.1.1) en utilisant des résolutions plates des composants de l'expression de gauche.

2.2 Soient S un schéma et E un O_S-Module localement libre de rang $r+1$. On note $P = P_S(E) \xrightarrow{p} S$ le fibré projectif correspondant. Le O_P-Module canonique $O_P(1)$ définit comme on sait, grâce à la suite exacte de Kummer, un élément

$$\xi \in H^2(P,\mu)$$

et on notera η l'image de ξ par le morphisme canonique

$$H^2(P,\mu) \longrightarrow H^o(S,R^2p_*(\mu))$$

provenant de la suite spectrale de Leray

$$H^i(S,R^jp_*(\mu)) \Rightarrow H^{i+j}(P,\mu) .$$

La classe ξ s'identifie à une flèche $A_P \to \mu_P$ [2] de $D(P)$, qui définit par transposition $\mu_P^{\otimes -1}[-2] \to A_P$, d'où par l'adjonction usuelle une flèche

$$c : \mu_S^{\otimes -1}[2] \to \mathbb{R}p_*(A_P) ,$$

coïncidant avec η sur la cohomologie de dimension 2.

Par produit tensoriel la flèche c définit, grâce à (2.2.1), des flèches

$$c_i : \mu_S^{\otimes - i}[-2i] \to \mathbb{R}p_*(A_p) ,$$

pour tout entier $i \geq 1$, et on convient de noter c_o la flèche d'adjonction $A_S \to \mathbb{R}p_*(A_p)$. On définit ainsi une flèche

$$\gamma = \bigoplus_{i=0}^{r} c_i : \bigoplus_{i=0}^{r} \mu_S^{\otimes -i}[-2i] \to \mathbb{R}p_*(A_p)$$

de D(S).

THEOREME 2.2.1.- *La flèche* γ *est un isomorphisme.*

Une fois définie la flèche γ, (2.2.1) équivaut à son corollaire suivant :

PROPOSITION 2.2.2.- *Sous les hypothèses précédentes, on a* :

a) $R^{2i+1}p_*(A_p) = 0$ *pour tout* $i \in \mathbb{N}$.

b) *Lorsqu'on munit* $\bigoplus_i R^{2i}p_*(\mu_p^{\otimes i})$ *de sa structure de* A_S*-Algèbre déduite du cup-produit, le morphisme de* A_S*-Algèbres*

$$A_S[T] \longrightarrow \bigoplus_i R^2p_*(\mu_p^{\otimes i})$$

défini par η *a pour noyau l'Idéal* (T^{r+1}) *et définit donc un isomorphisme de* A_S*-Algèbres*

$$\theta : A_S[T] / (T^{r+1}) \xrightarrow{\sim} \bigoplus_i R^{2i} p_*(\mu_p^{\otimes i})$$

c) *Le morphisme*

$$A_S \longrightarrow R^{2r} p_*(\mu^{\otimes r})$$

obtenu en composant θ *et la restriction à* A_S *de la multiplication par* T^r *de* $A_S[T]/(T^{r+1})$ *dans lui-même est l'inverse du morphisme Trace* (SGA 4 XVIII)

$$R^{2r} p_*(\mu^{\otimes r}) \to A_S \quad ;$$

en d'autres termes, on a

$$Tr(\eta^r) = 1 .$$

Preuve : Les données étant stables par changement de base, le théorème de changement de base propre (SGA 4 XII 5.1), et la compatibilité du morphisme trace avec changement de base (SGA 4 XVIII) permettent de se ramener à vérifier l'assertion analogue pour les fibres de p. Autrement dit, on peut supposer que S est le spectre d'un corps séparablement clos k et que p est le morphisme canonique $P_k^r \to k$. Dans ce cas, la démonstration utilise le lemme suivant.

LEMME 2.2.3.- Soient k un corps séparablement clos et $p : P_k^r \to k$ la projection canonique. Alors :

a) $R^{2i+1}p_*(A_p) = 0$ pour tout i.

b) $R^{2i}p_*(A_p) \simeq A_k$ pour $i \in [0,r]$, $\simeq 0$ si $i > r$.

Le lemme, manifestement vrai pour $r = 0$, se montre par récurrence sur r. Supposons donc qu'il est vrai pour $r-1$ et montrons-le pour r. L'espace projectif P_k^{r-1} se plonge comme fermé dans P_k^r avec pour complémentaire l'ouvert E_k^r, d'où une suite exacte de cohomologie à supports propres

$$\dots \to H_!^i(E_k^r) \to H^i(P_k^r) \to H^i(P_k^{r-1}) \to H_!^{i+1}(E_k^r) \to \dots$$

Le calcul de la cohomologie à supports propres de E_k^r (1.1) montre que si $i \neq (2r, 2r-1)$, l'image réciproque

$$H^i(P_k^r) \to H^i(P_k^{r-1})$$

est un isomorphisme, d'où l'assertion dans ce cas. Si $i = 2r-1$, on voit de même que $H^{2r-1}(P_k^r)$ est contenu dans $H^{2r-1}(P_k^{r-1})$, donc nul par hypothèse de récurrence. Enfin, si $i = 2r$, les relations

$$H^{2r-1}(P_k^{r-1}) = H^{2r}(P_k^{r-1}) = 0$$

montre que $H_!^{2r}(E_k^r) \xrightarrow{\sim} H^{2r}(P_k^r)$, d'où l'assertion d'après (1.1).

Le lemme entraîne la partie a) de 2.2.1. Prouvons maintenant que θ est un isomorphisme. Le morphisme θ peut être interprété comme un morphisme d'anneaux

$$A[T]/(T^{r+1}) \to \bigoplus_i H^{2i}(P, \mu^{\otimes i})$$

de sorte que, d'après (2.2.3), l'assertion sera prouvée si on montre que pour tout $i \in [0,r]$, ξ^i est un élément libre du A-module $H^{2i}(P,\mu^{\otimes i})$. Il suffit pour cela de le voir pour ξ^r, ce qui sera une conséquence immédiate de 2.2.2 c).

Montrons donc la partie c). Pratiquement, c'est la définition du morphisme trace dans cette situation ; en tout état de cause, elle exprime la compatibilité du morphisme trace et de la classe fondamentale dans le diagramme ci-dessous

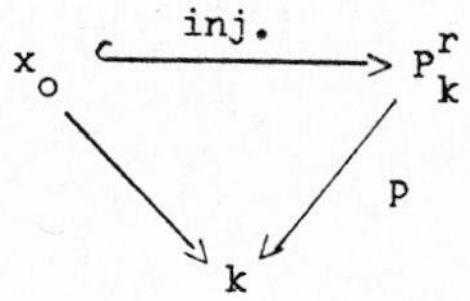

où $\text{inj} : x_o \longrightarrow P^r_k$ est l'injection d'un point fermé de P^r_k.

COROLLAIRE 2.2.4.- <u>Soit</u> L <u>un complexe de</u> A_S-<u>Modules. La flèche</u>

$$\mathbb{R}\Gamma(S,\gamma \underset{=}{\otimes} \mathrm{id}(L)) : \bigoplus_{i=0}^{r} \mathbb{R}\Gamma(S, L \otimes \mu_S^{\otimes i})[-2i] \to \mathbb{R}\Gamma(P, p^*(L))$$

<u>est un isomorphisme</u>.

En effet, il suffit d'appliquer le foncteur $\mathbb{R}\Gamma_S$ à l'isomorphisme $\gamma \otimes_A \mathrm{id}_L$.

2.2.5. Pour énoncer le corollaire suivant, nous poserons pour tout schéma X

$$A^\bullet(X) = \bigoplus_i H^{2i}(X, \mu_X^{\otimes i})$$

et nous utiliserons sytématiquement cette notation par la suite.

COROLLAIRE 2.2.6.- <u>L'homomorphisme image réciproque</u>

$$p^* : A^\bullet(S) = \bigoplus_i H^{2i}(S,\mu_S^{\otimes i}) \to \bigoplus_i H^{2i}(P,\mu_P^{\otimes i}) = A^\bullet(P)$$

<u>est un morphisme injectif d'anneaux unitaires, et les éléments</u> $1, \xi, \ldots, \xi^r$ <u>forment une base du</u> $A^\bullet(S)$ - <u>module</u> $A^\bullet(P)$. <u>En particulier</u>, $A^\bullet(P)$ <u>est un</u> $A^\bullet(S)$-<u>module libre de même rang que</u> E .

3. CLASSES DE CHERN

Soient S un schéma et E un O_S-Module localement libre de rang constant r. Notant $\check{E}$ le dual de E, on pose $P = P_S(\check{E})$. Nous avons vu (2.2.6) que, désignant par ξ la classe de $O_P(1)$ dans $H^2(P,\mu)$, le $A^\bullet(S)$-module $A^\bullet(P)$ est libre de base $1,\xi,\ldots,\xi^{r-1}$. En particulier, il est immédiat pour des raisons d'homogénéité qu'il existe une unique relation de la forme

3.1. $$\xi^r + c_1\xi^{r-1} + \ldots + c_i\xi^{r-i} + \ldots + c_r = 0 ,$$

avec $c_i \in H^{2i}(S,\mu^{\otimes i})$ pour tout $i \in [0,r]$.

Soit maintenant E un O_S-Module localement libre quelconque. Pour tout entier r, l'ensemble S_r des points de S en lesquels E est de rang r est un ouvert. On obtient ainsi une partition

$$S = \coprod_r S_r$$

de S en ouverts disjoints ; en particulier, pour tout A_S-Module M et tout entier i, le morphisme produit des images réciproques

$$H^i(S,M) \to \prod_r H^i(S_r, M/S_r)$$

est une bijection.

Les considérations précédentes permettent de justifier la définition suivante.

DEFINITION 3.2.- Soient S un schéma et E un O_S-Module localement libre. Pour tout entier $i \geq 0$, on appelle $i^{\text{ème}}$ classe de Chern de E et on note $c_i(E)$, l'élément de $H^{2i}(S,\mu^{\otimes i})$ dont, pour tout entier $r \geq 0$, la restriction à l'ouvert S_r de S formé des points où E est de rang r est l'élément c_i défini par la relation 3.1. Si le rang de E est borné, on appelle classe de Chern totale de E l'élément

$$c(E) = \sum_i c_i(E)$$

de $A^\bullet(S)$; dans le cas général, on désigne ainsi l'élément correspondant dans

$$\hat{A}^{\bullet}(S) = \prod_i A^i(S) .$$

3.3. Il est évident que quels que soient S et E , $c_o(E) = 1$, et que si le rang de E est borné par d , alors $c_i(E) = 0$ pour $i > d$.

PROPOSITION 3.4.- Les classes de Chern précédemment définies satisfont aux propriétés suivantes

(i) (Normalisation) Soit L un O_S-Module inversible. Désignant par [L] l'image de la classe de L par le morphisme bord

$$H^1(S,G_m) \longrightarrow H^2(S,\mu) ,$$

on a

$$c(L) = 1 + [L] .$$

(ii) (Stabilité par changement de base). Soient $f : S' \to S$ un morphisme de schémas et E un O_S-Module localement libre. Pour tout entier i , on a

$$f^*(c_i(E)) = c_i(f^*E).$$

(iii) (Additivité). Soit $0 \to E' \to E \to E'' \to 0$ une suite exacte de O_S-Modules localement libres. Pour tout entier n , on a la relation

$$c_n(E) = \sum_{i+j=n} c_i(E')c_j(E'')$$

Avant d'aborder la démonstration, dégageons le corollaire suivant.

COROLLAIRE 3.5.- Pour toute suite exacte $0 \to E' \to E \to E'' \to 0$ de O_S-Modules localement libres, on a

$$c(E) = c(E').c(E'')$$

dans $\hat{A}^{\bullet}(S)$.

Preuve de 3.4. (d'après A. Grothendieck : La théorie des classes de Chern. Bull. S.M.F. (1958), pp. 137-154).

(i) Soit E un O_S- Module localement libre ; on pose $P = P_S(\check{E})$ et on note $p : P \to S$ la projection canonique. On rappelle qu'il y a un homomorphisme canonique surjectif

$$p^*(\check{E}) \longrightarrow O_P(1).$$

En particulier si E est inversible, posant $E = L$ en accord avec les notations de (i) , on a $P = S$ et un isomorphisme

$$L \xrightarrow{\sim} O_P(1).$$

Par suite, $\xi + [L] = 0$ et l'assertion résulte de la définition des classes de Chern.

(ii) Vérification immédiate laissée au lecteur.

(iii) Utilisant une partition de S en ouverts sur lesquels les Modules considérés sont de rang constant, on peut supposer que E, E', E'' sont de rang constant égal à r, r', r'' respectivement. Supposons alors démontré le lemme suivant et montrons comment il entraîne l'assertion.

LEMME 3.6.- <u>Soit E un O_S-Module localement libre muni d'une filtration finie</u>

$$0 = E_o \subset E_1 \subset \ldots E_i \subset \ldots E_r = E$$

<u>dont les quotients consécutifs</u> $L_i = E_i/E_{i-1}$ $(1 \le i \le r)$ <u>sont inversibles. Alors l'égalité ci-dessous est vérifiée</u> :

$$c(E) = (1 + [L_1])\ (1+[L_2])\ldots(1+[L_r]).$$

Soit $h : Z \to S$ le produit fibré des schémas de drapeaux de E' et E''. Il est clair par définition des schémas de drapeaux que $h^*(E')$ et $h^*(E'')$ admettent des filtrations finies à quotients inversibles (L'_i) $(1 \le i \le r')$ et (L''_j) $(1 \le j \le r'')$ respectivement. Il en résulte que $h^*(E)$ admet une filtration à quotients consécutifs les L'_i et les L''_j . L'application du lemme 3.6 montre alors que

$$c(h^*(E)) = \prod_{1 \le i \le r'} c(L'_i) \prod_{1 \le j \le r''} c(L''_j) = c(h^*(E'))c(h^*(E''))$$

soit grâce à (ii)

(3.5.1.) $$h^*(c(E)) = h^*(c(E').c(E"))\,.$$

Mais le morphisme h est un composé de morphismes du type

$$P_T(F) \longrightarrow T \qquad (F\ O_T\text{-Module loc. libre}),$$

donc (2.2.5) l'homomorphisme, image réciproque $h^*: A^\bullet(S) \to A^\bullet(Z)$ est une injection. D'où l'assertion désirée grâce à (3.5.1).

Prouvons le lemme 3.6 . D'après l'argument qui précède, il suffit de voir la relation analogue

$$c(p^*E) = \prod_i c(p^*(L_i)),$$

où, rappelons-le, $p : P = P_S(\check{E}) \to S$ est la projection canonique. Pour tout $i \in [1,r]$ le monomorphisme $E_i \to E$ définit par dualité un épimorphisme $\check{E} \to \check{E}_i$; posant $Y_i = P_S(\check{E}_i)$, on obtient une suite de sous-schémas fermés de P :

$$S \simeq Y_1 \subset Y_2 \ldots Y_i \subset \ldots \subset Y_r = P\,.$$

Notons aussi pour tout couple (i,j) d'entiers avec $1 \leq i \leq j \leq r$

$$\alpha_{ji} : Y_i \to Y_j$$

l'immersion fermée canonique et posons $\alpha_i = \alpha_{r,i}$. Pour tout entier $i \in [1,r-1]$, il résulte du lemme évident (3.6.1) ci-dessous que Y_i est défini dans Y_{i+1} par un idéal inversible isomorphe à

$$\alpha^*_{i+1}(p^*(\check{L}_{i+1}) \otimes O_P(-1)).$$

LEMME 3.6.1.- <u>Soit</u> $0 \to L \to E \to F \to 0$ <u>une suite exacte de</u> O_S<u>-Modules localement libres. Alors la suite</u>

$$0 \to L \otimes_S S(E) \xrightarrow{u} S(E) \xrightarrow{v} S(F) \to 0\ ,$$

<u>dans laquelle</u> v <u>désigne le morphisme évident et</u> u <u>est le morphisme de degré un correspondant à l'inclusion de</u> L <u>dans</u> E , <u>est une suite exacte de</u> O_S<u>-Modules gradués.</u>

Par ailleurs, Y_1 s'identifie à S et on a un isomorphisme

$$\alpha_1^*(p^*(\check{L}_1)) \simeq O_{Y_1}(1)\ ,\ \text{soit}$$

(3.6.2.) $$\alpha_1^*(p^*(\check{L}_1)\otimes O_P(-1)) \simeq O_{Y_1}\ .$$

Nous allons pouvoir conclure en utilisant les deux propriétés suivantes de l'homomorphisme de Gysin (SGA 4 XVIII) associé à une immersion fermée $u : Z \to X$ de S-chémas lisses définie par un Idéal J de O_X :

(3.6.3) Il satisfait à la formule de projection

$$u_*(x.u^*(y)) = u_*(x).y\ .$$

(3.6.4) Si l'idéal J est inversible, on a la relation

$$u_*(1_Z) = -[J] = [\check{J}]\ .$$

Nous allons en effet voir à partir de là par récurrence croissante sur l'entier i que l'on a

(3.6.5) $$(\alpha_i)_*(\alpha_i)^*(\prod_{j\leq i} [p^*(\check{L}_j)\otimes O_P(-1)]) = 0\ .$$

Dans le cas $i = r$, l'assertion (3.6.5) s'écrit

$$\prod_i [p^*(\check{L}_i)\otimes O_P(-1)] = 0,$$

ou encore

$$\prod_i (\xi + c_1(p^*(\check{L}_i)) = 0,$$

d'où aussitôt (3.6). L'assertion (3.6.5) provient pour $i = 1$ de (3.6.2). Supposons la vraie pour i et montrons qu'elle est vraie pour $i+1$. Posons pour simplifier $N = \prod_{j\leq i} [p^*(\check{L}_j)\otimes O_P(-1)]$. L'égalité (3.6.5) pour i s'écrit encore

$$(\alpha_{i+1})_*(\alpha_{i+1,i})_*(\alpha_{i+1,i})^*(\alpha_{i+1})^* \quad (N) = 0,$$

soit, compte tenu de la formule de projection pour $\alpha_{i+1,i}$,

$$(\alpha_{i+1})_*[(\alpha_{i+1})^*(N).(\alpha_{i+1})^*(p^*(\check{L}_{i+1})\otimes O_p(-1)] = 0,$$

d'où aussitôt le résultat désiré.

COROLLAIRE 3.7 (i) Pour tout O_S-Module localement libre E et tout entier i, on a $c_i(\check{E}) = (-1)^i c_i(E)$.

(ii) Si E est un O_S-Module localement libre de rang r, on a

$$c_1(E) = c_1(\wedge^r E) .$$

(iii) Plus généralement, les classes de Chern d'un produit tensoriel ou d'une puissance extérieure s'expriment au moyen des polynômes universels explicités dans (SGA 6 V 6.1).

Preuve : Montrons par exemple (ii), les autres assertions se voyant de façon analogue. Utilisant le schéma des drapeaux de E, on se ramène au cas où E admet une filtration à quotients inversibles L_i. Alors l'assertion résulte de l'isomorphisme bien connu

$$\wedge^r(E) \simeq \otimes_i(L_i) .$$

3.8. Etant donné un schéma X localement de type fini sur $\mathrm{spec}(\mathbb{C})$, l'ensemble $X(\mathbb{C})$ de ses points rationnels est canoniquement muni d'une structure d'espace topologique localement compact. On dispose de ce fait par voie de topologie algébrique d'une théorie de classes de Chern [3], associant à tout $\mathbb{C}$-fibré vectoriel continu V sur $X(\mathbb{C})$ des classes $c_i(V) \in H^{2i}(X(\mathbb{C}),\mathbb{Z})$. Soient maintenant $\mathcal{O}_c$ le faisceau des fonctions continues à valeurs complexes sur $X(\mathbb{C})$, et $\mathcal{E}$ un $\mathcal{O}_c$-Module localement libre de type fini ; on définit des classes de Chern

$$c_i(\mathcal{E}) \in H^{2i}(X(\mathbb{C}),\mathbb{Z}),$$

à savoir celles du $\mathbb{C}$-fibré vectoriel dont $\mathcal{E}$ est le faisceau des sections continues. Utilisant enfin l'application évidente $\mathbb{Z} \to \mathbb{Z}/\nu\,\mathbb{Z}$, on en déduit des classes de Chern, notées de même s'il n'y a pas de confusion possible

(3.8.1) $$c_i(\mathcal{E}) \in H^i(X(\mathbb{C}), \mathbb{Z}/\nu\,\mathbb{Z}).$$

Par ailleurs, lorsqu'on munit $X_{ét}$ de son faisceau structural $\mathcal{O}_a$ en $X(\mathbb{C})$ de l'Anneau $\mathcal{O}_c$, on a un morphisme de topos annelés (SGA 4 XI)

$$\epsilon : X(\mathbb{C}) \to X_{ét} ,$$

le morphisme d'Anneaux structural

(3.8.2) $$\epsilon^{\cdot}(\mathcal{O}_a) \to \mathcal{O}_c$$

provenant de ce que "toute fonction algébrique est continue". Le morphisme ϵ induit un morphisme de faisceaux abéliens

(3.8.3) $$\epsilon^*(\mu_{X_{ét}}) \to \mu_{X(\mathbb{C})} ,$$

la lettre μ désignant dans chacun des deux contextes le faisceau des racines $\nu^{\text{èmes}}$ de l'unité. Enfin, nous identifierons canoniquement $(\mathbb{Z}/\nu\,\mathbb{Z})_{X(\mathbb{C})}$ et $\mu_{X(\mathbb{C})}$ au moyen de l'isomorphisme

(3.8.4) $$(\mathbb{Z}/\nu\,\mathbb{Z})_{X(\mathbb{C})} \xrightarrow{\sim} \mu_{X(\mathbb{C})}$$

envoyant la section 1 sur la section "$e^{\frac{2i\pi}{\nu}}$".

PROPOSITION 3.8.5.- _Soit_ E _un $\mathcal{O}_X$-Module localement libre. Notant pour tout entier_ $i \geq 0$

$$\epsilon^* : H^{2i}(X_{ét}, \mu_X^{\otimes i}) \to H^{2i}(X(\mathbb{C}), \mathbb{Z}/\nu\,\mathbb{Z})$$

le morphisme image réciproque déduit de 3.8.3 _et_ 3.8.4, _on a l'égalité_

$$c_i(\epsilon^* E) = \epsilon^* c_i(E) .$$

Preuve : Il suffit de la voir lorsque E est inversible. Alors, avec les identifications usuelles, $\epsilon^*(E)$ est l'image de E par l'application canonique

(3.8.6) $$\epsilon^* : H^1(X_{ét}, G_m) \to H^1(X(\mathbb{C}), \mathcal{O}_c^*) ,$$

et il s'agit de voir que le diagramme

$$(3.8.7)\qquad \begin{array}{ccc} H^1(X,G_m) & \xrightarrow{\epsilon^*} & H^1(X(C),\mathcal{O}_C^*) \\ \partial \downarrow & & \downarrow c_1 \\ H^2(X,\mu_X) & \xrightarrow{\epsilon^*} & H^2(X(C),\mathbb{Z}/\nu\,\mathbb{Z}) \end{array} ,$$

dans lequel ∂ est le morphisme bord provenant de la suite exacte canonique

$$(3.8.8)\qquad 0 \to \mu_X \to G_m \xrightarrow{\nu} G_m \to 0$$

et c_1 la première classe de Chern (3.8.1), est commutatif. En fait, en utilisant que le morphisme "première classe de Chern"

$$H^1(X(C),\mathcal{O}_C^*) \to H^2(X,\mathbb{Z})$$

est le morphisme bord de la suite exacte canonique

$$0 \to \mathbb{Z} \to \mathcal{O}_C \xrightarrow{\exp} \mathcal{O}_C^* \to 0 \qquad ,$$
$$t \mapsto 2i\pi t$$

on voit facilement que le morphisme c_1 de (3.8.7) n'est autre que le morphisme bord associé à la suite exacte

$$0 \to \mathbb{Z}/\nu\,\mathbb{Z} \to \mathcal{O}_C^* \xrightarrow{\nu} \mathcal{O}_C^* \to 0 \qquad ,$$
$$t \mapsto e^{\frac{2i\pi t}{\nu}}$$

qui, compte tenu de (3.8.4), est l'analogue de (3.8.8). L'assertion en résulte aussitôt.

3.9 Soient X un schéma et E un $\mathcal{O}_X$-Module localement libre. Un passage à la limite immédiat permet de définir pour tout nombre premier ℓ premier aux caractéristiques résiduelles de X, des <u>classes de Chern ℓ-adiques</u>

$$c_i(E) \in H^{2i}(X,\mathbb{Z}_\ell(i)) \overset{\text{déf}}{=\!=} \varprojlim_{\nu} H^{2i}(X,\mu_{\ell^\nu}^{\otimes i}) ,$$

qui possèdent les propriétés usuelles explicitées en 3.4 et 3.7 et qui dans le context de 3.8 sont manifestement compatibles (dans un sens évident) avec les classes de Chern définies par voie topologique.

En tensorisant par $\mathbb{Q}_\ell$, on en déduit des classes de Chern ℓ-adiques modulo torsion

$$c_i(E) \in H^{2i}(X,\mathbb{Q}_\ell(i)) = H^{2i}(X,\mathbb{Z}_\ell(i)) \otimes_{\mathbb{Z}_\ell} \mathbb{Q}_\ell$$

qui vérifient manifestement les mêmes propriétés.

Supposons maintenant que X soit un schéma quasi-projectif et lisse sur u corps k et notons ici $C^{\bullet}(X)$ son anneau de Chow (Sém. Chevalley : Anneaux de Chow et applications III 4). Rappelons que nous avons défini dans IV un morphisme d'anneaux gradués

$$\varphi_X : C^{\bullet}(X) \to A^{\bullet}(X)$$

compatible avec les morphismes d'image directe et d'image réciproque. Par ailleurs, l'isomorphisme canonique

$$\epsilon_X : \mathrm{Pic}(X) \xrightarrow{\sim} C^1(X)$$

associant à tout $\mathcal{O}_X$-Module inversible L la classe du diviseur d'une section rationnelle de L qui n'est nulle sur aucune composante connexe de X , donne lieu, sur le modèle de l'article précité de GROTHENDIECK (où k était supposé algébriquement clos) à une théorie de classes de Chern à valeurs dans $C^{\bullet}(X)$. Le morphisme composé

$$\varphi_X \circ \epsilon_X : \mathrm{Pic}(X) \longrightarrow H^2(X,\mathbb{Z}_\ell(1))$$

n'est autre que la première classe de Chern ℓ-adique. En effet, il suffit de le voir sur les éléments de $\mathrm{Pic}(X)$ qui sont de la forme $\check{J}$, avec J un Idéal inversible de $\mathcal{O}_X$, et alors cela résulte de (3.6.4). D'après les propriétés d'unicité des théori de classes de Chern, on en déduit que <u>le morphisme</u> φ_X <u>transforme classes de Chern en classes de Chern</u>.

4. FORMULE DE SELF-INTERSECTION ET APPLICATIONS

Soient S un schéma, X un S-schéma, et Y un sous-schéma fermé de X, lisse sur S et partout de codimension d. On suppose enfin que X est lisse sur S au voisinage de Y. On note $i : Y \to X$ l'immersion fermée canonique et J l'Idéal de $\mathcal{O}_X$ définissant Y. On rappelle (SGA $4^{1/2}$ Cycle) qu'on dispose dans ce cas d'isomorphismes de Gysin

$$i_*: H^{2p}(Y,\mu_Y^{\otimes p}) \to H_Y^{2p+2d}(X,\mu_X^{\otimes(p+d)}) ,$$

à savoir les cup-produits par la classe fondamentale. S'il n'y a pas de confusion possible, on notera de même les morphismes de Gysin

$$i_* : H^{2p}(Y,\mu_Y^{\otimes p}) \to H^{2p+2d}(X,\mu_X^{\otimes(p+d)})$$

obtenus à partir des précédentes par oubli des supports.

THEOREME 4.1.- Dans la situation précédente, notant

$$N = J/J^2$$

le faisceau normal de i, on a pour tout $y \in A^{\cdot}(Y)$ l'égalité

$$i^* i_*(y) = y\, c_d(\check{N}) .$$

Avant d'aborder la démonstration de ce théorème, indiquons-en quelques variantes qui se prouvent exactement de la même manière.

a) Si ℓ est un nombre premier aux caractéristiques résiduelles de S, la formule analogue est vraie dans $H^*(Y,\mathbb{Z}_\ell(*))$.

b) On peut mettre des supports. Si par exemple T est un fermé de Y et $y \in H_T^{2p}(Y,\mu_Y^{\otimes p})$, la formule 4.1 est encore vraie dans $H_T^{2p+2d}(Y,\mu_Y^{\otimes(p+d)})$. Bien entendu i_* désigne alors le morphisme de Gysin

$$H_T^{2p}(Y,\mu_Y^{\otimes p}) \to H_T^{2p+2d}(X,\mu_X^{\otimes(p+d)})$$

qui est encore un isomorphisme (SGA $4^{1/2}$ Cycle).

c) Enfin, on peut combiner les deux cas ...

L'outil fondamental dans la preuve de 4.1 étant la théorie des schémas éclatés, nous allons maintenant faire quelques rappels à ce propos. Désignant par $f : X' \to X$ le X-schéma obtenu en faisant éclater Y, soit

$$\begin{array}{ccc} Y' & \xrightarrow{j} & X' \\ {\scriptstyle g}\downarrow & & \downarrow{\scriptstyle f} \\ Y & \xrightarrow{i} & X \end{array}$$

le diagramme cartésien construit à partir de f et i. On rappelle (cf. SGA 6 VII,3.1 dont on adopte les notations), que j est une immersion régulière de codimension 1 définie par un Idéal

$$J' \simeq \mathcal{O}_{X'}(1)$$

et que $Y' \simeq P_Y(N)$. Par ailleurs, on a une suite exacte de $\mathcal{O}_{Y'}$-Modules

$$0 \to F \to g^*(N) \to \mathcal{O}_{Y'}(1) \to 0 .$$

LEMME 4.2 _Pour tout_ A_X-_Module_ M , _les homomorphismes_

$$f^* : H^*_Y(X,M) \to H^*_{Y'}(X',f^*(M))$$

_et_

$$f_* : H^*_{Y'}(X',f^*(M)) \to H^*_Y(X,M)$$

sont liés par la relation $f_*f^* = \mathrm{id}$. _De plus_ f_* _est de degré_ 0 .

Preuve : Comme le morphisme f est d'intersection complète relative de dimension relative nulle (SGA 6 VII 1.8), la dernière assertion provient de la définition de l'homomorphisme de Gysin (SGA $4^{1/2}$ Cycle). Pour la première, la formule de projection pour le morphisme f

$$f_*(x.f^*(x')) = f_*(x).x' ,$$

où $x \in H^{*}(X,A)$ et $x' \in H^{*}_{Y}(X,M)$, permet de se ramener à montrer que $f_{*}(1) = 1$.
Il suffit pour cela de voir l'assertion analogue au-dessus de $U = X \dot{-} Y$, qui est évidente, comme f induit un isomorphisme de $U' = X' \dot{-} Y'$ sur U .

Remarque 4.3. Bien entendu, l'énoncé analogue de 4.2, obtenu en éliminant les supports, est également vrai et se montre de la même manière.

Venons-en enfin à la preuve de 4.1. Tout d'abord, d'après un résultat général de (SGA $4^{1/2}$ Cycle), qui se prouve de façon essentiellement formelle, on a

$$i^{*}i_{*}(y) = y\, i^{*}i_{*}(1) ,$$

de sorte qu'il s'agit de montrer que

$$i^{*}i_{*}(1_{Y}) = c_{d}(\check{N}) ,$$

où i_{*} désigne ici l'isomorphisme de Gysin

$$H^{o}(Y,A_{Y}) \to H^{2d}_{Y}(X,\mu_{X}^{\otimes d}).$$

Comme $f^{*}i_{*}(1_{Y}) \in H^{2d}_{Y'}(X',\mu_{X'}^{\otimes d})$ et le morphisme de Gysin

$$j_{*}:\ H^{2d-2}(Y',\mu_{Y'}^{\otimes(d-1)}) \to H^{2d}_{Y'}(X',\mu_{X'}^{\otimes d})$$

est un isomorphisme, il existe $u \in H^{2d-2}(Y',\mu_{Y'}^{\otimes(d-1)})$ tel que

(4.1.1) $$f^{*}i_{*}(1_{Y}) = j_{*}(u) .$$

Appliquant j^{*} aux deux membres de 4.1.1, il vient

$$j^{*}f^{*}\ (1_{Y}) = j^{*}j_{*}(u) .$$

Posant $\xi = c_{1}(O_{Y'}(1))$, il résulte alors de 3.6.4 que

(4.1.2) $$g^{*}i^{*}i_{*}(1_{Y}) = -u\,\xi .$$

L'élément u admet une unique décomposition de la forme

(4.1.3) $$u = a_{o} + a_{1}\xi + \dots + a_{d-1}\xi^{d-1} \quad (a_{i} \in H^{2d-2-2i}(Y,\mu_{Y}^{\otimes(d-1-i)}))$$

Compte tenu de la relation de définition des classes de Chern de $\check{N}$

(4.1.4) $$\xi^d + c_1(\check{N})\xi^{d-1} + \ldots + c_{d-1}(\check{N})\xi + c_d(\check{N}) = 0 ,$$

on en déduit l'égalité

$$u\xi = -a_{d-1}c_d(\check{N}) + (a_o - a_{d-1}c_{d-1}(\check{N}))\xi + \ldots + (a_{d-2} - a_{d-1}c_1(\check{N}))\xi^{d-1} .$$

Comparant cette dernière expression avec (4.1.2), on obtient, vu que g^* est injectif (2.2.6), l'égalité

(4.1.5) $$i^* i_*(1_Y) = a_{d-1}c_d(\check{N}).$$

Il reste à déterminer a_{d-1}. Tout d'abord, l'homomorphisme g_* diminue les degrés de $2d-2$, donc

$$g_*(\xi^i) = 0 \qquad (0 \leq i \leq d-2),$$

et par ailleurs (2.2.2) $g_*(\xi^{d-1}) = 1$. Appliquant g_* aux deux membres de 4.1.3, on obtient donc

(4.1.6) $$g_*(u) = a_{d-1} .$$

Par ailleurs, appliquant f_* aux deux membres de 4.1.1, on obtient, compte tenu de 4.2,

(4.1.7) $$i_*(1_Y) = i_* g_*(u) .$$

Mais l'homomorphisme i_* en question est injectif, d'où

$$a_{d-1} = g_*(u) = 1_Y ,$$

ce qui achève la démonstration.

Remarques 4.4 a) L'ingrédient essentiel dans ce qui précède est le théorème de pureté. Une fois qu'on en disposera en toute généralité, l'énoncé 4.1 sera valable avec Y régulier purement de codimension d dans X, et X excellent et régulier au voisinage de Y. Sous cette forme, le résultat est en tout cas établi en caractéristique 0, grâce à (SGA 4 XIX).

b) Lorsque S est le spectre d'un corps séparablement clos et X et Y

sont quasi-projectifs et lisses sur S, l'énoncé analogue dans l'anneau de Chow de Y a été établi par MUMFORD (cf. 9.2).

COROLLAIRE 4.5.- Sous les hypothèses de 4.1, soient x et $y \in A^{\bullet}(Y)$. On a :

$$i_*(x)i_*(y) = i_*(xy\, c_d(\check{N})).$$

Preuve : La formule de projection pour le morphisme i montre que $i_*(x)i_*(y) = i_*(xi^*i_*(y))$, d'où la conclusion grâce à 4.1.

COROLLAIRE 4.6.- Soient S un schéma, E un O_S-Module localement libre de rang constant r et $g : X = V(\check{E}) \to S$ le fibré vectoriel dont E est le faisceau des sections. Pour toute section f de X au-dessus de S, on a :

$$f_*(1_S) = g^*(c_r(E))$$

dans $H^{2r}(X, \mu_X^{\otimes r})$.

Preuve : Comme g^* est un isomorphisme (1.2) et $g \circ f = \mathrm{id}$, f^* est bijectif. Il suffit donc de voir que $f^*f_*(1_S) = f^*g^*(c_r(E))$. Or, notant N le faisceau normal de f, cette dernière égalité équivaut, d'après 4.1, à $c_r(\check{N}) = c_r(E)$. En fait, on a même un isomorphisme $\check{N} \simeq E$, car la suite exacte de (EGA IV 17.2.5) appliqué à la situation $S \xrightarrow{b} X \xrightarrow{g} S$ fournit un isomorphisme $N \simeq f^*\Omega^1_{X/S}$ et par ailleurs $\Omega^1_{X/S} \simeq g^*\check{E}$ (EGA IV 16.4.8).

COROLLAIRE 4.7.- Sous les hypothèses de 4.6, on suppose de plus S lisse et quasi-projectif sur un corps séparablement clos. Alors notant σ_X le cycle section nulle de X et $Y = f^{-1}(\sigma_X)$ le cycle des zéros de f, on a :

$$c\ell_S(Y) = c_r(E)$$

dans $H^{2r}(S, \mu_S^{\otimes r})$.

<u>Preuve</u> : D'après IV, $c\ell_S(Y) = f^* c\ell_X(\sigma_X)$. Notant s_o le morphisme section nulle de X, on a

$$c\ell_X(\sigma_X) \overset{\text{dfn}}{=\!=} (s_o)_*(1_S) \overset{(4.6)}{=\!=} g^*(c_r(E)) ,$$

d'où l'assertion en appliquant l'homomorphisme f^* aux termes extrêmes.

<u>Remarque</u> 4.8. Soit ℓ un nombre premier distinct des caractéristiques résiduelles de S . Par simple passage à la limite projective, on déduit de 4.6 et 4.7 les énoncés correspondants en cohomologie ℓ-adique.

Soient maintenant ℓ un nombre premier et X un schéma propre sur un corps séparablement clos k de caractéristique première à ℓ . On rappelle (IV) qu'on appelle <u>caractéristique</u> <u>d'Euler-Poincaré</u> ℓ-<u>adique</u> de X l'entier

$$E\,P_\ell(X) = \sum_i (-1)^i \dim H^i(X,\mathbb{Q}_\ell).$$

COROLLAIRE 4.9.- <u>Soit</u> X <u>un schéma lisse, propre, connexe, de dimension</u> n <u>sur un corps séparablement clos</u> k , <u>avec</u> $\mathrm{car}(k) \neq \ell$. <u>Notant</u> $p : X \to k$ <u>la projection canonique, on a</u>

$$E\,P_\ell(X) = p_* c_n(\check{\Omega}^1_X)$$

<u>dans</u> $\mathbb{Q}_\ell = H^o(k,\mathbb{Q}_\ell)$.

<u>Preuve</u> : Soient $j : X \to X \times X$ l'immersion diagonale de X et $q : X \times X \to k$ la projection canonique. Il résulte de 4.1 appliqué au morphisme j que

$$c_n(\check{\Omega}^1_X) = j^* j_*(1_X)$$

d'où $$p_*(c_n(\check{\Omega}^1_X)) = p_* j^* j_*(1_X) = q_* j_* j^* j_*(1_X) .$$

Utilisant la formule de projection pour le morphisme j , on en déduit l'égalité $p_*(c_n(\check{\Omega}^1_X)) = q_*(j_*(1_X) \cup j_*(1_X))$, dans laquelle, d'après IV, le deuxième membre est égal à la caractéristique d'Euler-Poincaré ℓ-adique de X .

4.10. Lorsque X est projectif sur k , le résultat rappelé de IV montre que $EP_\ell(X)$ est, dans l'anneau de Chow de $X \times X$, la self-intersection du cycle diagonal, et par suite ne dépend pas du nombre premier $\ell \neq car(k)$. Ceci nous permettra par conséquent de parler de la caractéristique d'Euler-Poincaré EP(X) de X , sans référence à l'entier ℓ .

PROPOSITION 4.11.- Soit X un schéma lisse, projectif, connexe, de dimension n sur un corps séparablement clos k . Alors on a :

$$EP(X) = \sum_{p,q} (-1)^{p+q} \dim H^p(X,\Omega_X^q) .$$

Preuve : Reprenons les notations de la preuve de 4.9, et notons J l'Idéal de l'immersion diagonale de X . Comme on l'a signalé dans 4.10 , EP(X) est, dans l'anneau de Chow de $X \times X$, le produit d'intersection $\Delta.\Delta$ du cycle diagonal Δ par lui-même. Pour le calculer, on peut négliger la torsion, et par conséquent se placer dans $Gr^{\bullet}_{top}(X)$. Ceci montre que EP(X) est l'image par le morphisme image directe

$$q_*: K(X \times X) \to K(k) = \mathbb{Z}$$

du carré de la classe de $\mathcal{O}_{X \times X}/J$. Or d'après (SGA 6 VII 2.5), ce dernier carré est égal à

$$\sum_i (-1)^i \lambda^i([\Omega_X^1]) ,$$

d'où aussitôt la formule désirée, par définition de q_* .

5. *SCHEMAS DE DRAPEAUX*

Soient S un schéma, E un $\mathcal{O}_S$-Module localement libre de rang r, $(p_i)_{1\le i\le m}$ m entiers >0 vérifiant l'égalité

$$p_1+p_2+\dots+p_m = r .$$

On rappelle qu'on appelle <u>drapeau de type</u> $(p_1,\dots,p_m)$ de E une filtration finie

$$0 = E_m \subset E_{m-1} \subset \dots \subset E_o = E$$

de E telle que pour tout entier $i \in [1,m]$ le quotient E_{i-1}/E_i soit localement libre de rang p_i.

On définit un foncteur $(Sch/S)^o \to (Ens)$ en associant à tout S-schéma $u : T \to S$ l'ensemble des drapeaux de type $(p_1,\dots,p_m)$ de $u^*(E)$ et à tout morphisme de S-schémas l'image réciproque, en un sens évident, sur les drapeaux. On démontre (EGA I 2ème édition) que ce foncteur est représentable, et on appelle <u>S-schéma des drapeaux de type</u> $(p_1,\dots,p_m)$ de E tout représentant.

Dans la suite, on notera $f : X \to S$ le S-schéma des drapeaux de type $(p_1,\dots,p_m)$ de E. De plus, le schéma des drapeaux de type $(1,1,\dots,1)$ de E sera noté D et appelé schéma des drapeaux de E, sans autre précision, si aucune confusi n'est possible.

Il est clair par définition que le $\mathcal{O}_X$- Module $f^*(E)$ admet une filtration finie canonique

$$0 = F_m \subset F_{m-1} \subset \dots \subset F_o = f^*(E) ,$$

pour laquelle le quotient $E_i = F_{i-1}/F_i$ $(1 \le i \le m)$ est localement libre de rang p_i. Notant pour tout entier $i \in [1,m]$

$$g_i : D_i \to X$$

le X-schéma des drapeaux de E_i et $g : D_1 \times_X \dots \times_X D_m \to X$ le produit fibré des X-schémas D_i, il est clair que le composé

(5.1) $$h = f \circ g \; : \; \prod_{i\,X} D_i \to S$$

est S-isomorphe au S-schéma de drapeaux de E ; à S-isomorphisme près, on peut donc écrire $D = \prod_{i\,X}(D_i)$.

PROPOSITION 5.2.- <u>On a, dans</u> $D^b(S,A)$, <u>un isomorphisme</u>

$$\mathbb{R} f_*(A) \simeq \bigoplus_i R^{2i} f_*(A)[-2i]$$

<u>Preuve</u> : Le morphisme k étant composé d'un nombre fini de morphismes du type

(Q) $P_T(F) \to F$ (F O_T-Module localement libre)

il résulte de (2.2.1) que

$$\mathbb{R}\, h_*(A) \simeq \bigoplus_j R^j h_*(A)[-j] .$$

Pour la même raison, on a aussi

$$\mathbb{R}\, g_*(A) \simeq \bigoplus_j R^j g_*(A)[-j] .$$

Utilisant ([6] 2.16), on en déduit un isomorphisme

$$\mathbb{R} f_*(g_*A) \simeq \bigoplus_j R^j f_*(g_*A)[-j] .$$

Comme g est lisse à fibres géométriquement connexes, $A_X \simeq g_*(A_D)$, de sorte qu'il nous reste à montrer que

(5.2.1) $$R^{2i+1} f_*(A) = 0 \qquad (i \in \mathbb{N}) .$$

Pour cela, on se ramène immédiatement, grâce à la conservativité du système des foncteurs fibres (SGA 4 VIII 3.5), au cas où S est le spectre d'un corps séparablement clos k . Alors, le morphisme g étant un composé de fibrés projectifs, il résulte de (2.2.4) que l'image réciproque

$$H^{2i+1}(X,A_X) \to H^{2i+1}(D,A_D)$$

est un monomorphisme, de sorte qu'on peut supposer que X = D . Dans ce cas, comme le morphisme de projection $D \to k$ est lui-même composé de fibrés projectifs, l'assertion résulte par récurrence de (2.2.4).

COROLLAIRE 5.3.- Pour tout morphisme de schémas $u : S \to T$, la suite spectrale de Leray

$$E_2^{pq} = R^p u_* \, R^q f_*(A) \Rightarrow R^{p+q}(u \circ f)_*(A)$$

est dégénérée.

Preuve : cf. [6] 1.2.

Nous allons maintenant préciser la structure multiplicative de la cohomologie de X , en examinant d'abord un cas particulier. Avec les notations précédentes, on obtient un morphisme d'anneaux

$$\alpha : A^{\bullet}(S)[T_{ij_i}]_{1 \leq i \leq m, 1 \leq j_i \leq p_m} \to A^{\bullet}(X)$$

en envoyant $A^{\bullet}(S)$ dans $A^{\bullet}(X)$ par l'image réciproque f^* et pour tout couple (i,j) comme ci-dessus l'élément T_{ij_i} sur la $j_i^{\text{ème}}$ classe de Chern $c_{j_i}(E_i)$. Pour tout entier p , on a d'après (3.4 (iii))

$$c_p(f^*E) = \sum_{i_1+i_2+\ldots+i_m=p} c_{i_1}(E_1)\ldots c_{i_m}(E_m),$$

de sorte que, d'après la fonctorialité des classes de Chern, le morphisme s'annule sur l'idéal J_X engendré par les éléments

$$c_p(E) - \sum_{i_1+\ldots i_m=p} T_{1,i_1}\ldots T_{m,i_m}$$

pour p variable. D'où un morphisme d'anneaux

$$\varphi_X : (A^{\bullet}(S)[T_{ij_i}]_{(i,j_i)})/J_X \to A^{\bullet}(X).$$

PROPOSITION 5.4.- Le morphisme d'anneaux φ_X ci-dessus est un isomorphisme. Le $A^{\bullet}(S)$-module $A^{\bullet}(X)$ est libre de rang

$$(r!)/(p_1!p_2!\ldots p_m!).$$

Preuve : On suit l'exposé de Grothendieck (Séminaire Chevalley 1958, Anneaux de Chow et applications, Exp. IV). Nous aurons besoin du lemme suivant (cf. Lemme 1, p. 19 de loc. cit.).

LEMME 5.4.1 a) Soit R un anneau commutatif $(a_i)_{1\leq i\leq r}$ r éléments de R . Désignant par σ_i la $i^{\text{ème}}$ fonction symétrique élémentaire des éléments $(U_i)_{1\leq i\leq r}$ et par I l'idéal de l anneau de polynômes $R[U_1,U_2,\dots,U_r]$ engendré par les éléments σ_i-a_i , la R-algèbre

$$R[U_1, U_2, \dots, U_r]/I$$

est un R-module libre de rang r !

b) Soient $r,p_1,p_2,\dots,p_m$ des entiers >0 vérifiant l'égalité $p_1+\dots+p_m=r$. Alors le morphisme d'anneaux de polynômes

$$V = R[T_{ij_i}]_{1\leq i\leq m,1\leq j_i\leq p_m} \to R[U_i]_{1\leq i\leq r} = W ,$$

obtenu en envoyant T_{i,j_i} sur la $j^{\text{ème}}$ fonctions symétrique élémentaire des éléments $(U_{p_1+\dots+p_{i-1}+s})_{1\leq s\leq p_i}$, est injectif et fait de W un V-module libre de rang $p_1!\dots p_m$!

En particulier, le morphisme de R-algèbres

$$R[T_1,\dots,T_r] \to R[U_1,\dots,U_r]$$

obtenu en envoyant T_i sur la $i^{\text{ème}}$ fonction symétrique élémentaire des U_i, est injectif et fait du deuxième membre un module libre de rang r ! sur le premier.

Montrons comment (5.4.1) implique (5.4). Plaçons-nous d'abord dans le cas où X est le schéma D des drapeaux de E et posons pour simplifier $T_{i1} = U_i$. Comme la projection canonique $D \to S$ est composée de $r-1$ morphismes de la forme $P_{Y_i}(M_i) \to Y_i$ $(1 \leq i \leq r-1)$, avec M_i un O_{Y_i}-Module localement libre de rang $r-i+1$, on déduit de (2.2.6) que $A^\bullet(D)$ est un $A^\bullet(S)$-module libre de rang $r!$ et que le morphisme φ_D est surjectif. Mais le lemme 5.4.1 a) montre que la source de φ_D est également un $A^\bullet(S)$-Module libre de rang $r!$ d'où l'assertion dans le cas $X = D$. Dans le cas général, il est clair que le diagramme

$$\begin{array}{ccc} A^\bullet(X) & \xrightarrow{g^*} & A^\bullet(D) \\ \uparrow \varphi_X & & \uparrow \varphi_D \\ C = A^\bullet(S)[T_{i,j_i}]/J_X & \xrightarrow{\gamma} & A^\bullet(S)[U_k]/J_D \end{array}$$

dans lequel l'application γ est obtenue par passage au quotient à partir du morphisme de $A^\bullet(S)$-algèbres

$$A^\bullet(S)[T_{i,j_i}] \to A^\bullet[U_k]$$

défini en envoyant T_{i,j_i} sur la $j_i^{\text{ème}}$ fonction symétrique élémentaire des éléments

$$(U_{p_1+\ldots+p_{i-1}+s})_{1 \leq s \leq p_i} \qquad ,$$

est commutatif. Comme φ_D est un isomorphisme, il résulte de 5.4.1. b) que $A^\bullet(D)$ un C-module libre de rang $p_1!\ldots p_m!$. Par ailleurs, l'expression de g comme produit fibré de X-schémas de drapeaux montre que $A^\bullet(D)$ est aussi un $A^\bullet(X)$-module libre de rang $p_1!\ldots p_m!$. D'où aussitôt le fait que φ_X est un isomorphisme.

Dans l'énoncé de la proposition suivante, on convient de poser pour tout schéma Y et tout A_Y-Module M

$$Q(Y,M) = \bigoplus_{n,i} H^n(Y, M \otimes \mu_Y^{\otimes i}) .$$

Le A-module $Q(Y,M)$ est canoniquement muni d'une structure de $A^{\bullet}(Y)$-module, provenant du cup-produit. Si $u : Z \to Y$ est un morphisme de schémas, le morphisme image réciproque

$$u^* : Q(Y,M) \to Q(Z,u^*M)$$

est compatible avec les structures de $A^{\bullet}(Y)$-module de $Q(Y,M)$ et de $A^{\bullet}(Z)$-module de $Q(Z,u^*M)$. On en déduit un morphisme de $A^{\bullet}(Z)$-modules, dit canonique,

$$A^{\bullet}(Z) \otimes_{A^{\bullet}(Y)} Q(Y,M) \to Q(Z,u^*M) .$$

PROPOSITION 5.5.- Soient S un schéma, E un O_S-Module localement libre de rang r. On note $f : X \to S$ le S-schéma des drapeaux de type $(p_1,\dots,p_m)$ de E. Alors, pour tout A_S-Module L, le morphisme canonique

$$\alpha : A^{\bullet}(X) \otimes_{A^{\bullet}(S)} Q(S,L) \to Q(X,f^*L)$$

est un isomorphisme.

Preuve : Lorsque $X = P_S(E)$, c'est une conséquence immédiate de (2.2.4) et (2.2.6). On en conclut que c'est vrai pour $X = D$. Dans le cas général, comme les morphismes canoniques $g : D \to X$ et $h : D \to S$ sont composés de fibrés projectifs, les morphismes canoniques

$$A^{\bullet}(D) \otimes_{A^{\bullet}(S)} Q(S,L) \to Q(D,h^*L)$$

et

$$A^{\bullet}(D) \otimes_{A^{\bullet}(X)} Q(X,g^*L) \to Q(D,g^*L)$$

sont des isomorphismes. Par suite $\mathrm{id}_{A^{\bullet}(D)} \otimes \alpha$ est un isomorphisme, d'où le résultat puisque $A^{\bullet}(D)$ est libre sur $A^{\bullet}(X)$.

Nous allons maintenant donner une variante relative de (5.4) et (5.5). Avec les notations précédentes, soit $u : S \to T$ un morphisme de schémas. On pose

$$A^{\bullet}(X/T) = \bigoplus_i R^{2i}(u \circ f)_*(A_X)$$

et de même $A^{\bullet}(S/T) = \bigoplus_i R^{2i} u_*(A_S)$. Enfin, pour tout A_S-Module L, on pose

$$Q(S/T,L) = \bigoplus_{n,i} R^{2i}\, u_*(L \otimes \mu_S^{\otimes i})$$

et

$$Q(X/T,f^*L) = \bigoplus_{n,i} R^n(u \circ f)_*(f^*L \otimes \mu_X^{\otimes i}).$$

Pour tout couple (i,j) d'entiers, avec $1 \leq i \leq m$, $1 \leq j \leq p_i$, l'image de la classe de Chern $c_j(E_i)$ par le morphisme canonique

$$H^{2j}(X,\mu_X^{\otimes j}) \to H^o(T,R^{2j}(u \circ f)_*(\mu_X^{\otimes j}))$$

définit un A_T -morphisme.

$$c_{ij} : A_T \to R^{2j}(u \circ f)_*(\mu_X^{\otimes j}) .$$

La donnée des c_{ij} et l'image réciproque f^* permettent de définir un morphisme de $A^\bullet(S/T)$-Algèbres

$$\theta_1 : A^\bullet(S/T)[T_{i,j_i}]_{(i,j_i)} \to A^\bullet(X/T)$$

Notant c_i les sections de $A^\bullet(S/T)$ définies par les classes de Chern $c_i(E)$, on voit comme dans (5.4) que θ_1 s'annule sur l'Idéal J engendré localement par les relations

$$\sum_{i_1+\dots+i_m=p} T_{1,i_1} \cdots T_{m,i_m} = c_p \qquad (p \in \mathbb{N}).$$

D'où un morphisme de $A^\bullet(S/T)$-Algèbres

$$\theta : A^\bullet(S/T)[T_{i,j_i}]_{(i,j_i)}/J \to A^\bullet(X/T) \quad .$$

PROPOSITION 5.6.- _Avec les notations précédentes_ :

a) _Le morphisme de_ $A^\bullet(S/T)$-_Algèbres_

$$\theta : A^\bullet(S/T)[T_{i,j_i}]_{(i,j_i)}/J \to A^\bullet(X/T)$$

est un isomorphisme.

b) _Pour tout_ A_S-_Module_ L , _le morphisme canonique de_ $A^\bullet(X/T)$-_Modules_

$$A^{\bullet}(X/T)\otimes_{A^{\bullet}(S/T)} Q(S/T,L) \to Q(X/T,f^{*}L)$$

est un isomorphisme.

Preuve : Simple faisceautisation de (5.4) et (5.5) respectivement.

6. SCHEMAS EN GROUPES

Commençons par une propriété générale des objets tordus par des torseurs.

PROPOSITION 6.1.- *Soient* S *un schéma,* G *un S-schéma en groupes quasi-compact, lisse et à fibres connexes, et* X *un S-schéma muni d'une opération à gauche de* G. *Si* $f : E \to S$ *est un S-torseur (à droite) sous* G, *on note* X_E *le S-schéma obtenu à partir de* X *par torsion au moyen de* E *et de l'opération de* G *sur* X. *On note* $p : X \to S$ *et* $q : X_E \to S$ *les projections canoniques. Dans ces conditions, pour tout* A_S*-Module* M *et tout entier* i, *le* A_S*-Module* $R^i q_*(q^* M)$ *est canoniquement isomorphe à* $R^i p_*(p^* M)$.

Preuve :

$$\begin{array}{ccc} E \times_S X & \xrightarrow{\varphi} & X_E \\ {\scriptstyle pr_1}\downarrow & & \downarrow{\scriptstyle q} \\ E & \xrightarrow{f} & S \end{array} \qquad\qquad \begin{array}{ccc} E \times_S X & \xrightarrow{pr_2} & X \\ {\scriptstyle pr_1}\downarrow & & \downarrow{\scriptstyle p} \\ E & \xrightarrow{f} & S \end{array}$$

(D_1) $\qquad\qquad$ (D_2)

On sait que le diagramme (D_1), dans lequel φ désigne l'application canonique de passage au quotient, est cartésien. Le morphisme f étant lisse, le théorème de changement de base lisse fournit un isomorphisme

$$u : f^* R^i q_*(q^* M) \xrightarrow{\sim} R^i(pr_1)_*(\varphi^* q^* M) .$$

De même, on déduit du diagramme cartésien (D_2) un isomorphisme

$$v : f^* R^i p_*(p^* M) \xrightarrow{\sim} R^i(pr_1)_*((pr_2)^* p^* M).$$

Mais $p \circ pr_2 = q \circ \varphi$ donc, identifiant de façon claire $\varphi^* \circ q^*$ et $(pr_2)^* \circ p^*$, on définit un isomorphisme

$$v^{-1} \circ u : f^* R^i q_*(q^* M) \xrightarrow{\sim} f^* R^i p_*(p^* M) .$$

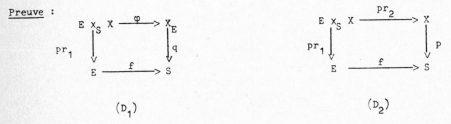

Le morphisme f étant à fibres géométriques non vides et connexes, il résulte de il résulte de (SGA 4 XII 6.5 (i)) que le morphisme d'adjonction $adj : id \to f_* f^*$ est un isomorphisme, de sorte que

$$(adj)^{-1} \circ f_*(v^{-1} \circ u) \circ (adj)$$

est l'isomorphisme désiré.

PROPOSITION 6.2.- (Mme RAYNAUD ([5]). Soient S un schéma et $p : G \to S$ un S-schéma en groupes réductifs (SGA 3 XIX). Pour tout A_S-Module localement constant constructible M et pour tout entier i, le A_S-Module $R^i p_*(p^* M)$ est localement constant et constructible. De plus, pour tout morphisme $u : S' \to S$ définissant un diagramme cartésien

$$\begin{array}{ccc} G' & \xrightarrow{u'} & G \\ {\scriptstyle p'}\downarrow & & \downarrow{\scriptstyle p} \\ S' & \xrightarrow{u} & S \end{array}$$

le morphisme de changement de base

$$u^* R^i p_*(p^* M) \longrightarrow R^i p'_*(p \circ u')^*(M)$$

est un isomorphisme.

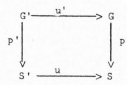

Preuve : Les deux assertions de l'énoncé sont locales pour la topologie étale de S. D'après(SGA 3 XII 2.3), on peut donc supposer que G est déployé. Soient alors B un sous-groupe de Borel de G du type indiqué dans (SGA 3 XXII 5.1.1), de sorte que le quotient G/B existe d'après (SGA 3 XXII 5.8.5), et $q : G \to G/B$ et $r : G/B \to S$ les morphismes canoniques. Le morphisme r étant propre et lisse, il satisfait au théorème de changement de base propre et les foncteurs $R^i r_*$ transforment faisceaux abéliens localement constants constructibles en faisceaux du même type (SGA 4 XVI 2.2). Par ailleurs, par (SGA 4 XXII 5.5.1), le S-schéma B est isomorphe à un produit fini de fibrés vectoriels et de fibrés vectoriels épointés et par suite il résulte immédiatement de (1.1) et (1.2) que, notant $t : B \to S$ le morphisme canonique, les faisceaux $R^i t_*(t^* M)$, avec M un A_S-Module localement constant constructible, sont localement constants constructibles et stables par changement de base. Soit maintenant M un A_S-Module localement constant constructible. Il résulte des considérations précédentes et de (6.1) que les faisceaux $R^i q_*(p^* M)$ sont localement constants constructibles, et on en déduit en utilisant la suite spectrale de Leray

$$R^i r_*(R^j q_*)(p^* M) \Rightarrow R^{i+j} p_*(p^* M)$$

qu'il en est de même des faisceaux $R^i p_*(p^* M)$. Enfin, d'après (6.1), les faisceaux $R^i q_*(p^* M)$ sont stables par changement de base ; grâce au théorème de changement de base propre pour r, on en déduit que les faisceaux $R^i p_*(p^* M)$ sont également stables par changement de base.

Remarque 6.3.- Comme tout S-groupe réductif est localement pour la topologie étale image réciproque par le morphisme canonique $S \to \mathrm{Spec}(\mathbb{Z})$ d'un $\mathrm{Spec}(\mathbb{Z})$-schéma réductif (SGA 3 XXIII 5.7 et XXV 1.3), (6.2) montre que le calcul de la cohomologie (à coefficients de torsion premier à la caractéristique) des schémas en groupes réductifs sur un corps algébriquement clos se ramène au problème transcendant du calcul de la cohomologie des schémas en groupes réductifs de même type sur le corps des complexes, dont la solution est connue par les méthodes de la topologie algébrique, compte tenu du théorème de comparaison (SGA 4 XI 4.4)

COROLLAIRE 6.4.- Soient S un schéma et $p : G \to S$ un S-schéma en groupes extension d'un S-schéma en groupes étale fini F et d'un S-schéma en groupes réductif H. Alors, les conclusions de (6.2) sont valables pour tout A_S-Module localement constant constructible M.

Preuve : Quitte à faire le changement de base $F \to S$, on peut supposer F de la forme Γ_S, où Γ désigne un groupe fini ordinaire. Alors, on a un isomorphisme de S-schémas

$$G \simeq \coprod_{\gamma \in \Gamma} H ,$$

et on conclut par (6.2).

COROLLAIRE 6.5.- Soient S un schéma, G un S-schéma en groupes réductif et H un sous-S-schéma en groupes réductif de G, tels que le faisceau quotient de G par H pour la topologie fidèlement plate quasicompacte soit représentable. Alors, notant $p : G/H \to S$ le morphisme canonique, les conclusions de (6.2) sont valables pour tout A_S-Module localement constant constructible M.

Preuve : Soit $f : G \to G/H$ le morphisme canonique, qui est lisse, donc de descente pour les faisceaux étales (SGA 4 VIII 9.1). Posons pour tout entier $r \geq 0$

$$G_r = G \times_{G/H} G \times_{G/H} \times \dots \times_{G/H} G \qquad (r+1 \text{ fois}) \quad ,$$

qui d'après SGA 3 V 1.5, s'identifie canoniquement à

$$\underbrace{G \times_S H \times_S \dots \times_S H}_{r \text{ fois}} \quad ,$$

et notons $f_r : G_r \to G/H$ et $g_r : G_r \to S$ les morphismes canoniques, de sorte qu'en particulier $f_o = f$. Notons enfin, pour tout entier $q \geq 0$, $\mathcal{H}^q(M)$ le complexe

$$R^q(g_o)_*(f_o^* M) \rightrightarrows R^q(g_1)_*(f_1^* M) \rightrightarrows \dots \rightrightarrows R^q(g_r)_*(f_r^* M) \dots$$

D'après (SGA), on a une suite spectrale de descente (ou de Čech)

$$\mathbb{E}(M) : E_2^{pq} = H^p(\mathcal{H}^q(M)) \Rightarrow E^n = R^n p_*(M).$$

Comme les schémas G_r sont des schémas en groupes réductifs, il résulte de 6.2 que les termes E_2^{pq} sont localement courants constructibles et compatibles avec tout changement de base. On en déduit aussitôt qu'il en est de même pour les E^n.

7. INTERSECTIONS COMPLETES

On suppose donné dans ce paragraphe un corps séparablement clos k. Si ℓ est un nombre premier $\neq \mathrm{car}(k)$, on note pour tout k-schéma propre X et tout entier $i \geq 0$ par $b_\ell^i(X)$ [ou $b^i(X)$ si aucune confusion n'est possible] le $i^{\text{ème}}$ nombre de Betti de X pour les coefficients $\mathbb{Z}_\ell$. Si X est projectif sur k, on appelle section hyperplane de X le lieu des zéros d'une section transversale à la section nulle d'un fibré vectoriel $V(\check{\mathcal{L}})$, avec $\mathcal{L}$ un $\mathcal{O}_X$-Module inversible ample.

THEOREME 7.1.- (Théorème de Lefschetz) *Soient* X *un k-schéma projectif lisse, connexe de dimension* n, Y *un sous-schéma de* X *intersection de* d *sections hyperplanes de* X, *et* L *un* A_X*-Module localement constant constructible. Alors* :

(i) *L'homomorphisme image réciproque*

$$H^i(X,L) \to H^i(Y,L|Y)$$

est un isomorphisme pour $i \leq n-d-1$, *et un monomorphisme pour* $i = n-d$.

(ii) *Supposons* Y *lisse sur* k, *de dimension* $n-d$. *Alors l'homomorphisme de Gysin*

$$H^i(Y,(L|Y)\otimes \mu_Y^{\otimes -d}) \to H^{i+2d}(X,L)$$

est un isomorphisme pour $i \geq n-d+1$ *et un épimorphisme pour* $i = n-d$.

Preuve : Il est bien connu que le complémentaire d'une section hyperplane est un ouvert affine, et par suite $U = X \doteq Y$ est réunion de d ouverts affines. L'assertion (i) résulte alors immédiatement de la suite exacte de cohomologie

$$\cdots \to H_1^i(U,L|U) \to H^i(X,L) \to H^i(Y,L|Y) \xrightarrow{\partial} H_1^{i+1}(U,L|U) \to \cdots$$

et du lemme suivant.

LEMME 7.1.1.- *Soit* U *un k-schéma de type fini de dimension* n, *réunion de* d *ouverts affines, et* F *un* A_U*-Module.*

a) Si F est constructible,

$$H^i(U,F) = 0 \quad \text{pour} \quad i \geq n+d \; .$$

b) Si F est localement constant et U lisse sur k ,

$$H^i_c(U,F) = 0 \quad \text{pour} \quad i \leq n-d \; .$$

Pour $d=1$, l'assertion a) n'est autre que (SGA 4 XIV 3.2). Dans le cas général, notant $\mathcal{U}$ un recouvrement de U par d ouverts affines, on en déduit a) grâce à la suite spectrale de Cech

$$H^p(\mathcal{U},\mathcal{H}^q(F)) \Rightarrow H^{p+q}(U,F) \; .$$

Montrons b). Comme les foncteurs $H^i_c(U,.)$ commutent aux limites inductives filtrantes (SGA 4 VII 3.3), on peut supposer F constructible, et alors l'assertion résulte de a), grâce à la dualité de Poincaré (SGA 4 XVIII).

Enfin, compte tenu de la définition du morphisme de Gysin via l'isomorphisme canonique

(7.1.2) $$H^{i-2d}(Y,(L|Y)\otimes \mu_Y^{\otimes -d}) \simeq H^i_Y(X,L) \; ,$$

l'assertion (ii) résulte de 7.1.1 a) et de la suite exacte de cohomologie associée à un ouvert et son complémentaire

$$\dots \to H^{i-1}(U,L|U) \xrightarrow{\partial} H^i_Y(X,L) \to H^i(X,L) \to H^i(U,L|U) \to \dots \quad .$$

Remarque 7.1.3.- En fait, il résulte de la propriété d'excision que l'isomorphisme canonique (7.1.2) se généralise au cas où l'hypothèse de lissité sur X , et celle que L soit constructible localement constant, sont vérifiées seulement au voisinage de Y , de sorte que 7.1 (ii) se généralise dans ce cadre.

Pour des formulations nettement plus générales, voir (SGA 2 XIV 4.6), qui cependant est prouvé seulement moyennant la résolution des singularités, donc provisoirement en caractéristique 0 .

COROLLAIRE 7.2.- Soient X un k-schéma projectif lisse, connexe, de dimension n, Y un sous-schéma de X intersection de d sections hyperplanes de X, et L un $\mathbb{Z}_\ell$-faisceau constant tordu constructible ($\ell \neq car(k)$). Alors :

(i) L'homomorphisme image réciproque

$$\alpha_i : H^i(X,L) \to H^i(Y,L|Y)$$

est un isomorphisme pour $i \leq n-d-1$, et un monomorphisme pour $i = n-d$. Si de plus L est localement libre constructible, le conoyau de α_{n-d} est sans torsion.

(ii) Supposons Y lisse sur k, de dimension $n-d$. Alors l'homomorphisme de Gysin

$$\beta_i : H^i(Y,(L|Y)(-d)) \to H^{i+2d}(X,L)$$

est un isomorphisme pour $i \geq n-d+1$ et un épimorphisme pour $i = n-d$. Si de plus L est localement libre constructible, l'épimorphisme β_{n-d} est direct et son noyau est sans torsion.

Preuve : Montrons (i), l'assertion (ii) s'en déduisant par dualité de Poincaré. Dans le cas général, un simple passage à la limite à partir de 7.1 (i) permet de conclur Lorsque L est un $\mathbb{Z}_\ell$-faisceau localement libre, on applique le lemme suivant au morphisme image réciproque

$$\mathbb{R}\Gamma(X,L) \to \mathbb{R}\Gamma(Y,L|Y)$$

de $D(\mathbb{Z}_\ell)$, l'hypothèse (iii) étant réalisée grâce à 7.1 (i).

LEMME 7.2.1.- Soient V un anneau de valuation discrète, k_V son corps résiduel, $u : K \to L$ un morphisme de $D(V)$.

On suppose que K et L sont à cohomologie de type fini, et on note M le mapping-cylinder de u. Alors pour tout $m \in \mathbb{Z}$ les conditions suivantes sont équivalentes :

(i) $H^p(M) = 0$ pour $p \leq m-1$, et $H^m(M)$ est sans torsion.

(ii) Pour tout V-module N, le morphisme

$$H^p(u \underline{\underline{\otimes}} id_N) : H^p(K \underline{\underline{\otimes}} N) \to H^p(L \underline{\underline{\otimes}} N)$$

est un isomorphisme pour $p \leq m-1$ et un monomorphisme pour $p = m$.

(ii bis) Pour tout V-module N on a

$$H^p(M \underline{\underline{\otimes}} N) = 0 \quad (p \leq m-1).$$

(iii) Le morphisme

$$H^p(u \underline{\underline{\otimes}} id) : H^p(K \underline{\underline{\otimes}} k_V) \to H^p(K \underline{\underline{\otimes}} k_V)$$

est un isomorphisme pour $p \leq m-1$ est un monomorphisme pour $p = m$.

(iii bis) $$H^p(M \underline{\underline{\otimes}} k_V) = 0 \quad \text{pour} \quad p \leq m-1 .$$

De plus, ces conditions équivalentes impliquent :

(i bis) Le morphisme

$$H^p(u) : H^p(K) \to H^p(L)$$

est un isomorphisme pour $p \leq m-1$, est un monomorphisme de conoyau libre pour $p = m$.

Preuve : Le diagramme d'implications suivant est évident

$$\begin{array}{ccc} (ii) & \Leftrightarrow & (ii\ bis) \\ \Downarrow & & \\ (iii) & \Leftrightarrow & (iii\ bis) \end{array} \qquad (i) \Rightarrow (i\ bis)$$

Nous allons montrer séparément que (i) ⇒ (ii bis) et (iii bis) ⇒ (i), ce qui suffira pour conclure. L'assertion (i) ⇒ (ii bis) se voit sans peine sur la suite exacte de Künneth

$$0 \to H^p(M) \otimes_V N \to H^p(M \underline{\underline{\otimes}} N) \to Tor_1^V(H^{p+1}(M), N) \to 0 \quad .$$

La même suite exacte, pour $N = k_V$, montre que si (iii bis) est vrai, on a

$$H^p(V) \otimes k_V = 0 \quad (p \leq m-1) \text{ et } Tor_1^V(H^m(M), k_V) = 0 .$$

On en déduit (i) par le lemme de Nakayama et le critère local de platitude (EGA 0_{III} 10.1.3).

Sous les hypothèses précédentes, on voit que la connaissance des groupes de cohomologie de X à coefficients dans $\mathbb{Q}_\ell$ implique la connaissance de ceux de Y, excepté en dimension n-1. Le calcul de ce dernier se ramène immédiatement, sous ces conditions, au calcul de la caractéristique d'Euler-Poincaré de Y. C'est à ce calcul que nous allons maintenant nous intéresser, dans un cadre un peu plus général.

PROPOSITION 7.3.- Soient X un k-schéma propre, lisse, connexe, de dimension n, E un O_X-Module localement libre de rang constant r, et Y le lieu des zéros d'une section de $V(\check{E})$ transversale à la section nulle. Notant $p : X \to k$ le morphisme canonique et p_* le morphisme de Gysin correspondant on a l'égalité

$$EP(Y) = p_*(c(\check{\Omega}^1_X)c(E)^{-1}c_r(E))$$

dans $H^0(k,\mathbb{Q}_\ell) = \mathbb{Q}_\ell$.

Preuve : D'après (EGA IV 17.13.2), Y est lisse purement de dimension n-r et, notant $i : Y \to X$ l'immersion canonique, le faisceau conormal à i est l'image réciproque par i du faisceau conormal $\check{E}$ à la section nulle de $V(\check{E})$. On a donc une suite exacte

(7.3.1) $$0 \to i^*(\check{E}) \to i^*(\Omega^1_X) \to \Omega^1_Y \to 0$$

d'où résulte aussitôt l'égalité

(7.3.2) $$c(\check{\Omega}^1_Y) = i^*(c(\check{\Omega}^1_X)c(E)^{-1})$$

On en déduit par (3.10) l'expression suivante pour EP(Y)

$$EP(Y) = p_*i_*i^*(c(\check{\Omega}^1_X)c(E)^{-1})$$

soit, compte tenu de la formule de projection pour le morphisme i,

$$EP(Y) = p_*(c(\check{\Omega}^1_X)c(E)^{-1}i_*(1_Y)) .$$

La formule de l'énoncé en résulte immédiatement grâce à (4.7).

COROLLAIRE 7.4.- Soient X un k-schéma propre, lisse, connexe, de dimension n et Y un sous-schéma fermé lisse de dimension $n-1$ de X, défini donc par une section d'un O_X- Module inversible L. Notant p le morphisme canonique de X dans k et p le morphisme de Gysin correspondant, on a l'égalité

$$EP(X) - EP(Y) = p_*(c(\check{\Omega}^1_X)c(L)^{-1}) \tag{7.4.1}$$

dans $H^0(k, Q_\ell) = Q_\ell$. De plus

$$b^{n-1}(Y) = 2\,b^{n-1}(X) - b^n(X) + (-1)^n p_*(c(\check{\Omega}^1_X)c(L)^{-1}) \tag{7.4.2}$$

Preuve : L'égalité (7.4.1) provient de 7.3 et de 4.2 compte tenu de l'égalité évidente

$$1 - c(L)^{-1}c_1(L) = c(L)^{-1}$$

Utilisant (7.2), on voit que

$$b^{n-1}(Y) = b^{n-1}(X) - b^n(X) + b^{n+1}(X) + (-1)^n(EP(X) - EP(Y)).$$

Mais $b^{n-1}(X) = b^{n+1}(X)$ par dualité de Poincaré, d'où (7.4.2).

COROLLAIRE 7.5 .- Soit X un sous-schéma lisse, connexe et de dimension n de P_k^{n+r}, intersection complète globale de r diviseurs de P_k^{n+r}, soient $X_1, X_2, \ldots, X_r$. Pour tout entier $i \in (1,r)$, on note d_i le degré de X_i. Alors :

(i) Les groupes de cohomologie $H^p(X, \mathbb{Z}_\ell)$ sont des $\mathbb{Z}_\ell$-modules libres de type fini.

(ii) Si p est un entier $\leq 2n$ et $\neq n$,

$$H^p(X, \mathbb{Z}_\ell) \simeq \begin{cases} 0 & \text{si } p \text{ est impair} \\ \mathbb{Z}_\ell & \text{si } p \text{ est pair.} \end{cases}$$

(iii) La caractéristique d'Euler-Poincaré de X est donnée par la formule

$$EP(X) = d_1 \ldots d_r \sum_{\substack{0 \leq i \leq n \\ j_1 + \ldots + j_r = n-i}} (-1)^{n-i} \binom{n+r+1}{i} d_1^{j_1} \ldots d_r^{j_r}.$$

Preuve : L'assertion (i) résulte immédiatement de (7.2). De même pour (ii), compte tenu de la cohomologie des espaces projectifs (n° 2). Montrons la partie (iii). Notons P l'espace projectif ambiant, $p : P \to k$ la projection canonique, p_* le morphisme de Gysin correspondant et ξ la classe de $O_P(1)$. Pour tout $i \in (1,r)$, le schéma X_i est défini par une section d'un O_P-Module inversible L_i, de sorte que X est le lieu des zéros d'une section de $V(\check{L}_1 \oplus \ldots \oplus \check{L}_r)$ transversale à la section nulle. Par ailleurs on sait que l'on a une suite exacte

$$0 \to \Omega_P^1 \otimes O_P(1) \to O_P^{n+r+1} \to O_P(1) \to 0 ,$$

d'où

$$c(\check{\Omega}_P^1) = (1+\xi)^{n+r+1}$$

On déduit alors de (7.3) l'expression suivante pour $EP(X)$.

$$\begin{aligned} EP(X) &= p_*(c(\check{\Omega}_P^1)c(\check{L}_1 \oplus \ldots \oplus \check{L}_r)^{-1} c_1(\check{L}_1)\ldots c_1(\check{L}_r)) \\ &= p_*(d_1 \ldots d_r \xi^r (1+\xi)^{n+r+1}(1+d_1\xi)^{-1} \ldots (1+d_r\xi)^{-1}). \end{aligned}$$

Utilisant le fait que $p_*(\xi^{n+r}) = 1$ (2.2.2 c)), on en tire sans peine la formule de l'énoncé.

Remarque 7.6. On peut également obtenir l'expression de la caractéristique d'Euler-Poincaré en utilisant (4.11) et en transcrivant les calculs de Hirzebruch (3, p.160-161) qui utilisent le théorème de Riemann-Roch. Pour un calcul plus complet et la détermination de la cohomologie de Hodge des intersections complètes, on renvoie le lecteur à (SGA 7 XI).

7.7 Par analogie avec ce qui se passe dans le cas transcendant, où pour des coefficients constants on dispose d'un autre théorème bien connu de Lefschetz ([4]), on est amené à conjecturer l'énoncé suivant.(*)

Si X est un k-schéma projectif, lisse et connexe de dimension n et ξ la classe dans $H^2(X,\mathbb{Z}_\ell(1))$ d'un $\mathcal{O}_X$-Module inversible très ample, alors pour tout $\mathbb{Q}_\ell$-faisceau constant tordu L et tout entier $p \leq n$, la multiplication par ξ^{n-p} :

$$H^p(X,L) \to H^{2n-p}(X,L(n-p))$$

est un isomorphisme.

(*) Comme Deligne l'a observé, les énoncés (7.7) sont faux sans hypothèse supplémentaire sur L. Cependant, Deligne les a démontrés (La conjecture de Weil II) lorsque de plus L est "pur".

Cet énoncé conjectural a les conséquences suivantes, également non prouvées en car $\neq 0$.

Soient X un k-schéma projectif lisse, connexe, de dimension n , Y une section hyperplane lisse de X , L un $\mathbb{Q}_\ell$-faisceau constant tordu sur X .

(i) Le morphisme image réciproque

$$H^p(X,L) \to H^p(Y,L|Y)$$

est un épimorphisme pour $p \geq n$.

(ii) Le morphisme de Gysin

$$H^p(Y,(L|Y)(-1)) \to H^{p+2}(X,L)$$

est un monomorphisme pour $p \leq n-2$.

Preuve : Soit $j : X \hookrightarrow P^r$ une immersion fermée et ξ_X (resp. ξ_Y) la classe dans $H^2(X,\mathbb{Q}_\ell(1))$ (resp. $H^2(Y,\mathbb{Q}_\ell(1))$) de $\mathcal{O}_X(1)$ (resp. $\mathcal{O}_Y(1)$). On note $\alpha : Y \hookrightarrow X$ l'injection canonique. Pour $q \leq n-1$, le diagramme

$$\begin{array}{ccc} H^q(X,L) & \xrightarrow{\alpha^*} & H^q(Y,L|Y) \\ \Big\downarrow {\scriptstyle \cup\, \xi_X^{n-1-q}} & & \Big\downarrow {\scriptstyle \cup\, \xi_Y^{n-1-q}} \\ H^{2n-2-q}(X,L(n-1-q)) & \xrightarrow{\alpha^*} & H^{2n-2-q}(Y,(L|Y)(n-1-q)) \end{array}$$

est commutatif et la colonne de droite est (conjecturalement) un isomorphisme. Posons $p = 2n-2-q$; pour $q \leq n-2$, soit $p \geq n$, la ligne du haut est un isomorphisme (7.2), d'où l'assertion (i). L'assertion (ii) se prouve de même en considérant cette fois le diagramme suivant, avec $p \leq n-1$.

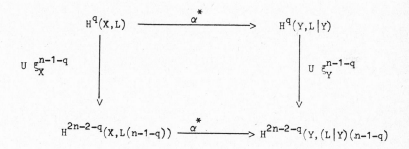

$$\begin{array}{ccc}
H^{p}(Y,(L|Y)(-1)) & \xrightarrow{\text{Gysin}} & H^{p+2}(X,L) \\
\Big\downarrow{\scriptstyle \cup\, \xi_Y^{n-1-p}} & & \Big\downarrow{\scriptstyle \cup\, \xi_X^{n-1-p}} \\
H^{2n-2-p}(Y,(L|Y)(n-2-p)) & \xrightarrow{\text{Gysin}} & H^{2n-p}(X,L(n-1-p))
\end{array}$$

dans lequel la ligne du bas est un isomorphisme pour $2n-2-p \geq n$, soit $p \leq n-2$ (7.2 (ii)) .

Pour une discussion de ces conjectures et de leurs conséquences, on renvoie le lecteur à l'exposé de Kleiman (Algebraic cycles and the Weil conjectures, in "Dix exposés sur la cohomologie de schémas .).

8. VARIETES ECLATEES

Dans ce numéro, nous donnons une variante cohomologique des calculs pour le groupe K et le "groupe des classes de cycles" d'un schéma éclaté, donnés dans SGA 6 VII 3.7 et 4.8 . Les hypothèses et les notations sont celles du début du paragraphe 4 (4.1 à 4.3). Dans ces conditions, le morphisme "classe fondamentale"

$$\gamma : j_*(\mu_{Y'}^{\otimes -1})[-2] \to A_{X'}$$

fournit, après application du foncteur $\mathbb{R} f_*$, un morphisme

$$\mathbb{R} f_*(\gamma) : i_*\mathbb{R} g_*(\mu_{Y'}^{\otimes -1})[-2] \to \mathbb{R} f_*(A_{X'}).$$

THEOREME 8.1.- Le morphisme de $D^+(X,A)$

(8.1.1)
$$A_X \oplus i_*\mathbb{R} g_*(\mu_{Y'}^{\otimes -1})[-2] \to \mathbb{R} f_*(A_{X'}) \oplus i_*(\mu_Y^{\otimes -d})[-2d]$$

défini par la matrice

$$\begin{pmatrix} \mathrm{adj} & \mathbb{R} f_*(\gamma) \\ 0 & i_*(\mathrm{trace}) \end{pmatrix}$$

est un isomorphisme.

Preuve : Grâce à la conservativité du système des foncteurs fibres, il suffit de vérifier l'assertion au-dessus de chaque point x de X . Elle est évidente au-dessus de $U = X \dot{-} Y$. Pour x appartenant à Y , on se ramène, grâce au théorème de changement de base propre, à prouver le lemme suivant (avec $r = d-1$).

LEMME 8.2.- Soient k un corps séparablement clos, $r \geq 1$ un entier, et $P = P_k^r$. Alors :

a) L'application canonique $A \to H^0(P,A)$ est une bijection.

b) $H^1(P,A) = H^{2r-1}(P,A) = 0$.

c) Pour $0 \leq p \leq 2r-2$, la multiplication par $\xi = c\ell(O_P(1)) \in H^2(P,\mu)$.

$$H^p(P,\mu_P^{\otimes -1}) \to H^{p+2}(P,A)$$

est un isomorphisme.

d) Le morphisme trace $H^{2r}(P,\mu_P^{\otimes -1}) \to H^o(k,\mu_k^{\otimes -(r+1)})$ est une bijection.

Le lemme est une conséquence immédiate de 2.2.2.

Pour l'énoncé du corollaire suivant, on convient de poser pour tout X-schéma $h : T \to X$, toute partie fermée Z de T et tout complexe M de A_X-Modules

$$H^*(T,M) = H^*(T,h^*(M))$$

et

$$H_Z^*(T,M) = H_Z^*(T,h^*(M)).$$

COROLLAIRE 8.3.- Pour tout complexe M de A_X-Modules et tout $p \in \mathbb{Z}$, les applications

(8.3.1.) $\quad H^p(X,M) \oplus H^{p-2}(Y',M \otimes \mu^{\otimes -1}) \to H^p(X',M) \oplus H^{p-2d}(Y,M \otimes \mu^{\otimes -d})$

et

(8.3.2) $\quad H_Y^p(X,M) \oplus H^{p-2}(Y',M \otimes \mu^{\otimes -1}) \to H_{Y'}^p(X',M) \oplus H^{p-2d}(Y,M \otimes \mu^{\otimes -d})$

définies par la matrice

$$\begin{pmatrix} f^* & j_* \\ 0 & g_* \end{pmatrix}$$

sont des bijections.

Preuve : Notons provisoirement u le morphisme (8.1.1). Compte tenu de la formule de projection, les flèches (8.3.1) et (8.3.2) sont celles induites sur les $p^{\text{èmes}}$ objets de cohomologie par les morphismes $\mathbb{R}\Gamma(X,\mu \underset{=}{\otimes} id_M)$ et $\mathbb{R}\Gamma(X,u \underset{=}{\otimes} id_M)$ respectivement, d'où l'assertion.

8.4. Nous allons maintenant expliciter l'isomorphisme inverse de (8.3.2) et auron besoin pour cela de quelques lemmes.

LEMME 8.4.1.- Soient S un schéma, E un O_S-Module localement libre de rang constant d, et $p : P = P_S(E) \to S$ le fibré projectif associé. Désignant par F le O_P-Module défini par la suite exacte canonique

$$0 \to F \to p^*(E) \to O_P(1) \to 0 ,$$

on a la relation

$$p_*(c_{d-1}(\check{F})) = 1 .$$

Preuve : Désignons par c_i les classes de Chern de E, et posons $\xi = c_1(O_P(1))$. De l'égalité

$$p^*(c(E)) = c(F)(1+\xi) \quad \text{résulte que}$$

$$c(F) = p^*(c(E))(1+\xi)^{-1} \quad \text{d'où}$$

(8.4.2) $$c_{d-1}(F) = \sum_{0 \le i \le d-1} (-1)^{d-1-i} c_i \xi^{d-1-i} .$$

Or l'homomorphisme p_* diminue les degrés de $2d-2$ et on a $p_*(\xi^{d-1}) = 1$ (2.2.2). Le lemme s'obtient alors en appliquant l'homomorphisme p_* aux deux membres de (8.4.2), et en utilisant la formule de projection.

LEMME 8.4.3.- On note F le $O_{Y'}$-Module localement libre défini par la suite exacte canonique

$$0 \to F \to g^*(N) \to O_{Y'}(1) \to 0 .$$

Soient M un A_X-Module localement constant constructible au voisinage de Y, et p un entier ≥ 0. Pour tout $y \in H^p(Y,M)$, on a la relation

$$f^*(i_*(y)) = j_*(g^*(y)c_{d-1}(\check{F}))$$

dans $H^{p+2d}_{Y'}(X',M \otimes \mu^{\otimes d})$.

Preuve : Posons $z = f^*(i_*(y)) - j_*(g^*(y)c_{d-1}(\check{F}))$.

On a

$$j^*(z) = g^*i^*i_*(y) - j^*j_*(g^*(y)c_{d-1}(\check{F})),$$

d'où, grâce à (4.1) et au lemme de linéarité de (SGA 4 XVIII),

(8.4.4) $$j^*(z) = g^*(y)[c_d(g^*\check{N}) - c_{d-1}(\check{F})c_1(O_{Y'}(-1))] = 0 .$$

Posant $U = X \div Y$ et $U' = X' \div Y'$, on a un diagramme commutatif exact évident

(8.4.5) $$\begin{array}{ccccc} H^{p+2d-1}(U') & \xrightarrow{\partial} & H^{p+2d}_{Y'}(X') & \xrightarrow{j^*} & H^{p+2d}(Y) \\ \uparrow \wr & & \uparrow f^* & & \uparrow g^* \\ H^{p+2d-1}(U) & \xrightarrow{\partial} & H^{p+2d}_{Y}(X) & \xrightarrow{i^*} & H^{p+2d}(Y) \end{array} ,$$

avec des simplifications de notations évidentes. La considération de (8.4.5) et (8.4.4) montre alors que z est de la forme

$$z = f^*(t) ,$$

avec $t \in H^{p+2d}_Y(X, M \otimes \mu^{\otimes d})$. Par (4.2), on a $t = f_*(z)$, de sorte qu'il suffit de voir que $f_*(z) = 0$. Or

$$f_*(z) = f_*f^*(i_*(y)) - f_*j_*(g^*(y)c_{d-1}(\check{F})) ,$$

d'où en utilisant (4.2),

$$f_*(z) = i_*(y) - i_*g_*(g^*(y)c_{d-1}(\check{F})).$$

On conclut en utilisant la formule de projection pour le morphisme g , et (8.4.2).

PROPOSITION 8.5.- *Soit* M *un* A_X*-Module localement constant constructible au voisinage de* Y .

a) *Notant* $\gamma : H^*_{Y'}(X', M \otimes \mu^{\otimes d}) \to H^*(Y', M \otimes \mu^{\otimes (d-1)})(-2)$ *l'unique application définie par la relation*

(8.5.1) $$f^* \circ f_* = j_* \circ \gamma + id ,$$

on a

(8.5.2) $$g_* \circ \gamma = 0 ,$$

<u>et la matrice inverse de</u> (8.3.2) <u>est</u>

(8.5.3)
$$\begin{pmatrix} f_* & -i_* \\ -\gamma & g^*(.)c_{d-1}(F) \end{pmatrix} .$$

b) <u>Pour tout entier</u> $p \geq 0$, <u>la suite</u>

$$0 \to H^{p-2d}(Y,M(-d)) \xrightarrow{\lambda} H^{p-2}(Y',M(-1)) \oplus H^p(X,M) \xrightarrow{\mu} H^p(X',M) \to 0,$$

<u>dans laquelle</u> λ <u>et</u> μ <u>désignent les flèches</u>

$$\lambda : x \longmapsto [g^*(x)c_{d-1}(\check{F}), -i_*(x)]$$
$$\mu : (x,y) \mapsto j_*(x) + f^*(y)$$

<u>est exacte. De plus, l'application</u> λ <u>a pour inverse à gauche</u>

$$\lambda' : (x,y) \longmapsto g_*(x) .$$

<u>Preuve</u> : Montrons a). Compte tenu de 4.2 ($f_*f^* = id$), il suffit, pour voir que

$$\begin{pmatrix} f^* & -i_* \\ -\gamma & g^*(.)c_{d-1}(F) \end{pmatrix} \circ \begin{pmatrix} f^* & j_* \\ 0 & g_* \end{pmatrix} = id ,$$

de prouver que

(8.5.4) $$\gamma j_* + id = g^*[g_*(.)c_{d-1}(\check{F})],$$

et (8.5.5) $$\gamma f^* = 0 .$$

De (8.5.1), on déduit que

$$f^*f_*f^* = j_*\gamma f^* + f^* ,$$

d'où par (4.2) $j_*\gamma f^* = 0$, d'où résulte (8.5.5), puisque j_* est un isomorphisme.
Montrons (8.5.4). De (8.5.1) résulte que

$$f^* f_* j_* = j_* \gamma j_* + j_* ,$$

soit, puisque $f_* j_* = i_* g_*$ et compte tenu de (8.4.3),

$$j_* g^*(g_*(.)c_{d-1}(F)) = j_* \gamma j_* + j_* .$$

La relation (8.5.4) en résulte en multipliant à gauche par l'inverse de j_*. Enfin (8.5.2) s'obtient en écrivant que le composé des deux matrices dans l'autre sens est l'identité. Montrons b). De 8.4.3 et 8.4.1 respectivement résulte que $\mu \circ \lambda = 0$ et $\lambda' \circ \lambda = \mathrm{id}$. Par ailleurs, l'application μ est surjective d'après (8.3). Il reste donc à voir que $\mathrm{Ker}(\mu) \subset \mathrm{Im}(\lambda)$. Mais $\mu \circ (\lambda \circ \lambda') = 0$ et $\lambda' \circ (\lambda \circ \lambda') = \mathrm{id}$ de sorte que $\mu(x) = 0$ implique que

$$(\mu \oplus \lambda')(\lambda \circ \lambda'(x)) = (\mu \oplus \lambda')(x) ,$$

d'où $x = \lambda \circ \lambda'(x)$ d'après 8.3.

8.6. Nous allons maintenant essayer de déterminer la <u>structure multiplicative</u> de la cohomologie de X'. Pour cela, nous poserons pour tout $p \in \mathbb{Z}$ et tout A_X-Module M localement constant constructible au voisinage de Y

$$\nabla^p(X',M) = H^{p-2}(Y',M(-1)) \oplus H^p(X,M) .$$

Pour $p,q \in \mathbb{Z}$ et M,N deux A_X-Modules localement constants constructibles au voisinage de Y, on définit une loi de composition

(8.6.1) $$U : \nabla^p(X',M) \otimes_A \nabla^q(X',N) \to \nabla^{p+q}(X',M \otimes_A N)$$

par la formule

(8.6.2) $$(y_1',x_1) \cup (y_2',x_2) = (-y_1' y_2' \xi + y_1' g^* i^*(x_2) + (-1)^{pq} y_2' g^* i^*(x_1), x_1 x_2)$$

Cette loi de composition est clairement <u>anticommutative</u>, et un calcul facile mais fastidieux montre qu'elle est <u>associative</u>. En particulier,

$$\nabla^*(X',A) = \bigoplus_{p \in \mathbb{Z}} \nabla^p(X',A)$$

est aussi muni d'une structure de A-algèbre graduée commutative (au sens des algèbres graduées par $\mathbb{Z}$), et

$$\nabla^*(X',M) = \bigoplus_{p\in\mathbb{Z}} \nabla^p(X',M)$$

est muni d'une structure de module gradué sur l'anneau gradué $\nabla^*(X',A)$.

PROPOSITION 8.6.3 a) <u>Pour tout couple</u> (M,N) <u>de</u> A_X<u>-Modules localement constants constructibles au voisinage de</u> Y , <u>le diagramme</u>

$$\begin{array}{ccc}
\nabla^*(X',M)\otimes\nabla^*(X',N) & \xrightarrow{\quad\mu\otimes\mu\quad} & H^*(X',M)\otimes H^*(X',N) \\
{\scriptstyle (8.6.1)}\downarrow & & \downarrow{\scriptstyle U} \\
\nabla^*(X',M\otimes N) & \xrightarrow{\quad\mu\quad} & H^*(X',M\otimes N)
\end{array}$$

<u>est commutatif. En particulier, l'application surjective</u>

$$\mu_A = \mu : \nabla^*(X',A) \to H^*(X',A)$$

<u>est un morphisme d'anneaux, et l'application</u>

$$\mu_M = \mu : \nabla^*(X',M) \to H^*(X',M)$$

<u>est un morphismes de modules sur anneaux variables</u>.

b) <u>Si l'on fait opérer</u> $\nabla^*(X',A)$ <u>sur</u> $H^*(Y,M(-d))(-2d)$ <u>au moyen de l'application</u>

$$\begin{array}{ccc}
\nabla^p(X',A)\otimes H^{q-2d}(Y,M(-d)) & \to & H^{p+q-2d}(Y,M(-d)) \\
(y',x)\otimes y & \longmapsto & i^*(x).y
\end{array} ,$$

<u>alors l'application</u> λ <u>de</u> 8.5 b) <u>devient un morphisme de</u> $\nabla^*(X',A)$<u>-modules</u>.

<u>Preuve</u> : Montrons a). Avec les notations de 8.6.2., il s'agit de montrer l'égalité

$$j_*(-y'_1y'_2\xi + y'_1g^*i^*(x_2) + (-1)^{pq}y'_2g^*i^*(x_1)) + f^*(x,x_2)$$

$$= (j_*(y'_1) + f^*(x_1))(j_*(y'_2) + f^*(x_2)) .$$

Elle résulte sans peine des égalités

$$\begin{cases} f^*(x_1)f^*(x_2) = f^*(x_1x_2) & \text{(multiplicativité de } f^*\text{)} \\ j_*(-y_1'y_2'\xi) = j_*(y')j_*(y') & (4.5) \\ j_*(y'g^*i^*(x)) = j_*(y'j^*f^*(x)) = j_*(y')f^*(x) & \text{(formule de projection).} \end{cases}$$

Montrons b). L'égalité à prouver, à savoir

$$\lambda(i^*(x).y) = (y',x).\lambda(y)$$

se décompose en les deux suivantes.

$$g^*(i^*(x).y)c_{d-1}(\check{F}) = \begin{cases} -y'g^*(y)c_{d-1}(\check{F})\xi + y'g^*i^*(-i_*(y)) \\ +\ g^*(i^*x)g^*(y)c_{d-1}(\check{F}) \end{cases}$$

et $-\ i_*(i^*(x)y) = -x\ i_*(y)$.

La seconde n'est autre que la formule de projection pour le morphisme i.

La première découle immédiatement des relations

$$\begin{cases} -\xi\ c_{d-1}(\check{F}) = g^*[c_d(\check{N})] & \text{(suite exacte de 8.4.3)} \\ i^*i_*(y) = y\ c_d(\check{N}) & (4.1) \end{cases}$$

9. *ANNEAU DE CHOW D'UNE VARIETE ECLATEE ET FORMULE DE SELF-INTERSECTION DANS L'ANNEAU DE CHOW.*

On se propose dans ce paragraphe de donner la démonstration, dûe à MUMFORD, de l'énoncé analogue de 4.1 dans l'anneau de Chow. On montrera ensuite comment on peut en déduire la "formule-clef" (8.4.3), et par suite déterminer la structure de l'anneau de Chow d'une variété éclatée.

Conformément aux conventions de 3.9, on note $C^{\bullet}(X)$ l'anneau de Chow d'un schéma X quasi-projectif et lisse sur un corps k. La théorie de classes de Chern utilisée est celle de [1].

On se servira plusieurs fois du lemme suivant.

LEMME 9.1.- *Soient S un schéma quasi-projectif et lisse sur un corps séparablement clos k, E un O_S-Module localement libre de rang constant $r+1$, et $p : P = P_S(E) \to S$ le fibré projectif associé. On désigne par F le O_P-Module défini par la suite exacte canonique*

(9.1.0) $$0 \to F \to p^*(E) \to O_P(1) \to 0,$$

et on pose $\xi = c_1(O_P(1))$. Alors :

(i) *Pour tout $y \in C^{\bullet}(S)$, on a*

(9.1.1) $$y = p_*(p^*(y)c_r(\check{F})).$$

(ii) *Supposons que $E = N \oplus O_S$, avec N un O_S-Module localement libre de rang r, de sorte que P s'identifie à la complétion projective $\hat{N}$ de $V(N)$, et notons*

$$s : S \to P_S(E)$$

la section composée de la section nulle de $V(N)$ et de l'inclusion canonique $V(N) \hookrightarrow \hat{N}$. Alors :

(a) *Pour tout $y \in C^{\bullet}(S)$, on a les relations :*

(9.1.2) $$s_*(y) = p^*(y)c_r(\check{F}) = p^*(y)\left(\sum_{i=0}^{r} p^*(c_i(\check{N}))\xi^{r-i}\right), \text{ dans } C^{\bullet}(\hat{N}).$$

(9.1.3) $$s^*s_*(y) = y\, c_r(\check{N}) \text{ , dans } C^{\bullet}(S).$$

(b) Pour tout $z \in C^{\bullet}(\hat{N})$, on a :

(9.1.4) $$s^{*}(z) = p_{*}(z\, c_r(\check{F})) \quad , \text{ dans } C^{\bullet}(S).$$

Preuve : Montrons (9.1.1). Grâce à la formule de projection pour p , il suffit de voi[r] que $p_{*}(c_r(\check{F})) = 1$. Pour cela, il n'y a qu'à copier la preuve de 8.4.1, en utilisant les relations ([CH] 4 (17)). L'égalité du 1e et du 3e membre de (9.1.2) n'est autre que le lemme 3 de [1]. Paraphrasant la preuve de (8.4.1), on voit que

(9.1.2) bis $$c_r(\check{F}) = \sum_{i=0}^{r} p^{*}(c_i(\check{N}))\xi^{r-i} ,$$

ce qui achève la démonstration de (9.1.2). Appliquant le foncteur s^{*} aux deux membre[s] extrêmes de (9.1.2), on voit, puisque $p \circ s = \mathrm{id}$, que (9.1.3) sera conséquence de l'égalité

$$s^{*}\left(\sum_{i=0}^{r-1} p^{*}(c_i(\check{N}))\xi^{r-i}\right) = 0 ,$$

et à fortiori des égalités

(9.1.5) $$s^{*}(\xi^{i}) = 0 \qquad (i>0).$$

Montrons (9.1.5). Notant $\alpha : V(N) \to \hat{N}$ l'inclusion canonique, on a évidemment $\alpha^{*}(\mathcal{O}_p(1)) \simeq \mathcal{O}_{V(N)}$, d'où

$$\alpha^{*}(\xi) = \alpha^{*}(c_1(\mathcal{O}_p(1))) = c_1(\mathcal{O}_{V(N)}) = 0$$

par fonctorialité des classes de Chern. L'assertion en résulte aussitôt par définitio[n] de s . Montrons (9.1.4). Nous utiliserons pour cela l'égalité

(9.1.6) $$\xi\, c_r(\check{F}) = c_{r+1}(p^{*}(\check{N}) \oplus \mathcal{O}_p) = 0 ,$$

qui résulte aussitôt de la suite exacte (9.1.0). L'élément z admet une décompositio[n] unique de la forme

$$z = \sum_{i=0}^{r} p^{*}(a_i)\xi^{i} \quad , \text{ avec } a_i \in C^{\bullet}(S),$$

([CH] 4 Th 1). De (9.1.5) résulte que $s^{*}(z) = a_o$. Par ailleurs, l'égalité (9.1.6) montre que $z\, c_r(\check{F}) = p^{*}(a_o)c_r(\check{F})$, et on conclut par (9.1.1).

Enonçons maintenant la "formule de self-intersection" dans l'anneau de Chow.

THEOREME 9.2 (MUMFORD).- *Soient* k *un corps séparablement clos et* $i : Y \hookrightarrow X$ *une immersion fermée, purement de codimension* d , *de* k-*schémas quasiprojectifs et lisses. Alors, notant* N *le faisceau normal de* i , *on a pour tout* $y \in C^{\bullet}(Y)$ *l'égalité*

$$i^{*}i_{*}(y) = y\, c_d(\check{N})$$

dans $C^{\bullet}(Y)$.

Pour la preuve, nous allons avoir besoin d'un certain nombre de notations et de schémas auxiliaires.

Plongeons X dans $Z = X \times_k P^1_k$ au moyen du morphisme $u : t \mapsto (t,0)$, de sorte que l'on a un diagramme cartésien

$$\begin{array}{ccc} \hat{N} & \xrightarrow{\;j_1\;} & Z' \\ {\scriptstyle g_1}\big\downarrow & & \big\downarrow{\scriptstyle f_1} \\ Y & \xrightarrow{\;i_1\;} & Z \end{array}$$

où Z' désigne l'éclaté de Z le long de Y , et $\hat{N} = P_Y(N \oplus O_Y)$ est la complétion projective du fibré vectoriel $V(N)$. Comme dans l'énoncé de 9.1, on note $s : Y \hookrightarrow \hat{N}$ le morphisme composé de la section nulle de $V(N)$ et de l'inclusion canonique $V(N) \subset \hat{N}$.

L'inclusion $Y \subset X$ permet d'identifier $Y \times P^1 = W$ à un sous-schéma fermé de $X \times P^1$. On note W' le "transformé pur de $Y \times P^1$ par f_1" , i.e. le sous-schéma de Z' éclaté de $Y \times P^1$ le long de $Y = Y \times 0$. Il est clair que $W' \cap \hat{N}$ s'identifie à la section nulle de $\hat{N}$ et que, comme Y est de codimension 1 dans $Y \times P^1$, le morphisme canonique $f_2 : W' \to Y \times P^1$ est un isomorphisme. Les autres notations relatives à W' sont fixées par le diagramme canonique

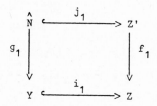

(D_1)

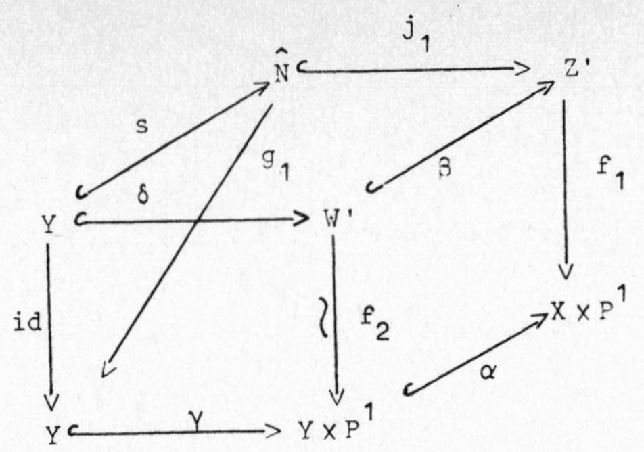

De même, notant X' le ous-schéma fermé de Z', éclaté de $X = X \times 0$ le long de Y, il est clair que $P(N) = X' \cap \hat{N}$ s'identifie à l'hyperplan à l'infini H de $\hat{N}$. Les autres notations relatives à X' sont fixées par le diagramme canonique

(D_2)

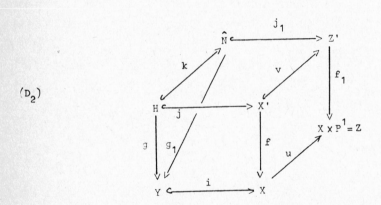

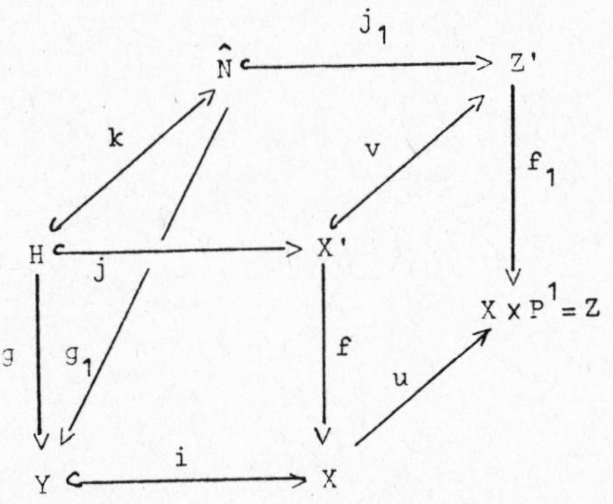

Nous allons maintenant donner sous forme de lemme un certain nombre de relations util pour la suite. On note le $O_{\hat{N}}$- Module localement libre défini par la suite exacte canonique

(9.3.0) $$0 \to E \to g_1^*(N \oplus O_Y) \to O_{\hat{N}}(1) \to 0 ,$$

et on pose

$$(9.3.1) \qquad \bar{\xi} = c_1(\mathcal{O}_{\hat{N}}(1)).$$

Lemme 9.3.- <u>Avec les notations précédentes, on a les relations.</u>

$$(9.3.2) \qquad j_1^*(\beta_*(1)) = c_d(\check{E}) \quad , \quad \underline{\text{dans}}\ C^\bullet(\hat{N}) .$$

$$(9.3.3) \qquad j_1^*(v_*(1)) = \bar{\xi} \quad , \quad \underline{\text{dans}}\ C^\bullet(\hat{N}) .$$

$$(9.3.4) \qquad f_1^*\, u_*(1) = (j_1)_*(1)+v_*(1), \ \underline{\text{dans}}\ C^\bullet(Z').$$

<u>Preuve</u> : Tous les k-schémas envisagés étant lisses, il est immédiat, pour des raisons de dimension, que les morphismes j_1 et β (resp. j_1 et v) sont transversaux. De ([CH] 4 Cor. 1 de la prop. 2) résultent alors les égalités

$$\begin{cases} j_1^*\, \beta_*(1) = s_*(1) \\ j_1^*\, v_*(1) = k_*(1) . \end{cases}$$

Les égalités (9.3.2) et (9.3.3) proviennent alors de (9.1.2) et de la normalisation des classes de Chern ([CH] 4-18) respectivement. Montrons (9.3.4). Le cycle X' de Z' étant le transformé pur de $X \times 0$ par f_1, on a a priori une égalité de la forme

$$(9.3.5) \qquad f_1^*\, u_*(1) = (j_1)_* g_1^*(\mu) + v_*(1),$$

avec $\mu \in \Gamma(Y, \mathbb{N})$, et il s'agit de voir que $\mu = 1$. On peut le faire en adaptant la preuve de (SGA 7 X 2.6.3). Nous allons donner ici une démonstration directe. Appliquant j_1^* aux deux membres de (9.3.5), on obtient (cf. (D_2)) :

$$(9.3.6) \qquad g_1^*\, i^* u^* u_*(1) = j_1^*(j_1)_* g_1^*(\mu) + j_1^* v_*(1).$$

Un cas très particulier de (9.1.3), ou une vérification directe, montre que $u^* u_*(1) = 0$. Utilisant (9.3.3), il résulte de (9.3.6) que

$$(9.3.7) \qquad 0 = j_1^*\, (j_1)_* g^*(\mu) + \bar{\xi} .$$

Quitte à se placer au-dessus d'un voisinage d'une composante connexe de Y , on peut supposer Y connexe, de sorte que (9.3.7) prend la forme

(9.3.7) bis $$0 = \mu\, j_1^*(j_1)_*(1) + \bar{\xi} \quad , \text{ avec } \mu \in \mathbb{N} \; .$$

Comme $j_1^*(j_1)_*(1)$ est homogène de degré 1 , il est de la forme

$$j_1^*(j_1)_*(1) = g_1^*(\rho) + \nu\, \bar{\xi} \; ,$$

avec $\rho \in C^1(Y)$ et $\nu \in \mathbb{Z}$. Portant cette expression dans (9.3.7) bis, on obtient aussitôt $\rho = 0$ et $\mu\nu = -1$, avec $\mu \in \mathbb{N}$, d'où $\mu = 1$ et $\nu = -1$, ce qui achève la preuve de (9.3.4).

La clef de la démonstration de 9.2 réside dans la preuve du lemme suivant (qui serait évident si on savait, comme c'est le cas en cohomologie, que $j_1^*(j_1)_*(y) = -y\,\bar{\xi}$ pour tout $y \in C^\bullet(\hat{N})$).

LEMME 9.4.- <u>Pour tout</u> $y \in C^\bullet(\hat{N})$, <u>on a</u> :

$$c_d(\check{E})\, j_1^*(j_1)_*(y) = 0 \; .$$

<u>Preuve</u> : L'élément y admet dans $C^\bullet(\hat{N})$ une unique décomposition de la forme

$$y = \sum_{0 \le p \le d} g_1^*(a_p)\,\bar{\xi}^p \; ,$$

soit, d'après (9.3.3),

(9.4.1) $$y = \sum_{0 \le p \le d} g_1^*(a_p)\,[j_1^*\, v_*(1)]^p \; .$$

Compte tenu de la formule de projection ([CH] 4 I 9) pour le morphisme j_1 et de (9.1.6), on en déduit que

$$c_d(\check{E})\; j_1^*(j_1)_*(y) = c_d(E)\, j_1^*(j_1)_* g_1^*(a_o) \; ;$$

autrement dit, on est ramené à montrer 9.4 lorsque y est de la forme $g_1^*(a)$, avec $a \in C^\bullet(Y)$. Ceci dit, l'élément $j_1^*(j_1)_*(g_1)^*(a)$ admet à son tour dans $C^\bullet(\hat{N})$ une unique décomposition de la forme

(9.4.2) $$j_1^*(j_1)_* g_1^*(a) = \mathop{}_{0\leq p\leq d} g_1^*(b_p)\bar{\xi}^{\,p} ,$$

et, utilisant une nouvelle fois (9.1.6), on a à montrer que $g_1^*(b_o)c_d(\check{E}) = 0$. En fait, nous allons voir (ce qui d'ailleurs équivalent d'après 9.1.1) que l'on a même $b_o = 0$. Compte tenu de (9.3.3), nous pouvons réécrire (9.4.2) sous la forme

(9.4.3) $$j_1^*(j_1)_* g_1^*(a) = g_1^*(b_o) + z\, j_1^* v_*(1) ,$$

avec $z \in C^{\bullet}(\hat{N})$. Appliquant $(j_1)_*$ aux deux membres de (9.4.3) on obtient, compte tenu de la formule de projection pour j_1 ,

(9.4.4) $$(j_1)_* g_1^*(b_o) = [(j_1)_* g^*(a)].(j_1)_*(1) - v_*(1).(j_1)_*(z).$$

Portant dans (9.4.4) l'expression de $(j_1)_*(1)$ déduite de (9.3.4), on obtient :

(9.4.5) $$(j_1)_* g_1^*(b_o) = (j_1)_* g_1^*(a).f_1^* u_*(1) - v_*(1).[(j_1)_* g_1^*(a) + (j_1)_*(z)].$$

Comme $X \times 0$ est linéairement équivalent à $X \times 1$ dans $X \times P^1$, on a l'égalité $f_1^* u_*(1) = f_1^*(X \times 1)$, d'où, comme $\hat{N} \cap f_1^{-1}(X \times 1) = \emptyset$,

(9.4.6) $$(j_1)_* g_1^*(a).f_1^* u_*(1) = 0 .$$

Comparant avec (9.4.5), on en déduit

(9.4.7) $$(j_1)_* g_1^*(b_o) = -v_*(1)[j_1)_* g_1^*(a) + (j_1)_*(z)].$$

Par ailleurs, il est clair que $W' \cap X' = \emptyset$; en effet, ils pourraient tout au plus se couper au-dessus de Y , où l'un donne la section nulle et l'autre l'hyperplan à l'infini de $\hat{N}$. Par suite, $\beta^* v_*(1) = 0$, d'où par (9.4.7) :

(9.4.8) $$\beta^*(j_1)_* g_1^*(b_o) = 0 .$$

Mais, comme on l'a déjà remarqué (cf. preuve de 9.3.2), β et j_1 sont transversaux, de sorte que (9.4.8) fournit

(9.4.9) $$0 = \delta_* s^* g_1^*(b_o) = \delta_*(b_o).$$

Enfin, appliquant $(f_2)_*$ à (9.4.9), on obtient $\gamma_*(b_o) = 0$, d'où $b_o = 0$, puisque γ_* est injectif (γ admet une rétraction évidente).

9.5. Montrons enfin comment ce qui précède entraîne le théorème. Notons $p : X \times P^1_k \to X$ la première projection, de sorte que $i = p \circ i_1$. Si $y \in C^\cdot(Y)$, on a évidemment

(9.5.1) $$i^* i_*(y) = (i_1)^*(\bar{x}) \text{ , avec } \bar{x} = p^* i_*(y) .$$

D'après (9.1.1), on en déduit que

$$i^* i_*(y) = (g_1)_*[g_1^* i_1^*(\bar{x}) c_d(\check{E})] \text{ , soit}$$

(9.5.2) $$i^* i_*(y) = (g_1)_*[j_1^* f_1^*(\bar{x}) . c_d(\check{E})].$$

Pour prouver le théorème, on peut, par linéarité, supposer que y est le cycle irréductible associé à une sous-variété T de Y, de sorte que $\bar{x}$ correspond au cycle $T \times P^1$ de $Z = X \times P^1$. Notant θ le transformé pur par f_1 de $T \times P^1$, i.e. l'adhérence de l'image réciproque de $T \times P^1$ au dessus de $Z \doteq Y$, on a une relation de la forme

(9.5.3) $$f_1^*(\bar{x}) = \theta + (j_1)_*(w), \quad \text{avec } w \in C^\cdot(\hat{N}) .$$

Portons cette expression dans (9.5.2). Il résulte alors de 9.4 que

(9.5.4) $$i^* i_*(y) = (g_1)_*[j_1^*(\theta) c_d(\check{E})],$$

d'où, par (9.1.4),

(9.5.5) $$i^* i_*(y) = s^* j_1^*(\theta) .$$

Mais, comme le schéma (réduit) sous-jacent à θ est l'éclaté de $T \times P^1$ le long de $T = (T \times P^1) \cap Y$, il coupe transversalement la section nulle de $\hat{N}$ suivant l'image de T par ladite section nulle. Par suite,

$$j_1^*(\theta) = s_*(y) ,$$

ce qui, compte tenu de (9.5.5) et (9.1.3), achève la preuve du théorème.

Venons-en maintenant à la "formule-clef" mentionnée dans l'introduction. Les notations adaptées, rappelées pour la plupart, sont celles de 4. On observera qu'elles sont compatibles avec celles introduites dans le présent paragraphe, à ceci près que le schéma noté Y' dans 4 est ici noté H (pour "hyperplan"). On utilisera d'ailleurs les deux notations concurremment.

PROPOSITION 9.6.- Soient k un corps séparablement clos et $i : Y \hookrightarrow X$ une immersion fermée, purement de codimension d, de k-schémas quasiprojectifs et lisses. Désignant par $f : X' \to X$ le X-schéma obtenu en faisant éclater X le long de Y, soit

$$\begin{array}{ccc} Y' & \overset{j}{\hookrightarrow} & X' \\ {\scriptstyle g}\downarrow & & \downarrow{\scriptstyle f} \\ Y & \underset{i}{\hookrightarrow} & X \end{array}$$

le diagramme cartésien construit à partir de f et i. Alors, notant F le $O_{Y'}$-Module localement libre défini par la suite exacte canonique

(9.6.1) $$0 \to F \to g^*(N) \to O_{Y'}(1) \to 0 ,$$

on a l'égalité

(9.6.2) $$f^* i_*(y) = j_*(g^*(y) c_{d-1}(\check{F})) ,$$

dans $C^\bullet(X')$, pour tout $y \in C^\bullet(Y)$.

Avant de prouver 9.6, nous allons dégager sous forme de lemme quelques propriétés des diagrammes (D_1) et (D_2) qui n'ont pas été établies jusqu'à présent.

LEMME 9.7.- On a les égalités :

(i) $$c_d(\check{E}) = k_*(c_{d-1}(\check{F})) + (g_1)^*(c_d(\check{N})).$$

(ii) $$\beta_* f_2^* \gamma_*(y) = f_1^* \alpha_* \gamma_*(y) \text{ pour tout } y \in C^\bullet(Y) .$$

(iii) $$f_1^* u_*(t) = (j_1)_*[(i \circ g_1)^*(t)] + v_* f^*(t) \text{ pour tout } t \in C^\bullet(X).$$

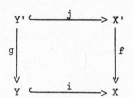

Preuve : Montrons (i). On pose $\xi = c_1(\mathcal{O}_{Y'}(1)) = k^*(\bar{\xi})$. En paraphrasant la preuve de (8.4.1), on obtient les égalités :

(9.7.1) $$c_d(\check{E}) = \sum_{p=0}^{d} g_1^*(c_p(\check{N}))\bar{\xi}^{d-p} \quad .$$

(9.7.2) $$c_{d-1}(\check{F}) = \sum_{q=0}^{d-1} g^*(c_q(\check{N}))\xi^{d-1-q} \, .$$

De (9.7.2), on déduit :

$$k_*[c_{d-1}(\check{F})] = \sum_{q=0}^{d-1} k_*k^*[g_1^*(c_q(\check{N}))\bar{\xi}^{d-1-q}],$$

d'où, grâce à la formule de projection pour k et au fait que $k_*(1) = \bar{\xi}$,

(9.7.3) $$k_*[c_{d-1}(\check{F})] = \sum_{q=0}^{d-1} g_1^*(c_q(\check{N}))\bar{\xi}^{d-q} \quad .$$

L'assertion (i) résulte aussitôt de la comparaison de (9.7.1) et (9.7.3). Montrons (ii). On peut supposer que y est un cycle irréductible de Y , correspondant à une sous-variété notée de même. Alors le cycle $\gamma_*(y) = y \times 0$ et rationnellement équivalent à $y \times 1$, de sorte qu'il suffit de voir l'égalité de cycles

(9.7.4) $$\beta_* f_2^*(y \times 1) = f_1^* \alpha_*(y \times 1).$$

Mais, comme $(y \times 1) \cap (Y \times 0) = \emptyset$, f_1 est un isomorphisme au-dessus d'un voisinage ouvert de $y \times 1$, d'où aussitôt (9.7.4). Montrons (iii). Notant $p : X \times P^1 \to X$ la première projection, il résulte de (9.1.2) que :

(9.7.5) $${}_*(t) = p^*(t).u_*(1),$$

d'où, comparant avec (9.3.4),

(9.7.6) $$f_1^* u_*(t) = (p \circ f_1)^*(t)[(j_1)_*(1) + v_*(1)].$$

Utilisant les formules de projection pour j_1 et v respectivement, on en déduit

(9.7.7) $$f_1^* u_*(t) = (j_1)_*[(p \circ f_1 \circ j_1)^*(t)] + v_*[(p \circ f_1 \circ v)^*(t)] \, ,$$

d'où (iii) puisque $p \circ f_1 \circ j_1 = (p \circ u) \circ i \circ g_1 = i \circ g_1$ et $p \circ f_1 \circ v = (p \circ u) \circ f = f$.

9.8 Montrons maintenant 9.6. Pour cela, nous allons d'abord voir l'égalité

(9.8.1) $$v_*f^*i_*(y) = v_*j_*(g^*(y)c_{d-1}(\check{F})),$$

puis prouver que v_* est injective. De (9.7) (iii) résulte :

$$v_*f^*i_*(y) = f_1^*u_*i_*(y) - (j_1)_*[g_1^*i^*i_*(y)],$$

soit, compte tenu de (9.2),

(9.8.2) $$v_*f^*i_*(y) = f_1^*(i_1)_*(y) - (j_1)_*g_1^*(y\ c_d(\check{N})).$$

Par ailleurs, on a immédiatement

$$v_*j_*(g^*(y)c_{d-1}(\check{F}))=(j_1)_*[(k_*k^*g_1^*(y))c_{d-1}(\check{F})],$$

soit, par la formule de projection pour k,

$$v_*j_*(g^*(y)c_{d-1}(\check{F})]=(j_1)_*[g_1^*(y)k_*(c_{d-1}(\check{F}))].$$

Utilisant (9.7)(i), on en déduit :

(9.8.3) $$v_*j_*(g^*(y)c_{d-1}(\check{F}))=(j_1)_*(g_1^*(y)c_d(\check{E}))-(j_1)_*g_1^*(y\ c_d(\check{N})).$$

Comparant (9.8.2) et (9.8.3), on voit que (9.8.1) équivaut à

(9.8.4) $$f_1^*(i_1)_*(y) = (j_1)_*(g_1^*(y)c_d(\check{E})),$$

i.e. l'égalité correspondant à (9.6.2) lorsqu'on remplace par $X \times P^1$. Par (9.1.2), on a

$$(j_1)_*(g_1^*(y)c_d(\check{E}))=(j_1)_*s_*(y) = \beta_*\delta_*(y).$$

Mais il est immédiat (cf. (D_1) que $\delta_* = f_2^*\gamma_*$, d'où :

(9.8.5) $$(j_1)_*(g_1^*(y)\ c_d(\check{E})) = \beta_*f_2^*\gamma_*(y).$$

Par ailleurs, on a évidemment

(9.8.6) $f_1^*(i_1)_*(y) = f_1^*\alpha_*\gamma_*(y)$, de sorte que (9.8.4) résulte de la comparaison de (9.8.5), (9.8.6) et (9.7)(ii).

LEMME 9.8.7. <u>L'application</u> v_* <u>est injective</u>.

<u>Preuve</u> : Soit Z'' l'éclaté de Z' le long de W', ou, ce qui revient au même, le long de $\hat{N} \cup W' = f_1^{-1}(Y \times P^1)$. Le transformé pur X'' de X dans Z'' est aussi le transformé pur de X' dans Z''. Les notations sont déterminées par le diagramme canonique

$$\begin{array}{ccc} X'' & \xrightarrow{\ v''\ } & Z'' \\ {\scriptstyle f'}\Big\downarrow \wr & & \Big\downarrow {\scriptstyle f_1'} \\ X' & \xrightarrow{\ v\ } & Z' \end{array}$$

Comme $X' \cap W' = \emptyset$, le morphisme f_1' est un isomorphisme au-dessus d'un voisinage ouvert de X', et en particulier f' est un isomorphisme. De plus, comme f_1' est transversal à v, on a l'égalité

$$(9.8.8) \qquad (f_1')^* \circ v_* = v''_* \circ (f')^*$$

de sorte qu'il suffit de montrer que v''_* est injective. Mais, d'après la propriété de commutativité des éclatements (voir, par exemple, Hironaka : Smoothing of algebraic cycles, Amer. Journal of Math. (1968), lemme 4.1), Z'' peut être aussi obtenu en éclatant d'abord $X \times P^1$ le long de $Y \times P^1$, d'où un schéma Z_1', puis Z_1' le long de l'image réciproque de Y. Il est clair que $Z_1' = X' \times P^1$, avec comme projection $Z_1' \to X \times P^1$ le produit $f \times id_{P^1}$, d'où le diagramme cartésien évident

$$\begin{array}{ccccc} H & \xhookrightarrow{\ t \mapsto (t,0)\ } & H \times P^1 & \xhookrightarrow{\ j \times id\ } & X' \times P^1 = Z_1' \\ {\scriptstyle g}\Big\downarrow & & \Big\downarrow {\scriptstyle g \times id} & & \Big\downarrow {\scriptstyle f \times id} \\ Y & \xhookrightarrow{\ \gamma\ } & Y \times P^1 & \xhookrightarrow{\ i \times id\ } & X \times P^1 \end{array}$$

le transformé pur de $X \times 0$ par $f \times id$ s'identifie à $X' \times 0$, qui contient $H = H \times 0 = (f \times id)^{-1}(Y)$. Si maintenant on éclate Z_1' le long de H, comme H est purement de codimension 1 dans X', le transformé pur de X' est canoniquement isomorphe à X' (ce qu'on savait déjà), d'où un diagramme commutatif canonique

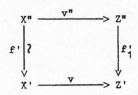

$$\begin{array}{ccccc} & & X' & \xrightarrow{v''} & Z'' \\ & & {\scriptstyle f''}\downarrow & & \downarrow{\scriptstyle f''_1} \\ H & \hookrightarrow & X' & \xrightarrow{v'} & X' \times P^1 \\ & & t & \longmapsto & (t,0) \end{array}$$

Rappelons que nous voulons voir que v''_* est injective. Comparant avec (D_2) , on voit qu'il revient au même de montrer que v_* est injective lorsque de plus Y est de codimension 1 dans X , ce que nous allons maintenant faire. Mais alors l'égalité $(f_1)_* \circ v_* = u_* \circ f_*$ permet de conclure , puisque f_* est un isomorphisme et u_* un monomorphisme direct (u admet une rétraction).

Enonçons maintenant le théorème correspondant à (8.5) b).

THEOREME 9.9.- <u>Pour tout entier</u> $p \geq 0$, <u>la suite</u>

$$0 \to C^{p-d}(Y) \xrightarrow{\lambda} C^{p-1}(Y') \oplus C^p(X) \xrightarrow{\mu} C^p(X') \to 0$$

dans laquelle λ et μ désignent les flèches

$$\lambda : x \longmapsto [g^*(x)c_{d-1}(\check{F}), -i_*(x)]$$

$$\mu : (x,y) \mapsto j_*(x) + f^*(y)$$

<u>est exacte. De plus, l'application</u> λ <u>a pour inverse à gauche</u> :

$$\lambda' : (x,y) \longmapsto g_*(x).$$

<u>Preuve</u> : La dernière assertion n'est autre que (9.1.1). De même, (9.6.2) exprime que $\mu \circ \lambda = 0$. Montrons que μ est surjective. Nous aurons besoin pour cela de

(9.9.1) $$f_* f^*(z) = z \qquad (z \in C^{\bullet}(X)) ,$$

qui résulte immédiatement de la formule de projection pour f et du fait, évident, que $f_*(1) = 1$. Soit donc $t \in C^{\bullet}(X')$. On a, d'après (9.9.1),

$$f_*(t - f^* f_*(t)) = 0 .$$

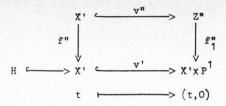

Comme f induit un isomorphisme de $U' = X' \smallsetminus Y'$ sur $U = X \smallsetminus Y$, on en déduit que la restriction à U' de $t - f^* f_*(t)$, est nulle, et par suite ([CH] 4 th. 2), on a une égalité

$$t - f^* f_*(t) = j_*(a) \qquad \text{avec} \quad a \in C^{\bullet}(Y').$$

Montrons maintenant l'exactitude au milieu. Soient donc $a \in C^{p-1}(Y')$ et $b \in C^p(X)$, vérifiant

$$(9.9.2) \qquad j_*(a) + f^*(b) = 0 .$$

Appliquant f_* aux deux membres de (9.9.2), on voit que

$$f_* j_*(a) + f_* f^*(b) = 0,$$

d'où compte tenu de (9.9.1),

$$(9.9.3) \qquad b = -i_* g_*(a) .$$

Posant $x = g_*(a)$, il nous suffit donc de montrer que

$$(9.9.4) \qquad a = g^*(x) c_{d-1}(\check{F}).$$

Posons pour cela

$$z = a - g^*(x) c_{d-1}(\check{F}) \qquad (x = g_*(a)),$$

et montrons que $z = 0$. Pour ce faire, nous allons voir que l'on a les deux relations $j_*(z) = 0$ et $g_*(z) = 0$, puis qu'un élément z vérifiant ces deux relations est nécessairement nul. Par définition,

$$j_*(z) = j_*(a) - j_*(g^*(x).c_{d-1}(\check{F})),$$

soit, compte tenu de (9.6.2),

$$j_*(z) = j_*(a) - f^* i_*(x) .$$

Après avoir remplacé $i_*(x)$ par $-b$ (9.9.3) dans l'expression précédente, on déduit de (9.9.2) que $j_*(z) = 0$. Compte tenu de la définition de x, on voit que

$$g_*(z) = x - g_*(g^*(x) c_{d-1}(\check{F})) = 0$$

d'après la dernière assertion du théorème. Montrons maintenant comment la nullité de z résulte des deux relations $j_*(z) = 0$ et $g_*(z) = 0$. Comme $Y' \simeq P_Y(N)$, l'élément z admet une représentation unique de la forme

$$z = g^*(a_o)+g^*(a_1)\xi+\ldots+g^*(a_{d-1})\xi^{d-1} ,$$

avec $a_i \in C^{p-1-i}(Y)$. Comme $g_*(z) = 0$, il résulte de la formule de projection pour g et du fait que g_* diminue les degrés de d-1 unités que $a_{d-1} = 0$. Par ailleurs, d'après (9.2) ,

$$z\,\xi = j^* j_*(z) = 0 ,$$

d'où $g^*(a_o)\xi+\ldots+g^*(a_{d-1})\xi^{d-1} = 0$; donc tous les a_i sont nuls et $z = 0$.

9.10. Avec les notations de (9.9) , l'application

$$\omega = \lambda \circ \lambda'$$

est un projecteur vérifiant $\mathrm{Im}(\omega) = \mathrm{Im}(\lambda)$. Par suite μ enduit un isomorphisme

$$\bar{\mu} : \mathrm{Ker}(\omega) \xrightarrow{\sim} C^p(X') .$$

Mais

(9.10.1) $$\mathrm{Ker}(\omega) = \mathrm{Ker}(g_*) \oplus C^p(X) \hookrightarrow C^{p-1}(Y') \oplus C^p(X) .$$

En effet, un élément (x,y) de $C^{p-1}(Y') \oplus C^p(X)$ appartient à $\mathrm{Ker}(\omega)$ si et seulement si

$$g^* g_*(x) \,.\, c_{d-1}(\check{F}) = - i_* g_*(x) = 0 ,$$

soit, compte tenu de (9.1.1) , $g_*(x) = 0$.

D'autre part, la structure de l'anneau de Chow d'un fibré projectif, et notamment les relations

$$g_*(\xi^i) = 0 \text{ pour } i < d-1 \text{ ; } g_*(\xi^{d-1}) = 1$$

montrent que

$$\mathrm{Ker}(g_*) = g^* C^{p-1}(Y) \oplus g^* C^{p-2}(Y)\xi \oplus \ldots \oplus g^* C^{p-d+1}(Y)\xi^{d-2} .$$

Autrement dit, $\bar{\mu}$ peut être interprété comme un isomorphisme

$$(9.10.2) \qquad C^{P-1}(Y) \oplus C^{P-2}(Y) \oplus \ldots \oplus C^{P-d+1}(Y) \oplus C^{P}(X) \xrightarrow{\sim} C^{P}(X') ,$$

dont il est facile d'exhiber l'isomorphisme inverse.

Ainsi que me l'a signalé MURRE, l'énoncé (9.10.2) est prouvé pour $d = 2$ par SAMUEL (Relations d'équivalence, Proceedings of the International Congress, Edinburgh 1958) .

Bien entendu, on a dans le cadre de la cohomologie étale ou ℓ - adique un énoncé analogue à (9.10.2) , qui se déduit cette fois de (8.5) .

BIBLIOGRAPHIE

[1] GROTHENDIECK — La théorie des classes de Chern. Bull. Soc. Math. de France 86 (1958), pp. 137-154.

[2] HODGE — The theory and applications of harmonic integrals. Cambridge University Press, 1952.

[3] HIRZEBRUCH — Topological Methods in Algebraic Geometry. Springer Verlag.

[4] LEFSCHETZ — Algebraic Geometry. Princeton University Press 1953.

[5] Mme RAYNAUD — Modules projectifs universels. Inventiones Mathematicae vol. 6. fasc. 1 (1968), pp. 1 à 26.

[TF] GODEMENT — Théorie des faisceaux.

[CH] — Anneaux de Chow et applications. Séminaire Chevalley 1958.

[6] — Théorème de Lefschetz et critères de dégénérescence. Pub. I.H.E.S. n° 35.

E X P O S E VIII

GROUPES DE CLASSES DES CATEGORIES ABELIENNES ET TRIANGULEES. COMPLEXES PARFAITS.

par A. Grothendieck, rédigé par I. Bucur

Dans le présent exposé, nous esquissons rapidement les notions et résultats qui nous seront indispensables dans les exposés suivants, concernant notamment les complexes pseudo-cohérents et parfaits. Un exposé plus complet de ces derniers, avec des démonstrations plus détaillées, figurera dans les premiers exposés du séminaire sur le théorème de Riemann-Roch pour les schémas, qui feront suite au présent séminaire.(*)

1. Cas des catégories abéliennes. Soit C une catégorie abélienne et soit D une sous-catégorie pleine de C. On dit qu'une fonction f de D dans un groupe abélien C est additive si pour toute suite exacte de C

$$0 \longrightarrow E' \longrightarrow E \longrightarrow E'' \longrightarrow 0 \quad ,$$

telles que E', E'', E soient des objets de D, on a

$$f(E) = f(E') + f(E'') \quad .$$

Soit f une fonction additive de D dans un groupe abélien G. Les propriétés suivantes sont des conséquences faciles de la définition :

α) $f(0) = 0$.

β) $f(X) = f(Y)$ si X et Y sont isomorphes.

(*) SGA 6 I

γ) $f(X \oplus Y) = f(X) + f(Y)$.

δ) Soit $E = (E^i, d^i)$ un complexe fini de D tel que les objets $B^{i+1} = \mathrm{Im}(d^i)$, $Z^i = \mathrm{Ker}(d^i)$ et $H^i(E) = Z^i/B^i$ sont dans D . Alors on a $\sum_i (-1)^i f(E^i) = \sum_i (-1)^i f(H^i(E))$.

ε) Si $F^i \in \mathrm{Ob}\, D$ a une filtration finie, $0 = F_o \subset F_1 \subset \dots \subset F_n = F$, et si l'on suppose que pour $0 < i \leqslant n$, F_i et F_i/F_{i-1} sont des objets de D , alors $f(F) = \sum_{i=1}^{n} f(F_i/F_{i-1})$.

φ) Si D est stable pour les sommes directes infinies, alors $f = 0$.

Pour démontrer δ) on utilise les suites exactes :

$$0 \dashrightarrow Z^i \dashrightarrow E^i \dashrightarrow B^{i+1} \dashrightarrow 0$$

$$0 \dashrightarrow B^i \dashrightarrow Z^i \dashrightarrow H^i(E) \dashrightarrow 0 \ .$$

La démonstration de ε) se fait par récurrence sur n en utilisant la suite exacte $0 \dashrightarrow F_{n-1} \dashrightarrow F \dashrightarrow F/F_{n-1} \dashrightarrow 0$.

Pour démontrer φ) soient $E \in \mathrm{Ob}\, D$ et $F = \bigoplus_{n \in \mathbb{Z}^+} E_n$, $E_n = E$, $n \in \mathbb{Z}^+$. Alors $E \oplus F \cong F$ et en appliquant γ) on a $f(F) = f(F) + f(E)$ donc $f(E) = 0$.

Si l'on considère, pour tout groupe abélien G , le groupe abélien $A_D(G)$ des fonctions additives de D dans G , on obtient de manière évidente un foncteur covariant $A_D : Ab \dashrightarrow Ab$. Le foncteur A_D est représentable. Un couple de représentation $(K_D(C), \varphi)$ peut être obtenu de la manière suivante :

Désignant par L le groupe abélien libre engendré par les objets de D , soit R le sous-groupe de L engendré par les éléments de la forme E - E' - E" pour chaque suite exacte

$$0 \dashrightarrow E' \dashrightarrow E \dashrightarrow E'' \dashrightarrow 0$$

de C . On pose $K_D(C) = L/R$. L'application φ s'obtient en composant les deux applications canoniques $Ob\ D \dashrightarrow L \dashrightarrow L/R$.

Quand il n'y aura aucun danger de confusion, on peut abréger la notation : $K_D(C) = K(D)$.

2. <u>Cas des catégories triangulées</u>. Soit C une catégorie triangulée et G un groupe abélien. On dit qu'une fonction f de C dans G est additive si pour tout triangle distingué

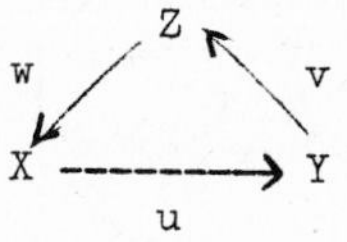

on a $f(Y) = f(X) + f(Z)$.

Etant donnée une fonction additive f , les relations suivantes sont des conséquences immédiates de la définition :

a) $f(0) = 0$

b) $f(X[n]) = (-1)^n f(X)$

c) $f(X) = f(Y)$ si X et Y sont isomorphes.

d) $f(X \oplus Y) = f(X) + f(Y)$

En effet les triangles suivants sont distingués

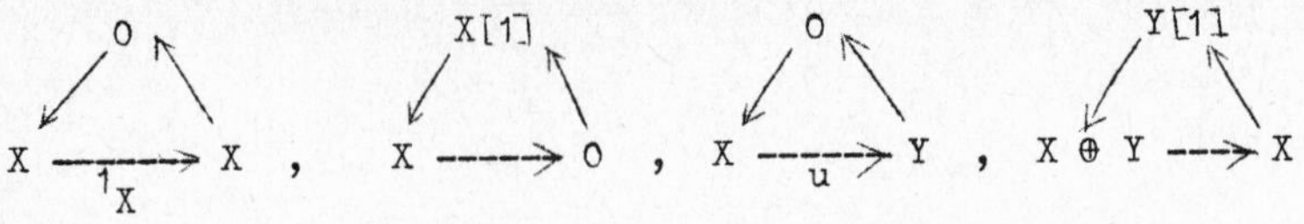

(u isomorphisme). Pour former le dernier triangle, nous avons utilisé le fait que la somme de deux triangles distingués est distinguée. Comme dans le cas des catégories abéliennes, on obtient de la manière évidente un foncteur $A : Ab \dashrightarrow Ab$, qui associe à chaque groupe abélien G le groupe abélien A(G) des fonctions additives sur C à valeurs dans G . Ce foncteur est représentable et il est facile de construire un couple de représentation $(K(C), cl_C)$. En effet, on considère tout d'abord le groupe abélien libre $\mathbb{Z}^{(Ob\ C)}$ engendré par les objets de C et puis le sous-groupe R engendré par les éléments de la forme X - Y - Z , où

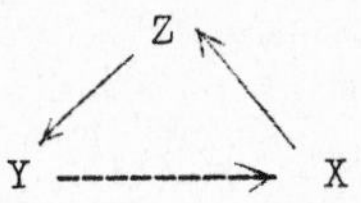

est un triangle distingué. Le groupe quotient $\mathbb{Z}^{(Ob\ C)}/R$ sera K(C) et cl_C s'obtient en composant les deux applications canoniques :

$$Ob\ C \dashrightarrow \mathbb{Z}^{(Ob\ C)} \dashrightarrow K(C) \quad .$$

3. <u>Caractère fonctoriel</u>. C et C' étant deux catégories triangulées, soit $T : C \dashrightarrow C'$ un foncteur exact de C dans C' , c'est-à-dire un foncteur additif, "gradué" et transformant les triangles

distingués en triangles distingués. Désignons comme plus haut par $A, A' : Ab \to Ab$ les foncteurs associés aux catégories C et C'. Il en résulte un morphisme fonctoriel $A' \to A$ de "composition avec T" donc un homomorphisme $K(T) : K(C) \to K(C')$ unique tel que le diagramme

$$\begin{array}{ccc} \mathrm{Ob}\, C & \xrightarrow{T} & \mathrm{Ob}\, C' \\ \downarrow{\scriptstyle cl_C} & & \downarrow{\scriptstyle cl_{C'}} \\ K(C) & \xrightarrow[K(T)]{} & K(C') \end{array}$$

soit commutatif. Il en résulte que si les foncteurs $T, T_1 : C \to C'$ sont isomorphes, alors $K(T) = K(T_1)$. En particulier si le foncteur T est une équivalence de catégories, alors $K(T)$ est un isomorphisme.

Si C'' est une troisième catégorie triangulée et $F : C \times C' \to C''$ un bifoncteur exact en chaque variable, alors il est clair qu'il en résulte une application bilinéaire $K(F) : K(C) \times K(C') \to K(C'')$, telle que la relation suivante soit vraie :

$$K(F)(cl_C(X), cl_{C'}(X')) = cl_C(F(X,X')) .$$

<u>Proposition 3.1</u>. Soit A une catégorie triangulée, B une sous-catégorie triangulée épaisse de A, A/B la catégorie quotient de A par B, $Q : A \to A/B$ le foncteur canonique de passage au quotient, $i : B \to A$ le foncteur d'inclusion. Alors la suite suivante est exacte :

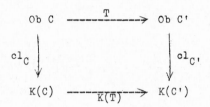

$$K(B) \xrightarrow{K(i)} K(A) \xrightarrow{K(Q)} K(A/B) \longrightarrow 0$$

Démonstration. Il est clair qu'il existe un homomorphisme naturel $\mathrm{Coker}\,(K(i)) \xrightarrow{\alpha} K(A/B)$. D'autre part il existe une application évidente $\mathrm{Ob}(A/B) \xrightarrow{\gamma} \mathrm{Coker}\,(K(i))$, puisque $\mathrm{Ob}(A/B) = \mathrm{Ob}(A)$. Soient $X, Y \in \mathrm{Ob}(A/B)$ et supposons qu'ils sont isomorphes. Nous voulons démontrer que $\gamma(X) = \gamma(Y)$. La catégorie A/B s'obtient par un calcul de fractions à droite ou à gauche, le système multiplicatif S étant constitué par l'ensemble des morphismes f qui sont contenus dans un triangle distingué (X',Y',Z',f,g,h), où Z' est un objet de B. (S est un système multiplicatif saturé). Il en résulte alors qu'il existe X_1 et $X_1 \xrightarrow{s} X$, $X_1 \xrightarrow{t} Y$ tel que $s,t \in S$. Il nous suffit donc de démontrer que $\gamma(X) = \gamma(X_1)$, ce qui résulte de fait qu'il existe un triangle distingué de la forme $(X_1,X,Z,s,\ldots)$ avec $Z \in \mathrm{Ob}\,B$.

L'application γ est une fonction additive. En effet, (X,Y,Z,f,g,h) étant un triangle distingué de A/B, il faut démontrer que $\gamma(X) + \gamma(Z) = \gamma(Y)$. Mais la relation s'ensuit maintenant, parce que le triangle (X,Y,Z,f,g,h) est isomorphe à un triangle distingué de A. Par conséquent, on obtient $\beta : K(A/B) \longrightarrow \mathrm{Coker}\,(K(i))$, et il est immédiat de vérifier que β est inverse de α.

4. Comparaison avec le cas des catégories abéliennes. C étant une catégorie abélienne, $D(C)$ la catégorie dérivée de C, on désigne comme d'habitude par $D^b(C)$ la sous-catégorie pleine de $D(C)$ en-

gendrée par les complexes bornés. Si l'on associe à chaque objet X de C le complexe dont toutes les composantes sont nulles, sauf celle en dimension zéro qui est égale à X, on obtient un homomorphisme $K(C) \xrightarrow{\mu} K(D^b(C))$. Cet homomorphisme est en fait un isomorphisme. En effet, nous pouvons utiliser la proposition 3.1 pour construire un inverse de μ, en tenant compte que $D^b(C) \cong K^{b,b}(C)/K^{b,\phi}(C)$, $K^{b,\phi}(C)$ étant la sous-catégorie épaisse de $K^{b,b}(C)$ des complexes acycliques. Soit $X^\bullet = (X_i) \in Ob(K^{b,b}(C))$ Si l'on pose

$$f(X^\bullet) = \sum_i (-1)^i cl_C(X_i) \quad ,$$

on obtient une fonction additive de $K^{b,b}(C)$ à valeurs dans $K(C)$. En effet, on observe tout d'abord que si $X^\bullet$ et $Y^\bullet$ sont homotopes, alors $f(X^\bullet) = f(Y^\bullet)$, puisque $f(X^\bullet) = f(H(X^\bullet))$. Il en résulte donc un homomorphisme $K(D^b(C)) \xrightarrow{\nu} K(C)$ et il est immédiat de vérifier qu'il est l'inverse de μ.

L'invariant $K(C)$ étant souvent sans intérêt lorsque C est "trop grosse", il y a l'intérêt de le relativiser par rapport à une sous-catégorie C_o de C. Soit donc C_o une sous-catégorie pleine de C. Nous pouvons définir d'une part le groupe $K_o(C) = K_{C_o}(C)$. Supposons d'autre part que la condition suivante soit remplie :

(A) C_o est stable pour les sommes directes finies.

Il est alors facile de définir la catégorie triangulée $D^b_o(C)$ en utilisant les complexes (à cohomologie bornée) de C ayant comme composantes des objets de la sous-catégorie C_o, et passant au quotient par les quasi-isomorphismes de tels complexes. Il en résulte comme plus haut un homomorphisme

(*) $$K_o(C) \longrightarrow K(D_o^b(C)) \quad .$$

Supposons que la sous-catégorie C_o satisfasse en plus à la condition (B) suivante :

(B) Si $X, Y \in \mathrm{Ob}\, C_o$ et $X \xrightarrow{u} Y$ est un épimorphisme (dans C bien entendu), alors $\mathrm{Ker}\, u \in \mathrm{Ob}\, C_o$.

En raisonnant comme plus haut, on peut montrer que l'homomorphisme (*) est un isomorphisme.

Le foncteur canonique d'inclusion $D_o^b(C) \longrightarrow D^b(C)$ n'est pas en général pleinement fidèle. Cependant :

Proposition 4.1. Supposons que la sous-catégorie C_o satisfasse aux conditions (A), (B) ainsi qu'à la condition (C) suivante :

(C) Tout diagramme

$$\begin{array}{ccc} A & \xrightarrow{u} & B \\ & & \uparrow{\scriptstyle v} \\ & & L \end{array} \quad ,$$

où u est un épimorphisme et $L \in \mathrm{Ob}\, C_o$, peut être complété en un diagramme commutatif :

$$\begin{array}{ccc} A & \xrightarrow{u} & B \\ \uparrow & & \uparrow{\scriptstyle v} \\ L_1 & \xrightarrow[w]{} & L \end{array}$$

tel que $L_1 \in Ob\, C_o$ et que w est un épimorphisme.

Dans ces conditions, les foncteurs canoniques

$$D^b_o(C) \longrightarrow D^b(C)$$

$$D^-_o(C) \longrightarrow D^-(C)$$

sont pleinement fidèles. En plus, l'image essentielle de $D^b_o(C)$ (resp. $D^-_o(C)$) est stable par facteurs directs.

La démonstration de cette proposition utilise essentiellement un critère de Verdier ([2], 4-2 Théorème) et sera donnée dans le premier exposé du séminaire sur Riemann-Roch (SGA 6 I 2.7).

Corollaire. Supposons de plus que la sous-catégorie C_o est stable par Ker et Coker , donc une catégorie abélienne, et désignons par $D^b(C)_o$ la sous-catégorie triangulée pleine de $D^b(C)$ engendrée par les complexes de $D^b(C)$ à objets de cohomologie isomorphes à des objets de C_o . Alors le foncteur d'inclusion $D^b(C_o) \longrightarrow D^b(C)_o$ est une équivalence entre les deux catégories, et par conséquent on obtient la suite d'isomorphismes

$$K(C_o) \simeq K_o(C) \simeq K(D^b(C_o)) \simeq K(D^b(C)_o) \quad .^{(*)}$$

Observation. Supposons que la sous-catégorie C_o satisfasse aux conditions (A) et (B) et que chaque objet de C admette une résolution finie à gauche par des éléments de C_o . Dans ce cas, C_o satisfait aussi à la condition (C) et le foncteur canonique $D^b_o(C) \longrightarrow D^b(C)$ est en fait une équivalence de catégories. Par conséquent, on a l'isomorphisme $K_{C_o}(C) \simeq K(C)$.

(*) cf. (SGA 6 IV 1.6) .

5. <u>Complexes pseudo-cohérents</u>. Soient C une catégorie abélienne et C_o une sous-catégorie pleine de C satisfaisant aux conditions (A), (B), (C). Nous désignerons par $D_o^-(C)_{coh}$ l'image essentielle de $D_o^-(C)$ par le foncteur canonique $D_o^-(C) \to D(C)$. Les objets de $D_o^-(C)_{coh}$ seront appelés des complexes *C_o-pseudo-cohérents*. Donc un complexe de C est C_o-pseudo-cohérent s'il est isomorphe dans $D(C)$ à un complexe borné supérieurement et dont les composantes sont des objets de C_o.

La catégorie $D_o^-(C)_{coh}$ est une sous-catégorie triangulée de $D(C)$, dans le sens que tout triangle distingué de $D(C)$ dont deux des sommets sont des objets de la sous-catégorie $D_o^-(C)_{coh}$, est isomorphe à un triangle dont les trois objets sont des objets de la sous-catégorie $D_o^-(C)_{coh}$.

Tout d'abord, il est clair que la sous-catégorie $D_o^-(C)_{coh}$ est stable par l'automorphisme de translation $T : D(C) \to D(C)$. Pour démontrer donc que $D_o^-(C)_{coh}$ est une sous-catégorie triangulée de $D(C)$, il suffit de vérifier que si $U^\cdot$, $V^\cdot$ sont des objets de $D_o^-(C)_{coh}$ et si le triangle :

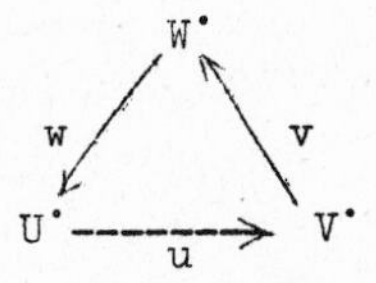

est distingué (pour la structure de catégorie triangulée de $D(C)$), alors $W^\cdot$ est aussi un objet de $D_o^-(C)_{coh}$. Par hypothèse, il existe des complexes $X^\cdot$, $Y^\cdot$, isomorphes dans $D(C)$ à $U^\cdot$ resp. $V^\cdot$, dont les composantes sont des objets de C_o. On obtient le carré commutatif (dans $D(C)$) :

$$\begin{array}{ccc} U^{\cdot} & \xrightarrow{u} & V^{\cdot} \\ \wr\downarrow & & \downarrow\wr \\ X^{\cdot} & \xrightarrow[f]{} & Y^{\cdot} \end{array} \quad .$$

Mais, quitte à remplacer $X^{\cdot}$ par un autre isomorphe, nous pouvons supposer, grâce au fait que le foncteur d'inclusion $D_o^-(C) \to D^-(C)$ est pleinement fidèle (prop. 4.1), que f est un véritable morphisme de complexes. Soit $Z^{\cdot}$ le "mapping cylinder" de f et $g : Y^{\cdot} \to Z^{\cdot}$ le morphisme canonique. Par la construction même, les composantes de $Z^{\cdot}$ sont des objets de C_o (condition (A)). D'autre part

$$\begin{array}{ccccc} & & Z^{\cdot} & & \\ & {}^{h}\swarrow & & \nwarrow^{g} & \\ X^{\cdot} & & \longrightarrow & & Y^{\cdot} \end{array}$$

étant un triangle distingué dans $D(C)$, il en résulte que $Z^{\cdot}$ est isomorphe à $W^{\cdot}$.

La catégorie $D_o^-(C)_{coh}$ est munie donc d'une structure de catégorie triangulée : un triangle dans $D_o^-(C)_{coh}$ sera distingué si et seulement s'il est distingué dans la catégorie triangulée $D(C)$.

L'intersection de $D_o^-(C)_{coh}$ avec $D^b(C)_{coh}$ sera notée $D_o^b(C)_{coh}$.

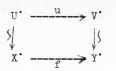

Un objet M de C sera appelé <u>pseudo-cohérent</u> s'il l'est comme complexe réduit au degré zéro ; on prouve qu'il faut et suffit pour cela qu'il admette une résolution à gauche dont les composantes sont des objets de C_o .

Proposition 5.1. Un complexe X est C_o-pseudo-cohérent si et seulement s'il est isomorphe à un complexe qui est limité à droite et dont les composantes sont C_o-pseudo-cohérents.

La démonstration de cette proposition figurera dans le premier exposé du séminaire sur Riemann-Roch (SGA 6 I 2.7).

6. Complexes parfaits. Un objet de la catégorie $D(C)$ sera appelé un complexe C_o-parfait s'il est isomorphe à un objet de $D_o^b(C)$, c'est-à-dire à un complexe borné dont tous les composants sont dans C_o . Nous désignerons par $D_o(C)_{parf}$ la sous-catégorie pleine de $D(C)$ engendrée par les complexes parfaits.

La catégorie $D_o(C)_{parf}$ n'est donc pas autre chose que l'image essentielle de $D_o^b(C)$ par le foncteur d'inclusion $D_o^b(C) \longrightarrow D(C)$. Il est facile de voir que $D_o(C)_{parf}$ est une sous-catégorie triangulée de $D(C)$, et est munie par conséquent d'une structure de catégorie triangulée.

7. Cas particulier important. Soit A un anneau et C la catégorie des A-modules (à gauche par exemple). Désignons par C_o la sous-catégorie pleine de C engendrée par les A-modules projectifs de type fini. La sous-catégorie C_o satisfait les conditions (A), (B),

(C). Nous utilisons dans ce cas les notations suivantes :

$$D^-(A)_{coh} = D_o^-(C)_{coh}$$

$$D^b(A)_{coh} = D_o^b(C)_{coh}$$

$$D(A)_{parf} = D_o(C)_{parf} \quad .$$

Les complexes de $D(C)$ qui sont C_o-pseudo-cohérents (resp. C_o-parfaits) seront appelés simplement des complexes pseudo-cohérents (resp. parfaits).

Il sera intéressant de considérer les groupes suivants :

$$K_{\bullet}(A) \;=\; K(D^b(A)_{coh})$$

$$K^{\bullet}(A) \;=\; K(D(A)_{parf}) \quad .$$

En ce qui concerne le groupe $K^{\bullet}(A)$, nous avons (prop. 4.1,corollaire):

$$K^{\bullet}(A) = K(D(A)_{parf}) \simeq K(D_o^b(C)) \simeq K_{C_o}(C) \quad ,$$

ce qui montre qu'il est donc aussi le classique "groupe des classes de modules projectifs de type fini" de A.

Dans le cas particulier d'un anneau A noethérien, le groupe $K_{\bullet}(A)$ admet aussi une description classique. Soit pour cela C_1 la catégorie abélienne des modules de type fini. On a alors

$$K_{\bullet}(A) \simeq K(C_1) \quad .$$

En effet, en utilisant la proposition 4.1, on a

$$K(C_1) \simeq K(D^b(C_1)) \simeq K(D^b_{C_1}(C))$$

car on a aussitôt $D^b(C_1) \simeq D^b_{C_1}(C)$.

En fait, si A est noethérien et $L^\bullet \in D^-(A)$, alors il résulte de la proposition 5.1 que $L^\bullet$ est pseudo-cohérent si et seulement si les $H^i(L^\bullet)$ sont de type fini.

Pour un anneau A quelconque, on a un homomorphisme

$$K^\bullet(A) \xrightarrow{\gamma_A} K_\bullet(A) \quad ,$$

qui provient du foncteur d'inclusion

$$(*) \qquad D(A)_{parf} \longrightarrow D^b(A)_{coh} \quad .$$

En général, l'homomorphisme γ_A n'est ni injectif, ni surjectif. Dans le cas particulier d'un anneau A régulier, tout A-module M de type fini a une dimension projective finie et il en résulte, grâce à 5.1, que le foncteur d'inclusion (*) est en fait une équivalence entre les deux catégories. Dans ce cas, l'homomorphisme γ_A est donc un isomorphisme.

8. <u>Tor de complexes</u>. Soient A un anneau (non nécessairement commutatif) et ${}_AC$ (resp. C_A) la catégorie abélienne des A-modules à gauche (resp. à droite). Par $K^-({}_AC)$ nous désignerons la catégorie triangulée des complexes de ${}_AC$ bornés supérieurement et par ${}_AD$ la sous-catégorie triangulée pleine de $K^-({}_AC)$ des complexes dont les composantes sont des A-modules (à gauche) plats.

Soit $X^\bullet$ un objet de $K^-(C_A)$, et considérons le foncteur $\Phi_{X^\bullet} = X^\bullet \boxtimes_A \cdot : K^-({}_AC) \longrightarrow K^-(Ab)$. Dans ces conditions, les propositions suivantes sont vraies :

1) Tout objet acyclique de ${}_A D$ est transformé par $\Phi_{X^\bullet}$ en un objet acyclique de $K^-(Ab)$.

En effet, $N^\bullet$ étant un objet de ${}_A D$ tel que $Z^i(N^\bullet)$, $B^i(N^\bullet)$, $H^i(N^\bullet)$ sont plats, on a l'isomorphisme classique :

$$\sum_{p+q=n} H_p(X^\bullet) \otimes H_q(N^\bullet) \longrightarrow H_n(X^\bullet \otimes_A N^\bullet) .$$

2) Tout objet $Y^\bullet$ de $K^-({}_A C)$ est le but d'un quasi-isomorphisme dont la source est un objet de ${}_A D$.

Il suffit pour cela de prendre une résolution de Cartan-Eilenberg. Nous pouvons donc appliquer le théorème 2 du §2, n°2 de [2] pour conclure que $\Phi_{X^\bullet}$ admet un foncteur dérivé à gauche :

$$\underline{\underline{L}}^- \Phi_{X^\bullet} : D^-({}_A C) \longrightarrow D^-(Ab) .$$

L'objet $\underline{\underline{L}}^- \Phi_{X^\bullet}(Y)$ peut être obtenu , à un isomorphisme près, de la manière suivante :

Soient $P^\bullet$ un objet de ${}_A D$ et $P^\bullet \longrightarrow Y^\bullet$ un quasi-isomorphisme. Alors $\underline{\underline{L}}^- \Phi_{X^\bullet}(Y^\bullet)$ est isomorphe à $Q(X^\bullet \otimes P)$, où nous avons désigné comme d'habitude par Q le foncteur canonique $K^-(Ab) \longrightarrow D^-(Ab)$. Il en résulte donc que pour chaque objet $Y^\bullet$ de $D^-({}_A C)$ le foncteur

$$K^-(C_A) \longrightarrow D^-(Ab)$$

$$X^\bullet \rightsquigarrow \underline{\underline{L}}^- \Phi_{X^\bullet}(Y^\bullet)$$

est exact et s'annule sur les complexes acycliques, d'où un bifoncteur exact

$$D^-(C_A) \times D^-({}_AC) \longrightarrow D^-(Ab)$$

$$(X^\bullet, Y^\bullet) \rightsquigarrow X^\bullet \overset{\mathbb{L}}{\otimes}_A Y^\bullet \quad .$$

En passant à l'homologie, on définit les $\mathrm{Tor}_i^A(X^\bullet, Y^\bullet)$ (cf aussi [1], 6.3). Dans le cas particulier d'un anneau A commutatif on obtient en fait un bi-foncteur exact

$$D^-(C) \times D^-(C) \longrightarrow D^-(C) \quad ,$$

le produit tensoriel au sens des catégories dérivées $(C = C_A = {}_AC)$.

Définition. Nous dirons que le complexe X de $D(C_A)$ est de tor-dimension finie s'il est dans D^- et s'il existe $n_o \in \mathbb{Z}^+$ tel que $\mathrm{Tor}_n^A(X,Y) = 0$ quelque soit $Y \in \mathrm{Ob}({}_AC)$ et $n > n_o$.

Nous utiliserons la notion de tor-dimension pour obtenir une caractérisation des complexes parfaits :

Proposition 8.1. Soit A un anneau (non nécessairement commutatif) et $L^\bullet$ un complexe de A-modules. Les conditions suivantes sont équivalentes :

a) $L^\bullet$ est parfait.

b) $L^\bullet$ est pseudo-cohérent, à cohomologie bornée, et de tor-dimension finie.(*)

Pour faire la démonstration, on utilise le lemme suivant :

(*) cf. (SGA 6 I 5.8.1) .

<u>Lemme</u>. (Bourbaki, Alg. Comm. I, §2, ex. 15). Tout A-module E qui est plat et de présentation finie est projectif.

Démonstration du lemme. Soit $u : F \to F'$ un épimorphisme. Il faut démontrer que $\mathrm{Hom}_A(E,F) \to \mathrm{Hom}_A(E,F')$ est un épimorphisme. Il nous suffit de démontrer que pour tout groupe divisible G, $\mathrm{Hom}_{\mathbb{Z}}(\mathrm{Hom}_A(E,F'),G) \to \mathrm{Hom}_{\mathbb{Z}}(\mathrm{Hom}_A(E,F),G)$ est un monomorphisme. Or le diagramme

$$\begin{array}{ccc} \mathrm{Hom}_{\mathbb{Z}}(\mathrm{Hom}_A(E,F'),G) & \longrightarrow & \mathrm{Hom}_{\mathbb{Z}}(\mathrm{Hom}_A(E,F),G) \\ \wr\| & & \|\wr \\ \mathrm{Hom}_{\mathbb{Z}}(F',G) \otimes_A E & \longrightarrow & \mathrm{Hom}_{\mathbb{Z}}(F,G) \otimes_A E \end{array}$$

est commutatif, et les flèches verticales sont des isomorphismes, grâce à l'hypothèse faite sur E.

Démonstration de la proposition 5.2. L'implication a) $\Longrightarrow$ b) est immédiate. Pour démontrer b) $\Longrightarrow$ a), soit

$$\cdots \longrightarrow P_n \xrightarrow{d_n} \cdots \longrightarrow P_i \longrightarrow 0 \longrightarrow \cdots$$

un complexe isomorphe à $L^{\bullet}$ dans $D(C)$, les P_j étant des A-modules projectifs de type fini. Le complexe $L^{\bullet}$ étant de tor-dimension finie et sa cohomologie étant bornée, il en résulte qu'il existe $n_o \in \mathbb{Z}$ tel que :

I) La suite

$$\cdots \longrightarrow P_{n_o-p} \xrightarrow{d_{n_o-p}} \cdots \longrightarrow P_{n_o} \longrightarrow \mathrm{Ker}\, d_{n_o+1} \longrightarrow 0$$

est exacte.

II) Ker d_{n_o+1} est plat.

III) Le complexe

$$0 \longrightarrow \mathrm{Ker}\, d_{n_o+1} \longrightarrow P_{n_o+1} \longrightarrow \cdots \longrightarrow P_i \longrightarrow 0 \longrightarrow$$

est isomorphe à $L^{\bullet}$ dans $D(C)$.

Or Ker d_{n_o+1} est de présentation finie, donc projectif de type fini grâce au lemme, ce qui prouve 8.1.

Si A est un anneau <u>commutatif</u>, et si $X^{\bullet}$, $Y^{\bullet}$ sont deux complexes parfaits, alors leur produit tensoriel $X^{\bullet} \overset{\mathbb{L}}{\otimes}_A Y^{\bullet}$ (dans la catégorie dérivée) est encore un complexe parfait. On obtient un bifoncteur

$$D(A)_{parf} \times D(A)_{parf} \longrightarrow D(A)_{parf}$$

exact en chaque variable. Par conséquent, on définit sur $K^{\bullet}(A)$ un produit, et il est facile de voir que $K^{\bullet}(A)$ est muni de cette façon d'une structure d'anneau commutatif, ayant un élément unité. En fait, $K^{\bullet}(A)$ peut être muni d'une structure de λ -anneau (voir pour les détails le Séminaire sur Riemann-Roch faisant suite à celui-ci(*)).

Le produit tensoriel $X^{\bullet} \overset{\mathbb{L}}{\otimes}_A Y^{\bullet}$ d'un complexe parfait $X^{\bullet}$ et d'un complexe pseudo-cohérent borné $Y^{\bullet}$ est un complexe pseudo-cohérent borné (A toujours un anneau commutatif). Par conséquent, on peut introduire sur $K_{\bullet}(A)$ une structure de $K^{\bullet}(A)$ -module.

(*) SGA 6 V 2 .

9. Propriétés fonctorielles.

a) Soient A et B deux anneaux (non nécessairement commutatifs) et $u : A \dashrightarrow B$ un homomorphisme. Tout B-module à gauche (resp. à droite) M peut être muni d'une structure de A-module à gauche (resp. à droite) qui sera désigné par $M_{[u]}$. En particulier $B_{[u]}$ est un A-module à droite.

Le foncteur

$$E \rightsquigarrow B_{[u]} \otimes_A E$$

permet de définir le foncteur exact

$$D(A)_{parf} \dashrightarrow D(B)_{parf}$$

et par conséquent l'homomorphisme :

$$K^{\cdot}(A) \xrightarrow{u^*} K^{\cdot}(B) \quad .$$

On obtient en fait un foncteur covariant de la catégorie des anneaux (resp. des anneaux commutatifs) dans la catégorie des groupes abéliens (resp. des anneaux commutatifs).

b) Supposons maintenant que le A-module à gauche $B_{[u]}$ soit pseudo-cohérent. Il en résulte donc que le foncteur

$$F \rightsquigarrow F_{[u]}$$

transforme un B-module libre de type fini en un A-module pseudo-cohérent. On obtient en utilisant la proposition 5.1 un foncteur exact :

$$D^b(B)_{coh} \dashrightarrow D^b(A)_{coh}$$

et par conséquent un homomorphisme canonique

$$K.(B) \xrightarrow{u_*} K.(A) \quad .$$

Les homomorphismes u_* , u^* vérifient l'identité suivante ("la formule de projection") :

$$u_*(u^*(\alpha).\beta) = \alpha(u_*(\beta)) \text{ pour } \alpha \in K^{\cdot}(A),\ \beta \in K.(B) \quad .$$

Cette formule facile sera démontrée sous une forme plus générale dans les exposés du séminaire sur Riemann-Roch (SGA 6 IV 2.11.1.2).

10. Construction relative.(*) Soit $u : A \to B$ un homomorphisme d'anneaux, et

$$D(B) \longrightarrow D(A)$$

le foncteur exact associé. Nous pouvons considérer dans $D(B)$ les complexes pseudo-cohérents relativement à A , ceux de tor-dimension finie relativement à A , et aussi les complexes parfaits relativement à A . En spécial, il y a lieu de considérer les sous-catégories triangulées

$$D(B)_{A\text{-parf}} \ , \ D^b(B)_{A\text{-coh}}$$

de $D(B)$, engendrées par les complexes parfaits (resp. pseudo-cohérents et bornés relativement à A . Ces deux catégories triangulées permettent de définir les groupes suivants :

$$K^{\cdot}(B \text{ rel } A) = K(D(B)_{A\text{-parf}})$$

$$K.(B \text{ rel } A) = K(D^b(B)_{A\text{-coh}}) \quad .$$

(*) cf. (SGA 6 III, IV) .

Exemples. Soient G un groupe et Λ un anneau commutatif. L'homomorphisme $\Lambda \xrightarrow{\varepsilon} \Lambda[G]$ permet donc de définir les groupes $K^{\bullet}(\Lambda[G] \text{ rel } \Lambda)$, $K_{\bullet}(\Lambda[G] \text{ rel } \Lambda)$, qui seront désignés par $R^{\bullet}_{\Lambda}(G)$, $R^{\Lambda}_{\bullet}(G)$. En fait, $R^{\bullet}_{\Lambda}(G)$ est un anneau commutatif et $R^{\Lambda}_{\bullet}(G)$ un module sur ce dernier.

Remarques.

a) Si l'anneau Λ n'est pas nécessairement commutatif, on peut poser par définition $\Lambda[G] = \Lambda \otimes_{\mathbb{Z}} \mathbb{Z}\, G$ et par conséquent, on obtient un homomorphisme $\Lambda \xrightarrow{\varepsilon} \Lambda[G]$. De cette façon, on peut donner un sens aux groupes $R^{\bullet}_{\Lambda}(G)$, $R^{\Lambda}_{\bullet}(G)$ même dans le cas d'un anneau Λ non-commutatif.

b) La construction précédente peut être généralisée au cas d'un préschéma en groupes (ou d'un pro-préschéma en groupes) G sur Spec Λ , en partant de la catégorie abélienne des Λ-modules sur lesquels G opère - qui ne s'explicite plus en termes de modules sur un anneau - et le foncteur naturel d'inclusion dans la catégorie des Λ-modules . (Si Λ est un corps, on peut l'expliciter en termes des modules sur un pro-anneau, et dans le cas général, en termes de comodules, du moins si G est affine sur Λ , cf SGA3 I 4.7.2).

Bibliographie.

[1] A. Grothendieck et J. Dieudonné, Elements de Géométrie Algébrique, Publ. Math. I.H.E.S. IV (Seconde Partie).

[2] J. L. Verdier, Catégories Dérivées, I.H.E.S., 1963.(*)

(*) publié dans (SGA $4^{1/2}$) .

Exposé X

FORMULE D'EULER-POINCARE EN COHOMOLOGIE ETALE

par A. GROTHENDIECK

(Rédigé par I.BUCUR)

Le but du présent exposé est l'énoncé et la démonstration de la formule (7.2), du type d'Euler-Poincaré. Cette formule généralise une formule obtenue indépendamment par Ogg et Chafarevitch, dont les résultats sont exposés (du point de vue de la cohomologie étale) dans l'exposé de M. Raynaud [1].

La formule d'Euler-Poincaré utilise de façon essentielle le formalisme des catégories dérivées. Comme dans loc.cit. la démonstration se fait par l'intermédiaire d'une variante (5.1) d'une formule bien connue de Weil.

1. Faisceaux sur un schéma à opérateurs.

Soit X un schéma muni d'un groupe G opérant par automorphismes. En procédant comme dans ([T] chap. V) on peut définir la notion de faisceau étale sur X à groupe d'opérateurs G, ou simplement "faisceau sur (X_{et}, G)" .

Par définition, se donner un faisceau étale sur X à groupe d'opérateurs G , c'est se donner un faisceau $F \in Ob(\tilde{X}_{et})$ et un morphisme

$$S_g : F \longrightarrow g^*(F)$$

pour chaque $g \in G$, de façon que les conditions suivantes soient remplies :

a) $S_e = 1_F$

b) Pour $g,h \in G$, le diagramme :

$$\begin{array}{ccc} F & \xrightarrow{S_{hg}} & (hg)^*(F) \\ {\scriptstyle S_h}\downarrow & & \wr\downarrow {\scriptstyle C_{h,g}(F)} \\ h^*(F) & \xrightarrow{h^*(S_g)} & h^*(g^*(F)) \end{array}$$

est commutatif, où $C_{h,g}(F) : (hg)^*(F) \longrightarrow (h^* g^*)(F)$ est l'isomorphisme canonique.

Les morphismes entre deux faisceaux (F, S_g), (F', S'_g) sur X à groupe G d'opérateurs sont définis d'une manière évidente, et on obtient une catégorie $\widetilde{X}_{et,G}$ qui est un topos, comme il résulte aisément du critère de Giraud (SGA 4 II 4.12) .

Un anneau A de $\widetilde{X}_{et,G}$ étant donné, on peut considérer la catégorie abélienne des A-Modules, qu'on désignera par Mod(A).

Par exemple, un anneau Λ étant donné, on peut munir trivialement le faisceau constant Λ_X associé à Λ d'une structure de faisceau à groupe G d'opérateurs, en utilisant les isomorphismes canoniques de transitivité

$$S_g : \Lambda_X \xrightarrow{\sim} g^*(\Lambda_X) \quad .$$

Tous les résultats démontrés dans [T] chap. V, peuvent s'étendre dans ce cadre, et nous en laissons les détails au lecteur.

2. Où l'on prouve qu'un certain complexe de $\Lambda[G]$-modules est parfait

Rappelons le résultat suivant de (SGA 4 XVII) :

Lemme 2.1. Soient X et Y deux schémas et $f : X \longrightarrow Y$ un morphisme propre, avec Y quasi-compact. Désignons par A un anneau de torsion, et soit $F^{\bullet}$ un complexe de faisceaux de A-modules sur X de tor-dimension finie (SGA 4 XVII); alors $\mathbb{R} f_*(F^{\bullet})$ est de tor-dimension finie.

Proposition 2.2. Soient X un schéma propre sur le corps k séparablement clos, G un groupe fini opérant sur X, V un ouvert de X stable par G et tel que G opère de façon admissible (SGA 1 V 1.7) et librement sur V, $\Lambda = \mathbb{Z}/\ell^n\mathbb{Z}$ avec ℓ un nombre premier différent de la caractéristique de k, et Λ_V le faisceau constant sur V associé à Λ, muni de sa structure triviale de faisceau à groupe G d'opérateurs. Désignons par $i : V \hookrightarrow X$ l'immersion de V dans X et soit $\Lambda_{V,X} = i_!(\Lambda_V)$. Dans ces conditions le complexe de $\Lambda[G]$-modules $\mathbb{R}\Gamma_X(\Lambda_{V,X})$ est un complexe parfait (VIII 7).

Démonstration : Si $p : X \longrightarrow Y = X/G$ est la projection canonique, il est bien connu qu'on a l'isomorphisme canonique

$$\mathbb{R}\Gamma_X(\Lambda_{V,X}) \simeq \mathbb{R}\Gamma_X(\mathbb{R}p_*(\Lambda_{V,X}))$$

dans la catégorie $D(\Lambda[G])$. D'autre part le complexe $\mathbb{R}p_*(\Lambda_{V,X})$ de $\Lambda[G]$-modules sur Y est de tor-dimension finie. En effet $p : X \longrightarrow Y$ étant un morphisme fini de schémas, on a $\mathbb{R}^q p_*(\Lambda_{V,X}) = 0$ si $q \neq 0$ (SGA 4 VIII 5.5). Il en résulte donc que :

$$\mathbb{R}p_*(\Lambda_{V,X}) = p_*(\Lambda_{V,X})$$

(SGA 4 VIII 5.5) nous donne aussi la possibilité de déterminer les fibres du faisceau $p_*(\Lambda_{V,X})$, et on trouve, si l'on tient compte du fait que G opère librement sur V :

$$p_*(\Lambda_{V,X})_{\bar{y}} \simeq \begin{cases} \prod_{x \in p^{-1}(y)} \Lambda_{V,X,x} \simeq \Lambda[G] & \text{si } y \in p(V) \\ 0 & \text{si } y \notin p(V) \end{cases}$$

($\bar{y}$ est le point géométrique de Y localisé en y).

Par conséquent $\mathbb{R}p_*(\Lambda_{V,X}) = p_*(\Lambda_{V,X})$ est plat sur $\Lambda[G]$, l'étant fibre à fibre (SGA 4 XVII), donc de tor-dimension finie. Appliquant 2.1 au morphisme canonique $Y \longrightarrow \mathrm{Spec}(k)$ on déduit que $R\Gamma_X(\Lambda_{V,X}) = \mathbb{R}\Gamma_Y(\mathbb{R}p_*(\Lambda_{V,X}))$ est de tor-dimension finie.

Pour conclure que $R\Gamma_X(\Lambda_{V,X})$ est parfait il nous reste à démontrer qu'il est pseudo-cohérent et à cohomologie bornée (VIII 8.1). Mais $\Lambda[G]$ étant noethérien, pour vérifier que $R\Gamma_X(\Lambda_{V,X})$ est pseudo-cohérent il suffit de montrer que les $H^q(X,\Lambda_{V,X})$ sont de type fini sur $\Lambda[G]$(VIII 7.2), ou ce qui revient au même, sur Λ, ce qui résulte de (SGA 4 XIV 1.1) appliqué au Λ-Module $\Lambda_{V,X}$

La formule de Weil 6.1 donnera une expression de la classe $cl_{K^\bullet(\Lambda[G])}(R\Gamma_X(\Lambda_{V,X}))$, pour le cas d'une courbe X, en termes d'invariants globaux connus et d'invariants locaux que nous allons définir au n° 5.

3. Rappels sur les représentations linéaires des groupes finis.

Dans ce n° , Λ désigne un anneau commutatif, et G un groupe.

3.1. Considérons la sous-catégorie pleine $\mathcal{C}$ de $\mathrm{Mod}(\Lambda[G])$ des $\Lambda[G]$-modules M dont le Λ-module sous-jacent soit projectif de type fini. Pour un tel module M et pour un $g \in G$ on considère l'endomorphisme (pour la structure de Λ-module)

$$g_M : M \longrightarrow M \ , \quad g_M(x) = gx \quad .$$

On obtient une fonction

$$\chi_M : G \longrightarrow \Lambda \quad , \quad \chi_M(g) = \mathrm{Tr}^*_\Lambda(g) \qquad ,$$

qui est une fonction <u>centrale</u> sur G et qui s'appelle le <u>caractère du $\Lambda[G]$-module</u> M .

Si l'on associe à chaque $M \in \mathrm{Ob}(\mathcal{C})$ son caractère χ_M on obtient une fonction additive (VIII 1). Utilisant le sorite des traces pour les endomorphismes de complexes parfaits, on obtient même une fonction additive Tr sur la catégorie des complexes de $\Lambda[G]$-modules qui sont parfaits en tant que complexes de Λ-modules. D'où un homomorphisme

$$R^{\bullet}(G) \xrightarrow{\quad \mathrm{Tr} \quad} \mathcal{F}(G,\Lambda) \quad ,$$

où $R^{\bullet}_\Lambda(G)$ est l'anneau des représentations de G sur Λ (VIII 10), $\mathcal{F}(G,\Lambda)$ le module des fonctions centrales $G \longrightarrow \Lambda$.

Lorsque G est fini, le composé de l'homomorphisme canonique $K^{\bullet}(\Lambda[G]) \longrightarrow R^{\bullet}_\Lambda(G)$ avec Tr sera désigné par tr.

Rappelons le résultat suivant (IX th.1 , cor. 3) :

<u>Proposition</u> 3.2. <u>Soient</u> $\mathbb{Z}_\ell$ <u>l'anneau des entiers</u> ℓ-<u>adiques et</u> G <u>un groupe fini. Alors l'homomorphisme</u>

$$\mathrm{tr} : K^{\bullet}(\mathbb{Z}_\ell[G]) \longrightarrow \mathcal{F}(G,\mathbb{Z}_\ell)$$

<u>est un monomorphisme. Deux</u> $\mathbb{Z}_\ell$ <u>[G]-modules projectifs ayant même fonction trace dans</u> $\mathcal{F}(G,\mathbb{Z}_\ell)$ <u>sont isomorphes.</u>

3.3. Soit $\alpha : G \to G'$ un homomorphisme d'un groupe G dans G' . Par restriction d'opérateurs on obtient un foncteur exact :

$$J : \mathrm{Mod}(\Lambda[G']) \rightsquigarrow \mathrm{Mod}(\Lambda[G]) \quad .$$

Ce foncteur admet un adjoint à gauche :

$$I : \mathrm{Mod}(\Lambda[G]) \rightsquigarrow \mathrm{Mod}(\Lambda[G']) \quad ,$$

à savoir $I(F) = \Lambda[G']\otimes_{\Lambda[G]}F$. Si F est projectif de type fini (resp. de type fini) I(F) l'est aussi.

Si $\varphi \in \mathcal{F}(G',\Lambda)$ est une fonction centrale sur G' , la fonction $\varphi\circ\alpha$ est une fonction centrale sur G et on obtient par conséquent l'application

$$\alpha_{\natural} : \mathcal{F}(G',\Lambda) \longrightarrow \mathcal{F}(G,\Lambda) \quad .$$

Si φ est le caractère d'un $\Lambda[G']$-module M dans C(G'), $\alpha_{\natural}(\varphi)$ est le caractère du $\Lambda[G]$-module J(M) .

Supposons maintenant que $\alpha : G \to G'$ est une injection et que G soit d'indice fini dans G' . Dans ce cas si F est un $\Lambda[G]$-module dans C(G) dont le caractère est $\psi : G \longrightarrow \Lambda$, alors I(F) est dans C(G') et le caractère $\psi^* : G' \longrightarrow \Lambda$ de I(F) est le caractère "induit" par ψ , i.e. la fonction sur G' déduite de ψ par la formule :

$$(3.3.1) \qquad \psi^*(g) = \sum_{t\in G'/G} \psi(t^{-1}gt) \quad ,$$

en convenant que $\psi(t^{-1}gt) = 0$ si $t^{-1}gt \notin G$.

3.4. Soient $X^\bullet$ et $Y^\bullet$ deux complexes de A-modules. De même que dans le cas des modules, si l'un des complexes $X^\bullet$, $Y^\bullet$ a une structure supplémentaire de A-B-bimodule, alors il est possible d'introduire sur $\mathrm{Hom}^\bullet_A(X^\bullet,Y^\bullet)$ une structure de complexe de B-modules et en conséquence une structure correspondante sur $\mathbb{R}\,\mathrm{Hom}_A(X^\bullet,Y^\bullet)$.

Supposons par exemple que $X^\bullet$ est un objet de $D^\bullet(A)$ et $Y^\bullet$ est un complexe de A-B-bimodules, disons pour préciser que nous sommes dans le cas décrit par le symbole ${}_{A-B}Y^\bullet$. En particulier $Y^\bullet$ est un objet de $D(A)$. Soit $P^\bullet \longrightarrow X^\bullet$ une résolution projective de $X^\bullet$. Alors $\mathrm{Hom}^\bullet_A(P^\bullet,Y^\bullet)$ est évidemment un complexe de B-modules à gauche, c'est-à-dire un objet de $D(B)$. Si on utilise une autre résolution projective $P_1^\bullet \longrightarrow X^\bullet$, le complexe de B-modules $\mathrm{Hom}^\bullet_A(P_1^\bullet,Y^\bullet)$ est isomorphe canoniquement dans $D(B)$ au complexe $\mathrm{Hom}^\bullet_A(P^\bullet,Y^\bullet)$. Il en résulte donc qu'on peut définir $\mathbb{R}\,\mathrm{Hom}_A(X^\bullet,Y^\bullet)$ comme un objet de $D(B)$ déterminé à isomorphisme unique près, dépendant fonctoriellement de $X^\bullet$ dans $D^\bullet(A)$ et Y dans $D(A \otimes_{\mathbb{Z}} B)$.

Des considérations analogues s'appliquent pour le cas du complexe $X^\bullet \overset{\mathbb{L}}{\otimes}_A Y^\bullet$. Si par exemple $Y^\bullet$ est un complexe de A-B-bimodules comme plus haut et X et un complexe de A-modules à droite et borné a droite, on peut définir $X^\bullet \overset{\mathbb{L}}{\otimes}_A Y^\bullet$ comme un objet de $D(B)$ déterminé à isomorphisme unique près.

3.5. Soient Λ un anneau commutatif, A et B deux algèbres sur Λ et

$C = A \otimes_{\Lambda} B$. Les C-modules sont donc les A-B-bimodules.

Si Δ est une sous-catégorie triangulée pleine de $D(A)$, on désignera par $D(C)_{\Delta}$ la sous-catégorie triangulée pleine de $D(C)$ engendrée par les complexes qui, considérés comme objets de $D(A)$ appartiennent à Δ .

Proposition 3.6. Les notations étant celles de 3.4 et 3.5 , soit Δ une sous-catégorie triangulée pleine de $D(A)$ stable par facteurs directs. Si $P^{\bullet}$ est un objet de $D(B)_{parf}$ (VIII 7) et M est un objet de $D(C)_{\Delta}$, le complexe de A-modules $\mathbb{R}\operatorname{Hom}_B(P^{\bullet},M^{\bullet}) \in D(A)$ défini dans 4.1 est un objet de Δ . Il en résulte en particulier un accouplement de catégories triangulées

(3.6.1) $$\mathbb{R}\operatorname{Hom} : D(B)_{parf} \times D(C)_{\Delta} \longrightarrow \Delta ,$$

c'est-à-dire un bifoncteur exact en chaque variable, et par conséquent (VIII 3) une application bilinéaire :

(3.6.2) $$K^{\bullet}(B) \times K^{\bullet}(D(C)_{\Delta}) \xrightarrow{hom} K(\Delta)$$

telle que

(3.6.3) $$K(a)(cl_{K^{\bullet}(B)}(P), cl_{K(D(C)_{\Lambda})}(M^{\bullet})) = cl_{K(\Delta)}(\mathbb{R}\operatorname{Hom}_B(P^{\bullet},M^{\bullet})) .$$

On obtient un énoncé analogue si l'on remplace B par son opposé B° et $\mathbb{R}\operatorname{Hom}_B(P,M)$ par $P^{\bullet} \overset{\mathbb{L}}{\otimes}_B M^{\bullet}$.

Démonstration. On montre d'abord que $\mathbb{R}\operatorname{Hom}_B(P,M)$ est un objet de Λ dans le cas particulier où $P^{\bullet}$ a une seule composante non nulle , puis on raisonne par récurrence suivant le nombre des composantes non nulles de $P^{\bullet}$.

3.7. Soit P un $\Lambda[G]$-module. C'est en particulier un Λ-module. On peut munir le Λ-module $\check{P} = \mathrm{Hom}_\Lambda(P,\Lambda)$ d'une structure de $\Lambda[G]$-module à gauche, en posant pour chaque $u \in \mathrm{Hom}_\Lambda(P,\Lambda)$ et $g \in G$, $(gu)(x) = u(g^{-1}x)$, i.e. :

(3.7.1) $$g_{\check{P}} = {}^t(g^{-1})_P \ .$$

Le module $\check{P}$ sur $\Lambda[G]$ ainsi obtenu sera appelé <u>le dual</u> de P .

On peut donc définir le dual $\check{P}^\bullet = \mathrm{Hom}^\bullet_\Lambda(P^\bullet,\Lambda)$ d'un complexe P de $\Lambda[G]$-modules comme étant un complexe de $\Lambda[G]$-modules.

Si χ_P est le caractère de P, le caractère $\chi_{\check{P}}$ de son dual est donné par la formule :

(3.7.2) $$\chi_{\check{P}}(g) = \chi_P(g^{-1}) \quad ,$$

qui se déduit immédiatement de (4.3.1) en utilisant la formule :

$$\mathrm{Tr}^*_\Lambda (v) = \mathrm{Tr}^*_\Lambda ({}^t v) \quad .$$

Si P est un $\Lambda[G]$-module projectif de type fini il est clair que $\check{P}$ est aussi un $\Lambda[G]$-module projectif de type fini. En plus, dans ce cas, l'homomorphisme canonique de Λ-modules :

$$P \longrightarrow \check{\check{P}}$$

est en fait un isomorphisme de $\Lambda[G]$-modules. De cette façon on définit sur $K^\bullet(\Lambda[G])$ une involution

$$x \longrightarrow \check{x} \quad ,$$

qui associe à la classe de P la classe de $\check{P}$. Il est immédiat que si $\mu : \Lambda \longrightarrow \Gamma$ est un homomorphisme d'anneaux commutatifs et $u : \Lambda[G] \longrightarrow \Gamma[G]$ l'homomorphisme associé, l'homomorphisme $u^* : K^\bullet(\Lambda[G]) \longrightarrow K^\bullet(\Gamma[G])$ commute aux involutions $x \longrightarrow \check{x}$ sur

$K^\bullet(\Lambda[G])$ et $K^\bullet(\Gamma[G])$.

Soit A un algèbre sur Λ et

$$A[G] = \Lambda[G] \otimes_\Lambda A \quad .$$

Un complexe $X^\bullet$ de $A[G]$-modules étant donné, on désigne par $X^{\bullet G}$ le complexe de A-modules image de $X^\bullet$ par le foncteur qui associe à chaque $A[G]$-module X de module sur A formé par les éléments de X invariants par G .

<u>Proposition</u> 3.8. <u>Soient</u> G <u>un groupe fini</u>, $P^\bullet$ <u>un complexe borné de</u> $\Lambda[G]$-<u>modules dont toutes les composantes sont projectives de type fini</u>, <u>et</u> M <u>un complexe de</u> $A[G]$-<u>modules</u>. <u>Sous ces conditions il existe des isomorphismes canoniques de complexes de</u> A-<u>modules</u> :

$$(3.8.1) \qquad \mathrm{Hom}^\bullet_{\Lambda[G]}(P^\bullet,M) \simeq \mathrm{Hom}^\bullet_\Lambda(P^\bullet,M)^G \simeq (\check{P}^\bullet \otimes_\Lambda M^\bullet)^G \simeq \check{P}^\bullet \otimes_{\Lambda[G]} M^\bullet \quad .$$

La démonstration utilise les isomorphismes bien-connus pour le cas des modules, et est laissée au lecteur. Noter que dans les deuxième et troisième terme, les opérations de G sur $\mathrm{Hom}^\bullet_\Lambda(P^\bullet,M^\bullet)$ resp. $\check{P}^\bullet \otimes_\Lambda M^\bullet$ se définissent par transport de structure à partir de ses opérations sur $P^\bullet$ et $M^\bullet$ resp. $\check{P}^\bullet$ et $\check{M}^\bullet$.

<u>Corollaire</u> 3.9. <u>Si</u> $P^\bullet \in \mathrm{Ob}(D(\Lambda[G])_{\mathrm{parf}})$ <u>et</u> $M^\bullet \in D^+(A[G])$ <u>alors on a dans la catégorie dérivée</u> $D(A)$ <u>les isomorphismes suivants</u> :

$$(3.9.1) \qquad \mathbb{R}\,\mathrm{Hom}_{\Lambda[G]}(P^\bullet,M^\bullet) = \mathbb{R}\Gamma^G(\check{P}^\bullet \overset{\mathbb{L}}{\otimes}_\Lambda M) \simeq \check{P}^\bullet \otimes_{\Lambda[G]} M^\bullet \quad .$$

En effet grâce à l'hypothèse $P^\bullet \in D(\Lambda[G]_{\mathrm{parf}}$ on peut supposer que $P^\bullet$ est borné et toutes ses composantes sont projectives de type fini. On a donc

$$R\,\mathrm{Hom}_{\Lambda[G]}(P^{\bullet},M^{\bullet}) = \mathrm{Hom}^{\bullet}_{\Lambda[G]}(P^{\bullet},M^{\bullet})$$

et on peut utiliser les isomorphismes (4.3.4) . Mais $\check{P}^{\bullet}$ est comme $P^{\bullet}$, borné à composantes projectives de type fini, donc $\check{P}^{\bullet} \otimes_{\Lambda[G]} M^{\bullet} \cong \check{P}^{\bullet} \overset{\mathbb{L}}{\otimes}_{\Lambda[G]} M^{\bullet}$. De même $\check{P}^{\bullet} \otimes_{\Lambda} M^{\bullet} - \check{P}^{\bullet} \overset{\mathbb{L}}{\otimes}_{\Lambda} M^{\bullet}$. De plus les composantes du complexe $\check{P}^{\bullet} \otimes M^{\bullet}$ sont cohomologiquement triviales ([3] IX 3) et on a donc :

$$R\Gamma^{G}(\check{P}^{\bullet} \overset{\mathbb{L}}{\otimes}_{\Lambda} M^{\bullet}) \simeq (\check{P}^{\bullet} \otimes_{\Lambda} M^{\bullet})^{G} \quad .$$

4. <u>La représentation de Swan.</u>

Soit E une courbe algébrique lisse et connexe sur le corps k algébriquement clos. Si $x \in E$ est un point fermé de E , son anneau local $\mathcal{O}_{E,x}$ (ou simplement $\mathcal{O}_x$) est un anneau de valuation discrète dont le corps de fractions est isomorphe au corps de fonctions rationnelles sur E et dont le corps résiduel est k . La valuation correspondante sera désignée par v_x .

<u>Lemme</u> 4.1. <u>Soient</u> E <u>une courbe algébrique lisse sur le corps</u> k <u>algébriquement clos et</u> $g : E \longrightarrow E$ <u>un endomorphisme de</u> E <u>différent de l'identité</u>. <u>Supposons que</u> $x \in E$ <u>est un point fixe isolé de</u> g <u>et soit</u> π <u>une uniformisante de</u> $\mathcal{O}_{E,x}$. <u>Si</u> v_x <u>est la valuation de</u> $\mathcal{O}_{E,x}$ <u>correspondante, alors la multiplicité</u> $\nu_x(g)$ <u>du point fixe</u> x <u>de l'application</u> g (IV) <u>est égale à</u> $v_x(g(\pi)-\pi)$.

Dans le produit E x E la diagonale et le graphe de l'endomorphisme g seront désignés respectivement par Δ et Γ_g . Soient

$$\gamma : E \longrightarrow E \times E$$

$$\gamma : E \longrightarrow E \times E$$

les immersions respectives. Elles sont données, sur les anneaux locaux complétés de x resp. (x,x), par les homomorphismes

$$\gamma^*, \nu^* : A \hat{\otimes} A \longrightarrow A \qquad (A = \hat{O}_x) \ ,$$

où

$$\gamma^*(a \otimes b) = ab$$

$$\gamma^*(a \otimes b) = ag^*(b) \qquad .$$

Il s'agit d'évaluer la multiplicité $\nu_x(g)$ du point $\delta(x)$ dans l'intersection $\Delta \Gamma_g$ sur E x E . Or le diviseur Δ correspond à l'idéal engendré par l'élément $1 \otimes \pi - \pi \otimes 1$ de $A \hat{\otimes} A$. Donc la multiplicité de $\delta(x)$ dans l'intersection $\Delta \Gamma_g$ est

$$\nu_x(g) = v_x(\gamma^*(1 \otimes \pi - \pi \otimes 1)) = v_x(g(\pi)-\pi) \qquad , \qquad \text{cqfd.}$$

4.2. Soit C une courbe algébrique lisse, propre et connexe sur le corps k algébriquement clos. Si η est son point générique, désignons par $K = k(\eta)$ son corps de fonctions rationnelles.

Soit

$$K' \supset K \ , \quad [K':K] = n$$

une extension galoisienne finie de degré n et de groupe de Galois G . Désignons par C' la normalisée de C dans K' et soit

$$p : C' \longrightarrow C$$

la projection canonique . Le groupe de Galois G opère évidemment sur C' . Le stabilisateur de $y' \in C'$ dans G sera noté $G_{y'}$.

Si π est une uniformisante de $\mathcal{O}_{C',y'}$ et si $s \in G_{y'}$ $s \neq e$ posons

(4.2.1) $$v_{y'}(s(\pi)-\pi) = \nu_{y'}(s)$$

(la multiplicité du point fixe y' pour l'application $s : C' \longrightarrow C'$ (lemme 5.1)).

<u>La représentation de Swan</u> associée à y' est définie par son caractère $\sigma_{y'}$, qui est donné par la formule :

(4.2.2) $$\sigma_{y'}(s) = \begin{cases} 1 - \nu_{y'}(s) & \text{si } s \neq e \\ \sum_{s \neq e} (\nu_{y'}(s)-1) & \text{si } s = e \end{cases} .$$

Les résultats de Artin-Serre-Swan (IX Th 4) montrent que, ℓ étant un nombre premier distinct de la caractéristique de k , il existe un $Z_\ell\,[G_{y'}]$- module projectif de type fini $Sw_{y'}$, déterminé à isomorphisme près, qui a pour caractère $\sigma_{y'}$.

Il y a aussi intérêt à considérer le $Z_\ell\,[G_{y'}]$-module

(4.2.3) $$Sw'_{y'} = Sw_{y'} \otimes Z_\ell\,[G_{y'}]$$

Le caractère $\sigma'_{y'}$ de $Sw'_{y'}$ est donné par la formule :

$$(4.2.4)\qquad \sigma'_{y'}(s) = \begin{cases} 1 - \nu_{y'}(s) & \text{si } s \neq e \\ 1 + \sum_{s \neq e} \nu_{y'}(s) = 1 + v_{y'}(\mathfrak{D}_{C'/C}) & \text{si } s = e \end{cases}$$

où $\mathfrak{D}_{C'/C}$ est la différente du revêtement C'/C , la dernière formule n'étant autre que [3, Chap. VI 2, prop. 4] où on fait $H = \{1\}$.

Enfin, la fonction

$$(4.2.5)\qquad a_{y'} = \sigma_{y'} + u_{G_{y'}} = \sigma'_{y'} - 1_{G_{y'}} ,$$

où $u_{G_{y'}}$ désigne le caractère de l'idéal d'augmentation de $Z_\ell[G]$, est aussi le caractère d'un $Q_\ell[G_{y'}]$-module,- la représentation d'Artin de $G_{y'}$, qui sera désigné part $Art_{y'}$.

On a donc :

$$(4.2.6)\qquad a_{y'}(s) = \begin{cases} -\nu_{y'}(s) & \text{si } s \neq e \\ \sum_{s \neq e} \nu_{y'}(s) = v_{y'}(\mathfrak{D}_{C/C'}) & \text{si } s = e \end{cases} .$$

Considérons maintenant l'inclusion $G_{y'} \subset G$. On pose :

$$(4.2.7)\qquad Sw_y = Sw_{y'} \otimes_{Z_\ell[G_{y'}]} Z_\ell[G] , \quad Sw'_y = Sw'_{y'} \otimes_{Z_\ell[G_{y'}]} Z_\ell[G] ,$$

$$(4.2.8)\qquad Art_y = Art_{y'} \otimes_{Q_\ell[G_{y'}]} Q_\ell[G] .$$

Les caractères des représentations précédentes sont notés $\sigma_{y'}, \sigma'_y, a_y$.

4.3. Notons que les modules ainsi obtenus ne dépendent — à isomorphisme près —que du point $y \in C$, et non du choix du point y' et C' au dessus de y . Soit donc y'' un autre tel point. Il existe donc $g \in G$ tel que $y'' = g \cdot y'$. La situation (C', y'' , G) se déduit donc de la situation (C , y' , G) par l'isomorphisme g sur C' , $\text{int}(g)$: $h \rightsquigarrow gh \, g^{-1}$ sur G . On en conclut par <u>transport de structure</u> que les modules Sw_y etc. associés à y'' se déduisent de ceux associés à y' par extension des opérateurs à l'aide de $\text{int}(g) = G \longrightarrow G$. On sait que cette extension transforme un module en un module isomorphe.

<u>Proposition 4.4.</u> Les notations étant celles de 3.7 avec ($\Lambda = Z_\ell$ <u>et</u> $M^\bullet$ étant un objet de $D^+(A[G])$ on a des isomorphismes :

(*) $\qquad\qquad Sw_y \simeq \overset{\vee}{Sw}_y$

(**) $\qquad\qquad \text{Hom}^\bullet_{Z_\ell[G]}(Sw_y, M^\bullet) \simeq Sw_y \otimes_{Z_\ell[G]} M^\bullet$.

<u>Démonstration.</u> Pour que deux $Z_\ell[G]$-modules projectifs de type fini soient isomorphes il suffit qu'ils aient même caractère (3.2). Or si l'on désigne par $\overset{\vee}{\sigma}_y$ le caractère de $\overset{\vee}{Sw}_y$ on a (3.7.2) :

$$\overset{\bullet}{\sigma}_y(s) = \sigma_y(s^{-1}) \quad .$$

D'autre part on a :

$$v_{y'}(s^{-1}(\pi) - \pi) = v_{y'}(s(s^{-1}(\pi) - \pi)) = v_{y'}(\pi - s(\pi)) = v_{y'}(s(\pi) - \pi) \quad ,$$

donc $Sw_{y'} \simeq Sw_{y'}$, d'où la formule (*) par définition (4.2.7). La formule (**) en résulte grâce à 3.8.

4.5. Nous aurons besoin plus bas d'une formule explicite pour le caractère de la représentation de Swan. On a en fait les formules :

$$(4.5.1)\qquad \sigma^*_{y'}(s) = \sigma^*_{y''}(s) = \sigma_y(s) = \begin{cases} \sum\limits_{\substack{p(z')=y \\ s(z')=z'}} (1 - \nu_{z'}(s)) & \text{si } s \neq e \\ \sum\limits_{p(z')=y} (1+v_{z'}(\mathfrak{D}_{C'/C}))-n & \text{si } s = e \end{cases}$$

$$(4.5.2)\qquad \sigma^*_{y}(s) = \sigma^*_{y''}(s) = \sigma_y(s) = \begin{cases} \sum\limits_{\substack{p(z')=y \\ s(z')=z'}} (1 - \nu_{z'}(s)) & \text{si } s \neq e \\ \sum\limits_{p(z')=y} (1 + v_{z'}(\mathfrak{D}_{C'/C})) & \text{si } s = e \end{cases}$$

$$(4.5.3)\qquad a^*_{y'}(s) = a^*_{y''}(s) = a_y(s) = \begin{cases} -\sum\limits_{\substack{p(z')=y \\ s(z')=z'}} \nu_{z'}(s) & \text{si } s \neq e \\ \sum\limits_{p(z')=y} \nu_{z'}(\mathfrak{D}_{C'/C}) & \text{si } s = e \end{cases}$$

Pour déduire ces formules on utilise (3.3.1) et l'on tient compte du fait que si l'on fixe un point $y'_o \in C$, alors on peut trouver, pour chaque $y' \in C'$ tel que $p(y')=p(y'_o)$, un élément $g' \in G$ tel que $g'(y') = y'_o$. Les éléments g' constituent un système de représentants pour les classes à droite de $G_{y'_o}$ dans G et on a de plus $G_{y'_o} = g'G_{y'}g'^{-1}$. Ce système de représentants peut être utilisé dans le deuxième membre de la formule (3.3.1), et on obtient les formules écrites.

4.6. Les invariants Sw_y , Sw'_y , Art_y peuvent se définir dans des conditions plus générales. Soit pour cela C' une courbe algébrique lisse sur k , non nécessairement connexe. Supposons que le groupe fini G opère sur C' et qu'il existe un ouvert U de $C = C'/G$ <u>dense</u> dans C tel que $C'|U$ soit un revêtement principal de U de groupe G . Pour un point $y \in C$ on peut définir les modules Sw_y , Sw'_y , Art_y en procédant comme plus haut. On peut se ramener au cas où C' est connexe de la façon suivante. Soient $y' \in C'$ tel que $p(y')=y$, C'_1 la composante irréductible de C' qui contient y' et C_1 la composante irréductible de C qui contient y . Si $G_{C'_1}$ est le stabilisateur de la composante C'_1 et si η'_1 (resp.η_1) est le point générique de C'_1 (resp. C_1) alors l'extension $K'_1 = k(\eta'_1) \supset k(\quad = K_1$ est galoisienne de groupe de Galois $G_{C'_1}$ et C'_1 est la normalisée de C_1 dans K'_1 (SGA 1 I 10). On peut donc appliquer les considérations faites plus haut pour les courbes C'_1 , C_1 et le groupe $G_{C'_1}$. De cette façon on obtient les $Z_\ell[G_{C'_1}]$-modules projectifs de type fini $Sw_{G_{C'_1},y}$, $Sw'_{G_{C'_1},y}$, $Art_{G_{C'_1},y}$, et Sw_y , Sw'_y , Art_y sont les modules induits associés à l'inclusion $G_{C'_1} \subset G$.

<u>Remarque</u> 4.6. Les modules $Sw_{y'}$, $Sw'_{y'}$, $Art_{y'}$ sont des invariants purement locaux : ils sont connus par le groupe $G_{y'}$ opérant sur le complété de l'anneau local $\mathcal{O}_{C',y'}$. En plus on a $Sw_{y'} = 0$ si et seulement si $p : C' \longrightarrow C$ est modérément ramifiée en y' ou, ce qui revient au même, si $G_{y'}$ est d'ordre premier à la caractéristique de k [3 VI].

5. La formule de Weil (comparer [3 VI § 4]).

5.0. Tous les schémas considérés dans ce numéro seront définis sur un corps de base k algébriquement clos.

Nous utiliserons les notations suivantes :

$\Lambda_\nu = \mathbb{Z}/\ell^\nu\mathbb{Z}$, ℓ étant un nombre premier donné, distinct de la caractéristique de k .

Soit $\mathbb{Z}_\ell \longrightarrow \Lambda_\nu$ l'homomorphisme canonique. Il induit un homomorphisme

$$\lambda_\nu : \mathbb{Z}_\ell[G] \longrightarrow \Lambda_\nu[G]$$

et par conséquent [VIII 9] un homomorphisme de réduction :

$$\lambda_\nu^* : K^\bullet(\mathbb{Z}_\ell[G]) \longrightarrow K^\bullet(\Lambda_\nu[G]) \quad .$$

Les images par λ_ν^* des éléments associés aux modules Sw_y , Sw'_y seront désignés par $Sw_y^{\wedge\nu}$, $Sw'^{\wedge\nu}_y$.

L'homormorphisme de réduction λ_ν^* est en fait un isomorphisme [IX 1.5] . L'inverse de λ_ν^* sera désigné par μ_ν .

Le faisceau constant sur le schéma X associé à l'anneau Λ_ν sera désigné par $\Lambda_{\nu,X}$

Soit V un ouvert de X , j : $V \hookrightarrow X$ l'immersion canonique. On pose

$$j_!(\Lambda_{\nu,V}) = \Lambda_{\nu,V,X} \quad .$$

<u>Proposition</u> 5.1. <u>Soient</u> C' <u>une courbe algébrique, lisse et propre sur le corps</u> k <u>algébriquement clos</u>, G <u>un groupe fini opérant sur</u> C', $C = C'/G$, $p : C' \longrightarrow C$ <u>la projection canonique</u>, U <u>un ouvert dense de</u> C <u>tel que</u> $U' = p^{-1}(U)$ <u>soit un revêtement principal de</u> U <u>de groupe</u> G, $Y = C-U$, $Y' = p^{-1}(X) = C'-U'$, <u>et soit</u> $\mathrm{EP}(C)$ <u>la caractéristique d'Euler-Poincaré de</u> C, <u>(égale à</u> $2-2g$ <u>si</u> C <u>est connexe de genre</u> g).

Dans ces conditions on a la <u>formule de Weil</u> :

$$(5.2) \qquad \mathcal{C}\ell_{K^\bullet(\Lambda_\nu[G])}(R\Gamma_{C'}(\Lambda_\nu,U',C')) = \mathrm{EP}(C)\, \mathcal{C}\ell_{K^\bullet(\Lambda_\nu[G]}(\Lambda_\nu[G]) - \sum_{y\in Y} \mathrm{Sw}'_y{}^{\Lambda_\nu},$$

où le premier membre de (6.2) est défini grâce à 2.1.

<u>Démonstration</u>. Désignons par S_1 (resp. S_2) le premier (resp. le deuxième) membre de la formule à démontrer. L'homomorphisme de réduction λ_ν^* étant en fait un isomorphisme, il suffit de démontrer que $\mu_\nu(S_1) = \mu_\nu(S_2)$.

D'autre part (3.3.1) l'homomorphisme trace :

$$K^\bullet(\mathbf{Z}_\ell[G]) \xrightarrow{\ tv\ } \mathcal{F}(G,\mathbf{Z}_\ell)$$

est un monomorphisme. Par conséquent il suffit de démontrer que

$$\mathrm{tr}(\mu_\nu(S_1)) = \mathrm{tr}(\mu_\nu(S_2)) .$$

Le caractère $\sigma_2 = \mathrm{tr}(\mu_\nu(S_2))$ est évidemment donné par la formule

$$(5.2.1) \qquad \sigma_2 = \mathrm{EP}(C)\, r_G - \sum_{y\in Y} \sigma'_y \quad ,$$

où σ'_y est le caractère de Sw'_y ((4.2.7) et (4.2.3)), r_G la représentation régulière.

Considérons maintenant les homomorphismes de réduction pour les traces :

$$\mathcal{F}(G,\mathbb{Z}_\ell) \xrightarrow{\lambda_n^\natural} \mathcal{F}(G,\mathbb{Z}/\ell^n\mathbb{Z}) .$$

On a évidemment

$$\mathcal{F}(G,\mathbb{Z}_\ell) = \varprojlim_n (G,\mathbb{Z}/\ell^n\mathbb{Z}) .$$

Il suffit donc de démontrer qu'on a, quel que soit n

$$\lambda_n^\natural (tr(\mu_\nu(S_1))) = \lambda_n^\natural (\sigma_2) .$$

Le premier membre est égal à $tr(\lambda_n^*(\mu_\nu(S_1))$, or

$$\lambda_n^*(\mu_\nu(S_1)) = cl_{K^\bullet(\Lambda_\nu[G])}(R\Gamma_{C'}(\Lambda_{\nu,U',C'})) ,$$

grâce à la formule de Künneth (SGA 4 XVIII)

$$R\Gamma_{C'}(\Lambda_{n,U',C'}) \overset{\mathbb{L}}{\otimes}_{\Lambda_n} \Lambda_\nu \simeq R\Gamma_{C'}(\Lambda_{\nu,U',C'}) \quad \text{pour } n \geq \nu .$$

On est donc ramené à prouver l'égalité :

$$tr(cl_{K^\bullet(\Lambda_n[G])}(R\Gamma_{C'}(\Lambda_{n,U',C'}))) = \lambda_n^\natural(\sigma_2) .$$

Désignons le premier membre de cette égalité par τ et soit $g \in G$. L'élément g induit évidemment un endomorphisme du triangle distingué :

$$\begin{array}{ccc} & R\Gamma_{Y'}(\Lambda_{n,Y'}) & \\ \swarrow & & \searrow \\ R\Gamma_{C'}(\Lambda_{n,U',C'}) & \longrightarrow & R\Gamma_{C'}(\Lambda_{n,C'}) \end{array} .$$

On a donc :

$$\tau(g) = \mathrm{Tr}^* g_{R\Gamma_{C'}(\Lambda_{n,U',C'})} = \mathrm{Tr}^* g_{R\Gamma_{C'}(\Lambda_{n,C'})} - \mathrm{Tr}^* g_{R\Gamma_{Y'}(\Lambda_{n,Y'})} .$$

(Pour abréger on a écrit Tr^* au lieu de $\mathrm{Tr}^*_{\Lambda_n}$) . Or on a, en appliquant une "formule de Lefschetz" triviale sur l'espace discret Y' sur lequel g opère :

$$\mathrm{Tr}^* g_{R\Gamma_{Y'}(\Lambda_{n,Y'})} = \text{nombre des points fixes de la restriction } g_{Y'} \text{ de } g \text{ à } Y' = \sum_{\substack{y'\in Y' \\ gy'=y'}} 1 .$$

D'autre part la formule de Lefschetz (III 4.7) pour g opérant sur C' nous donne, si $g \neq e$:

$$\mathrm{Tr}^* g_{R\Gamma_{C'}(\Lambda_{n,y'})} = \sum_{y'\in Y'} \nu_{y'}(g) = \text{la somme des multiplicités des points fixes de l'application } g_{C'} : C' \longrightarrow C',$$

et on a :

$$\mathrm{Tr}^* g_{R\Gamma_{C'}(\Lambda_{n,C'})} = \mathrm{EP}(C').1_{\Lambda} \quad \text{pour } g = e ,$$

grâce au calcul explicite des $H^1(C',\Lambda_{n,C'})$, via (SGA 4 IX 4.7) et

Künneth (SGA 4 XVII) .

Il en résulte donc la formule suivante pour τ :

$$(5.2.2) \quad \tau(g) = \begin{cases} \sum\limits_{\substack{y' \in Y' \\ g(y')=y'}} (\nu_{y'}(g)-1) & \text{si } g \neq e \\ EP(C') - \mathrm{card}(Y') & \text{si } g = e \end{cases} .$$

Comparant avec (6.2.1) on trouve facilement $\tau = \lambda_n^{\natural}(\sigma_2)$. En effet si $g \neq e$ l'égalité entre $\tau(g)$ et $\lambda_n^{\natural}(\sigma_2)$ est immédiate (4.5.2) .

Si $g = e$ la formule à vérifier s'écrit :

$$EP(C') - \mathrm{card}(Y') = N\, EP(C) - \sum_{y \in Y} \sigma'_y(\ell), \text{ où } N = \mathrm{card}(G) ,$$

c'est-à-dire (4.5.2) :

$$EP(C') - N\, EP(C) = - \deg(\mathfrak{D}_{C'/C}) ,$$

qui n'est pas autre chose que la classique formule de Hurwitz.

6. Définition des termes locaux $\mathcal{E}_x^{\Delta}(F)$

6.1. Soient C une courbe algébrique connexe lisse sur le corps k algébriquement clos, A une Λ-algèbre ($\Lambda = \mathbb{Z}/\ell^{\nu}\mathbb{Z}$, ℓ distinct de la caractéristique de k) et $\Delta \subset D^+(A)$ une sous-catégorie triangulée de $D^+(A)$ stable par facteurs directs. Soit F un complexe de faisceaux de A-modules sur C tel que les conditions suivantes soient remplies :

i) Pour tout point géométrique $\bar{x} \in C(k)$, on a $F_{\bar{x}} \in (\Delta)$.

ii) Il existe un ouvert non vide de C sur lequel F soit "localement constant", ou ce qui revient au même, il existe un ouvert non vide U de C et un revêtement galoisien connexe $C' \xrightarrow{p} C$ de C, de groupe G, tel que, si $F' = p^*(F)$ est l'image inverse de F par p, alors $F'|U$ est constant ($U' = p^{-1}(U)$).

Le faisceau $F|U$ est donc défini par un complexe M de A-modules sur lequel G opère. Si on désigne par η(resp. η') le point générique de C(resp. C') et par $\bar{\eta}$ (resp. $\bar{\eta}'$) un point géométrique sur η(resp. η') on a :

$$p(\eta') = \eta \tag{6.1.1}$$
$$F_{\bar{\eta}} \simeq F'_{\bar{\eta}'} = M$$

Comme complexe de A-modules M est isomorphe à $F_{\bar{\eta}}$, et grâce à la condition i) c'est un objet de Δ. Donc (3.6) pour tout $x \in C(k)$, $\mathrm{Hom}^{\bullet}_{\Lambda[G]}(Sw_x^{\wedge}, M)$ est un objet de Δ, d'où un élément de $K(\Delta)$.

En fait l'objet de Δ défini par $\mathrm{Hom}^{\bullet}_{\Lambda[G]}(Sw_x^{\wedge}, M)$ ne dépend pas, à isomorphisme près, du revêtement galoisien $C' \xrightarrow{p} C$ qui trivalise $F|U$. Pour le démontrer il suffit de comparer les éléments associés à deux revêtements $C' \xrightarrow{p} C$, $C'' \xrightarrow{p'} C' \xrightarrow{p} C$. Dans ce cas, si G' est le groupe de Galois du revêtement $C'' \xrightarrow{p''} C$, alors G est un groupe quotient de G'. Soit

$$\varphi : Z_\ell[G'] \longrightarrow Z_\ell[G]$$

l'épimorphisme canonique associé. Les modules de Swan sont alors liés par la relation

$$\mathrm{Sw}_{G,n} \simeq \mathrm{Sw}_{G',x} \otimes_{Z_\ell[G']} Z_\ell[G] \quad ,$$

qui résulte immédiatement du fait que le caractère $a_{G,x}$ est le caractère induit de G' à G ([3] VI Prop. 3) .

D'autre part on a un isomorphisme de complexes de A[G']-modules :

$$F_{\bar{\eta}''} \simeq [F_{\bar{\eta}'}]_{(\varphi)} \quad .$$

Il en résulte un isomorphisme canonique de complexes de A-modules entre $\mathrm{Hom}^\bullet_{\Lambda[G]}(\mathrm{Sw}^\wedge_{G,x}, F_{\bar{\eta}'})$ et $\mathrm{Hom}^\bullet_{\Lambda[G']}(\mathrm{Sw}^\wedge_{G',x}, F_{\bar{\eta}''})$ (formule d'adjonction).

6.2. Nous utiliserons les notations suivantes :

(6.2.1) $$\alpha^\Delta_x(F) = \mathcal{cl}_{K(\Delta)}(\mathrm{Hom}^\bullet_{\Lambda[G]}(\mathrm{Sw}^\wedge_x , F_{\bar{\eta}}))$$

(6.2.2) $$\varepsilon^\Delta_x(F) = \alpha^\Delta_x(F) + (\mathcal{cl}_{K(\Delta)}(F_{\bar{\eta}}) - \mathcal{cl}_{K(\Delta)}(F_x)) \quad .$$

Bien entendu dans la formule (6.2.1) $F_{\bar{\eta}}$ est muni de la structure de A[G]-module grâce à l'isomorphisme (6.1.1) . Notons que si $x \in C(k)$ est tel que C' soit modérément ramifié en x , on aura (4.6) $\mathrm{Sw}_x = 0$ donc $\alpha_x(\Delta) = 0$, donc dans ce cas on aura (en conformité avec Ogg-Chafarévitch) :

(6.2.3) $$\varepsilon^\Delta_x(F) = \mathcal{cl}_{K(\Delta)}(F_{\bar{\eta}}) - \mathcal{cl}_{K(\Delta)}(F_x) \quad .$$

Il est clair que $\varepsilon^\Delta_x(F) = 0$ si $x \notin Y = C - U$, et par conséquent il existe seulement un nombre fini de x tel que $\varepsilon^\Delta_x(F) \neq 0$.

Donnons maintenant des exemples de catégories Δ et de complexes de faisceaux F tels que les conditions énoncées plus haut soient vérifiées.

a) Soient $\Delta = D^b(A)_{coh}$ (VIII 5) et F un complexe de faisceaux de A-modules constructible (SGA 4 XVII) et à cohomologie bornée. Dans ce cas $\varepsilon_x^{\Delta}(F) \in K_{\cdot}(A)$.

b) On prend $\Delta = D(A)_{parf}$ (VIII 6) et F un complexe de faisceaux de A-modules constructible et de tor-dimension finie. Dans ce cas $\varepsilon_x^{\Delta}(F) \in K^{\cdot}(A)$.

c) Soient A , B deux Λ-algèbres et φ: A $\rightarrow$ B un homomorphisme de Λ-algèbres. On prend $\Delta = D^b(B \text{ rel } A)_{coh}$ (VIII 10) et F un complexe de faisceaux de B-modules, constructible comme faisceau de complexes de A-modules et à cohomologie bornée. On obtient $\varepsilon_x^{\Delta}(F) \in K_{\cdot}(B \text{ rel } A)$. Evidemment on peut varier comme plus haut pour obtenir, par exemple, des éléments $\varepsilon_x^{\Delta}(F) \in K^{\cdot}(B \text{ rel } A)$.

7. Formule d'Euler-Poincaré.

Théorème 7.1. *Soient C une courbe algébrique connexe, lisse et propre sur le corps k algébriquement clos, η le point générique de C, $\Delta \subset D^+(A)$ une sous-catégorie triangulée de $D^+(A)$ stable par facteurs directs , F un complexe de faisceaux de A-modules tel que les conditions i), ii) de 7.1 soient remplies. Sous ces conditions on a $R\Gamma_C(F) \in Ob(\Delta)$, et la formule suivante (formule d'Euler-Poincaré) est vraie :*

$$(7.2) \qquad \mathcal{cl}_{K(\Delta)}(R\Gamma_C(F)) = EP(C)\, \mathcal{cl}_{K(\Delta)}(F_{\bar{\eta}}) - \sum_{x \in C(k)} \varepsilon_x^{\Delta}(F) \quad ,$$

<u>où les</u> $\varepsilon_x^{\Delta}(F)$ <u>sont définis dans</u> 6.2 (<u>formule</u> 6.2.2).

La démonstration de ce théorème sera faite en quelques étapes.

a) Soit Ψ un complexe borné à gauche de faisceaux de $\Lambda[G]$-modules sur C. On a un isomorphisme :

$$(7.3) \qquad R\Gamma^G(R\Gamma_C(\Psi)) \simeq R\Gamma_C(R\underline{\Gamma}^G(\Psi)) \quad ,$$

où $\underline{\Gamma}^G$ est le foncteur : "sous faisceau des sections G-invariantes". En effet Γ_C transforme un faisceau injectif de $\Lambda[G]$-modules dans un $\Lambda[G]$-module injectif et Γ^G transforme un faisceau injectif de $\Lambda[G]$-modules dans un faisceau injectif de Λ-modules (utiliser pour cela par exemple des adj nts évidents de Γ_C et Γ^G), et d'autre part on a

$$\Gamma^G \circ \Gamma_C = \Gamma_C \circ \underline{\Gamma}^G \quad .$$

Prenant les foncteurs dérivés des deux membres et appliquant ([5] prop. 3.1), on obtient donc (7.3).

b) Soit Φ un complexe limité à gauche de faisceaux de Λ-modules sur C, nul en dehors de U. On a un isomorphisme :

$$(7.4) \qquad \Phi \simeq R\underline{\Gamma}^G(p_*(\Phi')) \text{ , où } \Phi' = p^*(\Phi)$$

Remarquons d'abord que les foncteurs p^*, $\underline{\Gamma}^G \circ p_*$ établissent des équivalences quasi-inverses l'une de l'autre de la catégorie des faisceaux de Λ-modules sur C' sur lesquels G opère et nuls en dehors de ' = $U' = p^{-1}(U)$, et de la catégorie des faisceaux de Λ-modules sur C nuls en dehors de U. On aura donc l'isomorphisme :

$$\Phi \xrightarrow{\sim} R((\underline{\Gamma}^G \circ p_*) \circ p^*)(\Phi)$$

D'autre part on peut appliquer de nouveau ([5] Prop 3.1) qui nous donne, compte tenu que $Rp^* = p^*$, $Rp_* = p_*$:

$$\Phi \xrightarrow{\sim} R(\underline{\Gamma}^G \circ p_*)(p^*(\Phi)) \simeq (R\underline{\Gamma}^G)(p_* \, p^*(\Phi)) \ ,$$

ce qui est l'isomorphisme voulu.

c) Soit Φ un complexe de faisceaux comme dans b) . On a l'isomorphisme

(7.5) $\quad R\Gamma_C(\Phi) = (R\Gamma^G)(R\Gamma_{C'}(\Phi')) \ , \qquad$ où $\quad \Phi' = p^*(\Phi) \quad .$

En effet on a :

$$(R\Gamma^G)(R\Gamma_{C'}(\Phi')) \simeq (R\Gamma^G)(R\Gamma_C(p_*(\Phi'))) \simeq R\Gamma_C(R\underline{\Gamma}^G(p_*(\Phi')))$$

grâce à (7.3), et (7.5) en résulte grâce à l'isomorphisme (7.4) .

d) Désignons par $i' : U' \longrightarrow C'$, $i : U \longrightarrow C$ les inclusions canoniques et posons :

$$\Phi = F_{U,C} = i_!(F|U) \quad .$$

Pour calculèr $R\Gamma_C(\Phi)$ on peut appliquer la formule (7.5). D'autre part, avec les notations de 7.1 , $\Phi \simeq \Lambda_{U',C'} \otimes_\Lambda M$ et la formule de Kunneth (SGA 4 XVII) nous donnent

(7.6) $\qquad R\Gamma_{C'}(\Phi') \simeq R\Gamma_{C'}(\Lambda_{U',C'} \overset{\mathbb{L}}{\otimes}_\Lambda M) \xleftarrow{\sim} R\Gamma_{C'}(\Lambda_{U',C'}) \overset{\mathbb{L}}{\otimes}_\Lambda M \quad .$

Ce dernier isomorphisme est en fait un isomorphisme entre les objets de $D(\Lambda[G])$ définis par les deux membres. En combinant (7.6), (7.5) et la formule (3.9.1), qui est appliquable grâce à 2.1, on obtient :

$$(7.7) \quad R\Gamma_C(F_{U,C}) \simeq R\Gamma^G(R\Gamma_{C'}(\Lambda_{U',C'}) \overset{\mathbb{L}}{\otimes}_{\Lambda} M) \simeq R\,\mathrm{Hom}_{\Lambda[G]}(R\Gamma_{C'}(\Lambda_{U',C'})^{\vee}, M) \ .$$

Donc compte tenu de $M \simeq F_{\bar{\eta}} \in \mathrm{Ob}(\Delta)$ (condition (i)) et de (3.6), on trouve :

$$R\Gamma_C(F_{U,C}) \in \mathrm{Ob}(\Delta) \ .$$

D'autre part on a le triangle distingué (où $Y = C - U$) :

$$(7.8) \qquad \begin{array}{ccc} & R\Gamma_Y(F|Y) & \\ \swarrow & & \nwarrow \\ R\Gamma_C(F_{U,C}) & \longrightarrow & R\Gamma_C(F) \end{array} \ ,$$

où évidement $R\Gamma_Y(F) = \coprod_{y \in Y} F_y \in \mathrm{Ob}(\Delta)$, car $F_y \in \mathrm{Ob}(\Delta)$ (condition (i)). Il en résulte donc que $R\Gamma_C(F) \in \mathrm{Ob}(\Delta)$, c'est-à-dire la première assertion du théorème. Le triangle distingué (7.8) nous donne de plus la relation :

$$cl_{K(\Delta)}(R\Gamma_C(F)) = cl_{K(\Delta)}(R\Gamma_C(F_{U,C})) + \sum_{y \in Y} cl_{K(\Delta)}(F_{\bar{y}}) \ ,$$

et en utilisant l'isomorphisme 7.7 :

$$cl_{K(\Delta)}(R\Gamma_C(F)) = cl_{K(\Delta)}(R\,\mathrm{Hom}_{\Lambda[G]}(R\Gamma_{C'}(\Lambda_{U',C'})^{\vee}, F_{\bar{\eta}})) + \sum_{y \in Y} cl_{K(\Delta)}(F_{\bar{y}}) .$$

Pour obtenir la formule d'Euler-Poincaré il suffit maintenant d'utiliser la formule de Weil (5.2) . En effet d'abord 4.4,(5.2) et 3.6 (dans le cas particulier $B = \Lambda[G]$) nous donnent

$$cl_{K^\bullet(\Lambda[G])}(R\Gamma_{C'}(\Lambda_{U'},C')) = cl_{K^\bullet(\Lambda[G])}(R\Gamma_{C'}(\Lambda_{U'},C')^\vee .$$

$$cl_{K(\Delta)}(R\Gamma_C(F)) = \hom(cl_{K^\bullet(\Lambda[G])}(R\Gamma_{C'}(\Lambda_{U'},C')), cl_{K(D(A[G]_\Delta)}(F_{\bar\eta})) + \sum_{y\in Y} cl_{K(\Delta)}(F_{\bar y})$$

$$= \sum_{y\in Y} cl_{K(\Delta)}(F_{\bar y}) + \hom(EP(C)cl_{K^\bullet(\Lambda[G]}(\Lambda[G] - \sum_{y\in Y}(Sw_y^\wedge + cl_{K^\bullet(\Lambda[G])}(\Lambda[G])),$$

$$cl_{K(D(A[G])_\Delta)}(F_{\bar\eta}))$$

$$= \sum_{y\in Y} cl_{K(\Delta)}(F_{\bar y}) + EP(C)cl_{K(\Delta)}F_{\bar\eta} - \sum_{y\in Y}(\alpha_y^\Delta(F) + cl_{K(\Delta)}(F_{\bar\eta}))$$

$$= EP(C)\ cl_{K(\Delta)}\ F_{\bar\eta} - \sum_{y\in Y} \varepsilon_x^\Delta(F) \quad .$$

Compte tenu que $\varepsilon_x^\Delta(F) = 0$ pour $x \in \mathfrak{U}$, ceci n'est autre que la formule (7.2) .

Pour un complexe de faisceaux F , satisfaisant les conditions de 7.1, on introduira la notation

$$EP_\Delta(C,F) = cl_{K(\Delta)}(R\Gamma_C(F)) \quad .$$

Corollaire 7.9. Si F , F' sont des complexes de faisceaux satisfaisant aux conditions de 7.1 et s'ils sont localement isomorphes (pour la topologie étale) comme complexes de A-modules, on a :

$$\mathrm{EP}_{\Delta}(C,F) = \mathrm{EP}_{\Delta}(C,F') \quad . \tag{7.10}$$

En particulier, si F est localement constant de valeur $M^{\bullet}$, on a :

$$\mathrm{EP}_{\Delta}(C,F) = \mathrm{EP}(C)\,cl_{K(\Delta)}(M^{\bullet}) \quad . \tag{7.11}$$

Corollaire 7.12. Soient C une courbe algébrique connexe lisse, propre sur k , V un ouvert non vide de C , Δ une sous-catégorie de $D^{+}(A)$ comme dans 7.1, et F un complexe de faisceaux de A-modules F sur V tel que sa restriction à un sous-ouvert non vide convenable de V soit trivialisée par un revêtement galoisien de V . Supposons de plus que $F_{\bar{x}} \in \mathrm{Ob}(\Delta)$ quelque soit $x \in V$. Sous ces conditions on a :

(*) $$\mathbb{R}\Gamma_{!V}(F) \ , \ R\Gamma_V(F) \in \mathrm{Ob}(\Delta) \quad ,$$

(**) $$cl_{K(\Delta)}(\mathbb{R}\Gamma_{!V}(F)) = cl_{K(\Delta)}(R\Gamma_V(F)) \quad .$$

Posons $\mathrm{EP}_{\Delta}(V,F) = cl_{K(\Delta)}(R\Gamma_V(F))$ et

$$\mathrm{EP}(V) = \mathrm{EP}_{D(F_{\ell})_{coh}}(V,F_{\ell}^{\bullet}) = \mathrm{EP}(C) - \mathrm{card}(Z) \ ,$$

où $Z = C - V$ et où F_{ℓ} est le faisceau sur C défini en dimension zéro par le faisceau constant associé à $F_{\ell} = \mathbb{Z}/\ell\mathbb{Z}$. On a alors la formule :

$$(7.13) \qquad EP_{\Delta}(V,F) = EP(V)\, c\ell_{K(\Delta)}(F_{\bar{\eta}}) - \sum_{x\in V(k)} \varepsilon_x^{\Delta}(F) - \sum_{x\in Z} \alpha_x^{\Delta}(F) ,$$

où ε_x^{Δ} et α_x^{Δ} sont définis par (6.2.1) , (6.2.2) .

Nous utiliserons le lemme suivant :

Lemme 7.14. Soient K le corps des fractions d'un anneau de valuation discrète strictement local R , $W = \operatorname{Spec} K$, A un anneau noethérien qui est annulé par un entier n premier à la caractéristique résiduelle p de R , et F un complexe de faisceaux de A-modules sur W trivialisé par une extension finie de K . Si Δ est une sous-catégorie triangulée de $D^+(A)$ stable par facteurs directs et si $F_{\bar{\eta}} \in Ob(\Delta)$ (η le point générique de S) alors $R\Gamma_W(F) \in Ob(\Delta)$ et $c\ell_{K(\Delta)}(R\Gamma_W(F)) = 0$.

Démonstration de 7.14. Soit π le groupe fondamental de W . Alors F correspond à un complexe de A-modules $M^{\bullet}$ à groupe π d'opérateurs. Le complexe de A-modules sous-jacent à $M^{\bullet}$ est isomorphe à $F_{\bar{\eta}}$ et par conséquent il appartient à $Ob(\Delta)$. Introduisons le groupe quotient $\bar{\pi}$ de π par son unique p-sous-groupe de Silov P [4 , II 33] , c'est à dire la limite projective de groupes quotients discrets de π qui sont d'ordre premier à p , où p est l'exposant caractéristique du corps résiduel de R . (Si $p = 1$, on pose $\bar{\pi} = \pi$.) On a donc la suite exacte

$$1 \longrightarrow P \longrightarrow \pi \longrightarrow \bar{\pi} \longrightarrow 0 ,$$

et on obtient

$$R\Gamma_W(F) \simeq R\Gamma^{\pi}(M^{\bullet}) \simeq R\Gamma^{\bar{\pi}}(R\Gamma^{P}(M^{\bullet}))$$

("isomorphisme de Hochschild-Serre"). Or P opère sur $M^\bullet$ via un groupe quotient fini, qui est donc un p-groupe donc d'ordre premier à n. Donc on a $R\Gamma^P(M^\bullet) \simeq \Gamma^P(M^\bullet)$, et $\Gamma^P(M^\bullet)$ est un facteur direct de $M^\bullet$, et appartient donc à $\mathrm{Ob}(\Delta)$.

D'autre part $\bar{\pi} = \prod_{\ell \neq p} \mathbb{Z}_\ell$ ([4], II 33). Nous sommes donc ramenés à démontrer que si $M^\bullet \in \mathrm{Ob}(\Delta)$, alors $R\Gamma^{\bar{\pi}}(M^\bullet) \in \mathrm{Ob}(\Delta)$ et

$cl_{K(\Delta)}(R\Gamma^{\bar{\pi}}(M^\bullet)) = 0$. Soit pour cela f un générateur topologique de $\bar{\pi}$. Nous pouvons supposer que les composantes M^i de M sont des $\bar{\pi}$-modules tels que $H^j(\bar{\pi},M^i) = 0$ si $j \geq 1$. Il existe alors un triangle distingué :

(7.15)
$$\begin{array}{ccc} & M^\bullet & \\ \swarrow & & \nwarrow {\scriptstyle 1-f} \\ R\Gamma^{\bar{\pi}}(M^\bullet) & \longrightarrow & M^\bullet \end{array} .$$

En effet d'une part il est clair que $R\Gamma^{\bar{\pi}} = \mathrm{Ker}(1-f)$. D'autre part $1-f : M^\bullet \longrightarrow M^\bullet$ est surjectif. En effet

$$H^1(\bar{\pi},M) = M^\bullet/(1-f)M^\bullet \quad ,$$

(voir pour ce calcul [4] pp. 197) dans un cas sensiblement analogue) donc il en résulte $M^\bullet = (1-f)M^\bullet$. Le triangle (7.15) nous donne en même temps $R\Gamma^{\bar{\pi}}(M^\bullet) \in \mathrm{Ob}(\Delta)$ et $cl_{K(\Delta)}(R\Gamma^{\bar{\pi}}(M^\bullet)) = 0$, ce qui prouve 7.14.

<u>Démonstration de</u> 7.12. Le fait que $R_! \Gamma_V(F) \in Ob(\Delta)$ résulte immédiatement de 7.1 appliqué au complexe $i_!(F)$, où $i : V \longrightarrow C$; en effet on a $R_! \Gamma_V(F) = R\Gamma_C(i_!(F))$. Pour prouver que $R\Gamma_V(F) \in Ob(\Delta)$, on considère le triangle distingué :

$$\begin{array}{ccc} & Q^{\bullet} & \\ \swarrow & & \nwarrow \\ Ri_!(F) & \longrightarrow & Ri_*(F) \end{array} ,$$

où $Q^{\bullet}$ est concentré sur $Z = C-V$, d'où en appliquant $R\Gamma_C$ le triangle distingué :

(7.16)
$$\begin{array}{ccc} & R\Gamma_Z(Q^{\bullet}|Z) & \\ \swarrow & & \nwarrow \\ R_!\Gamma_V(F) & \longrightarrow & R\Gamma_V(F) \end{array}$$

Comme $R_!\Gamma_V(F) \in Ob(\Delta)$, il en résulte que $R\Gamma_V(F) \in Ob(\Delta)$ si et seulement si $R\Gamma_Z(Q^{\bullet}|\, Z) \in Ob(\Delta)$, c'est-à-dire $(Ri_*(F))_x \in Ob(\Delta)$ pour tout $x \in Z$. Rappelons que pour calculer $(Ri_*(F))_x$ on considère le carré cartésien

$$\begin{array}{ccc} \bar{V} & \overset{j}{\hookrightarrow} & C_x \\ {\scriptstyle u}\downarrow & & \downarrow \\ V & \hookrightarrow & C \end{array}$$

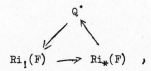

où C_x est le schéma localisé strict correspondant au point géométrique x ; on a $Ri_*(F)_x \simeq R\Gamma_V(u^*(F))$, en vertu de 7.14,et on a donc $(Ri_*(F))_x \in Ob(\Delta)$ et $cl_{K(\Delta)}(Ri_*(F))_x = 0$. Il en résulte que

$cl_{K(\Delta)}(R\Gamma_Z(Q^\bullet|Z) = 0$ et le triangle distingué (7.16) nous donne

$cl_{K(\Delta)}(R_!\Gamma_V(F)) = cl_{K(\Delta)}(R\Gamma_V(F))$. Enfin pour établir (7.13) il suffit d'utiliser la formule d'Euler-Poincaré (7.2) pour le complexe de faisceaux $i_!(F)$:

$$EP_\Delta(V,F)=cl_{K(\Delta)}(R_!\Gamma_V(F))=cl_{K(\Delta)}(R\Gamma_C(i_!(F)=EP(C)cl_{K(\Delta)}(F_{\bar\eta})-\sum_{x\in C(k)}\varepsilon_x^\Delta(i_!(F)).$$

Or on a :

$$\sum_{x\in C(k)}\varepsilon_x^\Delta(i_!(F)) = \sum_{x\in V(k)}\varepsilon_x^\Delta(F) + \sum_{x\in Z}\varepsilon_x^\Delta(F) \quad .$$

Mais pour $x \in Z$ on a $(i_!(F))_x = 0$ et par conséquent pour un tel x on a :

$$\varepsilon_x^\Delta(i_!(F)) = \alpha_x^\Delta(F) + cl_{K(\Delta)}(F_{\bar\eta}) \quad ,$$

d'où la formule (7.13).

Références

[1] M. Raynaud — Caractéristique d'Euler-Poincaré d'un faisceau et cohomologie des variétés abéliennes. Séminaire Bourbaki 1965, n° 286 .

[2] A. Grothendieck — Sur quelques points d'algèbre homologique, Toh. Math. Journal, vol. 9(1957), p.119 - 221, (cité [T]).

[3] Serre,J-P. — Corps locaux, Act. Sci. Ind, 1296(1962), Hermann Paris.

[4] Serre,J-P. — Cohomologie Galoisienne, Lecture Notes in Mathematics 5, 1964 (Springer).

[5] Verdier, J-L. — Catégories dérivées, I H E S 1963 (publié dans SGA $4^{1/2}$).

Exposé XII

FORMULES DE NIELSEN-WECKEN ET DE LEFSCHETZ EN GEOMETRIE ALGEBRIQUE

par A. Grothendieck

rédigé par I. BUCUR

1. Soient X' un schéma propre sur le corps k algébriquement clos et G un groupe fini opérant sur X'.

Pour chaque élément $g \in G$ on désigne par $g_{X'} : X' \to X'$ l'automorphisme de X' induit par g.

Supposons qu'il existe un ouvert U' de X' stable par G et tel que G opère librement sur U' et soit $\Lambda_n = \mathbb{Z}/\ell^n\mathbb{Z}$ où ℓ est un nombre premier différent de la caractéristique de k.

Désignons par $\Lambda_{n,U',X'}$ le faisceau $i_!(\Lambda_{n,U'})$ sur X' où $\Lambda_{n,U'}$ est le faisceau constant sur U' associé à l'anneau Λ_n et $i : U' \hookrightarrow X'$ est l'immersion canonique de U' dans X'. Le faisceau $\Lambda_{n,U',X'}$ est muni d'une manière naturelle d'une structure de faisceau à groupe G d'opérateurs. Par conséquence le complexe $\mathcal{H}_{n,U',X'} = \mathbb{R}\Gamma_{X'}(\Lambda_{n,U',X'})$ est un complexe de $\Lambda_n[G]$ - modules et plus précisément un complexe parfait (VIII,7) de $\Lambda_n[G]$ - modules (IX,2).

On verra dans la suite qu'il est plus commode pour notre but de considérer au lieu du complexe $\mathbb{R}\Gamma_{X'}(\Lambda_{n,U',X'})$ son dual $\mathcal{H}^{\vee}_{n,U',X'} = \mathbb{R}\Gamma_{X'}(\Lambda_{n,U',X'})^{\vee}$ par rapport à l'anneau Λ_n, au sens des catégories dérivées :

$$\mathcal{H}^{\vee}_{n,U',X'} = \mathbb{R}\Gamma_{X'}(\Lambda_{n,U',X'})^{\vee} = \mathbb{R}\,\mathrm{Hom}_{\Lambda_n}(\mathbb{R}\Gamma_{X'}(\Lambda_{n,U',X'}),\Lambda_n) .$$

Le complexe $\mathbb{R}\Gamma_{X'}(\Lambda_{n,U',X'})^{\vee}$ est un complexe parfait de $\Lambda_n[G]$ - modules.

Supposons qu'on se donne maintenant un endomorphisme $f' : X' \to X'$ du schéma X' et un endomorphisme $\varphi : G \to G$ du groupe G tel que les deux conditions suivantes soient remplies :

(1.1) $$f' g_{X'} = \varphi(g)_{X'} f' \qquad \forall g \in G \ .$$

(1.2) Le complémentaire $Y' = X' - U'$ est stable par f' .

(Sous les hypothèses déjà faites Y' est stable par G . En général on n'exige pas que l'ouvert U' soit stable par f').

On obtient donc les homomorphismes de faisceaux :

$$f'_{\Lambda_{n,X'}} : \Lambda_{n,X'} \longrightarrow \Lambda_{n,X'}$$

$$f'_{\Lambda_{n,Y'}} : \Lambda_{n,Y'} \longrightarrow \Lambda_{n,Y'}$$

$$f'_{\Lambda_{n,U',X'}} : \Lambda_{n,U',X'} \longrightarrow \Lambda_{n,U',X'}$$

$$g_{\Lambda_{n,U',X'}} : \Lambda_{n,U',X'} \longrightarrow \Lambda_{n,U',X'}$$

tel que le diagramme suivant, où les lignes sont exactes, soit commutatif :

(1.3) $$\begin{array}{ccccccccc} 0 & \longrightarrow & \Lambda_{n,U',X'} & \longrightarrow & \Lambda_{n,X'} & \longrightarrow & \Lambda_{n,Y'} & \longrightarrow & 0 \\ & & \Big\downarrow f'_{\Lambda_{n,U',X'}} & & \Big\downarrow f'_{\Lambda_{n,X'}} & & \Big\downarrow f'_{\Lambda_{n,Y'}} & & \\ 0 & \longrightarrow & \Lambda_{n,U',X'} & \longrightarrow & \Lambda_{n,X'} & \longrightarrow & \Lambda_{n,Y'} & \longrightarrow & 0 \end{array} \ .$$

On en déduit, en particulier, des homomorphismes de complexes de Λ_n-modules :

$$f'_{\mathcal{H}_{n,U',X'}} = \mathbb{R}\Gamma_{X'}(f'_{\Lambda_{n,U',X'}}) : \mathcal{H}_{n,U',X'} \longrightarrow \mathcal{H}_{n,U',X'} \ ,$$

$$f'_{\mathcal{H}^{\vee}_{n,U',X'}} = (f'_{\mathcal{H}_{n,U'}})^{\vee} : \check{\mathcal{H}}_{n,U',X'} \longrightarrow \check{\mathcal{H}}_{n,U',X'} \ ,$$

$$g_{\mathcal{H}_{n,U',X'}} = \mathbb{R}\Gamma_{X'}(g_{\Lambda_{n,U',X'}}) : \mathcal{H}_{n,U',X'} \longrightarrow \mathcal{H}_{n,U',X'}$$

$$g_{\mathcal{H}^{\vee}_{n,U',X'}} = (g_{\mathcal{H}_{n,U',X'}})^{\vee} : \check{\mathcal{H}}_{n,U',X'} \longrightarrow \check{\mathcal{H}}_{n,U',X'} \ ,$$

tel que les relations suivantes soient vraies :

(1.4) $$g_{\mathcal{H}_{n,U',X'}} \circ f'_{\mathcal{H}_{n,U',X'}} = f'_{\mathcal{H}_{n,U',X'}} \circ \varphi(g)_{\mathcal{H}_{n,U',X'}}$$

(1.5) $$f'_{\mathcal{H}^{\vee}_{n,U',X'}} \circ g_{\mathcal{H}^{\vee}_{n,U',X'}} = \varphi(g)_{\mathcal{H}^{\vee}_{n,U',X'}} \circ f'_{\mathcal{H}_{n,U',X'}} \ .$$

La relation (1.5) nous montre (cf. Exp. XI sur la théorie générale des traces, 5.2.1, 7.1) que la trace

$$\mathrm{Tr}^{*}_{\Lambda_n[G],\varphi}(f'_{\mathcal{H}^{\vee}_{n,U',X'}}) \in \Lambda_n[G_{\mathcal{F},\varphi}] \simeq \mathfrak{F}_!(G_{\mathcal{F},\varphi},\Lambda_n) \quad (*)$$

Notre premier but sera de donner, sous quelques hypothèses supplémentaires, une formule explicite de $\mathrm{Tr}^{*}_{\Lambda_n[G],\varphi}(f'_{\mathcal{H}^{\vee}_{n,U',X'}})$ en termes d'invariants locaux associés à f' , termes que nous allons définir plus bas.

2. En fait on peut faire mieux. Soient pour cela n,m deux entiers positifs tel que $m \geq n$. Les homomorphismes d'anneaux :

(*) cf. III B 5.12 .

$$\alpha_{m,n} : \Lambda_m \longrightarrow \Lambda_n$$

engendrent les homomorphismes de faisceaux d'anneaux sur X' :

$$\alpha_{m,n,X'} : \Lambda_{m,X'} \longrightarrow \Lambda_{n,X'} \quad ,$$

$$\alpha_{m,n,U'\!,X'} : \Lambda_{m,U',X'} \longrightarrow \Lambda_{n,U',X'} \quad .$$

L'application de la formule de Künneth nous donne :

(2.1) $$\mathbb{R}\Gamma_{X'}(\Lambda_{m,X'}) \overset{\mathbb{L}}{\otimes}_{\Lambda_m} \Lambda_n \simeq \mathbb{R}\Gamma_{X'}(\Lambda_{n,X'}) \quad ,$$

(2.2) $$\mathbb{R}\Gamma_{X'}(\Lambda_{m,U',X'}) \overset{\mathbb{L}}{\otimes}_{\Lambda_m} \Lambda_n \simeq \mathbb{R}\Gamma_{X'}(\Lambda_{n,U',X'}) \quad ,$$

(2.3) $$\mathbb{R}\Gamma_{X'}(f^!_{\Lambda_{m,X'}}) \overset{\mathbb{L}}{\otimes}_{\Lambda_m} \Lambda_n \simeq \mathbb{R}\Gamma_{X'}(f^!_{\Lambda_{n,X'}}) \quad ,$$

(2.4) $$\mathbb{R}\Gamma_{X'}(f^!_{\Lambda_{m,U',X'}}) \overset{\mathbb{L}}{\otimes}_{\Lambda_m} \Lambda_n \simeq \mathbb{R}\Gamma_{X'}(f^!_{\Lambda_{n,U',X'}}) \quad .$$

On en déduit aisément :

(2.5) $$\mathbb{R}\,\mathrm{Hom}_{\Lambda_m}(\mathbb{R}\Gamma_{X'}(\Lambda_{m,U',X'}),\Lambda_m) \otimes_{\Lambda_m} \Lambda_n \simeq \mathbb{R}\,\mathrm{Hom}_{\Lambda_n}(\mathbb{R}\,\Gamma_{X'}(\Lambda_{n,U',X'}),\Lambda_n)$$

(2.6) $$f^!_{\mathcal{H}^\vee_{m,U',X'}} \overset{\mathbb{L}}{\otimes}_{\Lambda_m} \Lambda_n \simeq f^!_{\mathcal{H}^\vee_{n,U',X'}} \quad .$$

Le morphisme de complexes parfaits $\mathbb{R}\Gamma_{X'}(f^!_{\Lambda_{n,X'}})$ (resp. $\mathbb{R}\Gamma_{X'}(f^!_{\Lambda_{n,U',X'}})$, $f^!_{\mathcal{H}^\vee_{n,U',X'}}$) s'obtient donc par extension des scalaires (XI, 6.3) à partir des morphismes $\mathbb{R}\Gamma_{X'}(f^!_{\Lambda_{m,X'}})$(resp. $\mathbb{R}\Gamma_{X'}(f^!_{\Lambda_{m,U',X'}})$, $f^!_{\mathcal{H}^\vee_{m,U',X'}}$)

à l'aide des morphismes $\alpha_{m,n}$ (resp. $\alpha_{m,n}$, $\alpha_{m,n,G} : \Lambda_m[G] \longrightarrow \Lambda_n[G]$) .

En utilisant (XI, 6.3, 6.3.2, 6.3.3), 2.3, 2.6 on obtient les relations

(2.7) $$\mathrm{Tr}^*_{\Lambda_n}(\mathbb{R}\Gamma_{X'}(f'_{\Lambda_{n,X'}})) = \alpha_{m,n}(\mathrm{Tr}^*_{\Lambda_m}(\mathbb{R}\Gamma_{X'}(f'_{\Lambda_{m,X'}}))) ,$$

(2.8) $$\mathrm{Tr}^*_{\Lambda_n[G],\varphi}(f'_{\mathcal{H}^{\vee}_{n,U',X'}}) = \alpha_{m,n,G}(\mathrm{Tr}^*_{\Lambda_m[G],\varphi}(f'_{\mathcal{H}^{\vee}_{m,U',X'}})) .$$

Le système des fonctions $(\mathrm{Tr}_{\Lambda_n[G],\varphi}(f'_{\mathcal{H}^{\vee}_{n,U',X'}}))_{n>0}$ définit une fonction $\mathrm{Tr}_{\mathbb{Z}_\ell[G],\varphi}(f'_{\mathcal{H}^{\vee}_{U',X'}(\ell)}) \in \mathcal{F}_!(G_{\varphi}, \mathbb{Z}_\ell)$, φ-centrale sur G à valeurs dans l'anneau $\mathbb{Z}_\ell$ des entiers ℓ - adiques.

De même les éléments $\mathrm{Tr}^*_{\Lambda_n}(\mathbb{R}\Gamma_{X'}(f'_{n,X'}))$, $n \geq 1$, définissent un entier ℓ-adique $\mathrm{Tr}^*_{\mathbb{Z}_\ell}(f'_{\mathbb{R}\Gamma_{X'}(\mathbb{Z}_{\ell,X'})})$.

Notre but sera de trouver une formule pour $\mathrm{Tr}^*_{\mathbb{Z}_\ell[G],\varphi}(f'_{\mathcal{H}^{\vee}_{U',X'}(\ell)})$.

3. <u>L'invariant local de Nielsen-Wecken</u> (cf. [1]). Supposons en **plus des** hypothèses décrites au numéro 1, que toute orbite de G est contenue dans un ouvert affine. Il existe donc un quotient $X = X'/G$ et grâce à la formule 1.1, l'endomorphisme f' de X' passe au quotient :

$$f : X \longrightarrow X .$$

On va utiliser dans la suite les notations suivantes :

$$p : X' \longrightarrow X = X'/G \quad \text{pour la projection canonique,}$$

$$Y = p(Y') = Y'/G \quad ,$$

$$U = X - Y$$

U' est un revêtement principal ayant G comme groupe structural . Soit $x \in U$ un point fixe de f . On va lui associer une classe de φ-conjugaison (XI,7.1) $NW^{G,\varphi}_{f'}(x)$ de la manière suivante :

Soit $x' \in U'$ tel que $p(x') = x$. U' étant un revêtement principal ayant G comme groupe structural et le point x étant fixe pour f il existe un élément unique $g \in G$ tel que $f'(x') = gx'$. La classe de φ-conjugaison de g ne dépend que de x . En effet si $p(x'') = x$, il existe $h \in G$ tel que $hx'' = x'$. Par conséquent si $f'(x'') = g'x''$ on a :

$$gx' = f'(x') = f'(hx'') = \varphi(h)f'(x'') = (\varphi(h)g'h^{-1})x' \quad ,$$

$$g = \varphi(h)g'h^{-1} \quad ,$$

c'est-à-dire g et g' sont φ-conjugués. Par conséquent, on obtient une classe bien déterminée de φ-conjugaison, <u>l'invariant local de Nielsen-Wecken</u> associé au point fixe $x \in U$ de f qui sera désigné par $NW^{G,\varphi}_{f}(x)$.

La classe de φ-conjugaison $NW^{G,\varphi}_{f}(x)$ définit une fonction φ-centrale (cf. XI, 7.1) :

$$NW^{G,\varphi}_{f}(x) : G \longrightarrow \mathbb{Z}$$

à valeurs entières, caractérisée par les relations suivantes :

$$(3.1) \qquad NW_f^{G,\varphi}(x)(g) = \begin{cases} 1 & \text{s'il existe } x' \in X' \text{ tel que } (g^{-1}f')(x') = x' \\ & \text{et } p(x') = x \\ 0 & \text{sinon .} \end{cases}$$

4. Supposons X' lisse sur k et en plus que le nombre des points fixes de f est fini. Il en résulte en particulier que le nombre des points fixes de $g^{-1}f'$ est fini pour chaque $g \in G$.

Pour chaque point fixe $x \in X$ de f on introduit la fonction φ-centrale

$$S_x(f',f,G,\varphi) : G \longrightarrow \mathbb{Q} \quad ,$$

à valeurs rationnelles, définie par la formule :

$$(4.1) \qquad S_x(f',f,G,\varphi)(g) = \frac{1}{c^{\varphi}(g)} \sum_{x' \in X_x'^{g^{-1}f}} (\nu_{x'}(g^{-1}f') - 1) \quad .$$

Nous avons utilisé les notations suivantes :

$$(4.2) \qquad c^{\varphi}(g) = \text{Card } G_g^{\varphi} \quad , \quad G_g^{\varphi} = \{x \in G \ / \ \varphi(x)gx^{-1} = g\} \quad ,$$

$$(4.3) \qquad X_x'^{g^{-1}f'} = \{x' \in X' \ / \ p(x') = x \ , \ (g^{-1}f')(x') = x'\} \ .$$

$$(4.4) \qquad \nu_{x'}(g^{-1}f') = \text{la multiplicité du point fixe } x' \text{ de } g^{-1}f' \quad .$$

Par composition, avec les inclusions canoniques

$$\mathbb{Q} \hookrightarrow \mathbb{Q}_\ell$$

la fonction $S_x(f',f,G,\varphi)$ engendre des fonctions φ-centrales $S_{x,\ell}(f',f,G,\varphi)$ sur G à valeurs dans le corps $\mathbb{Q}_\ell$ des nombres ℓ-adiques.

Conjecture 4.5. Pour chaque $\ell \neq \mathrm{car}(k)$ les valeurs de la fonction $S_{x,\ell}(f',f,G,\varphi)$ sont des entiers ℓ-adiques.

On va prouver dans la suite que la conjecture 4.5 est vraie si la dimension de X est égale à 1.

Proposition 4.6 Soient R un anneau de valuation discrète, $\underline{m}$ son idéal maximal, π une uniformisante, $k = R/\underline{m}$ son corps résiduel supposé alg. clos, v sa valuation, $f'_R : R \to R$ un endomorphisme de R et G un groupe fini d'automorphismes de R . Supposons que l'endomorphisme f'_R et les automorphismes g_R induisent l'indentité sur k et qu'on se donne en plus un endomorphisme de G :

$$\varphi : G \longrightarrow G \quad ,$$

tel que la relation suivante soit remplie :

$$f'_R \circ g_R = \varphi(g)_R \circ f'_R \quad .$$

Si l'on désigne pour chaque $g \in G$

$$\nu(g_R^{-1} f'_R) = v(g_R^{-1} f'_R(\pi) - \pi) \quad ,$$

et si l'on décompose $c^{\varphi}(g)$ (cf. 4.2) sous la forme

$$c^{\varphi}(g) = p^s q \quad , \quad (p,q) = 1 \quad , \quad p = \mathrm{car}(k) \quad ,$$

alors $q \mid (\nu(g_R^{-1} f'_R) - 1)$.

Pour démontrer la proposition 4.6 on se réduit au cas $g = e$ et $\varphi = \mathrm{id}_G$. En effet on peut se réduire d'abord au cas $g = e$ en associant à la situation (f'_R, G, g, φ) la situation $(f''_R = g_R^{-1} f'_R\ ,\ G, e, \varphi' = \mathrm{int}(g)\circ\varphi)$ $(\varphi'(a) = g^{-1}\varphi(a)g)$ et en observant aisément qu'on a :

$$\nu(g_R^{-1} f') - 1 = \nu(f''_R) - 1$$

$$c^{\varphi}(g) = c^{\varphi'}(e) \quad (G_g^{\varphi} = G_e^{\varphi'}) \quad (\text{cf. } 4.2)$$

Pour se réduire simultanément au cas $g = e$, $\varphi = \mathrm{id}_G$ remarquons qu'on peut associer à la situation (f''_R, G, e, φ') la situation $(f''_R, G_e^{\varphi'}, e, \mathrm{id}_{G_e^{\varphi'}})$ et qu'on a :

$$G_e^{\varphi'} = (G_e^{\varphi'})_e^{\mathrm{id}_{G_e^{\varphi'}}}$$

La démonstration de la proposition 4.6 utilise essentiellement le lemme suivant :

<u>Lemme</u> 4.7. <u>Les hypothèses et les notations étant celles de la proposition</u> 4.6 <u>supposons en plus que</u> $\varphi = \mathrm{id}_G$, <u>c'est-à-dire que les opérations de</u> G <u>sur</u> R <u>commutent avec</u> f'_R , <u>et que</u> $r = \nu(f'_R) \geq 2$.

Soit

$$c = \mathrm{Card}(\mathrm{Im}(G \longrightarrow \mathrm{Aut}_k(\underline{m}/\underline{m}^2))) \quad .$$

<u>On a alors la relation suivante de divisibilité</u> :

$$c \mid (r-1)$$

Démonstration. Il est clair que l'entier r satisfait aux conditions suivantes :

a) l'homomorphisme

$$f'_r : A/\underline{m}^r \longrightarrow A/\underline{m}^r$$

induit par f'_R est l'identité.

b) l'homomorphisme

$$f'_{r+1} : A/\underline{m}^{r+1} \longrightarrow A/\underline{m}^{r+1}$$

est différent de l'identité.

D'autre part il est évident que G opère sur tous les espaces vectoriels $\underline{m}^i/\underline{m}^{i+1}$ sur k .

On va montrer d'abord que sous les hypothèses du lemme il existe un homomorphisme de $k[G]$-modules

$$u(f'_R) : \underline{m}/\underline{m}^2 \longrightarrow \underline{m}^r/\underline{m}^{r+1}$$

et un seul tel que les deux conditions suivantes soient satisfaites :

1) $u(f'_R) \neq 0$

2) $u(f'_R)(x \bmod \underline{m}^2) = (f'_R(x) - x) \bmod \underline{m}^{r+1}$, quel que soit $x \in \underline{m}$.

Il est clair que la condition a) implique $f'_R(x)-x \in \underline{m}^r$ quel que soit $x \in R$, ce qui donne un sens à la condition 2).

Cette observation nous donne aussi la possibilité de définir un homomorphisme de groupes abéliens :

$$\underline{m} \longrightarrow \underline{m}^r / \underline{m}^{r+1}$$

$$x \longrightarrow (f_R'(x)-x) \bmod \underline{m}^{r+1}$$

Cet homomorphisme s'annule sur $\underline{m}^2$. En effet, si $x_1, x_2 \in \underline{m}$ alors $f_R'(x_1x_2) - x_1x_2 \in \underline{m}^{r+1}$ car on a grâce à la condition a) :

$$f_R'(x_1) = x_1 + \alpha_1 \ , \ \alpha_1 \in \underline{m}^r \ ,$$

$$f_R'(x_2) = x_2 + \alpha_2 \ , \ \alpha_2 \in \underline{m}^r \ ,$$

et par conséquent :

$$f_R'(x_1x_2) = f_R'(x_1)f_R'(x_2) = (x_1+\alpha_1)(x_2+\alpha_2) = x_1x_2+x_1\alpha_2+x_2\alpha_1+\alpha_1\alpha_2 \ ,$$

et évidemment $x_1\alpha_2+x_2\alpha_1+\alpha_1\alpha_2 \in \underline{m}^{r+1}$.

Il en résulte donc par passage au quotient un homomorphisme de groupes abéliens :

$$u(f_R') : \underline{m}/\underline{m}^2 \longrightarrow \underline{m}^r/\underline{m}^{r+1} \ .$$

L'homomorphisme $u(f_R')$ est en fait un homomorphisme d'espaces vectoriels sur k . Pour le voir il faut montrer qu'on a quel que soit $x \in \underline{m}$, $\alpha \in R$:

$$f_R'(\alpha x) - \alpha x \equiv \alpha(f_R'(x)-x) \bmod \underline{m}^{r+1} \ ,$$

c'est-à-dire

(4.7.1) $$f_R'(\alpha x) - \alpha f_R'(x) \in \underline{m}^{r+1} .$$

Mais on a :

$$f_R'(\alpha x) - \alpha f_R'(x) = (f_R'(\alpha) - \alpha) f_R'(x) ,$$

ce qui donne la relation (4.7.1) parce que

$$f_R'(\alpha) - \alpha \in \underline{m}^r \quad \text{(Condition a))}$$

$$f_R'(x) \in \underline{m} \qquad (x \in \underline{m}) .$$

L'homomorphisme $u(f_R')$ est un homomorphisme de $k[G]$-modules. En effet, on a pour $x \in \underline{m}$:

$$u(f_R')(g(x \bmod \underline{m}^2)) = (f_R'(gx) - gx) \bmod \underline{m}^{r+1}$$

$$= g(f_R'(x) - x) \bmod \underline{m}^{r+1} = gu(f_R')(x \bmod \underline{m}^2)$$

Enfin $u(f_R') \neq 0$. En effet grâce à la condition b) il existe un élément $x_o \in R$ tel que $f_R'(x_o) - x_o \notin \underline{m}^{r+1}$. Mais il nous faut un tel élément appartenant à $\underline{m}$. Pour obtenir un tel élément écrivons x_o sous la forme

$$x_o = \frac{x}{x'} \quad , \; x,x' \in \underline{m} \quad , \; x' \notin \underline{m}^{r+1} .$$

L'un au moins des éléments x,x' satisfait à la condition voulue.

Supposons par l'absurde qu'on ait en même temps :

$$f'_R(x) - x \in \underline{m}^{r+1} \quad , \quad f'_R(x') - x' \in \underline{m}^{r+1} \quad .$$

On aura donc, dans le corps K des fractions de A :

$$\frac{f'_R(x)}{x} \in 1+\underline{m}^r \quad , \quad \frac{f'_R(x')}{x'} \in 1+\underline{m}^r \quad .$$

On peut supposer que $f'_R(x') \neq 0$, parce qu'autrement x' est l'élément cherché. Sous cette hypothèse, compte tenu du fait que $1+\underline{m}^r$ est un groupe multiplicatif il résulte que :

$$\frac{x'}{f'_R(x')} \in 1+\underline{m}^r \quad ,$$

et par conséquent :

$$\frac{f'_R(x)}{x} \cdot \frac{x'}{f'_R(x')} \in 1+\underline{m}^r \quad .$$

Mais cette dernière relation implique :

$$\frac{f'_R(x_o)}{x_o} \in 1+\underline{m}^r \quad .$$

En effet :

$$\frac{f'_R(x_o)}{x_o} - \frac{f'_R(x)}{x} \cdot \frac{x'}{f'_R(x')} = \frac{f'_R(\frac{x}{x'})}{\frac{x}{x'}} - \frac{f'_R(x)}{x} \cdot \frac{x'}{f_R(x')} = \frac{x' f'_R(\frac{x}{x'})}{x} - \frac{f'_R(x)}{x} \cdot \frac{x'}{f'_R(x')}$$

$$= \frac{1}{x}\left(\frac{x' f'_R(x') f'_R(\frac{x}{x'}) - x' f_R(x)}{f'_R(x')}\right) = 0$$

Si l'on munit l'espace vectoriel sur k :

$$\mathrm{Hom}_k(\underline{m}/\underline{m}^2\ ,\ \underline{m}^r/\underline{m}^{r+1})$$

de la structure habituelle de G-module son élément $u(f'_R)$ appartient au sous-espace

$$\mathrm{Hom}_k(\underline{m}/\underline{m}^2\ ,\ \underline{m}^r/\underline{m}^{r+1})^G$$

des invariants sous G .

D'autre part il est classique que l'espace vectoriel $\underline{m}^i/\underline{m}^{i+1}$ s'identifie canoniquement avec la i-ième puissance tensorielle $\otimes_k^i(\underline{m}/\underline{m}^2)$ et par conséquent l'espace vectoriel $\mathrm{Hom}_k(\underline{m}/\underline{m}^2\ ,\ \underline{m}^r/\underline{m}^{r+1})$ s'identifie par l'homomorphisme de "contraction avec la (r-1)-ème puissance tensorielle $\otimes_k^{r-1}(\underline{m}/\underline{m}^2)$:

$$\gamma : \mathrm{Hom}_k(\underline{m}/\underline{m}^2\ ,\ \underline{m}^r/\underline{m}^{r+1}) \longrightarrow \otimes_k^{r-1}(\underline{m}/\underline{m}^2)\ .$$

Par l'isomorphisme γ la structure de G-module de $\mathrm{Hom}_k(\underline{m}/m^2\ ,\ \underline{m}^r/m^{r+1})$ se transporte dans la structure de G-module de $\otimes_k^{r-1}(\underline{m}/\underline{m}^2)$ induite par la structure de G-module de $\underline{m}/m^2$:

$$g(\xi_1\otimes \xi_2\otimes \ldots \otimes \xi_{r-1}) = g\xi_1\otimes \ldots \otimes g\xi_{r-1}\ .$$

Nous désignerons par $\mu(f'_R)$ l'image de $u(f'_R)$ par l'isomorphisme γ .

On a donc

1) $0 \neq \mu(f'_R) \in \otimes_k^{r-1}(\underline{m}/\underline{m}^2)$,

II) $\mu(f'_R)$ est invariant par G .

Nous pouvons maintenant conclure la démonstration du lemme 4.7. Tout d'abord, l'espace vectoriel $\underline{m}/\underline{m}^2$ étant de dimension 1 on a

$$\mathrm{Aut}_k(\underline{m}/\underline{m}^2) = k^* \quad ,$$

et par conséquent $\mathrm{Im}(G \longrightarrow \mathrm{Aut}_k(\underline{m}/\underline{m}^2))$ est un sous-groupe fini de k^* cyclique, engendré par une racine primitive c-ème de l'unité. Désignons par ϵ une telle racine. Le sous-groupe $\mathrm{Im}(G \longrightarrow \mathrm{Aut}_k(\underline{m}/\underline{m}^2))$ est donc engendré par l'automorphisme

$$\chi : \underline{m}/\underline{m}^2 \longrightarrow \underline{m}/\underline{m}^2$$

$$\xi \longrightarrow \epsilon\xi \quad .$$

L'élément $\mu(f'_R)$ de $\otimes_k^{r-1}(\underline{m}/\underline{m}^2)$ étant invariant par G on a :

$$\mu(f'_R) = \chi\mu(f'_R) = \chi \sum_i \xi_{1i} \otimes \xi_{2i} \otimes \ldots \otimes \xi_{r-1,i}$$

$$= \sum_i \epsilon\xi_{1i} \otimes \epsilon\xi_{2i} \otimes \ldots \otimes \epsilon\xi_{r-1,i} = \epsilon^{r-1}\mu(f'_R) \quad ,$$

c'est-à-dire

$$(1-\epsilon^{r-1})\mu(f'_R) = 0 \quad ,$$

$\mu(f'_R)$ étant différent de zero (Cond. I) il en résulte $1-\epsilon^{r-1} = 0$, c'est-à-dire $c\,|\,(r-1)$.

Démonstration de la proposition 4.6. Nous avons déjà remarqué qu'on peut se réduire au cas $g = e$, $\varphi = id_G$. Si l'on désigne par G_1 le noyau de l'homomorphisme :

$$G \longrightarrow Aut_k(\underline{m}/\underline{m}^2) \quad ,$$

alors on a grâce à la théorie de la ramification :

$$Card(G_1) = p^t \quad .$$

Par conséquent, en utilisant les notations du lemme 4.7 on a :

$$Card(G) = p^t c \quad .$$

Comme d'autre part $c^{id_G}(e) = Card(G)$ l'énoncé de la proposition 4.6 dans le cas $g = e$, $\varphi = id_G$, et par conséquent en général, résulte du lemme 4.7.

Corollaire 4.8 Pour chaque $\ell \neq car(k)$, l'image du nombre rationnel

$$\frac{\left(\nu(g_R^{-1} f'_R) - 1\right)}{c^{\varphi}(g)}$$

par l'inclusion canonique :

$$\mathbb{Q} \hookrightarrow \mathbb{Q}_\ell$$

est un entier ℓ-adique.

Proposition 4.9. La conjecture 4.5 est vraie si la dimension du schéma X est égale à 1.

Démonstration. Nous allons introduire l'endomorphisme

$$\psi : G \longrightarrow G$$

défini par :

$$\psi = \mathrm{int}_g \circ \varphi \quad , \quad \mathrm{int}_g(\xi) = g^{-1}\xi g \; .$$

On voit facilement qu'on a :

i) $\psi(G_{x'}) \subset G_{g^{-1}f'x'}$, $G_{x'}$ étant le stabilisateur du point x' .

ii) $c^{\varphi}(g) = \mathrm{Card}(G^{\psi})$, $G^{\psi} = \{\xi \mid \psi(\xi) = \xi\}$.

iii) G^{ψ} opère sur $X_x'^{g^{-1}f'}$

iv) $\nu_{x'}(g^{-1}f') = \nu_{hx'}(g^{-1}f')$ pour chaque $h \in G^{\psi}$

v) $(g^{-1}f')(g_1x) = \psi(g_1)(g^{-1}f')(x)$.

Par conséquent on peut décomposer $X_x'^{g^{-1}f'}$ comme la réunion de ses orbites et on obtient :

$$(4.9.1) \quad \sum_{x' \in X'^{g^{-1}f'}} (\nu_{x'}(g^{-1}f')-1) = \sum_{x' \in X_x'^{g^{-1}f'}/G^{\psi}} \frac{\left(\nu_{x'}(g^{-1}f')-1\right)}{\mathrm{Card}(G_{x'}^{\psi})} \mathrm{Card}(G^{\psi}) \quad ,$$

$$(\nu_{x'}(g^{-1}f') = \nu((g^{-1}f')_{\mathcal{O}_{x'}})) \; ,$$

c'est-à-dire :

$$(4.9.2)\qquad S_x(f',f,G,\varphi)(g) = \sum_{x'\in X'^{g^{-1}f'}/G^{\psi}} \frac{(\nu_{x'}(g^{-1}f')-1}{\mathrm{Card}(G^{\psi}_{x'})}$$

et la proposition résulte de la proposition 4.6.

5. Généralisation d'un formule de type Nielsen-Wecken. (cf. [1])

Proposition 5.1. Les hypothèses et les notations étant celles de 1,2,3,4, supposons en plus que Y' est une partie finie de X' .

Si ℓ est un nombre premier différent de la caractéristique de k , on a :

a) les valeurs de la fonction φ-centrale

$$\sum_{x\in Y^f} S_{x,\ell}(f,f',G,\varphi)$$

sont des entiers ℓ-adiques.

b) la formule suivante est vraie :

$$(5.1.1)\qquad \mathrm{Tr}_{\mathbb{Z}_\ell[G],\varphi}(f'_{\mathcal{H}^{\vee}_{U',X'}(\ell)}) = \sum_{x\in U^f} \nu_x(f)NW^{G,\varphi}_f(x) + \sum_{x\in Y^f} S_{x,\ell}(f,f',G,\varphi) \ .$$

Démonstration. Il est clair que si l'on prouve l'égalité b) en pensant tout comme fonctions à valeurs dans $\mathbb{Q}_\ell$, il résulte déjà l'assertion de a) parce-que $NW^{G,\varphi}_{f'}(x)$, $\mathrm{Tr}_{\mathbb{Z}_\ell[G],\varphi}(f'_{\mathcal{H}^{\vee}_{U',X'}(\ell)})$ sont des fonctions à valeurs dans $\mathbb{Z}_\ell$.

D'abord on voit en réduisant modulo ℓ^n pour chaque $n \geq 1$ et en utilisant (XI, 7.2.3.6) qu'on a pour chaque $g \in G$:

(5.2) $$c^{\varphi}(g)\ \mathrm{Tr}_{\mathbb{Z}_\ell[G],\varphi}(f'\,|\,\mathcal{H}^{\vee}_{U',X'}(\ell))(g) = \mathrm{Tr}_{\mathbb{Z}_\ell}(g_{X'}^{-1}f'\,|\,\mathcal{H}^{\vee}_{U',X'}(\ell))$$

$$= \mathrm{Tr}_{\mathbb{Z}_\ell}(g_{X'}^{-1}f'\,|\,\mathcal{H}_{U',X'}(\ell))\ .$$

Le diagramme commutatif (1.3), dont les lignes sont exactes, nous donne (XI, §4) :

(5.3) $$\mathrm{Tr}_{\mathbb{Z}_\ell}(g_{X'}^{-1}f'\,|\,\mathcal{H}_{U',X'}(\ell)) = \mathrm{Tr}_{\mathbb{Z}_\ell}(g_{X'}^{-1}f'\,|\,\mathbb{R}\Gamma_{X'}(\mathbb{Z}_{\ell,X'})) - \mathrm{Tr}^{*}_{\mathbb{Z}_\ell}(g_{Y'}^{-1}f'_{Y'}\,|\,\mathbb{R}\Gamma_{Y'}(\mathbb{Z}_{\ell,Y'}))$$

Les deux termes du deuxième membre de la relation (5.3) peuvent être évalués grâce à la formule classique de Lefschetz (cf.   ). (En fait pour le dernier terme il s'agit d'une formule triviale de Lefschetz) :

(5.4) $$\mathrm{Tr}_{\mathbb{Z}_\ell}(g_{X'}^{-1}f'\,|\,\mathbb{R}\Gamma_{X'}(\mathbb{Z}_{\ell,X'})) = \sum_{x\in X^f}\ \sum_{x'\in X'^{g_{X'}^{-1}f'}_{x}} \nu_{x'}(g_{X'}^{-1}f')$$

(5.5) $$\mathrm{Tr}_{\mathbb{Z}_\ell}(g_{Y'}^{-1}f'_{Y'}\,|\,\mathbb{R}\Gamma_{Y'}(\mathbb{Z}_{\ell,Y'})) = \text{nombre des points fixes de } g_{Y'}^{-1}f'_{Y'}$$

Par conséquent

(5.6) $$\mathrm{Tr}_{\mathbb{Z}_\ell}(g_{X'}^{-1}f'\,|\,\mathcal{H}_{U',X'}(\ell)) = \sum_{x\in U^f}\ \sum_{x'\in X'^{g_{X'}^{-1}f'}_{x}} \nu_{x'}(g_{X'}^{-1}f')$$

$$- \sum_{x\in Y^f}\ \sum_{x'\in X'^{g_{X'}^{-1}f'}} (1-\nu_{x'}(g_{X'}^{-1}f'))$$

Mais $x \in U^f$ étant donné, l'ensemble $X'^{g_{X'}^{-1}f'}$ est non vide si et seulement si $NW_{f'}^{G,\varphi}(x) = 1$. Comme on a aussi :

(5.7) $$\text{Card } X'^{g_{X'}^{-1}f'}_x = c^{\varphi}(g) \quad , x \in U \ .$$

(5.8) $$\nu_{x'}(g_{X'}^{-1}f') = \nu_x(f) \ , \ x \in U \ .$$

les relations (5.2) , (5.6) donnent :

(5.9) $$\mathrm{Tr}_{\mathbb{Z}_\ell[G],\varphi}(f'_{\mathcal{H}^\vee_{U',X'}(\ell)})(g) = \sum_{x \in U^f} \nu_x(f) NW_f^{G,\varphi}(x)(g)$$

$$- \sum_{x \in Y^f} \sum_{x' \in X'^{g_{X'}^{-1}f'}} \frac{(1-\nu_{x'}(g_{x'}^{-1}f'))}{c^{\varphi}(g)}$$

c'est-à-dire la formule à démontrer.

5.10. Cas particuliers. a) Le cas non-ramifié : $Y' = \phi$, c'est-à-dire $Y = \phi$.

Dans ce cas la formule (5.1.1) devient :

(5.11) $$\mathrm{Tr}_{\mathbb{Z}_\ell[G],\varphi}(f'_{\mathcal{H}^\vee_{U',X'}(\ell)}) = \sum_{x \in X^f} \nu_x(f) NW_f^{G,\varphi}(x)$$

b) Le cas des multiplicités 1 : $\nu_{x'}(g_X^{-1}f') = 1 \quad \forall x' \in Y'^{g_Y^{-1}f'_Y}$ et $\forall g \in G$.

Dans ce cas la formule 5.1.1 se réduit à la formule 5.11 Ce cas est en particulier réalisé si l'on a : dim X = 1 , $\nu_x(f) = 1$ pour tout $y \in Y$.

6. Application à une formule de Lefschetz.

6.1. Nous garderons les notations et les conditions du numéro 1 x). Soient de plus A une Λ_n- algèbre commutative noethérienne , F un faisceau (pour la topologie étale) constructible de A-modules parfaits sur X et

$$u : f^*(F) \longrightarrow F$$

un homomorphisme de faisceaux de A-modules.

On obtient en particulier un endomorphisme de la paire (X,F) :

$$(u,f) : (X,F) \longrightarrow (X,F) \quad ,$$

et par conséquence un endomorphisme de complexes de A-modules :

$$\mathbb{R}\Gamma_x(u,f) : \mathbb{R}\Gamma_X(F) \longrightarrow (\mathbb{R}\Gamma_X(F) \quad .$$

Le schéma X étant par hypothèse propre sur k et le faisceau F étant constructible et de torsion, le théorème de finitude (S.G.A.4. XVII 5) nous assure que le complexe $\mathbb{R}\Gamma_X(F)$ est un complexe parfait de A-modules. La trace $Tr_A(\mathbb{R}\Gamma_X(u,f))$ est donc définie

$$Tr_A(\mathbb{R}\Gamma_X(u,f)) \in A \quad .$$

Notre but sera de donner, sous quelques hypothèses supplémentaires, une formule explicite de $Tr_A(\mathbb{R}\Gamma_X(u,f))$ en termes d'invariants locaux associés aux points fixes de f .

x) X^f désigne l'ensemble des points fixes fermés de X .

6.2. Définition des termes locaux. Supposons que X' est irréductible de dimension un et que la restruction du faisceau $F' = p^*(F)$ à U' soit constante.

Si le nombre des points fixes de f' est fini, hypothèse qui sera faite dans la suite, on peut toujours supposer qu'on a $X^f \subset Y^f$.

Le faisceau $F'|_{U'}$ est donc défini par un A-module M sur lequel G opère :

$$F'|_{U'} \approx M_{U'} .$$

En fait si on désigne par η (resp. η') le point générique de X (resp. X') et par $\overline{\eta}$ (resp. $\overline{\eta'}$) un point géométrique sur η (resp η') on a :

$$p(\eta') = \eta$$

$$F_{\overline{\eta}} \approx F'_{\overline{\eta'}} .$$

Le complexe F' est isomorphe à M et par conséquence M est un A-module parfait.

D'autre part si le morphisme f' n'est pas constant il laisse fixe le point générique de X'. Par conséquent le morphisme $(p^*(u),f')$ de la paire (X',F') induit un morphisme sur la fibre $F'_{\overline{\eta'}}$:

$$u'_{\overline{\eta'}} : F'_{\overline{\eta'}} \longrightarrow F'_{\overline{\eta'}} ,$$

d'où évidemment un morphisme de A-modules :

$$u_M : M \longrightarrow M .$$

On voit aisément que la relation suivante est satisfaite

$$(6.2.1) \qquad u_M(\varphi(g)m) = gu_M(m) \qquad \forall\, m \in M, \quad \forall\, g \in G.$$

Le dual $\check{M}$ de M par rapport à A est donc muni d'une structure de $A[G]$-module et d'un endomorphisme

$$u_M^{\vee} : \check{M} \longrightarrow \check{M} \qquad ,$$

tel que la relation suivante soit vraie :

$$u_M^{\vee}(gx) = \varphi(g)\, u_M^{\vee}(x) \qquad \forall\, g \in G,\ \forall\, x \in \check{M} \ .$$

En plus $\check{M}$ est un A-module parfait et par conséquent la trace $Tr_A(g^{-1}u_M^{\vee})$ est définie pour chaque $g \in G$.

Soit $x \in X^f$ un point fixe fermé de f . Le morphisme u induit un endomorphisme du module F_x , la fibre du faisceau F dans le point x . (On identifie les points fermés de X avec les points de $X(x)$) :

$$u_x : F_x \longrightarrow F_x \qquad .$$

La trace $Tr_A(u_x)$ nous fournit un premier invariant local associé au point fixe x .

On introduit un autre invariant local $\alpha_x(f,u,f',G,\varphi)$, élément de l'anneau A , par la formule :

$$(6.2.2) \qquad \alpha_x(f,u,f',G,\varphi) = \sum_{g \in G_{\mathfrak{f}\varphi}} S_{x,\mathfrak{m}}(f,f',G,\varphi)(g)\,Tr_A(g^{-1}u_M^{\vee}) \quad ,$$

où la fonction

$$S_{x,\ell^n}(f,f',G,\varphi) : G \longrightarrow \Lambda_n \quad ,$$

s'obtient à partir de la fonction $i_\ell \circ S_x(f,F',G,\varphi)$ (cf.4) par réduction modulo $\ell^n\mathbb{Z}$, c'est-à-dire :

$$S_{x,\ell^n}(f,f',G,\varphi)(g)=(i_\ell \circ S_x(f,f',G,\varphi))(g) \bmod \ell^n\mathbb{Z} \quad .$$

6.3. Une formule de Lefschetz. Sous les hypothèse et avec les notations de 5.1, 6.1, 6.2, on a la formule :

(6.3.1) $$\mathrm{Tr}_A(\mathbb{R}\Gamma_X(u,f)) = \sum_{x\in X^f} \tau_x(f,u,f',G,\varphi) \quad ,$$

où on a posé.

(6.3.2) $$\tau_x(f,u,f',G,\varphi) = \mathrm{Tr}_A(u_x) - \alpha_x(f,u,f',G,\varphi) \quad .$$

Démonstration. Le sous-schéma Y étant stable par f , le morphisme

$$(u,f) : (X,F) \longrightarrow (X,F) \quad ,$$

induit un endomorphisme de triangles distingués

(6.3.3)

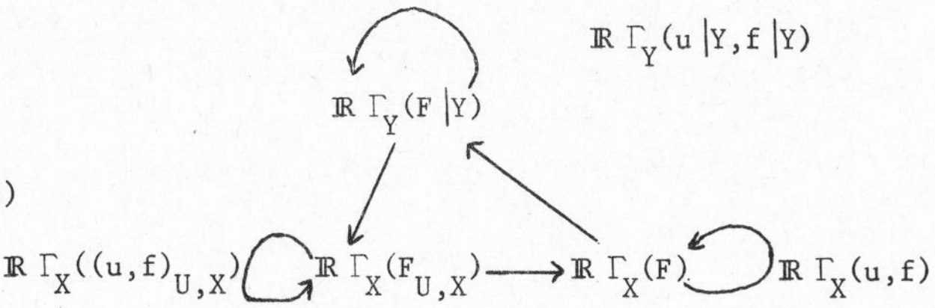

d'où la relation :

(6.3.4) $$\mathrm{Tr}_A(\mathbb{R}\Gamma_X(u,f)) = \mathrm{Tr}_A(\mathbb{R}\Gamma_X((u,f)_{u,x})) + \mathrm{Tr}_A(\mathbb{R}\Gamma_Y(u|_Y, f|_Y)) .$$

Le dernier terme de la formule (6.3.4) peut s'expliciter grâce à la formule de Lefschetz élémentaire et au fait qu'on peut toujours supposer $X^f = Y^f$:

(6.3.5) $$\mathrm{Tr}_A(\mathbb{R}\Gamma_Y(u|_Y, f|_Y)) = \sum_{x\in X^f} \mathrm{Tr}_A(u_x) .$$

D'autre part, on a

(6.3.6) $$\mathbb{R}\Gamma_X(u,f)_{U,X}) \approx \mathbb{R}\Gamma^G \mathbb{R}\Gamma_{X'}(u',f')_{U',X'}), (u'=p^*(u)) ,$$

(6.3.7) $$F_{U',X'} \approx \Lambda_{n,U',X'} \otimes_{\Lambda_n} M, (u',f')_{U',X'} = f' \Lambda_{n,U',X'} \otimes_{\Lambda_n} M ,$$

d'où par la formule de Künneth :

(6.3.8) $$\mathbb{R}\Gamma_{X'}(u',f')_{U'X'} \approx \mathbb{R}\Gamma_{X'}(f' \Lambda_{n,U',X'}) \overset{\mathbb{L}}{\otimes}_{\Lambda_n} u_M .$$

On conclut de (6.3.8) :

(6.3.9) $$\mathbb{R}\Gamma_{X'}((u',f')_{U',X'})^\vee \approx (\mathbb{R}\Gamma_{X'}(f' \Lambda_{n,U',X'})^\vee \overset{\mathbb{L}}{\otimes}_{\Lambda_n} A) \overset{\mathbb{L}}{\otimes}_A u^\vee .$$

Grâce à la formule 6.3.6 on obtient :

(6.3.10) $$\mathbb{R}\Gamma_X((u,f)_{U,X}) = \mathbb{R}\Gamma_{X'}(f' \Lambda_{n,U',X'}) \overset{\mathbb{L}}{\otimes}_{A[G]} u_M^\vee ,$$

d'où compte tenu de la formule générale (cf.Exp.XI,7.5.9) :

(6.3.11) $$\mathrm{Tr}_A((u,f)_{U,X}) = \sum_{g\in G\natural\varphi} \mathrm{Tr}_{\Lambda_n[G],\varphi}(f' \mathcal{H}^\vee_{n,U'X'})(g)\mathrm{Tr}_A(g^{-1} u_M^\vee) .$$

Mais la trace $\mathrm{Tr}_{\Lambda_n[G],\varphi}(f' \mathcal{H}_{n,U',X'})$ se calcule à l'aide de la formule de Nielsen-Wecken (cf. Proposition 5.1.b)), évidemment en réduisant modulo $\ell^n\mathbb{Z}$.

On obtient compte tenu de la relation $X^f = Y^f$:

$$(6.3.12) \qquad \mathrm{Tr}_{\Lambda_n[G],\varphi^{f'}}(\check{\mathcal{H}}_{n,U',X'})(g) = \sum_{x\in X^f} S_{x,\ell^n}(f,f',G,\varphi)(g) \quad .$$

En combinant les relations 6.3.12, 6.3.11, 6.3.5, 6.3.4 on obtient la formule de l'énnoncé.

6.4. Remarques sur les termes locaux. a) Il est facile à voir que si $g \in G$, alors on a la relation :

$$(6.4.1) \qquad \alpha_x(f,u,g^{-1} f',G,\varphi_g)=\alpha_x(f,u,f',G,\varphi)$$

où on a posé

$$(6.4.2) \qquad \varphi_g(\xi) = (\mathrm{int}_g \circ \varphi)(\xi) = g^{-1}\varphi(\xi)\, g \ , \ \forall\, \xi \in G \quad .$$

La relation 6.4.1. permet de nous ramener toujours, quitte à remplacer f' par $g^{-1}f'$ et φ par φ_g au cas ou il existe au moins un point $x' \in X'^f_x$.

b) Soit $x' = X'^f_x$ et $G_{x'}$ la stabilisation du point x'. Evidemment $G_{x'}$ est stable par φ et on obtient donc un endomorphisme

$$\varphi_{x'} = \varphi|G_{x'} : G_{x'} \longrightarrow G_{x'} \quad .$$

Désignons par $X'/G_{x'}$ le schéma quotient obtenu à partir de X' par la relation d'équivalence définie par $G_{x'}$, par $F'/G_{x'}$ l'endomorphisme de $X'/G_{x'}$ obtenu à partir de l'endomorphisme f' de X' par la même relation d'équivalence et par x' la classe du point x' modulo cette relation d'équivalence.

La projection canonique

$$p : X' \longrightarrow X'/G = X$$

se factorise de la manière suivante :

$$p : X' \xrightarrow{p_1} X'/G_{x'} \xrightarrow{p_2} X = X'/G \quad .$$

En prenant l'image inverse par p_2 de l'homomorphisme u on obtient un homomorphisme

$$v = p_2(u) : (f'/G_{x'})^* (p_2^*(F)) \longrightarrow p_2^*(F) \quad .$$

Il est facile à voir qu'on a :

$$(6.4.3) \qquad \alpha_{x'}(f'/G_{x'}, U, f', G_{x'}, \varphi_{x'}) = \alpha_x(f,u,f',G,\varphi) \quad (x=p(x')) \ .$$

On peut donc se réduire toujours au cas "totalement ramifié" c'est-à-dire au cas quand la fibre du point x se réduit à un point.

c) <u>Le cas "modérement ramifié"</u>. Supposons qu'il existe $x' \in p^{-1}(x)$, tel qu'on a

$$f'(x') = x' \ , \quad (p(x') = x) \quad ,$$

cas auquel on peut toujours se ramener (cf. le cas a)), et que l'ordre du groupe G_x , est premier avec la caractéristique du corps k . Dans ce cas on a :

$$(6.4.4) \qquad \alpha_x(f,u,f',G,\varphi) = S_{x,\ell^n}(f,f',G,\varphi)(e)\ Tr_A(u_M^\vee) .$$

En tenant compte du cas b) on peut supposer que $G = G_{x'}$. La formule (6.4.4) résulte alors du lemme suivant :

La projection canonique

$$p : X' \longrightarrow X'/G = X$$

se factorise de la manière suivante :

$$p : X' \xrightarrow{p_1} X'/G_{x'} \xrightarrow{p_2} X = X'/G \quad .$$

En prenant l'image inverse par p_2 de l'homomorphisme u on obtient un homomorphisme

$$v = p_2(u) : (f'/G_{x'})^* (p_2^*(F)) \longrightarrow p_2^*(F) \quad .$$

Il est facile à voir qu'on a :

(6.4.3) $$\alpha_{x'}(f'/G_{x'},U,f',G_{x'},\varphi_{x'})=\alpha_x(f,u,f',G,\varphi) \quad (x=p(x')) \ .$$

On peut donc se réduire toujours au cas "totalement ramifié" c'est-à-dire au cas quand la fibre du point x se réduit à un point.

c) Le cas "modérement ramifié". Supposons qu'il existe $x' \in p^{-1}(x)$, tel qu'on a

$$f'(x') = x' \ , \quad (p(x') = x) \quad ,$$

cas auquel on peut toujours se ramener (cf. le cas a)), et que l'ordre du groupe G_x , est premier avec la caractéristique du corps k . Dans ce cas on a :

(6.4.4) $$\alpha_x(f,u,f',G,\varphi) = S_{x,\ell^n}(f,f',G,\varphi)(e) \ Tr_A(u_M^\vee).$$

En tenant compte du cas b) on peut supposer que $G = G_{x'}$. La formule (6.4.4) résulte alors du lemme suivant :

Lemma 6.4.5. Si les relations suivantes sont vraies :

$$\nu_{x'}(f') > 1,$$

$$\nu_{x'}(g^{-1}f') > 1 \quad ,$$

alors g appartient au premier groupe de ramification G_1 (cf.4.7) :

$$g \in G_1$$

c'est-à-dire g induit l'identité sur l'espace vectorial $\underline{m}_{x'}/\underline{m}^2_{x'}$.

Démonstration. Soit $\hat{\mathcal{O}}_{x'} = k[[T]]$. L'automorphisme de $\underline{m}/\underline{m}^2$ induit par g^{-1} est déterminé par une racine $\epsilon(g^{-1}) \in k$ de l'unité par la condition

$$g^{-1}T = \epsilon(g^{-1})T \mod m^2 \quad ,$$

où $\underline{m}$ est l'idéal maximal de l'anneau $k[[T]]$.

D'autre part l'hypothèse $\nu_{x'}(f') > 1$ nous donne

$$f'(T) = T + a_\nu T^\nu + a_{\nu+1}T^{\nu+1} + \ldots, \quad \nu \geq 2 \quad .$$

Par conséquence

$$g^{-1}f^1(T) = \epsilon(g^{-1})T + b_\nu T^\nu + b_{\nu+1}T^{\nu+1} + \ldots,$$

et l'hypothèse $\epsilon(g^{-1}f^1) > 1$ implique $\epsilon(g^{-1}) = 1$, c.q.f.d.

d) Le cas du faisceau F qui ne se ramifie pas dans les points fixes de l'endomorphisme f .

Dans ce cas le terme local $\tau_x(f,u,f',G,\varphi)$ est donné par la formule :

(6.4.6) $$\tau_x(f,u,f',G,\varphi) = \nu_x(f)\,\mathrm{Tr}_A(u_x) \quad ,$$

et par conséquent il ne dépend que de la paire (f,u).

En effet on a dans ce cas :

(6.4.7) $$S'_{x,\ell^n}(f,f',G,\varphi)\,(g) = \begin{cases} 0 \text{ si il existe } x' \in X' \text{ tel qu'on a } (g^{-1}f')(x') = x' \text{ ou équivalent si la classe de } \varphi\text{-conjugaison de } g \text{ coïncide avec la classe } NW_f^{G,\varphi}(x) \text{ (cf.3) ;} \\ (\nu_x(f)-1) \text{ sinon} \end{cases}$$

Il en résulte en particulier qu'on a :

(6.4.8) $$S_{x,\ell^n}(f,f';G,\varphi)\,(g) = 0 \quad \text{si} \quad g \notin NW_f^{G,\varphi}(x) \quad .$$

On trouve donc :

(6.4.9) $$\tau_x(f,u,f',G,\varphi) = \nu_x(f)\,\mathrm{Tr}_A(g^{-1}\,u^{\vee}_{M}) = \nu_x(f)\,\mathrm{Tr}_A(g^{-1}u')_{x'}$$
$$= \nu_x(f)\,\mathrm{Tr}_A(u_x) \quad .$$

7. Commentaires sur les conditions de validité de la formule de Lefschetz.

7.1. Bien entendu, en pratique, on part d'un schéma X propre sur k et d'un endomorphisme

$$(u,f) : (X,F) \longrightarrow (X,F) \quad ,$$

tel que :

- F est un faisceau constructible de A-modules,
- l'ensemble X^f des points fixes de f est fini.

Le problème est de définir sous ces conditions des termes locaux $\tau_x(u,f)$, $x \in X^f$ tels que

$$(*) \qquad Tr_A(\mathbb{R}\Gamma_X(u,f)) = \sum_{x\in X^f} \tau_x(u,f) \quad .$$

En utilisant les deux théorèmes de dualité, globale et locale, Verdier arrive à définir les termes $\tau_x(u,f)$ tel que la formule $(*)$ soit vraie (cf. III). Malheureusement la détermination explicite des $\tau_x(u,f)$, définis par Verdier, en termes d'invariants locaux connus, semble dificile, d'ou l'intérêt des définitions proposées en chapitre précédent.(*)

En revanche ces dernières définitions supposent des hypothèses suplémentaires sur F , f et u , à savoir l'existence de U,U',G,f',φ ayant les propriétés exigées dans 5.1,6.1,6.2 .

(*) Voir cependant III B pour la comparaison des termes locaux de 6.3.1 aux termes locaux de Verdier.

Proposition 7.2 . Soient X un schéma lisse de dimension 1, F constructible et

$$(u,f) : (X,F) \longrightarrow (X,F)$$

un endomorphisme tel que le morphisme de faisceaux

$$u : f^*(F) \longrightarrow F$$

soit un isomorphisme.

Sous ces conditions il existe U,U',G,f',φ satisfaisant aux conditions de 5.1, 6.1, 6.2.

Démonstration. Soit U le plus grand ouvert de X tel que F soit localement constant dans U et désignons par Y son complémentaire. L'ensemble Y est stable par f :

$$f(Y) \subset Y \quad .$$

En effet supposons par l'absurde qu'il existe $y \in Y$ tel que $f(y) \in U$. Le faisceau $f^*(F)$ est alors localement constant au voisinage de y et en utilisant l'isomorphisme u il résulte que F est localement constant au voisinage de y ce qui est absurde.

Si f est constant la démonstration de la proposition est triviale. Où va donc supposer que f n'est pas constant. Si η est le point générique de X on aura donc $f(\eta) = \eta$.

Soient i_η : Spec $(k(\eta)) \hookrightarrow X$ l'inclusion canonique, $F_\eta = i_\eta^*(F)$ et $u_\eta : f_\eta^*(F_\eta) \longrightarrow F_\eta$ le morphisme (en fait l'isomorphisme) de faisceaux induit par u, f_η étant bien-entendu la restriction de f à Spec$(k(\eta))$.

En traduisant tout en termes de H-modules :

$$H = \mathrm{Gal}\,(k(\eta)_s / k(\eta)) \quad , \; k(\eta)_s = \text{ une clôture séparable de } k(\eta) \; ,$$

on obtient les isomorphismes

$$H \xrightarrow{\Psi} H$$

$$F_{\bar\eta} \xrightarrow{u_{\bar\eta}} F_{\bar\eta}$$

où $F_{\bar\eta}$ a une structure de H-module et la relation suivante est vérifiée :

$$u_{\bar\eta}(gx) = \Psi(g)\, u_{\bar\eta}\, x, \; g \in H, \; x \in F_{\bar\eta} \quad .$$

Si H_1 est le plus grand sous-groupe distingué de H d'indice fini tel que $F_{\bar\eta}^{H_1} = F_{\bar\eta}$, on a $\Psi(H_1) = H_1$. Un tel sous-groupe existe parce que le faisceau F_η est constructible.

Soit $K \supset k(\eta)$ l'extension galoisienne de $k(\eta)$ correspondante au sous-groupe H_1 et X' la normalisée de X dans K . Evidement on peut définir un endomorphisme

$$f' : X' \longrightarrow X'$$

et un endomorphisme

$$H/H_1 = G \xrightarrow{\varphi} G$$

tel que le système U, U', f', G, φ satisfassent aux conditions voulues.

Exemple 7.3. Soient X un préschéma défini sur le corps fini $\mathbb{F}_p$, p étant un nombre premier, $\underline{fr}_X : X \longrightarrow X$ l'endomorphisme de Frobenius (cf. XIV) et un faisceau de Λ-modules sur X .

Si Y,S sont des schémas sur $\mathbb{F}_p$ et si Y est un schéma sur S , nous désignons par $\underline{\mathbb{F}r}_{Y/S} : Y \longrightarrow Y^{(p/S)}$ le morphisme de Frobenius relatif (cf. XIV 2).

On obtient un morphisme de faisceaux sur X_{et} :

$$(\underline{fr}_X)_* (F) \longrightarrow F$$

en posant pour tout X-préschéma étale U :

$$(\underline{fr}_X)_*(F)(U) = F(\underline{fr}_X^{-1}(U)) = F(U^{(p/X)}) \xrightarrow{F(\underline{Fr}_{U/X})} F(U).$$

Ce morphisme est en fait un isomorphisme. Son inverse :

$$F(\underline{Fr}_{/X})^{-1} : F \longrightarrow (\underline{fr}_X)_* (F) ,$$

définit par adjonction un morphisme

$$\underline{Fr}^*_{F/X} : (\underline{fr}_X)^* (F) \longrightarrow F$$

qui est un isomorphisme.

Si X est en particulier lisse de dimension 1 et F constructible, la paire

$$(\underline{Fr}^*_{F/X} , \underline{fr}_X) : (X,F) \longrightarrow (X,F) ,$$

est donc justiciable de la proposition 7.2 .

[1] Wecken, F., Fixpunktklassen I, Math. Ann. 117 (1941) p. 659-671, Fixpunktklassen II, III, Math. Ann. 118 (1942-1943), p. 216-234 et p. 544-577.

EXPOSE XV

MORPHISME DE FROBENIUS ET RATIONALITE DES FONCTIONS L .

par C. HOUZEL

§ 1. MORPHISME DE FROBENIUS

n° 1. Endomorphisme de Frobenius.

Définition 1. Soit p un nombre premier, on dit qu'un préschéma X est de caractéristique p si $p.1_{\mathcal{O}_X} = 0$.

Cette condition équivaut à la suivante : le morphisme (unique) $X \to \mathrm{Spec}(\mathbb{Z})$ se factorise à travers $\mathrm{Spec}(\mathbb{F}_p) \to \mathrm{Spec}(\mathbb{Z})$; notons de plus qu'une telle factorisation est unique.

Nous désignerons par $(\mathrm{Sch})_p$ la sous-catégorie pleine de la catégorie des préschémas dont les objets sont les préschémas de caractéristique p . D'après la remarque précédente, la catégorie $(\mathrm{Sch})_p$ est isomorphe de manière naturelle à la catégorie des $\mathbb{F}_p$ - préschémas.

Si X est un préschéma de caractéristique p , le couple $\mathrm{fr}_X = (\mathrm{id}_{|X|}, \varphi)$, où $\varphi : \mathcal{O}_X \to \mathcal{O}_X$ est défini par $\varphi(f) = f^p$ pour toute section f de $\mathcal{O}_X$ dans un ouvert, est un endomorphisme de X , car φ est visiblement un endomorphisme du faisceau d'anneaux $\mathcal{O}_X$.

Définition 2. Soit X *un préschéma de caractéristique* p *; on appelle endomorphisme de Frobénius de* X *l'endomorphisme* $\underline{\underline{fr}}_X$ *ainsi défini.*

L'endomorphisme de Frobenius fr_X dépend *fonctoriellement* du préschéma X de caractéristique p , c'est-à-dire que pour tout morphisme $g : X \dashrightarrow Y$ de préschémas de caractéristique p, le diagramme suivant est commutatif :

$$\begin{array}{ccc} X & \xrightarrow{\underline{\underline{fr}}_X} & X \\ {\scriptstyle g}\downarrow & & \downarrow{\scriptstyle g} \\ Y & \xrightarrow[\underline{\underline{fr}}_Y]{} & Y \end{array} .$$

Autrement dit, on a défini un endomorphisme $\underline{\underline{fr}}$ du foncteur identique $id_{(Sch)_p}$.

n°2. Morphisme de Frobenius relatif.

Soit S un préschéma de caractéristique p , tous les S -préschémas sont aussi de caractéristique p . Si X est un S -préschéma, on voit (cf. le diagramme) que $\underline{\underline{fr}}_X$ se factorise à travers la projection $\pi_{X/S} : X \times_S (S,\underline{\underline{fr}}_S) \dashrightarrow X$ où $(S,\underline{\underline{fr}}_S)$ désigne S considéré comme S -préschéma au moyen du morphisme $\underline{\underline{fr}}_S$. Nous désignerons le produit fibré $X \times_S (S,\underline{\underline{fr}}_S)$ par $X^{(p/S)}$ ou même par $X^{(p)}$ si aucune confusion n'en résulte ; l'unique S -morphisme de X dans $X^{(p/S)}$ qui composé avec $\pi_{X/S}$ donne $\underline{\underline{fr}}_X$ est désigné par $\underline{\underline{Fr}}_{X/S}$; ainsi on obtient un diagramme commutatif où le carré est cartésien :

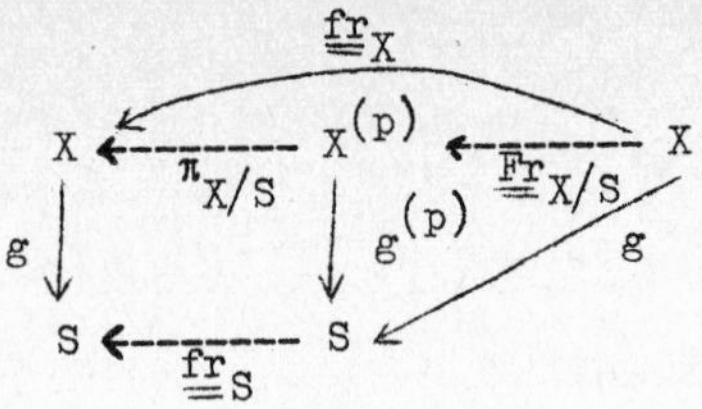

Il est clair que $X^{(p/S)}$ dépend fonctoriellement du S - préschéma X ; le foncteur

$$p_S : X \rightsquigarrow X^{(p/S)}$$

est simplement le changement de base au moyen du morphisme $\underline{\underline{fr}}_S : S \dashrightarrow S$. Comme tout changement de base, il commute aux limites projectives et aux sommes, et conserve les propriétés telles que : de type fini, séparé, affine, projectif, plat, étale, etc. La commutation aux limites projectives montre que si X est muni d'une structure algébrique (par exemple : groupe, algèbre, etc.), $X^{(p/S)}$ se trouve muni naturellement d'une structure algébrique de même espèce.

En utilisant la fonctorialité de $\underline{\underline{fr}}_X$ par rapport à X , on voit que le morphisme $\underline{\underline{Fr}}_{X/S}$ dépend fonctoriellement du S -préschéma X , de sorte qu'on a défini un morphisme fonctoriel

$\underline{\underline{Fr}}_{X/S} : id_{(Sch)/S} \dashrightarrow p_S$.

<u>Définition 3</u>. <u>Soient</u> S <u>un préschéma de caractéristique</u> p <u>et</u> X <u>un</u> S -<u>préschéma</u>. <u>On dit que le</u> S -<u>morphisme</u> $\underline{\underline{Fr}}_{X/S} : X \dashrightarrow X^{(p/S)}$ <u>est le morphisme de Frobenius de</u> X <u>relativement à</u> S .

Les premières propriétés formelles du morphisme de Frobenius sont énoncées dans la proposition suivante :

Proposition 1.

a) (transitivité) *Soient* S *un préschéma de caractéristique* p *et* $g : X \dashrightarrow Y$ *un* S *-morphisme de* S *-préschémas. Le diagramme suivant est commutatif et ses trois carrés sont cartésiens :*

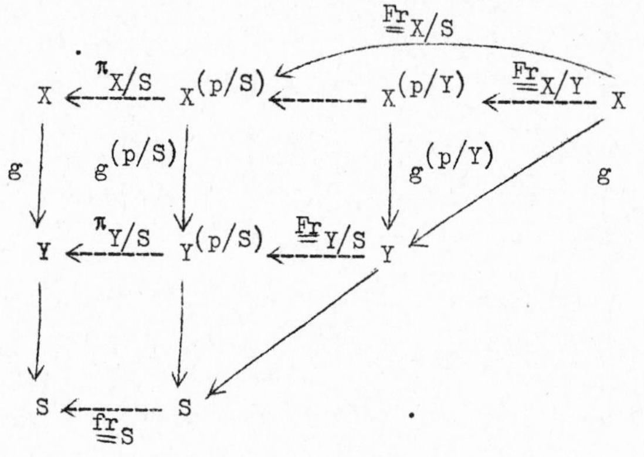

b) (changement de base) *Soient* $g : S' \dashrightarrow S$ *un morphisme de préschémas de caractéristique* p *et* C *un* S *-préschéma. On a un isomorphisme canonique :* $X^{(p/S)} \times_S S' \simeq (X \times_S S')^{(p/S')}$ *fonctoriel en* X *, soit* $(X^{(p/S)})' \simeq X'^{(p/S')}$ *en affectant d'un* ' *le résultat du changement de base par* g *; de plus* $\mathrm{Fr}_{X'/S'} = (\mathrm{Fr}_{X/S})'$ *modulo l'identification permise par l'isomorphisme précédent.*

La démonstration est immédiate.

Proposition 2. *Soient* S *un préschéma de caractéristique* p *et* X *un* S *-préschéma.*

a) *Le morphisme de Frobenius relatif* $\mathrm{Fr}_{X/S} : X \dashrightarrow X^{(p/S)}$ *est entier surjectif et radiciel (donc c'est un homéomorphisme universel).*

b) Si $X \dashrightarrow S$ est une immersion ouverte, $X^{(p)} = X$ et $\underline{\underline{Fr}}_{X/S} = id_X$. Si $X \dashrightarrow S$ est une immersion fermée, identifiant X à un sous-espace annelé fermé $(|X|, \mathcal{O}_S/\mathcal{J})$ de S, alors $X^{(p)} = (|X|, \mathcal{O}_S/\mathcal{J}^p)$ et $\underline{\underline{Fr}}_{X/S} = (id_{|X|}, \varphi)$ où $\varphi : \mathcal{O}_S/\mathcal{J}^p \dashrightarrow \mathcal{O}_S/\mathcal{J}$ est l'augmentation évidente.

c) Supposons X localement de présentation finie sur S.

1) Les trois conditions suivantes sont équivalentes :

(i) X est non ramifié sur S

(ii) $\underline{\underline{Fr}}_{X/S}$ est non ramifié

(iii) $\underline{\underline{Fr}}_{X/S}$ est un monomorphisme.

2) De même les trois conditions suivantes sont équivalentes :

(i') X est étale sur S

(ii') $\underline{\underline{Fr}}_{X/S}$ est étale

(iii') $\underline{\underline{Fr}}_{X/S}$ est un isomorphisme.

Démontrons a) ; le composé $\pi_{X/S} \circ \underline{\underline{Fr}}_{X/S} = \underline{\underline{fr}}_X$ est entier surjectif et radiciel de façon évidente ; il en résulte que $\underline{\underline{Fr}}_{X/S}$ est radiciel (EGA I 3.5.6 (ii)) ; de plus $\pi_{X/S}$ est séparé et radiciel, car il se déduit de $\underline{\underline{fr}}_S$ par le changement de base $X \dashrightarrow S$; il en résulte que $\underline{\underline{Fr}}_{X/S}$ est entier (EGA II 6.1.5 (v)) et surjectif.

La démonstration de b) est évidente, en observant que $\mathcal{J}\mathcal{O}_{(S,\underline{\underline{fr}}_S)} = \mathcal{J}^p$ pour tout Idéal $\mathcal{J}$ de $\mathcal{O}_S$.

Preuve de c) : on sait que pour qu'un morphisme soit un monomorphisme (resp. un isomorphisme) il faut et il suffit qu'il soit radiciel et non ramifié (resp. radiciel étale et surjectif) ; d'où l'équivalence de (ii) et (iii) (resp. (ii') et (iii')). Il reste à prouver que (i) équivaut à (ii) et (i') à (ii').

Pour cela on utilise le critère différentiel de non ramification (S.G.A. I 3) et l'isomorphisme $\underline{\Omega}^1_{X/S} \simeq \underline{\Omega}^1_{X/X^{(p)}}$ donné par la suite exacte canonique

$\underline{\underline{Fr}}_{X/S}(\underline{\Omega}^1_{X^{(p)}/S}) \to \underline{\Omega}^1_{X/S} \to \underline{\Omega}^1_{X/X^{(p)}} \to 0$ (S.G.A. II 4), dans laquelle la première flèche est visiblement nulle, car $\underline{\Omega}^1_{X^{(p)}/S}$ est engendré par les différentielles des sections de $\mathcal{O}_{X^{(p)}}$, et la différentielle $d_{X/S}$ s'annule sur $(\mathcal{O}_X)^p$ et sur $\mathcal{O}_S$. Ainsi (i) est équivalente à (ii).

Supposons maintenant X étale sur S ; il en est de même de $X^{(p)}$ (changement de base), et par suite le morphisme $\underline{\underline{Fr}}_{X/S} : X \to X^{(p)}$ est étale. Inversement, supposons $\underline{\underline{Fr}}_{X/S}$ étale ; il est non ramifié, donc X est non ramifié sur S ; autrement dit le morphisme structural $g : X \to S$ est localement sur X (pour la topologie étale) une immersion fermée (S.G.A. I cor.7.8). On peut donc supposer que g est une immersion fermée de présentation finie, et il s'agit de voir que si $\underline{\underline{Fr}}_{X/S}$ est un isomorphisme g est une immersion ouverte. Or X est défini par un Idéal $\mathcal{J}$ de type fini : $X = (|X|, \mathcal{O}_S/\mathcal{J})$ et, d'après b), $X^{(p)} = (|X|, \mathcal{O}_S/\mathcal{J}^p)$, $\underline{\underline{Fr}}_{X/S} = (id_{|X|}, \mathcal{O}_S/\mathcal{J}^p \to \mathcal{O}_S/\mathcal{J})$; dire que $\underline{\underline{Fr}}_{X/S}$ est un isomorphisme revient donc à dire que $\mathcal{J} = \mathcal{J}^p$, et comme $\mathcal{J}$ est de type fini on en déduit par le lemme de Nakayama que $\mathcal{J}_s = 0$, ou $\mathcal{J}_s = \mathcal{O}_{S,s}$ pour tout point $s \in S$, d'où la conclusion.

n°3. Effet sur un Module. Exemples.

Soient S un préschéma de caractéristique p et X un S -préschéma ; pour tout $\mathcal{O}_X$ -Module $\mathcal{E}$ (faisceau pour la topologie de Zariski), on pose

$$\mathcal{E}^{(p/S)} = \pi^*_{X/S}(\mathcal{E}) = \mathcal{E} \otimes_{\mathcal{O}_X} \mathcal{O}_{X^{(p)}} = \mathcal{E} \otimes_{\mathcal{O}_S} \mathcal{O}_{(S,\underline{\underline{fr}}_S)} \quad .$$

C'est un $\mathcal{O}_{X^{(p)}}$ -Module ; on a

$$\mathcal{E}^{(p/X)} \simeq \underline{\underline{Fr}}^*_{X/S}(\mathcal{E}^{(p/S)}) \quad .$$

Le cas le plus intéressant est celui où X = S ; on peut alors écrire $\mathcal{E}^{(p)}$ au lieu de $\mathcal{E}^{(p/S)}$ sans risque de confusion ; $\mathcal{E}^{(p)} = \underline{\underline{fr}}^*_S(\mathcal{E})$. Le morphisme d'adjonction $\mathcal{E} \longrightarrow \underline{\underline{fr}}_{S*}\underline{\underline{fr}}^*_S(\mathcal{E})$ est un morphisme de faisceaux abéliens $\mathcal{E} \longrightarrow \mathcal{E}^{(p)}$ qui n'est pas $\mathcal{O}_S$ -linéaire, mais "p -linéaire" (en un sens évident) ; c'est visiblement un <u>morphisme</u> p -<u>linéaire universel</u> de $\mathcal{E}$ dans un $\mathcal{O}_S$ -Module.

Il est clair que $\mathcal{E}^{(p)}$ dépend fonctoriellement de $\mathcal{E}$ et que le foncteur $\mathcal{E} \rightsquigarrow \mathcal{E}^{(p)}$ est exact à droite (mais pas exact en général) ; il commute au produit tensoriel :
$(\mathcal{E} \otimes_{\mathcal{O}_X} \mathcal{F})^{(p)} \simeq \mathcal{E}^{(p)} \otimes_{\mathcal{O}_{X^{(p)}}} \mathcal{F}^{(p)}$, et conserve les propriétés telles que : quasi-cohérent, de type fini, de présentation finie, plat, localement libre, etc. En particulier si $\mathcal{L}$ est un faisceau inversible sur S , on voit immédiatement que $\mathcal{L}^{(p)}$ est canoniquement isomorphe à $\mathcal{L}^{\otimes p}$, car le morphisme $\mathcal{L} \longrightarrow \mathcal{L}^{\otimes p}$ défini par l'élévation à la puissance tensorielle p -ième des sections est un morphisme p -linéaire universel.

Si $\mathcal{A}$ est une $\mathcal{O}_S$ -Algèbre, $\mathcal{A}^{(p)}$ possède une structure de $\mathcal{O}_S$ -Algèbre déduite de celle de $\mathcal{A}$. Supposons $\mathcal{A}$ quasi-cohérente (resp. graduée et quasi-cohérente) ; il en est de même de $\mathcal{A}^{(p)}$ et on a :

$$\mathrm{Spec}(\mathcal{A}^{(p)}) = \mathrm{Spec}(\mathcal{A} \otimes_{\mathcal{O}_S} \mathcal{O}_{(S,\underline{\underline{fr}}_S)}) \simeq \mathrm{Spec}(\mathcal{A}) \times_S (S,\underline{\underline{fr}}_S) = \mathrm{Spec}(\mathcal{A})^{(p)}$$

(resp.

$$\mathrm{Proj}(\mathcal{A}^{(p)}) = \mathrm{Proj}(\mathcal{A} \otimes_{\mathcal{O}_S} \mathcal{O}_{(S,fr_S)}) \simeq \mathrm{Proj}(\mathcal{A}) \times_S (S,\underline{\underline{fr}}_S) = \mathrm{Proj}(\mathcal{A})^{(p)}).$$

La projection $\pi_{\mathrm{Spec}(\mathcal{A})/S} : \mathrm{Spec}(\mathcal{A})^{(p)} \longrightarrow \mathrm{Spec}(\mathcal{A})$ (resp. $\pi_{\mathrm{Proj}(\mathcal{A})/S}$) s'identifie au morphisme déduit de $\mathcal{A} \longrightarrow \mathcal{A}^{(p)}$. D'autre part $\underline{\underline{Fr}}_{\mathrm{Spec}(\mathcal{A})/S}$ (resp. $\underline{\underline{Fr}}_{\mathrm{Proj}(\mathcal{A})/S}$) provient d'un homomorphisme de $\mathcal{O}_S$ -Algèbres $\mathcal{A}^{(p)} = \mathcal{A} \otimes_{\mathcal{O}_S} \mathcal{O}_{(S,\underline{\underline{fr}}_S)} \longrightarrow \mathcal{A}$ qui transforme $a \otimes f$ en $a^p f$ pour toute section a de $\mathcal{A}$ et toute section f de $\mathcal{O}_S$. Pour le voir on observe que le composé de cet homomorphisme avec $\mathcal{A} \longrightarrow \mathcal{A}^{(p)}$ (à droite) est l'élévation à la puissance p -ième dans $\mathcal{A}$.

Considérons le cas particulier où $\mathcal{A}$ est l'Algèbre symétrique $\mathrm{Sym}(\mathcal{E})$ d'un $\mathcal{O}_S$ -Module quasi-cohérent $\mathcal{E}$; il est clair que $\mathcal{A}^{(p)} \simeq \mathrm{Sym}(\mathcal{E}^{(p)})$ donc

$$\underline{\underline{V}}(\mathcal{E}^{(p)}) \simeq \mathrm{Spec}(\mathcal{A}^{(p)}) \simeq \mathrm{Spec}(\mathcal{A})^{(p)} = \underline{\underline{V}}(\mathcal{E})^{(p)}$$

$$\underline{\underline{P}}(\mathcal{E}^{(p)}) \simeq \mathrm{Proj}(\mathcal{A}^{(p)}) \simeq \mathrm{Proj}(\mathcal{A})^{(p)} = \underline{\underline{P}}(\mathcal{E})^{(p)} \quad ;$$

quant à $\underline{\underline{Fr}}_{\underline{\underline{V}}(\mathcal{E})/S}$ (resp. $\underline{\underline{Fr}}_{\underline{\underline{P}}(\mathcal{E})/S}$) , il se factorise de la façon suivante :

$$\underline{\underline{V}}(\mathcal{E}) \longrightarrow \underline{\underline{V}}(\mathrm{Sym}^p(\mathcal{E})) \longrightarrow \underline{\underline{V}}(\mathcal{E}^{(p)}) \quad (\text{resp. } \underline{\underline{P}}(\mathcal{E}) \to \underline{\underline{P}}(\mathrm{Sym}^p(\mathcal{E})) \to \underline{\underline{P}}(\mathcal{E}^{(p)}))$$

où la première flèche est définie par le morphisme canonique :

$$\mathrm{Sym}(\mathrm{Sym}^p(\mathcal{E})) \dashrightarrow \mathrm{Sym}(\mathcal{E})$$

qui provient de $\mathrm{Sym}^p(\mathcal{E}) \dashrightarrow \mathrm{Sym}(\mathcal{E})$ tandis que la seconde est définie par le morphisme de $\mathcal{O}_S$ -Modules

$$\mathcal{E}^{(p)} \dashrightarrow \mathrm{Sym}^p(\mathcal{E})$$

provenant du morphisme p -linéaire : $\mathcal{E} \dashrightarrow \mathrm{Sym}^p(\mathcal{E})$, donné par l'élévation à la puissance symmétrique p -ième des sections. Dans le cas de $X = \underline{\underline{P}}(\mathcal{E})$, calculons le faisceau fondamental $\mathcal{O}_{X^{(p)}}(1)$:

$$\mathcal{O}_{X^{(p)}}(1) = (\mathrm{Sym}(\mathcal{E})^{(p)}(1))^{\sim} = (\mathrm{Sym}(\mathcal{E})(1)^{(p)})^{\sim} \simeq \mathcal{O}_X(1)^{(p/S)} .$$

Lorsque $\mathcal{E} = \mathcal{O}_S^n$, $\mathrm{Sym}(\mathcal{E}) = \mathcal{O}_S[T_1,\dots,T_n]$ et $X = \underline{\underline{V}}(\mathcal{E}) = S[T_1,\dots,T_n]$ (resp. $X = \underline{\underline{P}}(\mathcal{E}) = \underline{\underline{P}}_S^{n-1}$) ; il est clair que $\mathcal{E}^{(p)} \simeq \mathcal{O}_S^n = \mathcal{E}$, de sorte que $X^{(p)} = X$. Le morphisme de Frobenius $\underline{\underline{\mathrm{Fr}}}_{X/S}$ provient de l'endomorphisme de l'Algèbre $\mathcal{O}_S[T_1,\dots,T_n]$ qui transforme T_i en T_i^p $(i = 1,\dots,n)$.

Considérons maintenant un préschéma X affine de type fini (resp. projectif) sur S ,défini par un Idéal (resp. un Idéal homogène) $\mathcal{J} \subset \mathcal{O}_S[T_1,\dots,T_n]$. Ainsi $X = \mathrm{Spec}(\mathcal{A})$ (resp. $= \mathrm{Proj}(\mathcal{A})$) où $\mathcal{A} = \mathcal{O}_S[T_1,\dots,T_n]/\mathcal{J}$; on voit que $\mathcal{A}^{(p)} \simeq \mathcal{O}_S[T_1,\dots,T_n]/\mathcal{J}'$ où $\mathcal{J}'$ est l'image dans $\mathcal{O}_S[T_1,\dots,T_n]$ de $\mathcal{J}^{(p)} = \mathcal{J} \otimes_{\mathcal{O}_S} \mathcal{O}_{(S,\underline{\underline{\mathrm{fr}}}_S)}$; l'Idéal $\mathcal{J}'$ se déduit de $\mathcal{J}$ en élevant les coefficients des polynômes à la puissance p -ième ; on a $X^{(p)} = \mathrm{Spec}(\mathcal{A}^{(p)})$ (resp. $\mathrm{Proj}(\mathcal{A}^{(p)})$) et le morphisme de Frobenius $\underline{\underline{\mathrm{Fr}}}_{X/S} : X \dashrightarrow X^{(p)}$ est défini par l'élévation à la puissance p -ième des "coordonnées" T_i (qui détermine un morphisme $\mathcal{A}^{(p)} \dashrightarrow \mathcal{A}$).

n°4. Morphisme de Frobenius itéré ; préschémas parfaits.

Pour tout entier $\nu \geqslant 0$, l'endomorphisme itéré $\underline{\underline{fr}}_X^{\nu}$ dépend fonctoriellement du préschéma X de caractéristique p . Si donc S est un préschéma de caractéristique p et X un S -préschéma, $\underline{\underline{fr}}_X^{\nu}$ se factorise (d'une manière unique) en un S -morphisme $\underline{\underline{Fr}}_{X/S}^{\nu} : X \dashrightarrow X^{(p^{\nu}/S)}$, où $X^{(p^{\nu}/S)} = X \times_S (S, \underline{\underline{fr}}_S^{\nu})$, suivi de la projection : $X^{(p^{\nu}/S)} \dashrightarrow X$ (cf. n°2). Le morphisme $\underline{\underline{Fr}}_{X/S}^{\nu}$ dépend fonctoriellement du S -préschéma X et il est compatible avec le changement de la base S (cf. n°2, prop. 1b)). D'ailleurs il est clair que

$$X^{(p^{\nu}/S)} = X^{(p^{\nu})} \simeq (X^{(p^{\nu-1})})^{(p)} \quad \text{et que} \quad \underline{\underline{Fr}}_{X/S}^{\nu} = (\underline{\underline{Fr}}_{X/S}^{\nu-1})^{(p)} \circ \underline{\underline{Fr}}_{X/S}$$

modulo l'identification permise par l'isomorphisme canonique précédent.

<u>Définition 4</u>. <u>On dit qu'un préschéma</u> S <u>de caractéristique</u> p <u>est parfait si</u> $\underline{\underline{fr}}_S$ <u>est un automorphisme de</u> S .

Si S est un préschéma de caractéristique p parfait et X un S -préschéma, on voit immédiatement que $X^{(p/S)}$ s'identifie au préschéma X considéré comme S -préschéma au moyen du morphisme $\underline{\underline{fr}}_S^{-1} \circ g : X \dashrightarrow S$ où g est le morphisme structural de X dans S ; modulo cette identification $\underline{\underline{Fr}}_{X/S} = \underline{\underline{fr}}_X$.

Comme exemple de préschéma parfait, nous rencontrerons $S = \mathrm{Spec}(\underline{\underline{F}}_q)$ où $q = p^{\nu}$ est une puissance de la caractéristique p ; en effet dans ce cas $\underline{\underline{fr}}_S^{\nu} = id_S$. Si X est un S -préschéma, on voit que $X^{(p^\nu/S)} = X$ et $\underline{\underline{Fr}}^\nu_{X/S} = \underline{\underline{fr}}^\nu_X$. Notons que pour $\nu = 1$ on obtient $S = \mathrm{Spec}(\underline{\underline{F}}_p)$ pour lequel $\underline{\underline{fr}}_S = id_S$; les S-préschémas sont les préschémas de caractéristique p ; sur cette base S, $X^{(p/S)} = X$ et $\underline{\underline{Fr}}_{X/S} = \underline{\underline{fr}}_X$.

§ 2. CORRESPONDANCE DE FROBENIUS.

n°1. Définition.

Soient X un préschéma de caractéristique p et F un faisceau d'ensembles sur $X_{\text{ét}}$. Pour tout X-préschéma étale U on a $(\underline{\underline{fr}}_X)_*(F)(U) = F(\underline{\underline{fr}}_X^{-1}(U)) = F(U^{(p/X)})$, et le morphisme de Frobenius $\underline{\underline{Fr}}_{U/X} : U \dashrightarrow U^{(p/X)}$ définit une application $F(\underline{\underline{Fr}}_{U/X}) : \underline{\underline{fr}}_{X*}(F)(U) \dashrightarrow F(U)$ visiblement fonctoriellement en U (puisque $\underline{\underline{Fr}}_{U/X}$ est fonctoriel en U). Ainsi on obtient un morphisme de faisceaux sur $X_{\text{ét}}$:

$$(\underline{\underline{fr}}_X)_*(F) \dashrightarrow F \; .$$

Or, lorsque U est étale sur X, $\underline{\underline{Fr}}_{U/X}$ est un isomorphisme (§ 1 n°2, prop. 2c)), donc il en est de même de $F(\underline{\underline{Fr}}_{U/X})$; il en résulte que le morphisme précédent $(\underline{\underline{fr}}_X)_*(F) \dashrightarrow F$ est un <u>isomorphisme</u> ; dans le cas où F est muni d'une structure algébrique (par exemple si c'est un faisceau de Λ-modules, Λ anneau de base donné) cet isomorphisme est compatible avec la structure algébrique. L'inverse $F(\underline{\underline{Fr}}_{/X})^{-1} : F \dashrightarrow \underline{\underline{fr}}_{X*}(F)$ de cet isomorphisme définit, puisque

$(\underline{\underline{fr}}_X)^*$ est adjoint à gauche du foncteur $(\underline{\underline{fr}}_X)_*$, un morphisme

$$\underline{\underline{Fr}}^*_{F/X} : (\underline{\underline{fr}}_X)^*(F) \longrightarrow F \ .$$

On peut même dire plus, car $\underline{\underline{fr}}_X$ étant un homéomorphisme universel (§ 1 n°2, prop. 2a)) les foncteurs $(\underline{\underline{fr}}_X)^*$ et $(\underline{\underline{fr}}_X)_*$ sont quasi-inverses l'un de l'autre, et par suite $\underline{\underline{Fr}}^*_{F/X}$ est un isomorphisme comme le morphisme $F(\underline{\underline{Fr}}_{/X})^{-1}$ dont il provient.

<u>Définition 1</u>. <u>Etant donnés un préschéma</u> X <u>de caractéristique</u> p <u>et un faisceau d'ensembles</u> F <u>sur</u> $X_{ét}$, <u>on appelle correspondance de Frobenius sur</u> (X,F) <u>le couple</u> $(\underline{\underline{fr}}_X, \underline{\underline{Fr}}^*_{F/X})$ <u>formé de l'endomorphisme de Frobenius</u> $\underline{\underline{fr}}_X$ <u>de</u> X <u>et de l'isomorphisme</u>
$\underline{\underline{Fr}}^*_{F/X} = (F(\underline{\underline{Fr}}_{/X})^{-1})^{\#} : (\underline{\underline{fr}}_X)^*(F) \longrightarrow F$.

Bien entendu on définit de la même façon une classe de correspondance de Frobenius itérée $(\underline{\underline{fr}}^{\nu}_X, (\underline{\underline{Fr}}^*_{F/X})^{\nu})$ pour tout entier $\nu \geqslant 0$; l'isomorphisme $(\underline{\underline{Fr}}^*_{F/X})^{\nu} : (\underline{\underline{fr}}^{\nu}_X)^*(F) \longrightarrow F$ est égal à $(\underline{\underline{Fr}}^*_{F/X})^{\nu-1} \circ (\underline{\underline{fr}}^{\nu-1}_X)^*(\underline{\underline{Fr}}^*_{F/X})$ ou encore à $\underline{\underline{Fr}}^*_{F/X} \circ \underline{\underline{fr}}^*_X((\underline{\underline{Fr}}^*_{F/X})^{\nu-1})$ pour $\nu \geqslant 1$.

Examinons le cas particulier où F est <u>représentable</u> par un préschéma V étale sur X ; alors $\underline{\underline{fr}}^*_X(F) = V^{(p/X)}$, $F(V) = \mathrm{Hom}_X(V,V)$, $\underline{\underline{Fr}}_{X^*}(F)(V) = F(V^{(p/X)}) = \mathrm{Hom}_X(V^{(p/X)},V)$ et $F(\underline{\underline{Fr}}_{V/X})$ est l'application de $\mathrm{Hom}_X(V^{(p/X)},V)$ dans $\mathrm{Hom}_X(V,V)$ qui transforme un morphisme φ en $\varphi \circ \underline{\underline{Fr}}_{V/X}$; or $\underline{\underline{Fr}}^*_{F/X}$ s'identifie à un morphisme de $V^{(p/X)}$ dans V qui est l'image de id_V par l'application $F(\underline{\underline{Fr}}_{V/X})^{-1}$ réciproque de la précédente. Ceci montre que pour F = V étale sur X on a : $\underline{\underline{Fr}}^*_{V/X} = (\underline{\underline{Fr}}_{V/X})^{-1}$.

Notons que si le faisceau F est *constant* il est clair que $\underline{\underline{\mathrm{fr}}}_X^*(F) = F$ et $\underline{\underline{\mathrm{Fr}}}^*_{F/X} = \mathrm{id}_F$.

Proposition 1.

a) *L'isomorphisme* $\underline{\underline{\mathrm{Fr}}}^*_{F/X}$ *dépend fonctoriellement du faisceau* F ; *autrement dit on a un isomorphisme fonctoriel* $\underline{\underline{\mathrm{Fr}}}^*_{/X} : \underline{\underline{\mathrm{fr}}}^*_X \longrightarrow \mathrm{id}_{\widetilde{X}_{\text{ét}}}$, *(où* $\widetilde{X}_{\text{ét}}$ *est la catégorie des faisceaux d'ensembles sur* $X_{\text{ét}}$*).*

b) *La correspondance de Frobenius* $(\underline{\underline{\mathrm{fr}}}_X, \underline{\underline{\mathrm{Fr}}}^*_{F/X})$ *sur* (X,F) *est compatible avec le changement de la base* X *. C'est-à-dire que, si* $\mathcal{F}$ *désigne la catégorie fibrée sur* $(\mathrm{Sch})_p$ *des faisceaux (pour la topologie étale) sur des préschémas de caractéristique* p *variables, les foncteurs* $\underline{\underline{\mathrm{fr}}}^*_X$ $(X \in \mathrm{Ob}(\mathrm{Sch})_p)$ *définissent un* $(\mathrm{Sch})_p$ *-foncteur cartésien* $\underline{\underline{\mathrm{fr}}}^* : \mathcal{F} \dashrightarrow \mathcal{F}$ *, et les morphismes* $\underline{\underline{\mathrm{Fr}}}^*_{F/X}$ $(X \in \mathrm{Ob}(\mathrm{Sch})_p$, $F \in \mathrm{Ob}\, \widetilde{X}_{\text{ét}})$ *définissent un* $(\mathrm{Sch})_p$ *-morphisme fonctoriel* $\underline{\underline{\mathrm{Fr}}}^*_{/} : \underline{\underline{\mathrm{fr}}}^* \longrightarrow \mathrm{id}_{\mathcal{F}}$ *(qui est un isomorphisme).*

c) *Inversement ces propriétés caractérisent* $\underline{\underline{\mathrm{Fr}}}^*_{/}$, *c'est-à-dire qu'il existe un* $(\mathrm{Sch})_p$ *-morphisme fonctoriel et un seul de* $\underline{\underline{\mathrm{fr}}}^*$ *dans* $\mathrm{id}_{\mathcal{F}}$.

Remarquons que l'énoncé b) implique l'énoncé a) ; ce dernier est tout-à-fait évident.

Démontrons b). Soient $g : X' \longrightarrow X$ un morphisme de préschémas de caractéristique p et F un faisceau sur $X_{\text{ét}}$; posons $F' = g^*(F)$, et plus généralement affectons d'un ' l'image inverse par g de tout objet donné sur X . Comme $g \circ \underline{\underline{\mathrm{fr}}}_{X'} = \underline{\underline{\mathrm{fr}}}_X \circ g$, on a

$$\underline{\underline{fr}}^*_{X'}(F') = \underline{\underline{fr}}^*_{X'}(g^*(F)) = g^*(\underline{\underline{fr}}^*_X(F)) = (\underline{\underline{fr}}^*_X(F))' \quad ,$$

d'où le fait que les $\underline{\underline{fr}}^*_X$ définissent un foncteur cartésien $\underline{\underline{fr}}^*$ au-dessus de $(Sch)_p$. Il reste à prouver que $\underline{\underline{Fr}}^*_{F'/X'} = (\underline{\underline{Fr}}^*_{F/X})'$; en utilisant les propriétés des foncteurs adjoints, on voit que cela revient à montrer que l'image de $F'(\underline{\underline{Fr}}_{/X'})^{-1}$ par l'application bijective :

$$Hom_{X'}(F',\underline{\underline{fr}}_{X'*}(F')) = Hom_{X'}(g^*(F),\underline{\underline{fr}}_{X'*}g^*(F)) \xrightarrow{\sim} Hom_X(F,g_*\underline{\underline{fr}}_{X'*}g^*(F))$$

(g^* adjoint de g_*) coincide avec l'image de $F(\underline{\underline{Fr}}_{/X})^{-1}$ par l'application

$$Hom_X(F,fr_{X*}(F)) \longrightarrow Hom_X(F,\underline{\underline{fr}}_{X*}g_*g^*(F)) = Hom_X(F,g_*\underline{\underline{fr}}_{X'*}g^*(F))$$

définie par le morphisme d'adjonction : $F \xrightarrow{\alpha} g_*g^*(F)$; autrement dit, il faut montrer que $\alpha oF(\underline{\underline{Fr}}_{/X}) = g_*(F'(\underline{\underline{Fr}}_{/X'}))o\underline{\underline{fr}}_{X*}(\alpha)$ c'est- à-dire que pour tout préschéma U étale sur X on a un diagramme commutatif :

$$\begin{array}{ccc} F(U^{(p/X)}) & \xrightarrow{F(\underline{\underline{Fr}}_{U/X})} & F(U) \\ \downarrow & & \downarrow \\ F'(U'^{(p/X')}) & \xrightarrow{F'(\underline{\underline{Fr}}_{U'/X'})} & F'(U') \end{array} \quad ,$$

où les flèches verticales sont les applications canoniques ; or ceci provient immédiatement de $\underline{\underline{Fr}}_{U'/X'} = (Fr_{U/X})'$ (§ 1,n°2,prop. 1b)).

Pour prouver c), on se ramène en composant avec $(\underline{\underline{Fr}}^*/)^{-1}$ à prouver que $id_{\mathcal{F}}$ a un seul $(Sch)_p$ -endomorphisme : l'identité. Or si φ est un $(Sch)_p$ -endomorphisme de $id_{\mathcal{F}}$, soient F un faisceau sur un préschéma X de caractéristique p et U un préschéma étale sur X ; on sait que F(U) s'identifie à $Hom_U(U,F|U)$

et $\varphi_F(U) : F(U) \dashrightarrow F(U)$ à l'application : $s \rightsquigarrow \varphi_{F|U} o s = s o \varphi_U$ ($s \in Hom_U(U, F|U)$) ; comme le faisceau final U de $\tilde{U}_{ét}$ n'admet pas d'autre endomorphisme que l'identité, on a $\varphi_U = id_U$; il en résulte que $\varphi_F(U)$ est aussi l'identité de $F(U)$ et que $\varphi = id_{\mathcal{F}}$.

Bien entendu, si le faisceau F est muni d'une structure algébrique, l'isomorphisme $\underline{\underline{Fr}}^{*}_{F/X}$ est compatible avec cette structure ; par exemple si F est un faisceau de groupes sur le préschéma X (de caractéristique p), $\underline{\underline{Fr}}^{*}_{F/X}$ est un isomorphisme de faisceaux de groupes. Soit Λ un anneau et soit F un faisceau de Λ-modules sur X ; alors $Fr^{*}_{F/X}$ est un isomorphisme de faisceaux de Λ-modules ; plus généralement, si $F^{\bullet}$ est un complexe de Λ-Modules, on définit immédiatement un isomorphisme $\underline{\underline{Fr}}^{*}_{F^{\bullet}/X} : \underline{\underline{fr}}^{*}_{X}(F^{\bullet}) \dashrightarrow F^{\bullet}$ égal à $\underline{\underline{Fr}}^{*}_{F^{i}/X}$ sur la composante de degré i (grâce à la proposition 1a)); dans ce cas le couple $(\underline{\underline{fr}}_X, \underline{\underline{Fr}}^{*}_{F^{\bullet}/X})$ est bien une correspondance (au sens habituel) sur $(X, F^{\bullet})$; cette correspondance est fonctorielle en $F^{\bullet}$ et compatible avec le changement de la base X (proposition 1a),b)).

n°2. Effet sur la cohomologie.

Proposition 2. Soit X un préschéma de caractéristique p .

a) Pour tout faisceau d'ensembles F sur $X_{ét}$, l'endomorphisme de $H^0(X,F)$ défini par $(\underline{\underline{fr}}_X, \underline{\underline{Fr}}^{*}_{F/X})$, c'est-à-dire le composé $H^0(X,F) \dashrightarrow H^0(X, \underline{\underline{fr}}^{*}_{X}(F)) \dashrightarrow H^0(X,F)$ où la première flèche est l'application canonique (caractère contravariant de $H^0(X,F)$ par rapport à X) et la seconde $H^0(X, \underline{\underline{Fr}}^{*}_{F/X})$, est l'identité de $H^0(X,F)$.

b) Pour tout faisceau de groupes F sur $X_{ét}$ l'endomorphisme de $H^1(X,F)$ défini par $(\underline{\underline{fr}}_X, \underline{\underline{Fr}}^*_{F/X})$, c'est-à-dire $H^1(X,F) \to H^1(X, \underline{\underline{fr}}^*_X(F)) \to H^1(X,F)$, est l'identité.

c) Pour tout complexe limité à gauche F de Λ-Modules sur $X_{ét}$, l'endomorphisme de $\underline{\underline{R}}\Gamma_X(F)$ défini par $(\underline{\underline{fr}}_X, \underline{\underline{Fr}}^*_{F/X})$, c'est-à-dire le composé : $\underline{\underline{R}}\Gamma_X(F) \to \underline{\underline{R}}\Gamma_X(\underline{\underline{fr}}^*_X(F)) \to \underline{\underline{R}}\Gamma_X(F)$, est l'identité.

Etablissons d'abord a) : nous en déduirons b) et c). Soit φ_F l'endomorphisme considéré de $H^0(X,F)$; il est clair que φ_F dépend fonctoriellement de F et que $\varphi_X = id_{H^0(X,X)}$. Or tout élément s de $H^0(X,F)$ s'identifie à un morphisme de faisceaux : $s : X \to F$ tel que s soit l'image par $H^0(X,s)$ de l'unique élément de $H^0(X,X)$; comme $\varphi_F \circ H^0(X,s) = H^0(X,s) \circ \varphi_X = H^0(X,s)$ d'après les remarques précédentes, on voit que $\varphi_F(s) = s$ pour tout s , donc $\varphi_F = id_{H^0(X,F)}$.

Notons que φ_F est encore le composé : $H^0(X,F) \to H^0(X, \underline{\underline{fr}}_{X*}(F)) \to H^0(X,F)$ où la première flèche est $H^0(X, F(\underline{\underline{Fr}}_{/X})^{-1})$ et la seconde l'application canonique (qui n'est autre que l'identité) ; de même les endomorphismes considérés en b) et c) se factorisent ainsi : $H^1(X,F) \to H^1(X, \underline{\underline{fr}}_{X*}(F)) \to H^1(X,F)$ et $\underline{\underline{R}}\Gamma_X(F) \to \underline{\underline{R}}\Gamma_X(\underline{\underline{fr}}_{X*}(F)) \to \underline{\underline{R}}\Gamma_X(F)$.

Pour établir b) nous utiliserons un monomorphisme $F \to G$ de F dans un faisceau de groupes G tel que $H^1(X,G) = 0$; alors $\underline{\underline{fr}}_{X*}(F) \to \underline{\underline{fr}}_{X*}(G)$ est un monomorphisme et $H^1(X, \underline{\underline{fr}}_{X*}(G)) = 0$. Introduisons le faisceau d'ensembles homogènes quotient $C = G/F$;

comme $\underline{\underline{fr}}_X$ est entier surjectif et radiciel les foncteurs $\underline{\underline{fr}}_X^*$ et $\underline{\underline{fr}}_{X*}$ sont des équivalences de catégories quasi-inverses l'une de l'autre (SGAA VIII théorème 1.1) ; on en déduit que $\underline{\underline{fr}}_{X*}(C) \simeq \underline{\underline{fr}}_{X*}(G)/\underline{\underline{fr}}_{X*}(F)$, et la suite exacte de cohomologie (SGAA XII proposition 3.1) montre que l'endomorphisme de $H^1(X,F)$ considéré provient par passage au quotient de $\varphi_C : H^o(X,C) \dashrightarrow H^o(X,C)$ qui est l'identité d'après a) ; cet endomorphisme est donc $id_{H^1(X,F)}$.

L'assertion c) se démontre d'une manière analogue, en utilisant un complexe I injectif en chaque degré et isomorphe à F dans la catégorie dérivée D^+, construite sur les Λ-Modules ; le complexe $\underline{\underline{fr}}_{X*}(I)$ est injectif en chaque degré et isomorphe à $\underline{\underline{fr}}_{X*}(F)$ dans D^+, car $\underline{\underline{fr}}_{X*}$ est une équivalence de catégories. On peut alors identifier $\underline{\underline{R}}\Gamma_X(F)$ à $H^o(X,I)$ et $\underline{\underline{R}}\Gamma_X(\underline{\underline{fr}}_{X*}(F))$ à $H^o(X,\underline{\underline{fr}}_{X*}(I))$; on voit que l'endomorphisme considéré de $\underline{\underline{R}}\Gamma_X(F)$ s'identifie à φ_I qui est l'identité ; cet endomorphisme est donc $id_{\underline{\underline{R}}\Gamma_X(F)}$.

n°3. Comportement des produits.

Soient X et X' des préschémas de caractéristique p ; leur produit X x X' est identique au produit fibré $X \times_e X'$ où $e = \mathrm{Spec}(\underline{\underline{F}}_p)$. Il est clair que

$$\underline{\underline{fr}}_{X\times X'} = \underline{\underline{fr}}_X \times \underline{\underline{fr}}_{X'} = (\underline{\underline{fr}}_X \times id_{X'}) o (id_X \times \underline{\underline{fr}}_{X'}) = (id_X \times \underline{\underline{fr}}_{X'}) o (\underline{\underline{fr}}_X \times id_{X'}).$$

On en déduit immédiatement que pour tout X -préschéma Y et tout X' -préschéma Y' , on a un isomorphisme canonique $(Y \times Y')^{(p/X\times X')} \simeq Y^{(p/X)} \times Y'^{(p/X')}$; modulo cet isomorphisme on peut écrire $\underline{\underline{Fr}}_{Y\times Y'/X\times X'} = \underline{\underline{Fr}}_{Y/X} \times \underline{\underline{Fr}}_{Y'/X'}$.

<u>Proposition 3</u>. <u>Soient</u> X <u>et</u> X' <u>des préschémas de caractéristique</u> p , Λ <u>un anneau commutatif</u>, F <u>un faisceau de</u> Λ<u>-modules sur</u> $X_{ét}$ <u>et</u> F' <u>un faisceau de</u> Λ<u>-modules sur</u> $X'_{ét}$. <u>On a</u>

$$\underline{\underline{Fr}}^*_{F\otimes_\Lambda F'/X\times X'} = \underline{\underline{Fr}}^*_{F/X} \otimes \underline{\underline{Fr}}^*_{F'/X'} = (\underline{\underline{Fr}}^*_{F/X} \otimes \mathrm{id}_{\underline{\underline{fr}}^*_{X'}(F')}) \circ (\mathrm{id}_F \otimes \underline{\underline{Fr}}^*_{F'/X'})$$

$$= (\mathrm{id}_{\underline{\underline{fr}}^*_X(F)} \otimes \underline{\underline{Fr}}^*_{F'/X'}) \circ (\underline{\underline{Fr}}^*_{F/X} \otimes \mathrm{id}_{F'})$$

Pour écrire ces égalités, on a identifié $\underline{\underline{fr}}^*_{X\times X'}(F \otimes_\Lambda F')$ au produit tensoriel $\underline{\underline{fr}}^*_X(F) \otimes_\Lambda \underline{\underline{fr}}^*_{X'}(F')$ au moyen de l'isomorphisme canonique.

Les deux membres de la première égalité dépendent fonctoriellement de F et de F' et ils sont compatibles avec le changement de la base X ou de la base X' ; de plus ils sont compatibles avec le passage à la limite inductive sur F ou sur F' , car le produit tensoriel commute à la limite inductive et il est clair que $\underline{\underline{Fr}}^*_{(\varinjlim F_i)/X} = \varinjlim \underline{\underline{Fr}}^*_{F_i/X}$; ceci permet de se ramener au cas où $F =$ X et $F' = \Lambda_{X'}$; alors c'est évident.

<u>Corollaire</u>. <u>Avec les données de la proposition 3, les endomorphismes de</u> $\underline{\underline{R}}\Gamma_{X\times X'}(F \otimes F')$ <u>définis respectivement par</u> $(\mathrm{id}_X \times \underline{\underline{fr}}_{X'}, \mathrm{id}_F \otimes \underline{\underline{Fr}}^*_{F'/X'})$ <u>et par</u> $(\underline{\underline{fr}}_X \times \mathrm{id}_{X'}, \underline{\underline{Fr}}^*_{F/X} \otimes \mathrm{id}_{F'})$ <u>sont des isomorphismes réciproques l'un de l'autre</u>.

En désignant ces endomorphismes par φ' et par φ , montrons par exemple que $\varphi \circ \varphi' = \mathrm{id}$; cela résulte du diagramme

$$\begin{array}{ccccc}
\underline{\underline{R}}\Gamma_{X\times X'}(F\boxtimes F') & \xrightarrow{id_X\times \underline{\underline{fr}}_{X'}} & \underline{\underline{R}}\Gamma_{X\times X'}(F\boxtimes \underline{\underline{fr}}^{*}_{X'}(F')) & \xrightarrow{\underline{\underline{R}}\Gamma(id_F\boxtimes \underline{\underline{Fr}}^{*}_{F'/X'})} & \underline{\underline{R}}\Gamma_{X\times X'}(F\boxtimes F') \\
 & \searrow{\scriptstyle \underline{\underline{fr}}_{X\times X'}} & \downarrow{\scriptstyle \underline{\underline{fr}}_X \times id_{X'}} & & \downarrow{\scriptstyle \underline{\underline{fr}}_X \times id_{X'}} \\
 & & \underline{\underline{R}}\Gamma_{X\times X'}(\underline{\underline{fr}}^{*}_{X\times X'}(F\boxtimes F')) & \xrightarrow{\underline{\underline{R}}\Gamma(id_{\underline{\underline{fr}}^{*}_X(F)}\boxtimes \underline{\underline{Fr}}^{*}_{F'/X'})} & \underline{\underline{R}}\Gamma_{X\times X'}(\underline{\underline{fr}}^{*}_X(F)\boxtimes F') \\
 & & & \searrow{\scriptstyle \underline{\underline{R}}\Gamma(\underline{\underline{Fr}}^{*}_{F\boxtimes F'/X\times X'})} & \downarrow{\scriptstyle \underline{\underline{R}}\Gamma(\underline{\underline{Fr}}^{*}_{F/X}\boxtimes id_{F'})} \\
 & & & & \underline{\underline{R}}\Gamma_{X\times X'}(F\boxtimes F')
\end{array} ,$$

qui est commutatif à cause de $\underline{\underline{fr}}_{X\times X'} = (fr_X\times id_{X'})\circ(id_X\times\underline{\underline{fr}}_{X'})$ (pour le triangle du haut) et de

$\underline{\underline{Fr}}^{*}_{F\boxtimes F'/X\times X'} = (\underline{\underline{Fr}}^{*}_{F/X}\boxtimes id_{F'})\circ(id_{\underline{\underline{fr}}^{*}_X(F)}\boxtimes\underline{\underline{Fr}}^{*}_{F'/X'})$ (pour le triangle du bas), et dans lequel le composé des deux flèches obliques est l'identité d'après la proposition 2c) (n^o2). A l'aide d'un diagramme analogue échangeant les rôles de (X,F) et (X',F') on obtient :

$\varphi'\circ\varphi = id$.

Nous appliquerons ce résultat au cas particulier où $X' = \bar{e} = \mathrm{Spec}(\bar{\underline{\underline{F}}}_p)$ est le spectre d'une clôture algébrique $\bar{\underline{\underline{F}}}_p$ de $\underline{\underline{F}}_p$ et où $F' = \Lambda_{\bar{e}}$ est le faisceau constant de fibre Λ . Dans ce cas nous poserons : $\bar{X} = X\times\bar{e} = X\otimes_{\underline{\underline{F}}_p}\bar{\underline{\underline{F}}}_p$ et $\bar{F} = F\otimes_\Lambda \Lambda_{\bar{e}}$ = image réciproque de F par la projection $\bar{X}\dashrightarrow X$. L'endomorphisme de Frobenius $\underline{\underline{fr}}_{\bar{e}}$ s'identifie au générateur canonique $f : \lambda \rightsquigarrow \lambda^p$ ($\lambda\in\bar{\underline{\underline{F}}}_p$) du groupe de Galois $\pi_e = \mathrm{Gal}(\bar{\underline{\underline{F}}}_p/\underline{\underline{F}}_p)$ (f détermine un isomorphisme: $\hat{\underline{\underline{Z}}} \xrightarrow{\sim} \pi_e$), et $\underline{\underline{Fr}}^{*}\Lambda_{\bar{e}}/\bar{e} = id_{\Lambda_{\bar{e}}}$ car $\Lambda_{\bar{e}}$ est un faisceau constant. Posons :

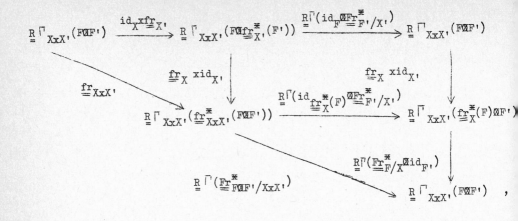

$\overline{\underline{\underline{fr}}}_X = \underline{\underline{fr}}_X \times id_{\bar{e}}$ = image réciproque de $\underline{\underline{fr}}_X$ par $\bar{X} \longrightarrow X$,

$f_X = id_X \times \underline{\underline{fr}}_{\bar{e}}$ = automorphisme de $\bar{X}$ défini par f (par transport de structure)

$\overline{\underline{\underline{Fr}}}^*_{F/X} = \underline{\underline{Fr}}^*_{F/X} \otimes id_{\Lambda_{\bar{e}}}$ = image réciproque de $\underline{\underline{Fr}}^*_{F/X}$ par $\bar{X} \longrightarrow X$.

On peut écrire : $\underline{\underline{fr}}_{\bar{X}} = \overline{\underline{\underline{fr}}}_X \circ f_X = f_X \circ \underline{\underline{fr}}_X$ et $\underline{\underline{Fr}}^*_{\bar{F}/\bar{X}} = \overline{\underline{\underline{Fr}}}^*_{F/X}$. Le corollaire de la proposition 3 montre que l'endomorphisme de $R\Gamma_{\bar{X}}(\bar{F})$ défini par le couple $(\overline{\underline{\underline{fr}}}_X, \overline{\underline{\underline{Fr}}}^*_{F/X})$ est l'automorphisme inverse de celui que définit f_X . Nous dirons que $(\overline{\underline{\underline{fr}}}_X, \overline{\underline{\underline{Fr}}}^*_{F/X})$ est la correspondance de Frobenius <u>géométrique</u> (c'est l'image inverse par $\bar{X} \longrightarrow X$ de la correspondance de Frobenius sur (X,F)) et nous désignerons par $\underline{\underline{fr}}_{\underline{\underline{R}}\Gamma_{\bar{X}}(\bar{F})}$ l'automorphisme de $\underline{\underline{R}}\Gamma_{\bar{X}}(\bar{F})$ qu'elle définit ; l'opération de Frobenius <u>arithmétique</u>, provenant par transport de structure de $f \in \pi_e$, en est l'inverse.

§ 3. LA FONCTION L .

n°1. Définition.

Soit p un nombre premier ; considérons un nombre premier $\ell \neq p$ et une extension finie Ω de $\underline{\underline{Q}}_\ell$. A tout couple (X,F) d'un schéma X de type fini sur $e = \mathrm{Spec}(\underline{\underline{F}}_p)$ et d'un Ω-faisceau constructible F sur X , nous allons associer une série formelle $L_F \in \Omega[[t]]$, de terme constant 1 .

Considérons d'abord le cas particulier où $X = e$; soit $\bar{\mathbb{F}}_p$ une clôture algébrique de $\mathbb{F}_p$ et soit $\bar{e} = \mathrm{Spec}(\bar{\mathbb{F}}_p)$. Le faisceau F est entièrement déterminé par sa fibre $F_{\bar{e}}$, considérée comme Ω-espace vectoriel de dimension finie où le groupe de Galois $\pi_e = \mathrm{Gal}(\bar{\mathbb{F}}_p/\mathbb{F}_p)$ opère continûment. Comme π_e est engendré topologiquement par l'élément de Frobenius $f : \lambda \rightsquigarrow \lambda^p$ $(\lambda \in \bar{\mathbb{F}}_p)$, la donnée du faisceau F équivaut à celle de l'espace vectoriel $F_{\bar{e}}$ muni d'un automorphisme $f_{F_{\bar{e}}}$ "topologiquement unipotent", c'est-à-dire dont la puissance k-ième tend vers l'identité dans le groupe analytique $\mathrm{Aut}(F_{\bar{e}})$ lorsque k tend "multiplicativement" vers l'infini. Nous poserons

$$L_F(t) = 1/\det(1-f^{-1}_{F_{\bar{e}}}t) \in \Omega [\![t]\!] .$$

Supposons maintenant que $X = \mathrm{Spec}(\mathbb{F}_q)$, avec $q = p^d$ (d entier $\geqslant 1$). Soit $\bar{x}$ un point géométrique de X , défini par un plongement de $\mathbb{F}_q$ dans $\bar{\mathbb{F}}_p$; le groupe de Galois $\pi_x = \mathrm{Gal}(\bar{\mathbb{F}}_p/\mathbb{F}_q)$ s'identifie au sous-groupe de π_e engendré topologiquement par f^d . Ainsi la donnée du faisceau F équivaut à celle de sa fibre $F_{\bar{x}}$ (espace vectoriel de dimension finie sur Ω) munie d'un automorphisme $(f^d)_{F_{\bar{x}}}$ topologiquement unipotent, que nous noterons $f^d_{F_{\bar{x}}}$ pour simplifier. Soit g l'unique morphisme de X dans e ; l'image directe g(F) est de même définie par sa fibre $g_*(F)_{\bar{e}}$ munie des opérations de π_e , que l'on calcule comme un "module induit" $g_*(F)_{\bar{e}} \simeq F_{\bar{x}} \otimes_{\pi_x} \pi_e$. Nous poserons

$$L_F(t) = L_{g_*(F)}(t) = 1/\det(1-f^{-1}_{g_*(F)_{\bar{e}}}t) \quad ;$$

un calcul facile de déterminant montre que cette expression est égale à

$$L_F(t) = 1/\det(1-f_{F_{\bar{x}}}^{-d}t^d) \quad .$$

Dans le cas général d'un schéma X de type fini sur e muni d'un Ω-faisceau constructible F , on définit

$$L_F = \prod_{x \in X^o} L_{F_x} \quad ,$$

où X^o désigne l'ensemble des points fermés de X ; nous allons voir que ce produit est multipliable dans $\Omega[[t]]$; explicitons-le en effet, en introduisant pour chaque $x \in X^o$ un point géométrique $\bar{x}$ de X localisé en x , défini par un plongement du corps résiduel $k(x)$ dans $\bar{\mathbb{F}}_p$, et en posant

$$d(x) = [k(x) : \mathbb{F}_p] \quad \text{(degré de } x) \quad ;$$

avec ces notations

$$L_{F_x}(t) = 1/\det(1-f_{F_{\bar{x}}}^{-d(x)}t^{d(x)}) = 1+\mathrm{Tr}(f_{F_{\bar{x}}}^{-d(x)})t^{d(x)}+ \ldots \quad .$$

Comme pour tout entier n l'ensemble des points $x \in X^o$ tels que $d(x) \leqslant n$ est fini, on en conclut que la famille $(L_{F_x})_{x \in X^o}$ est multipliable dans $\Omega[[t]]$. Ainsi la fonction L de (X,F) est

$$L_F(t) = \prod_{x \in X^o} (1/\det(1-f_{F_{\bar{x}}}^{-d(x)}t^{d(x)}) \quad .$$

Les premières propriétés formelles de la fonction L sont réunies dans l'énoncé suivant :

Proposition 1.

a) (multiplicativité en F) Soit $0 \to F' \to F \to F'' \to 0$

une suite exacte de Ω-faisceaux constructibles sur X , alors on a $L_F = L_{F'} . L_{F''}$.

b) Soient Y un sous-schéma fermé de X et $U = X-Y$ l'ouvert complémentaire. Alors on a : $L_F = L_{F|U} . L_{F|Y}$ pour tout Ω-faisceau constructible F .

c) Soit $X \longrightarrow S$ un morphisme de schémas de type fini sur $\mathbb{F}_p$, et soit F un Ω-faisceau constructible sur X ; alors

$$L_F = \prod_{s \in S^o} L_{F|X_s} .$$

L'assertion a) est claire ; b) provient de $X^o = U^o \cup Y^o$ (réunion disjointe) et l'assertion c) de $X^o = \coprod_{s \in S^o} X^o_s$ en utilisant la propriété d'associativité des produits infinis multipliables ; ces formules sur les points fermés sont vraies parce que l'image d'un point fermé par un morphisme de préschémas de type fini sur $\mathbb{F}_p$ est encore un point fermé.

n°2. Enoncé du théorème de rationalité et réduction au cas d'une courbe.

Théorème. Soient X un schéma de type fini sur $\mathbb{F}_p$, de dimension n , $g : X \longrightarrow e$ son morphisme structural, et F un Ω-faisceau constructible sur X . On a

$$(1) \qquad L_F = \prod_{i=o}^{2n} (L_{R^i_! g(F)})^{(-1)^i} .$$

Dans cet énoncé les $R^i_! g(F)$ sont les images directes supérieures à supports propres, au sens de la cohomologie ℓ-adique. On pose $H^i_!(\bar{X},\bar{F}) = R^i_! \bar{g}(\bar{F}) = R^i_! g(F)_{\bar{e}}$ (théorème du changement de base), où

$\bar{X}$, $\bar{F}$ et $\bar{g}$ proviennent de X , F et g par le changement de base $\bar{e} \to e$ ($\bar{e}$ = spectre d'une clôture algébrique de $\underline{\underline{F}}_p$) ; avec cette notation, on a d'après le n°1 :

$$L_{R^i_! g(F)}(t) = 1/\det(1-f^{-1}_{H^i_!(\bar{X},\bar{F})}t) = L_{f^{-1}_{H^i_!(\bar{X},\bar{F})}}(t)$$

en posant $L_u(t) = 1/\det(1-ut)$ pour tout endomorphisme u d'un espace vectoriel de dimension finie, selon le formalisme développé dans un exposé précédent.

Plus généralement, considérons un morphisme $u : X \to Y$ de schémas de type fini sur $\underline{\underline{F}}_p$ et un Ω-faisceau constructible F sur X . Désignons par $(P_{F,u})$ la propriété suivante :

$$(P_{F,u}) \quad : \quad L_F = \prod_i (L_{R^i_! u(F)})^{(-1)^i} \quad .$$

L'énoncé du théorème pour le couple (X,F) n'est autre que $(P_{F,g})$, où $g : X \to e$ est le morphisme structural de X . Nous allons le ramener au cas où X est la droite projective grâce à quelques lemmes.

Lemme 1. Soient $u : X \to Y$ un morphisme de schémas de type fini sur $\underline{\underline{F}}_p$ et F un Ω-faisceau constructible. Si $(P_{F|X_y,u_y})$ est vraie pour tout $y \in Y°$, alors $(P_{F,u})$ est vraie.

En effet

$$\begin{aligned} L_F &= \prod_{y \in Y°} L_{F|X_y} \qquad \text{(n°1, proposition 1c))} \\ &= \prod_{y \in Y°} \prod_i (L_{R^i_! u_y(F|X_y)})^{(-1)^i} \quad \text{en utilisant } (P_{F|X_y,u_y}) \ ; \end{aligned}$$

or $R^i_! u_y(F|X_y) \simeq R^i_! u(F)_y$ (théorème du changement de base), ce qui donne :

$$L_F = \prod_i \left(\prod_{y \in Y^o} L_{R_!^i u(F)_y} \right)^{(-1)^i} = \prod_i \left(L_{R_!^i u(F)} \right)^{(-1)^i}$$

par définition de la fonction L sur Y .

Corollaire. <u>Soient</u> $u : X \longrightarrow Y$ <u>un morphisme fini de schémas de</u> <u>type fini sur</u> $\underline{F}_p$, <u>et</u> F <u>un</u> Ω-<u>faisceau constructible sur</u> X . <u>La propriété</u> $(P_{F,u})$ <u>est vraie.</u>

Le lemme permet de se ramener au cas où Y est ponctuel : $Y = \mathrm{Spec}(\underline{F}_q)$. Alors X est fini et $u_{*}(F) \simeq \bigoplus_{x \in X} u_{*}(F_x)$; pour établir la formule $(P_{F,u})$ $L_F = L_{u_{*}(F)}$ on est donc ramené au cas où X est lui-même ponctuel : $X = \mathrm{Spec}(\underline{F}_{q'})$. Soient $g : X \longrightarrow e$ et $h : Y \longrightarrow e$ les morphismes structuraux ; on a par définition (n°1) : $L_F = L_{g_{*}(F)} = L_{h_{*}u_{*}(F)} = L_{u_{*}(F)}$, puisque $g = h \circ u$.

Lemme 2. <u>Soient</u> $u : X \longrightarrow Y$, $v : Y \longrightarrow Z$ <u>des morphismes de</u> <u>schémas de type fini sur</u> $\underline{F}_p$ <u>et</u> F <u>un</u> Ω-<u>faisceau constructible</u> <u>sur</u> X . <u>Si les propriétés</u> $(P_{F,u})$ <u>et</u> $(P_{R_!^i u(F),v})$ <u>pour tout</u> i <u>sont vraies, alors</u> $(P_{F,v \circ u})$ <u>est vraie.</u>

En effet

$$L_F = \prod_i \left(L_{R_!^i u(F)} \right)^{(-1)^i} = \prod_i \left(\prod_j \left(L_{R_!^j v(R_!^i u(F))} \right)^{(-1)^i} \right)^{(-1)^j}$$

$$= \prod_{i,j} \left(L_{R_!^j v(R_!^i u(F))} \right)^{(-1)^{i+j}} \quad \text{d'après}$$

$(P_{F,u})$ et $(P_{R_!^i u(F),v})$. La suite spectrale de Leray $R_!^j v(R_!^i u(F)) \Longrightarrow R_!^k (v \circ u)(F)$ et la multiplicativité de L_F par rapport à F (n°1, proposition 1a)) donnent enfin

$L_F = \prod_k (L_{R^k_!(v \circ u)(F)})^{(-1)^k}$, ce que nous voulions démontrer.

Lemme 3. Soit X un schéma de type fini sur $\underline{\underline{F}}_p$, et soit $g : X \dashrightarrow e$ son morphisme structural.

a) Considérons un Ω-faisceau constructible F sur X , un sous-schéma fermé Y de X et l'ouvert complémentaire U = X-Y . Si le théorème est vrai pour deux des couples (X,F) , (Y,F|Y) , (U,F|U) , il est vrai pour le troisième.

b) Considérons une suite exacte $0 \dashrightarrow F' \dashrightarrow F \dashrightarrow F'' \dashrightarrow 0$ de Ω-faisceaux constructibles sur X ; si le théorème est vrai pour deux des couples (X,F') , (X,F) , (X,F") , il est vrai pour le troisième.

Nous n'utiliserons que l'énoncé a), mais nous donnons aussi b) par souci de symétrie. Les démonstrations de a) et b) sont analogues ; démontrons par exemple a). La suite exacte

$$\ldots \dashrightarrow R^i_! g_U(F|U) \dashrightarrow R^i_! g(F) \dashrightarrow R^i_! g_Y(F|Y) \dashrightarrow R^{i+1} g_U(F|U) \dashrightarrow \ldots$$

et la proposition 1a) (n°1) donnent :

$$\prod_i (L_{R^i_! g(F)})^{(-1)^i} = \prod_i (L_{R^i_! g_U(F|U)} \cdot L_{R^i_! g_Y(F|Y)})^{(-1)^i}$$

et la proposition 1b) (n°1) permet alors de conclure.

On peut résumer les raisonnements des lemmes 1, 2 et 3 en disant que, d'après la proposition 1 du n°1, la fonction L_F a des propriétés formelles analogues à celles de la cohomologie à supports propres.

Utilisons maintenant les lemmes précédents pour nous ramener au cas où X est la droite projective.

1ère Réduction: par récurrence noethérienne on peut construire une partition $(U_j)_{1\leqslant j\leqslant r}$ de X par des schémas affines telle que U_{j+1} soit ouvert dans $X-\bigcup_{i=1}^{j} U_i$ pour $j = 1,\ldots,r-1$. Supposons le théorème établi pour tout couple (U,G) d'un schéma affine U de type fini sur $\underline{\underline{F}}_p$ et d'un Ω-faisceau constructible G sur U ; il est donc vrai pour $(U_j,F|U_j)$, $j = 1,\ldots,r$; grâce au lemme 3a) on en déduit par récurrence descendante sur j qu'il est vrai pour $(\bigcup_{i\geqslant j} U_i, F|\bigcup_{i\geqslant j} U_i)$, donc pour (X,F) , puisque $X = \bigcup_{i\geqslant 1} U_i$.

Il suffit donc de démontrer le théorème dans le cas où X est affine.

2ème Réduction : supposons X affine, de dimension n ; il existe un morphisme fini $u : X \dashrightarrow \underline{\underline{E}}^n$ de X dans l'espace numérique de dimension n . Raisonnons par récurrence sur n . Pour n = 0 , X est fini sur e et le théorème est vrai d'après le corollaire du lemme 1. Si $n \geqslant 1$, supposons le théorème établi pour les schémas affines de dimension n-1 ; soient $u : X \dashrightarrow \underline{\underline{E}}^n$ un morphisme fini et $v : \underline{\underline{E}}^n \dashrightarrow \underline{\underline{E}}^1$ un morphisme de projection, défini à partir d'un isomorphisme : $\underline{\underline{E}}^n \simeq \underline{\underline{E}}^1 \times \underline{\underline{E}}^{n-1}$; en composant on obtient un morphisme $w = v \circ u : X \dashrightarrow \underline{\underline{E}}^1$ dont les fibres sont des schémas affines de dimension n-1 . Le lemme 1 montre alors que la propriété $(P_{F,w})$ est vraie d'après l'hypothèse de récurrence. Grâce au lemme 2 on voit qu'il suffit d'établir le théorème pour les couples

$(\underline{\underline{E}}^1, R^i_! w(F))$. On se ramène ainsi au cas où $X = \underline{\underline{E}}^1$ est la droite affine.

3ème Réduction : supposons $X = \underline{\underline{E}}^1$; soit $i : \underline{\underline{E}}^1 \longrightarrow \underline{\underline{P}}^1$ l'immersion de la droite affine dans la droite projective $\underline{\underline{P}}^1$, et soit $Z = \underline{\underline{P}}^1 - i(\underline{\underline{E}}^1)$ le sous-schéma fermé réduit au point à l'infini de $\underline{\underline{P}}^1$; comme le théorème est vrai pour $(Z, i_!(F)|Z)$, il revient au même, d'après le lemme 3a), de l'établir pour $(\underline{\underline{E}}^1, F)$ ou pour $(\underline{\underline{P}}^1, i_!(F))$ (comme i est une immersion ouverte on a : $F = i_!(F)|\underline{\underline{E}}^1$).

n°3. Démonstration du théorème.

Au bout de ces réductions, il nous reste donc à établir le théorème dans le cas où X est la droite projective. Nous allons d'abord transformer la formule (1) de l'énoncé en une formule du type de Lefschetz, portant sur des traces ; cette dernière formule sera démontrée dans le cas particulier où X est une courbe projective et lisse.

Reprenons la formule (1) :

$$L_F = \prod_i (L_{R^i_! g(F)})^{(-1)^i} = \frac{P^1_F \dots P^{2n-1}_F}{P^o_F \dots P^{2n}_F} \quad \text{, avec}$$

$$P^i_F(t) = \det(1 - f^{-1}_{H^i_!(\overline{X}, \overline{F})} t) \quad .$$

Le logarithme du premier membre s'écrit :

$$\sum_{x \in X^o} \sum_{n=1}^{\infty} \mathrm{Tr}(f^{-nd(x)}_{F_{\overline{x}}}) t^{nd(x)}/n = \sum_{n=1}^{\infty} \Big(\sum_{d(x)|n} d(x) \mathrm{Tr}(f^{-n}_{F_{\overline{x}}}) \Big) t^n/n$$

tandis que celui du second membre est :

$$\sum_{n\geq 1} \Big(\sum_i (-1)^i \mathrm{Tr}(f^{-n}_{H^i_!(\bar{X},\bar{F})})\Big)t^n/n \quad .$$

En comparant les coefficients de t^n/n on voit qu'il faut établir :

$$(2) \qquad \sum_{d(x)|n} d(x)\mathrm{Tr}(f^{-n}_{F_{\bar{x}}}) = \sum_i (-1)^i \mathrm{Tr}(f^{-n}_{H^i_!(\bar{X},\bar{F})}) \quad \text{pour tout} \quad n \geq 1 \quad ;$$

ces calculs sont légitimes grâce au fait que le corps Ω est de caractéristique nulle.

Transformons encore la formule (2) en supposant que X est propre, ce qui permet d'écrire la cohomologie ordinaire au lieu de la cohomologie à supports propres. Rappelons que la catégorie des $\underline{\underline{Q}}_\ell$-faisceaux sur X est une catégorie de fractions de celle des faisceaux ℓ-adiques ; par abus de notation, nous désignerons désormais par $F = (F_\nu)_{\nu\in\underline{\underline{N}}}$ le faisceau ℓ-adique(*) sur X qui correspond au $\underline{\underline{Q}}_\ell$-faisceau sous-jacent à F . Alors $\bar{F} = (\bar{F}_\nu)$ et les morphismes de Frobenius $\underline{\underline{Fr}}^*_{F_\nu/X}$ définissent un morphisme de faisceaux ℓ-adiques $\underline{\underline{Fr}}^*_{F/X} : \underline{\underline{fr}}^*_X(\bar{F}) \longrightarrow \bar{F}$, d'où une correspondance ℓ-adique sur $(\bar{X},\bar{F})$. Pour chaque entier ν on sait que l'endomorphisme $\underline{\underline{fr}}_{\underline{\underline{R}}\Gamma_{\bar{X}}(\bar{F}_\nu)}$ défini par $(\overline{\underline{\underline{fr}}}_X,\overline{\underline{\underline{Fr}}}^*_{F_\nu/X})$ est l'inverse de $f_{\underline{\underline{R}}\Gamma_{\bar{X}}(\bar{F})}$ (§2, n°3, corollaire de la proposition 3) ; en utilisant la définition de la cohomologie ℓ-adique, on trouve alors que l'endomorphisme $\underline{\underline{fr}}_{H^i(\bar{X},\bar{F})}$ de $H^i(\bar{X},\bar{F})$ défini par $(\overline{\underline{\underline{fr}}}_X,\overline{\underline{\underline{Fr}}}^*_{F/X})$ est l'inverse de $f_{H^i(\bar{X},\bar{F})}$; ainsi :

$$f^{-n}_{H^i(\bar{X},\bar{F})} = \underline{\underline{fr}}^n_{H^i(\bar{X},\bar{F})} \qquad \text{pour tout} \quad n \geq 1 \quad \text{et tout} \quad i \quad .$$

Appliquons ce résultat dans le cas particulier où $X = x = \mathrm{Spec}(\underline{\underline{F}}_q)$ $(q = p^d)$ est réduit à un point dont le degré d divise n . Nous obtenons :

(*) Pour simplifier l'écriture, nous supposerons pour la suite de la démonstration que $\Omega = \underline{\underline{Q}}_\ell$. Dans le cas général, il faudrait remplacer $\mathbb{Z}_\ell$ par la clôture normale de $\mathbb{Z}_\ell$ dans Ω . (Détails laissés au lecteur).

$$f^{-n}_{\bar{F}_{\bar{x}}} = \underline{\underline{\mathrm{fr}}}^{n}_{\bar{F}_{\bar{x}}} = (\underline{\underline{\mathrm{Fr}}}^{*}_{\bar{F}_{\bar{x}}/\bar{x}})^{n}$$

($\bar{x}$ = point géométrique défini par un plongement de $\underline{\underline{F}}_q$ dans $\bar{\underline{\underline{F}}}_p$) .

D'autre part $\overline{\underline{\underline{\mathrm{fr}}}}_X$ et f_X opèrent de façons inverses sur les points de $\bar{X}$. Il en résulte que la projection $\bar{X} \to X$ établit une correspondance bijective entre l'ensemble des points fermés de degré d de X et l'ensemble des orbites à d éléments de $\overline{\underline{\underline{\mathrm{fr}}}}_X$ opérant dans $\bar{X}$. En remarquant que l'ensemble $\bar{X}^{\overline{\mathrm{fr}}^n_X}$ des points de $\bar{X}$ fixes par $\overline{\underline{\underline{\mathrm{fr}}}}^n_X$ est la réunion des orbites de $\overline{\underline{\underline{\mathrm{fr}}}}_X$ dont le cardinal divise n , on peut transcrire (2) sous la forme "géométrique" :

$$\sum_{\bar{x} \in \bar{X}^{\overline{\mathrm{fr}}^n_X}} \mathrm{Tr}(\underline{\underline{\mathrm{fr}}}^n_{\bar{F}_{\bar{x}}}) = \sum_i (-1)^i \mathrm{Tr}(\underline{\underline{\mathrm{fr}}}^n_{H^i(\bar{X},\bar{F})}) \quad . \tag{2'}$$

C'est une formule du type de Lefschetz sur le schéma $\bar{X}$ muni du faisceau $\bar{F}$ et de la correspondance $(\underline{\underline{\mathrm{fr}}}_X, \underline{\underline{\mathrm{Fr}}}^{*}_{F/X})$.

Pour alléger les notations, nous écrirons dorénavant X , F , h et h_F au lieu de $\bar{X}$, $\bar{F}$, $\underline{\underline{\mathrm{fr}}}^n_X$ et $(\overline{\underline{\underline{\mathrm{Fr}}}}^{*}_{F/X})^n$ (comme X et F n'interviendront plus, aucune confusion n'est à craindre) ; nous supposerons que X est une courbe projective et lisse sur $k = \bar{\underline{\underline{F}}}_p$. Les points fixes de h dans X sont tous de multiplicité 1 ; en effet h opère par : $T \rightsquigarrow T^{p^n}$ sur le complété de l'anneau local d'un point fixe, T désignant une uniformisante. Le théorème se déduira du résultat suivant :

<u>Proposition 2</u>. <u>Soient</u> X <u>une courbe projective et lisse sur un corps algébriquement clos</u> k <u>de caractéristique</u> p , F <u>un faisceau</u>

ℓ-adique constructible sur $X_{ét}$ (avec ℓ = nombre premier $\neq$ p), h un endomorphisme de X dont tous les points fixes sont de multiplicité 1, et $h_F : h^*(F) \dashrightarrow F$ un morphisme de faisceaux. La formule suivante, où $h_{H^i(X,F)}$ désigne l'endomorphisme de $H^i(X,F)$ défini par (h,h_F), est vraie :

(2")
$$\sum_{x \in X^h} \mathrm{Tr}(h_{F_x}) = \sum_i (-1)^i \mathrm{Tr}(h_{H^i(X,F)}) \quad .$$

On a établi dans ce séminaire une formule de Lefschetz analogue pour un faisceau de torsion constructible F_ν, annulé par $\ell^{\nu+1}$ sur la courbe X, muni d'un morphisme $h_{F_\nu} : h^*(F_\nu) \dashrightarrow F_\nu$. Elle s'écrit :

(3)
$$\sum_{x \in X^h} \mathrm{Tr}(h_{(F_\nu)_x}) = \mathrm{Tr}^* h_{\underline{\underline{R}}\Gamma_X(F_\nu)}$$

où les deux membres appartiennent à $\underline{\underline{Z}}/\ell^{\nu+1}\underline{\underline{Z}}$.

Supposons que le faisceau ℓ-adique de l'énoncé s'écrive $F = (F_\nu)_{\nu \in \underline{\underline{N}}}$, avec F annulé par $\ell^{\nu+1}$. Pour chaque ν on peut écrire la formule $(3)_\nu$, et on voit que les premiers membres de ces formules, pour ν variable, sont les composantes d'un entier ℓ-adique qui est précisément le premier membre de la formule (2") à démontrer. Il reste à établir que les seconds membres des formules $(3)_\nu$ définissent, pour ν variable, un entier ℓ-adique égal à $\sum(-1)^i \mathrm{Tr}(h_{H^i(X,F)})$, avec $H^i(X,F) = \varprojlim_\nu H^i(\underline{\underline{R}}\Gamma_X(F_\nu))$. Ceci résulte de lemmes purement algébriques que nous allons démontrer pour terminer.

On considère un système projectif $(K_\nu)_{\nu \in \underline{\underline{N}}}$ de complexes parfaits, avec $K_\nu \in D_{parf}(\underline{\underline{Z}}/\ell^{\nu+1}\underline{\underline{Z}})$, tel que pour chaque ν le

morphisme de transition : $K_{\nu+1} \dashrightarrow K_\nu$ soit isomorphe au sens des catégories dérivées au morphisme canonique : $K_{\nu+1} \dashrightarrow K_{\nu+1}/\ell^{\nu+1}K_{\nu+1}$.
On suppose chaque complexe K_ν muni d'un endomorphisme $h_\nu \in \mathrm{Fl}(D_{parf}(\underline{\underline{Z}}/\ell^{\nu+1}\underline{\underline{Z}}))$, de manière que $(h_\nu)_{\nu\in\underline{\underline{N}}}$ soit compatible avec les morphismes de transition, définissant ainsi un endomorphisme du système projectif (K_ν) . Dans l'application à la démonstration de la proposition 2 on prendra $K_\nu = \underline{\underline{R}}\Gamma_X(F_\nu)$ et $h_\nu = h_{\underline{\underline{R}}\Gamma_X(F_\nu)}$; la condition sur les morphismes de transition se déduit par la "formule de Künneth" de la condition analogue vérifiée par les morphismes de transition du système projectif ℓ-adique (F_ν) .

On se propose de trouver un système projectif $(K'_\nu)_{\nu\in\underline{\underline{N}}}$, où K'_ν est un complexe de $(\underline{\underline{Z}}/\ell^{\nu+1}\underline{\underline{Z}})$-modules libres de type fini, nul en dehors d'un intervalle de degrés $[a,b]$ (indépendant de ν) et muni d'un endomorphisme de complexe $h'_\nu : K'_\nu \dashrightarrow K'_\nu$, de manière que les conditions suivantes soient satisfaites :

1) le morphisme de transition : $K'_{\nu+1} \dashrightarrow K'_\nu$ est isomorphe (comme morphisme de complexes) à $K'_{\nu+1} \dashrightarrow K'_{\nu+1}/\ell^{\nu+1}K'_{\nu+1}$, pour tout $\nu\in\underline{\underline{N}}$.

2) $(h'_\nu)_{\nu\in\underline{\underline{N}}}$ est compatible avec les morphismes de transition.

3) (K'_ν,h'_ν) est isomorphe à (K_ν,h_ν) dans $D_{parf}(\underline{\underline{Z}}/\ell^{\nu+1}\underline{\underline{Z}})$ pour tout ν , ces différents isomorphismes pouvant être choisis de manière à être compatibles avec les morphismes de transition de (K'_ν) et de (K_ν) .

Supposons faite la construction des systèmes (K'_ν) et (h'_ν) ; on peut alors écrire : $\mathrm{Tr}^*h_\nu = \mathrm{Tr}^*h'_\nu = \sum(-1)^i\mathrm{Tr}\, h'^{\,i}_\nu$ pour tout $\nu\in\underline{\underline{N}}$. Soient $K' = \varprojlim_\nu K'_\nu$, et $h' = \varprojlim_\nu h'_\nu$ (endomorphisme de K') . On voit que $(\mathrm{Tr}^{*}h_{\nu})_{\nu}$ est un entier ℓ-adique égal à $\sum_i (-1)^i \mathrm{Tr}\, h'^i$. De plus le système projectif (K'_{ν}) vérifie la condition de Mittag-Leffler, et il en est de même du système $(H^{i-1}(K'_{\nu}))_{\nu}$ pour tout i ; il en résulte que $H^i(K') \xrightarrow{\sim} \varprojlim_{\nu} H^i(K'_{\nu})$ pour tout i (EGA 0_{III} 13.2.3). Dans le cas qui nous intéresse, où $K_{\nu} = \underline{\underline{R}}\Gamma_X(F_{\nu})$ et $h_{\nu} = h_{\underline{\underline{R}}\Gamma_X(F_{\nu})}$, on voit que $H^i(K')$ s'identifie à $H^i(X,F)$, et que l'endomorphisme de $H^i(K')$ défini par h' s'identifie à $h_{H^i(X,F)}$. Par suite on peut écrire

$$\sum_i (-1)^i \mathrm{Tr}\, h'^i = \sum_i (-1)^i \mathrm{Tr}\, h_{H^i(X,F)} ,$$

et la formule (2") de l'énoncé est ainsi démontrée.

L'existence des systèmes (K'_{ν}) et (h'_{ν}) repose sur deux lemmes, dans lesquels on considère un anneau commutatif A , un idéal I de A et le foncteur $T : L \rightsquigarrow L \otimes_A A_o$ (L complexe de A-modules borné à droite), avec $A_o = A/I$.

<u>Lemme 1</u>. <u>Supposons l'idéal</u> I <u>nilpotent</u>. <u>Considérons un complexe</u> $L \in D^-(A)$ <u>plat en chaque degré</u>, <u>un complexe</u> $M \in D^-(A_o)$ <u>projectif en chaque degré et un isomorphisme</u> $u : T(L) \xrightarrow{\sim} M$ <u>dans</u> $D^-(A_o)$. <u>Il existe un complexe de</u> A-<u>modules</u> L' , <u>borné à droite et projectif en chaque degré</u>, <u>un isomorphisme</u> $v : L \xrightarrow{\sim} L'$ <u>dans</u> $D^-(A)$, <u>et un isomorphisme de complexes</u> $w : T(L') \xrightarrow{\sim} M$, <u>tels que</u> $u = w \circ T(v)$ <u>dans</u> $D^-(A_o)$.

<u>Remarque</u>. Si M est supposé libre (resp. de type fini) en chaque degré, le complexe L' est aussi libre (resp. de type fini) en cha-

que degré. En effet si un A-module plat N est tel que T(N) soit libre (resp. de type fini), on montre facilement que N est libre (resp. de type fini) (Bourbaki, Alg. Comm., Chap.II, §3, prop. 5). Notons le corollaire : soit $L \in \mathrm{Ob}\, D^-(A)$ tel que $L \overset{\mathbb{L}}{\otimes}_A A_o$ soit un complexe de A_o-modules pseudo-cohérent resp. parfait (i.e. isomorphe dans $D^-(A)$ à un complexe borné supérieurement, resp. borné, et projectif de type fini en chaque degré). Alors L est un complexe de A-modules pseudo-cohérent (resp. parfait).

Lemme 2. Considérons un complexe de A-modules borné à droite L, projectif en chaque degré, muni d'un endomorphisme φ, et un endomorphisme φ_o de $M = T(L)$ coïncidant avec $T(\varphi)$ au sens de la catégorie dérivée $D^-(A_o)$. Il existe un endomorphisme φ' de L qui coïncide avec φ au sens de $D^-(A)$ et vérifie : $T(\varphi') = \varphi_o$.

Avant de démontrer ces lemmes, indiquons comment on les applique à la démonstration de l'existence des systèmes (K'_ν) et (h'_ν). On raisonne par récurrence sur ν, en supposant $K'_o, h'_o, \ldots, K'_{\nu-1}, h'_{\nu-1}$ déjà construits ; on applique les lemmes avec $A = \underline{\underline{Z}}/\ell^{\nu+1}\underline{\underline{Z}}$ et $I = \ell^\nu \underline{\underline{Z}}/\ell^{\nu+1}\underline{\underline{Z}}$ (de sorte que $I^2 = 0$), $A_o = \underline{\underline{Z}}/\ell^\nu \underline{\underline{Z}}$. Prenons d'abord $L = K_\nu$ et $M = K'_{\nu-1}$ dans le premier lemme. Nous obtenons, compte tenu de la remarque 2, l'existence de $K'_\nu = L'$ avec le morphisme de transition $K'_\nu \dashrightarrow K'_{\nu-1}$ donné par w, de telle sorte que la condition 1) énoncée plus haut soit satisfaite. L'isomorphisme v de $D^-(A)$ permet de transporter h_ν en un endomorphisme de K' au sens de $D^-(A)$. On peut supposer que ce dernier provient d'un endomorphisme de complexe h''_ν : $K'_\nu \dashrightarrow K'_\nu$. Appliquons alors le deuxième lemme avec $L = K'_\nu$,

$\varphi = h''$ et $\varphi_o = h'_{\nu-1}$; nous obtenons l'existence de $h'_\nu : K'_\nu \longrightarrow K'_\nu$ de manière à vérifier la condition 2) ; de plus la condition 3) sera satisfaite. Notons que, avec les notations du lemme 1, si $M^i = 0$ pour un indice i , on en déduit $L'^i = 0$ grâce au lemme de Nakayama ; les complexes K'_ν sont donc bien tous nuls en dehors d'un même intervalle de degrés.

Pour démontrer les lemmes 1 et 2 nous aurons besoin du résultat suivant :

Lemme 3. (i) Soient P et Q des A-modules. Si P est projecfif, pour toute application A_o-linéaire $f_o : T(P) \longrightarrow T(Q)$ il existe une application A-linéaire $f : P \longrightarrow Q$ telle que $T(f) = f_o$.

(ii) Supposons l'idéal I nilpotent. Pour tout A_o-module projectif P_o il existe un A-module projectif P tel que $T(P) \simeq P_o$. Si de plus P' est un A-module plat tel que $T(P') \simeq P_o$, alors on a $P' \simeq P$.

L'assertion (i) est claire, car si u_P (resp. u_Q) désigne l'application canonique de P sur $T(P)$ (resp. de Q sur $T(Q)$), le composé $f_o \circ u_P$ est une application A-linéaire de P dans $T(Q)$ et u_Q est surjectif ; comme P est projectif, il existe une factorisation de $f_o \circ u_P$ à travers u_Q : $f_o \circ u_P = u_Q \circ f$ où f est une application A-linéaire de P dans Q ; alors $T(f) = f_o$.

Pour démontrer (ii) on commence par constater que le cas où P_o est libre est évident (sans aucune hypothèse sur l'idéal I). On passe au cas général où P_o est projectif en introduisant un A_o-

module libre L_o dont P_o est facteur direct et un A-module libre L tel que $T(L) \simeq L_o$. Le module P_o s'identifie à l'image d'un projecteur $e_o : L_o \to L_o$, et il s'agit de voir qu'il existe un projecteur $e : L \to L$ relevant e_o , ce qui résulte de Bourbaki, Alg. Comm., Chap. III, §4, n°6, lemme 2 appliqué à la sous-A-algèbre B de $End(L)$ engendrée par un endomorphisme de L qui relève e_o (dont l'existence est assurée par (i)) et à l'idéal (nilpotent) trace sur B du noyau de l'homomorphisme canonique $End(L) \to End(L_o)$. Cela prouve l'existence de P dans (ii). Soit de plus P' comme énoncé dans (ii), alors l'isomorphisme composé $T(P) \simeq P_o \simeq T(P')$ provient, en vertu de (i), d'un homomorphisme $f : P \to P'$. Comme P et P' sont plats sur A et que $T(f)$ est un isomorphisme, on en conclut que $Gr_I(f)$ est un isomorphisme, donc f est un isomorphisme (I étant nilpotent), d'où (ii).

<u>Corollaire</u>. <u>Supposons l'idéal</u> I <u>nilpotent. Pour tout complexe acyclique et borné à droite</u> N_o <u>de</u> A_o<u>-modules projectifs, il existe un complexe acyclique borné à droite</u> N <u>de</u> A-<u>modules projectifs tel que</u> $T(N) \simeq N_o$.

Le complexe N_o , étant acyclique, se décompose en suites exactes courtes

$$0 \to Z_o^i \to N_o^i \to Z_o^{i+1} \to 0$$

où Z_o^i désigne, pour chaque i , le sous-module des cycles de N_o^i ; de plus $N_o^i = 0$ pour i assez grand. Par récurrence descendante sur i , on voit que les suites exactes précédentes sont scindées et que Z_o^i est projectif pour tout i . On relève N_o en relevant toutes ces suites exactes de proche en proche, par récurrence descendante sur i . Il s'agit donc de montrer que si

$$S_o : 0 \to P_o \to Q_o \to R_o \to 0$$

est une suite exacte de A_o-modules, avec Q_o projectif, et si R est un A-module tel que $T(R) \simeq R_o$, il existe une suite exacte

$$S : 0 \to P \to Q \to R \to 0$$

de A-modules, avec Q projectif, telle que $T(S) \simeq S_o$. Or on peut relever Q_o en un A-module projectif Q par le lemme 3(ii), puis $Q_o \to R_o$ en une application A-linéaire : $Q \to R$ par le lemme 3(i). Cette application est surjective d'après le lemme de Nakayama ; on pose $P = \mathrm{Ker}(Q \to R)$ pour compléter la suite exacte S .

Démonstration du lemme 2 : comme $M = T(L)$ est projectif en chaque degré, l'hypothèse du lemme s'exprime en disant que $T(\varphi)$ est <u>homotope</u> à φ_o ; ainsi il existe un opérateur d'homotopie $k_o = (k_o^i)_i$, avec $k_o^i : M^i \to M^{i-1}$ tel que $T(\varphi) - \varphi_o = d_o k_o + k_o d_o$, où d_o est la différentielle de M . D'après le lemme 3(i), k_o^i se relève en une application linéaire $k^i : L^i \to L^{i-1}$. On obtient ainsi un opérateur d'homotopie $k = (k^i)_i$ dans L . Il suffit de poser $\varphi' = \varphi - kd - dk$ (d = différentielle de L) pour vérifier le lemme 2.

Démonstration du lemme 1 : on peut (quite à remplacer L par un complexe quasi-isomorphe) supposer que le complexe L , donc aussi $T(L)$, est projectif en chaque degré, ce que nous supposerons dans la suite ; on peut par suite supposer que l'isomorphisme u de $D^-(A_o)$ provient d'un quasi-isomorphisme $T(L) \longrightarrow M$ encore désigné par u . Nous allons d'abord nous ramener au cas où u est surjectif. Le complexe N_o défini par $N_o^i = M^i \oplus M^{i-1}$, $d^i(x,y) = (d^i x, x-d^{i-1}y)$ ($x \in M^i$, $y \in M^{i-1}$) est visiblement acyclique et projectif en chaque degré ; on définit un épimorphisme de complexes $N_o \longrightarrow M$ par la projection $N_o^i \longrightarrow M^i$ en degré i . Le corollaire du lemme 3 permet de relever N_o en un complexe N acyclique, borné à droite et projectif en chaque degré. On peut alors remplacer L par $L \oplus N$ qui lui est quasi-isomorphe (puisque N est acyclique) et projectif en chaque degré ; on remplace en même temps u par le quasi-isomorphisme $T(L \oplus N) = T(L) \oplus N_o \longrightarrow M$ défini par u sur $T(L)$ et par l'épimorphisme $N_o \longrightarrow M$ sur N_o ; il est clair que ce dernier quasi-isomorphisme est surjectif.

Supposons donc que $u : T(L) \longrightarrow M$ est un quasi-isomorphisme surjectif, et soit R_o son noyau. Le complexe R_o est acyclique car u est un quasi-isomorphisme, et il est projectif en chaque degré, car la suite exacte : $0 \longrightarrow R_o \longrightarrow T(L) \longrightarrow M \longrightarrow 0$ est scindée puisque M est projectif en chaque degré. On peut donc, grâce au corollaire du lemme 3, relever R_o en un complexe de A-modules R borné à droite, acyclique et projectif en chaque degré. Montrons maintenant que le morphisme $f_o : R_o \longrightarrow T(L)$ se relève en un morphisme de complexes $f : R \longrightarrow L$. Pour cela on observe que R_o est homotopiquement trivial, donc f_o est homotope à 0 et peut s'écrire $f_o = h_o d_{R_o} + d_{T(L)} h_o$ où $h_o = (h_o^i)_i$ avec $h_o^i : R_o^i \longrightarrow T(L)^{i-1}$. Le lemme 3(i) permet de relever h_o en $h = (h^i)_i$ avec $h^i : R^i \longrightarrow L^{i-1}$, et on voit que $f = hd_R + d_L h$ est un morphisme de complexes qui relève f_o . Un lemme standard (comparer SGA 60/61, IV 5.7) implique alors que f est injectif et que $\mathrm{Coker}\, f = L'$ est plat en chaque degré. Comme $T(L') \simeq \mathrm{Coker}\, T(f) = \mathrm{Coker}\, f_o \simeq M$ est projectif en chaque degré, il en résulte (lemme 3(ii)) qu'il en est de même de L' . D'autre part, l'homomorphisme canonique $L \dashrightarrow L'$ est un quasi-isomorphisme (étant surjectif et de noyau R acyclique), donc on voit que L' satisfait à la conclusion envisagée dans le lemme 1, cqfd.

Index terminologique

Index des notations

Vol. 521: G. Cherlin, Model Theoretic Algebra – Selected Topics. IV, 234 pages. 1976.

Vol. 522: C. O. Bloom and N. D. Kazarinoff, Short Wave Radiation Problems in Inhomogeneous Media: Asymptotic Solutions. V. 104 pages. 1976.

Vol. 523: S. A. Albeverio and R. J. Høegh-Krohn, Mathematical Theory of Feynman Path Integrals. IV, 139 pages. 1976.

Vol. 524: Séminaire Pierre Lelong (Analyse) Année 1974/75. Edité par P. Lelong. V, 222 pages. 1976.

Vol. 525: Structural Stability, the Theory of Catastrophes, and Applications in the Sciences. Proceedings 1975. Edited by P. Hilton. VI, 408 pages. 1976.

Vol. 526: Probability in Banach Spaces. Proceedings 1975. Edited by A. Beck. VI, 290 pages. 1976.

Vol. 527: M. Denker, Ch. Grillenberger, and K. Sigmund, Ergodic Theory on Compact Spaces. IV, 360 pages. 1976.

Vol. 528: J. E. Humphreys, Ordinary and Modular Representations of Chevalley Groups. III, 127 pages. 1976.

Vol. 529: J. Grandell, Doubly Stochastic Poisson Processes. X, 234 pages. 1976.

Vol. 530: S. S. Gelbart, Weil's Representation and the Spectrum of the Metaplectic Group. VII, 140 pages. 1976.

Vol. 531: Y.-C. Wong, The Topology of Uniform Convergence on Order-Bounded Sets. VI, 163 pages. 1976.

Vol. 532: Théorie Ergodique. Proceedings 1973/1974. Edité par J.-P. Conze and M. S. Keane. VIII, 227 pages. 1976.

Vol. 533: F. R. Cohen, T. J. Lada, and J. P. May, The Homology of Iterated Loop Spaces. IX, 490 pages. 1976.

Vol. 534: C. Preston, Random Fields. V, 200 pages. 1976.

Vol. 535: Singularités d'Applications Differentiables. Plans-sur-Bex. 1975. Edité par O. Burlet et F. Ronga. V, 253 pages. 1976.

Vol. 536: W. M. Schmidt, Equations over Finite Fields. An Elementary Approach. IX, 267 pages. 1976.

Vol. 537: Set Theory and Hierarchy Theory. Bierutowice, Poland 1975. A Memorial Tribute to Andrzej Mostowski. Edited by W. Marek, M. Srebrny and A. Zarach. XIII, 345 pages. 1976.

Vol. 538: G. Fischer, Complex Analytic Geometry. VII, 201 pages. 1976.

Vol. 539: A. Badrikian, J. F. C. Kingman et J. Kuelbs, Ecole d'Eté de Probabilités de Saint Flour V-1975. Edité par P.-L. Hennequin. IX, 314 pages. 1976.

Vol. 540: Categorical Topology, Proceedings 1975. Edited by E. Binz and H. Herrlich. XV, 719 pages. 1976.

Vol. 541: Measure Theory, Oberwolfach 1975. Proceedings. Edited by A. Bellow and D. Kölzow. XIV, 430 pages. 1976.

Vol. 542: D. A. Edwards and H. M. Hastings, Čech and Steenrod Homotopy Theories with Applications to Geometric Topology. VII, 296 pages. 1976.

Vol. 543: Nonlinear Operators and the Calculus of Variations, Bruxelles 1975. Edited by J. P. Gossez, E. J. Lami Dozo, J. Mawhin, and L. Waelbroeck, VII, 237 pages. 1976.

Vol. 544: Robert P. Langlands, On the Functional Equations Satisfied by Eisenstein Series. VII, 337 pages. 1976.

Vol. 545: Noncommutative Ring Theory. Kent State 1975. Edited by J. H. Cozzens and F. L. Sandomierski. V, 212 pages. 1976.

Vol. 546: K. Mahler, Lectures on Transcendental Numbers. Edited and Completed by B. Diviš and W. J. Le Veque. XXI, 254 pages. 1976.

Vol. 547: A. Mukherjea and N. A. Tserpes, Measures on Topological Semigroups: Convolution Products and Random Walks. V, 197 pages. 1976.

Vol. 548: D. A. Hejhal, The Selberg Trace Formula for PSL (2,$\mathbb{R}$). Volume I. VI, 516 pages. 1976.

Vol. 549: Brauer Groups, Evanston 1975. Proceedings. Edited by D. Zelinsky. V, 187 pages. 1976.

Vol. 550: Proceedings of the Third Japan – USSR Symposium on Probability Theory. Edited by G. Maruyama and J. V. Prokhorov. VI, 722 pages. 1976.

Vol. 551: Algebraic K-Theory, Evanston 1976. Proceedings. Edited by M. R. Stein. XI, 409 pages. 1976.

Vol. 552: C. G. Gibson, K. Wirthmüller, A. A. du Plessis and E. J. N. Looijenga. Topological Stability of Smooth Mappings. V, 155 pages. 1976.

Vol. 553: M. Petrich, Categories of Algebraic Systems. Vector and Projective Spaces, Semigroups, Rings and Lattices. VIII, 217 pages. 1976.

Vol. 554: J. D. H. Smith, Mal'cev Varieties. VIII, 158 pages. 1976.

Vol. 555: M. Ishida, The Genus Fields of Algebraic Number Fields. VII, 116 pages. 1976.

Vol. 556: Approximation Theory. Bonn 1976. Proceedings. Edited by R. Schaback and K. Scherer. VII, 466 pages. 1976.

Vol. 557: W. Iberkleid and T. Petrie, Smooth S^1 Manifolds. III, 163 pages. 1976.

Vol. 558: B. Weisfeiler, On Construction and Identification of Graphs. XIV, 237 pages. 1976.

Vol. 559: J.-P. Caubet, Le Mouvement Brownien Relativiste. IX, 212 pages. 1976.

Vol. 560: Combinatorial Mathematics, IV, Proceedings 1975. Edited by L. R. A. Casse and W. D. Wallis. VII, 249 pages. 1976.

Vol. 561: Function Theoretic Methods for Partial Differential Equations. Darmstadt 1976. Proceedings. Edited by V. E. Meister, N. Weck and W. L. Wendland. XVIII, 520 pages. 1976.

Vol. 562: R. W. Goodman, Nilpotent Lie Groups: Structure and Applications to Analysis. X, 210 pages. 1976.

Vol. 563: Séminaire de Théorie du Potentiel. Paris, No. 2. Proceedings 1975–1976. Edited by F. Hirsch and G. Mokobodzki. VI, 292 pages. 1976.

Vol. 564: Ordinary and Partial Differential Equations, Dundee 1976. Proceedings. Edited by W. N. Everitt and B. D. Sleeman. XVIII, 551 pages. 1976.

Vol. 565: Turbulence and Navier Stokes Equations. Proceedings 1975. Edited by R. Temam. IX, 194 pages. 1976.

Vol. 566: Empirical Distributions and Processes. Oberwolfach 1976. Proceedings. Edited by P. Gaenssler and P. Révész. VII, 146 pages. 1976.

Vol. 567: Séminaire Bourbaki vol. 1975/76. Exposés 471–488. IV, 303 pages. 1977.

Vol. 568: R. E. Gaines and J. L. Mawhin, Coincidence Degree, and Nonlinear Differential Equations. V, 262 pages. 1977.

Vol. 569: Cohomologie Etale SGA $4\frac{1}{2}$. Séminaire de Géométrie Algébrique du Bois-Marie. Edité par P. Deligne. V, 312 pages. 1977.

Vol. 570: Differential Geometrical Methods in Mathematical Physics, Bonn 1975. Proceedings. Edited by K. Bleuler and A. Reetz. VIII, 576 pages. 1977.

Vol. 571: Constructive Theory of Functions of Several Variables, Oberwolfach 1976. Proceedings. Edited by W. Schempp and K. Zeller. VI, 290 pages. 1977

Vol. 572: Sparse Matrix Techniques, Copenhagen 1976. Edited by V. A. Barker. V, 184 pages. 1977.

Vol. 573: Group Theory, Canberra 1975. Proceedings. Edited by R. A. Bryce, J. Cossey and M. F. Newman. VII, 146 pages. 1977.

Vol. 574: J. Moldestad, Computations in Higher Types. IV, 203 pages. 1977.

Vol. 575: K-Theory and Operator Algebras, Athens, Georgia 1975. Edited by B. B. Morrel and I. M. Singer. VI, 191 pages. 1977.

Vol. 576: V. S. Varadarajan, Harmonic Analysis on Real Reductive Groups. VI, 521 pages. 1977.

Vol. 577: J. P. May, E_∞ Ring Spaces and E_∞ Ring Spectra. IV, 268 pages. 1977.

Vol. 578: Analyse Complexe. I. Séminaire Pierre Lelong (Analyse) Année 1975/76, II. Journées sur les Fonctions Analytiques, Toulouse 1976. Edité par P. Lelong. VI, 327 pages. 1977.

Vol. 579: Combinatoire et Représentation du Groupe Symétrique, Strasbourg 1976. Proceedings 1976. Edité par D. Foata. IV, 339 pages. 1977.

Vol. 460: O. Loos, Jordan Pairs. XVI, 218 pages. 1975.

Vol. 461: Computational Mechanics. Proceedings 1974. Edited by J. T. Oden. VII, 328 pages. 1975.

Vol. 462: P. Gérardin, Construction de Séries Discrètes p-adiques. »Sur les séries discrètes non ramifiées des groupes réductifs déployés p-adiques«. III, 180 pages. 1975.

Vol. 463: H.-H. Kuo, Gaussian Measures in Banach Spaces. VI, 224 pages. 1975.

Vol. 464: C. Rockland, Hypoellipticity and Eigenvalue Asymptotics. III, 171 pages. 1975.

Vol. 465: Séminaire de Probabilités IX. Proceedings 1973/74. Edité par P. A. Meyer. IV, 589 pages. 1975.

Vol. 466: Non-Commutative Harmonic Analysis. Proceedings 1974. Edited by J. Carmona, J. Dixmier and M. Vergne. VI, 231 pages. 1975.

Vol. 467: M. R. Essén, The Cos $\pi\lambda$ Theorem. With a paper by Christer Borell. VII, 112 pages. 1975.

Vol. 468: Dynamical Systems – Warwick 1974. Proceedings 1973/74. Edited by A. Manning. X, 405 pages. 1975.

Vol. 469: E. Binz, Continuous Convergence on C(X). IX, 140 pages. 1975.

Vol. 470: R. Bowen, Equilibrium States and the Ergodic Theory of Anosov Diffeomorphisms. III, 108 pages. 1975.

Vol. 471: R. S. Hamilton, Harmonic Maps of Manifolds with Boundary. III, 168 pages. 1975.

Vol. 472: Probability-Winter School. Proceedings 1975. Edited by Z. Ciesielski, K. Urbanik, and W. A. Woyczyński. VI, 283 pages. 1975.

Vol. 473: D. Burghelea, R. Lashof, and M. Rothenberg, Groups of Automorphisms of Manifolds. (with an appendix by E. Pedersen) VII, 156 pages. 1975.

Vol. 474: Séminaire Pierre Lelong (Analyse) Année 1973/74. Edité par P. Lelong. VI, 182 pages. 1975.

Vol. 475: Répartition Modulo 1. Actes du Colloque de Marseille-Luminy, 4 au 7 Juin 1974. Edité par G. Rauzy. V, 258 pages. 1975. 1975.

Vol. 476: Modular Functions of One Variable IV. Proceedings 1972. Edited by B. J. Birch and W. Kuyk. V, 151 pages. 1975.

Vol. 477: Optimization and Optimal Control. Proceedings 1974. Edited by R. Bulirsch, W. Oettli, and J. Stoer. VII, 294 pages. 1975.

Vol. 478: G. Schober, Univalent Functions – Selected Topics. V, 200 pages. 1975.

Vol. 479: S. D. Fisher and J. W. Jerome, Minimum Norm Extremals in Function Spaces. With Applications to Classical and Modern Analysis. VIII, 209 pages. 1975.

Vol. 480: X. M. Fernique, J. P. Conze et J. Gani, Ecole d'Eté de Probabilités de Saint-Flour IV-1974. Edité par P.-L. Hennequin. XI, 293 pages. 1975.

Vol. 481: M. de Guzmán, Differentiation of Integrals in R^n. XII, 226 pages. 1975.

Vol. 482: Fonctions de Plusieurs Variables Complexes II. Séminaire François Norguet 1974–1975. IX, 367 pages. 1975.

Vol. 483: R. D. M. Accola, Riemann Surfaces, Theta Functions, and Abelian Automorphisms Groups. III, 105 pages. 1975.

Vol. 484: Differential Topology and Geometry. Proceedings 1974. Edited by G. P. Joubert, R. P. Moussu, and R. H. Roussarie. IX, 287 pages. 1975.

Vol. 485: J. Diestel, Geometry of Banach Spaces – Selected Topics. XI, 282 pages. 1975.

Vol. 486: S. Stratila and D. Voiculescu, Representations of AF-Algebras and of the Group $U(\infty)$. IX, 169 pages. 1975.

Vol. 487: H. M. Reimann und T. Rychener, Funktionen beschränkter mittlerer Oszillation. VI, 141 Seiten. 1975.

Vol. 488: Representations of Algebras, Ottawa 1974. Proceedings 1974. Edited by V. Dlab and P. Gabriel. XII, 378 pages. 1975.

Vol. 489: J. Bair and R. Fourneau, Etude Géométrique des Espaces Vectoriels. Une Introduction. VII, 185 pages. 1975.

Vol. 490: The Geometry of Metric and Linear Spaces. Proceedings 1974. Edited by L. M. Kelly. X, 244 pages. 1975.

Vol. 491: K. A. Broughan, Invariants for Real-Generated Uniform Topological and Algebraic Categories. X, 197 pages. 1975.

Vol. 492: Infinitary Logic: In Memoriam Carol Karp. Edited by D. W. Kueker. VI, 206 pages. 1975.

Vol. 493: F. W. Kamber and P. Tondeur, Foliated Bundles and Characteristic Classes. XIII, 208 pages. 1975.

Vol. 494: A Cornea and G. Licea. Order and Potential Resolvent Families of Kernels. IV, 154 pages. 1975.

Vol. 495: A. Kerber, Representations of Permutation Groups II. V, 175 pages. 1975.

Vol. 496: L. H. Hodgkin and V. P. Snaith, Topics in K-Theory. Two Independent Contributions. III, 294 pages. 1975.

Vol. 497: Analyse Harmonique sur les Groupes de Lie. Proceedings 1973–75. Edité par P. Eymard et al. VI, 710 pages. 1975.

Vol. 498: Model Theory and Algebra. A Memorial Tribute to Abraham Robinson. Edited by D. H. Saracino and V. B. Weispfenning. X, 463 pages. 1975.

Vol. 499: Logic Conference, Kiel 1974. Proceedings. Edited by G. H. Müller, A. Oberschelp, and K. Potthoff. V, 651 pages 1975.

Vol. 500: Proof Theory Symposion, Kiel 1974. Proceedings. Edited by J. Diller and G. H. Müller. VIII, 383 pages. 1975.

Vol. 501: Spline Functions, Karlsruhe 1975. Proceedings. Edited by K. Böhmer, G. Meinardus, and W. Schempp. VI, 421 pages. 1976.

Vol. 502: János Galambos, Representations of Real Numbers by Infinite Series. VI, 146 pages. 1976.

Vol. 503: Applications of Methods of Functional Analysis to Problems in Mechanics. Proceedings 1975. Edited by P. Germain and B. Nayroles. XIX, 531 pages. 1976.

Vol. 504: S. Lang and H. F. Trotter, Frobenius Distributions in GL_2-Extensions. III, 274 pages. 1976.

Vol. 505: Advances in Complex Function Theory. Proceedings 1973/74. Edited by W. E. Kirwan and L. Zalcman. VIII, 203 pages. 1976.

Vol. 506: Numerical Analysis, Dundee 1975. Proceedings. Edited by G. A. Watson. X, 201 pages. 1976.

Vol. 507: M. C. Reed, Abstract Non-Linear Wave Equations. VI, 128 pages. 1976.

Vol. 508: E. Seneta, Regularly Varying Functions. V, 112 pages. 1976.

Vol. 509: D. E. Blair, Contact Manifolds in Riemannian Geometry. VI, 146 pages. 1976.

Vol. 510: V. Poènaru, Singularités C^∞ en Présence de Symétrie. V, 174 pages. 1976.

Vol. 511: Séminaire de Probabilités X. Proceedings 1974/75. Edité par P. A. Meyer. VI, 593 pages. 1976.

Vol. 512: Spaces of Analytic Functions, Kristiansand, Norway 1975. Proceedings. Edited by O. B. Bekken, B. K. Øksendal, and A. Stray. VIII, 204 pages. 1976.

Vol. 513: R. B. Warfield, Jr. Nilpotent Groups. VIII, 115 pages. 1976.

Vol. 514: Séminaire Bourbaki vol. 1974/75. Exposés 453 – 470. IV, 276 pages. 1976.

Vol. 515: Bäcklund Transformations. Nashville, Tennessee 1974. Proceedings. Edited by R. M. Miura. VIII, 295 pages. 1976.

Vol. 516: M. L. Silverstein, Boundary Theory for Symmetric Markov Processes. XVI, 314 pages. 1976.

Vol. 517: S. Glasner, Proximal Flows. VIII, 153 pages. 1976.

Vol. 518: Séminaire de Théorie du Potentiel, Proceedings Paris 1972–1974. Edité par F. Hirsch et G. Mokobodzki. VI, 275 pages. 1976.

Vol. 519: J. Schmets, Espaces de Fonctions Continues. XII, 150 pages. 1976.

Vol. 520: R. H. Farrell, Techniques of Multivariate Calculation. X, 337 pages. 1976.